Franz Xaver Konrad Staiger

Salem oder Salmansweiler: Ehemaliges Reichskloster Cisterzienser

Franz Xaver Konrad Staiger

Salem oder Salmansweiler: Ehemaliges Reichskloster Cisterzienser

ISBN/EAN: 9783743653047

Hergestellt in Europa, USA, Kanada, Australien, Japan

Cover: Foto ©Andreas Hilbeck / pixelio.de

Weitere Bücher finden Sie auf **www.hansebooks.com**

Salem oder Salmansweiler

ehemaliges

Reichskloster Cisterzienser-Ordens

jezt

Großh. Markgräfl. Bad. Schloß und Hauptort

der

Standesherrschaft Salem

sowie die

**Pfarreien Bermatingen, Leutkirch, Mimmen-
hausen, Seefelden und Weildorf mit ihren
Ortschaften und Zugehörungen.**

—◦‡◦—

Topographisch-historisch ausführlich beschrieben

von

X. Staiger.

Verlag von Otto Fritz in Konstanz.

Vorwort.

Mit gegenwärtiger Beschreibung übergebe ich der Oeffentlichkeit eine weitere Abhandlung über die Bodensee= gegend, nämlich den Großherzoglich Markgräflich Badischen Antheil an der ehemaligen Kloster=Sa= lemischen Herrschaft.

Manche werden zwar sagen: „ich hätte mich kürzer fassen können." Ganz recht, wenn ich nur für sie geschrie= ben hätte: allein da ich von hoher Standesherrschaft und höchsten Behörden unterstüzt wurde, fühlte ich mich verpflich= tet, umständlich zu sein. Nebstdem mußte ich dem Wunsche der Besteller resp. Gemeinden nachkommen, die sich dafür interessirten und mit Kosten für die Sache eintraten. Dann werden spezielle Geschichten und Ortsbeschreibungen erst recht belehrend, wenn auch das Einzelne dabei berücksichtigt ist; ich konnte und durfte mich daher keiner Verkürzung und Einschränkung hingeben. Kurz, da über die schöne Herr= schaft Salem mit ihrer Geschichte bisher ebenfalls nur sehr Weniges öffentlich bekannt war, und man ein Buch wollte, das möglichst Alles bespreche und noch für die spätere Zeit Werth hat, so war es meine Aufgabe, die Sache ausführlich zu behandeln. Dabei habe ich möglichst alle mir bekannten Quellen benüzt und überall an Ort und Stelle selbst nach= geforscht und geprüft.

Die Gemeinden, die sich besonders dafür interessirten und ihre Theilnahme bethätigten, sind: Ahausen, Bermatin= gen, Mühlhofen, Neufrach mit Leutkirch, Nußdorf, Salem mit Stephansfeld, Seefelden und Weildorf. Es nahmen sich übrigens auch noch mit Eifer um die Sache an: Herr Rentamtmann Georg Lubin in Salem und die Herren Geistlichen der Pfarrorte, indem sie mir nicht nur bereitwilligst ihre Akten und Urkunden mittheilten und Aufschlüsse ertheilten, sondern auch noch auf andere Weise zur Ausführung des Unterneh= mens beitrugen; ich sage Ihnen daher meinen verbindlichsten Dank.

Salem, im Oktober 1862.

Staiger.

Inhaltsverzeichniß.

Vom Verfaſſer dieſer Schrift (X Staiger) ſind ferner erſchienen:

1) Ueber die Hauptmittel zur Gründung beſſerer Zeiten. Heidelberg bei J. C. B. Mohr. 1839. Zweite Auflage.

2) Der neue Jugendfreund. Karlsruhe bei C. Maklot. 1843. 2te Ausgabe.

3) Welt= und Lebensbilder. Villingen bei Ferd. Förderer. 1846.

4) Der Weg zum wahren Bürgerthum. Villingen bei Ferd. Förderer. 1847.

5) Das ſchwäbiſche Donauthal. Freiburg bei Fr. Wagner. 1850.

6) Topographiſch=hiſtoriſche Beſchreibung der Stadt Ueber= lingen am Bodenſee. Ueberlingen bei Xav. Ullersberger. 1859.

7) Die Inſel Reichenau bei Konſtanz am Bodenſee, mit ihrer ehemaligen berühmten Abtei. Konſtanz bei Jakob Stadler. 1860.

8) Meersburg am Bodenſee, ehemalige Reſidenz der Fürſt= biſchöfe von Konſtanz, und die Stadt Markdorf, mit ihren Umgebungen. Konſtanz bei Jakob Stadler, 1861.

Zusäze und Berichtigungen.

Bei Seite 153, Zeile 15 von oben, ist statt „Jakob Keller" zu lesen der „Keller (Jakob?) Stokmeyer von Hohentwiel," der 1645 in einem schaffhausischen Dorfe mit einem Säckel von 1040 Dukaten erwischt, gefänglich nach Ueberlingen und von da nach München geführt wurde.

Gustav Schwab sagt: „Endlich wurde der Keller zu Ueberlingen um 200 Dukaten, der Abt (Dominikus von Weingarten) auf Hohentwiel um 4000 Reichsthaler im Januar 1648 ranzionirt."

„Der Bodensee nebst dem Rheinthale." 2te Aufl. Erste Abtheilung. Seite 274.

Salem.

Salem oder Salmansweiler ist ein markgräflich badisches Schloß (früheres Reichskloster Cisterzienser-Ordens), Pfarrort und Siz eines großherzoglich badischen Amtsgerichtes und des herrschaftlichen Rent- und Forstamtes nebst übrigen Stellen der Standesherrschaft Salem.

Es liegt an einem Fluß, Aach genannt[1]) und am Fuße eines sanften Bergabhanges 1485 Fuß über der Meeres-fläche, an der Landstraße von Meersburg und Ueberlingen nach Ostrach und unweit der Stadt Ueberlingen und dem fürstlich fürstenbergischen Bergschlosse Heiligenberg.

Seine Entfernung ist: vom Bodensee 1½ St., von Heiligenberg, Markdorf, Meersburg und Ueberlingen je 2 St., von Pfullendorf 4 St., von Ostrach 5 St. und von Stockach 6 Stunden.

Die Lage ist sehr schön, das Klima milde, die Luft rein und gesund, das Trinkwasser gut.

Gleich vor dem Orte dehnt sich in weiter Fläche das Aach-Thal aus; rückwärts nach Südwest erhebt sich eine walbige Hügel- und Berglette; die südöstliche Begrenzung bildet der ansehnliche Gehrenberg mit seinen vielgestalte-ten, gruppirten Höhenvorsprüngen; die nördliche der Höch-sten mit seinem weithin sichtbaren Signalthurm und der langgestreckte Heiligenberg mit seinem Prachtschlosse, wun-derbaren Felsen und Schluchten; den Thalgrund mit seinen Wiesen, Feldern, Obstbäumen und Wäldern durchzieht in

---

[1]) Ueber die Aach siehe den Artikel „Thausen" bei der Pfarrei Bermatingen.

1

mannigfachen Krümmungen die leise dahin wandelnde Aach, und die Größe und Sauberkeit der Dörfer, Weiler und Höfe verkündet den Wohlstand der Bewohner, durch deren fleißige Hand die Gegend in üppiger Fülle wie ein reich geschmückter Garten erscheint.

Ueberhaupt gehört die Gegend von Salem zu den schönsten und fruchtbarsten des badischen Landes. Wohin das Auge schaut, erfreut und erquickt es sich an der mannigfaltigsten Abwechslung. Finstere Berge, heitere Hügel, sonnige Berg=rücken, schöne Obst= und Rebgärten, erfreuliche Frucht= und Saatfelder, würzige Waiden und stattliche Wälder sieht und nimmt man überall wahr, während von Anhöhen da und dort malerische Kapellen in das Thal herab blicken und reine Gottesluft die Landschaft durchweht, wo frohe Geschlechter den ergiebigen Boden bebauen, der im Frühling blüthenreich, im Herbste fruchtbelastet dasteht, und friedliche Dörfer mit glän=zenden Thürmen aus Blumen, Aehren und Obstbäumen heraus=schauen oder sich gleich Kindern an die Brust der liebenden Mutter, an Bergwände und Abhänge hinlehnen, indeß duftende Blumen=beete die reinlichen Häuser umgeben, durch saftige Wiesen klar wie eine Silberschlange die von Gebüsch beschattete Aach blizt, und liebliche Aussichten, großartige Fernsichten zum Besuche einladen. Und gar — wenn sich die Tyroler= und Schwei=zer=Alpen dem Blicke darstellen und die mit ewigem Schnee=silber wie ein Heer von Riesen glänzenden Gletscher sich zeigen, oder wenn der Morgen sein rosiges Antlitz über die dunklen Berge erhebt, balsamische Frische über der Tiefe schwebt, die Gipfel der waldigen Höhen in bläulichem Duft schwimmen und die bethauten Gräser und Blumen in golde=nem Sonnenglanz funkeln, die Vögel zwitschern und singen, von den Kapellen und Kirchen der Glockenklang tönt, über der ganzen Gegend ein milder, seliger Friede waltet — da ist es dann ein Genuß, bei dem man nicht genug weilen, der Geist, das Herz sich nicht genug laben, sättigen kann.

Großartige Aussichten gewähren der Höchsten 2762' hoch, bei Ober=Homberg — der Gehrenberg, höch= ster Punkt 2521' hoch, bei Markdorf, — der Heiligenberg 2428' hoch — Hochbodmann 2249' hoch, bei Owingen= Pfaffenhofen, u. f. w.

Liebliche Aussichten hat man auf der Egg 2102' hoch, bei Beuren — beim Hof Forst 1797' hoch, oberhalb Salem — beim Himmelreich 1630' und auf der Wanne 1750' hoch, gegen Rickenbach — und auf der Leopolds= höhe 1530' hoch, gegen Mimmenhausen, ꝛc.

Salem selbst besteht aus dem Schloß= (ehemaligem Kloster=) Gebäude, der prächtigen Pfarr= (frühern Kloster= und Stifts=) Kirche, mehren ansehnlichen Nebengebäuden, einer Säge nebst Oelmühle und aus dem Senn= jetzt Kame= ral=Hof Salem.

Die Nebengebäude sind:

1) das Amthaus (früher Studentenhaus) mit dem großh. badischen Amtsgerichte, dem standesherrlichen Forst= und Rent=Amte, und der Verwaltung für die auf Veran= lassung großh. Bezirksamtes 1838 errichtete Spar= und Leih= kasse der salemischen Gemeinden: Bermatingen, Buggensegel, Grasbeuren, Leutkirch, Mimmenhausen, Mittelstenweiler, Mühl= hofen, Neufrach, Nußdorf, Oberstenweiler, Oberuhldingen, Sa= lem, Tüfingen und Weildorf; [1)]

2) das Oekonomiegebäude oder der von 400' Länge sog. Langbau mit Kellerei, Küferei, Torkel, Amtsgefäng= niß, Stallungen, Wagenremise, Bäckerei, Mühle, Frucht= speicher u. f. w.;

[1)] Das Vermögen der Spar= und Leihkasse Salem betrug am Schluß des Jahres
1860 . . . . 40,000 fl. —
a. Aktiv=Kapitalien 510,000 fl. —
b. Passiv=Kapitalien 470,000 fl. —
somit Reserve=Fond oder reines Vermögen: . 40,000 fl. —

3) das Ober=Thor (gegen Tüfingen, Neubirnau und Maurach) mit Privatwohnungen;

4) das Unter=Thor (gegen Stephansfeld, Weildorf, und Heiligenberg) mit Apotheke, Handlung und Postexpedition;

5) das Schulhaus mit der Wohnung des Schullehrers;

6) das Gasthaus zum Schwanen (früher Kloster= wirthshaus) und seit 1788 Reichsposthalterei, mit 2 Wirth= schaftsstuben, 7 Fremdenzimmern und einem großen Speise= und Tanzsaal, wohl der größte der Gegend, sowie mit ge= räumigen Oekonomiegebäuden und Stallungen, nebst ehe= maliger Schießstätte, am Weg nach Stephansfeld. Gastwirth: Alois Zimmermann, gebürtig von Hagnau;

7) die Hofgärtnerei, dem Schwanen gegenüber, im Hof= und Schloßgarten, mit der Wohnung des Hofgärtners.

Das Schloßgebäude selbst oder das Kloster besteht aus dem ehemaligen Abtei= oder Hofgebäude, unten, nach Osten — aus der Professur und Noviziat, mitten — und aus dem Convent=Gebäude oben, nach Westen. — Jeder dieser drei Theile steht auch wie ein Rhombus oder ver= zogenes Quadrat zu dem andern und hat seinen eigenen Hofraum und Garten, während jeder Theil für sich wieder seine besondern Abtheilungen enthält.

Diese Abtheilungen sind:

1) Abtei= oder Hofgebäude: die Prälatur oder Wohnung des Abts, die Hofkapelle, das Münzkabinet, der Kaisersaal, der Bibliotheksaal, das Winterrefektorium, die Arbeitszimmer der geistlichen und weltlichen Räthe, die Kanzlei, das Archiv, die Hof= und Convents=Küche u. s. w. mit dem sogenannten Sternenhof.

Jetzt das eigentliche Schloß, von der Herrschaft beim Besuch im Sommer bewohnt.

2) Professur= und Noviziat=Gebäude: der Biblio= theksaal, das Krankenhaus, das Sommerrefektorium, das

Auditorium, Zellen für Professoren, Professen und Novizen, deren Studiersäle und Geselligkeitszimmer 2c. mit dem sog. Novizengarten.

Jetzt bereits Alles von herrschaftlichen Beamten und Angestellten bewohnt; das Sommerrefektorium aber ist die evangelische Kirche.

3) Convent-Gebäude: das Priorat, der Bilbersaal, die Clausur oder Zellen der Klostergeistlichen und Conventualen, das Erholungszimmer, Museum, 2c. mit dem sog. Tafelobstgarten.

Jetzt ist das Priorat die Wohnung des katholischen Pfarrers, und die Zellen und andere Zimmer werden wiederum von herrschaftlichen Bedienten 2c. bewohnt.

An das Schloß schließt sich im Südost der aus fünf Morgen bestehende Hof- oder Schloßgarten mit seinen mannigfaltigen Zierpflanzen, Gesträuchen, Anlagen und einem Glaskasten (bei der Hofgärtnerei) an, indeß ein Springbrunnen im Schatten einer lieblichen Baumgruppe plätschert und sich im Bassin unaufhörlich Wellenkreise bilden und wieder verschwinden, die durch den Garten aber dahinwandelnde Aach angenehme Kühlung und Erfrischung gewährt.

Zierbäume darin sind: Bignonia catalpa, gemeiner Trompetenbaum, Liriodendron tulpiflora, Tulpenbaum, Ginkgo biloba, krullfarrnblättriger Genkobaum, Alianthus glandulosa, drüsiger Götterbaum, Gleditschia triacanthos, dreidornige Gleditschie 2c. Sträucher: mehre Lonicera, Geißblätter und Spiraea, Spierstauden 2c.

Im Glashaus werden gezogen verschiedene Begonien-Arten oder Schiefblätter, Pelargonien, Kranichschnäbel, Fuchsiae, Fuchsien, Gloxiniae, Gloxinien, Achimenes oder Treviranae, Treviranen, Erica, Heide- oder Neuholländer-Pflanze; mehre Schlingpflanzen, als: Passiflora Passionsblume, Cissus oder Klimme, Tropaeolum, Kapuzinerkresse, Cabaea scandens, klimmende Kobäe, u. a. Gewächse mehr.

Der Obstgarten, 7 Morgen groß, südwestlich vom Hofgarten, gegen das Amthaus, mit ebenfalls Spazierwegen, enthält das feinste Tafel= und beste Wirthschaftsobst, indem darin an Aepfeln alle Calville=Sorten, bei 60 Reinette= Arten, bei 50 Sorten der bekanntesten und vorzüglichsten Wirthschaftsäpfel und an Birnen die verschiedensten Butter= birnen, Bergamote, Beurré=Arten und dann noch alle Sorten Zwetschgen, Kirschen, Nüsse und an Spalieren die feinsten Aprikosen und Pfirsiche gepflanzt und gezogen werden.

Eine Obstbaumschule zu 4 Morgen liegt westlich vom Scheuerbuchwald an der Straße nach Maurach, und eine Gehölzschule zu 1 Morgen im sog. Novizengarten. — Daraus werden jährlich bei 1600—1800 Stück auf die herr= schaftlichen Güter und zur Kultur theils in die Anlagen, theils in die Walbungen versezt.

Der Scheuerbuchwald gleich hinter Salem nach Süd= west (Tüfingen zu) hat meist prächtige Buchen und Tannen, vorzüglich aber ist er als sehr schöne Promenade zu bemerken; denn nicht nur durchkreuzen sich da die angenehmsten Pfade nach allen Richtungen, sondern es finden sich auch unter schüzenden Baumdächern sehr anmuthige Pläzchen und Rasen= bänke zum Ausruhen und um bei der heiligen Stille, die nur vom Gesang der Vögel und vom Rauschen der Wipfel unterbrochen wird, sich glücklichen Träumen, ernsten Betrach= tungen ungestört hingeben zu können. Ein solch schöner Punkt ist z. B. die sog. Elisabethenruhe, wo die Mönche im 30jährigen Kriege tief in der Erde die Klosterschäze in schweren eisernen Kisten verborgen haben sollen. —

Ein anderer Wald mit vielen Kreuz= und Querwegen und zum Spazierengehen ist der sog. Hartwald zwischen Weildorf und Neufrach, im Thale. Von Ost nach West ist er schmal, von Süd nach Nord wohl eine Stunde lang. Vor Zeiten, wo er noch viel größer war und sich bis zum Ried gegen Stephansfeld ausbreitete, läßt ihn die Sage als Aufent=

halt von Hexen und Kobolden erscheinen, die viele neckische, boshafte, oft grausenvolle Dinge ausübten. Zur Zeit des Schwedenkrieges soll eine Köhlerin, bekannt unter dem Namen Hartweiblein, mit ihren Kindern darin gewohnt haben, die als Schwarzkünstlerin noch jezt im Munde des Volkes fort= lebt. Sie habe einmal Schweden belauscht, wie sie den Plan faßten, das Kloster zu überfallen; sie eröffnete die Sache dem Abt und bekam dafür von ihm — nachdem ein Theil des Waldes mit ihrer Waldhütte abgebrannt war — zum Ge= schenk ein Häuschen mit Garten und etwas Feld in Weil= dorf. Die Geschichte weiß jedoch nichts davon und so ist wohl anzunehmen, daß die Erzählung vom Hartweiblein, so= wie das Hexen= und Koboldwesen nur eine Erdichtung ist; dagegen befinden sich unweit Stephansfeld gegen das Fischer= haus bei den Harbtäckern 8 Hügel, die man für Hunnen= hügel hält, bei denen man schon mehre Antiquitäten gefun= den hat, wie wir bei den Merkwürdigkeiten im Schlosse (Seite 15) erfahren werden.

Das große Nied, das sich zwischen der Hagenach, Lam= bach= und Linzer=Aach von Stephansfeld bis Frikingen und Bruckfelden ausbreitet und zum Theil ein mächtiges Torf= lager ausmacht, wird immer mehr zu entwässern gesucht und zu Grasboden gebildet.

Auch Wein zum Bedarf und Verkauf findet sich hier stets zu verschiedener Qualität und nach verschiedenen Preisen in großem Vorrath vor, und zwar sind die Weine, welche aus der Standesherrschaft hier aufgelagert werden, durch= gängig gut, mehre Sorten sogar vorzüglich; daher auch der jährliche Absaz immer bedeutend ist.

Keller sind sieben: wir folgen den Nummern, die sie zur Zeit führen:

Nr. 1. Schulkeller unter dem Schulhause, 188' lang, 34½' breit, 17' hoch. Gewölbe und Strebepfeiler aus Backsteinen sog. Mollen. Mit 28 Lagerfässern von 60—100 Ohm, meist neuen Weinen an=

gefüllt. Auch mit einer Dohle, die wie alle andere Kellerdohlen in die Nach führen; aber ohne Brunnen.

Nr. 2. Conventkeller, zwischen dem Sternenhof und Novizengarten, 139½' lang, 35' breit, 12' hoch. Kreuzgewölbe und 6 Backsteinpfeiler. Mit 24 Lagerfässern von 24—40 Ohm und mehren kleinern Fässern. Laufender Brunnen am Ende des Kellers.

Nr. 3. Abteikeller, zwischen dem Sternenhof und Hofgarten, 192½' lang, 36½' breit, 12' hoch. Kreuzgewölbe und 22 Pfeiler. Mit 50 Lagerfässern von 17—60 Ohm und mehren kleinern Fässern. Laufender Brunnen am Anfang des Kellers. In diesem Keller hängt das sog. Keller-Recht und unter dem Keller scheint irgend eine bis jezt noch unbekannte Räumlichkeit sich zu befinden. [1]

Nr. 4. Hofkeller, gegen Waschküche und Obstgarten, 89' lang, 36' breit, 10½' hoch. Kreuzgewölbe und 7 Pfeiler. 48 Fässer von 3—30 Ohm. Laufender Brunnen am Ende, gegen den sog. Maximiliansweg.

Nr. 5. Kleiner Kabinetskeller, unter der Hofküche und gegen den Hofgarten, 34' lang, 36' breit, 10' hoch. Kreuzgewölbe mit 2 Pfeilern. 13 Fabrfässer von 1½—3½ Ohm. Kein Brunnen; aber ein Flaschenbehälter mit vorzüglichen Weinen.

Nr. 6. Großer Kabinetskeller, unter der sog. Gähr-stube und Weintrotte, nach Süden, gegen die Säge, 37' lang, 22' breit, 10' hoch. Kreuzgewölbe mit 2 Pfeilern. 15 Ovalfässer mit Messing beschlagen und von 6—15 Ohm sehr gutem Wein. Ohne Brunnen; aber oben in der Gährstube ein Loch im Boden, durch welches der Wein mittelst Schläuchen in die Fässer gebracht werden kann.

Beide Kabinetskeller bildeten früher nur einen Keller, der erst unter Küfermeister Gg. Adam Gutsch 1836 in zwei Keller getheilt wurde; daher noch das Kreuzgewölbe mit zwei Pfeilern.

Nr. 7. Hauptkeller im sog. langen Bau, 205½' lang, 53' breit' 20' hoch. Kreuzgewölbe mit 6 Pfeilern. Sehr schöner

---

[1] Vielleicht führt da der unterirdische Gang durch, der der Sage nach bei einem Keller seinen Eingang haben, dieser aber mit einer Stein, latte, auf welcher ein S eingehauen, bezeichnet sein soll, die jedoch bis jezt noch nicht aufgefunden wurde. In einem unter-irdischen Gang flohen auch die Mönche 1637 aus dem Kloster, wie die Geschichte erzählen wird.

Keller, ehemals mit zwei Reihen Lagerfässern; jezt nur noch die zwei größten Fässer enthaltend, die mit Wappen, verschiedenem Laubwerk ꝛc. verziert sind. Das größte Faß, das nach der im Jahr 1450 bestandenen Maise um 1600 erbaut wurde, hält 37 Fuder (370 Ohm) und hat das Salmansweiler Klosterwappen; das andere sehr schöne Faß, das um 1738 gebaut wurde, hat das Wappen des Abts Konstantin Miller und weiter unten das Bau-jahr mit der Schrift: Johann Georg Nonnenmacher (Küfermeister) in Salem. Anno 1733. — Dieses Faß wurde unter dem Küfermeister Eg. Ad. Gutsch 1828 umgeschaffen.

Sehenswürdigkeiten im Schlosse.

a) im dritten Stockwerk:

1) Der Bildersaal, früher das Naturalien-Kabinet[1]), im Convent-Gebäude, zwischen dem Obst- und dem Convent- oder Tafelobstgarten und bei der Wohnung des katholischen Pfarrers, mit den lebensgroßen Bildern der hiesigen Aebte, die großentheils von dem Kloster-bruder Georg Buech gemalt wurden und in den untern Gängen gegen die Kirche hingen. — Ferner sind hier ein 30′ hohes großes Gemälde von dem konstanzer Maler Franz Karl Stuber dem ältern, das 1701 gefertigt wurde und die Himmelfahrt Mariä darstellt, sowie ein bereits ebenso großes Gemälde, welches die Geburt Jesu und seine Anbetung durch die Hirten versinnlicht; — ferner das Bild-niß des Erzbischofs Eberhard's II. von Salzburg, des zweiten Stifters von Salem nebst Familien-Wappen (zunächst der Thüre zur Pfarrwohnung) mit der Inschrift:

Eberhardus hujus Nominis II. Archiepiscopus, dictus de Truxen, Episcopus Brixinen. Chiem. Lavant. et Seccoolens: Episcopatus instituit, Pater Pauperum, Ditiones acquisivit, Laudabiliter rexit Annis 45, Obiit Anno 1246 — das heißt zu deutsch: Eberhard`II. Erzbischof von Salz-burg, genannt oder vielmehr aus der Familie von Truxen, Bischof von

---

[1]) Die Naturalien-Sammlung kam nach Aufhebung des Klosters nach Karlsruhe und wurde mit dem Naturalien-Kabinete des dortigen großherzoglichen Residenzschlosses vereinigt.

Brixen, stiftete die Bisthümer Lavant (St. Andreas-Stadt in Kärnthen), Chiemsee (Herren-Chiemsee oder Herrenwörth in Oberbayern) und Gurk (Seggau in Steyermark), ein Vater der Armen, erweiterte seine Macht, regierte löblich durch 45 Jahre, und starb im Jahr 1246 ¹) — dann (gegen das Schulhaus), das Bildniß des Erzbischofs Sigmund von Salzburg, eines erleuchteten Fürsten, der strenge kirchliche Ordnung handhabte, durch eigenes Beispiel seinen Domherrn voranging, in der Stadt Salzburg zwei Waisenhäuser gründete und sehr für sein Stift besorgt war. — Ferner (rechts von Maria Himmelfahrt) eine sterbende Nonne, bei welcher der Tod steht, der von einem Blumen-strauch eine Rose bricht und es dabei heißt: Selig seynd die Toden, die in dem Herrn sterben, Apac. 14; Wer den Herrn fürchtet, dem wird es wol gehen in dem Letzten und er wird an dem Tag seines Hinscheydens gesegnet werden. Eccles. I. Dieses Gemälde soll die hl. Krescenzia darstellen, welche 1744 als Vorsteherin des Frauenklosters zu Kauf-beuren starb und von welcher sich im hiesigen Archive noch eine Locke, ein Leinwand- und ein Schleier-Stückchen, sowie etliche Briefe? als Reliquien vorfinden. — Ferner ein **Familien-Gemälde mit Namen und Wappen der Herren v. Bodmann, auf Holz, aus alter Zeit, die kniend zur Muttergottes beten, und mehre andere alter-thümliche** sonst in den mittlern Gängen aufgehängte **Holz-tafeln mit Namen und Wappen von Wohlthätern**

---

¹) Dieser Erzbischof Eberhard II. kam, weil er den Kaiser Friedrich II. von Hohen-stauffen begünstigte, vom Papste Innocenz IV. in den Bann und wurde, nachdem er gestorben und ihm ein kirchliches Begräbniß und Bestattung im Dome zu Salzburg versagt war, zu Raßatt, einem Flecken seiner Diöcese, unweit den Quellen der Ens (wo er starb), der Erde übergeben; er kann daher nicht — wie man glaubt — der Salzburger Erzbischof sein, der in der Kirche von Salem ruht, sondern dieser ist der Nachfolger Eberhards, Burkard I. v. Ziegenhayn, der aus Italien, wo er das Pal-lium holte und sich auf seinen erzbischöflichen Sitz begeben wollte, zurückkommend, auf der Rückreise hier plötzlich verschied und sein Leichnam neben Guntram v. Adelsreute begraben wurde.

des Klosters, als: Herzoge von Bayern, v. Bartelstein,
v. Berkhach, v. Bermatingen, v. Beuren, v. Blumenegg,
v. Bodmann (Seniores Uralte, Senes Alte und Juniores
Jüngere), v. Burgberg, v. Bürglen (an der Thur), v. Callen=
berg, v. Canstatt, v. Deggenhausen, v. Eberhardsweiler, v.
Ebingen, v. Echart, der Finken, v. Glur, der Grans, v.
Grasbeuren, v. Gremlich, v. Güttingen u. s. w.,[1] sowie noch
viele andere Bilder und Gemälde von Prälaten, Heiligen rc.

2) Der Kaisersaal, zwischen dem Sternenhof und
dem Hof= oder Schloßgarten, ein weiter, hoher, viereckiger
und vierthüriger, tempelartiger, blendend weißer und reich
vergoldeter Prachtsaal mit hohen Fenstern, Kolbinger=Stein=
platten[2] bedecktem Boden, 5 Deckengemälden, mehren alle=
gorischen Darstellungen und Sinnbildern — welcher früher
zum Speisesaal fürstlicher Gäste und Personen diente und
die Kunstschäze des Klosters enthielt. Seinen Namen erhielt
er deshalb, weil in ihm die Hauptbilder altdeutsche
Kaiser vorstellen, die mit ihren Wappen (neben Brust=
bildern von Päpsten) in zwei Wandgemälden und in Gyps
vergoldeten Standbildern im Saal herum aufgestellt sind.
Es befinden sich nämlich gleich zwischen den zwei Thüren
nach Westen, über deren einer (Nr. 73) unter einer auf
die Gerechtigkeit bezüglichen Allegorie mit den Worten:
Haec Omnia vincit (Sie, die Gerechtigkeit, überwindet Alles)
zu lesen ist:

StephanVs l. NatVs ConfLVentInVs HVIVs Regalis AtqVe Liberae
KCCLesiae Abbas IVbILaeVs Me FabrICarI Et EXornarI IVssIt, b. h.
Stephanus I. gebürtig von Koblenz, Abt dieser königlichen und befreiten
Kirche, Jubilar, ließ mich (diesen Saal) erbauen und ausschmücken 1608 —
und über der andern Thüre, die in ein Nebengemach führt,
wo ein viereckiger verschlossener Aufzug für die Speisen zur

---

[1] Die Namen dieser Wohlthäter und Förderer des Klosters sind auch zu lesen in
Summa Salemitana. Tom. I, Seite 29a—33.

[2] Kolbingen ist ein württembergisches Pfarrdorf unweit Mühlheim an der Donau.

Tafel aus der im erſten oder unterſten Stockwerk befind=
lichen Hofküche (Nr. 11), um dieſelben nicht herauftragen
zu müſſen, angebracht iſt unter einer auf den Krieg bezüg=
lichen Allegorie mit Nullus Salus Bello (Im Krieg iſt kein
Heil) ſteht:

Caesaris et Papae Quotquot Nitit Aula Figuris — Tot Pia Salemio
Jura Dedere Suo d. h. Alle die Kaiſer und Päpſte, deren Bildniſſe dieſen
Saal zieren, haben Salem heilige Rechte und Privilegien (Pia Jura) ver=
liehen — ¹)

in einem großen Wandgemälde daſelbſt Kaiſer Karl VI.
zu Pferd (1711—1740), darüber im Bruſtbild Papſt
Calixtus II. (1119—1124) und zu den Seiten des Ge=
mäldes in Standbildern die Kaiſer Conrad III. (1137
bis 1152) rechts und Lothar II. (1125—1137) links;
dann von da an, an der Wand — gegen die Altane des
Schloßgartens — bis zur Thüre zum ehemaligen Münz=
Cabinet (bei der Sommerabtei), über welcher es unter einer
auf den Frieden bezüglichen Allegorie heißt:

Pacem Te Poscimus Omnes d. h. Wir Alle bitten dich um Frieden
— in Standbildern die Kaiſer:

Rudolphus I. von Habsburg (1273—1291), Fridericus Pulcher oder Friedrich III. der Schöne, von
Oeſterreich (1314—1330), Fridericus Pacificus oder
Friedrich IV. der Friedliche (1440—1493), Carl V. (1519
bis 1558), Maximilian II. (1564—1576) und Ma=
thias I. (1612—1699)

und dazwiſchen in Bruſtbildern die Päpſte:

Paschalis II. (1099—1118), Innocenz II. (1130
bis 1143), Innocenz III. (1198—1216), Urban IV.
(1261—1264), Martin V. (1416—1431), Bonifacius

---

¹) Ueber die Päpſte und Kaiſer, welche Salem beſonders begünſtigten, ſiehe auch Summa
Salemkana. Tom. I. Tit. II. Cap. IV und zwar über die Päpſte Nr. 40, Seite 27a;
über die Kaiſer Nr. 45 Seite 28a. Diejenigen Päpſte, welche vor 1134 regierten
und deren Bruſtbilder dieſen Saal zieren, gaben dem Benediktiner= und Ciſterzienſer=
Orden überhaupt Rechte und Privilegien.

VIII. (1294—1303), und Innocenz XI. (1676—1689) —
ferner von jener Thüre an bis zur andern nach Osten,
über welcher es unter einer Allegorie auf den Sieg des
Christenthums über die heidnische Weisheit und Aufklärung
heißt:

Non Praevalebunt adversus Te v. h. Sie werden dich nicht überwältigen oder sie vermögen nichts wider dich —

in einem weitern Wandgemälde Kaiser Joseph I. zu
Pferd (1705—1711), darüber im Brustbilde Papst Clemens XI. (1700—1721) und zu den Seiten des Gemäldes
in Standbildern die Kaiser Ferdinand III. (1637 bis
1657) und Leopold I. (1658—1705) — und zulezt noch
von dieser Thüre an bis wieder zur Thüre Nr. 73 — an
der Wand, gegen den Sternenhof — die Standbilder der
Kaiser:

Ferdinand II. 1619—1637), Rudolph II. (1576
bis 1612), Ferdinand I. (1558—1564), Maximilian I.
(1493—1519), Albert II. (1438—1439) und Albert I.
(1298—1308)

sowie dazwischen wieder in Brustbildern die Päpste:

Clemens IX. (1667—1669), Stephan X. (1057
bis 1058), Sixtus V. (1558—1590), Hadrian VI.
(1522—1523), Innocenz IV. (1243—1254), Honorius III. (1216—1227) und Eugen III. (1145—1153).

Auch sind in den Ecken der Decke in Gyps gefertigte
vergoldete Köpfe aus den Zeiten der Assyrier, Perser,
Griechen und Römer zu sehen.

III. Die Sommer-Abtei oder Wohnung des Abts
zur Sommerzeit im nordöstlichen Eck des Prälatur-Baues,
gegen Kirche, Marstall und Hofgarten (Nr. 66—69), eine
heitere Wohnung mit eingelegtem Boden; im Eintritts-
zimmer an der Vertäfelung (lambris) unten die Namen und
Wappen von Wohlthätern des Klosters und gegen die Thüre
ein verborgener feuerfester Behälter; dann im Hauptzimmer

mehre Gemälde und fensterartige Spiegelwände, um die
Vorgänge beim Marstall, Thor u. f. w. bemerken zu können,
und noch ein Schlafzimmer, aus welchem man in die Sa=
kristei (Nr. 70) der ehemaligen Hofkapelle, und aus der
Sakristei in diese Kapelle (Nr. 71, sonst mit einem schönen
Altare portatile Tragaltar, jetzt leer) selbst kömmt. Daran
schließt sich das ehemalige Münz=Kabinet (Nr. 72) und dieses
führt dann in den vorigen Kaisersaal.

IV. Die Winter=Abtei oder Wohnung des Prälaten
zur Winterzeit (Nr. 82—85), ebenfalls in einem Vorbau
des jezigen Schlosses, nach Südwest, gegen den Schloß=
garten und die Säge, von einfachem Geschmack und nur
wenig verziert.

V. Das Zimmer Nr. 81, gegen den Obstgarten und
die Säge, mit Bildern fürstlicher Personen und mit einem
Gemälde, welches die Mitwirkung des Convents oder der
Brüder bei der Ernbte in den ersten Zeiten des Klosters
darstellt.

b) im zweiten Stockwerk.

VI. Die ehemalige Schazkammer Nr. 29, gegen die
Apotheke und den Marstall, jezt leer, aber darum zu be=
merken, weil Alles, vom untern Stockwerk herauf gewölbt
und feuerfest ist.

VII. Das Zimmer Nr. 33 über der Altane des Hof=
gartens, mit in 4 Glaskästen aus Wachs und Gyps gefer=
tigten sehr künstlichen Darstellungen des ersten Klosterbaues
und zwei auf Tischen befindlichen sehr schönen Holzschniz=
arbeiten über das alte Klausurleben.

VIII. Das Tafelzimmer Nr. 37 oder der große
Speisesaal für Gäste höhern Ranges und Standes, gegen
den Hofgarten und unter dem Kaisersaal, mit eingelegtem
Boden, mehren schönen Marmor=Bildhauer=Arbeiten und

zwei Metall-Defen von goldähnlicher Farbe, die zum Puzen auseinander geschraubt werden können.

IX. Das Winter=Refektorium oder der Speisesaal der Conventualen zur Winterszeit Nr. 49, zugleich ehemals das Musaeum der Patres, ein großer jezt leerer Saal gegen den Obstgarten und über dem Sommer=Refektorium.

X. Das Zimmer Nr. 61 gegen Kirche und Marstall, mit dem sehr interessanten Astrologium (Globus coelesticus) aus dem Kloster Petershausen bei Konstanz, mehren Funden aus den sog. Hünengräbern oder Harthügeln bei Stephans= feld, und mit dem in Erde nachgebildeten Kopf des öster= reichischen Oberst oder Generals Bartholomä Storr, welcher im 30 jährigen Kriege Ueberlingen, Bodmann, Stahringen u. s. w. occupirt haben und in Konstanz ge= storben und begraben sein soll. Das physikalisch=astronomische Cabinet selbst (von Salem und Petershausen) kam mit der dazu gehörigen Bibliothek 1807 an die Universität Freiburg. Hier in Salem war jenes Cabinet mit seinen Büchern ꝛc. im vierten Stockwerk, wo überhaupt die Mathematiker arbeiteten.

XI. Das Zimmer Nr. 63 gegen den Marstall mit mehren interessanten geistlichen und weltlichen Bildern, be= sonders aber mit einem merkwürdigen Congreß=Gemälde, das die, die Versammlung bildenden Bischöfe, Prälaten, Fürsten, Grafen und Herren mit ihren Trachten, Namen und Wappen enthält und wie die Rückseite sagt, von einem uralten Original 1788 durch den Lukas Konrad Pfandzelt, Pictor (jedenfalls kein Künstler) becopirt wurde. Ueber der Präsidial=Person steht: Aula Eberhardi IV., Mitis (der Milde) † 1417. Vielleicht ist es eine Versammlung, die auf Sprengung des Bundes der Schlegler 1395 veranstaltet worden war.

XII. Die Bibliothek=Säle zwischen dem Sternenhofe und dem Novizengarten, bei der Kirche, zwei übereinander befindliche, geräumige viereckige Säle im zweiten und ersten Stockwerk. Der obere, Nr. 56, hat sieben Deckengemälde, schöne Stukkatur = Arbeiten und eine rings herum laufende Gallerie mit hohen eisernen gemalten Büschelverzierungen und einem vergolbeten Eisengeländer, aus welchem Saal eine Holzstiege in den untern gewölbten Saal Nr. 23 des ersten Stockwerkes, gleich rechts neben dem Schloß = Haupt= Portal, führt. In diesen Sälen waren sonst die Bücher und Schriften in hübschen Glasschränken aufbewahrt und zwar enthielt der untere Saal in großer Anzahl die ältern theologischen und historischen Werke; der obere die Produkte der neuern Literatur und die seltenern Werke und Hand= schriften. Mit dieser Sammlung wurde später auch die Petershauser = Bibliothek vereinigt und 1827 wurden bann unter Großherzog Ludwig beide Bibliotheken um 10,000 fl. an die Universität Heidelberg verkauft; jetzt sind beide Säle leer und öbe.

Das Archiv Nr. 7, 8 und 9 zwischen der Hofküche und der Wohnung des Schloßaufsehers Benedikt Löhle, gleich über den Treppen der Altane des Hofgartens zur Aach; drei ineinander gehende Gewölbe mit Schränken angefüllt, worin die noch übrigen Bücher, Schriften und Urkunden 2c. von Salem und deren Herrschaft, sowie des Klosters Peters= hausen bei Konstanz aufbewahrt sind. Im dritten Gewölbe Nr. 9 steht über der Thüre: Quid Prodest Homini, Si Universum Mundum Lucretur, Animae Vero suae Detrimen-tum Patiatur. Ex Archivo Christi apud Mathaeum 16. Cap. b. h. Was nützt es dem Menschen, wenn er die ganze Welt gewinnt, aber an seiner Seele Schaden leidet! Aus der Sammlung Christi bei Mathäus Cap. 16. — und über einer andern Thüre: ConstantInVs Abbas praesens ArChIVVM renoVarI et Ita orDInarI IVssIt. Zu deutsch: Der gegen= wärtige Abt Constantin befahl das Archiv zu erneuern und zu ordnen 1732. Dabei ist das Wappen des Abts.

Das sog. Offizierszimmer Nr. 13 gegen Südost, nach dem Hof- und dem Obstgarten, früher das Speisezimmer der Offiziere, jezt Gährstube und Trottenhaus.

Das Sommer-Refektorium oder der Speisesaal der Conventualen im Sommer, (Nr. 20) im Vorbau des Novizenbaues, links von dem Brunnen, gegen den Obstgarten, mit von Klostergeistlichen gefertigten verschiedenen Heiligenbildern und Malereien, sehr schönen und kunstreichen Stukkatur-Arbeiten und Plafond-Gemälden und einem großen erbenen von Daniel Mayer, Hafnermeister in Steckborn 1733 gemachten Ofen, auf dem viele biblische Darstellungen und Klosterscenen gemalt und eingebrannt sind. Dieser Saal ist jezt für den evangelischen Gottesdienst eingerichtet. Außen ob der Thüre heißt es: HIC ManDVCate OVae ApponVntVr VobIs d. i. Esset hier, es werden Euch Eier vorgesezt (1727); und innen ob der Thüre: SI SatIs est, qnod edas, Id gratus sume, Memorque — PIs PaupertatIs SI nequId, Esse satIs; d. h. Wenn du genugsam zu essen hast, so genieße es dankbar und sei auch der Armuth, die nicht genug zu essen hat, eingedenk. Dabei befindet sich das Wappen des Abtes Constantin Müller von Konstanz.

Endlich sind noch der Besichtigung würdig:

Die sog. ehemaligen Fürstenzimmer Nr. 74—78 im dritten Stockwerk des Prälatur-Baues, wo fürstliche Gäste wohnten, und der gelbe und grüne Saal Nr. 86 und 87 daselbst gegen den Obstgarten, die früher Zellen waren, Markgraf Friedrich aber zu Sälen herstellen ließ; sowie der ehemalige Marstall beim untern Thor, mit Malereien und Statuen, wo es auf einer Tafel ob der innern Thüre heißt: Adolescens Joh. Georgius Brueder ex pago Neufraco, Salemio subditus oriundus. Penicilli sui in Italiae Partibus perficiendi cupidus. Itinerarium Stipem et Eleemosynam ex hac Pictura supplex collegit. — Zu deutsch: Der Jüngling Johann Georg Brueder, aus dem salemischen Orte Neufrach gebürtig, der in italischen Gegenden seine leibende Gesundheit herstellen wollte, bekam

demüthig bittend, durch diese Malerei Unterstützung und
Reisegeld.

Die Pfarrkirche.

Die Pfarrkirche, frühere Klosterkirche, Münster genannt,
ist derjenige schöne gothische Bau, der im Norden des Schlosses
liegt und seine nördlichen Theile miteinander verbindet. Fragt
man nach dem Baumeister, so wird man verlegen; wir wissen
nur, daß der Bau unter dem Abt Ulrich II. durch die
Klosterbrüder um 1278 aufgeführt und um 1310 vollendet
wurde. Die Brüder bauten nämlich damals ihre Klöster
und Kirchen meist selbst; sie besuchten das Ausland, wurden
oft in andere Klöster versezt, und — da man sich viel mit
der Baukunst beschäftigte, wurden sie mit dem Baustyl
bekannt und wandten ihn dann in ihrer Heimath an.

Die Kirche selbst ist ein Längenbau (oblonges Viereck),
mit der Richtung von West nach Ost,[1] hat die Kreuz=
form, um dadurch den Sohn des Menschen am Kreuze zu
vergegenwärtigen und wurde aus lauter Werkstücken von
grauem Sandstein im rein=deutschen, wie gesagt, gothi=
schen Styl erbaut. Der Steinbruch dazu soll beim Forster=
Hof gewesen sein, wie überhaupt noch an mehren Orten
hiesiger Gegend Sandsteine gefunden werden; allein wir
möchten bezweifeln, ob jener Steinbruch, der nachher ein=
ging, je so reichhaltig und geeignet gewesen war und glauben
eher, daß die Steine zur Erbauung dieser Kirche von Rorschach
hieher verbracht wurden, allwo der Molassesandstein (Tertiär=
formation) in großer Mächtigkeit vorkommt und seit undenk=
lichen Zeiten — wie bei unserer Kirche als Quaderstein —
zu Bauten benüzt wurde und noch wird. Der Haupttheil
der Salemer Kirche indeß ist derjenige Langbau, der in der

---

[1] Der Osten oder die Himmelsgegend, in welcher die Sonne aufgeht, sinnbildet nämlich
auch Jesum Christum, die aufgehende Sonne der Gerechtigkeit; daher schon in frühen
Zeiten die Kirchen wo möglich ostwärts gebaut wurden.

Mitte liegt, weit in die Lüfte aufragt und mit einem Giebel=
dach versehen ist; der andere Theil besteht in den starken,
gleichhohen und viereckigen Vorbauen zur Bildung des Kreu=
zes, und den dritten Theil machen die zwei niedriger liegen=
den langen Nebenbauten mit ihren Pultdächern aus. Alle
diese Theile haben zahlreiche Lichter: der Mittelbau nach
Norden und Süden je 10, die Vorbaue je 3 und die Neben=
oder Seitenbauten je 11, und zwar weisen alle diese Lichter
oder Fenster die Spizbogenform auf. Auch zeigen sich
zwischen den meisten Lichtern Widerhalter zur Befestigung
des Ganzen und nur die Vorbaue sind davon befreit; da=
gegen haben diese oben steinerne Geländer und zwischen
sich den Thurm, Dachreiter genannt, der auf seiner Spize
eine pfeilartige Wetterfahne und ein vergoldetes einfaches
Kreuz trägt. Ferner ist zu bemerken die westliche Fronte,
das Portal; sie hat zwei zum Theile durchbrochene starke
Pfeiler gegen den Druck von oben und macht uns überhaupt
ziemlich mit den Styleigenthümlichkeiten des Ganzen bekannt.
Oben sind verschiedene Ziersculpturen, darunter drei neben
einander befindliche Lichter, von denen besonders das mittlere,
größere, mehrpfostige Licht mit seiner Paßverzierung sich
sehr schön ausnimmt; hierauf folgt eine sog. Gurtung oder
ein Einfassungsgesimse und zulezt sind unten neben dem
Haupteingang nochmals zwei Spizbogenlichter mit schönem
Maßwerk verziert. Ueber dem Eingang selbst steht: Porta
S. S. Apostolorum Petri et Pauli. Quos recipit sacra
Porta Petri, quos Janua Pauli, grata tibi fundant Vota
Precesque Deus. Quando quidem Clavis non juvat ista
Petri. d. h. Hier ist die Pforte der heiligen Apostel Petrus
und Paulus. Diejenigen, welche durch diese Pforte des
Petrus und Thüre des Paulus eingehen, mögen dir o Gott
wohlgefällige Gebete und Gelübde darbringen, wenn der
Schlüssel des Petrus nicht schon genügend sein sollte. — Und
zulezt heißt es noch um ein dabei befindliches Leidenskreuz

mit den Marterwerkzeugen: O Christiane. In hoc Signo vinces Mundum, Carnem et Diabolum d. i. In diesem Zeichen o Christ besiegst du die Welt, das Fleisch und den Teufel. Das Klosterwappen dagegen, das in einer leichten Vertiefung angebracht war, verschwand. — Eine kleinere Thüre als zweiter Eingang ist in der nördlichen Kirchenwand und eine dritte im Süden führte zur Klosterzeit noch aus dem geistlichen Gottesacker oder Begräbnißplaz der Geistlichen, nachher Novizengarten genannt, zur Kirche. — Endlich hat auch die östliche Fronte der Kirche drei Spizbogen= lichter und wie die Vorbaue ein steinernes Geländer; dort aber glänzt noch über einem ausgezeichnet schönen Radfenster das Herz Jesu, das von großen messingenen vergoldeten Strahlen umgeben ist, worunter steht: St. Benedictus.

So steht dieser Bau im Aeussern vor uns da, erhaben über die Wechsel der Zeit und des Raums, groß in seiner Anordnung, schön in seiner Größe, herrlich in seiner Struk= tur, und es erfaßt uns eine ehrfurchtsvolle Bewunderung für das Mittelalter, das dieses Werk schuf, im Vergleich mit den Kirchenbauten unserer Tage, die in der Regel so leicht= fertig, so geschmacklos, so ohne alle Würde und christlichen Ausdruck, ja man möchte sogar glauben, ohne die nöthige Kenntniß der Symbolik und der kirchlichen Architektur zur Welt gebracht werden.

Zur Klosterzeit lag übrigens im Norden, gleich ausser= halb der Kirche auch noch der Gottesacker oder der Begräb= nißplaz der verstorbenen Klosterherren, nachdem der frühere, im jezigen Novizengarten, einging. Aus dieser Zeit stammt das am Vorbau befindliche eherne sehr schöne Crucifix, sowie das weiter gegen Osten in die Wand eingefügte steinerne Denkmal mit Wappen, aber keiner Schrift mehr; ' jezt dagegen ist dieser ehemalige Gottesacker in Anlagen ver= wandelt und statt Gräber sieht man dort Blumen und schönes Gesträuch. —

Und nun gehen wir über zur Betrachtung der Kirche im Innern.

Sie ist eine Basilika. Der hohe Bau, von dem wir oben gesprochen, theilt sich hier in Chor und in Haupt= schiff; die niedrigen schmälern Theile sind Abseiten der= selben und Neben= oder Seitenschiffe, an welche in die Vorbaue hinein zwei Empore (ehemals für Orgeln) ange= bracht sind. Beide Bautheile werden von je sechs starken Pfeilern getrennt, haben herrliche Kreuzwölbung, und an den Wänden der Seitenschiffe springen Strebepfeiler hervor. Vier Pfeiler sind namentlich groß, sie bilden die Vorbaue des Kreuzes, das in der christlichen Baukunst als Symbol gewählt wurde, und scheiden Langhaus vom Chor. Gehen wir durch sie, so befinden wir uns in lezterm, der 107½ Fuß lang, 34 Fuß breit, 74½ Fuß hoch ist und je von 4 Spizbogenfenstern erhellt wird, während das Langhaus oder Hauptschiff zu 106′ Länge, 32′ Breite und 76′ Höhe und die gleichlangen, aber nur 13½′ breiten und 32′ hohen Seitenschiffe je 6 solche Lichter oder Fenster aufzählen, so daß die ganze Kirche 213½′ lang, mit den 11 Fuß breiten Hauptpfeilern (die kleinern Pfeiler in den Abseiten des Chors sind nur 3 Fuß breit) 79½′ breit, mit den 1½′ hohen Chortreppen im Haupt= oder Mittelbau d. i. Chor und Schiff 76′ hoch ist, [1] und einschließlich der 6 Vorbau= und der 4 Portalfenster in Summe von 51 Fenstern oder Lichtern erhellt wird, die je nach ihren Standorten schmal und breit, mehr oder weniger verziert, theilweise sogar mit Vergol= dung bekleidet sind. — Der hochgewölbte Chor selbst steht gegen Morgen, enthält mehre Altäre, zahlreiche Chorstühle und erhebt sich wie gesagt um zwei Stufen oder Treppen

---

[1] Messung durch den Verfasser dieser Schrift, nach bad. Fußen. — Die Summa Sale- mitana Tom. II, Tit. XI, Nr. 3 Seite 452 dagegen hat folgende Messung der Kirche: ganze Länge 210′, ganze Breite 75′, Höhe 81′.

über den Boden des Schiffes; auch sind hier die Pfeiler
schwächer, weniger hoch, gekerbt und ähneln den Säulen,
indeß die Pfeiler im Schiff, welche die 12 Bogen tragen
und die Arkaden desselben bilden — breit, viereckig und
von weit größerer Stärke dastehen. So sind dann ferner
die Abseiten des Chors sehr von den Nebenschiffen verschie=
den; denn dort bilden 5 besondere zierliche Pfeiler noch zwei
weitere Wölbungen, was in den Neben= oder Seitenschiffen
nicht der Fall ist. [1] Endlich sind dort zugleich mehre Altäre;
in den Seitenschiffen nicht. Kurz, die ganze Einrichtung
und Construktion ist dort anders und gefälliger als da, wo
mehr Kraft und Stärke vorwaltet; wenn aber auch Mannig=
faltigkeit, Verschiedenheit in den Gliedern statt findet, so stört
dies doch keineswegs, weil alle mit der größten Sorgfalt,
aufs zarteste · mit einander verbunden sind und ungeachtet
der Verschiedenheit des Ausdrucks die Einheit des Eindrucks
doch nirgends außer Acht gesezt ist. — Ueberhaupt ist jeder
Einzelheit Ort und Maaß angewiesen: eine harmonische Ver=
bindung nach allen Richtungen sichtbar; Majestät paart sich
mit Anmuth, kühner Aufschwung mit besonnenem Maaßhalten;
ein wunderbares Zusammenwirken, ein tiefes geistiges Leben
quillt überall hervor, Geist und Herz zum Entzücken hin=
reißend; selbst da, wo der Typus einförmig, gleichartig zu
sein scheint, zeigt sich dem Beschauer eine geniale glückliche
Mischung. Mit einem Wort, eine bewunderungswürdige
wundervolle Wechseldurchdringung spiegelt sich in dem so
schönen, prächtigen Bau ab, in dem Verstand, Phantasie
und Begeisterung so wahrhaft, so würdig, so lebhaft aus=
gedrückt sind und zugleich Alles so gut, so fest zusammen
gefügt und vereint ist, daß Jahrhunderte das Bauwerk nicht
zu erschüttern vermochten. Mit Recht konnte daher jener

---

[1] Die Hauptpfeiler sind nämlich wie gesagt 11' breit; die Pfeiler in den Abseiten des
Chors nur 3' breit.

Cardinal, der nach dem **Apiarium Salemitanum** (Seite CCXIV) einmal den Tempel besichtigte, sagen: „Eine kostbarere Kirche hätte er zwar wohl gesehen, aber der gothi= schen Bauart nach, keine prächtigere, schönere und mehr proportionirte, als eben diese," — die doch nur von schlichten, einfältigen Mönchen, keinen Architekten oder studierten Baumeistern nach Art unserer Jetztzeit — aufgeführt wurde.

Nur eine Krypta oder unterirdische Kirche ist nicht vorhanden und auch mit Malereien ist die Kirche nicht aus= geschmückt; zwar nicht deßwegen, als ob man die Malereien verschmähte, sondern deßhalb, weil sie zu der Bauart nicht paßten und weil man den herrlichen durchgängigen gothischen Quaderbau nicht verdecken und dem Auge durch Gemälde verhüllen wollte. Wo es thunlich war, wie z. B. bei der Sakristei, an den Emporen, hinten bei der Orgel, wurden übrigens auch Gemälde gewählt; denn man wußte wohl, welchen Einfluß sie auf den frommen Sinn haben und daß gute Gemälde und Bilder zur Belebung der Fröm= migkeit sogar förderlich sein können; aber was an Gemälden abging, wurde auf andere Weise durch Kunstwerke, durch zum Ganzen passende Steinbilder ersetzt. Man betrachte nur die schönen kolossalen Standbilder der 12 Apostel, hoch oben unter den Fenstern, rechts und links im Hauptschiff, die so edel, so ehrfurchtsvoll, meisterhaft, charakteristisch ausgeführt sind, daß man sie schon nach ihrer Darstellung, wenn sie auch die Attribute nicht bei sich hätten, für Heroen des Christenthums halten müßte. Diese großartigen Stein= bilder sind, im Chor: Christus mit der Weltkugel und dem Kreuze — und Maria mit einem Sternenkranze; im Schiff rechts, Epistelseite vom Hochaltar her bis zur Orgel: Andreas mit dem nach ihm benannten schiefen Kreuze (An= dreaskreuz), Johannes mit einem Kelche, Jakobus der ältere (major) mit einer Walkerstange, Mathias mit einem Messer,

Simon mit einer Säge, Judas Thabäus mit einer Keule;
— links im Schiff, Evangelienseite vom Hochaltar her bis
hinten zur Orgel: Petrus mit dem Schlüssel, Jakobus der
jüngere (minor) mit einem Pilgerstabe, [1]) Mathäus mit
einer Lanze, Philippus mit einem Kreuzstab, Thomas mit
einem Winkelmaaß, Bartholomäus mit einem umgekehrten
Kreuze. — Das schönste, vorzüglichste und vollendetste aber
ist und bleibt das 40' hohe, 3' breite und mit Laubwerk
und verschiedenen Figuren gezierte sog. Sakramenthäuschen
im nördlichen Vorbau, Evangelienseite des Hauptaltars,
das die Liebe, den Glauben, die Sonne der christlichen
Kunst so warm, so unverkennbar ausspricht, daß heiliger
Schauer Einen bei Betrachtung dieses für sich bestehenden
Kirchleins durchbebt, in dem das Allerheiligste, das Sanctis-
simum, aufbewahrt wird.

Ueberhaupt ist es, als ob uns ein Hauch aus einer
höhern Welt bei Betrachtung dieses Tempels anwehe und
Niemand wird ihn verlassen, ohne sich zu gestehen, daß nur
eine Hingabe an das Ewige, Göttliche, ein kindlich gläubiger
Sinn, religiöse Begeisterung ein solches Haus Gottes zu
schaffen, herzustellen vermochte; kurz ein Gottesbau erfordert
Gottvertrauen und nur, wer wahrhaft auf Gott vertraut,
hat — nach dem Sprichwort — nicht umsonst gebaut.

Altäre sind 27: vier im Chor, je sechs in den Abseiten,
je fünf an den Pfeilern des Schiffs und ein Altar in einer
besondern Kapelle hinten nach Westen, bei der Orgel und
einem Ausgang in's Kloster= oder jetzigen Schloßgebäude.

Die Chor=Altäre sind:

1) Der Altar der heil. Verena (eingeweiht am 8.
September 1779) in einer Nische ganz vorn im Osten;
er hat in einem Wandgemälde Christus am Kreuze mit den Schächern, am
Fuße des Kreuzes Adam und Eva mit dem Apfel und der Schlange, auf

---

[1]) Die Mutter des Apostels Jakob des jüngern soll Maria Cleophä, eine Schwester der
seligsten Jungfrau Maria gewesen sein.

dem Altar die Bundeslade mit zwei Cherubinen und vor dem Altar in großen und schönen Marmorstandbildern, rechts (Epistelseite) Johannes und links (Evangelienseite) Maria. Dieser Altar enthält auch das heilige Grab.

2) Der Altar der heil. Erzengel Gabriel, Michael und Raphael (eingeweiht am 13. Oktober 1782) mit einem in Holz geschnitzten, vergoldeten Altarblatt, das eine Versuchung des jungen Bernhard durch den Liebesgott Amor mit Bogen und Pfeil, wie ihn die Heiden malten — darstellt, der aber von dem Erzengel Michael kopfabwärts gestürzt wird und so der fromme Jüngling vor Sünde und Laster bewahrt bleibt. Man sieht dabei ein Schloß, wo man zecht und unterhalb den heil. Bernhard, wie er mit einer Fackel aus demselben entrinnt.

3) Der Altar der heiligen Schutzengel (eingeweiht am 13. Oktober 1782) mit einer nochmaligen Versuchungsgeschichte Bernhards; hier aber in der Umgegend des Schlosses schleudert ein Donner= schlag das Laster und seine Lockungen nieder. Das geile Weib liegt mit Amor tödtlich getroffen zu Boden, während die übrigen Amoreten erblinden, so daß die reine und heilige Flamme im Herzen des Jünglings auch hier den Sieg über die Versuchung errang; daher reicht ihm sein Schutzengel einen Siegeskranz dar.

Alle drei Altäre haben einen großen, sehr schönen, kunstreichen marmornen Nebenbau, der zu oberst die Chor= Uhr, über dem Verena= und heil. Grab = Altar den gekreu= zigten Heiland, umgeben von seinen Jüngern, und die in den Himmel auffahrende seligste Jungfrau Maria enthält, zu der die Jünger mit Bewunderung und Staunen auf= blickten, unten aber die Worte vorzeigt:

Crucifixo Deo Sub Invocatione B. V. Mariae in Coelo Assumptae Consecratum; d. h. (dieser Altar) wurde dem gekreuzigten Gott unter Anrufung der in den Himmel aufgenommenen allerseligsten Jungfrau Maria geweiht —

über den beiden andern Altären sind in Basreliefs rechts: Jesus am Tische des Phärisäers Simon (Luk. 7, 36—50) links: Die fremden Götter werden von Jakob entfernt (Genes. 35, 2—5), beziehungsweise: die Israeliten verlassen die Vielgötterei und kehren zu dem einen Gott des Himmels zurück (Judith 5, 8—9). Von diesen Altären an stehen gegen den Hochaltar zu in zwei

Reihen die Chorstühle, je 47 an Zahl; sie haben über sich alt= und neu=testamentalische Darstellungen.[1]) Hierauf an die 4 Hauptsäulen gelehnt, welche die beiden Empore tragen, folgen 4 Pyramiden; die zwei vordern zeigen die Standbilder: rechts (Epistelseite) St. Bernhard, links (Evangelienseite) St. Benedikt, — die hintern gegen das Schiff und zwar die rechts (Epistelseite) dagegen: eine Gruppe von Todtenkörpern, wo ein Gerippe eine vier Fuß lange schwarze Marmortafel trägt, die in Schrift und Zahlen von vergoldetem Messing die Namen und Sterbejahre der 40 Aebte nachweist, die andere links (Evangelienseite) eine Gruppe von drei Personen enthält, deren eine den Stifter des Klosters Ritter Guntram v. Adelsreute neben einer Tafel knieend mit seinem Wappen (ein Widder), die andere den Kaiser Konrad III. der mit seinem Scepter auf die Schrift der Tafel zeigt und sie zu bestätigen scheint, und die dritte Person den Papst Innocenz II. unter welchem die Stiftung geschehen war, und bei dessen Fuße ein Salzgefäß mit dem Wappen des Erzbischofs Eber= hard II. von Salzburg des zweiten Stifters von Salem ist, darstellt. Die Schrift der Tafel selbst bezieht sich auf die Gründung und Fundation des Stifts und lautet wie folgt: „Anno Del Hominis CIↃCXXXIV Nobili Viro Guntramo

---

[1]) Diese Darstellungen sind:

Rechts (Epistelseite) Jesus treibt die Käufer zum Tempel hinaus (Math. 21, 12—14; Marc. 11, 15—17; Luc. 19, 45—47 u. Joh. 2, 13—17) — die Ein= weihung des Tempels (3. Könige 8, 62 u. 2 Paralip. 7, 8) — Jesaias wird zum Prophetenamte berufen und eingeweiht (Jesaias 6, 1—7) — Johannes sieht den Himmel offen (Offenbar. 4, 1—11) — Davids Volkszählung wird mit Pest bestraft (2. Könige 24, 13; 1 Paralip. 21, 10—16) —

Links (Evangelienseite) Aaron auf dem Berge Hor im Anblick des rothen Meeres (Num. 20, 25—30; Deuter. 32, 48—50) — Abrahams Opferung (Genes. 15, 9—13) — die Todten stehen auf (Ezech. 37, 1—11) — Maria besucht die Elisabeth (Luc. 1, 39—41) — die Zerstörung Jerusalems (4. König. 24, 10—15 u. Math. 24, 1—3, dann Luc. 19, 41—45).

de Adelsreite fundum donante, Conrado Suevo Romanorum Rege fun-
dante, B. Eberhardo cum sua Archiepiscopali Ecclesia Salisburgensi
Anno CIƆCCII fundationem consummante, Roma Anno CIƆCCCXXXIV
Pontificalibus et Mitra coronante, Deo Divaeque Matri Sacrum D. D.
D. stat, prima Imperii Romano Germanici Praelatura Salemium"
d. h. auf deutſch: Im Jahr der Menſchwerdung Gottes 1134 legte der
Edelmann Guntram v. Adelsreite den Grundſtock zu dieſer Stiftung, Konrad von Schwaben der römiſche König fundirte ſie, der ſelige Eberhard hat
ſie mit ſeiner erzbiſchöflichen Kirche Salzburg 1202 vervollſtändigt und Rom
ſie im Jahr 1334 mit den Pontifikalien und der Inful gekrönt. So beſteht
dieſes Stift, das Gott und der Mutter Gottes geweiht iſt (dat, donat,
dedicat, lateiniſche Weiheformel) und die erſte römiſch-königliche Prälatur
des teutſchen Reiches: Salem.

Alle dieſe Pyramiden mit ihren Darſtellungen, Denk-
malen und Statuen ſind aus Marmor und befinden ſich an
den vier Hauptpfeilern im Umfang des Hochaltars, der von
dem übrigen Chorraum durch ein ſchönes Gitter getrennt
iſt; denn auch dieſes Gitter, das mit Engelsfiguren, Vaſen
mit bibliſchen Geſchichten, [1] Laubwerk, Aehrenbüſcheln,
Trauben und Stand- und andern Leuchtern verziert iſt,
beſteht im Haupttheil aus Marmor und nur die Zwiſchen-
theile ſind aus Eiſen.

4) Der Haupt- oder Hochaltar ſelbſt, der zu Ehren
der heiligſten Dreifaltigkeit, der Muttergottes und der heil.

---

[1] Auf dieſen Vaſen ſind dargeſtellt:

1) Oben vom Hochaltar: Petrus verläugnet den Herrn; — Chriſtus vor dem
Hoheprieſter Innas; — Chriſtus vor dem Landpfleger Pilatus; — Chriſtus wird
gegeiſelt; —

2) Rechts vom Hochaltar, gegen die Sakriſtei: Chriſtus wird verhöhnt und ver-
ſpottet; — der Landpfleger übergibt Chriſtum zur Kreuzigung; — Chriſtus fällt mit
dem Kreuze; — Chriſtus wird in das Grab gelegt; —

3) Links vom Hochaltar, gegen das Sakramenthäuschen: Chriſtus am Oelberge;
— Jeſus weckt ſeine Jünger vom Schlafe und macht ſie auf ſeine nahe Gefangen-
nehmung aufmerkſam; — Jeſus wird gefangen genommen; — der Hoheprieſter
Caiphas zerreißt ſeine Kleider; —

4) Unten vom Hochaltar, gegen das Schiff: Die Darſtellung Jeſus im Tempel;
— der Kindermord des Herodes; — die Anbetung der Weiſen aus Morgenland oder
die heil. drei Könige; — Johannes in der Wüſte.

Apostel Peter und Paul, von Abt Anselm II. am 13. November 1751 eingeweiht wurde, — ist ebenfalls aus Marmor, 17 und mit seinen Treppen 22′ lang, 9′ breit; der Mosaikboden aber auf dem er ruht, von einem Theil des Gitters bis zum andern 47′ lang und 37′ breit. Dieser Altar enthält im Relief die Fußwaschung (Joh. 13, 5—8), und das heil. Abendmahl. Dann befindet sich auf ihm noch eine von 6 röthlichen Marmorsäulen getragene Halle (Tabernakel) zur Aussezung des Sanctissimums, während rechts und links darum je drei kolossale über 7′ hohe aus röthlich gelbem goldähnlichem Metall gegossene Stand= und andere kleine Leuchter stehen. Zu oberst auf der Halle steht das Crucifix.

Die 12 Altäre in den Abseiten sind und zwar

a) nach Süden, gegen den Novizengarten und auf der Sakristeiseite:

1) der Altar aller Engel und Heiligen, zunächst dem Erzengel = Altar, (eingeweiht am 13. Oktober 1782) mit einem Reliefbilde als Altarblatt, auf dem ein Engel mit der einen Hand einen Mönchen führt und mit der andern auf eine darüber befindliche Kirche weist, aus der vom Berg herab eine weibliche Person kommt; dann steht über diesem Bilde eine Urne, neben welcher rechts und links Engel Kränze winden und zu oberst ist nochmals ein Engel, der aber ein Kind führt und mit der andern Hand zum Himmel deutet.

2) Der Altar des heil. Josephs, neben jenem (eingeweiht am 13. Oktober 1782) mit der in einer Nische befindlichen Statue des heil. Nährvaters Joseph, der das göttliche Kind in den Armen hält; zu oberst sieht man Zimmermannswerkzeuge, als Sinnbild des Handwerks, das Joseph getrieben haben soll.

3) Der Altar des heil. Firmus, der nächste von jenem, an der Südwand (eingeweiht am 25. März 1784) mit dem Leib dieses Heiligen, der, weil er — unter Kaiser Maximilian — den heidnischen Göttern nicht opfern wollte, die qualvollsten Martern erdulden mußte und zuletzt zu Rom enthauptet wurde, wie das Reliefbild darstellt. Ob dem Altar ist sein Standbild und zwar als römischer Bürger. Der Leib des Heiligen selbst wurde erst um 1708 hieher gebracht, nach Er-

bauung des Klostergebäudes; der Gedächtnißtag des heil. Firmus dagegen ist nach dem römischen Martyrologium, jährlich am 1. Juni.

4) Der Altar des heil. Felix, zunächst jenem (eingeweiht am 25. März 1784) mit dem Leib des heil. Felix, der ebenfalls unter Kaiser Maximilian (?) zu Rom gemartert und hingerichtet worden sein soll. Auch hier stellt das Reliefbild diese Hinrichtung, welcher der Statthalter auf seinem Richterstuhl zusieht, dar; das Standbild aber, zu oberst, zeigt den Heiligen als Krieger. Dieser heil. Leib wurde 1736 hieher gebracht und am 11. August 1737 zur Verehrung ausgestellt.

5) Der Altar des heil. Homobeus, zunächst jenem (eingeweiht am 25. März 1784) mit dem Leib dieses Heiligen. Das Reliefbild zeigt, daß er von Soldaten mit Knoten (Knotenstöcken, Knitteln) erschlagen wurde. Auch das Standbild stellt den Märtyrer mit einem solchen Knotenstock dar. Der heil. Leib selbst wurde um 1708 hieher gebracht; das Fest des heil. Homobeus (Homo-Deus) aber wird jährlich am 22. September gefeiert.

6) Der Altar der schmerzhaften Mutter des Herrn, an dem Pfeiler, unter der Empore, bei der Sakristei (eingeweiht am 28. Oktober 1780) mit dem Reliefbilde: Maria bei Elisabeth, worüber die merkwürdige Statue der Muttergottes — das Herz von einem Schwert durchbohrt — sich befindet, nach oben dagegen Engel einen Sternenkranz mit Scepter und Krone für sie halten, und unterhalb steht: Amaritudine replevit me Omnipotens. Ruth 1, 20, d. h. der Herr hat mich mit Bitterkeit erfüllt, während man auf der Vorderseite des Antipendiums die Grablegung Christi sieht.

Bei diesem Muttergottesbilde sollen sich im Schwedenkriege wunderbare Dinge zugetragen haben.

Als nämlich Gustav Horn am 16. Mai 1634 die Belagerung von Ueberlingen aufhob, heißt es [1] — kamen mehre Soldaten, die auf Raub und Plünderung ausgingen, nach Salem. Sie sahen in der Klosterkirche das schmerzhafte Bild weinen und wunderten sich sehr. In der Meinung, der Maler hätte so künstliche Thränen gemacht, holten sie eine Leiter, auf der ein Soldat hinaufstieg und die Thränen wegwischte; aber so oft er wischte, immer kamen neue Thränen zum Vorschein. Jetzt wurden die Soldaten von Schrecken befallen, stunden von der Beraubung der Altäre ab, flohen davon und bekräftigten die Wahrheit ihrer Erzählung sogar eidlich.

---

[1] Apiarium Salemitanum. Seite CCVIII bis CCX.

Ein andermal, als der Feldmarschall Horn mit seiner Armada sich zu Pfullendorf, Wangen und Umgegend aufhielt, kamen wiederum etliche Soldaten nach Salem. Da stieg Einer muthwilliger Weise zu dem Bilde hinauf, zog sein Schwert und forderte die Muttergottes mit dem ihrigen zum Streit heraus. Aber alsbald fiel er zu Boden, schrie, wie wenn er gebrannt wäre und gab, nachdem er nach Pfullendorf zurück gebracht worden war, unter großem Geschrei seinen Geist auf.

Das letzte Wunder soll es 1697 gethan haben, wo es durch große Betrübniß den Klosterbrand anzeigte.

b) **Nach Norden, gegen die Anlagen und den sog. langen Bau:**

1) **der Altar der heiligen Aebte und Ordens= stifter Benedikt und Bernhard, zunächst dem Schutz= engel=Altar (eingeweiht am 13. Oktober 1782)** mit einem Reliefbilde als Altarblatt, auf dem das Pferd eines Reiters stürzt und dieser in Gefahr schwebt, zu verunglücken; da erscheint ein Engel, der ihn beschützt und zugleich auf eine Kirche hinzeigt, zu der ein Bruder mit einer Hacke in der Hand, von seiner Feldarbeit ermüdet, den Berg hinaufsteigt und in sein Kloster zurückkehrt. Es soll dies Bild die Begebenheit eines Grafen von Montfort darstellen, der die Stiftung hieher machte, daß alle Rittersleute und Fremde, wofern sie hier einsprechen, eine Nacht unentgelt= lich traktirt würden.

2) **Der Altar des heil. Sebastian, neben jenem (eingeweiht am 13. Oktober 1782)** mit der in einer Nische befind= lichen Statue des heil. Sebastian, geboren zu Narbonne in Gallien (Frank= reich) und nachher Hauptmann einer Abtheilung der kaiserlichen Leibwache zu Rom, welcher, da er Christ war, vom Kaiser Diocletian mauritanischen Bogenschützen übergeben wurde, die auf ihn schießen mußten; daher ist der Heilige von Pfeilen durchbohrt dargestellt; Sebastian war jedoch damals noch nicht todt, erst später, am 20. Januar 288 wurde er mit Kolben= schlägen getödtet. Zu oberst des Altars sieht man Schild, Helm und Schwert, die Embleme des Kriegers, welche den Stand des Sebastianus bezeichnen.

3) **Der Altar der heil. Clementina, der nächste von jenem, an der Nordwand (eingeweiht am 13. Oktbr. 1783)** mit dem Leib dieser Heiligen, die einst in Afrika um des christlichen Glau= bens willen gemartert, enthauptet und von Chartago nach Rom verbracht wurde. Man sieht auf dem Reliefbilde das Tribunal mit dem Präfekten,

von Soldaten umgeben, wie er den Befehl gibt, die Christin durchs Schwert
hinzurichten, und oben die Statue der heil. Clementina, deren Gedächt=
nißtag am 17. December jährlich gefeiert wird.

4) Der Altar der heil. Valentina, zunächst jenem
(eingeweiht den 13. Oktober 1783) mit dem Leib dieser Heiligen,
die der Statthalter, nachdem sie standhaft bei ihrem Glauben an Christum
verblieb und keine Peinigung sie davon abzubringen vermochte, ebenfalls vom
Leben zum Tod durchs Schwert bringen ließ. Das Relief stellt auch diese
Enthauptung dar. Rechts ist der Thurm, in dem sie eingekerkert war, links
der Prokonsul, der von seinem Richterstuhl der Hinrichtung zusieht und über
der Heiligen ein Engel, der ihr den Siegeskranz bringt. Der heil. Leib
selbst kam mit den Leibern der hl. hl. Firmus und Homodeus im Jahr 1708
hieher und wurde wie diese am 14. September 1710 zur öffentlichen Ver=
ehrung ausgestellt.

5) Der Altar der heil. Faustina, neben jenem
(eingeweiht den 25. März 1784) mit dem Leib der heil. Faustina,
die zu Rom des christlichen Glaubens wegen den Märtyrertod erlitt. Weil
sie sich weigerte, den Göttern zu opfern, befahl Maximian sie zu enthaupten.
Als dies geschah, schwebte ein Engel auf sie herab und brachte ihr den
Siegeskranz; das Götzenbild dagegen stürzte zusammen. Jetzt ergriff Furcht
und Schrecken den Tyrannen und Götzenpriester, die mit dem Liktor der
Hinrichtung beiwohnten und den Engel über der Heiligen sammt dem zu=
sammenfallenden Götzenbild sehen. Alles dies versinnbildet gar schön das
Reliefbild auf dem Altar, während zu oberst die Statue der Heiligen steht.
Ihr Leib selbst wurde mit dem Leib des heil. Felix hieher verbracht und
am 11. August 1737 zur öffentlichen Verehrung ausgesetzt; ihr Gedächtnißtag
aber fällt nach dem röm. Märtyrologium auf den 9. Juli.[1]

---

[1] Alle diese heiligen Leiber (Firmus, Felix, Homodeus, Clementiana, Valentina und
Faustina) waren früher mit Gold, Silber, Perlen und Edelsteinen kostbar gefaßt und
geziert, ruhen aber jetzt ohne Schmuck in bleiernen Särgen. Papst Innocenz XI.
ließ die der Heiligen Firmus, Homodeus und Valentina aus den Coemeterien der
heil. Ciriacus und Calepodii ausgraben und schickte sie nach dem Aufbau des neuen
Klosters dem Abt Stephanus I. zum Schmuck und zum Schutz des Münsters und
Klosters zu.

Ueber die Heiligen Firmus, Homodeus und Valentina siehe: „Sieg und Glor=
reicher In Galmansweyler Eingeführter Triumph=Wagen rc. In Trul herausgegeben
Galmansweyler durch Jakob Müller 1712". —

Ueber die Heiligen Faustina und Felix: „Eigentlich= und Wahrhaffte Beschrei=
bung der von den Hochwürdigen jetzt regierenden Reichs=Prälaten und Herrn Herrn

6) Der Altar Salvatoris et sacratissimi Cordis ejus, an dem Pfeiler unter der Empore, beim sog. Sakramenthäuschen (eingeweiht am 28. Oktober 1780) mit folgenden Darstellungen: unten, am Antipendium, das Grab Christi zur Zeit seiner Auferstehung; — hierauf Christus am Oelberge, wie er in seinem Seelenschmerze von einem Engel gestärkt wird, indeß der Kelch des Leidens auf den Wolken sich zeigt; — dann über dem Altartische sieht man ein Ecce Homo-Bild mit dem Rohrstabe in der Hand, wobei es heißt: Videre, si est dolor, sicut dolor meus. Thren. I, 12, d. h. Siehe, wo ist ein Schmerz, der dem meinen gleich ist. Threni oder Lamentationes Jeremiae. Cap. I, Vers 12, — und zulezt, darüber, erscheinen Engel, die auf Wolken Kante und Becher tragen. Alles eine sehr schöne Arbeit, voll Kunst, Würde und Ausdruck.

Die 10 Altäre an den Pfeilern des Schiffes sind und zwar:

a) gegen Norden, von der Kanzel an nach dem Portal:

1) der Altar des heil. Kreuzes, zunächst der Kanzel (eingeweiht am 1. September 1780 *) mit einem großen Reliefbilde in Marmor, welches die Abnahme Christi vom Kreuze darstellt. Dabei sind Maria und Magdalena und Joseph von Arimathäa, der für den Heiland ein Felsengrab bereit hält; auf abgestumpften Säulen sind Engel mit dem Speer und dem Schwamm, sowie der Hahn, von dem der Herr bei Mathäus und Markus spricht (Evangel. Math. 16, 34 und Mark. 14, 30) — und zu oberst tragen Engel das Schweißtuch. Das Ganze ist ebenfalls eine ausgezeichnet schöne Arbeit. Der entblöste Leichnam wird langsam und vorsichtig herabgelassen; bei den Frauen sieht man den Ausdruck des tiefsten Schmerzes, und Joseph von Arimathäa harrt mit der innigsten Theilnahme am Fuße des Kreuzes, um den Leichnam zu empfangen und ihn dem Grabe zu übergeben. Zulezt sind auf den zwei Urnen, die sich auf den Pfeilern an den Altarstufen befinden, noch dargestellt: das Brandopfer Abrahams (Genesis 22, 2—14), die eherne Schlange des Moses (Numeri 21, 6—9), die Himmelfahrt Christi und die Sendung des h. Geistes.

Constantino :c. Ingehaltten und den 11. August 1737 hochfeyrlich begangenen Uebersezung Derer In seinem Reichs - Stifft und Münster nunmehr Ruhenden Heiligen Blut-Zeugen Felix und Faustina. Gedruft Gestanz bei Joseph Anthoni Labhard, Stadtbuchdruker. 1739.“ —

2) Der Altar der heil. Diakone und Märtyrer Laurenz und Vincentius, zunächst jenem (eingeweiht am 1. September 1780), mit dem Reliefbilde: der heilige Johannes als Kind. Elisabeth hat dasselbe aus dem Ruhebettlein auf ihre Arme genommen und liebkost es, während Jehova von Engeln umgeben, über ihm schwebt und Zacharias neben der Wiege in einem Buche liest, auf dessen Blatt steht: Magnificat Anima mea Dominum, d. h. Meine Seele preiset den Herrn. Luk. 1, 46. Darüber befindet sich im Stand-bilde nochmals die Base Elisabeth mit dem kleinen Johannes; zu den Seiten aber sind die Statuen: rechts (Epistelseite) der heil. Vincenz, der durch den Statthalter Dazian zu Saragossa in Spanien 304 — und links (Evangelienseite) der heil. Laurenz, der im Jahr 258 zu Rom den Martertod erlitt.

3) Der Altar des heil. Antonius des Großen, Abt und Einsiedler, und des heil. Antonius von Padua, unterhalb jenem (eingeweiht am 19. December 1779) mit den Standbildern rechts (Epistelseite) Anton von Padua und links (Evangelienseite) Antonius, Abt und Einsiedler mit der Glocke.

Das Reliefbild stellt die Geschichte des heil. Antonius von Padua mit einem verschmitzten Albigenser in der Umgegend von Toulouse dar, der die Gegenwart Gottes im heil. Altarsakramente nicht eher glauben wollte, als bis ihm Antonius dieses durch ein Wunder beweise. Dies wurde versprochen. Der Häretiker nahm sein Maulthier und sperrte es drei Tage lang ein, ohne ihm zu fressen zu geben. Hierauf führte er das hungrige Thier hinaus, das Futter in der andern Hand haltend. Der heil. Antonius feierte in einer Kapelle das Meßopfer. Nach geendeter Messe begab er sich ebenfalls auf den Platz hinaus, indem er die heil. Hostie, den Leib des Herrn, in den Händen trug. Da angekommen, gebietet er Stillschweigen, tritt zum Maulthier hin und spricht: „In Kraft und im Namen deines Schöpfers, den ich Unwürdiger wirklich in Händen halte, befehle ich dir Maulesel, daß du alsbald demüthiglich herbeikommst und Ihm die gebührende Ehre erweisest, damit die häretische Bosheit erkenne, daß jegliche Kreatur ihrem Schöpfer, den der Priester auf dem Altar opfert, unterworfen ist." — Das hungrige Thier, dem man mittlerweile Futter reicht, läßt dieses auf das Wort des Dieners Gottes unberührt liegen, wirft sich vor dem hochwürdigsten Gute auf die Knie nieder und neigt den Kopf zur Erde. Da zogen sich die Häretiker beschämt zurück; jener aber, welcher dieses wunderbare Schauspiel veranlaßte, verließ sogleich seine Sekte und wurde ein gehorsamer Sohn der katholischen Kirche. (Bolland. 13. Juni.)

Zu oberſt iſt eine große Urne, auf welcher in Relief eine Verſuchung des heil. Antonius des Einſiedlers durch den Teufel dargeſtellt iſt.

4) Der Altar der heil. Maria Magdalena und der heiligen Afra, Agatha und Margaretha, zweit⸗ lezter Altar gegen das Portal, (eingeweiht am 25. No⸗ vember 1781), mit dem Reliefbilde: Chriſtus erſcheint nach ſeiner Auf⸗ erſtehung der Maria Magdalena als Gärtner (Joh. XX. 14—17). Eine ſehr ſchöne Arbeit. Dabei hat Chriſtus einen Hut auf dem Haupt und eine Schaufel (Grabſcheit) in der Hand, indeß Maria knieend ihre Hände nach ihm ausſtreckt, um zu erfahren, wohin man den Herrn gelegt habe; Chriſtus jedoch ſteht mit mildem Ernſt da und wehrt ihr ab, ihn zu berühren. Im Hintergrunde ſieht man den Felſen mit dem Eingang zur Grabhöhle, über den ein leichtes Gewölke hinzieht, und zu oberſt halten zwei Engel das triumphirende Kreuz.

5) Der Altar der heil. Apoſtel Thomas und Bartholomäus, ſowie der heiligen Märtyrer Georg, Chriſtoph und Stephanus und dann noch der heil. drei Könige, lezter Altar auf der Nordſeite (eingeweiht am 25. November 1781) mit den Standbildern: rechts (Epiſtelſeite) der heil. Diakon Stephanus mit etlichen Steinen auf dem Arm, als Zeichen, daß er — wie der heil. Apoſtel Barnabas — von den Juden geſteinigt wurde; — links (Evangelienſeite) der heil. Bartholomäus mit einem Meſſer, als dem Werkzeug, womit er zu Albancpolis geſchunden worden war. Dabei iſt dann noch ein Reliefbild, welches den Weltweiſen, heil. Juſtin darſtellen ſoll, wie er zu Rom öffentlichen Unterricht in der Religion ertheilte.

b) gegen Süden, nach dem Novizengarten,

1) der Altar des heil. Johannes Baptiſt des Täufers, zunächſt der Sakriſtei, (eingeweiht am 1. Sep⸗ tember 1780), mit einem großen Reliefbilde: die Taufe Chriſti am Jordan, wobei Gott Vater auf Wolken von Engeln umgeben und der hl. Geiſt in Geſtalt einer Taube erſcheinen, während zu oberſt das Lamm Gottes ſich zeigt und auf dem Altar ſelbſt die aus Birnau hieher verſezte Mutter Gottes zur Verehrung vorgeſtellt iſt, die in frühern Zeiten ſo viele Gnaden und Wunder gewirkt haben ſoll. [1] Die zwei

---

[1] Ueber dieſe Gnadenbezeugungen und Wunder ſiehe: Apiarium Salemitanum. Crite CXCVI und Summa Salemitana. Tom. LII, Tit. 12, Sectio 7, Seite 59a—74.

Urnen auf den Pfeilern an den Altarsstufen enthalten: Jesus erscheint dem Thomas (Johannes 20, 24—28); Jesus befreit die Gerechten aus der Vorhölle oder dem Fegfeuer; Adam und Eva im Paradiese, und der Priester Melchisedech opfert Brod und Wein (die dabei befindlichen Soldaten sind Thürhüter).

2) Der Altar der wunderbaren Empfängniß Mariä, der Kanzel gegenüber (eingeweiht am 1. Sept. 1780), mit dem Reliefbilde: die Anbetung Jesu durch die Hirten (Luk. II, 15—20), wobei man über der Krippe eine Schaar Engel schweben sieht, die in den Lüften ein Band halten, auf dem zu lesen ist: Gloria in Excelsis Deo, d. h. Ehre sei Gott in der Höhe (Luk. II, 14). Dann folgt im Standbilde mit dem Jesuskindlein auf dem Arme, Maria die Gebenedeite, der zur Seite zwei Engel sind, von denen der eine ihr als Himmelskönigin Krone und Scepter entgegenhält, der andere seine tiefste Ehrfurcht zu erkennen giebt, und unten, zu den Füßen Mariä ist der Halbmond (nach der Offenbarung an Johannes XII, 1, wo es heißt: Sie hatte den Mond unter ihren Füßen, und auf ihrem Haupte eine Krone mit zwölf Sternen).

3) Der Altar der heil. Kirchenlehrer und Kirchenväter: Papst Gregor I., der Große; die Bischöfe Augustin und Ambrosius, und der Presbyter Hieronimus, an dem dritten Pfeiler (eingeweiht am 19. December 1779). Die dabei befindlichen Statuen sind: der heil. Papst Gregor I. und der heilige Bischof Ambrosius; zwischen ihnen sieht man die dreifache Papstkrone (Tiara) mit den Himmelsschlüsseln, die der Herr dem Apostelfürsten Petrus und seinen Nachfolgern anvertraut hat (Matth. 16, 19), sowie darüber den heil. Geist in Gestalt einer Taube, und zu oberst den heil. Evangelisten Markus mit dem Kreuze und dem Löwen, zu welchem Evangelisten der heil. Petrus große Neigung und Hochachtung hatte.

4) Der Altar der heil. Barbara, Dorothea und Katharina, Jungfrauen, der nächste von jenem, gegen die Orgel, (eingeweiht am 25. November 1781), mit dem schönen Reliefbilde: die Marter der heil. Jungfrau Katharina, die der römische Kaiser Marimin Daja im Jahr 307 tödten ließ. Man sieht neben der Heiligen das mit spitzigen und scharfschneidenden Instrumenten versehene Rad, das ihren Körper zerstückeln sollte, jedoch von einem Engel während der Marter zertrümmert wurde. Zu oberst tragen Engel ein Schwert, als Zeichen, daß die Marterin durch das Schwert umkam. Ihr Gedächtniß wird am 25. November gefeiert.

5) Der Altar der heil. Bischöfe Gebhard, Kon=
rad und Nikolaus, der heiligen Aebte Columban und Gallus,
und des hl. Martyrers Johann v. Nepomuk. Lezter Altar (ein=
geweiht am 25. November 1781) mit den Standbildern rechts (Epistel=
seite) Johann v. Nepomuk, links (Evangelienseite) heil. Nikolaus und
dann noch mit dem Reliefbilde: die Wiederherstellung oder Gesund=
machung eines Peststerbenden durch den heil. Cyprian, Bischof von Kar=
thago, des berühmten Kirchenvaters, den der Statthalter Galerius Marimus,
weil er den Göttern nicht opfern wollte, am 14. September 258 enthaupten ließ.
Auch der heil. Dionysius, Bischof zu Alexandrien, hat übrigens solche Pest=
kranke und Sterbende gesund gemacht.

Dann ist noch ein Altar in der Taufkapelle, hinten,
neben dem Portal, der am 25. November 1783 zu Ehren
der heil. Felicitas mit ihren sieben Söhnen eingeweiht wurde.
Dieser Altar ist jedoch einfach, hat nur ein Crucifix und
zwei kleine und zwei größere Engel. Ferner ist in dieser
Kapelle der Taufstein mit dem Taufbecken an der Nordwand,
da, wo eine Thüre zu Chor und Orgel hinaufführt.

Alle diese von Abt Robert eingeweihten Altäre, sowie
ihre meisten Standbilder sind von Marmor und sehr schön
gearbeitet; allein sie sind zu modern und passen nicht zu
dem gothischen Baustyl der Kirche. Man bewundert wohl
die kunstvolle Arbeit; aber wird auch durch die Fülle der
Altäre und anderer Marmor=Verzierungen, die überall in
dem Tempel angebracht sind, ermüdet, so daß man lieber
weniger und der Kirche entsprechende d. h. ihrem Styl an=
passende Altäre und Verzierungen wünscht. [1])

Die Gemälde stellen dar und zwar

1) die an der Südwand bei der Sakristei:

a) mit der Umschrift: Laudate Dominum Omnes Gentes, Laudate Ejum
Omnes Populi (Lobet den Herrn alle Völker, lobet ihn alle Nationen,
Psalm 116) — eine Allegorie über die Verehrung und An=

---

[1]) Ueber die alten Altäre und deren Namen siehe: Summa Salemitana. Tom. II.
Seite 484a bis 503.

betung des allmächtigen Vaters durch die verschiedenen
Menschen und Völker der Erde;

b) mit der Umschrift: Laudate Dominum Omnes Angeli Ejus, Laudate
Ejum Omnes Virtutes Ejus. (Lobet den Herrn alle seine Engel, lobet
ihn alle seine Kräfte. Daniel 3, 58 und 61 und Psalm 148, 2) —
eine Allegorie auf die Macht, Größe und Hoheit des
Schöpfers, dem Preis und Ehre von Ewigkeit zu
Ewigkeit sei;

c) das mittlere Bild mit der Umschrift: Sistite Coelestes Paranymphi
Carmina! Tantum — Corda Deum, non Chorda Juvant. Si con-
sona Chordis — Vestra Mihi Sponso Pausa Loquente Placet —
Corda Decent Faciunt Organa Tacta Melos. (Höret auf zu singen
ihr himmlischen Brautführer! Nur die Herzen, nicht das Saitenspiel
erfreuen Gott. Auch gefällt es mir, daß, so lange der Bräutigam
spricht, das Musikinstrument schweige, nachher aber mag einen schönen
Gesang die Orgel begleiten.) — Eine Allegorie auf die Würde
und Hoheit des Gebetes, das alle Musik übertrifft und
allen Liedern und Gesängen vorangehen soll.

2) Die an der Decke unter der Empore bei der
Sakristei:

a) mit der Umschrift: Benedicat Terra. Ignis et Aestus Domino. (Es
preise den Herrn die Erde, das Feuer und die Hitze. Daniel 3, 66 u. 74) —
eine Allegorie auf die fruchtbare Erde, die nach dem
Willen des Allmächtigen zur bestimmten Zeit reichliche
Nahrung für Menschen, Thiere und alles Lebendige her-
vorbringt, sowie auf die verschiedenen Jahreszeiten, deren
jede in bestimmter Zeit auf die andere folgt. Dabei sieht
man ein weibliches Bild, welches das persische Volk versinnlichen soll, das nach der Lehre Zoroasters (Zerdutscht)
die Sonne als Sinnbild der Gottheit betrachtet und in
den Tempeln ein immerwährendes Feuer unterhält;

b) mit der Umschrift: Benedicite Aquae Omnes et Spiritus Dei Domino
(Preiset den Herrn alle Gewässer und alle Winde Gottes. Daniel 3,
60 und 65) — eine Allegorie auf die verschiedenen Gewässer der Erde, die alle nach seinem Willen geordnet sind
und seinen Befehlen gehorchen, sowie auf die Winde, welche

zu unferm Nuzen bienen und sich gegenseitig nicht in ihren
Verrichtungen hindern. Dabei sieht man ein weibliches
Bild mit einem Pfau und einem andern Thierchen;

c) mit der Umschrift: Benedicite Omnes Volucres Coeli, Bestiae et
Pecora Domino. — Benedicite Omnia Opera Domini Domino.
(Preiset den Herrn alle Vögel des Himmels und alle wilden und
zahmen Thiere. Preiset den Herrn ihr alle Werke des Herrn. Daniel 3, 57 und 80—81) — eine Allegorie auf die verschie=
denen Thiere der Erde, die alle nach dem Willen des
Herrn des Weltalls in Eintracht und Friede unter sich
leben und die ganze Natur in der von dem Schöpfer
festgesezten Ordnung besteht.

3) Die an der Decke unter der Empore beim Sa=
kramenthäuschen:

a) mit der Umschrift: Laudate Dominum Omnes Gentes. (Lobet den
Herrn alle Volksstämme) — eine Allegorie zu 1, nämlich alle
Nationen und Stämme sollen die Macht, Güte und
Weisheit des Schöpfers rühmen und preisen. Die Bilder
mit dem Löwen und Krokobil stellen die wilden afrika=
nischen und asiatischen Völker dar;

b) mit der Umschrift: Laudate Ejum Omnes Populi. (Lobet ihn alle
Nationen) — eine Allegorie zu 2, daß alle Nationen und
Völker von den unzähligen Wohlthaten des Schöpfers
und großen Werkmeisters der Natur durchdrungen sein
sollen. Hier bezeichnen die Bilder mit den dabei befind=
lichen Pferden die europäischen und christlich=asiatischen
Völker;

c) mit der Umschrift: Benedictio et Honor et Gloria et Potestas (d. i.
Preis, Ehre, Ruhm und Macht sei ihm, dem Herrn der Herren. Nach
Daniel 7, 13, 14 und 27) — eine Allegorie auf die Ver=
gänglichkeit der Macht und Größe der Herrscher auf
Erden gegenüber der ewigen Macht und Größe Gottes;
daher sollen alle Könige und Fürsten vor ihm nieder=
fallen und ihre Zuflucht zu seinen Erbarmungen nehmen,
dem Preis und Ehre von Ewigkeit zu Ewigkeit gebührt.

Die dabei befindlichen Thiergestalten beziehen sich auf
die vier großen Propheten (Isaias, Jeremias, Ezechiel
und Daniel) und auf die vier Evangelisten; das Buch
mit dem Lamm aber bedeutet das Buch des Lebens,
das Johannes (Offenb. 5, 1 2c.) in der Rechten dessen
sah, der am Throne saß, und nur das Lamm (Jesus
Christus) die sieben Siegel des Buches öffnen konnte.

4) Die hinten, unter der Orgel, beim Portal:

a) Moses und der brennende Dornbusch. Dabei löst der
Prophet die Schuhe von seinen Füßen, weil er auf hei=
ligem Boden steht. Exod. 3, 1—6.

b) Judith im Gebet. Judith 9, 1—19; 16, 1—22.

c) Esther ruft den Herrn zu ihrem Retter an. Esther
15, 4—6.

Die Orgel selbst ist sehr schön, hat 1 Pedal, 3 Ma=
nuale, 45 Register, 2482 Pfeifen, von denen die größte
über 20 Schuh mißt und ist überhaupt eine vorzügliche
Arbeit, die 1766 durch den Orgelbaumeister Martin Riepp
aus Dijon in Frankreich, gebürtig aus Elbern bei Otto=
beuren in Schwaben, gefertigt wurde.

Endlich sind dann noch die 10 alten ehemaligen
Chorstühle hinten, unter der Orgel, bei dem Portal zu
bemerken, die mit ihren Bildern von Heiligen, (Päpsten,
Kaisern und Bischöfen) eine sehr schöne Holzschnizarbeit sind
und dem Baustyl der Kirche am meisten entsprechen.

Der Hochaltar und die vier hintern Altäre, sowie das
Geländer des Hochaltars mit den Pyramiden und andern
Verzierungen und dann noch der Chor wurden zwar schon
von Abt Anselm II. aufgeführt und vollendet; Abt Robert
aber änderte die hintern Altäre wieder ab, so daß sie erst
1779 und 1780 ihre jezige Gestalt erhielten. Die Künstler
und Bildhauer waren: Joseph Anton Fruchtmayer aus Linz
bei Pfullendorf und Johann Georg Dürr (Dyrr) aus Weil=
heim, wohnhaft in Mimmenhansen; die meisten Altäre und

Postamente, sowie das schöne Titularbild Mariä Himmel=
fahrt und die Antipendien des Hochaltars, da die alten
aus Unachtsamkeit schabhaft geworden, — verfertigte jedoch
von 1776 bis 1784 neben Dürr, dessen Schwiegersohn und
Bildhauer Johann Georg Wieland, seßhaft zu Mimmen=
hausen. Sämmtliche Altäre wurden in Accord gegeben. Der
Hochaltar kostete 1500 fl., die andern Altäre je 400—500 fl.

Das Material dazu d. i. die Steine kamen von Schleit=
heim, Füzen, Haigerloch und Rothweil. Man zahlte Anfangs
für den Centner 2 fl. 24 kr., nachher der Menge wegen
1 fl. 28 kr. Nachdem 1785 die Altäre zu Ende gebracht
waren, ging man an das Kirchenpflaster, wozu die Steine
von Rorschach beschickt wurden, und vollendete solches 1786.
Auch die steinerne Einfassung des Friedhofes, sowie das
eiserne Gitter, welches ihn umgab und das in der hiesigen
Schlosserei gefertigt wurde, geschahen im Jahr 1786.

Andere als besagte historische Merkwürdigkei=
ten, sowie Denksteine, Monumente, Epithaphien,
Grabmäler und Grabplatten mit Inschriften von
Stiftern und Wohlthätern des Klosters sind nicht
mehr vorhanden; denn als die Schweden 1634 das Kloster
und die Kirche ausplünderten, zerstörten sie alle Inschriften
und Denkmäler, ja brachen sogar den Boden der Kirche auf
und schonten nicht einmal die Gruften. Als daher Markgraf
Wilhelm von Baden im August 1836 in Gegenwart des
damaligen Ortsgeistlichen Friedrich Katzenmayer, jetzt Pfarrer
in Bermatingen, 1½ Schuh von der untersten Treppe des
Presbyteriums, rückwärts gegen die hintere Kirchenthüre,
wo damals als Kennzeichen des Gruftplatzes noch ein kleines
Malthesser=Kreuz sich in der Bodensteinplatte befand, nach=
graben ließ, um das Grab des Stifters des Klosters, Ritters
Guntram v. Abelsreute aufzusuchen, — stieß man nur noch
auf ein aus gebrannten rothen Sandsteinen (Backsteinen)
aufgeführtes Gemäuer, das nach geschehener Oeffnung sich

in eine Gruft von zwei Abtheilungen schied, und dabei einer
der Gruftplattendeckel, der hintere, gegen die drei übrigen
bedeutend gesenkt war. Hier in der Nähe der Kanzel, unter
dem ersten Betstuhl, wird das Grab des ersten Stifters ver-
muthet; denn die Stelle bezeichnet den Ort, wo nach der
Geschichte Guntram 1300 zum zweitenmal beigesezt wurde,
da dieser Ort sich gerade außer dem vor dem Hochaltar
einst angebrachten Gitter befindet. [1]) Dann ist diese Grablege ganz in der Nähe des gegenwärtigen Monuments des
ersten Stifters, während das jenseitige Monument der Sa-
lemer=Prälaten auf der Stelle aufgeführt ist, wo die zwei
lezten Aebte des Klosters ruhen. Gewißheit hätte sich jedoch
ergeben, wenn man diesen sehr alten Gruftdeckel mit seiner
runden Oeffnung herausgenommen hätte; allein da man
Gefahr lief, das Ganze stark zu beschädigen, wurde die
Herausnahme unterlassen. In der linken Gruft dagegen
befanden sich viele menschliche Gebeine und etliche Schädel
in einem ganz morschen fohrenholzenen Sarg von 2½′ Länge
und Breite und 1′ Höhe, die man bei Legung des Fuß-
bodens 1751 gesammelt und zusammen gelegt haben mochte.
Sie selbst mögen Ueberreste von angesehenen weltlichen Wohlthätern des Klosters, vermischt mit Gebeinen längst verlebter
Prälaten sein, weil man sonst nirgends mehr solche Ueberreste auffand. Jedenfalls sind es keine Ueberbleibsel von
niedern Klostergeistlichen, indem diese in alten Zeiten hinter
dem Hochaltar, im jezigen Chor, beerdigt wurden. Dies
erwies sich dadurch: als man vor ungefähr 80 Jahren einen
unterirdischen Orgelgang in Mitte des Chors der ganzen
Breite nach anbrachte, stieß man beim Nachgraben überall
auf Gräber mit Todtengerippen. Nachher wurden die Salemer

---

[1]) Ritter Guntram starb zwar als Bruder zu Salem, aber da er nicht Geistlicher,
sondern nur Laie war, konnte und durfte er nicht in dem Chor beigesezt werden;
auch wurde ihm als Laienbruder, obschon mit ihm das Geschlecht der Ritter v. Tels-
reute erlosch, weder Sper noch Schwert u. dgl. beigelegt.

Religiofen (Sacerdotes Monasterii Salemitani) im fog. No=
vizengarten und zulezt nördlich von der Kirche gegen den
Marstall und Langbau beerdigt. In der Gruft rechts
selbst fand man einen eichenholzenen, von einem bleiernen
umschloffenen Sarg, der ein zerfallenes Menschengerippy mit
einem Todtenschädel nebst bereits sämmtlichen Zähnen ent=
hielt. Auf dem Deckel des bleiernen Sarges standen die
Worte: »Anno 1720. Martii 13. Hoc Corpus invet. Plurium
opinio. E. Quod sit Frowins. I. Abbas Salemi.« — [1]) und
auf der andern Seite der Bleiplatte war zu lesen: »Anno
MDCCLI Rursus. effosum. In codem loco. Conditum est.
die XXVIIII. Octob.« — [2]) Dieser bleierne Sarg, der die
Asche des 1. Abts von Salem in sich schließen soll, wurde
nun auf erhaltenen Befehl mit folgender Inschrift versehen:
„Im Jahr 1836, den 18. August, wurde in Gegenwart Ihrer
Hoheiten des Herrn Markgrafen Wilhelm und der Frau
Markgräfin Elisabetha von Baden bei erfolgloser Nachsuchung
nach dem Grabe Guntrams von Adelsreute, ersten Stifters
von Salem, dieser Sarg aufgefunden und am nämlichen Orte
wieder beigesezt." Hierauf wurde dann Alles wieder sorg=
fältig verschlossen und in den ursprünglichen Stand zurück
gebracht. Die Kirche selbst ist nun Pfarrkirche der Pfarrei
Salem, welche nach Aufhebung des Klosters durch die groß=
herzoglichen Prinzen und Markgrafen zu Baden Friedrich
und Ludwig Wilhelm August als Grafen von Peters=
hausen und Salem mit Zustimmung des bischöflichen Or=
dinariates zu Constanz laut Urkunde vom 18. März 1808
neu errichtet und dotirt wurde.

---

[1]) Anno 1720 Martii 13 hoc corpus inventum Plurium opinio est, quod sit Frowinus,
I Abbas Salemii, d. h. Im Jahr 1720 den 13. März wurde dieser Körper aufge=
funden, der nach der Meinung Vieler, Frowin, der 1. Abt von Salem sein soll.

[2]) Zu deutsch: 1751 wurde er wieder ausgegraben und am 29. Oktober an demselben
Ort wieder begraben.

Zum Pfarrsprengel gehören Salem, die Höfe Forst, Schwandorf und Spiznagel, die Salemer Sägmühle, das Post= und Gasthaus zum Schwanen, das nächst Salem 1834 neu gebaute Haus der Josepha Näsle mit Handlung, und der Ort Stephansfeld, zusammen mit circa 400 Seelen.

Die jährliche Pfarrbesoldung, die vom Rentamte Salem abgereicht wird, besteht nach §. 5 der Urkunde in:

Geld	. .	350 fl.	in vierteljährigen Raten,
Weesen	. .	8 Malter	Ueberlinger Maaß, gute und
Roggen	. .	4 „	gepuzte Früchte; frei u. frank.
Gerste	. .	1 „	
Wein	. .	1 Fuder	I. Klasse,
	. .	15 Eimer	III. „
Holz	. .	23 Klafter,	zweischühig gemacht und vor das

Haus geführt, sowie in einer anständigen freien Wohnung, einem Garten und den Stohlgebühren; ist der Pfarrer aber mit der Oberaufsicht und Visitation der Schulen beauftragt, so hat er nach §. 6 besagter Urkunde noch eine jährliche Zulage zum Unterhalte eines Pferdes, als:

Haber	. .	6 Malter,
Heu	. .	40 Centner,
Stroh	. .	100 Bund,

und bei auswärtigen Verrichtungen noch Diäten aus dem Schulfond nach dem großherzoglichen Diäten=Reglement.

Neben der Pfarrpfründe besteht nach §. 13 der Urkunde vom 18. März 1808 und bischöflichen Urkunde vom 26. April 1808 dann auch noch ein Beneficium (Kaplanei) mit circa 600 fl. jährlichen Einkommen in Geld, Früchten, Wein und Holz, — deren Besizer dem Pfarrer seelsorgliche Aushilfe zu leisten hat.

Die Fonds und Stiftungen

sind:

1) der Kirchenfond mit einem Vermögen von 42,000 fl. ohne Inventar der Pfarrkirche und der Kapelle zu Stephans= feld — welcher mit obiger Pfarrerrichtungs=Urkunde vom 18. Mürz 1808 §. 9 aus dem Vermögen der frühern Klosterpfarrkirche St. Leonhard und aus dem Vermögen der St. Sebastians=Bruderschaft nach Abzug von jähr=

lichen 350 fl. an den Schul = und Armenfond Weebach, sowie durch das Kapital von 15,000 fl. gestiftet wurde.

Sind die Mittel zum Unterhalt der Kirche, der Paramente und der Kirchenerfordernisse unzureichend, so hat auch nach §. 10 das fürstliche Rent= amt Salem das Deficit zu leiden.

2) der Schulfond mit einem Vermögen von 34,370 fl. von Abt Robert Schlecht am 5. Oktober 1788 mit 30,000 fl. — und am 18. Oktober 1798 mit 2500 fl. gestiftet, wozu in Folge der Pfarrerrich= tungs=Urkunde §§. 9 und 11 später auch noch 200 fl. aus der Messenstiftung und 150 fl. jährlich aus dem St. Sebastians = Bruderschaftsfond kamen.

3) der Armenfond mit einem Vermögen von 27,304 fl. Darüber siehe den Artikel Weebach bei der Pfarrei Leutkirch.

Stephansfeld

ist ein Weiler, kleines Dorf, ¼ St. östlich von Salem und an der Landstraße von Salem nach Heiligenberg, mit 125 Einwohnern in 13 Häusern, die meist hübsch und städtisch gebaut sind.

Die Bewohner finden ihre Nahrung theils in ökono= mischer Betriebsamkeit, theils in Gewerben und Handel, wozu Salem und die Lebhaftigkeit der Landstraße das Ihrige beitragen.

Es sind hier 1 Wein= und Speisewirthschaft des Frido= lin Thum, 1 Handlung von Bernhard Jak, 1 Bäcker, 1 Küfer, 1 Mezger, 1 Schreiner, 2 Schneider, 1 Steinmez (Werkmeister Alexius Bauer), 1 herrschaftlicher Bauernhof und eine Ziegelei von Baptist Jak.

Die Ortskapelle ist eine im Kuppelbau aufgeführte sog. Rotunda mit 3 Altären, die erst Abt Stephanus I. (Jung) bauen und herstellen ließ. Sonst war hier nur eine alte kleine Feldkapelle der 7 hl. Brüder, nach der Legende die Siebenschläfer genannt. Abt Stephanus ließ diese Kapelle abbrechen und aus Dank für die glückliche Vollendung des neuen Klosterbaus Gott und der seligsten Jungfrau Maria zu Ehren die jezige — nach der Form der Rotunda in

Rom — mit den 3 Altären errichten. Den Hauptaltar und den Altar links weihte der Abt, den dritten Altar rechts und die Kapelle der päpstliche Nuntius Jacobus Carracioli in Luzern. Dann ließ der Abt die Kapelle noch mit einer Mauer umgeben und da zugleich den Gottesacker oder Be= gräbnißplaz für die in Salem verstorbenen Familien und für Auswärtige oder Fremde herstellen, worauf der Plaz mit seiner Umgebung Stephansfeld genannt wurde.

Die Summa Salemitana sagt: [1])

Extra Templum hoc regulare ad Latus Aquilonare Coemeterium erat nostrorum utriusque Sexus Familiarum, quod Anno 1715 extra Septa Monasterii, ut paulo post dicetur, translatum fuit. Nam Anno 1697 misere flammis exusto Salemio etc.

Zu deutsch:

Außerhalb der Klosterkirche, an ihrer nördlichen Seite, war der gemein= same Familien=Gottesacker, der 1715 (wie gleich erzählt werden wird) über die Umfriedigungsmauern des Klosters hinaus verlegt wurde. Als nämlich Salem 1697 auf klägliche Weise ein Raub der Flammen geworden, aber 1707 wieder aus seiner Asche erstanden war, ließ unser Hochwürdigster Herr Abt Stephan I., der darum auch mit vollem Recht den Ehrentitel eines dritten Stifters unsers Klosters verdient, in Uebereinstimmung mit seinem Kapitel als Danksagung Gott dem Allerhöchsten, der jungfräulichen Gottes= mutter Maria vom Siege und der hl. Anna, der Mutter der jungfräulichen Mutter zu Ehren, eine herrliche Kapelle auf einer an den Hartwald stoßen= den Stelle, da, wo an dem waldigen Orte sonst nur eine alte kleine Feld= kapelle zu den hl. Siebenschläfern stand, erbauen, welcher Ort alsdann nach dem Namen des Abtes Stephansfeld genannt wurde. In dieser Kapelle weihte er 1708 zwei Altäre ein: den Hochaltar zu Ehren Gottes und der Gottesmutter Maria und den zweiten Altar auf der Evangelienseite (links) zur Ehre der hl. Anna; die Einweihung des dritten Altars dagegen, sowie der Kapelle selbst überließ er Seiner Excellenz, dem hochwürdigsten Herrn Nuntius von Luzern, apostolischen Legaten de Latere, welcher nicht nur — ohne Widerspruch des benachbarten Bischofs von Konstanz — diese Ein= weihung 1715 vornahm, sondern sogar gegen unsern hochwürd. Abt Stephan den Wunsch aussprach, daß er im Umkreis der Kapelle auch einen neuen Friedhof als Begräbnißplaz für die einheimischen Familien und Fremden, die in Salem sterben, herstellen lassen und einsegnen möchte.

---

[1]) Summa Salemitana Tom. II. Seite 453a, 454 und 532—535.

Daraus geht hervor, daß damals außer der Kapelle und der Kloster=Ziegelei dahier noch keine andere Gebäulichkeiten bestanden, wohl aber der Hartwald sich bis zu der Kapelle ausbreitete, somit Alles herum noch ziemlich wild war; besonders rauh und wild aber mochte es in unserm Thale ausgesehen haben, wo dichte Waldung dasselbe bedeckte und keine gebahnte Straße zur Verbindung der Ortschaften hindurchführte, dagegen die rohen Heereshaufen der Hunnen in das Thal hereinströmten und Gräuel und Verwüstung brachten, bis sie zuletzt eine Niederlage erlitten. Zwar sind keine historischen Aufzeichnungen darüber vorhanden, oder sie sind verloren gegangen; aber zwischen der Stephansfelder und Schattbucher Ziegelhütte, gleich hinter dem Hause des Schreiners Ludwig Tritschler anfangend, bis zu dem Hartwald, sieht man 8 aufgeworfene Hügel, die man — wie wir schon Seite 7 bemerkt haben — Hunnenhügel (Hünengräber) nennt, bei denen man schon manche Antiquitäten auffand, die im Schlosse Salem aufbewahrt werden. Ueberhaupt scheint es, war das Thal lange unkultivirt, oder mußte im Verlauf der Zeiten durch Kriegsstürme wieder verwildert geworden sein; jedenfalls breitete sich ein großer Sumpf — noch heut zu Tage das Ried genannt — von Frikingen bis Stephansfeld aus, während die große Hartwaldung mit ihren Kreuz= und Querwegen sich von Beuren und Neufrach nach der Siebenschläfer=Kapelle erstreckte. [1])

---

[1]) Der ganze Harbt oder Hart besteht aus dem obern, mittlern und untern. Die beiden ersten Hart=Theile scheidet die Straße von Weildorf; das mittlere vom untern Hart die Straße von Salem nach Markdorf. Auch wurde 1647 ein Theil desselben von den Schweden verbrannt, der dann erst später wieder angepflanzt wurde.

Einen Theil dieses Waldes Hart nebst zwei Gütern in Rhenau (Rhena) und Längerried und zwei Wäldlein (Cauda oder Schwanzhölzlein, hernach Zagel und das Jungholz genannt) verkaufte Graf Berthold zum Heiligenberg 1228 um 130 Mark Silber an Salem; den Schmalkhof und den andern Theil des Hartwaldes verkaufte er für 100 Mark Silber im Jahr 1251 an das Gotteshaus Salem.

Die Kapelle selbst wurde 1856 restaurirt und ihre 3 Altäre sind: der Haupt = oder Hochaltar zur Ehre Gottes und der seligsten Jungfrau Maria, mit einer Statue aus Münchner Erdguß, welche dieselbe als Himmelskönigin darstellt; der St. Anna = Altar links (Evangelienseite) mit dem Altargemälde: die hl. Mutter Anna und Maria als Kind, sowie mit den zwei Statuetten: Mathäus und Markus; — dann der St. Stephanus = Altar (früher der Altar der Siebenschläfer) rechts (Epistelseite) mit dem Altargemälde: der hl. Stephanus und den Statuetten: Johannes und Lukas.

Die ganze Kapelle ist sehr schön, hat in der untern größern Kuppel Rosettenverzierung, in der obern, kleinern als Plafondausschmückung den Sternenhimmel und hinten gegen die Vorhalle, über welcher ein kleines Thürmchen mit zwei Glöckchen angebracht ist, — ein sehr kunstreiches Eisengitter, das in der ehemaligen Klosterschlosserei gefertigt wurde, während die Ausschmückung der Kuppeln von dem Dekorationsmaler Fr. Thurrau in Konstanz, die Statuetten von Lorenz Werzinger daselbst, und die Altargemälde von dem Historienmaler Bernhard Endres in München besorgt und gemacht wurden.

Der Kirchhof oder Begräbnißplaz, den der Abt Stephan für die weltlich Verstorbenen Salems herstellen ließ, liegt um die Kapelle herum, ist ziemlich geräumig, von einer Mauer umgeben, die ein regelmäßiges Achteck bildet, und hat einen sog. Oelberg, der jedoch restaurirt zu werden verdient.

Hernach um 1780 entstand hier auch noch eine Reitschule und um 1788 ein Stuterei=Gebäude, welches 182½' lang, 39' breit ist und sich an der Aach, gegenüber der Ziegelhütte befindet, indeß die Reitschule von 105' Länge und 55' Breite unterhalb vom Gottesacker steht; jezt ist diese der Fruchtbehälter und das Oekonomiegebäude des Pächters des Stephans= felder=Kameralhofes (Peter Moser von Unterbach bei Owingen), und das Stuterei=Gebäude das Wohnhaus desselben.

Zu diesem Hof selbst gehören 149 Morgen, 1 Viertel 34 Ruthen Feld.

Die übrigen Gebäulichkeiten entstanden später.

Schwandorf oder Schweindorf

ist ebenfalls ein herrschaftlicher Kameralhof an der sog. Linzer-Aach. Dieser Hof liegt ¼ Stunde nördlich von Salem gegen Rickenbach und besteht aus einem zweistöckigen Wohn-hause mit 2 Kellern, 4 Zimmern, 2 Gesindestuben und Küche, sowie aus zwei Scheuern, Stallungen, nebst einem Wasch-hause mit Holzschopf, und aus 232 Morgen 3 Vierling 77 Ruthen Aecker, Wiesen, Gärten und Hofraithe. An der untern Scheuer heißt es auf einer Sandsteinplatte: „1838 wurde diese Scheuer erbaut und 1836 von Mark-graf Wilhelm von Baden der Steinbruch bei Bambergen entdeckt, aus dem diese Steinplatte herrührt." — Der gegen-wärtige Pächter ist Anton Zeller von Salem.

Dieser Hof war ehemals ein Adelssitz der Herren v. Schwaindorf, kam aber schon 1171 an Salem. Nachher bezeugt Graf Berthold von Heiligenberg mit Urkunde vom Jahr 1220 „daß Salem von dem Pfarrer zu Weildorf für 8 Pfund den Zehnten von Schwaindorf an sich gebracht habe ec." Ueberhaupt gehörten die Herren v. Schwaindorf zu den Wohlthätern Salems und vielleicht wurden die Lezten des Geschlechtes gar Brüder im Kloster.

Ihr Wappen war: ein schwarzer Sparren im weißen Felde.

Forst oder Forsterhof,

eine kleine Viertelstunde westlich von Salem, auf der Höhe (1797' hoch) rechts der Straße von Salem nach Tüfingen, ist ebenfalls ein herrschaftlicher Cameralhof. Dieser Hof be-steht aus einem 2 stöckigen Wohnhause mit Keller, 3 Stuben, 3 Kammern und 2 Küchen; 1 im Jahr 1733 erbauten Scheuer

und Oekonomie-Gebäude mit dem Wappen des Abts Constantin (Müller) nebst einem Brennhause; aus 1 der Scheuer
gegenüber liegenden Gemüsegarten, bei dem sich ein kleines
Remise befindet; aus 1 dem Wohnhause gegenüber stehen=
den Fohlen = und Schafstall; aus 1 hinter der Wohnung
befindlichen großen Obstgarten nebst Schweinställen, und aus
187 Morgen 3 Vrtl. 44 Ruth. Aeckern, Wiesen, Gärten und
Hofraithe, deren Boden sehr verschieden: lettig, sandig 2c.,
daher zum Theil gut, zum Theil ziemlich gut ist. Ueberhaupt
wird das ganze Hofgut vom Himmelreich, der Wanne, vom
Krottenweier (jezt Wald), von der großen Rinderstelle, vom
Bürkenmoos, vom Brunn=Brüel, von der Scheuerhalde, von
dem Wachholberberg und vom Scheuerbuch=Walde begrenzt;
nur 9 Morgen Wiesen liegen im großen Wiesenthal bei
Salem, in der Richtung nach Weildorf; die Hofgebäude da=
gegen liegen an der sog. Klosterhalbe. Eine ausgezeichnet
schöne Aussicht genießt man gegen Nordwesten, bei der sog.
großen Rinderstelle, einer Waldung, da, wo sich eine Ruhe=
bank befindet, indem man hier herum, namentlich Morgens
und Abends einen Anblick genießt, der einzig in seiner Art
ist, darum auch diese Höhe gerne der schwäbische Rigi
genannt wird. Man sieht: Staad, die Insel Mainau, den
Münsterthurm von Constanz, das Kloster Kreuzlingen, —
herüber vorzüglich schön gelegen, das Schloß Heiligenberg,
am Waldeck hinauf die Kirche von Bettenbronn, — weiter
am Bergabhang den Hasler=Hof, darüber den Höchsten, —
dann Wahlweiler, den Gehrenberg, ganz deutlich Berma=
tingen, das Schloß Jttendorf, Hofen resp. Friedrichshafen,
einen großen Theil vom Bodensee, den Kranz der Alpen,
u. s. w., kurz eine Rundsicht und ein Naturgemälde, das zu
den schönsten der Bodenseegegend gehört. — Der Pächter
des Hofes ist Heinrich Bär aus Gemmingen bei Eppingen.

Ferner ist zu bemerken, daß man in der Nähe des
Hofes bei Umbruch des Bodens auf der sog. Rinderstelle

ſchon oft menſchliche Gebeine, alte Waffen, viele Hufeiſen und beſonders zahlreiche Ziegelſteine auffand, was zu der Meinung veranlaßt, daß hier einſt eine Schlacht ſtattfand und die alte, erſte Kloſterziegelei ſtand.

Der Hof ſelbſt war ehemals ein Freihof und Gut des Ritters Guntram v. Adelsreute, des Stifters von Salem, der ihm mit dem Weiler Salmannswilare auch den Hof Forſt 1134 vergabte; denn nicht nur beſtätigen die Päpſte Alexander III., Lucius III. und Cöleſtin III. 1177, 1184 und 1194 die dem Gotteshauſe Salem gemachten Schankungen, worunter auch das Freigut Forſt genannt iſt, ſondern auch die Kaiſer Friedrich und Heinrich erwähnen 1183 und 1193 das Freigut Forſt in ihren Diplomen an Salem. Noch ſtößt man auch bei dem Remiſe am Gemüſegarten des Hofes auf ziemlich ſtarke Fundamente, welche vermuthen laſſen, daß da einſt ein ſchloßartiges Gebäude des Ritters geſtanden ſei.

Spißnagel,

1607' über der Meeresfläche, iſt ebenfalls ein herrſchaftlicher Kameralhof, ¼ Stunde von Salem; dieſer Hof iſt jedoch neu und entſtand erſt zwiſchen den Jahren 1817 und 1822. Früher war der Plaz Wald und unter dem Namen Spiß= nagel bekannt, daher auch Name des Hofes. Die Ge= bäulichkeiten ſind: 1 zweiſtöckiges Wohnhaus mit Keller, 2 Stuben, 7 Kammern und 1 Küche ſammt Speiſebehälter; ferner 1 mit dem Wohnhauſe verbundene Scheuer mit Schaf= ſtall und Wagenſchopf und hinter dem Hauſe eine ein= ſtöckige Einzelſcheuer nebſt Pferde= und Viehſtallungen, und von ſolcher links dann noch 1 Holzſchopf, mehre Schwein= ſtälle und das Waſchhaus. Endlich iſt hinter dem Hauſe auch 1 laufender Brunnen, deſſen Waſſer vom ſog. Kloſter= hölzle an der Straße nach Tüfingen herkommt, und neben dem Hauſe ein Gemüſegarten. Der Hof ſelbſt liegt am Ver=

einigungspunkt der Straßen von Mimmenhausen und Salem
über Mendlishausen nach Birnau, gerade südlich von Forst
und hat in Norden (gegen Forst) den Wachholderbühl, früher
ein Wachholder reiches Gehölze, das jezt zu Ackerfeld um=
geschaffen ist und zum Theil Futterkräuter enthält; — nach
Osten den frühern Riemen=Weier, der jezt größtentheils
Wiesfeld enthält, sowie das sog. Kirchberger=Hölzle, eine
Waldung gegen Salem; — nach Süden den Wald Ebnede
gegen Banzenreuthe, — und nach Westen den ehemaligen
sog. krummen Weier gegen Mendlishausen, der jezt größten=
theils Ackerfeld ist, sowie den Laubenberger=Wald gegen
Tüfingen. Dann ist auch noch der frühere Martinsweier
gegen Mimmenhausen jezt Acker= und Wiesfeld. Ueberhaupt
umfaßt das ganze Hofgut 167 Morgen 1 Vrtl. 33 Ruthen,
größtentheils Ackerfeld, und 10 Morgen 3 Vrtl. 29 Ruthen
Wiesen im großen Wiesenthal gegen Schweindorf und Weil=
dorf. Der Boden ist verschieden, meist weißlettig; das Er=
giebigste Korn und Haber. Auch der Obstbau ist beträchtlich.
Der Pächter ist Peter Rhain von Altheim bei Riedlingen.

Der größte der Höfe ist jedoch der ehemalige

Senn- oder Kellhof

zu Salem, jezt ebenfalls ein Kameralhof, mit der Wohnung
im linken Flügel des obern Thorgebäudes, bestehend aus
1 gewölbtem Keller, 4 Zimmern, 3 Nebenzimmern, 2 Küchen
und 1 Speisekammer; ferner mit 1 zweistöckigen großen Re=
mise sammt Fruchtspeicher, Kartoffelkellern, Schweinställen
und einigen Knechtskammern, zunächst dem Wohnhause; dann
ist hinter demselben 1 einstöckiges Gebäude mit der Brennerei
und der Waschküche und hinter diesem die ehemalige große
Zehntscheuer mit den Fruchtbehältern; endlich sind links
(östlich) vom Amthause noch 2 große Stallungen, und im
Ganzen 3 laufende Brunnen. Dazu gehören 308 Morgen

2 Brtl. 70 Ruthen Feld, wovon 209 Morgen 2 Brtl. 93
Ruthen Aecker, 71 Morgen 1 Brtl. 57 Ruthen Wiesen und
25 Morgen 89 Ruthen Baum= und Grasgärten enthalten.
Der Boden ist verschieden. Der schwere Boden geeignet
zum Fruchtbau; das Wiesfeld zum Theil Sumpf=, zum Theil
Moorboden; die Obst= und Grasgärten ergiebig. Es sind
über 1900 Bäume vorhanden. Der Pächter ist Jakob Zimmer=
mann von Hochberg bei Emmendingen.

Jahrmärkte

sind in Salem zwei: der Frühjahrsmarkt am Oster=
Dienstag und der Herbstmarkt auf Aller=Seelen, im No=
vember, welcher gewöhnlich ziemlich bedeutend ist; beide
Krämer= und Vieh=Märkte.

Weine

zum Verkauf, wie wir bereits Seite 7 bemerkt haben und
worüber man sich an das herrschaftliche Rentamt in Salem
zu wenden hat — sind immer und zu verschiedenen Preisen
vorhanden.

Wir geben das Aufstellungsverzeichniß vom 1. März 1862.

Weingattungen.	Jahr=gang.	Preis per Ohm.
		fl. xr
Verschiedene Elbling	1860	15. —
Kirchberger und Hagnauer	1860	18. —
Marhalder von Maurach	1856	18. —
Kirchberger und Hagnauer Grundzins=Weine .	1861	20. —
Petershauser, bei Konstanz	1860	21. —
Konstantinhalder Elbling, von Nußdorf bei Ueberlingen	1859	21. —
Marhalder Burgunder I. Klasse, von Maurach .	1858	21. —
Petershauser sog. Krachenmost Gutedel, bei Konstanz .	1857	21. —
Hagnauer Elbling	1860	22. —

Weingattungen.	Jahr, gang.	Preis per Ohm.
		_fl._ _xr_
Petershaufer II. Klaffe, bei Konstanz . . .	1857	22. —
Wilhelmsberger rother, vom Unterfeld bei Meersburg .	1858	22. —
Illmensee'er, bei Bermatingen	1859	24. —
Tannenbühler, zu Wangen bei Markdorf ι . .	1859	24. —
Hagnauer Elbling	1860	24. —
Marbalder, bei Maurach	1858	24. —
Petershaufer fog. Krachenmost Gutedel, bei Konstanz .	1857	24. —
Hagnauer gemischter	1861	26. —
Wilhelmsberger Traminer, bei Meersburg . . .	1860	26. —
Petershaufer Traminer, bei Konstanz . . .	1859	27. —
Wilhelmsberger Rißling, von Meersburg . . .	1860	27. —
Petershaufer II. Klaffe, bei Konstanz . . .	1861	29. —
Marbalder fog. Krachenmost Gutedel, von Maurach .	1859	30. —
Bremgarter Nachlese, bei Buggensegel . .	1859	32. —
Hagnauer Nachlese	1859	32. —
Wilhelmsberger Traminer, von Meersburg . .	1859	32. —
Tannenbühler Elbling, von Wangen bei Markdorf .	1859	32. --
Petershaufer II. Klaffe, bei Konstanz . . .	1857	36. —
Petershaufer II. Klaffe, bei Konstanz . . .	1857	38. —
Konstantinhalder rother, bei Nußdorf . . .	1859	42. —
Wilhelmsberger Traminer II. Klaffe, von Meersburg .	1858	44. —
Wilhelmsberger Rißling II. Klaffe, von Meersburg .	1857	50. —
Marbalder Beerwein, von Maurach . . .	1856	55 —
Bremgarter blauer Silvaner, bei Buggensegel .	1857	57. —
Wilhelmsberger Traminer II. Klaffe, von Meersburg .	1859	58. —
Wilhelmsberger rother I. Klaffe, von Meersburg .	1859	66. —
Marbalder Traminer, von Maurach . . .	1857	70. —
Wilhelmsberger Beerwein, von Meersburg . .	1854	70. —
Wilhelmsberger Traminer, von Meersburg . .	1857	75. —
Konstantinhalder Ruländer, bei Nußdorf . .	1859	75. —
Petershaufer blauer Silvaner	1857	80. —
Wilhelmsberger rother, von Meersburg . . .	1856	80. —
Marbalder Burgunder, von Maurach . . .	1857	82. —
Wilhelmsberger weißer Burgunder, von Meersburg .	1857	100. —
Wilhelmsberger rother, von Meersburg . . .	1857	105. —
Marbalder Ruländer, von Maurach . . .	1857	110. —

Vorseitige Taration ist jedoch nicht ständig, sondern bereits jedes Vierteljahr werden — je nach dem Verkauf, der Witterung, dem Stand der Reben, den Weinpreisen anderer Kellereien, überhaupt den Zeitumständen nach — die Preise auf's Neue bestimmt.

———～～～～———

Geschichte von Salem.

Sebaſtian Münſter ſagt in ſeiner Cosmographie
Seite 946: [1] „am Ueberlinger Seew nicht weit gegen Mitnacht hinauß
ligt ein ſehr Reich Ciſterzer Kloſter, Salmansweyler genannt, das ſol an-
fänglich ein Herzog von Schwaben, mit Namen Almus oder Allman, im
jahr 750 gebawen haben, darinn ſeynd die gröſten Faß mit Wein, ſo man
im Teutſchen Landt finden mag, eins ſol 40 Fuder halten, iſt fünff vnd
zwanzig Schuch lang. "

Eine andere Schrift: Neu=vermehrtes Hiſtoriſch=
und Geographiſches Allgemeines Lexicon, Baſel
bei Johannes Chriſt 1742—1744 ſagt: [2]

„Salmansweiler lat. Salomonis Villa, Salemium oder Salmans-
wylare iſt ein berühmtes Ciſtercienſer-Kloſter in Schwaben, nahe bei der
Reichsſtadt Ueberlingen im Heiligenbergiſchen gelegen, und eine Filia von Bellevall in der Grafſchaft Burgund. Den nahmen ſoll es haben, weil es dem
koſtbaren tempel Salomonis ähnlich geſehen, wie es denn würklich, ehe es noch
anno 1697 den großen brand erlitten, eines der ſchönſten klöſter in Teutſchland
geweſen. Es hat noch ſchöne güther, die aber hin und wieder zerſtreuet
liegen. Zu Ulm hat es einen hof, und zwiſchen Ulm und Biberach die Herr-
ſchafft Schemelberg, dabei das dorf Altheim. Bei Ueberlingen hat es auch
etliche adeliche güther, und iſt deßhalber monatlich auf 4 zu roß und 6 zu
fuß oder 316 gülden, und zu erhaltung des Cammer-Gerichts nach dem er-
höhten anſchlag jährlich 208 gülden angeſetzt. Der erſte ſtifter dieſes

---

[1] Cosmographia, das iſt Beſchreibung der ganzen Welt, darinnen Aller Monarchien,
Keyſerthumben, Königreichen, Fürſtenthumben, Graff- und Herrſchafften ꝛc. an den
Tag gegeben. Baſell bei den Henricpetriniſchen. Im Jahr MDCXXIIX (1628).

[2] Neu=vermehrtes Hiſtoriſch= und Geographiſches Allgemeines Lexicon, in welchem das Leben und die Thaten der Patriarchen, Propheten, Apoſtel,
Väter der erſten Kirchen, Päpſten, Cardinälen, Biſchöfen, Prälaten, vornehmſt Gelehrten und Künſtlern, nebſt denen ſo genannten Ketzern; wie nicht weniger derer
Kaiſer, Könige, Chur- und Fürſten, Grafen, großer Herren, berühmter Kriegs-
helden ꝛc. Aus allen bewährten Hiſtoriſch- und Geographiſchen Schriften zuſammen-
gezogen ꝛc. Dritte Auflage. 6 Theile. Baſel bei Johannes Chriſt. 1742—1744.

klosters ist Guntramus, Baron von Abtsreiter, um das jahr 1134 und 1140 gewesen. Der erste Prälat war Frowinus, ein reisegefährte des hl. Bernhardi und sein dollmetsch. Hernach soll Kayser Conrad III. Anno 1142 dieses kloster dem Reiche unmittelbar unterworffen, der Kayser Friedrich aber mit mehrern freyheiten und güthern begabet haben. Kayser Carl IV. hat anno 1541 demselben die freyheit ertheilet, daß die Reichsächter in dem kloster, und dessen gantzen gebiethe sich aufhalten dürfen. Die Grafen von Montfort sollen die rühmliche stiftung gethan haben, daß alle Rittersleuthe und fremde eine nacht darinn ohne entgelb traktiret würden. Als mit anfang des XIII. saeculi die stifter dieser Abtei ausgestorben, hat sich Eberharbus II. Erzbischoff zu Salzburg derselben mit allem ernst angenommen und ihr eine salzkothe zu Waldbrunnen verehret, auch viele andere wolthaten erwiesen, weßwegen die Abtey noch immer zum andenken nebst dem Abtsreiterischen auch das Salzburgische wappen führt. Weil es mit dem gebiethe der Grafschaft Heiligenberg umgeben ist, so haben die Grafen von Fürstenberg aus der regul, quod intra territorium est, ad illud pertinere videtur, wie auch beßwegen, daß sie den blutbann über das kloster exerciren, einen anspruch auf des klosters Immedietät gemacht, und die hohe obrigkeitliche gewalt darüber üben wollen. Wie denn Graf Joachim zu Fürstenberg anno 1598 die von dem Prälaten angeschlagenen offentlichen patente, worinn enthalten, wie die allda einquartirten soldaten sich halten und leben sollten, abreißen lassen. Allein zu geschweigen, daß Schwaben niemals ein geschloßen territorium gewesen, und also die regul so schlechterdings sich daselbst nicht thun lasset, so erfordert die erste institution des Cistercienser-Ordens, daß sie unter keinem Bischoffe und Reichsstand stehen, sondern im geistlichen dem Römischen stuhle, und im weltlichen allein dem Kayser unterworffen seyn. Hierzu kommt noch, daß dieses kloster von den Schwäbischen Herzogen, denen das Linzgau damals zugehört, zu einer solchen zeit gestiftet worden, da noch kein Graf von Heiligenberg an ein perpetuirliches territorium, vielweniger an die hohe Obrigkeit gedenken dürfen, und wenn auch dieses alles wäre, so ist die befreyung des Kaysers Conrad III. vorhanden, welcher die Grafen wohl wird darum haben wissen lassen, als er solches privilegium ertheilet. Dieserhalben nun haben die von Fürstenberg nichts ausgerichtet, sondern das kloster hat seine Reichs-Immedietät bis hieher behauptet, und haben die Aebte dem Reichsabschiede zu Regensburg anno 1500, dem zu Augsburg anno 1510, dem zu Cöln anno 1522 und leztlich dem zu Regensburg anno 1654 beigewohnt und sie unterzeichnet. Und obwol das Haus Oesterreich die After-Schutz-Gerechtigkeit über das kloster übet, so ist doch der Kayser allemal der oberste Voigt, und das kloster bleibet ein freier Reichs-Stand, wie es denn land und leuthe, Vogteyen, Gericht und gebot, zwang und bann besitzet, außer dem einzigen blut-banne, welche die von Fürstenberg von langer zeit her, und zwar, wie die Aebte vorgeben, aus ihrer übertragung, üben. Der gestallt ist ganz ohne grund, was einige vorgeben, daß die Aebte weder außerhalb noch innerhalb ihres klosters einige territorial-Jurisdiction haben, angesehen bei den Samansweilischen Dorf-Gerichten, an ihr Siedel-Gericht, von dar an des Abts Hofgericht, und von dar erst an die Kayserliche Kammer appellirt wird. Es hat hiernächst diese Abtei alle freyheiten, so dem Cistercienser-Orden in Teutschland von dem Römischen stuhle verliehen worden, mit demselben gemein, auch meistentheils die ehre, daß ihr Abt General-Vicarius vorgemeldeten ordens in Ober-Teutschland ist. Die klöster Wettingen in der Schweiz und Kaltenhaßlach in Bayern sind Filiale dieser Abtey, von welcher ehemals auch die in Herzogthume Würtemberg gelegene und nunmehro secularisirte Stifter Königsbrunnen, Bebenhausen und Herrnalb dependiret. So hat auch ein jederzeitlicher Abt zu Salmansweiler von dem Römischen stuhle und seinem erben die Inspektion über die Frauen-klöster Heggbach, Wald, H. Creutzthal, Rotenmünster, Gutenzell, Baindt und Reidingen, in welchen alle Aebtißinnen unter seiner aufsicht erwehlet, auch von ihm bestätiget und eingesegnet, ingleichen alle Beamte derselben mit seinem vorwissen und willen eingesetzt werden. [1] Kurz, es hat diese Reichs-Prälatur

---

1) **Wettingen** lat. Maria stella d. i. Meerstern, war ein Cistercienser-Kloster an der Limmat bei Baden im Canton Aargau, das von Graf Heinrich von Rapperschwyl 1227 gestiftet und von den Liberalen der Schweiz resp. Cantons-Regierung 1841 aufgehoben wurde.

Kaltenhaßlach (Kaltenhaslach, Kaltenhaslacum) war ein Cistercienser-Kloster an der Salzach in Oberbayern (1 St. oberhalb Burghausen), das im Jahre 1143 von Wolfro oder Wolfram Graf von Tegernbach und seiner Gemahlin Hemma gestiftet und von Salem aus mit Mönchen besetzt wurde.

Königsbrunnen oder Königsbronn (Fons Regis) war ein Cistercienser-Kloster am Ursprung der Brenz, in Würtemberg, zwischen Aalen und Heidenheim, das 1302 von König Albrecht gestiftet wurde und dessen letzte katholische Abt die evangelische Lehre annahm.

Bebenhausen (Bebenhusum und Bebenhusa) war ein Cistercienser-Kloster im Walde Schönbuch bei Tübingen, das von Pfalzgraf Rudolf I. von Tübingen 1185 für Prämonstratenser gestiftet, dessen Religiosen aber 1191 den Cistercienser-Orden annahmen und zuletzt 1550 zur evangelischen Kirche übertraten.

Herrenalb (Alba Dominorum) war ein Cistercienser-Kloster auf dem Schwarzwalde, an der Alb und an der Grenze von Baden, nordwestlich vom Wildbad, im königlich würtembergischen Oberamte Neuenbürg, das 1148 ein Graf Berthold von Eberstein stiftete, nachher aber 1535 von Würtemberg eingezogen und reformirt wurde.

Heggbach oder Heggbach (Heggbacum) war ein Cistercienser-Frauen-Kloster an der Rottum, zwischen Biberach und Ochsenhausen, im königlich würtembergischen

bei seinem Orden an magnificenz, reichthum und guter ordnung wenig seines gleichen, und schreibet sich ein zeitlicher Prälat desselben: Abt und Herr des Königlich= exemirt und befreyten H. Röm. Reichs=Stifts und Münsters Salmansweiler 2c."

Oberamte Biberach, das schon vor 1134 bestand, aber erst nach Wiederaufbau aus einem Brand durch die Edlen von Rosenburg, Freyburg, Weiler, Warbach 2c. 1233 den Cistertzienser=Orden annahm.

Wald oder Klosterwald (Sylva benedicta) war ein in Waldungen gelegenes Cistertzienser=Frauen=Kloster, unweit Pfullendorf, das 1200 von einem Hößling (anßona) des Kaisers Friedrich II., Ritter Burkard v. Weleustein gestiftet wurde, der den Grund und Boden des Klosters sammt seiner Kirche und Zugehörde dem Ulrich von Wald abkaufte und seine zwei Schwestern in das neue Kloster einsetzte, nämlich die Judith zur Abtissin und die Jtha zur Priorin.

Heilig Kreuzthal (Vallis sanctae Crucis) war ein Cistertzienser=Frauenkloster unweit Riedlingen an der Donau, am Fuß der schwäbischen Alp, das erst, nachdem es von Wasserschapfen, einem Lehen des Ritters Konrad von Markdorf im Ulterim 1204 dorthin transferirt worden und von dem Grafen Egon von Landau=Grönningen ein Stückchen Holz von dem hl. Kreuze erhielt, das er 1140 von der Reichenau bekam, den Namen hl. Kreuzthal annahm. Die erste Abtissin zu hl. Kreuzthal war Heilwig, Schwester des Grafen Egon von Landau, dessen Geschlecht dann auch ein Erbbegräbniß hier hatte.

Rottenmünster (Rubrum Monasterium) war ein Cistertzienser=Frauenkloster bei der Stadt Rottweil am Nekar, das von einer heiligen wunderthätigen Jungfrau Namens Willburga 1221 gestiftet wurde und anfangs ein Klösterchen (Coenobiolum) oder eine Clausur (Inclusorium) genannt Hohenmauern bei der alten Stadt Rottweil gewesen sein soll.

Guten= oder Guttenzell (Bona Cella) war ein Cistertzienser=Frauenkloster an der Roth, 1 Stunde von Ochsenhausen und 4 Stunden von Memmingen, unweit der Jller, das 1237 von zwei Gräfinnen von Schlüsselberg mit Hülfe ihrer Brüder, der Grafen von Schlüsselberg gestiftet wurde; 1238 wurde dann die eine jener Schwestern, Maria Mechtilde die erste Abtissin.

Bainbt (Hortus floridus) war ein Cistertzienser=Frauenkloster zwischen Ravensburg und Walsee, 1 Stunde von Weingarten und Ulter, das 1241 von Seefelden, wo zuvor einige fromme Laienschwester unter dem Schutz von Salem gemeinsam zusammen lebten, mit Hülfe des Schenken Konrad von Winterstetten, Gubernators von Schwaben und Neuburg (unter Kaiser Friedrich II.) und seiner Gemahlin, Gräfin Guta von Neuffen dorthin verlegt und gestiftet wurde.

Neidingen oder Mariahof (Curia Mariana) war ein Cistertzienser=Frauenkloster zwischen Gutlingen und Hüfingen, an der Donau und am Fuße des Fürstenberges, das an der Stelle, wo vorher die kaiserliche Burg und Pfalz Neidingen stand,

Die Sage über die Stiftung von Salem lautet:

Es war um das Jahr 630, zur Zeit, da Herzog Gunzo von Schwaben und Allemannien in Ueberlingen residirte, als ein frommer Mann, Namens Salman oder Salomon im Walde Schorain oberhalb Oberrieden sich eine Einsiedelei baute und dort der Welt entsagt, Gott und dem Christenthume seine noch übrigen Lebenstage widmete; nicht lange jedoch blieb er verborgen; bald fand er Genossen, die mit ihm in Gebet, Arbeit und heiligen Betrachtungen die Zeit theilten. Als die Genossenschaft sich vermehrte, verließ er die Einsiedelei und zog mit ihnen gegen das Aachthal, wo sie ihr stilles, religiöses Leben als Brüder fortsezten. Von ihnen hörte der Nachfolger Gunzos, der Herzog Alman oder Almus, welcher auf Antrieb des hl. Gallus den frommen Brüdern an der Aach eine klösterliche Wohnung zu gründen beschloß. Wie solche hergestellt war, nahmen sie um 650 einen Priester zu sich und da ihnen später Ritter Guntram von Adelsreute um 1134 noch einige Güter von seinem Eigenthum gab, traten sie in den Orden der Cisterzienser ein und lebten so unter Leitung des Priesters in klösterlichem Leben als eine Gemeinde.

Ob was Wahres dieser Sage zu Grunde liegt, konnte nicht ermittelt werden, das jedoch ist wahr, daß den Brüdern von Salem stets große Ehre zu Theil wurde. So z. B. berichten die Pfarrbücher zu Seefelden.

„Als 1765, 28. Jenner vor 12 Uhr Nachts mit großer Geduld bei seinen fünftägigen schweren Leiden in Gott der religiöse Klosterbruder (Frater conversus) Leonard Binder, Sakristan zu Birnau verstarb und zu Salem begraben worden war, wurde tags darauf um 1 Uhr Nachmittag

in welcher der abgesetzte Kaiser Karl der Dicke seine letzten Lebenstage zubrachte, durch die Grafen von Fürstenberg 1299 von Jumannshofen oder Jümendshofen dorthin verlegt und gestiftet, dann 1337 der Graf Heinrich II. von Fürstenberg und Landgraf in der Baar daselbst beigesetzt wurde, mit dem die Gruft des Fürstenbergischen Hauses ihren Anfang nahm. Zuvor hatten die Frauen den Dominikanerorden und nahmen erst 1585 den Cisterzienserorden an.

sein Leichnam wieder erhoben und unter Geläut der großen Glocke und Vor-
tragung des Kreuzes nach Neubirnau verbracht, wo man ihn nochmals ein-
segnete und die üblichen Gebete verrichtete. Dann trug man ihn, während
alle Glocken geläutet wurden und das Prälatur-Kreuz voran getragen ward,
in Prozession von den 4 Birnauer-Herren (Superior Mathias Blsemberger,
Präfectus Martin Braunegger, Confessarius Joachim Stehle und Caplanus
Poenitentiarius Gabriel Maßl) bis zu dem steinernen Crucifix (Statua Salvatoris), das über dem Oberhof (Villa superior) am Wald und an der
Straße nach Salem steht, und hierauf unter weiterm Anschluß zweier Professoren der Humanioren mit den Studenten, sowie der Knaben- und Mädchen-
Schüler, die in diesem Jahre die Schule zu Maurach besuchten, ohne irgend
eine Einsprache, wieder zurück nach Salem." — Der Pfarrer zu Seefelden,
dem dies ganz neu war und der nicht unter Salem, sondern unter dem Dom-
capitel zu Konstanz stand — sezte die bischöfliche Curie darüber in Kenntniß, erhielt aber (wahrscheinlich, weil der Curie diese Sitte schon längst bekannt war) wider Vermuthen keine Antwort.

Die Geschichte dagegen berichtet über die Gründung
von Salem wie folgt:

„Es war nicht lange nach der Reform von Cisterz, als
durch den heil. Bernhard — gewöhnlich Bernhard von
Clairvaux genannt — die Abtei Claravall entstand.[1]

----

[1] Cisterz (Cistertium, Cisteaux und Citeaux) ist eine kleine Stadt im ehemaligen
Herzogthum (nun französischen Provinz) Burgund, im Departement de Côte d'Or
(Goldhügel), 5 Meilen von Dijon, welche ihren Namen von den vielen Cisternen,
die sich in der Gegend befinden, erhielt. Hier war einst die Hauptabtei des Cisterzienser-Ordens, den der hl. Robert 1098 gestiftet hatte und welcher Orden ein Zweig
des großen, weit ausgebreiteten Ordens des hl. Benedikt war, indem nämlich dessen
Regeln verbessert oder vielmehr geschärft wurden. Man nannte die Religiosen nach
dem hochberühmten Abt von Clara vallis, dem hl. Bernard, auch Bernardiner
oder Bernhardiner. Die Kleidung der Cisterzienser- (Bernhardiner-) Religiosen
besteht in einem weißen Leibrock (Soutan), der durch einen schwarzwollenen Gürtel
zusammen gehalten wird, und dann noch aus einem schwarzen Scapulier und einer
schwarzen Kapuze. Im Chor tragen sie eine weiße Kutte mit einer Mozette, die ge-
rundet vorn bis auf den Gürtel und hinten bis auf die Waden herabreicht; die Novizen dagegen sind weiß; die Laienbrüder, welche die weltlichen Angelegenheiten (Oeco-
nomie, Gewerbe rc.) besorgen, braun gekleidet. Das Haupt des Cisterzienser-Ordens
war immer der Abt von Cisterz resp. Cytel.

Die Wissenschaft und Gottseligkeit, die rastlose Thätigkeit
und der Eifer dieses Abts erwarben ihm die ungetheilte
Verehrung und Bewunderung seiner Zeitgenossen; großen
Ruhm jedoch verschafften ihm erst recht seine Predigten und
die Wunder, die Gott durch ihn wirkte; denn nicht nur
predigte er in Frankreich, in der Schweiz und in Deutsch=
land mit unerhörtem Erfolge den Kreuzzug, sondern that
auch viele hocherstaunliche Wunder. Wie der heilige Mann
zu Speier den Kreuzzug predigte, lud ihn der Bischof
Uobalrich II. von Konstanz dahin ein. Er kam, und da
Alles das lebendige Wunder der Zeit sehen wollte, machte
sich der greise Ritter oder Freiherr Guntram v. Abels=
reute ebenfalls nach Konstanz auf. Dieser wurde durch
seinen Wandel, sein Beispiel und seine Reden so zu ihm
hingezogen, daß er zu seinem und der Seinigen Seelenheil
— zumal er außer einer unverehelichten Tochter sonst keinen
Leibeserben hatte und somit sein Stamm am Erlöschen war —
beschloß, den Orden von Cisterz in einen Theil seines Eigen=
thums als Erbe einzusezen; er vermachte 1134 dem Orden
seinen Weiler Salmanswilare an der Aach mit Kirchlein,
das den Heiligen Ciriak und Verena geweiht war, ferner
circa 12 Jauchert gebautes und ungebautes Ackerfeld, etliche
Wiesen und etwas Wald, sowie den Hof Forst, und bat
dann den Abt Christian von Lützel,[1]) sich dafür zu

Claravall (Clara vallis, d. i. lichtes Thal) oder Clairvaux war einst die=
jenige berühmte Abtei in der niedern Champagne des Departements der Aube, in
einer Einöde, die früher Wermuthsthal hieß, und drittälteste Tochter=Abtei von
Citeaux, welcher der hl. Bernard als erster Abt vorstand; jetzt dagegen ist diese ehe=
malige Abtei Clairvaux, die 1115 von dem Grafen Thitbold von Champagne gestiftet
wurde, ein Zucht und Arbeitshaus (Dépôt de mendicité).

[1]) Lützel (Lucella; Lucis Cella) und ein Filial von Bellevall oder Clara=
vall, war eine ehemalige große und die erste Cisterzienser=Abtei in Oberdeutschland,
im Wasgau, 5 St. südwestlich von Basel, an dem Flüßchen Lützel und bei dem Orte
Klein=Lützel im schweizerischen Canton Solothurn, zwischen den Städten Pfirt und

verwenden, daß in dem Weiler auch ein Cisterzienser-
Kloster errichtet werden möchte. Der Abt erhielt von Cisterz
aus den Auftrag, der Bitte zu willfahren, und alsbald traf
er Vorkehrungen, daß in dem Weiler um das Kirchlein herum
Clausuren für Mönche erbaut wurden.[1] Nachdem solche
hergestellt waren, sandte Abt Christian den Frowin, Pro-
sessus Bella- oder Claravalensis, damals zu Lützel, der ben-
heil. Bernard als Dollmetsch auf seiner Reise durch Deutschland begleitet hatte, mit 12 Mönchen und einigen Laienbrüdern dahin. Frowin kam um Pfingsten 1137 hier an
und wurde der 1. Abt von Salmans-Wylare (das ist Eigen-
und Freigut vom altdeutschen Worte Salman, das einen
freien, angesehenen und mächtigen Beschützer und Schirmer,
einen unabhängigen Mann und somit auch ein Besizthum
bedeutet, mit dem er, wie er wollte, schalten und walten
konnte). Das Jahr darauf wurde dann angefangen, das
Kloster zu bauen und als Ritter Guntram den glücklichen
Fortgang sah, vergabte er demselben auch noch sein Stamm-
gut Adelsreute und Tepfenhard mit Kirchlein und
Zehnten, sowie Bebenweiler (Bebinwilare), Witenweiler
(Witinwilare), Wartberg (Wartperc), Waldprechtsweiler
(Waltprechtiswilare), Haselbach (Hasilbach) und Bosenweiler
(Bosinwilare) und ließ seine Vergabung und Stiftung zuerst
auf dem nächsten Landgerichte zu Lestetten (Lewstetten b. i.
Leustetten) und hernach noch auf der Dingstätte Königsstuhl
im Trier'schen bestätigen."

Pruntrut, auf der Grenze gegen Bern; ist jetzt aber — eine Eisenfabrik. Das Kloster
wurde von den Grafen Hugo Imabcus und Richard von Fallenberg, des hl. Bernard
Inverwandter und auf dessen Inordnung, mit Erhilfe des Bischofs Berthold oder
Bertuleh von Basel, der den Grund und Boden bazu schenkte, 1124 gestiftet.

[1] Ueber die Gründung des Klosters Salem siehe auch Quellensammlung der
badischen Landesgeschichte. Von Mone. I. Band, Seite 177—180, und
über den ältesten Güterbesitz dieses Klosters die Zeitschrift für Geschichte
des Oberrheins. Von demselben. I. Band, Seite 315 und II. Band, Seite 74.

Zu Leustetten, wovon später gesprochen werden wird, waren 1138 versammelt: Graf Heinrich von Heiligenberg (de sancto monte) und sein Bruder Konrad Advocatus; Liutpold von Meersburg (de Merspurc); Albert von See=felden (de Sevelt) und Albert sein Sohn; Hermann v. Markdorf (de Marcdorf); Rupert v. Otterswang (de Otol-viswanc); Liutpold von Deggenhausen (de Teccinhusin); Heinrich v. Boßhasel (de Bozhasil), zwei Höfe zwischen Heiligenberg und Ilmensee; Albert und sein Sohn Burkard v. Frikingen (de Vrikingin); Egilward v. Nußdorf (de Nuz-dorff); Hogo v. Ittendorf (de Vlindorf); Luitfried, Waltpot und Luitfried v. Bonndorf (de Bondorff); Ulrich und Bur=kard v. Oberrieden (de Obirrieden); Hartmann und Heinrich v. Mimmenhausen (de Miminhusin); Werner und Rupert v. Bonndorf (de Bondorff); Alwig und Heinrich v. Men=wangen (de Menniwanc); Werner v. Burg (de Burg), ein Hof bei Menwangen; Eberhard v. Pfärenbach (de Pharri-bach) bei Ravensburg; Gottfried v. Rohrdorf (de Kordorff) bei Mößkirch; Graf Rudolf v. Pfullendorf (de Phulindorff); Gerold v. Baufnang (de Buvinanc) bei Salem.[1]

Auf der Dingstätte Königstuhl (Koonigistuole) waren 1142 zugegen: Herzog Friedrich von Schwaben; Graf Ru=dolph von Bregenz (Brigantinum); Graf Rudolph von Ramsperg (Ramsperc); Eberhard Graf von Nellenburg (Nellinburc); Burkard, Egino, Gottfried und Friedrich Grafen von Zollern (Zollern); Marquard Graf von Ve=ringen (Veringen); Diepold und sein Bruder Rapoto Grafen von Berg (Berge); Eberhard und Hartmann Grafen von Kirchberg (Kilchperc); Ludwig Graf von Würtemberg, (Wir-tinberc); Hugo Pfalzgraf von Tübingen (Tuwingen); Ber=

---

[1] Quellensammlung der badischen Landesgeschichte. Von Mone. Karlsruhe bei C. Mac-lot, 1848; I. Band, Seite 179. — und Summa Salemitana, Manuscript, Tom. I., Seite 13a.

tholb Graf von Eberſtein (Ebirstein); Ulrich und Albert
Grafen von Achalm (Aichalm); Albert und Hartmann Grafen
von Ryburg (Kiuburc); Heinrich Graf von Heiligenberg
(sanctus mons) und ſein Bruder Konrad Advocatus; Werner,
Chuno und Arnold Grafen von Baden (Badin); Humbert,
Ulrich, Rudolph und Arnold Grafen von Lenzburg (Lenz-
burc); Werner Graf von Habsburg (Habisburc); Mangold
v. Rohrdorf (Rordorff); Lambert v. Huſen (Husin); Hugo
v. Ittendorf (Vlindorff) und Egilward oder Egilwald v. Nußdorf (Nuzdorff). [1]

Der Königs- oder Königsſtuhl ſelbſt war der uralte Bau zwiſchen
Rhens und Capell, Regierungsbezirk Koblenz, in einem ſchönen weiten Baumgarten, von ſieben großen Nußbäumen umgeben. Dort pflegten die Fürſten
und Großen des Reichs zuſammen zu kommen, um die Wahl der Kaiſer
und römiſchen Könige zu beſchließen, über die Reichsangelegenheiten zu be-
rathſchlagen und Vermächtniſſe zu beſtätigen; auch wurde dort der Churverein
geſchloſſen. Der Bau ſelbſt beſteht in einer Erhöhung von 14 Stufen, auf
deren 14ten ſieben ſchöne ſteinerne Size rings herum angebracht waren,
die in ſieben Schwibbögen ausliefen und worüber ſich auf 9 ſteinernen
Säulen ruhend eine Kuppel befand. Die größte Säule ſtand in der Mitte
und das Ganze konnte bei der oberſten Stufe feſt geſchloſſen werden. Maximilian 1. war der letzte röm. König, der dort (1483) ſaß. Nachher zerfiel
der ſtattliche Bau, wurde im franzöſiſchen Revolutionskriege um 1790 zerſtört
und zuletzt 1814 ganz weggeräumt; aber in neuester Zeit nach der Form
des zerſtörten wieder hergeſtellt. Damit die Churfürſten zu Nacht ſicher ruhen
konnten, hatte jeder in der Nähe entweder eine Stadt oder ein Schloß;
Mainz z. B. Lohnſtein, Trier Capell, Cölln Rhens u. ſ. w. [2]

Adelsreute (Adilsriuti) der Stammort des Ritters Guntram liegt
in der ehemaligen untern Landvogtei und iſt ein kleines Dorf oder Weiler
von 7 Bürgern ¼ St. von Hinderhof, Bavendorf und Würmsreute; ½ St.
von Dürrenaſt, Obernzell bei Weißenau und Thaldorf; 1 St. von Otten-
kirch und Tepfenhard und 1½ St. ſüdweſtlich von Ravensburg entfernt.
Der Ort liegt auf der Höhe, 1615' hoch, links der Straße von Ravensburg nach
Markdorf und Meersburg, ganz von würtembergiſchem Gebiet umgeben und

[1] Summa Salemitana. Tom. I., Seite 14.
[2] Gründlich hiſtoriſcher Bericht von der Kaiſerlichen und Reichs-Landvogtei in Schwaben. I. Theil, Seite 15 — und Handbuch der Geographie. Von Dr. B. E. Bolger.
Hannover bei Hahn, 1846, I. Theil, Seite 281.

bildet mit Tepfenhard eine badische Gemeinde und Bürgermeisterei. Die sieben Bürger theilen sich in Bauern (Joseph Schmeh mit dem Hof Schef, Georg Reßle Bürgermeister, mit dem Hof Tleger, Georg Bentele mit dem Hof Falke und Anton Jöhle mit dem Hof Blaß) und Söldner (Johann Bürk, Joh. Baptist Amann und Adam Hügle), die sich mit Feld-, Obst-, Viehzucht und etwas Weinbau beschäftigen. Gepflanzt wird hauptsächlich Korn, Roggen, Hafer, Gerste, Oelsamen und Hanf; etwas Wein wächst beim Wirthshause, Taferne zum Löwen (Wirth: Joseph Schmeh). Der große Weier westl. vom Ort ist jetzt Wiesplatz; der Stockweier dagegen, östlich vom Weiler, im Würtembergischen existirt noch. Die Lehen sind seit 1848 größtentheils abgelöst und nur Anton Jöhle und Johann Bürk haben noch salmannsweilische Erblehen. Die ganze Gemarkung besteht in 501 Jauchert Acker-, Wiesfeld und Gärten. Eigene Waldungen hat die Gemeinde nicht; denn die Waldungen Adelsreute und Tepfenhard wurden würtembergi- sche Staatswaldungen; jedoch hat die Gemeinde (Adelsreute und Tepfen- hard) nach dem Staatsvertrag vom Jahr 1819 alles Bauholz und jährlich 160 Klafter Tannenholz als Holzgerechtigkeit aus denselben zu beziehen. Auch besitzt Adelsreute kein Unterpfandsbuch, wohl aber eine Bannkarte, die unter Abt Robert von Franz Anton Eggler 1795 gefertigt wurde. Die Kapelle in Adelsreute hat 4 Lichter, 1 Altar mit dem Altarbilde „die heilige Katharina," an den Seiten mehre Holzbilder und Tafeln und hinten 1 Glöckchen. Alle Monat ist eine hl. Messe, welche vom Pfarrer zu Thaldorf, wohin der Ort eingepfarrt ist, gelesen wird. Hier wohnte der Ritter Gunt- ram; man sieht jedoch von seinem Schloß nichts mehr: nur im Schlußstein ob dem Eingang in die Kapelle, die jedoch nicht die alte, ursprüngliche oder Burgkapelle der Herren von Adelsreute ist, sondern erst 1522 gebaut und mit dem Altar durch den Weihbischof Melchior Fattlin zu Konstanz, zu Ehren der seligsten Jungfrau Maria am 28. Juli 1524 eingeweiht wurde, [1] sieht man noch das Adelsreut'sche Wappen. Das Schloß der Ritter oder Freiherren von Adelsreute mochte übrigens beim Wirthshause und von da an der Kapelle hinab bis über den sog. Rabbrunnen, der von lauter Kieselsteinen gefaßt ist, gestanden sein; denn noch stößt man dort auf viele ziemlich bedeutende gegen 5 Schuh dicke Grundmauern.

Tepfenhard, das vom Pfarrer in Wilhelmskirch pastorirt wird, aber zur Pfarrei Urnau gehört, ist ebenfalls ein kleines Dorf oder Weiler ganz von würtembergischem Gebiete umgeben und auf der Grenze von Baden. Diese Enclave hat 7 Bürger und 8 Höfe und ist von Wolketsweiler und Rolgemoos je ¼ St., von Eggartskirch ½ St., von Heßkloften ¾ St. und von Urnau 1 St. entfernt. — Die Kapelle liegt oben im Ort und die

---

[1] Summa Salomitana. Tom. II., Seite 588.

7 Bürger und Höfe sind: der Hof Breisgauer (Anton Reis Wittwe)
der Hof Engländer (Wilhelm Schmeh), der Hof Friesländer (Elbel
Amann), der Hof Holländer (Georg Feßler), der Hof Mohr (Johann
Knörle), der Hof Römer (Markus Nimmele) und der Hof Burgun=
der (Joh. Baptist Spanagel); der 8te Hof Schweizer gehört dem Jo=
hann Bächinger, der nicht Bürger hier ist.

Ritter Guntram selbst ließ sich hernach ebenfalls als
Bruder in Salmansweiler oder Salem, wie man das Stift
mit Hindeutung auf das Salem des Melchisedech abgekürzt —
jezt auch zu nennen pflegte, [1]) aufnehmen und starb da am
St. Martinstag (11. November) 1138 in eben dem Jahr,
als der Bau des Klosters unternommen worden, [2]) gotter=
geben und fromm und wurde in der schon etwas erweiter=
ten Verena=Kapelle begraben, wobei man ihm folgende In=
schrift sezte: Anno Domini 1138 in die S. Martini obijt
strenus Miles Guntbramus, primus Fundator Monasterij
de Salem, qui requiescat in pace. Amen! d. h.: Im Jahr
des Herrn 1138 am Tag des hl. Martin starb der gestrenge
(tapfere) Ritter Guntram, der erste Gründer des Klosters
Salem, der ruhen möge im Frieden. Amen. [3]) Als aber
um 1300 das neue Münster gebaut worden, wurde sein
Leichnam wieder erhoben und außer dem Gitter des Hoch=
altars beigesezt, wo sein Grabstein mit Aufschrift noch im
Jahr 1751 zu sehen war. [4]) — Für ihn wurde jährlich bis

---

[1]) Auch darum mochte der Name Salem für Salmanswilare angenommen worden
sein, um sich dadurch an Jerusalem (Jeru=Salem) zu erinnern, wie man namentlich
in Frankreich und in den Niederlanden neue Stiftungen gerne nach Orten des heili=
gen Landes benannte; übrigens bedeutet Salem auch ein Haus des Friedens (Do=
mus Pacis).

Apiarium Salemitanum. Seite CXIII.—CXV. und Quellensammlung. Von Mone
I. Band, Seite 176.

[2]) Die Klostergebäulichkeiten von Salem mochten wohl zwischen 1150—1170 vollendet
worden sein.

[3]) Summa Salemitana. Tom. I., Seite 14a und Apiarium Salemitanum. Seite CXI.

[4]) Dieses eiserne Gitter war vor dem Hochaltar an der Stelle aufgeführt, wo ursprüng=
lich das Chor sich vom Langhause schied, rechts und links an die Hauptpfeiler des

zur Auflösung des Stifts am 12. November ein feierlicher Jahrtag gehalten.

Abt Frowin wandte sich dann auf den Tod des Stif=
ters nach Rom, um auch vom Papste Schuz und Bestätigung dieses Stifts zu erhalten; Papst Innozenz II. erließ darauf unterm 14. Jenner 1139 vom Lateran aus die Bulle:

Innocentius Episcopus, Servus servorum Dei, dilecto filio Frowino, Abbati Monasterii Sanctae Mariae de Salem, ejusque successoribus regulariter substituendis in perpetuum. In Apostolica sedis specula, disponente Domino constituti, Religiosorum quieti et utilitati Nos con-venit attentius providere; qui quanto fragiliores sumus, tanto magis eorum orationibus indigemus. Hujus rei gratia dilecte in Domino fili, Frowine Abbas, tuis postulationibus clementer annuimus, et Mona-sterium St. Marie de Salem, cui auctore Domino praesides, sub beati Petri tutela suscipimus, et praesentis scripti patrocinio communimus. Statuentes, ut quascunque possessiones, et quaecunque bona idem Venerabilis locus in praesentiarum juste et canonice possidet, aut in futurum concessione Pontificum, largitione Regum vel Principum oblatione fidelium, seu aliis justis modis, Deo propitio, poterit adi-pisci, firma tibi et tuis successoribus, et illibata permaneant: in quibus utique quaedam nominatim duximus exprimenda: videlicet haereditatem, quam Guntramus vir nobilis de Adelsriutin in prae-sentia Landolphi de Seolvingen, Adelberti et filii ejus Burkardi de Frikingen, Hermanni de Marchdorff et aliorum plurium per manum Christiani Abbatis de Lucela, Deo et Beatae Mariae contradidit; id est, villam, in qua vestrum Monasterium situm est, quae antiquitus Sale-manneswilare nuncupabatur, nunc autem mutato nomine Salem dicitur, cum Ecclesia et decimis et omnibus appendiciis suis; Tephenhard cum omnibus appendiciis suis; Haselbach cum omnibus appendiciis suis; ex dono quoque Egelwardi, nobilis viri partem villulae, quae dicitur Scheinbuch et Wern mansum unum: Decimas sane laborum, quos propriis manibus sumptibusque colligitis, dare culpiam non co-gamini easque a vobis exigi, Apostolica auctoritate prohibemus. In codem quoque Coenobio Ordinem Monasticum secundum Beati Bene-dicti regulam et institutionem fratrum Cisterciensium perpetuo servari sancimus; Quia vero fratres ejusdem Ordinis sub solius Romani Pon-

---

Bogens anlehnend, d. i. da, wo jetzt die zwei schönen Monumente auf dem Presby-
terium gesetzt sind.

tificis tuitione consistunt, aliquem ibi officium Advocatiae gerere, vel usurpare, pariter interdicimus. Decernimus ergo, ut nulli omnino hominum liceat eandem Ecclesiam temere, perturbare, aut ejus possessiones auferre vel ablatas retinere, minuere, aut temerariis vexationibus fatigare; sed omnia integra conserventur, vestris ac pauperum Christi, pro quorum gubernatione concessa fuerunt, necessitatibus omnimodis profutura. Si qua igitur in futurum Ecclesiastica, saecularisve persona hanc nostrae constitutionis paginam sciens, contra eam temere venire tentaverit secundo tertiove comonita, si non congrue satis fecerit, potestatis, honorisque sui dignitate careat, reumque se Divino judicio existere de perpetrata iniquitate cognoscat, et a Sacratissimo corpore ac sanguine Dei Omnipotentis aliena fiat, atque in extremo examine districtae ultioni subjaceat. Cunctis autem eidem loco sua jura servantibus sit pax Domini nostri Jesu Christi; quatenus hic fructum bonae actionis percipiant, et apud districtum judicem praemia aeternae pacis inveniant. Amen. Datum Laterani per manum Haymerici, Sanctae Romae Ecclesiae Diaconi Cardinalis et Cancellarii. XVI. Calend. Febr. Indict. 3, Incarnationes Dominicae anno MCXXXVIIII, Pontificatus vero Domini Innocentii II. Papae anno decimo. [1]

Das heißt zu deutsch:

Innocenz, Bischof, Diener der Diener Gottes, an seinen geliebten Sohn Frowin, Abt des Klosters zur heil. Maria von Salem und seinen rechtmäßigen Nachfolgern zum immerwährenden Gedächtniß.

Da wir durch die Fügung Gottes auf die Warte des apostolischen Stuhles gestellt wurden, so geziemt es sich, daß wir nur noch mehr mit Aufmerksamkeit für die Ruhe und den Nuzen der Religiosen (Klostergeist= lichen) Vorsorge tragen; denn je gebrechlicher wir sind, um so mehr bedürfen wir ihres Gebetes; wir bewilligen Dir deshalb, Abt Frowin, lieber Sohn im Herrn, gnädig deine Forderungen und nehmen das Kloster zur heil. Maria von Salem, dem du durch Gottes Willen vorstehst, unter den Schuz des heil. Petrus auf, indem wir zugleich diesen Schuz durch gegenwärtige Urkunde bestätigen. Wir beschließen auch, daß alle Besizungen und Güter, welche dieser ehrwürdige Ort mit Recht und canonisch gegenwärtig besizt, oder noch für die Zukunft durch die Gnade von Päpsten, Schenkung von gläubigen Königen und Fürsten, oder auf andere rechtliche Weise mit Gottes Hilfe erlangt, dir und deinen Nachfolgern gesichert und ungeschmälert ver= bleiben sollen. Dabei glauben wir besonders und namentlich anführen zu müssen: das Erbe, das der Edelmann Guntram v. Adelsreuthe in Gegen=

---

[1] Summa Salemitana. Tom. I, Seite 14a—15a.

wart Landolphs v. Selvingen, Adelberts und seines Sohnes Burkard von Frilingen, Hermanns v. Markdorf und mehrer Anderer durch die Hand des Abts Christian von Lützel Gott und der seligsten Jungfrau übergeben hat, nämlich den Weiler, in welchem das Kloster liegt und der von Alters her Salmansweiler hieß, jetzt aber durch Namensveränderung Salem genannt wird, mit Kirche, Zehnten und all seiner Zugehörde, — dann Tepsenhard mit Allem, was dazu gehört, und Haselbach mit seinen Anhängseln, sowie den Theil eines kleinen Weilers, Scheinbuch genannt, der aus Vergabung Egelwards, eines Edelmanns herrührt, — und Wern, ein Gütchen. Dann sollt ihr durchaus nicht gezwungen werden, von den Erträgnissen, die ihr mit eigener Hand und mit eigenen Kosten sammelt, irgend Jemanden den Zehnten zu geben, und verbieten zugleich mit unserer apostolischen Vollmacht seine Einforderung durch Euch. — Ferner verordnen wir, daß in eben diesem Kloster die Mönchsordnung nach der Regel des heil. Benedikt und der Einrichtung der Cisterzienser immerfort eingehalten werde; ja weil die Brüder dieses Ordens nur unter dem Schutze des Papstes stehen, so wollen wir auch nicht, daß Jemand daselbst das Schirmvogtei-Amt verwalte oder dieses sich anmaße. Endlich beschließen wir noch, daß es durchaus Niemand und keinem Menschen erlaubt sein sollte, diese Kirche zu beunruhigen und ihre Besitzungen wegzunehmen, oder die weggenommenen zu behalten, zu verkümmern oder auf willkürliche Weise zu belästigen, sondern Alles soll zur Bestreitung Eurer Bedürfnisse und zum Frommen der Armen Christi, wozu ihr es erhalten habt, unversehrt erhalten bleiben; wenn daher künftig irgend eine kirchliche oder weltliche Person, die diese unsere urkundliche Verfügung kennt, versuchen sollte, ihr vermessen entgegen zu handeln, so soll sie, wenn sie auf die zweite oder dritte Warnung nicht hinreichende Genugthuung leistet, ihre amtliche Gewalt und Würde verlieren, und soll wissen, daß sie wegen diesem ihrem Frevel dem göttlichen Gerichte verfalle, ja soll vom hochheiligen Leib und Blut des allmächtigen Gottes (d. i. von der heil. Communion und dem heil. Meßopfer) ferne gehalten werden und nach ihrem Tode im Gerichte eine strenge Bestrafung erleiden; Allen aber, die diesem Orte seine Rechte wahren, soll der Friede unsers Herrn Jesu Christi zu Theil werden, so, daß sie nicht nur hier schon die Frucht ihrer guten Handlung genießen, sondern auch dort beim strengen Richter mit dem ewigen Frieden belohnt werden. Amen. Gegeben im Lateran durch die Hand Heymerichs, der heil. römischen Kirche Cardinal-Diacon und Kanzler, den 14. Januar (Indict. 3) des Jahres 1139 der Menschwerdung des Herrn, und im 10. Jahr des Pontiflats des Papstes Innocenz II.

Dann restaurirte und erweiterte Abt Frowin 1139 nochmals die alte baufällige Verena-Kapelle und versah sie

mit 8 Altären, welche das Jahr darauf von dem Bischof
Conrad I. zu Chur und von dem Bischof Hermann I. zu
Konstanz geweiht und mit Reliquien versehen wurden; Egil=
warb v. Nußdorf aber schenkte um 1140 dem Stifte einen
Theil des Weilers Scheinbuch nebst einem -Mansum Feld
zu mehren Jaucherten, und die Gebrüder Hartmann und
Heinrich v. Mimmenhausen vergabten dem Kloster 40 Wer-
chose sammt einem Landgute in Nunnenweiler, sowie
das sog. Cumpoldisrieb (sumpfiges Erdreich bei Salem) zu
3 Jugera terrae, welches die Mönche hierauf fruchtbar zu
machen suchten. Und als König Konrad sich auf dem Reichs=
tag zu Konstanz befand, bemühte sich Frowin auch noch von
König Conrad III. die Bestätigung für sein Stift zu er=
halten. Diese wurde ihm zu Theil und zugleich nahm der
König das neu gebaute Kloster und Stift in seinen beson=
dern königlichen Schuz auf.

Das hierüber am 18. März 1142 zu Konstanz ausge=
stellte Diplom — wornach das Kloster Salem von jezt an
ein königliches Stift genannt wurde — lautet:

»In Nomine Sanctae et individuae Trinitatis Cuuradus divina favente Clementia Romanorum Rex etc. Omnis potestas a Domino Deo
est, quam si pro Officij Nostri administratione pensamus, omnibus,
qui Nostrae Ditioni obediunt, jura sua conservare debemus, omnem-
que injuriam pro viribus a Deo Nobis collatis prohibere, Ecclesijs
vero et Ecclesiasticis personis vigilantiore cura providendum est, ut
pacata tempora diebus Nostris percipientes, a pravorum hominum
prolegantur incursu, quatenus pro statu et quiete Regni ac nostro,
affectu supplicantes impigro, orationibus et caeteris misericordiae
operibus Vitam et actus Nostros Deo, cui incessanter serviunt, accu-
rate commendent. Quapropter omnibus Dei fidelibus tam praesentibus quam futuris notum sit, qualiter Guntramimus Vir Liber haereditatem suam, scilicet Ecclesiam Salem, quae antiquitus Salemannes
Wilare vocabatur, in Episcopatu Constantiensi sitam, ubi Monachi secundum Regulam Beati Benedicti et usum Cisterciensem Deo militant, cum
omnibus appendicijs suis, aliaque loca, quae nominatim duximus exprimenda: Adelsriutin cum omnibus appendicijs suis, Wartperc, Witinwilare, Haselbach, Tephinhard, Bebinwilare cum appendicijs suis in

Curia Constantiensi per manum Nostram Deo ac St. Mariae, Ordinique
Cisterciensi publica ac libera donatione contradidit, atque rogata ejusdem loci Abbatis Frowini in Nostram tuitionem commendavit: Prac-
terea non solum ea, quae idem Guntraminus coram idoneis testibus
Hermanno de Marckdorff, Luipoldo de Mercesburg, Alberto ejusque
filio Burchardo de Frichiuen, Landolpho de Seolvingen, Henrico et
Hermanno de Mimmenhausen, Gerungo, Odalrico, aliisque multis, Ecclesiae illi pro salute animae suae et Fratribus ibidem Deo servientibus
contulit, verum etiam quaecunque largitione Principum, donatione
Nobilium, vel quorumcunque fidelium acquisituri sunt, usibus eorum
in perpetuum profutura praecepto Nostrae Authoritatis confirmamus.
Quia vero (Fratres ejusdem Monasterij) alium Advocatum post Deum
praeter Nos non habent, per praesentis Privilegij paginam decernimus,
ut nulla Ecclesiastica saecularisve Persona praedictos Fratres Ecclesiae Salem temere inquietare aut molestare praesumat: ipsique Gunt-
ramino cunctisque haeredibus suis et nunc et inposterum adimimus
actionem reposcendi, aut violenter auferendi. Ut autem praecepti
Nostri Authoritas stabilis permaneat, hanc Chartam inde scriptam, et
manu Nostra corroboratam Sigilli Nostri impressione signari jussimus.
Hujus rei testes sunt Tietwinus Cardinalis, Imbrico Herbipolensis Episcopus, Otto Frisingensis Episcopus, Hermannus Constantiensis Episcopus, Conradus Curiensis Episcopus, Fridericus Suevorum Dux, ejusque filius Fridericus, Conradus Burgundionum Dux, Man (Mahu) Dux
Lotariorum, Rudolphus Brigantinus Comes, Rudolphus Ramesbergensis
Comes, Hermannus Marchio de Baden, Fridericus Comes de Zollern,
ejusque Frater Burchardus, Marcwardus Comes de Veringen, Eberhardus Comes de Killberc, Wernherus Comes de Hubechesburc et alij
quam plures.

  Ego Arnoldus Cancellarius Vice-Marcoldi Moguntini
  Archi-Cancellarij recognovi.

  Anno Dominicae Incarnationis Millesimo Centesimo quadragesimo
secundo (MCXLII) indictione quinta Regnante Conrado Romanorum
Rege secundo, anno vero regni ejus 1111 Datum XIIII. Calend. April
apud Constantiam, in Christo feliciter. Amen. [1] b. h. zu deutsch:

  Konrad durch Gottes Gnade römischer König im Namen der heiligen
und untheilbaren Dreieinigkeit ꝛc.

  Alle Gewalt kömmt von Gott, dem Herrn. Wenn wir nun diese gemäß der Verwaltung unseres Amtes erwägen, so müssen wir Allen, die

---

[1] Summa Salemitana. Tom. I. Seite 15 und 16 — und Apiarium Salemitanum
Seite II. und III.

unserer Botmäßigkeit unterthan sind, ihre Rechte wahren und alles Unrecht
nach den uns von Gott verliehenen Kräften abwehren; mit noch mehr Eifer
aber müssen wir für die Kirchen und kirchliche Personen besorgt sein, damit
sie ruhige Zeiten in unsern Tagen genießen und vor dem Angriffe schlechter
Menschen geschützt werden, auf daß sie für des Reiches Fortdauer und Ruhe
und für unsere eigene Wohlfahrt mit wahrer Inbrunst zu Gott flehen und
durch Gebete und andere Werke der Barmherzigkeit unser Leben und Streben
Gott, dem sie unaufhörlich dienen, sorgfältig empfehlen können. Deßhalb wird
allen, sowohl gegenwärtigen als künftigen Gläubigen Gottes zur Kundschaft
gebracht, daß der Freiherr Guntram sein Erbe, nämlich die im Bisthum
Konstanz gelegene Kirche Salem, die von Alters her Salmans-Weiler hieß,
wo die Mönche nach der Regel des heil. Benedikts und der Weise der
Cisterzienser Gott dienen, mit all ihren Zugehörden, und dann noch andere
Orte, von welchen wir glauben, daß wir sie mit Namen hier aufführen
müssen, als: Adelsreute mit Allem, was dazu gehört, Wartberg, Witten-
weiler, Haselbach, Tepfenhard und Bebenweiler mit all ihren Anhängseln
— in der Curie zu Konstanz gelegen, durch unsere Hand Gott und der
seligsten Jungfrau, sowie dem Cisterzienser-Orden durch eine öffentliche und
freie Schenkung übergeben und auf Ansuchen Frowin's, des Abts dieses
Ortes in unsern Schutz empfohlen hat. Wir bestätigen jedoch kraft unserer
Autorität nicht nur allein dieses, was besagter Guntram vor den würdigen
Zeugen Herrmann v. Markdorf, Luitpold v. Meersburg, Albert und seinem
Sohne Burkard v. Frikingen, Landolph v. Selsingen, Heinrich und Hermann
v. Nimmenhausen, Gerung, Odalrich und vielen Andern — jener Kirche
und den ihr Gott dienenden Brüdern zu seinem Seelenheile geschenkt hat,
sondern auch noch alles dasjenige, was sie durch Vergabung von Fürsten,
Schankung von Adeligen oder durch was immer für Gläubige noch erwerben
werden, zu ihrem beständigen Nuzen und Frommen. Weil sie aber (die
Brüder dieses Klosters) außer Gott keinen andern Beschüzer haben, als uns,
so verfügen wir zugleich durch gegenwärtiges Privilegium, daß keine kirchliche oder weltliche Person sich erfreche, die obigen Brüder und Kirche Salem
muthwilliger Weise zu beunruhigen, oder sie zu belästigen; denn Guntram selbst
und allen Erben dagegen entziehen wir für jezt und immer das Recht, seine
Vergabung wieder zurückzufordern oder sie mit Gewalt wegzunehmen. Damit
übrigens unsere Anordnung und Bestimmung beständig in Kraft bleibe, ließen
wir diese schriftliche Urkunde, die wir eigenhändig unterzeichneten, noch mit
unserm Siegel versehen. Zeugen dessen sind: Tietwin Cardinal, Imbrico
Bischof von Würzburg, Otto Bischof von Freisingen, Hermann Bischof von
Konstanz, Konrad Bischof von Chur, Friedrich Herzog von Schwaben und
sein Sohn Friedrich, Konrad Herzog von Burgund, Mahn Herzog von
Lothringen, Rudolph Graf von Bregenz, Rudolph Graf von Ramsberg,

Hermann Markgraf von Baden, Friedrich Graf von Zollern und sein Bruder Burkard, Markward Graf von Veringen, Eberhard Graf von Küllberg, Werner Graf von Habsburg, und mehre Andere.

Arnold, Kanzler, für Markolf Erzkanzler zu Mainz.

Gegeben glücklich im Herrn, zu Konstanz im Jahre der Menschwerdung 1142, indict. 5, unter dem römischen Könige Konrad II. und im 4. Jahr seiner Regierung, den 18. März.

Dann hatte Abt Frowin auch die Ehre, das Kloster Raitenhaßlach in Bayern, welches Graf Wolfram von Tegenbach 1143 gestiftet und ihn um Mönche dafür ersucht hatte, von Salem aus besezen und den gottseligen Gero Amer 1147 als 1. Abt von Raitenhaßlach einsezen zu dürfen.

Ferner wurden unter Abt Frowin von 1148—1152 wieder mehre Güter und Ortschaften an das Kloster Salem vergabt; denn zu dieser Zeit schenken Ulrich v. Hyrningen mit Zustimmung seiner Frau nebst seinem Sohn Ulrich die Kirche in Frankenhofen mit Kirchensaz und aller Zugehörde den Brüdern in Salem; — Pfalzgraf (Comes Palatinus) Friedrich von Tüwingen nebst seinem Ministerialen Eticho fünf Mansus Feld bei Hohenbuch; Ernest von Stüzelingen mit Einwilligung seiner Frau und Söhne die Curte Tiesenhülen (Tuphenhulewe) und die Curte zu Bremfeld (Bremwelt); Hermann der Priester (Presbyter) zu Stüzlingen und sein Bruder Burkard eine Curte zu Hohenbuch (Hohenbuach) mit Allem, was dazu gehört, welche Vergabungen König Friedrich I. zu Speier am 8. September 1152 bestätigt und mit Salem ebenfalls unter seinen Schuz nimmt. Zeugen dabei waren: Günther Graf zu Leiningen und Bischof von Speier, Mathäus Herzog von Lotharingen, Anselm Bischof von Havelberg, Graf Ulrich von Lenzburg, Graf Emiko von Leiningen ꝛc.[1]

Hernach (1155) bestätigt der König und Kaiser Friedrich I. Rotbart dem Stift Salem zu Konstanz die

[1] Summa Salemitana. Tom. II Seite 2.

inzwischen weiter erhaltenen Besizungen, als: ben Walb
Mabach, ben Hof Grünbelbuch unb ein Gut zu Wolf=
gangweiler mit aller Zugehörbe unb behält sich bas Jus
Advocatiae, b. i. bie Criminal= unb Justiz=Verwaltung über
bas Stift Salem vor. Bei biesem Akt waren als Zeugen:
Bischof Hermann von Konstanz, Bischof Konrab von Augs=
burg (Augustanus), Konrab v. Steinach Bischof zu Worms,
Abt Fribeloh von ber Reichenau, Abt Werner von St.
Gallen, Abt Albert von Kempten, ber Herzog Welf, ber
Herzog Konrab, Bruber bes Kaisers, ber Herzog Berthold
von Zähringen unb Burgunb, ber Markgraf Hermann von
Baben unb Verona, Graf Rubolph von Pfullenborf, Graf
Obalrich von Lenzburg 2c. [1]

1159 schenkt ber Eble Lambert v. Husin ein Gut in
seiner Villa Storzingen mit bem Jus Patronatus ber Kirche
unb ber eble Sigebot v. Heuborf (Heitorff) ein Gut in
Walbprechtsweiler sammt ber Pfarrkirche unb mit aller
Zugehörbe ben Brübern in Salem. Diese Schankungen
wurben ebenfalls von Kaiser Friedrich Barbarossa zu Kon=
stanz (1160) bestätigt unb zwar unter folgenben Zeugen:
Herzog Konrab von Schwaben, Graf Rubolph von Pfullen=
borf, Pfalzgraf Hugo von Tübingen, Graf Berthold von
Zollern, Graf Cuno von Baben in ber Schweiz, Graf Hart=
mann von Kirchberg, Graf Mangolb unb bessen Bruber von
Veringen, Graf Heinrich zum Heiligenberg, Lambert von
Hausen (Husin), Albert von Busnang unb Gottfrieb von
Rorborf. [2]

---

[1] Summa Salemitana. Tom. II. Seite 3 unb 4.

Die übrigen Besizungen bei ber Grangie Mabach kamen um 1191 unb folgenbe
Jahre an Salem unb bie anbern Besizungen unb Zehnten zu Grünbelbuch 1152
unb 1194.

Eine Curte war ein Gut ober Hof, so mit seinen Felbern von einem Zaun
ober einer Hecke umgeben war.

[2] Summa Salemitana. Tom. II., Seite 4a unb 5

Endlich schlichtete Abt Frowin mit den Aebten Christian von Lützel und Frowin von Engelberg am 14. Oktober 1164 noch die Streitigkeiten über den Güterbesitz am Berge Staufen in der Nähe von St. Blasien, die wider das Kloster Aller=heiligen zu Schaffhausen entstanden waren, [1] und dann — nach 28 Jahren seiner Regierung schied der tugendhafte und für sein Stift väterlich besorgte Abt Frowin von Salem am 6. Jenner 1165 auf's tiefste betrauert von seinen Brü=dern und Allen die ihn kannten, aus dieser Welt.

Ihm folgte als II. Abt Godefrid oder Gottfried, der, nachdem die Abtei 25 Tage verwaist war, um Epipha-nia Domini 1166 unter Papst Alexander III. und Bischof Otto II. von Konstanz (Sohn des Grafen Werner von Habsburg) erwählt wurde, aber nur zwei Jahre regierte, indem er schon am 30. September 1168 starb.

Der III. Abt war dann Erimbert, der um die Mitte Oktober 1168 erwählt wurde. Unter ihm wurde 1169 von Bischof Otto zu Konstanz die Kirche oder Pfarre zu Wald=prechtsweiler, welche der Sohn des Schirmvogts Werner der Kirche zu Bonndorf, streitig zu machen suchte, dem Kloster Salem zugeurtheilt. Auch schenkte um 1171 der Ritter Otto von Hasenweiler, Ministeriale des Herzogs Heinrich von Bayern und Sachsen dem Kloster Salem den nahe gelegenen Maierhof Schweindorf und ein Gut zu Rickenbach, und um 1172 ließ Erimbert noch 3 neue Al=täre (zu Ehren der heil. Verena, des heil. Cyriak und der heil. Maria Magdalena) in der Kirche zu Salem errichten, welche von Bischof Albrecht zu Freisingen am 24. September 1174 eingeweiht wurden. [2] Hierauf am 3. Oktober 1175 starb der Abt Erimbert, dem jetzt Christian als IV. Abt folgte, welcher 16 Jahre regierte und ebenfalls viele Be=

---

[1] Quellen und Forschungen zur Geschichte Schwabens und der Ost=Schweiz. Von G. B. I. Filter. Mannheim bei Schneider 1859. Seite XCIII.

[2] Summa Salomitana. Tom. II., Seite 458a und 474.

sizungen an das Gotteshaus brachte. Er kaufte 1175 von
Heinrich und seinem Bruder, die Stollin genannt, um
33 ℔ ₰ einen Mansus zu Bachhaupten; Berthold von
Bachhobiton aber vergabte sein Gut sammt der Kirche
zu Bachhaupten mit aller Zugehörde an Land und Leuten
an Salem und zog nachher selbst als Pfründner ins Kloster,
wo er 1176 fromm starb; die übrigen Güter zu Bachhaupten
brachte der Abt für 40 ℔ von den Anverwandten des Berthold an Salem. Wolfgangweiler kam als Geschenk von
Konrad (Advocatus) zum Heiligenberg, Grünbelbuch mit
Zugehör durch Hermann v. Friedigen, und Raithaslach
sammt Zugehörde als Schankung durch Albert und Burkard
v. Fribingen an Salem. Bahsried oder Bähsenried
und das große Ried bei Frikingen schenkten Konrad
und sein Bruder Heinrich, Grafen zu Berge an Salem;
das Gut Ribin oder Ribirn kam als Schankung durch
Richard v. Kappel an Salem, und Ringgenhausen schenkte
Walther v. Dürrheim (Durrihem) an Salem ꝛc. Alle diese
Besizungen, sowie die frühern, bestätigt Kaiser Friedrich I.
zu Konstanz den 12. Juli 1183 und nimmt sie in seinen
besondern Schuz und Advocatie. Zeugen dabei waren:
Bischof Hermann von Konstanz, Bischof Hermann Bero Mo-
nasteriensis (wo?), Bischof Heinrich von Chur, Abt Diethelm aus der Reichenau, des Kaisers Bruder König Heinrich, der Herzog Friedrich von Schwaben, Herzog Welf,
Herzog Otto von Bayern, Herzog Konrad von Spoleto,
Gaugraf Berthold von Andechs, Markgraf Hermann von
Baden, Graf Konrad von Berg, Graf Ludwig von Sigmaringen, Graf Burkard von Honberg und sein Bruder
Friedrich, Graf Ulrich von Kyburg, die Grafen Friedrich
und Berchthold von Zollern, Graf Hartmann von Kirchberg
und Andere [1]; — 1177 dagegen bestätigt Papst Alexan-

---

[1] Summa Salemitans. Tom. II., Selte 5—7.

der III. dem Kloster Salem nicht nur alle bisherigen
Besizungen und nimmt das Stift in den Schuz des apo=
stolischen Stuhles auf, so daß es in geistlichen Sachen
nur allein dem römischen Stuhle unterwürfig und gehorsam
sein solle — und weil die Aebte auch stets vom päpstlichen
Stuhl in den gewöhnlichen Consistorien bestätigt wurden,
das königliche Stift Salem auch darum den Namen Con=
sistorial=Stift erhielt; — sondern ertheilt ihm auch die
Privilegien: „daß es von der Abgabe des Zehnten von jenen
Gütern, welche die Religiosen entweder selbst bauen oder
bauen lassen, befreit sei," und gestaltet ferner dem Abt und
Convent: „Jeden, Geistlichen und Weltlichen, in das Kloster
aufzunehmen, nach abgelegter klösterlichen Profeß aber es
nicht mehr verlassen zu dürfen;" dann verbietet er „im
Umfang des Klosters und seiner **Grangia** oder Höfe alle
Gewaltthätigkeit, Raub, Diebstahl, Entwendung, Gefangen=
nehmung und Tödtung von Menschen;" ja verbietet sogar,
zum Nachtheil der Kirche von Salem und ihres Gottes=
dienstes, „auf eine Meile weit eine neue Kirche zu errichten."
Das neu gebaute Kloster selbst und der große oder Hoch=
altar wurde 1179 von dem Bischof Bero der heiligsten
Gottesmutter Maria geweiht, so daß es jezt **Monasterium
Beatae Mariae** genannt wurde. — Hernach, als Graf Kon=
rad zum Heiligenberg 1185 den Insäßen seiner Grafschaft
verbieten wollte, ihre Güter an eine Kirche oder ein Gottes=
haus zu vergeben und zu stiften, gab Herzog F r i e d r i ch
von Schwaben mit kaiserlicher Genehmigung und Ver=
willigung noch die wichtige Verordnung: „daß Niemand
in Schwaben freie Leute verhindern und ihnen verbieten
dürfe, ihre Güter an das Kloster Salem zu vergeben oder
zu verkaufen", welche Urkunde lautet wie folgt:

**Fridericus Divina favente clementia Dux Suevorum, omnibus
Principibus et quibusque fidelibus sub Ducatu Nostro degentibus praesentibus et futuris in perpetuum. Cum justum sit causas a Majori-
bus institutas et judiciario ordine diffinitas a Successoribus non solum**

Immutari non debere nec cassari, sed magis inviolabiliter conservari
et confirmari; Notum facimus cunctis tam futuris quam praesentibus,
Nobis in publico placito loco, qui dicitur Chunegestul ($\Re$önigeßtuhl) cum
universis Principibus totius Sueviae consedentibus Christianum Abba-
tem de Salem super tali gravamine querelam deposuisse, quod Conradus Comes de Sancto Monte praedium duorum liberorum hominum
Eberhardi et Ulrici, qui praesentes erant, et liberam Werscham (Wehrschaft) coram omnibus Abbati ferebant, violenter abstulisset, asserens,
non esse potestatis corum, ut ipsi vel aliquis liberorum in sua Comitia
sine consensu ejus ulli Coenobio vel Ecclesiae suae conferre valeret.
Unde sententia postulata universaliter ab omnibus dijudicatum est,
liberis hominibus licere praedia sua quibuslibet Ecclesiis vel cui vellent,
dare posse. Nos itaque praedicti Abbatis et Fratrum suorum quieti
contra tales calumnias imposterum providentes, ad confirmationem
omnium quaecunque praefato Caenobio in praesentiarum vel in futurum a quollbet homine libero collata fuerint, secundum litteram
datae sententiae paginam istam Sigilli Nostri impressione roboratam
Venerabili Abbati adversus quorumlibet Judicum temerariam in talibus
praesumptionem donamus. Et ut praesentis Chartae continentia, non
solum propter antiquae institutionis authoritatem, sed et Nostrae con-
firmationis tenorem perpetuum apud Posteros robur obtineat, prae-
missae sententiae Executores subnotare dignum daximus. — Welfo
Dux; Otto, Hartmannus et Rudolfus Comites de Chilichberg; Otto
Palatinus Comes de Witellspach; Ludowicus Comes de Sigmaringen,
Henricus Marchio de Rumesberg; Henricus Comes de Wartstein; Manegoldus et Henricus Comites de Veringen; Gebhardus et Wolfradus
frater ejus, filii Comitis Manegoldi; Albertus et Ulricus Comites de
Chiburch; Gotefridus et Manegoldus filius ejus Comites de Rordorff;
Burchardus Comes de Hochenberc, et frater ejus Comes Fridericus;
Berchtoldus et Fridericus Comites de Zolleren; Egeno Comes de Urach;
Bertholdus Comes de Berge; Conradus Comes de Sancto-Monte; Ernest
de Stuzelingen; Manegoldus de Otolfswang; Berngerus de Schuzen-
riedt; Gotefridus de Schweinhausen; Conradus de Teggenhausen;
Burchardus et Albertus frater ejus de Friebingen, Hartmannus et Conradus de Mimmenhausen, et alii quam plures. Acta sunt haec Dominicae Incarnationis Anno Millesimo Centesimo octuagesimo quinto, indictione 3tia Imperante Friderico Rom. Imperatore Augusto. Anno autem
imperii ejus 30. Anno vero Ducatus Nostri 1 mo. [1] b. h. zu deutsch:

---

[1] Summa Salemitana. Tom. II., Seite 7 und 8; sowie Apiarium salemitanum.
Seite XLVI. und XLVII.

Wir Friederich, durch Gottes Gnade Herzog von Schwaben richten gegenwärtige Urkunde an alle Fürsten und an alle in unserm Herzogthum für jezt und für die Zukunft lebend Gläubige zum ewigen Gedächtniß.

Da es nur gerecht ist, wenn die von unsern Vorfahren eingeführten und auf gerichtlichem Wege entschiedenen Rechtssachen nicht nur nicht umgeändert und aufgehoben werden dürfen, sondern vielmehr erhalten und besestigt werden, — so thun wir allen jezt und in die Zukunft Lebenden kund, wie der Abt Christian von Salem uns auf dem Königsstuhl, wo wir mit sämmtlichen Fürsten von ganz Schwaben eine öffentliche Sizung abhielten — eine Klage darüber angebracht hat, daß der Graf Conrad von Heiligenberg das Hofgut zweier Freien, des Eberhards und Ulrichs, welche gegenwärtig waren und in Anwesenheit Aller dem Abte freiwillige Wehrschaft leisteten, gewaltsam weggenommen habe mit der Behauptung: „sie, noch irgend ein Freier hätte das Recht, ohne seine Zustimmung in seinem Gerichtsbezirke je einem Kloster oder einer Kirche eine Vergabung machen zu dürfen." — Da nun hierüber ein Urtheilsspruch verlangt worden war, so wurde von Allen insgesammt die Entscheidung gefällt: „daß es Freien erlaubt sei, ihre Güter an jede beliebige Kirche oder an wen sie immer wollen, vergeben zu können." Um daher für die Ruhe des vorgemerkten Abts und seiner Brüder gegen derartige Gewaltthätigkeiten für immer zu sorgen, geben wir zur Bestätigung alles dessen, was jenem Kloster von einem Freien bis jezt vergabt wurde oder noch vergabt werden wird, dem ehrwürdigen Abt von Salem wider die dreiste Gewaltthätigkeit oder Anmaßung gewisser Richter für solche Fälle gegenwärtige mit unserm Siegel versehene Urkunde nebst dem Wortlaut des gefällten Urtheilsspruchs. Damit jedoch der Inhalt gegenwärtiger Urkunde nicht blos allein wegen dem Ansehen der alten Gewohnheit, sondern auch kraft unserer Bestätigung bei den Nachkommen immerwährende Geltung habe, hielten wir es für gut, die Vollstrecker besagter Entscheidung auch noch anzuführen. Es sind: Herzog Welf; die Grafen Otto, Hartmann und Rudolph von Kirchberg; Pfalzgraf Otto von Wittelsbach; Graf Ludwig von Sigmaringen; Markgraf Heinrich von Rumesberg; Graf Heinrich von Wartstein; die Grafen Mangold und Heinrich von Veringen; Gebhard und sein Bruder Wolfrad, Söhne des Grafen Mangold; die Grafen Albert und Ulrich von Kyburg; der Graf Gottfried und sein Sohn Mangold von Rohrdorf; Graf Burkard von Hochberg und sein Bruder Graf Friedrich; die Grafen Berthold und Friedrich von Zollern; Graf Egeno (Egon) von Urach; Graf Berthold von Berg (Schelklingen); Graf Konrad von Heiligenberg; Ernst von Steußlingen; Magold v. Otterswang; Berengar von Schussenried; Gottfried von Schweinhausen; Konrad von Teggenhausen; Burkard und sein Bruder Albert von Frikingen; Hartmann und Konrad von Nimmenhausen und viele Andere. — Geschehen im

Jahr der Menschwerdung 1185 (indict. 3) unter der Regierung des rö=
mischen Kaisers Friedrich, im 30. Jahr seiner Regierung und im ersten
Jahr unserer herzoglichen Würde.

Endlich bestätigt Kaiser Friedrich I. zu Walarhusin
am Bodensee den 9. Oktober 1188 dem Abt Christian noch
alle die Besizungen, welche er von Diethelm, Abt der Reichenau
und Bischof von Konstanz erhalten hatte, als: die Höfe Mu=
ron (Maurach) und Banzenreuthe, für den er an die Kirche
zu Konstanz als Zins jährlich 1 ℔ Wachs geben mußte, der
aber unter Abt Alawich von Reichenau 1190 für 183 ℔ ₰
(Pfennige) ausgelöst wurde, — sowie das Gut Watt, und
die Concambia oder Tausch=Verträge zwischen den beiden
Klöstern Reichenau und Salem. ¹) Dann überträgt der Abt
Archenfried von Lützel ihm noch als Filial das Kloster Ten=
nenbach (Porta Coeli) bei Emmendingen im Breisgau und
nachdem Abt Christian so ebenfalls dem Kloster Salem viele
Besizungen und Rechte erworben — beschloß er am 31. Mai
1191 sein irdisches Leben.

Der V. Abt von Salem war Eberhard I. aus dem
sehr alten Geschlechte der Grafen von Rohrdorf bei Möß=
kirch, ein frommer, einsichtsvoller, kenntnißreicher Mann, der
bei 50 Jahre lang regirte und von besonders großem Nuzen
und Segen für das Stift war; denn gleich im ersten Jahr
seiner Regierung 1191 wurde ihm vom Papst Clemens III.
der ganze Zehnten zu Maurach und Nicholfsberg, den ihm
Bischof Hermann II. von Konstanz 1184 streitig gemacht

---

¹) Summa Salomitana. Tom. II., Seite 8.

1192 begrub Abt Eberhard I. in der Klosterkirche zu Salem auch eine gewisse
Mathilde, wahrscheinlich die Tochter des Ritters Guntram. Da dies den Ordens=
gesezen zuwider war, erhielt der Abt von Cisterz aus einen Verweis, mußte zur
Strafe 3 Tage bei Wasser und Brod fasten und durfte 40 Tage lang den abtlichen
Plaz im Chor nicht einnehmen. Er ertrug Alles mit Gehorsam und Demuth. Die=
ses Gesez wurde jedoch später gemildert und man gestattete von Cisterz aus, daß außer
den Stiftern auch noch andere Guttthäter in der Klosterkirche begraben werden dürfen,
wie denn auch, wie wir erfahren werden, Mehri ihre Grablege dahier bekamen.

hatte, Salem aber schon 1158 und 1166 bekam — bestä=
tigt; [1] auch brachte er in diesem Jahr die sog. Waberhöfe
bei Mabach, welche Ulrich v. Bobmann vom Domkapitel zu
Konstanz als Lehen besaß, mit aller Freiheit an das Kloster,
nur mußte er jährlich am Kirchweihfeste 1 ℔ Wachs an die
Kirche zu Konstanz einliefern. — 1192 wurde die Kranken=
kapelle (Capella infirmorum) die von Graf Mangold von
Rohrdorf, dem Bruder des Abts erbaut und mit einem Gut
fundirt wurde, doch so, daß immer ein Licht in derselben des
Nachts brennen mußte, von Bischof Diethelm von Konstanz
zu Ehren des heil. Thomas, Erzbischof zu Canterburi und
Martyrer am 8. April eingeweiht. — 1193 kamen die drei
Höfe bei Raithhaslach von den Gebrüdern Albert, Burkhard
und Heinrich v. Frikingen als Schankung an Salem, die
dann später, als sie von den Laienbrüdern kultivirt und
verwaltet wurden, die Münchhöfe genannt wurden. Diese
Schankung hat Kaiser Heinrich VI. 1193 bestätigt. Auch
Papst Cölestin III. bestätigt diese Schankung nebst den übri=
gen Besitzungen des Klosters, ja bestimmt sogar vom Lateran
aus unterm 6. November (VIII. Idus Novembr.) 1194: daß
wenn ein jeweiliger Bischof von Konstanz sich weigern sollte,
einem neu gewählten Abt von Salem die Benediktion zu er=
theilen oder andere bischöfliche Geschäfte auf Ersuchen zu ver=
richten, das Gotteshaus Salem berechtigt sein solle, einen
andern Bischof darum anzugehen, — und bestimmt ferner
noch, daß kein Bruder nach abgelegter Profeß verhindert
werden solle, in Klostersachen Zeugenschaft zu leisten, sowie
daß Jemand in den salmansweilischen Grangien oder Frei=
höfen einige Advocatie oder das Schuz= und Schirmrecht
sich anmaßen und die regularische Wahl der Prälaten ver=
hindern dürfe rc. [2] — 1200 kamen mit Genehmigung der

---

[1] Summa Salemitana. Tom. I., Seite 485a und 486.

[2] Summa Salemitana. Tom. I., Seite 468a und 469.

6

Grafen Konrad und Heinrich von Wartenberg die Besizungen
des Bernher oder Wernher, genannt Haller, zu Gunzenhau=
fen an der Oftrach und ferner die Höfe Dornsberg bei Stock=
ach an Salem; die übrigen Güter zu Dornsberg kamen von
den Grafen von Nellenburg, von Hugo von Langenftein, von
Robert und Berchthold v. Aha und andern nach und nach
durch Kauf, Schankung und Tausch an Salem; Salem je=
doch überläßt jene Besizungen des Haller zu Gunzenhaufen
gegen einen jährlichen Zins deffen Sohn Burkard und als
diefer 1273 in den Deutschorden eintrat, verkaufte er fie in
diefem Jahr an den Deutschordens=Comthur zu Althaufen. —
1201 war Abt Eberhard auf dem Reichstag zu Ulm, wo er
mit dem Erzbifchof von Salzburg, Eberhard II. de Truchsen
von den verfammelten Fürften zu einer Gefandtschaft zum
Papft Innocenz III. nach Rom gewählt wurde, um ihn für die
Kaiferwahl Philipps von Schwaben zu gewinnen; aber ob=
wohl die Gefandtschaft ihren Zweck nicht erreichte, fondern
der Papft die Wahl Otto's von Braunschweig als giltig er=
klärte, fo hatte diefelbe doch großen Nuzen, befonders für
Salem; denn die beiden Eberharde befreundeten fich fo, daß
der Erzbifchof mit Bewilligung der Väter von Cifterz fogar das
Klofter Salem in feinen Schuz und Schirm nahm, und ihm
1202 eine Salzgrube mit Salzpfanne zu Waltbrunnen (Mühl=
bach) fchenkte, fammt aller Gerechtfame, ja felbft mit dem
Recht, das nöthige Holz in den dortigen Waldungen fällen
zu dürfen. Diefer Schenkung zufolge, die von Papft Inno=
cenz III. vom Lateran aus unterm 3. Auguft (Idibus Mar=
tii) 1203, und von dem römischen Könige Philipp von Worms
aus unterm 3. Auguft (III. Non. Augusti) 1207 beftätigt, [1]
dann noch von den Pfalzgrafen bei Rhein und Herzogen in

---

[1] Summa Salemitana. Tom. I., Seite 19a und 20. Auch der Römifche König
Friedrich II. beftätigte zu Konftanz unterm 30. März (II. Calend. Aprilis) 1213
die Vergabung der Saline in Mühlbach ꝛc. Summa Salemitana. Tom. II.,
Seite 14—15.

Bayern mit Freiheiten begabt wurde, konnte Salem ohne Mauth und Zoll sein Salz zu 112 Pütschen jährlich, deren jede 14 Fuder enthielt, durch das Salzburgische und Bayrische nach Hause führen, bis um 1529 und 1530 das Kloster Salem und das Erzstift Salzburg für 888 fl. den Herzogen von Bayern die Saline Holzapfel zu Reichenhall an der Saale in Oberbayern sammt Pfannen und Pfannhaus nebst Wäldern verkauften und das Stift Salem durch den Schwedenkrieg genöthigt, gar noch sein eigenthümliches Haus in Salzburg 1651 für 1200 fl. käuflich an das Domkapitel daselbst abtrat, wodurch das gegenseitige Band zwischen den beiden Stiftern Salem und Salzburg wieder aufgelöst wurde. Dadurch aber, daß Salem damals durch den Erzbischof Eberhard in den Schuz und Schirm von Salzburg kam, wurde nach dem Abgang des Geschlechts des ersten Stifters Guntrams v. Adelsreute das Erzstift resp. der Erzbischof Eberhard II. von Salzburg als zweiter Stifter und Gründer von Salem erklärt und nebst dem Wappen des hl. Bernhard (ein schwarzer Schild mit weiß und roth gewürfeltem rechtem Schrägbalken) und der Herrn von Adelsreute (ein schwarzer auf 3 Hügeln stehender Widder in goldenem Felde) auch noch das salzburgische Wappen (ein senkrecht getheilter Schild, das Vorderhalbtheil gelb, der Löwe darin schwarz, das Hintertheil roth mit weißer Straße darin, der österreichische Wappenschild) in des Stifts Salem aufgenommen; ja das Stift Salem hielt sogar bis zu seiner Auflösung 1803 aus Dankbarkeit gegen den Erzbischof Eberhard jährlich im Dezember ein feierliches Seelenamt für ihn und seine Verwandte ab und jeder Salemer Priester mußte noch zudem eine heil. Messe für sie lesen. — Hernach 1207 in Streitigkeiten Rudolfs von Habsburg (Schirmvogts des Stifts Säckingen) mit dem Gotteshause Säckingen wurden der Abt Rudolf von Muri, der Abt Heinrich von Engelberg, der Abt Christian von Lützel und der Abt Eberhard von Salem als

Schiedrichter gewählt. [1]) — Ferner kommen von 1207 bis
1221 der Ort Owingen mit Pfaffenhofen, der Weiler Leut=
kirch mit Kirche, der Oberhof bei Maurach, mehre Höfe zu
Daisendorf, der Weiler Seefelden, Güter zu Luegen, Billa=
fingen und Linz, die Weiler Obersten= und Unterstenweiler,
das Dorf Buggensegel und Güter zu Gebhardsweiler, Gras=
beuren und Wangen an das Gotteshaus Salem. — 1216
wurde die Reismühle bei Uhlbingen gebaut. — 1217 wurde
unter Bischof Conrad II. Grafen von Andechs und Herrn
von Tegerfelden der große Salmansweilerhof in Konstanz
gegen den Fischmarkt nahe dem heil. Geist=Spital zu bauen
angefangen, nachdem er den dazu dem Kloster von seinen
Vorfahren geschenkten Plaz bestätigt hatte, in welchem Hof
dann später zur Eintreibung der Zinse und wegen dem An=
bau der Reben, welche das Kloster bei und um die Stadt
hatte, sowie wegen dem Betrieb der andern dortigen Güter
ein Hofmeister angestellt wurde. [2]) Hierauf kamen durch die
Päpste Honorius III. und Gregor IX. (von 1218—1240)
einige Frauenklöster Cisterzienser=Ordens unter die Ober=
aufsicht und Botmäßigkeit des Abt von Salem, als: Wald
1218, Rottenmünster 1223, Bainbt 1227, Hegbach 1231,
Heilig=Kreuzthal und Guttenzell 1238 ꝛc., deren Abtissinen
dann alle unter dem Präsidium des Abts erwählt und von
ihm bestätigt und eingesegnet wurden, ihre Beamte aber dem
Abt den Eid der Treue und des Gehorsams schwören und
diese Klöster sich überhaupt den Ordensazungen des Abts
unterwerfen und ihn als geistliches Oberhaupt anerken=
nen mußten; zuvor jedoch wurde durch König Heinrich VII.
unterm 10. Dezember (Quarto Idus Decembris) 1222 von
Ueberlingen aus dem Stift das Privilegium ertheilt: „daß

---

[1]) Geschichte des Stifts Säckingen. Von Klemens Schaubinger. Einsiedeln 1852.
Seite 51.

[2]) Geschichtliche Topographie der Stadt Konstanz und ihrer nächsten Umgebung. Von
J. Marmor. Konstanz 1860. Seite 256—259.

es Allen und Jedem erlaubt sein solle, seine Güter an das
Gotteshaus Salem entweder zu verschenken oder zu ver=
kaufen, was Graf Manegold von Nellenburg, Eberhard
Truchseß von Waldburg, Konrad Schenk v. Winterstetten,
Burkard v. Homburg, Ulrich und sein Bruder Conrad v.
Rotham, Rudolf und sein Bruder Hermann v. Arbon, Ru=
dolf und Burkard von Ramsberg, Walther und Burkard
v. Hohenfels, und Eberhard und Berthold v. Lintpach 2c.,
als Zeugen beurkunden."[1] — Ferner gibt Abt Heinrich in
der Reichenau dem Stift Salem für jährlich 1 ℔ Wachs
Zins einen Plaz bei der Egidi=Kapelle in Ulm, um da ein
Haus bauen zu können, was auch geschah, welches Haus
aber durch Vergleich wieder an die Reichenau kam. — Her=
nach, von 1223 bis 1228 kamen der Hof Wälde mit Zehn=
ten, das Dorf und die Herrschaft Schemmerberg,[2] der
Weiler Homberg, die Reismühle bei Meinwangen, einige
Güter zu Rhena bei Heiligenberg, das Lengentried, auch
theilweise der Hardwald und das Dorf Nußdorf durch Kauf,
Vermächtnisse und Schankung und 1228 durch Ritter Diet=
helm v. Craigen (Hohenkrähen) noch dessen Güter zu Beu-

---

[1] Summa Salemitana. Tom. II., Seite 18a.

[2] Schemmerberg (königl. würtemberg. Oberamts Biberach) kam theils durch Kauf und theils durch Schankung von den Grafen von Wartenstein 1224 an Salem. Besonders trug dazu Graf Hermann viel bei, der sich nach seiner Gefangenschaft bei den Sara=zenen eine Zeit lang als Gast in Salem aufhielt; denn er bestätigte nicht nur alle Schankungen und Käufe, welche sein Bruder Graf Heinrich und sein Sohn dem Kloster gemacht hatten, sondern entsagte auch vollkommen allen Rechten und Ansprüchen, die dem Kloster Salem schon überlassen worden waren. Im Jahr 1361 schenkten Graf Gozo (Göz) von Wartenstein und seine Gemahlin Katharina Rickenbach dann auch noch das Patronatsrecht der Kirche zu Schemmerberg an Salem; die edlen Ritter Jacob und Sebastian von Ober=Sulmetingen aber verkaufen den Burgstall sammt Höfen und andern Besitzungen mit Rechtsamen um 4000 fl. an Salem. Später er=hielt Salem von Kaiser Maximilian auch noch die Erlaubniß, dort ein eigenes Ge=richt zu errichten und einen Beamten und Richter für seine Unterthanen zu Schem=merberg einzusetzen, was 1497 geschah.

ron und Fribingen mit allen Zugehörden und Rechten an
Salem; das Jahr zuvor jedoch wurde das neue Kloster
Wettingen (Maris stella) bei Baden in der Schweiz mit
Mönchen aus dem Kloster Salem besezt und der salemische
Prior Konrad Müller zu seinem ersten Abt eingesezt. Dann
1228 bestimmt Papst Gregor IX. durch Bulle vom 6. März
(II. Idus Martii) von Perusii aus: „daß dem Abte zu Salem
zwei Tagreisen weit — wider seinen Willen nicht aufgebürdet
werden könne, päpstliche Commissionen in Rechtssachen anderer streitender Partieen anzunehmen, ausgenommen es sei
in dem darüber ausgestellten schriftlichen päpstlichen Befehl
ausdrücklich verfügt," [1] und 1229, 10. März (VI. Idus Martii) befiehlt er noch von dort aus dem Erzbischof von Mainz
und seinen untergeordneten Bischöfen: „daß sie das Kloster
Salem bei seinen von den Päpsten erhaltenen Privilegien
beschüzen und die, so ihm durch Raub oder auf andere
Weise Schaden zufügen, durch kirchliche Buße anhalten und
zwingen sollen, den zugefügten Schaden wieder gut zu machen
und zu ersezen;" [2] König Heinrich VII. aber verfügt unterm
23. Oktober (Decimo Calend. Novbr.) 1229 von Ueberlingen
aus in Abwesenheit seines Vaters Kaisers Friedrich II.: „daß
die Abtei Salem mit ihren Häusern und Gütern in und
bei Städten von Steuern, Anlagen und Abgaben frei sein
solle;" [3] ja derselbe König verfügt sogar noch von Nürnberg
aus unterm 5. August 1231: „daß das Reichsstift Salem in
den Städten Ueberlingen, Eßlingen und Ulm weder mit
Zoll noch mit Umgeld beschwert werden dürfe." [4] Dieses
sehr wichtige Privilegium bezeugen der Bischof Siegfried

---

[1] Summa Salemitana. Tom. I., Seite 492a; sowie Apiarium Salemitanum, Seite C.

[2] Summa Salemitana. Tom. I., Seite 493.

[3] Summa Salemitana. Tom. II., Seite 19a und 20; sowie Apiarum Salemitanum, Seite L und LI.

[4] Summa Salemitana. Tom. II., Seite 20 und 20a; sowie Apiarium Salemitanum. Seite LV. und LVI.

von Regensburg, kaiserlicher Hofkanzler, der Bischof von
Augsburg, der Abt Walter von St. Gallen, der Herzog
von Meran, der Pfalzgraf bei Rhein, der Markgraf Her=
mann V. von Baden, der Truchseß von Waldburg und der
Schenk von Winterstetten rc. Auch Kaiser Friedrich II. be=
stätigt im Februar 1233 von Canusium aus diese Privi=
legien seines Sohnes und nimmt zugleich alle die Besizun=
gen Salems in seinen kaiserlichen Schuz. [1] — 1235 kamen
dann wiederum Güter an Salem, als: von Abt Konrad
in der Reichenau das kleine Gut Alkofen, das Konrad von
Wasserburg resignirt hatte, — 1236 und folgende Jahre
etliche Höfe zu Friklingen, — 1239 durch eine gewisse Ger=
trubis in Ueberlingen gegen eine jährliche Pfründe für sie
und ihre Mutter der Hof Kalkhofen bei Neuhohenfels. Den
zweiten Hof daselbst gibt Ulrich von Jungingen und seine
Schwester gegen Abhaltung eines Jahrtages und Abgabe
von je 2 Fischen an die Religiosen im Speisesaal an diesem
Tag, an das Gotteshaus Salem. 1240 überlassen Abt und
Capitel zu Reichenau noch eine Wiese unter der Burg Krägen
(Hohenkrähen) und eine Wiese neben der Mühle zu Frie=
bingen bei Radolphzell, gegen einen jährlichen Zins von
1/2 ℔ Wachs an Salem; ja Salem erhält 1240 sogar den
großen Hof Luegen und 1241 und folgende Jahre laufs=
weise von den Grafen Ulrich von Helfenstein und Heinrich
von Bizenhofen mehre Höfe zu Ertingen bei Riedlingen an
der Donau. Jezt aber, am 13. Juni 1241 — starb der
fromme, verständige, kenntnißreiche Abt Eberhard, der von
den Fürsten in wichtigen Reichsangelegenheiten sehr oft zu
Rath gezogen wurde, hoch verdient und Gott wohlgefällig
nach 50 Jahren seiner glorreichen Regierung.

Von dem nachfolgenden VI. Abt Bertholb, der ein
Graf von Utrach war und schon zu Ende 1242 verschied,

---

[1] Summa Salemitana. Tom. II., Seite 21 und 21a; sowie Apiarium Salemitanum.
Seite LII und LIII.

ist nur der Vergleich zu erwähnen, den er mit der Stadt
Ueberlingen abschloß, indem er am 3. Mai 1241 dersel=
ben gegen 75 Mark Silber ein Grundstück zu Birnau zu
einem Waidplaz überließ; Ueberlingen sich dagegen ver=
pflichtete, das Stift Salem nicht mehr, weder in den Bir=
nauer noch Nusdorfer Aeckern und Wiesen mit „Fretzen und
Waiden" beträchtigen zu wollen, und dem Stifte Salem
noch überdieß ein Haus in der Stadt zu haben bewilligte,
das von allen Abgaben frei und ledig sein solle. Dieser
Vergleich führte jedoch in der Folge zu sehr vielen Strei=
tigkeiten.

Unter dem VII. Abt von Salem, Eberhard II.
gebürtig von Wollmatingen bei Konstanz oder Vollmaringen
in Würtemberg Oberamts Horb? kamen alsdann sehr be=
trübte Zeiten. Die Zwiespalt und Feindschaft zwischen Kirche
und Reich unter Papst Innocenz IV. und Kaiser Friedrich II.
riefen überall Partheiungen hervor, welche unendliches Uebel
und Leiden herbeiführten. Zwar vergabten die Grafen von
Kyburg zu einem Seelgerette, und die Edlen v. Batz 1243
zu Neuhausen bei Tuttlingen ein großes Stück Feld, sowie
verschiedene Edle und Ritter das Dorf Grasbeuren an's
Kloster; allein die kaiserliche Parthei beschwerte und ver=
wüstete dermaßen die Besizungen und Güter der mit dem
Papste haltenden Klöster und Stifte, daß fast alle in die
größte Noth und Armuth versezt wurden. Auch Salem
gerieth in sehr große Noth und konnte kaum seine Ver=
pflichtungen an die Pfründner erfüllen, geschweige seine
Klosterbedürfnisse bestreiten. Kurz den Brüdern schien kein
anderer Ausweg möglich, als Klostergüter zu verkaufen oder
die Religiosen in andere Klöster zu verschicken. Nur der
Abt verzagte nicht. Im Gedanken, daß der Himmel bisher
so gnädig gegen sein Stift war, warf er sich nieder vor
dem Altar, faltete die Hände zu heißem Gebet und — was
auf der einen Seite die Kriegsstürme ihm nahmen, gab ihm

auf der andern Seite der Himmel; denn Gott hatte das fromme Gebet seines Dieners erhört. Bald kam unerwartet die Hilfe. Schon 1246 schenken Heinrich v. Rast und seine Gemahlin Agnes, sowie Hermann Frostelin und seine Frau Adelheid zu ihrem Seelenheil ihre zwei Häuser sammt den übrigen Besizungen in Ueberlingen dem Kloster. Nachher kam das Dorf Neufrach an Salem. Dann vermehrte das Gotteshaus seine Besizungen durch Güter zu Tafertsweiler bei Ostrach und 1248 und 1249 schenkte Rüdiger v. Rose= nau seine Grangia Mallayen bei Pfullendorf zu seinem und seiner Eltern Seelenheil an das Gotteshaus Salem, indem er zugleich sein Begräbniß allda bestimmte; Papst Innocenz IV. aber bestimmte von Lugduni aus unterm 21. Mai (XII. Ca= lend. Junij) 1250: „daß die, so dem Stifte Salem Schaden zufügten und Klostergüter unrechtmäßiger Weise besizen, nicht eher sollen vom Kirchenbann losgesprochen werden, als bis sie den zugefügten Schaden ersezt haben würden." [1] Dabei befahl er dem Bischof von Konstanz „das Kloster bei den erhaltenen päpstlichen Privilegien zu schüzen und seine Angelegenheiten auf's Beste zu ordnen."[2] — Ja dieser Papst gestattet sogar von Lugduni aus unterm 9. Juli 1250: „daß während dem Interdict, wo sonst alle Feierlichkeiten eines öffentlichen Gottesdienstes in den Kirchen verboten war — Salem demungeachtet befugt sein solle, den Gottes= dienst in seiner Kirche halten zu dürfen, jedoch ohne Orgel und mit leiser Stimme bei verschlossenen Thüren, sowie ohne alles Geläute und mit Ausschluß der Excommunicirten.[3] — Dann 1253 bestätigt Markgraf Rudolf von Baden in castro Richinberc den 2. Dezember (Quarto Nonas Decembris) dem Kloster alle Besizungen, die es von seinen Vorfahren zu

---

[1] Summa Salemitana Tom. I. Seite 495 und 496a. Nr. 208.

[2] Desgleichen Tom. I. Seite 497, Nr. 210.

[3] Desgleichen Tom. I. Seite 494—496, Nr. 207.

ihrem Seelenheil erhalten und leistet Verzicht auf Alles, zu
dem ihm noch einiges Recht gebühre, ja befiehlt sogar, daß
Niemand das Kloster in seinem Besiz beunruhigen und stören
solle und dürfe. [1] — Auf gleiche Weise bestätigt 1255 Wal=
ther v. Vaz alle Schankungen, Besizungen und Güter, die
es von seinem Vater und Großvater erhalten, und schenkt
und übergibt dem Kloster noch überdies die ihm (Vaz) zu=
gehörigen Zehnten der Pfarre Seelfelden, nämlich zu: See=
felden, Tüfingen, Mimmenhausen, Hallendorf, Oberriedern,
Nußdorf, Uebingen, Grasbeuren, Ralzhof u. f. w. Ritter
Werner v. Raderach aber übergibt dem Gotteshaus Salem
für die ihm zugefügten Beschädigungen zu Eigenthum seine
zwei Höfe zu Grasbeuren und Neufrach — und Ulrich v.
Bodmann für das, was er an den Klostergütern zu Först,
Owingen und Maurach Uebles verübt, auf Entscheid des
Bischofs Eberhard II. von Konstanz die Rechte auf seine noch
zu Neufrach besizenden Güter. — 1256 erhielt das Kloster
gegen 1 ℔ Wachs jährlichen Zins von der Abtissin Mech=
tilde von Buchau mit Einwilligung ihres Convents einen
Maierhof (Curia) sammt dem Patronatsrecht der Kirche in
Magenbuch (bei Ostrach) wo das Kloster später die andern
Güter und Besizungen ebenfalls erwarb. — 1257 kam das
Dorf Weildorf an Salem und 1260 de dato Mühlbrugg
(Ravensburg) den 4. Tag nach Petri Stuhlfeier verordnet
das Friedensgericht unter Berthold v. Frohnhofen (index
et consules pacis): „daß es Niemand erlaubt sein solle, auf
den Salemischen Klostergütern und in Salemischen Ort=
schaften ohne Erlaubniß des Abts Wirthshäuser zu halten,
Handel zu treiben (tabernas habera aut mercaturas exer=
cere) und Fischteiche zu haben, welche Verordnung als Ur=
kundspersonen bezeugen: Graf Berthold von Heiligenberg,
Heinrich Camerarius von Bienburg, Konrad und Dietrich

Gebrüder v. Neufrach (Niafron), Konrad v. Mändlishofen, Berthold Manstok, Hildebrach v. Mühlprechtshausen, Burkard v. Tobel, Ortolf v. Hasenweiler, Burkard v. Wolfurt, Berthold v. Eil, Berthold und Diethelm v. Riethausen, Jakob Manstok der Jüngere und Andere." — Besonders aber fielen dem Stift Salem von 1263 bis 1276 viele Güter, Rechtsame und Besitzungen zu. So kam 1263 durch den Dekan Friedrich zu Pfullendorf ein großes Haus mit Hofraithe daselbst und ansehnlichen Gütern, in welchem Haus nachher lange ein Salemer Religiose als Pfleger oder Präfekt des Amtes Ostrach wohnte, bis er wegen Streitigkeiten mit der Stadt seinen Siz nach Bachhaupten verlegte, an Salem. — Ferner schenkt König Konrad II. von Jerusalem und Sicilien und Herzog von Schwaben dem Stift 1264 zu seinem und seiner Voreltern Seelenheil die ihm nach dem Jus Advocatiae zustehende Fischerei in der Aach von Schweindorf und der Mühle zu Schattbuch an bis in den Bodensee. [1]) — Ferner kommt 1265 durch Albert und Hugo von Bittelschieß zu einem Seelgerath, und durch Bertha von Rosenau, geborne v. Laiterberg gegen Verpflichtung ihr lebenslänglich jährlich 1 ℔ ₰ an Geld und Früchten zu geben, bereits das ganze Dorf Ostrach an Salem, welches dann später mit dem Freihof zu Pfullendorf, 1 Hof zu Sulgau und den Ortschaften, Weilern und Höfen: Levertsweiler, Magenbuch, Lausheim, Spöl und Galkreuthe ein Salemisches Oberamt bildete, zu dem noch das Amt Bachhaupten gehörte. [2]) — Dann 1265 übergeben Albert v. Eberhards-

---

[1]) Summa Salemkana. Tom. II, Seite 22a. und 23, Nr. 26.

[2]) Das Amt Bachhaupten umfaßte die Ortschaften: Bachhaupten, Einhart, Eschen- oder Osterndorf, Tafertsweiler und Gunzenhausen, welches theils 1260, 1273, 1285 und theils von Rudolph, Konrad und Heinrich, genannt Eggbarten v. Gunzenhausen, sowie durch Johann Schwende von Mengen (nämlich dessen Lehen und Gerechtigkeiten zu Gunzenhausen für 100 Pfund) durch Kauf im Jahr 1383 an Salem kam.

weiler und seine Frau Irmengarde gegen andere Güter in
Niederweiler den Ort Spök, und Ulrich v. Bodmann zu
seinem Seelenheil etliche Felder, sowie ein Wäldlein zu
Mimmenhausen und einen Acker zu Rickenbach an Salem;
das Kloster Nieder= oder Weißenau (Augia alba) dagegen
durch Abt Walther und Convent 1266 und 1267 schulden=
halber für 200 Mark Silber alle seine eigenthümlichen Be=
sizungen und Rechte zu Baufnang, und die Wittwe des
Ritters Burkard v. Owingen, Hedwig, für 6 ℔ ₰ ihren Hof
zu Rickartsreuthe ob Heiligenberg an Salem. — 1270 kommt
von Stadtamman Heinrich in Ehingen an der Donau mit
Genehmigung des Grafen Ulrich von Berg zu Schelklingen
ein Haus in der Stadt Ehingen an Salem; der Graf gibt
jedoch dem Kloster dafür das Jahr darauf ein anderes, in
welchem zuvor sein Notar wohnte und befreit es, insofern
es von Salem selbst bewohnt werde, von allen Diensten,
Zöllen und Abgaben. Dieses Haus bekam später eine Ca=
pelle und wurde von einem Salmansweilischen Pfleger be=
wohnt, der zugleich über die Salmansweiler Ortschaften:
Frankenhofen, Stetten, Tiefenhülen und den Hof Heufelden
gesezt war. [1] — 1271 kamen der Weiler Mittelstenweiler
bei Leutkirch, die Brukmühle zu Oberulbingen und ein Hof
zu Andelsbach bei Denkingen, sowie 1273 von den Gebrü=
dern Konrad und Burkard von Wartenberg der Hof und
Pfarrsaz zu Bolstern an Salem; dieser große Hof kam jedoch
später mit dem Pfarrsaz an Heiligkreuzthal, und Salem

Die zwei Aemter Ostrach und Bachhaupten hatten übrigens auch noch
in andern Herrschaften Lehenhöfe: zu Burgau, Ertingen, Hochberg, Hunderfingen, Herbertingen, Jekofen oder Jedkofen, Jüvvangen, Jümensee, Mühlheufen, Pfrungen und
Sohl, die schöne Zehnten, Zinse und Gülten abwarfen, und nebstdem noch die Patronats=
rechte der dortigen Kirchen.

1) Zur Pflege Ehingen gehörten auch noch einige Höfe, wie: zu Döchingen, Emerkingen, Grießlingen, Grözingen, Märktetten oder Mehrktetten, Deßfingen, Sonderbach,
Dettingen oder Kettingen und Königshofen, die in andern Herrschaften lagen.

behielt nur wenige Besizungen daselbst. — Endlich bestätigt
Kaiser Rudolph I. von Habsburg auf dem Reichstag zu
Nürnberg 1274, wo die Ruhe und Sicherheit des Reichs
besprochen wurde, die Rechte und Besizungen, welche Salem
in und um Weildorf besaß[1]) und am 4. November (Pridie
Nonas Novembris) 1275 von Hagnau aus die Rechte und
Güter Salems in Eßlingen.[2]) Dann aber am 15. Juli
1276 — legte der von Alter und durch die Stürme der
Zeiten während den lezten Hohenstaufen und des blutigen
Zwischenreiches ermattete und gebeugte Abt Eberhard II.
sein Vorsteheramt nieder, um seine noch übrigen Tage Gott
und zu' seinem Seelenheile zu widmen und — starb 1284, als
eben der fromme, biedere, glückliche Kaiser Rudolph zu
Salem war, gottergeben und selig im Herrn.

Zu Ende Juli 1276 wurde daher schon ein neuer Vor=
steher gewählt.

Dieser VIII. Abt von Salem war Ubalrich (Ulrich) I.
aus dem Geschlechte Gräter von Biberach. Ein kluger und
sehr guter Haushalter, der, obgleich er nur 6 Jahre regierte,
doch im Stande war, 1200 Mark Silber an den Kloster=
schulden zu tilgen; freilich wurde unter dem kraftvollen
Kaiser Rudolf I. wieder Ruhe und Ordnung im Reiche herge=
stellt und gelangte das Stift wieder in seine Besizungen, Güter
und Rechte, bezog die Gefälle und kam von 1277—1280 so=
gar zu noch weitern Besizthümern, als: Bazweiler, Appen=
weiler, Ellenweiler, Lemfriedsweiler (bei Tettnang), Anzen=
weiler 2c.; dann zu Wittenhofen und Lewertsweiler mit dem
Patronatsrecht der Kirche durch den Pfarrherrn Ortolf v.
Laiterberg zu seinem Seelenheil. Ferner kamen an Salem
die Pfarre Herzogenweiler auf dem Schwarzwalde mit ihren
Filialen Schönenbach und Vöhrenbach, die durch Bischof

---

[1]) Summa Salemitana. Tom. II. Seite 23a—24a. Nr. 31.

[2]) Summa Salemitana. Tom. II., Seite 24a. Nr. 32.

Rudolf II. von Konstanz dem Kloster incorporirt wurden; [1])
der Weiler Lausheim von den Gebrüdern Heinrich und Kon=
rad, genannt Linder und von Burkard, Ebo und Rutger
v. Rosenau, sowie von dem Plebanus von Thalheim (1278);
ferner die Einsiedelei Egg bei Heiligenberg mit ihrer Kapelle
und ein Gut zu Arnoldsberg (ehemaliger Rittersiz) sammt
allen Zugehörden durch Heinrich, genannt Schwende, nrit
Einwilligung seiner Frau nebst Kindern für 4 ℔ ₰., sowie
das Patronatsrecht der Kaplanei zu Waldbeuren (in der
Gegend von Ostrach) mit allen Besizungen und Zugehörden
durch Konrad von Gundelfingen; — Papst Nikolaus III.
aber berechtigt mit Bulle de dato Romae apud St. Petrum
13. April (Idibus Aprilis) 1280 das Stift Salem zu dem
Besiz aller derjenigen Güter, beweglichen und unbeweglichen,
die seinen Religiosen erblich zufallen, so daß das Kloster als
Erbe für sie einstehen konnte, was ebenfalls wieder von
großem Nuzen und Vortheil für das Stift war und zu sei=
ner Bereicherung nicht wenig beitrug. [2]) Kurz als der Abt
Ulrich an der Wassersucht am 6. Juli 1282 starb, herrschte
im Stift wieder Zucht, Ordnung und Wohlstand.

Der IX. Abt von Salem war Ulrich II., der als
Waise aus dem Orte Selfingen nach Salem kam und sich
durch seine Tugenden und Kenntnisse bis zur Subpriors=
Würde aufgeschwungen hatte.

Ein ebenfalls würdiger Vorsteher; ja er übertraf sogar,
wenn man berücksichtigt, was unter ihm für das Kloster ge=
schah, die seitherigen Aebte und Vorsteher; sein Hauptwerk
ist und bleibt aber das noch bestehende Münster. Die alte
Klosterkirche war nämlich dem Bedürfniß nicht mehr entsprechend und für
die seit Jahren angewachsene Zahl der Religiosen zu klein. Eine Restaura=
tion und nochmalige Erweiterung, zumal sie nur theilweise von Stein auf=
geführt war, hielt er ebenfalls für ungenügend. Dies und die Erwägung,

---

[1]) Summa Salomitana. Tom. I., Seite 144a—145. Nr. 105.

[2]) Summa Salomitana. Tom. I., Seite 501. Nr. 321.

daß der Bau doch nicht von langer Dauer sein würde, veranlaßte ihn, die Kirche niederzureißen und eine großartigere ganz aus Stein aufführen zu lassen. [1] — Da unter den zahlreichen Mitbrüdern viele waren, die sich nicht nur als tüchtige Bauleute, sondern auch als gewandte Steinhauer, Bildhauer und Künstler erwiesen, so konnte er hoffen, daß ein würdiger Tempel zu Stande gebracht werde. Kurz, nachdem der Plan entworfen, geprüft und genehmigt worden war, schritt man ans Werk. Beim Hof Forst soll der Steinbruch gewesen sein, aus dem man das Material dazu nahm. [2] Man arbeitete fleißig und unausgesezt fort; allein weil die Steinhauerarbeit so viele Zeit in Anspruch nahm, konnte der aus lauter Quadersteinen aufzuführende Bau nur theilweise zu Lebzeiten des Abtes zu Ende gebracht werden. Die ganze Vollendung geschah erst 1414. — Der Abt ließ übrigens auch noch vieles Andere bauen, wodurch die Arbeitskräfte in Anspruch genommen wurden. So stund z. B. das Klostergebäude bisher ohne Schuz da, und war den Feinden in unruhigen Zeiten leicht zugänglich; er ließ daher den Umfang des Klosters sammt Hofräumen mit einer Mauer umgeben und im Osten einen hohen Wall mit Schuzwerken aufführen. Dazu mußte man einen weiten tiefen Graben machen, der mit Wasser versehen wurde, um solche Fische darin aufbewahren zu können. Dann baute er für die Abtei und hohen Gäste Scheuer und Stallung; ließ beim untern Thor einen großen Speicher und bei der Mühle einen Pferdestall für den Oekonomiebedarf herstellen; errichtete für die Schneider, Kürschner, Maler und Glaser besondere Wohn- und Arbeitshäuser; verlängerte das Kranken- und Siechenhaus; schuf einen neuen und zierlichen Betsaal und stellte für den Meßner ein besonderes Meßnerhaus her. Dies Alles wurde binnen 18 Jahren vollbracht. [3] Während die Kirche gebaut wurde, vermehrte er immer noch die Bibliothek, die Kunstsammlung, den Kirchenschaz, indem er für den neuen Bau schöne neue Gefäße und Ornamente anschuf, um mit ihnen den Tempel bei seiner Einweihung recht zieren und die Feier verherrlichen zu können. Zu diesem Zweck ließ er einen Kelch von 18 Mark und ein kostbares Kreuz im Werth von 100 Mark anfertigen. Endlich war die Kirche in 28 Jahren

---

[1] Summa Salemitana. Tom. II., 451a bis 455, Nr. 1—8., wo über den Bau und die Einrichtung der Cisterzienser Kloster-Kirchen überhaupt noch gesprochen wird.

[2] Siehe Seite 18.

[3] Das badische Land und Volk. Von Dr. Josef Bader. 1. Band, Seite 83, wo es heißt: Totam quasi aream claustri etc.

so weit hergestellt, daß sie eingeweiht werden konnte. Bis dahin aber that er unendlich viel. Kein Abt baute und schuf so viel an wie Ulrich II. und dennoch, bei den ungeheuern Ausgaben — vermehrte er das Einkommen des Klosters um über 300 Mark Silber. Man könnte versucht werden, dies für unmöglich zu halten, wenn man nicht wüßte, daß das Stift zu seiner Zeit durch Kauf, Tausch und neue Schankungen auch wieder zu größern Hilfsquellen gekommen wäre. Diese Hilfsquellen resp. neuen Erwerbungen waren:

1282 eine Wiese zu Altenbeuren von Heinrich Schrail von Habetsweiler, und der Wald Altentobel mit allen Rechten und Zugehörden; — 1283 zwei Gütchen zu Niederweiler an der Schussen um 28 Mark Silber von Werner von Raberach und Konrad Ronmayer, Ministeriale deren von Walbburg, Rohrdorf und Warthausen, sowie für 12 Mark Silber die Stift Zwiefalten'schen Güter zu Galkreuthe mit Bewilligung des Bischofs Rudolfs II. von Konstanz, welche Konrad v. Gundelfingen zu seinem Seelenheil an dasselbe vermachte, und dann noch das sog. Ruhengut zu Ostrach für 280 Mark Silber von demselben; — 1284 Güter und Häuser zu Nürtingen, dann ein Hofgut zu Rimpertsweiler und ein Hof im Volzen, früher zum Feld genannt, leztere durch Burkard v. Hasenstein um 12 Mark Silber 14 ₰ oder Denarien, sowie das Dorf Mühlhofen; — 1285 die Besizungen zu Gunzenhausen durch den Comthur von Altschausen, welche 1273 von einem gewissen Burkard Haller an den Deutsch-Orden kamen, für 15 Mark Silber; ferner den Münchhof bei der Kirche zu Hagnau für 100 Mark Silber und vier Weingärten daselbst; 1287 das Dorf Aepfingen (Oberamts Biberach) theils durch Berthold von Sternberg, Bischof zu Würzburg (Herbipolensis) zu seinem und der Seinigen Seelenheil und theils sammt einigen Zinsen in dem Ort Brunnen von dem Abt und Convent zu St. Blasien für 3800 fl. (das

Uebrige von diesen im Jahr 1469) wie auch ein Hof zu Wikenweiler bei Bermatingen und der Ralzhof bei Deisendorf; — 1288 Kirchberg bei Hagnau, das Gut Hattenweiler, und dann noch Habertsweiler und sieben Höfe zu Illwangen bei Ilmensee. Auch bestätigt Papst Nikolaus IV. dem Kloster in diesem Jahr von Rom aus im 1. Jahr seines Pontifikats alle von seinem Vorfahren Honorius IV. ertheilten Privilegien und Freiheiten. [1] — Ferner verkaufen die Edlen Dietger, Konrad, Walther, Heinrich und Eblin v. Kastel bei Konstanz 1290 mit Genehmigung des Bischofs Rudolf II. für 193 Mark Silber ihre Stift-konstanzischen Lehen der Fischenz-Gerechtigkeit im Bodensee und Rhein, nämlich die Einkünfte von 15000 gebiegenen Gangfischen, sowie zwei Fischerei-Apparate, Trachten genannt, und die Gwellstädt im Rhein zwischen der Rheinbrücke bei Konstanz und Petershausen, wo die Fische sich aufhalten und gefangen werden; dann erhielt Salem auch noch einen Hof zu Brukselben und einen Hof zu Hedertsweiler bei Owingen. — 1291 erwarb das Stift einen Hof zu Neubrunn oder Neubrunnen in der Gegend von Heiligenberg und mehre Höfe zu Lellwangen bei Beuren; — 1292 vermacht Heinrich v. Schwarzach dem Kloster sein Haus sammt Hofraithe zu Mengen und den halben Theil seiner fahrenden Güter daselbst, behält sich aber zeitlebens die Nuzung (Nuznießung) davon vor; denn es geschah oft, daß Leute ihr Hab und Gut an Gotteshäuser vermachten, sich aber für ihr Leben oder den nächsten Erben den Genuß vorbehielten. Man nannte derartige Uebergaben und Vermächtnisse Praecarie, die namentlich in frühern Zeiten (bis ins 10. Jhrt.) die vorzüglichste Quelle der Reichthümer und die Haupterwerbsart der Stifter und Klöster waren. [2] Dann wird in diesem Jahr auch noch die

---

[1] Summa Salemitana. Tom. I., Seite 503, Nr. 224.

[2] Andere Erwerbungen und Bereicherungen der Klöster bestanden in Gütertausch, wobei verschiedene Entschädigungsbedingnisse statt fanden, und viele Schenkungen wurden wieder von solchen Leuten gemacht, die sich im Weltleben recht abgemüht haben;

Zehntquart zu Seefelden, Pfaffenhofen und Weilborf von Bischof und Domkapitel zu Konstanz an Salem für dessen Zehntrecht in und um Meersburg vertauscht. — 1293 er= hielt Salem mehre Güter zu Unterfiggingen und einen Hof zu Birkenweiler; 1294 das Dorf Unterelchingen sammt dem Patronatsrechte über die Kirche für 25 Mark Silber von Abt, Dekan und Convent in der Reichenau, und ferner das Rittergut Laiterberg nebst Zugehörde für 120 Mark Silber von Ulrich v. Königsegg und seinem Sohn; [1] — 1295 einige Höfe zu Roggenbeuren und Winterfulgen; — 1298 ver= schiedene Güter zu Jekofen (Jettkofen, bei Saulgau) und 1299 de dato Konstanz XII. Calend. Aprilis (21. März) bestätigt Kaiser Albrecht I., welcher damals dem Gotteshause in Aach und andern Städten das Bürgerrecht verlieh, dem= selben seine Privilegien und Freiheiten und gibt unterm III. Calend. Septembr. (30. August) 1300 von Rothweil aus den Bürgermeistern der Städte Ueberlingen, Ravensburg, Pfullendorf, Mengen und Aach im Hegau den Befehl, das Gotteshaus Salem mit seinen Besizungen wider Alle, die es beunruhigen oder beschädigen möchten, zu schüzen. [2] —

Viele vergabten aber auch darum ihr Besizthum an Stifte, um ihre Kinder vor Uebeln zu bewahren; ja manche Eltern kauften sowohl die Kinder, als sich selbst mit einem Gut und den dazu gehörigen Leuten in so ein Stift oder Gotteshaus ein.

[1] Unter=Elchingen ist ein Pfarrdorf im königlich bayerischen Landgerichte Günzburg, 2 Stunden von Ulm. In seiner Nähe lag die Benediktiner=Reichs=Abtei Ober = El= chingen, gewöhnlich nur Elchingen genannt. Dort kaufte Salem noch von verschie= benen Besizern 1294, 1301, 1329, 1405, 1410, 1438 und 1444 mehre Güter und Höfe; die niedere Gerichtsbarkeit darüber aber erwarb es erst 1693 für 1900 fl. von der Stadt Ulm.

Laiterberg war der Stammsiz der Edlen v. Laiterberg, unweit Levertsweiler und Einhard, in der Gegend von Ostrach; es kam unter Abt Stephan I. von Salem als Lehen an den Forstmeister Johann Sauter und seine Erben, und jezt ist das Schloß Laiterberg — verschwunden und seine Stelle Feld.

[2] Summa Salemitana. Tom. II., Seite 25a und 26, Nr. 34; dann Seite 27 und 28, Nr. 36.

1301 kam Salem durch Egloj v. Steußlingen, Schedel ge=
nannt, für 13 ℔ Heller in den Besiz eines Hofes zu Dächin=
gen bei Ehingen. — 1303 besezte das Gotteshaus Salem
mit seinen Mönchen das Filialkloster Königsbronn und kam
zugleich in den Besiz des Dorfes Urnau mit dem Patronats=
rechte über seine Kirche. Ferner kam es zu einem Hof auf
dem Gehrenberg und zu einem solchen in Pfrungen unweit
Königseggwald. Diesen Hof erhielt es als Seelgerette und
Jahrtagsstiftung von dem Priester Heinrich Schonloch in
Pfrungen. Einen andern Hof erwarb es in Maimwangen,
und um den Besiz des Buchberges bei Vermatingen gab es
dem Ritter Konrad. v. Markdorf 65 Mark Silber; ja der
Abt bekam vom Bischof Heinrich II. von Konstanz zum Ge=
schenk sogar eine Hofstätte in Meersburg; auf dieser wurde
ein Haus gebaut und solches hierauf durch den Bischof von
aller Abgabe befreit. Endlich kaufte der Abt für sein Stift
um 50 Mark Silber zwei Häuser in der Stadt Biberach,
zu denen hernach noch zwei Häuser kamen, die vereinigt,
im Jahr 1650 eine Curia, Einzelhof, sog. Freihof aus=
machten, der einem Salemischen Beamten über die Kloster=
güter in und um Biberach zur Wohnung zugewiesen wurde,
bis nach Verlegung des Amtes nach Schemmerberg der Be=
amte nach Schemmerberg zog. — 1304 erwarb der Abt von
den Klosterfrauen zu Heggbach die Hälfte des Dorfes Alt=
heim und um 45 Mark Silber von ihnen einen Hof zu
Langenschemmern, und dann noch durch Kauf für 100 Mark
Silber mehre Höfe zu Buchen. — 1306 baute der Abt mit
Erlaubniß des Grafen Luitfried von Rohrdorf und des
Burgermeisters, sowie der Burgerschaft zu Aach ein Haus
in der Stadt Aach, außerhalb deren er schon mehre Güter
hatte. — 1307 war die neue Klosterkirche soweit hergestellt
und mit 11 Altären versehen, daß sie zum Gottesdienst
gebraucht werden konnte; der Bischof von Aichstetten oder
Eichstätt an der Altmühl in Bayern, der aus dem Elster=

zienser-Orden war, weihte sie ein.[1]) Da fand große Fest-
lichkeit statt. Von nah und fern wurden hohe Gäste dazu
eingeladen und außer diesen kamen noch sehr viele Fremde,
die von dem herrlichen Kirchenbau hörten, den Tempel be-
wunderten und die Feste verherrlichen halfen. Ja mit dem
Volk, das sich dabei einfand, war der große Bau nicht
einmal hinreichend, die Masse Menschen fassen zu können;
denn damals herrschte noch frommer Sinn; die heilige
Städte war nicht nur Zuflucht der Sünder, sondern ein
Haus Gottes, das gerne besucht wurde; eine Stätte der
Erbauung, des Trostes, der Stärkung in den mannigfachen
Lagen des Lebens. Daher die großartigen Spenden, die vielen
Vergabungen, die herrlichen, erhabenen Tempel. Zuerst
kam die Kirche, dann erst das Wohnhaus; Gott und das
Seelenheil gieng Allem voran. — 1309 bestätigt Kaiser
Heinrich VII. von Ulm aus am 12. Juni (Idus Junij) die
Privilegien und Freiheiten des Klosters, und von Biberach
aus am 7. Juni (Septimo Idus Junij) befreit er das
Stift von den Abgaben seines Hauses daselbst.[2]) — 1310
erhält der Abt mehre Güter und Rechtsame zu Boßhasel in
der Gegend von Heiligenberg und 1311 zum Schluß noch
den Besiz des Frauenberges bei Bodmann. — Wir sagen
zum Schluß, weil in dem Jahr 1311 das Leben und Wirken
des Abtes zu Ende ging. Er hatte gesäet; er sollte auch
erndten und den Lohn für seine Tugend, Frömmigkeit und
seine guten Werke empfangen; kurz der eifrige Diener Gottes,
der seine zahlreiche Heerde mit Liebe und Sorgfalt bewacht,
seiner geistlichen Gemeinde mit der treuesten Pflichterfüllung
vorstund und das religiöse Leben seiner Brüder durch Handhabung guter Regelzucht förderte, — der gute, edle Hirte

---

[1]) Summa Salomitana. Tom. II., Seite 477 und 478, Nr. 36.

[2]) Summa Salomitana. Tom. II., Seite 28a und 29, Nr. 39, sowie Seite 29 bis 30
Nr. 40.

trat die Reise in die Ewigkeit mit Geduld und Heiterkeit an.
Er starb, nachdem er 30 Jahre 11 Monate und einige Tage
regiert hatte, am 20. Juni 1311 tief beweint und betrauert
von Allen, die ihn kannten, vom ganzen Convent. Für das
Stift hatte er unendlich viel gethan. Wir sahen es klein
wie ein Senfkörnlein und gleichsam verborgen in seinem
Anfange, es wuchs aber immer größer und stärker heran,
und wenn auch manche Stürme und Ungewitter die fromme
Pflanzung erschütterten, so wurde sie unter Abt Ulrich II.
doch zu dem großen Gewächse, zu dem schönen fruchtbaren
Baume, den wir mit freudigem Herzen anstaunen, bewun=
dern. — Und es ist wirklich zu bewundern, wie der Abt
so Vieles bauen, so Vieles anschaffen, so Vieles zu bestreiten
vermochte und doch immer reich genug war, um wenn er
gewollt hätte, noch mehr bauen, unternehmen, anschaffen
und ausführen zu können; denn obgleich er über 12,000 Pfund
Denare nur für Bauten ausgab, war er doch von Tag zu
Tag reicher, hatte Ueberfluß an Getreide, Wein u. s. w.,
sowohl für den Convent, als für die Gastfreundschaft,[1] und
überdies noch bei 700 Mark vorräthiges Geld, um in ge=
wissen Fällen den Fleiß und die Thätigkeit kräftig zu unter=
stüzen und zu belohnen im Stande zu sein. Aber freilich,
sein Blick war nach oben gerichtet, der Quelle des Glückes,
des Segens. Mit kindlich frommem Gebete fing er an, mit
guten Werken hörte er auf; sein ganzes Thun und Lassen
bezog sich auf die Ehre Gottes. Dabei lebte er selbst höchst
einfach, sehr mäßig und haushälterisch. So kam es, daß
das Glück, der Segen mit ihm war, seine zahlreichen Brüder
ein Herz und eine Seele ausmachten und in dem Kloster
die beste Zucht, Liebe und Ordnung herrschte, weil er Allen
als Muster der Reinheit, der Sanftmuth', der Geduld, der
Tugend und Gerechtigkeit vorleuchtete und der Herr sein

---

[1] Der Frucht= und Wein=Vorrath ꝛc. reichte unter Abt Ulrich stets auf 2 Jahre hinaus.

Wohlgefallen und seine Freude an ihm bewies. Kurz, Abt
Ulrich II. war bei Gott und den Menschen beliebt, seinem
Stifte eine Zierde, Allen ein Muster der Nachahmung; sein
Andenken bleibt darum im Segen. —

Der X. Abt von Salem war dann Konrad v. Ens=
lingen, am Kocher? (Oberamt Hall). [1] Als er die Regie=
rung antrat, hatte das Kloster über 300 Brüder, jedoch
meist Laienbrüder, die Oekonomen, Professionisten und
Künstler waren; denn damals nannte man noch alle Kloster=
bewohner Brüder; erst später wurden die Priester, eigent=
lichen Religiosen: Capitulare, Conventuale, Kloster=
herren und Väter, Patres, dagegen die Laienbrüder:
Klosterdiener und niedere Brüder, Fratres oder Con=
versi genannt. Dieser Abt war zwar auch sehr wissen=
schaftlich gebildet; aber er war zu nachsichtig, zu gut, und
verstand es nicht, mit der Kraft und Würde seines Vorfahren
die Zügel der Regierung zu lenken; es lockerte sich die
Klosterordnung und Zucht; Viele wurden lässig in Erfüllung
der Pflicht, in Ausübung der strengen Klostergesetze. Be=
quemlichkeit trat an die Stelle des Eifers und statt Demuth,
Streben nach höherer Tugend und christlicher Vollkommenheit
kamen die Lebensfreuden, Genußsucht, die sinnlichen Begier=
den und Wünsche und unnüzer Zeitvertreib. Namentlich
suchten die jüngern Brüder sich freier zu regen und aus
ihren Zellen heraus auf Pfründen zu kommen, wo sie behag=
licher leben, weniger thun, ihren Neigungen mehr nachgehen
und sich über ihren Stand und Beruf leichter hinwegsezen
konnten. Der Fehler von Oben machte sich bei den Unter=
gebenen sichtbar und es war ein Glück, daß sich bei den
ältern Brüdern der bessere Geist noch erhielt. Nur dadurch
hielten die Bande der Ordnung zusammen, wurde der Chor

---

[1] Sebastian Münster sagt in seiner Cosmographie von Enslingen: „Ehemals hatte es
eigene Herren, und unweit davon stand das Schloß Burgenslingen.“

und Gottesdienst nach Vorschrift besorgt und der Gehorsam erhalten. Ja sogar durch neue Güter und Rechtsame wurde das Kloster erfreut. So kam 1312 durch Heinrich v. Wildenfels und seine Frau Anna für 62 Mark Silber ein weiterer Hof sammt Zehnten zu Buchheim ans Stift. 1313 schenkte Heinrich v. Wartemberg dem Kloster das Jus Patronatus der Kirche zu Dürnau (Dirnum) bei Saulgau; 1314 erkaufte Salem von Ulrich Hirling ein Haus in Möß=kirch, zu dem später noch andere Häuser, Gefälle und Güter kamen, so daß das Stift in den Stand gesezt wurde, da eine Hofmeisterei zu errichten.[1]) 1314 schenkt Friedrich v. Kallenberg einen Hof und Güter zu Achbeck oder Echbeck ob Heiligenberg an Salem. 1315 bekam Salem zu seinen Besizungen in Mimmenhausen von Konrad v. Hasenstein für 80 Mark Silber noch das Vogteirecht sammt Gefällen über den Ort Mimmenhausen, und für 51 Mark Silber einen Hof mit Zugehör zu Lippertsreuthe bei Ueberlingen, sowie vom Abt und Convent zu Schussenried (Soreth) für 16 Mark Silber einen Hof zu Hochberg bei Saulgau mit Zugehör. Auch bestätigt Kaiser Friedrich III., genannt der Schöne, am 22. April (X. Calend. Maij) 1315 von Bibe=rach aus auf Bitte des Abts dem Kloster alle Rechte und Freiheiten, die es von seinen Voreltern erhalten.[2]) 1316 kamen wieder Höfe und Güter zu Altheim bei Frikingen an's Kloster, sowie ein großes Haus mit freiem Plaz in der Stadt Stockach. — 1317 erwarb es einen weitern Hof zu Buchheim; von Albert v. Eberhardsweiler für 24 Mark Silber und 1 ℔ ₰ einen Hof zu Eberhardsweiler; von Konrad Wild zu Mengen und seiner Gemahlin Juditha zu einem Seelenheil einen Hof zu Vilsingen bei Sigmaringen;

---

[1]) Zu der Hofmeisterei Mößkirch gehörten hernach die Ortschaften: Buchheim, Grünbel-buch, Neuhausen, Schnerkingen, Vilsingen, Worndorf ꝛc., die nach Auflösung des Stifts von den Markgrafen von Baden verkauft wurden.

[2]) Summa Salemitana. Tom. II., Seite 31 bis 32, Nr. 43.

von Nikolaus Krowel, Rektor der Kirche in Moßheim für
55 Mark Silber ein Haus in der Stadt Saulgau, nachdem
es für 28 Mark Silber bereits schon 1309 ein solches daselbst gekauft hatte, — und von Ortolf v. Buchenberg 1317
für 20 ℔ ₰ auch noch ein Hoflehen zu Hundersingen oder
Untersingen an der Donau bei Mengen, das nachher die
Grafen Eberhard von Landau und Berthold von Sulz dem
Kloster zu Eigenthum verliehen. Dann kommt 1319 ein
Haus mit Weingarten zu Markdorf an Salem; Papst
Johann XXII. aber nimmt am 18. Mai (XV. Calend. Junij)
1319 von Avinione aus nicht nur das Stift auf's Neue
in seinen und des apostolischen Stuhles Schuz auf, sondern bestimmt sogar unterm 22. April (X. Calend. Maij)
1320: „daß der Bischof von Augsburg, der Abt in der
Reichenau und der Domdechant zu Konstanz es sowohl bei
seinen Freiheiten und Gerechtigkeiten, als auch in seinen
Einkünften und Gefällen erhalten, schüzen und beschirmen
sollen."[1] — Ferner kommt 1320 das Dorf Tüfingen an
Salem, indeß Rudolph Eggart von Ostrach mit Bewilligung
seiner Frau und Kinder den Hof Dichten- oder Tüchten-
hausen bei Bergweiler an Salem verkauft. 1323 schenken
Johann und Konrad, genannt Erben, Priester und Kapläne
zu St. Margarethenaltar und St. Peter zu Konstanz einen
Weinberg, ein Haus, einen Torkel und einen Acker im
Harbt bei Konstanz und 1325 ein gewisser Schwen-
ninger v. Lichtenstein sein Fischlehen zu Illmensee sammt
der Hälfte dieses Sees an Salem. Diese Schankung bestätigen die Grafen Friedrich alte und junge von Zollern;
Graf Albrecht von Werdenberg-Heiligenberg dagegen ver-
spricht, mit Salem ein getreuer Gemeiner an jenem See zu
sein. 1327 kommen der Berghof bei Lippertsreute an Salem; 1329 für 540 ℔ ₰ mit Genehmigung des Grafen

---

[1] Summa Salemitana. Tom. I., Seite 509 und 510, Nr. 235.

Konrad von Schelklingen und seiner Frau Agnes der Groß=
und Klein=Zehnten zu Berkach oder Bergach bei Ehingen,
und von Walther v. Stadion gegen Besitzungen in Alt=
mannshausen und Ahausen auf der Alb (Alp) 5 Höfe zu
Emerkingen bei Munderkingen an Salem; Graf Gozo, Götz
oder Gottfried von Wartenberg aber gibt in Rücksicht, daß
sein Vater Laienbruder in Salem gewesen, den halben
Kirchensaz zu Griesingen an der Donau mit einer Wiese
nebst Wald, sowie 1335 — nachdem fünf Jahre zuvor auch
der Berg= oder Berkhof bei Frikingen an Salem gekommen
war. — sogar noch den halben Heuzehnten der Kirche und
den Groß= und Klein=Zehnten zu Ober= und Niedergriesingen
bei Ehingen an das Gotteshaus Salem. Ferner verpflichtet
sich der Pfarrer Konrad Minest zu Griesingen, die Güter
zu Zepfingen, welche seit 1287 Salem gehörten, nach seinem
Tode dem Gotteshaus wieder frei und ohne Beschwerde
zurück zu erstatten und nur so lange er lebe, behalten zu
wollen;[1]) auch hatte Schwiggerus, Ritter v. Lichtenstein zu
Neufra bei Gamertingen auf der Alb 1332 einen Gottesacker
mit einer Kapelle und Kaplanei errichtet, über die er dem
Abt das Ernennungs= und Präsentationsrecht zuwies.[2])
Das Wichtigste jedoch für den Abt Konrad war, daß er 1336
von der Abtei weg auf einen Bischofssiz kam; denn nachdem
Benedikt XII. Papst geworden, gedachte er seines Vertrauten
und Jugendgefährten, Konrad's v. Enslingen, der mit ihm
Schüler im Collegium St. Bernardi zu Paris war; als

---

[1]) Wegen der Pfarrei Griesingen und namentlich wegen ihrer Incorporation mit
Salem hatte zwar das Kloster im 18. Jahrhundert viele Prozesse und Streitigkeiten
mit den Herren v. Freiburg zu Zepfingen; sie wurden jedoch von der österreichischen
Regierung zu Innsbruck zum Besten Salems entschieden; vollends jedoch hörten alle
Streitigkeiten erst auf, als zwischen Salem und Freiberg ein gütlicher Vergleich zu
Stande kam, in dem Salem bei seinen Incorporations=Rechten verblieb.

[2]) Diese Kaplanei wurde zwar 1479 nach Neufra verlegt, verblieb aber als St. Nikolai-
pfründe mit allen Rechten und Zugehörden wie früher bei Salem.

daher gerade das Bisthum Gurk in Kärnthen vakant war
und Konrad sich darum bewarb, säumte der Papst nicht,
ihn auf diesen bischöflichen Stuhl zu erheben. Abt Konrad
resignirte die abteiliche Würde von Salem und begab sich
nach 26 jähriger Regierung, während welcher er viele Gastfreundschaft übte und reichliche Almosen und Geschenke aus-
theilte, sonst aber, außer Ehrgeiz und durch glänzendes Leben
mit seinen Sippen und Rittern sich durch Nichts besonders
auszeichnete, im Februar 1337 nach Gurk an der Gurk.
Als er das Stift verließ, waren noch 285 Personen, nämlich 89 Priester, 36 Minister oder Unterpriester (Subsacer-
dotes) und 160 Laienbrüder (Conversi) in Salem.

Auf Konrad von Enslingen folgte wieder ein würdiger
Abt; es war der frühere Pater Ulrich, ein Graf von Sar-
gans, aus dem alten berühmten Geschlechte „v. Werdenberg." — Dieser XI. Abt, des Namens Ulrich III. leuchtete
den verlassenen Söhnen wieder wohlthuend voran. Schon
als er im Februar 1337 die Regierung antrat, zeigte er
dies, indem er mit aller Entschiedenheit die klösterliche
Zucht und Ordnung in dem Stift herstellte, auf pünktliche
Handhabung des Gottesdienstes drang und seine Religiosen
zum Studium und überhaupt zu treuer Pflichterfüllung
antrieb. — Dazu ermunterte er durch sein eigenes Beispiel;
denn er mied allen Aufwand und Glanz, beobachtete selbst
strenge die Klosterregeln, war fromm, fürchtete Gott und gab
sich gerne den Studien und Wissenschaften hin. — Und wahrlich, es war ein großes Glück für das Kloster, daß es gerade
ihn zum Vorsteher erhielt; zu einer Zeit, die ohnedies trübe
war und Zwietracht zwischen Kirche und Staat bitteres Weh
über das deutsche Vaterland brachte, weil Papst und Kaiser
sich feindlich gegenüber standen und überall durch die Partheien Kampf und Verwüstung stattfand. Auch Salem, das
zum Papst hielt, erfuhr die traurigen Folgen dieser Zwietracht;
denn der Adel, der dem Kaiser Ludwig anhing, griff die

Rechte, Besizungen und Gefälle des Klosters an; Graf Gott=
fried von Wartenstein tödtete mit seinen Anhängern Gottes=
hausleute und hauste auf den salemischen Besizungen zu
Lausheim und Schemmerberg mit Feuer und Schwert; die
Grafen von Heiligenberg fingen an, sich in das Schuz=,
Schirm= und Vogteirecht (Jus Advocatiae) des Klosters ein=
zusezen; Andere suchten dem Stift sonst Schaden zu bringen;
dazu kam zu allem Uebel 1347 resp. 1348 noch eine pest=
artige Krankheit, der schwarze Tod genannt, der viele
Menschen wegraffte.[1] Kurz, überall nur Jammer, überall
Weh. Nur der Abt blieb bei allem Unglück, bei allen
Leiden und Ungemachen standhaft und unerschütterlich, wie
ein Fels in stürmender See und mochte es noch so sehr um
ihn stürmen und wettern, in Sorge für sein Stift wankte
er nicht; er kaufte sogar 1338 von den Gebrüdern Rudolph,
Johann und Berthold, Keßler genannt, das sog. Keßlers
Haus, eine Taferne in Ostrach, die das Recht hatte, Wein
auszuschenken, Brod zu backen ꝛc.; befreite 1341 mit 20 ℔
Heller die salemischen Wiesen bei und um Mengen von dem
alten Gebrauch, daß die Bewohner von Mengen zu Pfingsten
das Vieh darauf treiben und grasen lassen durften; erhielt
von einem gewissen Nout, Bürger in Ehingen, für 130 ℔
Heller 1343 ein Gut zu Stetten und von Graf Wilhelm
von Montfort mit Zustimmung seines Sohnes als Gottes=
gabe ein Haus mit verschiedenen Rebgütern in Markdorf
geschenkt, und — als der Kaiser Ludwig IV. am 11. Okto=
ber 1347 starb, kamen auch von dieser Seite wieder bessere
Zeiten. Denn bald, nachdem der Markgraf Karl von Mähren,
der Sohn des Königs Johann von Böhmen, in Frankfurt
als Karl IV. zum deutschen Kaiser erwählt war, bestätigt
er dem Kloster unterm 27. Januar (Sexto Calend. Februarij)
1348 von Ulm aus nicht nur alle Besizungen, Rechte, Frei=

---

[1] Summa Salemitana. Tom. III., Seite 217a, Nr. 8.

heiten und Privilegien, und verordnet: „daß auf den salemi=
schen Gütern und Maierhöfen sich Niemand das Jus Advocatiae anzueignen unterstehen solle," das er nur sich
und den römischen Kaisern und Königen vorbehielt, wobei
er zugleich dem Kloster gestattet, seine Früchte, Weine und
fahrende Habe und Güter, die es in die Reichsstädte geflüchtet
und verbracht habe, frei wie sonst zu verkaufen, [1]) — sondern
widerrief auch durch Urkunde de dato Ulm 1348 nächsten
Mittwoch vor Unser Frauentag Lichtmeß das dem Grafen
Albrecht von Werdenberg=Heiligenberg vormals empfohlene
Vogtei=Recht über die salemischen Besitzungen und Grund=
eigenthum in seiner Grafschaft Heiligenberg. [2]) Ja Kaiser
Karl IV. stellt dem Abt am nächsten Mittwoch nach St.
Michaelstag 1353 zu Konstanz sogar den Brief aus, worin
er das „von den römischen Kaisern und Königen
gestiftete, begabte und gefreite Reichskloster und
Gotteshaus" gegen alle Gewaltsame, Beschwerung und
Schaden in Zukunft zu schützen und zu beschirmen versprach, [3])
und übertrug dem Landvogt, Grafen Ulrich von Helfenstein
und andern Landvögten in Schwaben, diesen Schutz für ihn
auszuüben. [4]) Dann ertheilt der Kaiser dem Kloster am
St. Mathiastag 1354 von Trier aus auch noch das Privilegium, daß seine Unterthanen, wo sie immer wohnen, in
weltlichen Sachen für kein anderes Gericht gezogen und
geladen werden sollen und können, als für das des Abts
und seines Richters, der da sizt zu Gericht in der „obern
Porten des Münsters und Klosters" [5]) — und befiehlt von

---

[1]) **Summa Salemitana.** Tom. II., Seite 32 und 33, Nr. 44; dann **Apiarium Sale-**
   mitanum. Seite XIX bis XXI.

[2]) Desgleichen. Tom. II., Seite 33, Nr. 45.

[3]) Desgleichen. Tom. II., Seite 33a und 34, Nr. 46.

[4]) Desgleichen. Tom. II., Seite 35a und 36, Nr. 49.

[5]) Desgleichen. Tom. II., Seite 34 und 34a, Nr. 47 und **Apiarium Salemitanum,**
   Seite XXIV §. VIII.

Sulzbach aus unterm 2. August 1355 „daß Stift salmansweilische Unterthanen und Leibeigene ohne Erlaubniß und
Bewilligung des Abts und Convents in Städten weder zu
Bürgern noch Pfahlbürgern auf= und angenommen werden
sollen;"[1] — daher das Kloster Salem jezt auch ein gefreites
oder befreites Stift genannt wurde. Erzherzog Karl von
Oesterreich aber bestätigt 1350 dem Kloster seine Rechte und
Freiheiten zu Mengen, Sulgen und Munderkingen, und als
er in der Stadt Mengen mit dem Kloster einen Gütertausch
traf, übertrug er die Privilegien desselben auch auf dieses
Haus Salems. — Endlich kauft Salem 1352 von Ulrich
Kraft, Bürger zu Ulm für 114 ℔ Heller noch ein Gut zu
Stetten; dann 1356 von Johann v. Hornstein für 500 ℔
Heller drei Höfe zu Burgau bei Rieblingen, die dieser von
dem Grafen Heinrich von Vehringen und Albert v. Stoffeln
zu Lehen erhielt, sowie 1357 von den Edlen Konrad und
Ulrich Gremlich für 66 ℔ Pfennige den Laien=Zehnten in
Ganzenhausen; am Feste der heil. Scholastika jedoch, —
10. Februar 1358 — starb nach kurzem Leiden ruhig und
sanft der Abt Ulrich III., der treue Vater und Hirt seines
Klosters, der 21 Jahre lang auf's Löblichste regiert hatte
und das Stift glücklich und im Wohlstand zurück ließ.

Der XII. Abt von Salem war der frühere Professor
der Theologie, Berthold II. genannt Tuz, ein Lehrer in
göttlicher Kunst, und ein Mann, der ebenfalls für das Glück
seines Klosters sehr besorgt war und manche Besizungen an
das Stift brachte. Schon im zweiten Jahr seiner Regierung
erwarb er für 20 ℔ ₰ von Johann Speter, Bürger zu
Pfullendorf einen Hof zu Wangen bei Ostrach. — 1359 erhielt er von Abt Heinrich und dem Convent zu Petershausen
(Petri Domus) für jährlich ½ ℔ Wachs Zins als Lehen
einen Hof zu Eberhardsweiler; dann wurde die Vergabung

---

[1] Summa Salemitana. Tom. II., Seite 36 und 37, Nr. 50.

des Patronatsrechts der Kirche zu Pfullingen bei Reutlingen durch König Friedrich den Schönen, Herzog von Oesterreich an Salem, da dieses Patronatsrecht sonst dem römischen König und dem Reiche gehört hatte, von Kaiser Karl IV. bestätigt. Graf Friedrich von Zollern berichtet zwar 1360 den Bischof von Konstanz durch eine von Zeugen bekräftigte Urkunde, daß er die Pfarrei Pfullingen und deren Investitur an Salem resignirt habe, weshalb der Bischof den von Salem präsentirten Pfarrherrn wohl die Investitur geben möge; allein die wirkliche Vergabung an Salem fand wie oben gesagt, statt. Auch wurde diese Kirche zu Pfullingen von Papst Clemens VI. Salem incorporirt und diese Incorporation von Papst Urban V. bestätigt. [1]) 1360 kam ein Gut zu Stetten bei Ehingen für 243 ℔ Heller durch Konrad Heyland (Bürger zu Ehingen) an Salem und von dem Grafen Eberhard von Landau 1360 und 1364 schenkweise der Zehnten daselbst. 1364 vergaben Magister Rudolf Stufy, Canonicus der Kirchen Chur und Brixen und Johann Lanzenhofer einen Hof zu Schnerkingen bei Mößkirch an Salem; 1367 Hans v. Wittelschieß und seine Frau Katharina für 22 ℔ Heller ein Gütchen zu Heudorf, und 1369 wurde die Kapelle Beatae Mariae Virginis zu Birnau, die keiner Pfarrkirche unterstund, von Papst Urban V. dem Kloster Salem incorporirt. [2]) Jezt entschloß sich aber der Abt, nachdem er 15 Jahre lang zum Nuzen des Stifts regiert hatte, die Abtswürde niederzulegen und zu resigniren; er bat zufolge Ordensstatuten den Abt von Lüzel als unmittelbaren Vorsteher Salems (Patrem immediatum Monachi) hieher zu kommen und als er der Bitte entsprach, entsagte Berthold II. in seiner Gegenwart und vor dem ganzen Convent

---

[1]) **Summa Salemitana. Tom. I.**, Seite 124 Nr. 75, 126 Nr. 78, und 145a bis 148, Nr. 107.

[2]) Desgleichen. **Tom. I.**, Seite 88a bis 90, Nr. 33 und **Apiarium Salemianum.** Seite CLIX.

feierlich seiner abteilichen Würde, bat einen andern Abt zu wählen, legte Rechnung über seine Verwaltung ab und darauf sein Vorsteheramt nieder.

Der am nämlichen Tag, am 5. April 1373 erwählte XIII. Abt war Wilhelm Schraik (von Schwylgal, nach Sebastian Münsters Cosmographie) — bisher Abt des Klosters Raithenhaßlach, ein ebenfalls würdiger Mann, dem das Wohl des Stifts Salem am Herzen lag. Gleich im ersten Jahr seiner Regierung erhielt er von den Gebrübern Heinrich und Wolfhard von Renningen das vollkommene Patronatsrecht und den Zehnten zu Sulmingen zwischen der Iller und Rieß, nordöstlich von Biberach, sowie ihre Curia oder Hof in Hitoltsweiler. 1378 wurde mit Bulle Papst Gregors XI. d. d. Anagniac 19. Juli (XIV. Cal. Augusti) die Pfarre Schemmerberg mit ihren Einkünften dem Stift Salem incorporirt [1]) und als Kaiser Karl IV. in diesem Jahr starb und sich der Abt an seinen Nachfolger wandte, wurden von Kaiser Wenzel, dem Sohne Karls, von Tachau aus am St. Gallentag 1381 auch alle die Rechte, Freiheiten, Privilegien und Besizungen des Klosters bestätigt; [2]) Papst Urban VI. aber gestattet dem Abt Wilhelm und seinen Nach= folgern von Neapel aus unterm 30. Jenner (III. Calend. Februarii) 1384: „daß sie in ihrem und ihnen untergebenen Klöstern, Pfarreien und Kirchen sogar die Infel (mitra), Ring und Stab (annulus et baculus) und die übrigen Pon= tifikalien gebrauchen dürfen." [3]) — 1388 wurde von Elisa= betha v. Honberg als Seelgeräth der halbe Blumenhof oder Antrain bei Stockach an Salem verliehen; 1390 von Ritter Ulrich v. Hörningen zu Beyenburg und seiner Frau Ursula gebor. Schenkin von Ittendorf nebst ihrem Sohne Heinrich

---

[1]) **Summa Salemitana.** Tom. I., Seite 133 bis 134, Nr. 82 und 83.

[2]) Desgleichen. Tom. II., Seite 37 und 37a, Nr. 51.

[3]) Tom. I., Seite 511 und 511a, Nr. 237.

für 7000 𝔏 Heller das ganze Dorf Bermatingen mit Gericht, Zwing, Bann, Gut, Leuten, Vogtrecht und Allem was dazu gehört, sammt der Kirche mit Patronatsrecht und all ihren Zugehörden, welche Pfarrkirche alsdann mit Bewilligung Papst Bonifazius IX. der Bischof Burkard I. von Konstanz 1391 dem Stift und Gotteshaus Salem einverleibt hatte. — 1391 wird auch von Heinrich von Tettigkofen für 80 𝔏 𝔍 ein Lehenhof in Deggenhausen an Salem verkauft und das Eigenthum dieses Hofes von dem Bischof Burkard und Domkapitel Salem geschenkt; 1392 schenken Berthold Gögging und seine Frau Adelheid in Ueberlingen zwei Höfe zu Herdwangen für Gott und ihr Seelenheil an Salem, und endlich kommt dann noch von dem edlen Konrad Gremlich mit Bewilligung seines Lehenherrn Ritter Berchthold v. Trauchburg der halbe Theil des Klein= und Großzehnten zu Altenbeuren für 70 𝔏 𝔍 käuflich an Salem. — So wurde das Reichsstift auch unter Abt Wilhelm zeitlich gesegnet und der Wohlstand des Klosters vermehrt; er konnte daher, nachdem er zum Nuzen und Segen 20 Jahre regiert hatte, dem Tode wohl in die Augen schauen; denn sein Leben war rein, seine Seele zum Himmel gerichtet. Er starb am 21. Mai 1395, nachdem er seinen Untergebenen das schöne Beispiel zurück ließ, daß ohne Gehorsam keine Ordnung, ohne Demuth kein Gehorsam besteht. —

Sein Nachfolger und XIV. Abt von Salem war dann Jodokus I., des Geschlechts Senner von Ravensburg, früher Großkeller im Kloster, der am 15. Juni 1395 einstimmig zum Abt gewählt wurde. Es waren damals 100 Conventualen und circa 80 Laienbrüder vorhanden. Bevor die Abtswahl stattfand, versprachen sie sich alle gegen einander, daß der, welcher zum Abt gewählt werden würde, die Pontifikalien bei der heil. Messe und sonstigen gottesdienstlichen Verrichtungen nicht mehr gebrauchen wolle; Papst Bonifazius IX. befreite jedoch den Jodok von diesem Versprechen und ließ ihm mit Schreiben an den Abt zu Kreuzlingen von

Rom aus unterm 1. Februar (Caleud. Februarii) 1396 eröffnen: „daß er die Inful bei Haltung feierlicher Messe und andern kirchlichen Verrichtungen wohl gebrauchen und anwenden könne;" [1] ebenso erlaubte der Papst ihm und dem Stift Salem, daß sie ihre incorporirten erlebigten Pfarreien zu Leutkirch, Bermatingen, Schemmerberg, Sulmingen, Ostrach, Bachhaupten, Burg= weiler, Steinbach, Frankenhofen und Herzogenweiler sowohl mit Weltpriestern (Vicariis perpetuis), als mit Salmansweilischen Ordens= und Stiftsgenossen, nur aber mit tauglichen Mönchen und Religiosen, ohne vorherige Erlaubniß dazu einzuholen, besezen und versehen lassen können. [2] — Her= nach 1401 bestätigt Kaiser Ruprecht von Augsburg aus dem Kloster noch alle bisher erhaltenen Rechte, Besizungen, Frei= heiten und Privilegien und trägt von Heidelberg aus auf Donnerstag nach Unsers Herrn Leichnams=Tag 1403 den Reichs=Städten Konstanz, Ulm, Eßlingen, Reutlingen, Ueber= lingen, Ravensburg, Rothweil, Biberach und Pfullendorf auf, „daß sie den Abt und Convent und alle die um sie herum= liegenden Salmansweilischen Güter in Seinem und des Reichs Namen handhaben, beschirmen und jede unrechte Gewalt wie= der dieselben abhalten und abwehren sollen;" [3] eine gewisse Elisabeth Freiin aber schenkt 1403 dem Frauenkloster Gut= tenzell an der Roth, östlich von Biberach, für drei Anniver= sarien (1 für sie nach ihrem Ableben, 1 für ihre Schwester Anna und 1 für ihre Mutter) den Hof genannt Münch= hof bei Achstetten und Zehnten bei Holzheim mit der Be= dingung, daß, wenn sie nicht pünktlich an den bestimmten Tagen vollzogen würden, oder die Güter veräußert und ver= wendet werden sollten, solche an das Stift Salem fallen

---

[1] Summa Salemitana Tom. I. Seite 512 und 512a, Nr. 239.

[2] Desgleichen Tom. I. Seite 512a–513a, Nr. 240.

[3] Desgleichen Tom. II., Seite 40 und 40a, Nr. 55.

8

sollen. [1] — Dann sezte der Abt noch den Bau der Kloster=
kirche (des Münsters) faſt bis zu seiner Vollendung fort, so
daß der Erzbiſchof Eberhard III. von Salzburg, den Jobok
auf dem Concil zu Konſtanz kennen lernte, den würdigen
Tempel am 23. Februar 1414 einweihen konnte. Hierauf
reſignirte Abt Jobok im 21. Jahre ſeiner Regierung die
Abtei. Was ihn dazu bewogen hatte, iſt nirgends zu fin=
den; doch müßen ſeine Gründe erheblich geweſen ſein, in=
dem der Abt Konrad von Lüzel, welcher dem Reſignations=
akt in Salem anwohnte, und der ganze verſammelte Con=
vent ſie anerkannten und Jobok von der Bürde eines
Vorſtehers losſprachen. Kurz, nachdem vom Kloſter aus
die jährliche Abgabe an ihn beſtimmt, die Mittel zu ſeinem
Lebensunterhalte ausgeworfen und die nöthigen Beſtimmun=
gen zwiſchen ihm und dem neuen Abt getroffen worden
waren, legte er die Abtswürde in die Hände des Abts von
Lüzel und des Convents nieder, verließ die Verſammlung
und es wurde für ihn am 12. Mai 1417 einſtimmig als
XV. Abt und Vorſteher von Salem Peter I., aus
dem Geſchlechte Ochſer von Ravensburg, der frühere Groß=
Keller, erwählt; ein religiöſer, tugendhafter Mann, der nicht
nur das Münſter vollends ausbaute und es im Innern
ausſchmückte, ſondern auch den Ruhm und den Wohlſtand
des Kloſters zu befördern ſehr bemüht war. Er wohnte
dem Concilium zu Konſtanz bis zu ſeiner Beendigung bei;
verlegte wegen dem nahen Feſte der Geburt Chriſti 1420
die Kirchweihe in Salem mit Genehmigung Papſt's Martin V.
auf den Sonntag vor Mariä Geburt; [2] erwarb 1422 von
Ulrich Gögging, Bürger in Pfullendorf, für 75 ℔ Heller

---

[1] Apiarium Salemitanum. Seite CLXI und CLXII.

[2] Nach der Chronik des Archivars Gabriel Freyerabend, Seite 203 wurde dann dieſe
Kirchweihe wieder auf den Sonntag vor dem Feſte der heil. Magdalena und zulezt
auf den dritten Sonntag im Oktober verlegt.

die andere Hälfte des Blumenhofes (Anrain); erkaufte und
ertauschte 1424 von Ulrich Brustner und seiner Ehefrau
Guta Stöklerin einen Hof zu Göttingen bei Albek (Oberamt
Ulm) und gegen seine Güter zu Steußlingen und ein jähr=
liches Leibgeding an dieselbe — einen Hof und ein Gut zu
Jungingen bei Ulm mit allen Gewaltsamen und Zugehör=
den; erkaufte 1426 von Jodok Reinold und seiner Frau
Anna geb. Roth für 1400 fl. noch einen andern Hof und
Besizungen zu Göttingen [1]) und erhielt vom Kaiser Sigis=
mund de dato Basileae 4. Dezember 1433 das Privilegium,
wornach die Abtei und ihre Güter, wo sie immer gelegen,
in Seinen und des römischen Stuhles besondern Schuz ge=
nommen wurden, [2]) ja der Kaiser gab dem Stift von Basel
aus 1434 sogar die Erlaubniß: „daß es in seinem Dorfe
Unterelchingen wieder ein Gericht haben und mit Rich=
tern und Schöppen aus demselben besezen könne, die befugt
sein sollen, in Erbschafts=, Schuld=, Sitten= und andern
Sachen zu Recht zu sprechen und Urtheile zu fällen," [3]) und
gibt dem Kloster von Basel aus am heil. Palmtag 1434
noch das Diplom: „daß die Landvögte in Schwaben es gegen
Förderung des Gottesdienstes ja nicht mit ungewöhnlichen
Steuern, Frohnden und andern Lasten, als: Hunden, Jä=
gern, Pferden und Knechten 2c. sowohl in dem Stift selbst,
als auch auf seinen Besizungen und Gütern, sowie in den
Dörfern beschweren sollen." [4])

---

[1]) Diese Güter und Höfe zu Göttingen und Jungingen wurden hierauf von der Sal=
mansweiler Pflege in Ulm verwaltet.

[2]) Summa Salemitana. Tom. II., Seite 43a bis 44a, Nr. 59.

[3]) Desgleichen. Tom. II., Seite 46a bis 47a, Nr. 62.

[4]) Desgleichen. Tom. II., Seite 47a bis 48a, Nr. 63 und Apiarium Salemitanum.
Seite XXXIII — XXXV.

Die Klöster und Prälaturen in Oberschwaben als: Salem, Weingarten, Ochsen=
hausen, Roth, Schussenried, Weißenau, Baindt, Lindau, Buchau 2c. standen nämlich,
obgleich sie Reichsklöster waren, stets unter dem besondern Schuz und Schirm der

Endlich erhielt Salem noch 1438 das Ernennungs=
und Präsentations=Recht des Kaplans auf die neu gestiftete
Kaplanei Bäche und 1440 den Hof zu Wilfertsweiler bei
Saulgau, den Johann Schüfelin daselbst beanspruchte und
dem Kloster bestritt, durch's Gericht zugesprochen; dann aber
ging die Regierungszeit des Abt Peter I. zu Ende. Er
starb plözlich zu Ostrach, nachdem er 24 Jahre 8 Tage höchst
löblich regiert und durch Fleiß und Treue in seiner Ver=
waltung so ziemlich die Wunden geheilt hatte, welche der
Abtei unter einigen seiner Vorweser geschlagen wurden, den
19. Mai 1441. Sein Leichnam wurde nach Salem gebracht
und wie seine Vorfahren nahe bei dem Dreifaltigkeits=Altar

Landvogtei; als aber die Landvögte anfingen, das Jus Protectionis zu weit auszu=
dehnen und die Schirmherren den Gotteshäusern sehr beschwerlich und auffäßig wur=
den, suchten sich diese nach und nach derselben zu erledigen und kaiserliche Freiheiten
zu erlangen, wornach sie an keinen Schirmherrn mehr gebunden waren und im Noth=
fall nach eigenem Belieben einen wählen und annehmen durften, auch den jeweiligen
Landvögten weder Ehrung noch Schankung, noch Schirm= und Schutzgeld zu geben
verpflichtet waren. Die freie und exemte Reichsprälatur Salem in Oberschwaben,
nächst der Illdorfer oder Ravensburger Landvogtei gelegen, hatte zwar von alten
Zeiten her nie einen andern Schutz= und Schirmherrn, als unmittelbar den römischen
Kaiser anerkannt, was viele Privilegien und Diplome bezeugen (von Friedrich I.
1155 und 1183, von Heinrich IV. 1193, von Karl IV. 1353 ꝛc.), daher auch schon
Heinrich IV. 1231 und Kaiser Ruprecht oder Rupert 1403 den Städten Konstanz,
Zürich, Lindau, Ueberlingen, Schaffhausen, Rothweil, Ravensburg und Pfullendorf
anbefohlen hatte, mit Hilfe des Abts von St. Gallen das Gotteshaus Salem und
seine Güter als Seine (des Königs) selbst eigene Leute und Güter gegen männiglich
und wider alle unrechte Gewalt von Reichswegen zu schüzen und zu schirmen. Nach=
dem aber dessen ungeachtet die Landvögte Schwabens sich herausnahmen, diese Reichs=
prälatur und andere Klöster unter ihrer Protektion mit verschiedenen Lasten, Dienst=
barkeiten, und Anforderungen zu beschweren, so ertheilte Kaiser Sigismund 1434
Salem noch die Gnade und Freiheit: „daß die Reichslandvögtei in Schwaben des Abts,
Convent und Klosters Salmansweil Leute, Unterschen, Oberer, Weiler, Höfe und
Güter, sie seien um das Kloster oder wo immer gelegen, nicht mit Hunden, Jägern,
Pferden und Knechten überlegen oder dafür Geld fordern und beschweren, noch das
Kloster in seinen Gnaden und Freiheiten hindern und irren dürfen, sondern es viel=
mehr getreu und fest schüzen sollen, bei einer Strafe von 20 Mark löthigen Goldes."

begraben. So schied der Abt Peter I., dessen Thun, Lassen und Leben sich auf die Ehre Gottes und auf das Wohl seines Stifts bezog, und der durch Sanftmuth und Tugend seinen Brüdern vorleuchtete, aus der Welt; er war Gott wohlgefällig, darum sollte er den Lohn seiner Früchte im Himmel empfangen.

Ein Monat 5 Tage darauf wurde alsdann Georg I. Münch von Konstanz gebürtig, zum XVI. Abt des Reichs= stifts Salem erwählt, ein Mann, dem, wie das Wohl eines Kindes der Mutter, so die Wohlfahrt seines Klosters eben= falls am Herzen lag. Dabei befolgte er selbst strenge die Klosterregeln; denn er wußte, daß der Eifer in einer Ge= nossenschaft nicht bestehen kann, wenn ihr Vorsteher sich von den Vorschriften der Regel freispricht und daß die Erschlaffung der klösterlichen Zucht meist nur aus der Leichtfertigkeit ent= steht, womit sich die Obern von den Verbindlichkeiten frei machen. — Auch suchte er das Innere des Münsters recht auszuschmücken, wozu er eine prächtige Orgel bauen ließ, deren größte Pfeife 28 Fuß in der Länge gehabt haben soll, jedenfalls muß diese Orgel den Nachrichten zufolge sehr groß und eine Zierde des Tempels gewesen sein.[1]) Man sagt zwar, der Abt habe auch ein großes Weinfaß machen lassen, das er Parus oder Parix b. i. Maise genannt habe, und erzählt ferner: „Ein Mönch von unaufhörlichem Durst geplagt, besuchte einmal mit dem Pater Großkeller das unter= irdische Bachusreich. Sie gingen zu der Maise; allein der große messingene Hahnen wollte sich nicht fügen; der Mönch begab sich zum Spuntloch und öffnete die Scheidewand. Brennend vor Durst bückte er sich darüber hin, schöpfte ein Krüglein nach dem andern und wollte seine Kanne schon wieder füllen; da — wurde es ihm schwindlich, fiel hinein und wurde von dem Weine verschlungen. Der Kellermeister,

---

[1]) Apiarium Salemitanum. Seite CLXIV.

auch vom Wein beschwert, konnte ihm nicht helfen. Der
Mönch versoff und wurde den andern Tag als eine Leiche
aus dem Fasse gezogen." [1] — Das **Apiarium Salemitanum**
stellt jedoch dieses Ereigniß in Abrede und glaubt, daß wohl
nur ein Kieferknecht Anlaß zu diesem Mährchen gegeben
habe, weil er auf das Holz oder den Spunten des Fasses
das Bild eines Mönchs angebracht habe, das hernach ein=
mal zum Loch hinein fiel; [2] Dr. Baber dagegen sagt, daß
selbst Schriften aus dem 17. Jahrhundert von dieser Ge=
schichte erzählen und somit die Sache nicht so ganz aus der
Luft gegriffen zu sein scheine. [3] — Wir lassen diese Sache
dahin gestellt sein und indem wir nur noch bemerken, was
Gabriel Feyerabend berichtet: „daß dieses Faß später Alter=
thums halber und weil es nicht wohl mehr zu gebrauchen war,
zerronnen und ein neues und größeres verfertigt worden,
das ehedem gegen 40 Seefuder gehalten, dann aber auf
einige Abänderungen wie jetzt noch 38 solche Fuder fasse," [4]
— gehen wir über zur eigentlichen Geschichte der Abtei unter
Abt Georg I., nämlich:

1442 de dato Frankfordiae 19. Juli bestätigt Kaiser
Friedrich III. die Rechte, Freiheiten und Privilegien des
Klosters; de dato Frankfordiae den 15. August an Unser
lieben Frauen Abend Assumptionis oder Mariä Himmel=
fahrt erschien die Reformatio Fridericiana, besonders für
Schwaben, wornach das Faustrecht abgestellt und das Rechts=
und Polizeiwesen verbessert wurde, durch welche das Stift

---

[1] Badisches Sagenbuch. Von August Schnezler, 1. Abtheilung, Seite 85—89.

[2] Apiarium Salemitanum. Seite CLXV. und Summa Salemitana. Tom. III, Seite 206, Nr. 86.

[3] Badische Landesgeschichte. Von Dr. Josef Baber.

[4] Chronik des ehemaligen Reichsstifts und Münsters Salmansweiler in Schwaben. Von Gabriel Feyerabend, Archivar. Manuscript, Seite 218. Ein anderes großes Faß, der Prälat, zu ebenfalls 40 Seefuder und mit dem besten Rheinwein gefüllt, soll dann noch 1152 erbaut worden sein.

Salem ebenfalls Vortheile erhielt, da es jezt in seinen Rechten und Besizungen nicht mehr so beunruhigt wurde;[1] 1445 baute der Abt das Siechenhaus Wäschbach bei Leutkirch; 1447 verkaufen Hans Graf von Stockach und Ulrich Bühler Stadtschreiber in Pfullendorf für 36 ℔ ₰ ihr Nuzlinsgütle zu Sohl bei Großschönach an das Stift Salem, das schon seit 1290 einen Hof dort hatte; 1448 kam durch Kaiser Friedrich zu Aschaffenburg das berühmte Concordat mit dem päpstlichen Stuhl zu Stande, wodurch der Friede des Reichs mit Rom hergestellt wurde;[2] 1449 erhielt Salem vom Magistrate zu Mörsburg die Erlaubniß, in sein Salmansweiler Haus daselbst Wein, Frucht ꝛc. einzuführen und daraus zu verschicken, ohne besondere Steuer und Dienste dafür zu leisten; 1454 bewilligt der Papst Nikolaus V. dem Abt Georg und seinen Nachfolgern von Rom aus am 10. März: „ihren jungen Priestern die 4 ersten Weihen (Quatuor Minores Ordines) und den Professen, sowie den Geistlichen in den andern dem Stift untergebnen Klöstern die Subdiakonats-Würde zu ertheilen, wie auch für sich selbst nach der Gnade Papsts Urban VI. vom Jahr 1384 noch die Insul, den Stab und den übrigen Pontifical-Ornat gebrauchen, ja sogar entweihte Kirchen, Friedhöfe und andere Orte, und wiederum noch Altäre, Kelche u. dgl. Kirchengeräthschaften im Umfang ihres Gebietes einweihen und consecriren zu lassen;"[3] — 1458 aber, de dato Radolphzell am Untersee am St. Katharinentag nimmt der Herzog Sigmund von Oesterreich das Stift in seinen besondern Schuz auf und

---

[1] Summa Salemitana. Tom. II. Seite 49a—55. Nr. 65.

[2] Desgleichen. Tom. I. Seite 541a—545a, Nr. 264 und 265.

[3] Die vier niedern Weihen sind: das Amt der Thürhüter (Ostiarii), das Amt der Vorleser (Lectorum), das Amt der Beschwörer (Exorcisten) und das Amt der Altardiener (Akolythen); welche Weihen eigentlich nur der Bischof ertheilen kann, daher verdroß es auch die Bischöfe von Konstanz, daß dem Abt diese Rechte eingeräumt wurden

geſtattet ihm, ſich in Nothfällen des öſterreichiſchen Schildes
und Wappen zu bedienen, ſo daß das Kloſter ſie nicht nur
ſeinen Boten anhängen, ſondern dieſe ſie, wenn Zeit und
Umſtände ſie dazu trieben, auch zu tragen und zu führen
berechtigt waren. Lauter Privilegien, Rechte und Gnaden=
bezeugungen, die das Stiftsanſehen nicht wenig beförderten
und erhoben; allein inzwiſchen brach, gegen das Verbot des
Fauſtrechts dennoch zwiſchen Adel und Reichsſtädten ein
Krieg aus, der großes Unglück über Schwaben herbeiführte;
Abt Georg, von Alter und Gram gebeugt, daß auch ſeine
Beſitzungen ſo hart getroffen wurden, entſchloß ſich daher
nach 21 Jahren ſeines Vorſteheramtes die Regierung nieder
zu legen und ſeine noch übrigen Tage dem Gebet und der
Ruhe zu widmen.

Es wurde hierauf als XVII. Abt von Salem Lud=
wig Oſchwald aus Ueberlingen gewählt. Dieſer Abt be=
willigte gleich im Anfang ſeiner Regierung auf Fürbitte des
Ritters Berthold v. Stein, Junkers Ulrich v. Schynen und
Anderer für die Gemeinde Ingerkingen, die bisher zur Sa=
lemiſchen Pfarre Schemmerberg gehörte, eine eigene Curat=
Kaplanei zu errichten, doch ſo, daß beſagte Pfarrei nicht
benachtheiligt werde und Salem das Recht habe, die Kap=
lanei zu verleihen und zu beſezen, ſowie die Gemeinde
verpflichtet ſein ſolle, an gewiſſen Feſttagen dem Gottesdienſte
in Schemmerberg beizuwohnen. [1] Auch erhielt Salem 1461
zu ſeinem halben Kirchenſaz in Ober= und Nieder=Grieſingen
von Oeſterreich gegen Verpflichtung eines jährlichen Jahr=
tages am Donnerſtag vor Invocavit noch die andere Hälfte

und ſie verſagten darum (namentlich den Sub=Diakonen) die weitern Weihen, ſo
daß die Aebte von dem weitern Gebrauche des Privilegiums wieder abzuſtehen ge=
nöthigt waren.

[1] Dieſe Kaplanei wurde hernach 1712 durch den Biſchof Johann Franz von Konſtanz
mit Zuſtimmung des Kuralkapitels und des Stifts Salem zu einer eigenen Pfarrei
erhoben.

des Jus Patronatus mit allen Rechten, Gülten und Zuge=
hörden der Kirche zu Griesingen; [1]) dagegen erlaubten sich
1467 einige Salemer Mönche von Adel, die in der Regel
mehr wegen Versorgung, Behaglichkeit und einem guten
~~Leben~~ als wegen innerm Antrieb, Frömmigkeit und Reli=
giösität in die Klöster und Stifte eintraten, — ohne Be=
willigung des Abts das Stift zu verlassen, sich da und dort
hinzubegeben und nicht das beste Leben zu führen. Abt
Ludwig wandte sich daher, um diesem Unwesen ein Ende
zu machen und die klösterliche Zucht und Ordnung aufrecht
zu halten, an Papst Paul II., und dieser ließ dem Abt
unterm 4. Februar 1467 von Rom aus die Vollmacht zu=
gehen: „solch' ungehorsame und pflichtvergessene Mönche, wo
sie immer sich aufhalten, gefangen zu nehmen, in's Kloster
zurückzuführen und mit verdienten Bußen zu strafen. Dabei
befiehlt er allen Erz= und Bischöfen und allen Herren, auf
solche herumvagirende Mönche zu fahnden, dem Abt und
Convent anzuzeigen und ihm bei den Gefangennehmungen
behilflich zu sein." So wurde die klösterliche Obedienz und
Observanz in Salem wieder hergestellt; [2]) — das ärgerliche
Leben dieser Mönche hatte aber auch sehr nachtheilig auf
die Gesundheit des Abts eingewirkt und ihn auf's Tiefste
ergriffen; er kaufte mit Zustimmung seines Convents 1469
von dem Abt Christoph von St. Blasien für 3800 fl. noch
das Dorf Aepfingen (bei Biberach), wo Salem schon 1287
ziemliche Güter und Rechtsame erwarb, mit allen Rechten
und Zugehörden und noch mit Höfen und Gütern zu Balt=
ringen, Brunnen, Aigendorf und Ottackershofen oder Roth=

---

[1]) Ueber diese Incorporation der beiden Pfarreien Aepfingen und Griesingen hatte zwar
das Kloster Salem lange Prozesse mit dem Herrn v. Freiberg zu Aepfingen zu be=
stehen; sie wurden jedoch durch den Ritter von Hornstein zu Göffingen zuletzt güt=
lich beigelegt.

[2]) Summa Salemitana. Tom. I., Seite 315a und 517, Nr. 243.

ackershofen (vielleicht Algershofen) (?) [1] — und dann, weil
er sich wegen Krankheit zu schwach fühlte, ferner die
Abtswürde mit der nöthigen Kraft führen zu können, legte
er wie sein Vorgänger, nach 13 jähriger Regierung sein
Vorsteheramt nieder und trat mit dem Bewußtsein, nur
Gutes gewollt zu haben, in Privatstand zurück. [2]

Jetzt, im Jahr 1471 wurde der Prior und frühere Abt
zu Lützel, Johannes Stantenat von Ufholz zum XVIII. Abt
von Salem gewählt. Dieser Abt Johann I. hatte wieder
die Kraft auszuharren und seiner Heerde mit Liebe und
Sorgfalt bis an sein Lebensende vorzustehen; ja sogar aus-
wärts suchte er mit Segen zu wirken und mit seinen Nachbarn in Friede und Eintracht zu leben. So schloß er gleich
nach seinem Regierungsantritt mit der Stadt Biberach wegen
dem Umgeld, Bürgerrecht, Zoll u. s. w. der salemischen Güter
zu Aepfingen, Baltringen, Brunnen, Aigendorf und Ottackershofen einen Vergleich ab. Aehnliche Vergleiche und Verträge
machte er mit Sigmaringen, Heiligenberg und dem Grafen
von Sonnenberg, Truchsäß zu Waldburg wegen Gericht,
Zwing, Bann u. dgl. zu Gunzenhausen 2c.; mit dem Grafen
Allwig (Albingen) von Sulz dagegen kam er in einen Prozeß.
Der Abt hatte nämlich dem Grafen um 5000 fl. im Jahr
1469 das Dorf Bohlingen verkauft, das 1456 von denen
v. Honburg an Salem kam; daran zahlte dieser die Hälfte.
Nun wollte der Abt den Verkauf nicht als giltig ansehen
und auch den Kaufsbrief nicht ausfertigen lassen; der Graf
wandte sich an die Stadt Konstanz und diese sprach dem
Grafen das Dorf zu; Salem jedoch wandte sich an das
Haus Oesterreich, von dem es 1461 mit dem Blutgericht

---

[1] Die Verwaltung von Aepfingen, Baltringen 2c. wurde hernach dem Oberamt Schemmerberg zugewiesen.

[2] Abt Ludwig Oßwald, der Theologie Dr. starb noch im Jahr 1471 und wurde wie
seine Vorfahren vor dem Dreifaltigkeitsaltar begraben.

über das Dorf belehnt wurde und ferner nach Rom. Durch päpstliche Commission wurde die Streitsache 1488 dahin vertragen: „daß der Graf noch 2200 fl. Kapital und 600 fl. Zinse zu entrichten oder aber dafür hinlängliches Unterpfand zu geben verpflichtet sein solle." Dann 1479 entstand ein Streit zwischen Salem, dem Bischof von Konstanz und dem Probst zu Waldsee wegen gewissen Zehnten zu Markdorf, der jedoch schon 1480 gütlich beigelegt wurde. 1480 wurde mit dem Grafen Eberhard von Würtemberg wegen Lasten salemischer Höfe und Güter zu Nürtingen am Neckar noch ein Vertrag abgeschlossen. 1485, 20. August war Kaiser Friedrich III. mit 400 Pferden von Ueberlingen kommend in Salem. 1487 de dato Nürnberg 26. Mai verfügte der Kaiser: „daß salmansweilische Güter in und bei Reichsstädten und ihren Gebieten keine Auflagen zu leisten haben und das Kloster nicht schuldig sein solle von Wein, Korn, Salz, Schmalz und andern Lebensmitteln Mauth, Zoll oder dergleichen Beschwerden zu zahlen, außer von selbst gezogenem Wein, den es zu Konstanz und andern Orten verkaufe und ausschenke, wie jeder Bürger nach altem Herkommen;" durch ein anderes Privilegium von Nürnberg aus ermächtigt er aber den Abt und Convent: „ihre Unterthanen nach Nothdurft zu besteuern und Widerspenstige zu strafen, und daß Salem das Recht haben solle, seinen Schuzvogt beliebig zu wählen und wieder abzusezen;" so daß das Stift mit seinen Regalien, Gerichtsbarkeiten, Besteuerungsrechten und andern Vorrechten jezt völlig einem Reichsstande gleich kam. — Hernach, 1488 erhält Salem durch richterlichen Spruch das Eigenthumsrecht über seinen Hof Gründelbuch, den der Graf Andreas von Sonnenberg von seiner Burg Kallenberg aus dem Kloster bestritt; dabei bestimmen Peregrin v. Reischach und Wilhelm v. Neuneck die Grenzen von Kallenberg und von der Grangia Gründelbuch. — 1489 ließ der Abt die Kapelle auf dem

Killiberg bauen. — 1491 wurde von der Gemeinde Ostrach eine Frühmeßpfründe (Primissaria) gestiftet und dem Abt von Salem das Ernennungs- und Präsentationsrecht des Priesters darüber ertheilt. [1] — 1492 vertauscht Ulrich von Jungingen gegen 40 fl. und den Hof Kalkhofen seine niedern Gerichte mit allen Diensten und Rechtsamen in und um Unterbach und Hebertsweiler bei Owingen, die ihm Burkard v. Jungingen als ein Unterpfand verschrieb, an Salem. — 1494 de dato Worms 12. Juni bestätigt der Kaiser Maximilian I. die Besizungen, Rechte und Privilegien des Klosters, und — am 5. Dezember 1494 starb alsdann der Abt, nachdem er seinem Stift mit treuester Pflichterfüllung 23 Jahre 6 Monate 24 Tage vorstand, reich an Verdiensten vor Gott und den Menschen.

Durch canonische Wahl wurde nun in Gegenwart des Abts von Lüzel als Pater domus am 15. Dezember 1494 zum XIX. Abt von Salem Johannes II. Schürpfer von Mimmenhausen gewählt. Auch dieser Mann verwaltete sein Vorsteheramt löblich und zum Nuzen für's Stift. Er kaufte mit Einwilligung seines Convents von den Gebrüdern Jakob und Sebastian, Edlen v. Ober-Sulmetingen an der Riß bei Laupheim und Barbara Hofmar mit ihren Söhnen für 4000 fl. den Burgstall Schemmerberg mit dabei befindlicher Wohnung und dazu gehörigen Höfen, Mühle und andern Besizungen und Gütern, die sie vom Hause Oesterreich erworben hatten. 1497 bewilligt Kaiser Maximilian I. von Lindau aus unterm 7. Februar dem Abt und Convent für die Bewohner von Schemmerberg und Umgegend ein eigenes Gericht aufzurichten, um Erbschafts-, Eigenthums-, Schuldsachen, Frevel u. dgl. aburtheilen zu können, und gestattet ferner de dato Nürnberg 9. Mai 1521 dem Stift — gegen Verbindlichkeit die Straße in Bermatingen zu unterhalten —

---

[1] Summa Salemitana. Tom. I., Seite 130 bis 133, Nr. 81.

„allda von jedem Lastfuhrwerk 2 ₰ Weggeld erheben zu
dürfen;"[1]) der Abt dagegen gestattet, daß die Gemeinde
Hagnau auf der Salmansweiler Wiese Lanzenhausen eine
Schießstädte errichten dürfe. 1502 gibt der salemische Lehen=
träger Hans Hulger seine zwei Lehenhöfe zu Richards= oder
Rickertsweiler bei Altheim ob Salem wieder an Salem zurück;
auch brachte das Stift noch zwei andere Häuser mit Hof=
raithe in Pfullendorf an sich, welche hierauf mit den frühern
(von 1263) vereinigt, neu massiv aufgebaut und mit einer
Fruchtschütte und Kapelle versehen wurden, und dieses große
Gebäude alsdann der Salmansweiler=Hof genannt wurde.
— 1504 verkaufen die Gebrüder Kosmas und Itel Gienger
ihr Steinhaus mit Zugehörde in der Stadt Ulm für 1500 fl.
an Salem. 1505 schloß Salem mit den Schenken v. Scheer
und den Herren v. Gundelfingen über die niedere Gerichts=
barkeit zu Burgau einen Vertrag ab und ließ der Abt die
Kranken= oder Siechen=Kapelle zu Salem erbauen, die her=
nach die Bruderschaftskapelle Unser lieben Frauen und des
heil. Sebastian wurde, worauf in der Folge die Bibliothek
kam.[2]) — 1509 lauft der Abt von den Gebrüdern Hans,
Gerold, Jakob, Wilhelm und Martin, genannt Vögte zu
Radolphzell, für 1500 fl. deren Antheil an dem Groß= und
Klein=Zehnten zu Liptingen sammt Gütern und ihren An=
theil am Zehnten zu Eigeltingen; dann aber, — am 4. Ok=
tober 1510 starb der Abt Johann II., nachdem er 15 Jahre
6 Monate lang treu regiert und rechtschaffen gelebt hatte.
Er wurde in der von ihm erbauten Siechen=Kapelle begra=
ben,[3]) welche 1697 sammt der auf ihr inzwischen errichteten
Bibliothek bei einem Brand abbrannte.

Jezt wurde am Feste des heil. Dionys (9. Oktober) 1510

---

[1]) Summa Salemitana. Tom. II., Seite 63a bis 65 und 65a bis 67, Nr. 73 u. 74.
[2]) Desgleichen. Tom. III., Seite 214a, Nr. 4, und Apiarium Salemitanum. Seite CLXXXI.
[3]) Apiarium Salemitanum. Seite CLXXXI.

Jobok II. aus der Familie Necker von Ueberlingen als XX. Abt von Salem gewählt. Das Erste seiner Regierung war, daß ihm der Kaiser Maximilian I. von Breisach aus am 10. November 1510 die Rechte, Privilegien und Freiheiten des Klosters bestätigt und befiehlt: „daß die Landvögte von Schwaben und andere Herren das Stift und seine Unterthanen nicht so sehr mit Hunden, Jägern und Pferden belästigen oder Geld dafür nehmen sollen."[1] Hernach 1512 datum Romae apud Sanctum Petrum 13. Januar wird Abt Jobok mit dem Abt von St. Gallen durch Papst Julius II. zum Conservator, Beschützer und Schirmer der Rechte, Privilegien und Besitzungen über das Kloster St. Ulrich und Afra in Kreuzlingen bei Konstanz bestellt; Papst Leo X. aber erneuert dem Abt zu Salem von Rom aus 1517 die Freiheit: „was immer für einen Bischof zu seiner Benediktion zu erwählen."[2] — 1515 erhielt Salem von den Rittern v. Raderach zwei Höfe zu Unter-Raderach geschenkt. — 1516 brannte bei einer Feuersbrunst in Biberach der dortige große Salmansweiler-Hof ab, wobei nur die massive Scheuer verschont blieb. 1519 willfahrt Papst Leo X. der Bitte des Abts: „daß seine Religiosen die Schwefelquellen auf dem Salemer Gute Rothenbühl (wo?), zu denen des Kurgebrauchs wegen von allen Seiten her großer Zulauf war, sie aber dieselben an Sonn- und Festtagen (Dominicis et festis) zum Baden für unerlaubt hielten — auch an Sonn- und Festtagen benützen dürfen."[3] — 1521 bestätigt Kaiser Karl V. dem Kloster von Worms aus am 23. Mai, wo eben Luther sich auf dem Reichstag befand, die bisher erhaltenen Privilegien und Freiheiten und nimmt das Stift mit allen seinen Besitzungen und Leuten auf's Neue in Seinen

[1] Summa Salemitana. Tom. II., Seite 67—68, Nr. 75.
[2] Desgleichen. Tom. I., Seite 409a bis 410, Nr. 183.
[3] Apiarium Salemitanum. Seite CLXXII.

kaiserlichen Schuz und Schirm auf.[4]) — 1524 brach der
Bauernkrieg aus, wo Salem, wie im folgenden Jahr zu
großen Lieferungen an Wein, Brod 2c. für die aufrühre=
rischen Bauern genöthigt war und die große Glocke nicht
mehr läuten durfte; dann aber, als der Krieg aus war,
führte der Abt so große Sparsamkeit ein, daß er nicht nur
den erlittenen Schaden ersezen, sondern noch neue Güter
und Rechtsame für sein Stift erwerben konnte. Denn schon
1526 kaufte er für sein Stift von der Reichsstadt Ueber=
lingen um 450 fl. ein Haus mit Hofstatt und Stadel da=
selbst, und 1527 von Gallus Frick zu Wernsweiler ein Güt=
lein für 100 fl. allda, und er hätte wahrscheinlich noch Meh=
reres erworben, wenn ihm vergönnt gewesen wäre, länger
zu leben; aber — seine Lebenstage waren gezählt, seine
lezte Stunde hatte geschlagen. Er konnte sich in das Un=
glaubliche einer Kirchentrennung nicht finden, sich nicht mit
dem Gedanken vertraut machen, daß seine Kirche das über=
große Nez sei, wo die guten und schlechten Fische, die sich
im Meere der Welt bewegen, bunt durcheinander hinein=
gehen und mit einander vermengt leben, bis der Tag kömmt,
wo man sie auslieszt, — und daß sie der Acker des Haus=
vaters sei, auf dem mit dem guten Samen auch Unkraut
aufwächst und mit der guten Frucht reift, bis der Tag der
Erndte heranbricht, wo beide von einander geschieden werden,
— oder ein Speisesaal, worin auch der, der kein hochzeit=
liches Kleid trägt, bis zu dem Augenblick Plaz findet, wo
der König erscheint.[3]) — Dazu hatte die Bauernempörung[3])
seine Seele ergriffen und sein ganzes Wesen erschüttert,
so, daß er sichtbar zusammenfiel. Nachdem er 18 Jahre,

---

[1]) Summa Salemitana. Tom. II., Seite 68a bis 70a, Nr. 76.

[2]) Math. XIII, 47; — Math. V, 24; — Math. XXII, 11.

[3]) Ueber die Bauernempörung, Bauernkrieg (de Miseriis et Calamitatibus belli Rustici): Summa Salemitana. Tom. III., Seite 210 bis 224, — wird bei der Beschreibung von „Bermatingen'' ausführlich gesprochen werden.

3 Monate, 12 Tage würdig regiert hatte, hauchte er am
20. Januar 1529, in dem Jahr, als eben die Türken unter
Soliman Wien belagerten, seinen Geist aus. Sein Leich=
nam wurde in der Stiftskirche vor dem Dreifaltigkeitsaltar
begraben.

Der XXI. Abt von Salem war Amandus Schäffer,
gebürtig aus Straßburg im Elsaß. [1]) Bei seiner am zweiten
Februar 1529 (Mariä Lichtmeß) vorgenommenen Wahl waren
zugegen: der Abt von Lützel, der Abt von Bebenhausen und
der Abt von Königsbrunn. Leider aber war er schon alt,
daher er nicht lange regierte; denn nachdem er den Sal=
mansweiler Hof zu Hitoltsweiler an Biberach und die Salz=
pfanne Holzapfel zu Reichenhall (an der Saal), welche das
Stift von dem Erzbischof Eberhard II. von Salzburg erhal=
ten, an das herzogliche Haus Bayern verkauft, — ferner
zu der Curat=Kaplanei in Fischbach bei Buchhorn, welche
die dortige Gemeinde 1485 gestiftet, beigestimmt und ihre
Trennung von der Pfarrei Bermatingen genehmigt, —
ferner von Kaspar Gräter, Bürger in Biberach zwei Gütlein
zu Ernst und Bokenhofen für 684 fl. und noch einen Hof
zu Dettingen gekauft — dann das Salmansweilerhaus in
der Stadt Ueberlingen neu, mit festen Steinen gebaut und
mit einer Kapelle und Fruchtschütten versehen — sowie mit
Adam v. Freiberg zu Achstetten einen Vertrag (1531) ab=
geschlossen hatte, wornach das Ernennungsrecht des Priesters
der Pfarrei Brunnen bei Salem verblieb, — starb der Abt
und vertraute Freund des Johann Ek, Doktors der Theo=
logie und Professor zu Ingolstadt, der Gegner Luthers,
den Ek in Wort und Schrift so heftig bestritt — am

---

[1]) Amandus Schäffer legte zwar sein Ordensgelübde, die Profeß, in einem bei Straß=
burg gelegenen Cisterzienser=Kloster ab; allein als dieses zur Zeit Luthers zerstört
und die Mönche vertrieben worden waren, — kam er nach Salem und erneuerte da,
wo er zu bleiben versprach, sein Klostergelübde.

27. Juni 1534 nach 5 Jahren, 4 Monaten, 25 Tagen seiner Regierung in dem Salmansweiler-Steinhaus zu Ueberlingen und wurde in der Franziskaner- oder Baarfüßer-Kirche allda begraben.

Der XXII. Abt von Salem war Johann III. Fischer (Piscator) aus Mimmenhausen, der am 6. Juli 1534 gewählt wurde. Sobald er Abt war, gab er den Baarfüßern zu Ueberlingen 1 ℔ ₰, um einen Jahrtag für seinen Vorgänger abzuhalten und verordnete dabei, daß sein dortiger Hofmeister am Jahrtag zwei Kerzen auf das Grab stelle. — Dann 1540 war der Sommer sehr heiß, so daß der Wein vorzüglich gut wurde, die große Hize aber auch an manchen Orten die Pest erzeugte, zu deren Abwendung man die St. Sebastians-Bruderschaft errichtete. — Ferner gieng der Erzbischof von Lunder, Johann, Edler v. Weza, der nachdem er aus dem evangelisch gewordenen Dänemark vertrieben, aber durch sein Ansehen, in welchem er beim Kaiser und den Churfürsten stand, Bischof von Konstanz geworden war und es auch dahin gebracht hatte, daß er Probst des Cisterzienser-Klosters Waldsaßen in der obern Pfalz, an den böhmischen Grenzen, 2 Stunden von Eger und Herr der einst berühmten Abtei Reichenau geworden war, — damit um, die Reichsabtei Salem sogar um ihre Selbständigkeit zu bringen und zu einem Besizthum des Bisthums zu machen; allein der Abt Johann, der durch ein Schreiben des Prälaten Melchior von Königsbronn das Streben des Bischofs erfuhr [1]), — wandte sich an Kaiser Karl V. und dieser bestätigte unterm 1. Juli 1541 von Regensburg aus nicht nur alle Gnaden, Privilegien und Haudvesten des Klosters, sondern geruhte sogar zu verfügen, daß das Gotteshaus Salem sowohl bei seinen Rechten, Gewohnheiten und Herkommen verbleiben, als auch seine Gotteshausleute, Unterthanen und Hinter-

---

[1]) Summa Salemitana. Tom. III., Seite 223a bis 225, Nr. 1 und 2.

faßen in Klag= und Rechtssachen nur von der eigenen
Obrigkeit gehört, gerichtet und abgeurtheilt werden sollen,
so daß das Reichsstift Salem sogar vom kaiserlichen
Hofgerichte in Rothweil eximirt und befreit wurde
und Streitigkeiten von nun an lediglich vom Reichs=
kammergericht und Reichshofrath geschlichtet und
entschieden werden konnten. [1]) — Durch diese kaiser=
liche Gnadenbezeugung wurde jezt dem Bischof der Weg zu
seinen Planen, das Stift Salem zu einer Commende des
Bisthums Konstanz zu machen, versperrt und er ließ das
Reichsstift Salem in Ruhe. — Abt Johann endete übrigens
bald darauf seine irdische Laufbahn; denn nachdem er nur
kurze Zeit: 8 Jahre, 3 Monate, 24 Tage regiert hatte,
ereilte ihn zum Leid seines Stifts und seiner Unterthanen,
denen er väterlich vorstand, schon am 4. November 1543
der Tod. Zu seinem frühen Hinscheiden mochte wohl das
Projekt des Bischofs, das Reichsstift Salem dem Bis=
thum einzuverleiben, viel beigetragen haben. Der Leich=
nam wurde unter großer Trauerbezeugung in der Kapelle
der Bruderschaft Unser Lieben Frauen und des heil. Se=
bastians beigesezt.

Nun wurde am 16. November 1543 zum **XXIII.** Abt
von Salem durch Stimmenmehrheit Johann IV. Precht,
genannt Appenzeller, aus Tübingen gewählt. Unter ihm
gab es große Ereignisse, wichtige Begebenheiten, bedeutende
Veränderungen im Reich. Es wurde durch Papst Paul III.
die allgemeine Kirchenversammlung zu Trient veranstaltet
und solche am 13. Dezember 1545 eröffnet. Abt Johann
wurde ebenfalls dazu geladen; da er jedoch kränklich war,
schickte er einen Mitbruder dahin. Auch entsprach der Er=
folg des Concils selbst nicht den Erwartungen, weil die
Protestanten wegblieben und so die Glaubensspaltung und

---

[1]) **Summa Salemitana. Tom. II., Seite 70a bis 72a, Nr. 77 und 79.**

Zwietracht der verschiedenen Fürsten und Stände im Reiche fortdauerten. — 1546 brach der schmalkalbische Krieg aus, wo mehre Städte Schwabens vom Kaiser und der katholischen Kirche abfielen; aber vom Kaiser besiegt, wieder dem schmalkalbischen Bunde entsagten und die Gnade des Kaisers anflehten. — 1548 wurde auf dem Reichstag zu Augsburg das Interim ausgesprochen, d. h. die Verordnung erlassen, wie sich die religiösen Parteien in Bezug auf die streitigen Punkte der Lehre, Disciplin und Ceremonien bis zur Entscheidung durch das Concil zu verhalten und zu benehmen haben. Auch verlor in diesem Jahr die Stadt Konstanz, weil sie das Interim nicht annehmen wollte, die Reichsfreiheit und mußte sich dem Erzhause Oesterreich unterwerfen, d. h. wurde aus einer freien Reichsstadt eine österreichische Provinzialstadt; Salem aber erhielt zu dieser Zeit den sog. Mayer'schen Hof zu Mühlhausen. [1] — 1552 war Herzog Moriz von Sachsen, der das südliche Deutschland und Schwaben mit einem Heere durchzog, zu Quartier in Salem. [2] — 1553 errichtete der Abt mit Johann Schad v. Mittelbiberach und Warthausen wegen der Kaplanei zu Langenschemmern, die 1550 von der Gemeinde gestiftet und von den Herren v. Warthausen begabt wurde, aber zur Pfarrei Schemmerberg gehörte, den Vertrag, daß das Ernennungsrecht (Jus nominandi) des ▨▨▨▨ der Herrschaft Warthausen, dagegen das Präsentationsrecht (Jus praesentandi) dem Stifte Salem zustehen solle. [3] Damit ging das Leben und Wirken des Abts Johann IV. zu

---

[1] Der Hof gehörte nämlich dem Hans Mayer von Mühlhausen bei Obrats- oder Oberherbtsweiler und kam nach dessen Tod als Erbe an seinen Sohn Bernhard Mayer, der Conventuale im Kloster Salem war. Da nun dasselbe seine Brüder ererbte, fiel der Hof erblich an's Stift.

[2] Sebastian Bürster's Collectanea de Bello Suecico. Manuscript, Seite VII.

[3] Warthausen bei Biberach gehörte sonst den Herren v. Warthausen; allein sie verkauften die Herrschaft 1108 an Kaiser Friedrich I. Hernach kam die Herrschaft an die Truchsesse von Waldburg und 1536 als österreichisches Schwabenlehen an Johann Schad von Mittelbiberach.

Ende. Schon lange kränklich, entschlief er hochbejahrt und ganz
entkräftet im Herrn, nachdem er dem Abt Gerwig Blarer,
dem berühmten Vorstande von Weingarten noch eine kostbare
Infel mit Perlen und Edelsteinen besezt, verehrt hatte. [1] —
Ernst war sein Leben, sanft sein Tod; das Schönste aber
dieses Abts war, daß er, obgleich er von manchen Krank=
heiten heimgesucht wurde und ungeachtet er sehr alt war,
dennoch als treuer Hirte bei der ihm anvertrauten Heerde
bis an sein Ende verblieb und in allen Stürmen und
Kämpfen des Lebens eine höhere Waltung und Zulassung
Gottes sah. Dieser unterwarf er sich mit Geduld und
Ergebung; weil er aber dies that, war Ruhe in seiner
Seele, der Friede Gottes; selbst auf seinem Leichenantliz
spiegelte sich diese innere Ruhe, dieses Vertrauen, seine
Seligkeit ab. Er starb am 9. August 1553, regierte 9 Jahre,
3 Monate, 24 Tage und wurde vor dem Hochaltar beigesezt.

Der XXIV. Abt von Salem war Johann V., ge=
nannt Michel, von Neufra bei Riedlingen. Dieser ist haupt=
sächlich als eifriger Verfechter der Klosterrechte bekannt, für
die er sowohl auf Reichstagen als sonstigen Verhandlungen
kräftig auftrat; im Uebrigen war er gelassen, milde, ver=
träglich und seine Unterthanen hatten es bei ihm gut. — Zu
seiner Zeit (den 21. September 1555) wurde auch der all=
gemeine Religionsfriede zu Augsburg abgeschlossen, wodurch
den Protestanten Glaubens= und Gewissensfreiheit und gleiche
Rechte mit den Katholiken zugestanden und so scheinbar der
Friede im Reiche hergestellt ward. — Dann am 3. August
1556 legte der Kaiser Karl V. seine Würde als Reichs=
oberhaupt nieder und begab sich in ein Kloster nach Spanien,
wo er am 21. September 1558 starb; am 25. Oktober 1558
aber starb auch der Abt, nachdem er 5 Jahre, 2 Monate
löblich regiert hatte.

---

[1] Apiarium Salemitanum, Seite CLXXVI.

Der XXV. Abt von Salem war Georg II. Kaisers=
berger, gebürtig aus Wenbingen (Wembingen, Wembbingen,
Wenbing) am Dosbache in Bayern, der unter dem Vorsize
des Prälaten von Lützel am 11. November 1558 einstimmig
zur Abtswürde erhoben wurde. Diesem bestätigte Kaiser
Ferdinand I. von Wien aus den 3. Oktober 1559 nicht
nur die bisherigen Rechte und Freiheiten des Klosters, son=
dern gestattete auch noch, den Handel und Wandel mit Juden
zu verbieten, deren Contrakte zu vernichten und contrahirte
confisciren zu dürfen. [1]) Die Juden erlaubten sich nämlich gegen die
bestehenden Reichspolizeiverordnungen mit den Salemischen Unterthanen in
Dörfern, Weilern und auf Höfen ohne Vorwissen und gegen das ausdrück=
liche Verbot der Herrschaft, wie sie nur konnten, nachtheilige Verträge
abzuschließen und Darlehen gegen Verpfändung beweglicher und unbeweg=
licher Habe und Güter zu machen, wodurch die Schuldner, wenn sie den
Zahlungstermin nicht einhielten, sehr oft vor die Gerichte gezogen und zuletzt
sammt ihren Familien von Haus und Hof vertrieben wurden; der Abt
wandte sich daher an den Kaiser und dieser gab ihm obige Ermächtigung,
wobei er zugleich Jeden, der sich in solchen Handel einläßt, in eine Strafe
von 40 Mark löthigen Goldes hälftig an die Reichskammer und hälftig
an Abt und Convent verfällt. Auf dieses hin zogen die meisten
Juden aus dem Salemer Gebiet fort. — Hernach, 19. April
1560 starb zu Wittenberg der berühmte Gelehrte und Re=
formator Philipp Melanchthon, eigentlich Schwarzerde. —
1561 wurden die Klöster Herrenalb, Bebenhausen und Kö=
nigsbronn 2c. von Herzog Christoph von Würtemberg vor=
geblich zur Gründung öffentlicher Schulen eingezogen und
reformirt. [2]) — 1562 wollte der Bischof Markus Sittich
von Konstanz, wie früher Bischof Johann v. Weza, das
Reichsstift als eine Commende an das Bisthum Konstanz
bringen, stund jedoch, als der Abt dagegen protestirte, da=
von ab. Darauf nahm der Kaiser Maximilian II., der auf

---

[1]) Summa Salemitana. Tom. II., Seite 72a bis 77, Nr. 78 und Apiarium Salemi=
tanum. Seite LX—LXV.

[2]) Summa Salemitana. Tom. II., Seite 154 und III. Seite 303a, Nr. 2.

Ferdinand I. folgte, Salem in seinen Schutz und bestätigte unterm 27. März 1566 von Augsburg aus dem Kloster alle seine Gnaden, Privilegien und Rechte.[1] — 1563 ging das Concilium von Trient zu Ende.[2] — 1567 wurde eine Synode in Konstanz gehalten, wo nach den Beschlüssen des Concils über die Errichtung eines Diöcesan = Priesterhauses (geistliches Seminar) verhandelt, jedoch, weil es an Geld fehlte, diese Sache auf bessere Zeiten verschoben wurde. — 1571 war große Fruchttheurung und erreichten die Lebens= mittel insgesammt einen ungeheuren Preis. Da öffnete der Abt seine Vorrathskammern, die reichlich versehen waren, so daß seine Unterthanen gegen die anderer Herrschaften und Territorien ziemlich leiblich davon kamen. Ueberhaupt war der Abt wie für sein Stift, so auch für seine Unter= thanen sehr eifrig besorgt; als er am 24. Februar 1575 nach 16 Jahren, 3 Monaten, 14 Tagen seiner Regierung starb, wurde er daher auch in der ganzen Herrschaft auf's Tiefste betrauert.

Der XXVI. Abt von Salem war Mathäus Roth von Neufra bei Gamertingen, des Abts Georg II. Stell= vertreter, während seiner Abwesenheit bei Visitation der Cisterzienser = Klöster durch Ober = Deutschland. Das Erste, was dieser Abt that, war, daß er in Rom um Ermäßigung der großen Bestätigungstaxen einkam und den Papst Gre= gor XIII. bat, daß er ihm und seinen Nachfolgern erlaube, sich von einem jeden katholischen Bischofe, nicht blos von dem in Konstanz einweihen lassen zu dürfen. Dies wurde gewährt. — Auch als er sich an den Kaiser Rudolph II. um Bestätigung der Besitzungen, Rechte, Privilegien und Freiheiten der Abtei wandte, wurde seiner Bitte willfahrt; ja der Kaiser erlaubte ihm sogar in Gnaden — „ohne alles

---

[1] Summa Salemitana. Tom. II., Seite 77 bis 79, Nr. 80.

[2] Das Concil zu Trient (Tridentum) an der Etsch in Tyrol dauerte von 1545—1563.

Hinderniß, nach Sitte und altem Gebrauche seine in des
Reichs = und andern Städten befindliche Häuser, Höfe und
Güter, wenn nicht besondere Verträge und Bestimmungen
obwalten, mit geistlichen und weltlichen Personen nach seinem
Willen und Nuzen besezen zu dürfen." [1] Dadurch konnte
er Pfleger, Hofmeister, Schaffner, Verwalter und Amtleute
beliebig anstellen. — 1581 ließ der Abt ein Urkundenbuch
anlegen, worin alle Dokumente, kaiserliche und päpstliche
Erlasse, Bullen, Privilegien, Rechte und Freiheiten, kurz
Alles, was von Wichtigkeit für das Stift war, aufgenommen
und zusammen geschrieben wurde, wie die spätere Summa
Salemitana, die noch jezt im Archiv zu Salem aufbewahrt
wird. — Hierauf, 1582 vertauschte er um die Reißmühle
bei Ulbingen sein Besizthum zu Altnau im Thurgau an
Konstanz und 1582 und 1583 führte er in seinem Gebiete
den sog. gregorianischen oder verbesserten Kalender ein; [2]

---

[1] Summa Salemitana. Tom. II., Seite 79 bis 82a, Nr. 81 und 82 und Apiarium
Salemitanum. Seite LVI bis LIX.

[2] Bisher wurde nämlich der von Julius Cäsar 46 v. Chr. eingeführte sog. juliani=
sche Kalender gebraucht, in welchem das Jahr zu 365¼ Tag berechnet und für je
4 Jahre 1 Schalttag eingesezt war; die Monatstage jedoch waren nicht nach der ein=
fachen Reihenfolge der Zahlen bezeichnet, sondern man gab bestimmten Tagen des
Monats gewisse Namen und bezeichnete die andern nach der Zahl, welche ihre Stelle
vor jenen rückwärts bezeichnet, wie aus der Beschreibung zu ersehen war. So wurde
der erste Tag jeden Monats Calendae; der 7. Tag im März, Mai, Juli und Ok=
tober Nonae und der 15. Tag Idus; in den andern Monaten dagegen der 5. Tag
Nonae und der 13. Tag Idus genannt. Nach diesem Kalender fiel nun gegen Ende
des 16. Jahrhunderts der Frühlingsanfang um 10 Tage früher ein, indem der
365¼ Tag die eigentliche Jahreslänge insoweit überstieg, daß sie in 100 Jahren 18
Stunden 30 Minuten dem astronomischen Jahr voreilte. Diesem Verhältniß suchte
Papst Gregor XIII. abzuhelfen und ließ durch den berühmten Mathematiker Anton
Lilius den Kalender verbessern. Es wurden 10 Tage ausgeworfen, so daß auf den
4. Oktober 1582 sogleich der 15. folgte und dann noch festgesezt, daß zur Ausglei=
chung für alle Zeiten je 3 Säkularjahre gemeine Jahre, jedes 4. Jahr aber ein
Schaltjahr sein solle. Diesen verbesserten julianischen Kalender nannte man nach
seinem Veranlasser den gregorianischen Kalender und solcher wurde bald

als aber dies geschehen war, — ereilte ihn zu allgemeinem
Bedauern am 24. Mai 1583 der Tod. — Der Abt war
nämlich sehr gebildet und leutselig, und obschon er sich als
Direktor des Prälaten = Collegiums im schwäbischen Kreise
um die Rechte seines Stiftes und des Collegiums mit Wärme
und der größten Entschiedenheit annahm, keine Eingriffe
darein duldete und jede Anfechtung auf's Kräftigste zurück=
wies, — war er doch bei Allen, die ihn kannten, sowie
bei den Fürsten und seinen Unterthanen beliebt. Er regierte
8 Jahre, 2 Monate und 20 Tage und wurde wie sein Vor=
gänger in der Stiftskirche begraben.

Der XXVII. Abt von Salem war Vitus Nether
von Mimmenhausen, der unter Leitung des Abts von
Lützel und in Gegenwart der Prälaten von Weingarten
und Weißenau am 5. Juni 1583 gewählt wurde; aber
leider, weil ihn der Tod schon am 17. November 1587 über=
fiel, die Regierung nur 4 Jahre, 5 Monate, 9 Tage be=
gleitete. Doch that er in dieser kurzen Zeit viel: er schickte
auf seine Kosten junge Leute seiner Herrschaft nach Dillingen
und andere Orte, um sich da dem Studium zu widmen; —
förderte unter seinen Religiosen die Wissenschaft, indem er
ihnen darin selbst rühmlich voranging; — drang auf gründ=
liche Kenntnisse, die er selbst in hohem Grade besaß und
namentlich in der lateinischen und griechischen Sprache große
Fertigkeit hatte; — bereicherte die Bibliothek mit guten,
wissenschaftlichen Werken; kurz hätte sich wahrscheinlich viele
Verdienste um die Abtei erworben, wenn ihn der Tod nicht
so frühe überfallen hätte; so aber mußte er sein Leben in
Folge göttlichen Willens nach wenigen Jahren seiner Abts=

überall in den katholischen Ländern eingeführt; die Protestanten in Deutschland da=
gegen nahmen ihn erst 1700 an. Sie wollten lieber noch 118 Jahre lang in ihren
Monatsrechnungen um 10 Tage zurückbleiben, als dem Oberhaupte der katholischen
Kirche gehorchen und nachgeben; erst als die Stadt Ulm sich dazu verstand, konnte
der Abt von Salem den gregorianischen Kalender auch in Untereichingen einführen.

würde beschließen, als kaum sein Ruhm sich zu verbreiten anfieng.

Als XXVIII. Abt von Salem wurde am 27. November 1587 Johannes VI. Bücheler von Neufra gewählt. Dieser war noch größer an Geist und besonders sehr klug, so daß man zu großen Hoffnungen sich berechtigt glaubte; allein der Mensch denkt, Gott lenkt. Sobald nämlich der Abt die päpstliche Bestätigung erhalten hatte und schon daran war, viel Gutes zu wirken, wurde er plözlich vom Schlage gerührt und hauchte am 24. Mai 1588 seine große Seele aus, nachdem er nicht völlig ein halbes Jahr regiert hatte. Die Trauer um ihn war sehr groß, besonders weil er noch im besten Mannesalter stand; sein schneller Tod aber lieferte auf's Neue den Beweis, wie hinfällig der Mensch ist und daß Keiner die Stunde weiß, wann der Sensenmann kömmt. Beide Aebte aber geben noch besonders die wichtige Lehre: daß, wenn auch das Leben kurz ist, wenn es verrauscht wie ein Regenbach und flüchtig ist wie ein Traum; wenn alle die Menschen, hohe und niedrige wie ein Gras dahin welken, das am Morgen grünt und blüht, am Abende abgemäht wird und verdorrt, — doch immerhin nicht ein langer Lebenslauf, sondern ein thatenvoller und ein dem allgemeinen Nuzen und Besten geopferter, ein großer, ein seliger ist.

Der XXIX. Abt von Salem war Christian II. Fürst, gebürtig aus Herbertingen, bei Saulgau. Dieser hatte wohl guten Willen, aber zu seinem schweren Amte nicht die nöthige Ausdauer, Geduld und Klugheit; denn als er eine verbesserte Zucht und Ordnung in Salem und den ihm untergeordneten Frauenklöstern einführen wollte, jedoch dabei sich Feinde zuzog, die er nicht sogleich überwältigen konnte, wurde er verdrießlich und entschloß sich, nachdem er noch 100 neue künstliche Chorstühle in die hiesige Stiftskirche hatte anfertigen lassen, — gegen eine jährliche Pension die Abts=

würde niederzulegen. Er wandte sich an den Ordensgeneral von Cisterz, Edmund de Cruce und an Papst Gregor XIV.; diese willigten in seine Resignation ein, und dann zog er sich nach 5 jähriger Regierung auf's Schloß Kirchberg ob Hagnau zurück. Da lebte er müßig und nicht sehr erbaulich, so, daß bald viele Klagen gegen ihn einliefen. Man drohte ihm, wenn er von seinem lockern Leben nicht abstehe, die Pension zu entziehen und ihn in ein Kloster unter Aufsicht zu stellen.[1]) Dies wirkte; er ging in sich und bereute sein unwürdiges Leben; ja noch mehr, er bat sogar selbst, ihn im Kloster Salem aufnehmen zu wollen. Es wurde gestattet und von jezt an lebte er sehr tugendhaft, bußfertig und fromm, zur Erbauung für Alle, bis der Tod ihm in seinem 50. Jahre die Augen zuschloß.

Wahrlich, auch wieder ein lehrreiches Bild dieser Abt. Er zeigt, wohin der Mensch so leicht im Genuß der sinnlichen Güter gelangt; anderseits aber auch wieder, daß der Sieg um so ruhmwürdiger ist, wenn der der Vernunft unterworfene Wille die untergeordneten Bewegungen des Herzens aufhält, die Leidenschaften stillt und der Mensch zu seinem Gott zurückkehrt, weil nur da die wahre Tugend entspringt, wo Ehrfurcht und Liebe gegen Gott herrscht, der Quelle, von der alles Gute und Glück des Menschen herkömmt. — Als übrigens Abt Christian II. resignirt hatte, wurde am 10. Dezember 1593 zum

XXX. Abt von Salem durch Stimmenmehrheit Peter II. Müller von Schellenberg bei Waldsee gewählt. Dieser suchte sogleich die von seinem Vorfahren angestrebte Ordnung und Klosterzucht zur Ausführung zu bringen. Er hatte

---

[1]) Die Pension, welche der Abt erhielt, war — nach der Angabe des Archivars Feierabend, Seite 298 — das Schloß Kirchberg gut eingerichtet, 3 Pferde sammt Futter, eine Kutsche, 25 Viertel Mehl, 4 Körbe Salz, 8 Viertheile verschiedene Gemüse, 5 Fuder Wein, 2 Maßochsen, 2 Schweine, gedörrtes Fleisch nach Bedarf, 100 Pfund Kohlen und dann noch jährlich 400 Thaler in 4 Terminen zahlbar.

zwar gleichfalls mit vielen Hindernissen zu kämpfen; allein
er ließ sich nicht abschrecken. Was er begonnen, suchte er
mit Standhaftigkeit auszuführen, und was jenem aus Mangel
an durchgreifender Kraft nicht gelang, gelang ihm, weil er
nicht nachgab. — Nur in einem Punkte wollte es nicht vor-
wärts, nämlich im Finanzpunkte; es war aber auch nicht
wohl möglich, den zerrütteten Zustand Salems wieder
zur Blüthe zu bringen, obschon der Abt einen tüchtigen
Oberbeamten, den Johann Vöglein, als Oberamtmann von
Salem besaß und noch 1594 von der Wittwe des Eitel
Pilger v. Stein = Klingenstein zu Waldsberg für 22,000 fl.
das Dorf Mainwangen und 1603 vom Bischof Johann
Georg von Konstanz für 25,000 fl. das Dorf Einhart [1])
bei Ostrach sammt Vogtei, Niedergerichtsbarkeit, Zehnten,
Patronatsrecht 2c. käuflich erwarb, ja sogar 1611 von dem
Grafen Ernst Georg von Sigmaringen für ein Darlehen
von 14,000 fl. als Zins die Regalien und hohe Obrigkeit
sammt Zoll und Weggeld im Amte Ostrach, die als österreichische Lehen zur Grafschaft Sigmaringen gehörten, erhielt; [2]) denn es begannen jezt wieder die Truppendurchzüge,
die dem Kloster große Kosten verursachten. So z. B. kamen
1610 die Ansbacher und Braunschweiger bei 14,000 Mann
stark. Die Truppen bezogen bei Salem auf einige Tage
ein Lager und marschirten dann nach Stockach und Mößkirch. Was fliehen konnte, floh und begab sich mit dem,
was fortzubringen war, nach Ueberlingen und Konstanz.
Man wurde übrigens dabei gewizigt und die Herrschaften
brachten es nach dem Durchzug dahin, ihren Unterthanen
Wehr und Waffen aufzuerlegen. Es entstanden Schießhütten
zur Uebung im Schuß; Volksbewaffnungen zur Sicherheit

---

[1]) Das Dorf Einhart wurde nämlich von dem Bischof und Cardinal Andreas 1591 dem
Junker Wilhelm Germlich v. Jungingen zu Hasenweiler mit Rechten und Zugehörden um 20,000 fl. abgekauft.

[2]) Summa Salemitana. Tom. L., Seite 185—192, Nr. 52 bis 73.

der Ortſchaften, der Gegend, die tüchtig einexerziert, ge=
muſtert und in Rotten abgetheilt wurden. Das Salemer=
Volk namentlich, bei 1500 Mann ſtark, war gut bewaffnet
und geſchult. Es hatte ſeinen Uebungsplaz auf dem Gaſtbrüel außer
der Gartenmauer, wo jezt die Alleen ſind, Stephansfeld zu. Da kamen
ſie mit zwei weiß und roth taffetnen Fahnen, deren eine geflammt, die an=
dere mit einem burgundiſchen Kreuz verziert war, zuſammen. Die Mus=
quetierer hatten weiße, ſchwarze und rothe Montur, die Farben des heil.
Bernard. Dieſe Mannſchaften bewieſen ſich nicht ſelten auf ihren Streife=
reien ſehr tapfer. Als aber von 1618 an die Truppendurch=
züge immer häufiger und die Unterthanen mit vielen Ein=
quartirungen heimgeſucht wurden, ſtund man wieder von
der Volksbewaffnung ab und nahm den Leuten die Waffen
hinweg. Erſt, nachdem um 1624 eine Truppe von circa
400 Mann, meiſt Adelige, die dem Kaiſer frei dienen wollten,
auf ihrem Durchmarſch nach Mantua ſich zu Neufrach, wo
ſie Quartier nahm, ſehr übel aufführte, erlaubte man dem
Volke zu ſeiner Sicherheit wieder Wehr und Waffen.[1] —
Das Finanzübel des Kloſters ſelbſt konnte bei dieſen Ver=
hältniſſen nicht beſeitiget werden; es nahm vielmehr zu.
Ueberdies kam jezt der Abt auch ziemlich auf Jahre, als
daß er daſſelbe hätte zurecht bringen können. Er lebte nach
dem Ansbachiſchen Durchzug noch 5 Jahre, dann ſchied er
hinüber in's Jenſeits. Seine 20 jährige Regierung war
löblich und gut; er ſelbſt unbeſcholten im Leben und ſehr
wohlthätig — ſtarb, umgeben von ſeinen weinenden Brü=
dern, am 29. Dezember 1614.

Als XXXI. Abt von Salem wurde nun am 18. Jenner
1615 in Gegenwart der Prälaten von Lützel, Thennenbach
und Wettingen Thomas I. des Geſchlechts Wunn aus
Grasbeuren gewählt. Ein ſeltener Mann: majeſtätiſch von
Anſehen, ſcharfem Verſtande, großer Klugheit, mit allen
geiſtigen und körperlichen Vorzügen begabt, — war er ganz

---

[1] Summa Salemitana. Tom. III., Seite 257—259, Nr. 49, 50 und 51.

für seine ernsten, bedenklichen Zeiten geeignet. Denn damals war Deutschland durch die Reformation gespalten; Miß=trauen trat an die Stelle des Glaubens der Nation; Reli=gionshaß zerriß die Bande der verschiedenen Stämme und Stände des Volks; Deutsche traten gegen Deutsche als Feinde auf; der Kaiser war nicht mehr der Mittelpunkt, ihr gemeinsames Haupt, dem sie gehorchen sollten, um den Angriffen auswärtiger Feinde zu begegnen und widerstehen zu können, sondern blos noch als Haupt einer Parthei be=trachtet, dem sich die Protestanten zu entziehen suchten, weil sie wähnten, daß er nur für die Katholiken und ihre Kirche und Sache den Scepter führe. — Als übrigens Abt Tho=mas I. an die Regierung kam, nahm er sogleich gewaltige Veränderungen in Salem vor. Er ließ die Abtei von der untern Küche an, die Refektorien, das Dormitorium, den Kreuzgang, den alten Weinkeller und den Saal bis zum Ende des Refektoriums und bis zur Küche vollständig ab=brechen und Alles von Grund auf neu aufführen; ließ den langen Bau (worunter der große und lange Keller, die Küferei und der Torkel sich befinden), der jezt noch be=steht, — sowie den überzwerchen Spital und das obere Gasthaus bis gegen den Lustgarten herstellen, überhaupt Bauten errichten, wie sie nicht schöner in Klöstern zu finden waren; denn Alles war nicht nur massiv, von Quader gebaut, sondern auch von großem Umfang, mit gewölbten Dächern bedeckt und mit Fenstern von durchsichtigem Glas versehen, so daß man bequem durch sie hinausschauen konnte. Dabei war in der Mitte ein Garten mit vier freien Pläzen sammt Lauben, wo drei Personen neben einander lustwan=deln konnten, während sich oben und unten daran die Schlaf=säle befanden, die zur Sommerszeit eine schöne Aussicht auf den Blumenflor und die nahen Anhöhen gewährten. [1] —

---

[1] Summa Salemitana. Tom. III., Seite 256a und 257, Nr. 48, sowie Apiarium Salemitanum, Seite CLXXXVII.

Hernach kaufte er zu der 1304 erworbenen Hälfte von Alt=
heim, von Christoph v. Staufenberg noch die andere Hälfte
des Dorfes mit Zwing und Bann, sammt der niedern Ge=
richtsbarkeit für 49,000 fl. und vom Erzherzog Leopold von
Oesterreich gegen 3000 fl. baar, zahlbar in die Landvogtei
auch noch die hohe, malefizische Obrigkeit über das Dorf
Altheim, ja schoß sogar den Schad'schen Erben zu Mittel=
biberach für das Haus Oesterreich die bedeutende Summe
von 17,000 fl. vor, die erst wieder 1683 zurückbezahlt wur=
den. — Ferner vertauschte er mit Vortheil seine zwei Höfe
zu Unterraderach sammt 14 Stück Reben an die Stadt Buch=
horn. — 1634 ließ er die unter Abt Georg I. gefertigte,
aber noch nicht entsprechende große Orgel in der Stiftskirche
abbrechen und mit weitern 948 Pfeifen und mehren Registern
frisch aufsezen. — 1637 schloß er mit Heiligenberg=Fürsten=
berg über die schon seit Jahrhunderten obwaltenden Zer=
würfnisse, Späne und Streitigkeiten wegen der hohen und
niedern Gerichtsbarkeit der Salemischen Besizungen in der
Grafschaft, welche Heiligenberg als bisher zur Reichsgraf=
schaft ungeachtet der kaiserlichen und päpstlichen Privilegien,
Rechte und Freiheiten des Stifts lehenbar betrachtete und
daher die Jura und Regalia desselben als zu ihr gehörig an=
sah[1]) zur endlichen Beilegung des Streits einen Vertrag ab,
wodurch nicht nur alle Jurisdictions=Irrungen und Reichs=
prozesse zwischen dem Reichsstift und der Reichsgrafschaft völlig
beseitigt, sondern auch dem Stifte Salem ein besonderes Terri=
torium mit aller Gerichtsbarkeit sammt Hoheitsrecht — nur
mit Ausnahme der landgerichtlichen Wahlstatt und des Hoch=

---

[1]) Ueber diese Streitigkeiten zwischen Salem und Heiligenberg siehe namentlich; „Anti=
categoriae zwaier Fürnemmer deß Hayl. Röm. Reichs Ständen Hailgenberg und
Salmansweil. 1616;" ferner: „Salmansweilische Rothwendige Erinnerung oder den
Gräflichen Hailgenbergischen Gegenbericht. 1630;" dann: „Summarischer Bericht
1630," sowie Summa Salemitana. Tom. I., Seite 150—159, Nr. 2 bis 16 und
Tom. III., Seite 227a bis 252, Nr. 8—44.

gerichts zu Schattbuch — zugeschieden wurde, so daß nun
Salem völliger Herr der Dörfer, Weiler und Höfe: Berma=
tingen, Baufnang, Buggensegel, Gebhardsweiler, Grasbeuren, Leutkirch,
Maurach, Mimmenhausen, Mühlhofen, Neufrach, Nußdorf, Oberulbingen,
Owingen, Pfaffenhofen, Seefelden, Tüßingen, Weildorf, der Weiler Oberst=
Mittelst= und Unterstenweiler, sowie von Banzenreuthe, Berkhof bei Bauf=
nang, Birkenweiler, Forst, Habertsweiler, Hallendorf, Hebertsweiler, Killi=
berg, Kirchberg, Luegen, Mendlishausen, Oberhof, Ralzhof, Relsmühle,
Scheinbuch, Schweindorf, Unterbach, Wälde, Würensegel ꝛc. wurde und die
Gerichtsbarkeit über Wehausen bekam.   Dagegen trat Salem an Heiligen=
berg ab die 8 ganzen Weiler ob den Bergen, als: Ober= und Unter=Ochsen=
bach mit Benzenberg, dann Freudenberg, Mettenbuch, Hahnennest, Rothenbühl,
den äußern Berghof, den Schupf= und Leiblehenhof zu Wintersulgen, die
hohe und niedere Gerichtsbarkeit zu Mallahen, Ober= und Unter=Boshasel
im Deggenhauser=Thal, das ganze Dorf Burgweiler, Wendlingen, die land=
gerichtliche Obrigkeit über Urnau und die Oberhoheit über die Eck, und gab
dazu noch jährlich gegen 8—10 Klafter Holz.[1] Dieser Vergleich und
Vertrag wurde zu Regensburg am 6. Oktober 1653 vom
Kaiser Ferdinand III. und zu Rom am 4. August 1655
vom Papst Alexander VII. bestätigt.[2] — Aehnliche Ver=
gleiche und Verträge über die Jura und Regalia der sale=
mischen Besitzungen im Sigmaringischen, Königsegg=Aulen=
dorf'schen u. s. w. namentlich wegen Ostrach wurden mit
diesen Grafen und Herrschaften ebenfalls abgeschlossen.[3] —
Inzwischen aber (1630) brach der 30 jährige oder sog.
Schwedenkrieg aus, der auch für Salem und sein Gebiet
höchst schädlich und verderblich war. Wir lassen über die

[1] **Summa Salemitana.** Tom. I., Seite 159—171, Nr. 16—40 und 182a bis 185,
Nr. 52—58.

[2] **Summa Salemitana.** Tom. I., Seite 171—182a, Nr. 40 bis 52.

[3] Deßgleichen. Tom. I., Seite 185—215, Nr. 85—115 und 117—133.

NB. Die Herrschaft Ostrach mit den zur Herrschaft Sigmaringen gehörigen
Orten Burgweiler, Dichtenhausen und Hahnennest wurde nämlich von dem Grafen
Ernst Georg von Hohenzollern am 10. November 1611 — zu gleicher Zeit, wie er
die durch den Grafen Karl von Zollern von dem Scharnstiten erkauften Einkünfte
von Krauchenwies mit den dazu gehörigen 3 Höfen Brunshausen, Schwöblishausen,
Judentenberg dem Kloster käuflich überließ — gegen Zahlung von 6000 fl. und Vor=

Leiben Salems im Auszug hier folgen, was der Augenzeuge
Rever. Pater Sebastian Bürster von Neufra gebürtig,
Conventuale und Pfistermeister zu Salem, in seinen Annalen
und Collectaneen[1]) berichtet, nämlich:

1632, 6. und 7. Jenner kam der kaiserliche General=Commissär Rudolph
v. Offa mit seiner Leibgarde und zwei Compagnien Reitern in Salem an,
wo er mit seinen Leuten zwei Tage lang köstlich verpflegt werden mußte,
worauf er sich mit den Seinigen nach Ravensburg begab. — Am 13. Jen=
ner langte der vertriebene Fürst von Fulda mit seiner Dienerschaft und
Pferden als Flüchtling hier an, der 8 Tage lang im Kloster verblieb. —
Am 17. Jenner kam der Generallieutenant des schwäbischen Kreises Graf
Egon von Fürstenberg mit 250 Mann aus Würtemberg auf einige Zeit
zur Verpflegung hieher. — Am 25. Jenner fand sich der vertriebene Ordens=
genosse, der Prälat von Bebenhausen hier ein und am 28. der flüchtige
Abt von Herrenalb, die man etliche Tage gastlich bewirthete. — Den 23.
März war der Graf von Mansfeld mit 75 Pferden und 36 Dragonern hier
über Nacht, den Graf Egon mit drei jungen Grafen von Heiligenberg aus
besuchte. — Am 26. April Abends 5 Uhr kamen über Bermatingen und
Neufrach die ersten Schweden in großer Anzahl hier an, die von Ravens=
burg abgeschickt wurden, um das Stift zu verbrennen. Die Conventualen
wollten eben zum Nachtessen gehen, als man dieselben vom Tafelzimmer
aus sah. Man flüchtete sich; 8 Geistliche aber wurden gefangen und
nach Ravensburg geführt, die man mit 6000 Thalern Brandschazung
auslösen mußte, was am 28. dieses Monats geschah; das Kloster wurde
jedoch wegen dem prächtigen Münster und den schönen Gebäuden mit Brand
verschont und der Obrist zündete nur dafür den Ort Neufrach an. — Am
3. Mai kam wieder ein schwedischer Offizier, der Generallieutenant Burschart

---

behalt der Jagdgerechtigkeit an Salem verpfändet; die Ignoten aber verweigerten
zu dieser Verpfändung ihren Consens und es gab mehre Rechtsstreite, bis endlich
Fürst Maximilian von Hohenzollern=Sigmaringen um die Summe von noch 900 fl.
selbst am 6. April 1680 in die Abtretung der verpfändeten Hoheit einwilligte. Jetzt
ward erst die Sache vollständig erledigt und Kaiser Leopold I. belehnte dann auch
noch das Kloster unter Zustimmung des Fürsten Karl Anton Meinrad 1699 mit der
hohen Malefiz=, Forst= und glaitlichen Obrigkeit. Der Ort Ostrach dagegen kam
schon theilweise 1263 von Hugo und Albert v. Bittelschieß, 1278 von Bertha von
Kalterberg, 1279 von Konrad v. Gundelfingen um 260 Mark Silber und dann noch
1280 von Rudolph v. Riethausen für 6 Mark und 1288 von Hermann Denritter
und seinen Söhnen Rudolf und Heinrich für 23 Mark Silber u. A. an Salem.

[1]) Annales seu Collectanea R. Patris, Sebastian Bürster, Seite 23—358.

von Ravensburg an; dieser forderte monatlich 1000 Thaler Contribution, die am andern Tag bezahlt wurden. — Am 1. September Mittags nach 12 Uhr, umringten die Schweden von Weildorf herum das Kloster, nahmen, da sie den Prior Wilhelm Hülleson nicht fanden, den Großkeller Thomas Hauser mit nach Ravensburg gefangen, welcher mit 300 Thaler ausgelöst wurde; der größere Theil des Convents flüchtete sich nach Konstanz und Ueberlingen. —

1633, 9. März langte der Oberst Graf Rübberg mit seinem Stab und 3 Compagnieen zu Salem, Weildorf und Mimmenhausen an, der bis zum 11. verblieb, und — ungeachtet Salem und seine Ortschaften durch tägliche Truppenmärsche und Einquartierungen schon sehr stark mitgenommen waren, wobei die Einwohner Vieh, Früchte, Wein, Futter u. a. m. abgeben mußten, es sich doch recht gut zu Salmansweiler sein ließ; ja diese Kaiserlichen verbrannten sogar zwei Häuser zu Mühlhofen und führten sich überhaupt der Art auf, daß man bei ihrem Abmarsch recht froh war. Man suchte für die Folge den Vorrath an Früchten zu flüchten; allein die Mainauischen nahmen am 14. Juni 51 Malter auf dem See weg. — Am 13. Juli, als die Kaiserlichen im Elsaß geschlagen worden, kamen 3 Regimenter nach Owingen, Friklingen, Weildorf und Bermatingen, die, da sie kein Futter für ihre Pferde vorfanden, den Haber und das Korn auf dem Felde abschnitten und Vieh, Schafe, Schweine, kurz was sie in den Ställen antrafen, stahlen und schlachteten. Besonders blieb den 12 Mayern zu Neufrach Nichts übrig. Sie kamen nach Salem und baten um Hilfe; aber da war auch bereits nichts, so daß die Conventualen selbst sich nur kümmerlich ernähren konnten. Ein Glück war es, daß die Erndte so nahe war, sonst hätten viele Leute verhungern müssen. Endlich am 18. Juli zogen diese saubern Gäste nach Meersburg, Markdorf, Hagnau und Immenstaad und von da weiter nach Füeßen im Allgäu. — Am 7. August jedoch kamen dafür früh Morgens 4 Uhr 150 Mann Schweden. Diese hieben die Thore ein, stahlen aus den Sennhöfen die Mastochsen, im Marstall 30 Pferde und in Weildorf und Leustetten viel Vieh. Jezt wurde Sturm geschlagen, worauf sie vom Volk aus den Dörfern und von Soldaten aus Ueberlingen vertrieben, bis Pfullendorf und Ertingen an der Schwarzach gejagt wurden. [1] — Den 4. September, als Feldmarschall Horn, Herzog Bernhard von Weinmar und Major Rudtwein mit 25 Regimentern zu Pfullendorf angelangt waren, kamen nochmals 100 Mann Schweden. Diese verdarben die Burs und die Apothefe und nahmen viel Geld und Gut als Beute mit fort. Von Pfullendorf

---

[1] Ertingen ist ein würtembergisches Pfarrdorf mit Marktgerechtig'eit, Oberamts Riedlingen, an der Straße von Mengen nach Riedlingen.

wandte sich der Feind nach Stockach, von da nach Stein und Gottlieben, sezte daselbst über den Rhein und rückte vor Konstanz, das Horn zu belagern anfieng. — Am 30. September kamen der kaiserliche General Altringer und der Herzog von Feria, als wollten sie Konstanz entsezen, mit 100,000 Mann in Salem und der Umgegend an; allein statt daß sie daselbe entsezten, blieben sie bis zum 5. Oktober dahier und in den nahe gelegenen Flecken, Dörfern und Weilern, ließen sich's wohl sein und sahen nur mit ihren Perspektiven auf der Höhe von Mühlhofen, bei Ulbingen, Maurach und Nußdorf gegen die Schweden jenseits, über den See. In Salem allein lagen bei 4100 Reiter, die enorme Kosten und Schaden verursachten. Die Pferde stunden in der untern Scheuer 2—3 Schuh hoch auf den Früchten, und so wie sie ein wenig stallten, wurde sogleich frisch gestreut, so daß das Kloster wie eine Cloake aussah und man vor Gestank fast nicht darin wohnen konnte. In den Ortschaften dagegen war das Elend so groß, daß viele Leute; um sich das Leben zu erhalten, zu Kleyen und Grüsch griffen und es zu Brod backten; viele Andere starben durch Hunger, Kummer und verschiedene Krankheiten dahin. Der Abt befand sich zu dieser Zeit mit mehreren Religiosen zu Konstanz. — Den 18. Oktober kam der Oberst Sterbach mit 700 Reitern nach Friklingen, Leustetten, Beuren und Altenbeuren; den 16. November Oberst Bihler nach Owingen und Pfaffenhofen; sie zogen jedoch bald wieder fort. General Altringer indeß zog in das Elsaß und dann von da wieder herauf über die Berge nach Pfullendorf, Möskirch, Scheer, Riedlingen und ins Bayersche.

1634, nachdem der Marschall Horn mit Spott und Schand von der Stadt Konstanz hat abziehen müssen, wandte er sich am 28. Jenner nach Pfullendorf, in der Absicht Ueberlingen zu belagern und einzunehmen, kam jedoch statt dessen nach Salem, wo er sich vom 18. Jenner bis 24. März aufhielt, das Kloster rein ausplünderte und was an Korn, Früchten, Wein, Kisten, Kästen, Werkzeug, Hausrath und Kirchengeräthschaften vorhanden war, nach Pfullendorf, Mengen, Riedlingen und Saulgau führen ließ; dann am 23. April zog er vor Ueberlingen und belagerte die Stadt bis zum 16. Mai; richtete aber ebenfalls nichts aus. Aus Rache dafür verbrannte er Sipplingen, Neßelwangen, Spechzart, Aufkirch, Andelshofen, Reute, Luegen, Pfaffenhofen, Owingen und dann auf seinem Marsch nach Buchhorn durch den Obristen Schabelizky noch den Ort Adelreuthe mit Ausnahme der Kirche. [1] — Hierauf, am 1. August kam dieser 300 Mann stark nochmals ins Kloster; da wurde mit den Plündern fortgefahren; aber diesmal begnügten sie sich nicht mit Wein, Früchten, Kirchen-

---

[1] Siehe meine „Beschreibung von Ueberlingen." Ueberlingen bei Ullersberger 1859.

geräthschaften und was sie an Hausrath und Kunstgegenständen vorfanden, sondern brachen sogar den Boden im Münster auf und nahmen die messingenen Platten mit den Grabschriften der Stifter (Guntrams v. Adelereuthe und des Erzbischofs von Salzburg) und anderer Wohlthäter des Klosters nebst einigen kleinen Kirchenglocken hinweg, ja drohten in wenigen Tagen wieder zu kommen und das Uebrige zu holen und dann noch das Kloster in Brand zu stecken, wenn man ihnen nicht sogleich 2000 Thaler gebe. [1] Und wirklich — Schabelißky kam am 4. August wieder, konnte aber jezt nur einige Glocken und etwas Schmiede- und Schlossereiwerkzeuge aufladen; denn als die Feinde von Forst und den nahen Hügeln her Schüsse hörten und glaubten, die Ueberlinger kommen, vor denen sie gewaltigen Respekt hatten, ergriff sie die Furcht und zogen eilends mit den geladenen Wägen von dannen nach Markdorf, Ravensburg, Buchhorn, Biberach bis Ulm, die leeren Wägen zurücklassend. Am 5 September aber kamen wieder 70 schabelißkysche Reiter. Diese zogen nach Leustetten, Frislingen und Altheim, und verbrannten Regnoltshausen, Deißendorf und Tüßingen, das sie ebenfalls für Ueberlingisch hielten. Damit waren aber auch die Thaten Schabelißky's zu Ende, indem er am 6. September in der siegreichen Schlacht der Kaiserlichen bei Nördlingen fiel. Nun kehrten die Conventualen von Konstanz und Ueberlingen zurück. Auch der Abt kam wieder nach Salem. Alsbald nach seiner Ankunft ließ er zu Salem, Mimmenhausen, Weildorf, Neufrach, Buggenseggel und in den Höfern die Habe und Früchte aufnehmen, und da ergab es sich, daß im Ganzen nur noch 20—24 schlechte Pferde, 30—35 Stücke Hornvieh und einige Geißen, und circa 200 Malter gedroschene und ungedroschene Dinkel, Roggen, Hafer und etwas Erbsen sich vorfanden. Zudem waren viele Bauernhöfe und Sölden verbrannt und viele gar nicht bewohnt, weil die Leute entweder flohen oder von den Feinden mitgenommen oder getödtet wurden. Kurz, das Elend war schrecklich und wurde noch viel größer und schrecklicher, als das Jahr

1635 anbrach; denn nun kamen noch schlechte Witterung, Hagel und Reifen, welche die Felder verdarben; Mäuse, die großen Schaden anrichteten; Würmer (Engerlinge), welche die Wurzeln der Früchte abfraßen; Pest, Ruhr und Hungersnoth, die eine Menge Menschen wegrafften. Hierauf im Jahre 1636, 2. Jenner, lag das chronische kaiserliche Regiment unter dem Oberst Beck in der Gegend herum. Von diesem kam der Hauptmann Hofer mit 300 Mann nach Salem und begehrte Einlaß; man ließ ihn aber, weil er Contribution wollte und Salem keine mehr geben konnte, nicht herein. Nun umzingelte er am Abend das Kloster, suchte beim kleinen Thor neben

[1] Vergleiche auch: Summa Salemitana. Tom II., Seite 471a, Nr. 29.

dem Gasthaus zu stürmen; er merkte indeß tapfere Gegenwehr und ließ davon ab. [1] Tags darauf nahm er hingegen dem Kloster das Brunnen= wasser, wollte die Aach beim Ablaß abgraben, um nicht mehr malen zu können und fieng an in den Krautgärten die Rüben und den Kabis oder Kopfkohl zu nehmen. Jetzt aber machte die Mannschaft des Klosters einen Ausfall, entriß den Soldaten das Kraut und nahm es mit den Rüben herein; dagegen zogen diese die Stempel der Weier und fischten über 300 Karpfen daraus. Solche dörrten sie in der Badstube zu Neufrach und nahmen sie dann auf dem Marsch mit fort. Hernach am 14. Jenner kamen sie in größerer Anzahl nochmals. Diesmal war der Obristlieutenant von Mark= dorf dabei; er begehrte mit dem Hauptmann Paul die hl. Messe zu hören. Man ließ sie mit noch einigen Personen herein, gab ihnen nach der Messe ein Frühstück und schloß mit ihnen einen Accord ab, wornach sie 2 Ochsen, Brod und ½ Fuder Wein bekamen. Damit war jedoch die Mannschaft draußen nicht zufrieden, sie wollte Beute und Raub. Drinnen aber waren viele Unterthanen und Bauern des Klosters. Diese setzten sich zur Wehr, und so zogen diese hungrigen Truppen wieder von dannen. Nun aber am 31. Jenner kam der kaiserliche Hauptmann Randant vom vizkum'schen Re= giment mit 70 Mann zum obern Thor. Er gab vor, daß er von Hohentwiel Befehl habe, den Rest der versprochenen Contribution einzutreiben; man sollte ihn einlassen; man wies ihn jedoch, ungeachtet er ein Patent des Bizthum vor= zeigte, das er vielleicht selbst verfertigte, auch die zweite Nacht nach Rimmen= hausen ins Quartier. Jetzt drohte er und schwur, daß er diese Nacht im Kloster sein wolle, so wahr das Venerabile auf dem Altar stehe; er gab auch wirklich den Musketierern ein Zeichen, das Thor einzuhauen, die das äußere Gatter öffneten, die innere Pforte anliefen und Feuer gaben; jetzt ließen aber die Unsrigen einige Steine vom Thor herab fallen, womit sie es befestigt hatten und da einer den Hauptmann ziemlich beschädigte, zog er ab. In Rimmen= hausen beschäftigten sie sich alsdann mit Rauben und Stehlen, und als sie darin nicht nachließen, wurden Etliche von den Bauern gefangen, zum Killi= weier geführt und da ermordet. Nur Einer entkam. Nun aber erschien am 2. März (zu Laetare) der Obrist Kreis=Commissär v. Handel mit 4—500 Mann zu Fuß und zu Pferd und begehrte den Rest der Contribu= tion von 24,000 fl. oder 400 Fuder Wein, sowie Auslieferung der Mörder jener Soldaten; sie waren aber versteckt oder flüchtig; der Abt verfügte sich daher selbst zum untern Thor, um sich mit ihm zu unterreden und Nachlaß der Contribution zu erhalten. Sie begaben sich mit einander ins Kloster

---

[1] Das damalige Kloster war nämlich ganz im mittelalterlichen Style gebaut und hatte Mauern, Gräben, Thore und Thürme.

und nachdem man dem Commissär den Vorrath in den Kellern und Frucht-
kästen gezeigt hatte, so sah er selbst ein, daß Salem diese Contribution
nicht zu leisten vermöge; er sezte dieselbe zu 15 Fuder Wein an und zog
dann mit seinen Soldaten in die Quartiere zurück. Blos 5 zu Pferd blieben
bis zur Abzahlung oder Fassung des Weines im Kloster. Darunter war
der bei obigem Mord entronnene Soldat, der schwarze Michel genannt.
Dieser brachte es so weit, daß man die getödteten Kameraden aus dem
Morast herausziehen, auf dem Kirchhof zu Mimmenhausen begraben und
ihm selbst eine neue Montur mit Roß, Sattel und Wehr anschaffen
mußte. Da jedoch die Soldaten sich sehr roh und ausgelassen betrugen,
so daß die Leute in ihren Dörfern nicht mehr wohnen konnten, so flüchteten
die von Mimmenhausen, Neufrach, Weildorf und Tüfingen mit Weib, Kind,
Hab und Gut in das Kloster und blieben dahier in den Gesinde-, Spital-
und Gerichtsstuben, Schopfen, Stadel und Ställen den ganzen grimmig
kalten Winter und den Sommer hindurch, entsezlichen Hunger leidend, so daß
sie Hunde, Kazen, abgestandenes Vieh kochten, Mäuse aßen, das Moos alter
Bäume verzehrten und Brenneffeln und Gras wie die Thiere verschlangen;
denn das Kloster hatte selbst nichts, mußte schon Güter und Gefälle ver-
laufen, wie z. B. zu Aichtelsriebt an den Bürgermeister Konrad Gugger
zu Wangen ꝛc., und das Korn und Brod allwochentlich aus dem Laden
laufen und von Konstanz kommen lassen; wo das Malter Korn damals 64 fl.
und die Gerste 86 fl. galt. Endlich nach 3 Monaten, am 16. Augßt verließen diese Wolfegg'schen Truppen Mimmenhausen, indem sie auf dem
Lichtenberg noch eine Salmansweilische Schweinheerde anfielen und die Hirten, die sie abtreiben wollten, erschossen. Schon am 30. September jedoch
kam der Commissär wieder und verlangte 120 Fuder Wein, doch sie wurden
bei der Unmöglichkeit der Lieferung auf 15 heruntergesezt. Kurz, man
konnte ausrufen: o Reich, o Reich, wie bist du geworden so ungleich; so arm,
daß Gott erbarm; hast wohl einen guten frommen Kaiser, aber was für
Diener, für Räthe! — Nur Eins gab in diesem Jahr Trost und erfreute
das menschliche Herz: die Vegetation, die Ueppigkeit der Natur. „Schon
im April — sagt Bürster Seite 124—126 — war es so schön, so warm,
daß es niemals erhört worden; dann Mitte April war Alles grün, alle
Blust von dem Gewächs über die Maaßen voll, daß Vieles herunter gefallen.
Auch nicht nur allerlei Blumen seynd zu dieser Zeit zu finden gewest, sogar
auch die gelben, so man Pfaffen-Röhrlein heißet, hatten verblüht und ihre
Kölblein so man abblasen kann, bekommen. Danebst war das Gras in den
Gärten so lang, daß man's hat abmähen können. Den 21. April fand
man schon Roggenscheeren und sogar die Eich- und Nußbäume blühten, wie
wenn es May gewesen wäre. Dann seynd in den Lustgärten aufgegangen
die Tullianen (Tulpen), Hyanzinthen und Narzissen und die Rosenstöck, und

bekamen die Rosen ihr Laub und ihr Knöpflein; am End des Monats aber hatten schier alle Bäume ihr Blust verloren, seynd abgestoßen und die Krüßbeer (Kreiselbeer) zur Hälfte erwachsen. Darauf denn im Herbst viel Obst gewachsen, daß bei Mannsdenken nie so viel erhört und es dreimal so viel Stüzen, als Bäume in dem Garten gab; gar mancher Baum hatte bei 10 und 20 Stüzen und konnte lange nicht Alles tragen, weshalb ganze Dolder und Mäst (Aeste) brachen und manche Storn und kleine Bäume vor Schwere des Gewichts und der Last umfielen. Zulezt, am 22. August hatte man in den Nußdorfer Rebstall schon zeitige blaue Trauben, worauf gegen Ende September reichlicher Herbst folgte. Und so war's bei den Früchten. In allem Gewächs ein fruchtbares, gesegnetes Jahr. Nur bei den Menschen war's anders und wie in diesem Jahr, so sah es bei ihnen auch wieder im folgenden sehr traurig und schlimm aus. Denn

1637, 30. Jenner, kam das gallas'sche Regiment. Zwar hatte das Kloster vom Kaiser von Regensburg aus eine sog. Salva quardia (Schuzbrief) bekommen; allein die Soldaten kümmerten sich nicht darum. Sie hatten ältere Ordonanzen und diesen gemäß forderte der Oberstleutenant Stoß monatlich 2000 fl. oder statt deren soviel Proviant; ja die Soldaten holten auf Rechnung des Klosters sogar Geflügel, Zucker, Zitronen, Pomeranzen und andere Südfrüchte in Ueberlingen und Konstanz — und ließen sich's wohl sein, während die Klosterherren, denen am 14. März auch das Vieh aus den Ställen weggenommen und verkauft wurde, nicht einmal mehr Nahrungsmittel für sich hatten. Der Abt sah sich daher genöthigt, mit seinen Conventualen das Kloster zu verlaffen. Er versammelte sie zur Kirche, wo sie zum Gebet niederfielen und dann zogen sie unter dem Geläute sämmtlicher Glocken prozessionsweise zum obern Thor. Da waren Soldaten, die sie zurücktrieben und wieder in's Kloster hineinjagten. Hier blieben sie in größter Noth bis zum 24. März. Dann in einer stürmischen Nacht flohen sie durch den geheimen, unterirdischen Gang nach Konstanz. Jezt, als man keine Klosterherren mehr sah, wurden die Soldaten verblüfft. Einige meinten, sie hätten sich versteckt und suchten nach ihnen; Andere glaubten, sie hätten sich durch Geheimkünste unsichtbar gemacht und wieder Andere sagten, daß die Pfaffen durch die Luft geflogen seien; denn sie hätten gesehen, wie in der stürmischen Nacht ein langer feuriger Streifen durch die Luft zog, in dem man ganz deutlich die Klosterkleidung erblickt habe u. dgl. mehr. — In Konstanz blieben die Herren bis zum 25. Mai; die Soldaten nahmen bei ihrem Abzug vielen Hausrath und zwei Wägen voll Handwerkszeug nebst Pferden nach Stockach mit fort.

1638, 16. Mai, kam dann der kaiserliche General Göz mit vieler Mannschaft an und nahm dem Kloster, was es bisher gekauft hatte: 10 Pferde, 1 Maulthier und 16 Zugochsen bei seinem Abmarsch nach Hohentwiel.

Die Religiosen mußten abermal flüchten. Sie begaben sich diesmal nach Ueberlingen und schleppten ihre wenigen Habseligkeiten auf dem Rücken dahin. Hernach, zur Herbstzeit kamen die Hohentwieler und stahlen den Vorrath von Frucht und von Obst. So brach das Jahr

1639 an, in dem es weder Obst, noch Frucht, noch Wein gab, und zu all diesem Uebel fanden unaufhörliche Truppendurchzüge statt, welche das ganze Thal sehr hart mitnahmen.

1640, 25. Juli, starb der unbarmherzige Commandant zu Lindau, der Obrist August Bizihum, der ärger als der Feind war. Am 25. August marschirten viele kaiserliche und bayerische Truppen, um Hohentwiel zu belagern und einzunehmen, das sie voriges Jahr, nachdem sie schon einige Vorhöfe bekommen, so schändlich verlaffen hatten, hier durch. Am 11. Dezember schifften bei 1400 Mann labronisches Militär zu Ulbingen aus, die sogleich 20 Stück Vieh wegnahmen und schlachteten und andern großen Schaden verursachten, bis die Einen nach Pfullendorf, die Andern nach Raindorf und wieder Andere am See hin nach Buchhorn zogen.

1641, 2. Jenner, mußte sich Salem in Contribution des Widerhold auf Hohentwiel begeben, der sogleich 100 fl., jeden Monat wieder 100 fl., zur Ernte 80 Malter Früchte und im Herbst 6 Fuder Wein oder im Ganzen 2560 fl. forderte, und solche Contributionen und Brandschazungen mußte Salem an noch verschiedene andere Truppen entrichten, wenn es mit Mord und Brand verschont werden wollte. Kurz, da das Stift seine Bewohner nicht mehr ernähren konnte, mußte der Abt am 20. Jenner 17 Religiosen nach Bayern, Franken und in die Schweiz schicken, die Beamten entlassen, die meiste Dienerschaft abschaffen und am 13. September nochmals 10 Patres in andere Klöster verschicken. Nun kam am 24. Oktober gar noch die Forderung: 100 Schanzer nach Hohentwiel abzusenden; allein man fand in der ganzen Ober- und Unterbergischen Herrschaft nicht mehr einen Mann dazu vor. Alles war entlaufen, geflüchtet oder kam um. Die Festung selbst wurde mit der besten Hoffnung, sie auf das neue Jahr wegzunehmen, bloquirt; jedoch, da der Winter sehr strenge war, bezogen die Kaiserlichen und Bayern die Winterquartiere und Widerhold, der sich kaum noch zu halten vermochte, konnte sich wieder mit frischem Proviant und Kriegsmitteln versehen, wozu Salem reichlich beitragen mußte. Ueberhaupt, da das Kloster mit dem Jahr

1642 Nichts mehr zum Leben besaß, konnten sich die Religiosen nimmer in Salem aufhalten; sie verließen es am 20. Jenner totaliter und nur noch der Pater Bruder Konrad Schwarz und der Pater Oswald Sichler blieben zurück. Die andern zogen nach Konstanz: in andere Klöster, oder kamen als Vikarien der Bischöfe auf Pfarreien, — während der Abt sich kränklich im Cisterzienser-Kloster Dennison im Thurgau, an der Sitzelmurk (zwischen

Aschingen und Frauenfeld) aufhielt. Das große Fest des heil. Bernard wurde jetzt in Salem von den Pfarrern aus Mimmenhausen, Bermatingen, Leutkirch und Weildorf gehalten, die mit ihren Pfarrangehörigen in Prozession am 20. August dahin zogen.

1643, 15. Juli, kam wieder die weimar'sche Armee vom Rhein und dem Schwarzwald herauf im Thal an. Als der General in Salem nur die zwei Patres fand und sie fragte: „wie sie sich getraut hätten, hier zu bleiben" und sie sich damit entschuldigten, daß sie das Kloster nicht gerne öde gelassen, auch dieses in Accord und Contribution von Hohentwiel stehe, daher sie haben hoffen können, daß man sie schonend behandeln werde, — wurde der General freundlich und tröstete sie, daß ihnen nichts Leids widerfahren werde. Die Armee zog auch wirklich am 16. Juli nach Weildorf, Beuren, Bäche und Siggingen; da aber wurde sie von den Bayern und Reichsvölkern von Heiligenberg, Bettenbrunn, Haslach und Simperg oder Sinnenberg her plötzlich überfallen und bei 200 Mann getödtet. Nun zog sich die Armee zurück und schlug ihr Lager von Rickenbach bis Mimmenhausen zu auf, während die Bayer und Reichsvölker sich von Markdorf an bis Bermatingen und gegen den rothen Torkel verschanzten. Der Feind hatte sein Hauptquartier in Salem, wo er bei 8 Tage lang blieb; die Ortschaften, namentlich Mimmenhausen, wurden verwüstet. Endlich am 22. Juli zogen die Feinde nach Stockach; die Reichsvölker und Bayer unter Mercy und Werth durch Weildorf nach Pfullendorf, worauf am 23. November die große Schlacht bei Tuttlingen erfolgte, in welcher die Feinde gänzlich geschlagen wurden. Auf diese Hiobsnachricht ließ der Commandant von Rottweil das Reichsstift Rethenmünster anzünten; Corval aber zog am 24. Dezember von Ueberlingen aus nach Birnau und Nußdorf und ließ beide Orte, damit die Reichsvölker keinen Aufenthalt haben, sowie die Mühlen zu Uldingen verbrennen.

1644 wurde vom April bis Mitte Mai die von den Franzosen besetzte Stadt Ueberlingen von den Bayern und Reichstruppen belagert. Mercy hatte damals vom 9. bis 12. April sein Hauptquartier zu Sipplingen, dann am 12. April zog er nach Nonrach und am 26. April verlegte er sein Hauptquartier zum Barbarabild und zu den Bleichen bei Ueberlingen, bis er die Stadt in seine Gewalt bekam. Zu Hütten und Zelten in's Lager, und um sie einrichten zu können, wurden in Mühlhofen Häuser abgebrochen und Tische, Bänke ec. aus den Ortschaften genommen. Nicht weniger litten die Dörfer Uldingen, Mimmenhausen, Weildorf, Rickenbach und Owingen. Die Einwohner verloren ihren Hausrath, viele Häuser und Scheuern wurden niedergebrannt, und die Strecke von Owingen-Pfaffenhofen bis Mimmenhausen glich einer Brandstätte; das hart gedrängte, arme Salem dagegen mußte starke Contributionen nach Ueberlingen und Hohentwiel liefern und zusehen, wie man ihm auch noch die Steine, die es zum Wiederaufbau von Birnau und der beiden Mühlen zu Uldingen (Reiß= und Bruckmühle) von Rorschach nach Maurach kommen ließ, wegnahm, um damit 1650 zur Fortifikation von Konstanz das obere Thor zu Petershausen nach Staab — das nach diesen Steinen das Salmansweiler=Thor und später das Petershauser= Thor genannt wurde zu bauen — und dann noch, wie man mit seinen Steinen die Mauern und Thürme von Ueberlingen ausbesserte. Der Abt sah sich daher

1645 genöthigt, um sich helfen, die Hofmeisterei Nürtingen, die Salem auf den Erwerb von Häusern und Gütern in und um die Stadt Nürtingen durch die Herren v. Neuffen 1284 errichtete, an das Haus Würtemberg, und die Hofmeisterei Riedlingen an das Gotteshaus Zwiefalten und Moses Engelhard in Riedlingen zu verkaufen. Auch kam in diesem Jahr der Abt Dominikus von Weingarten als Gefangener in Salem an, der, nachdem er hier mit seiner Begleitung ein Frühstück bekommen, nach Hohentwiel abge= führt wurde und erst nach Auswechslung des Jakob Keller, der von den Ueberlingischen Soldaten nach München geführt wurde, auf Zahlung von 12,000 fl. — nach 8 Monaten wieder seine Freiheit erhielt. Nur

1646 hatte Salem einige Zeit Ruhe, konnte die Felder bebauen, die Früchte heimbringen und den Wein einkellern; aber als es wieder Lebens= mittel und Getränke hatte, kam von Ravensburg her, wo Gustav Wrangel mit großer Macht gegen Ende des Jahres einzog, am 25. Dezember ein Abgeordne= ter von dem schwedischen General, um wegen Lieferung für 3000 Mann Reiter mit ihm einen Accord abzuschließen, widrigenfalls er das Kloster wie Guten= zell, mit Feuer und Schwerdt heimsuchen würde. Man sandte den Se= bastian Leib an den General ab und jetzt forderte dieser sogar 30,000 fl. Die Bedrängniß war abermals groß. Die Mönche mußten aufs Neue das Kloster verlassen und in andern Klöstern sich Unterhalt suchen. Nur Wenige konnten beim Abt zu Konstanz im Salmansweiler=Hof bleiben, der jetzt anfing, bedenklich leidend zu werden und gar noch erleben mußte, daß

1647, 4. Jenner, Bregenz, darauf Langenargen und Meersburg, am 25. Jenner das Schloß Heiligenberg, am 13. Februar die Mainau und am 2. März selbst die Reichenau — nur Lindau nicht — von den Schwe= den erobert und eingenommen wurden, wodurch wieder eine Menge Leute um Haus und Hof kamen, in den Wäldern herum irrten oder in die Schweiz, in's Thurgau ꝛc. sich flüchteten, bis endlich

1648 der so lange ersehnte Friede zu Stande kam, wodurch der trau= rige Krieg sein Ende erreichte und die Länder sich wieder erholen konnten.

Aber wie sah es darnach aus! — Ganze Länder waren zu Wüsten, ganze Städte Brandstätten, die reichsten Ortschaften veröbet, die größten Höfe unbewohnt, die Schuldner unfähig zu zahlen, die Gläubiger ohne Macht zu fordern, die Pfarrer so arm, daß sie kaum leben konnten, die

Gemeinden nicht mehr im Stande, ihren Haushalt zu bestreiten, viele Dörfer Schutthügel, viele Gotteshäuser Ruinen, viele Tempel zerstört und zertrümmert, Handel und Gewerbe zernichtet, viele Gewerbe ganz, die unentbehrlichsten zur Hälfte verschwunden, die Bevölkerung kaum noch zu zwei Drittheilen vorhanden, und die Felder mit Gesträuch überwuchert, die Wälder voll reißender Thiere. Dazu waren die Sitten verwildert, der Sinn für häusliches Glück dahin, der stille Genuß des Erwerbens und Sparens verloren, die Ehebande gelockert, Laster und Ausschweifungen aller Art an der Tagesordnung, Rauchen und Schnappstrinken durch die Soldaten eingebracht zur Mode, und aus Verdorbenheit oder Verzweiflung durchstreiften Bettler, Landstreicher und Räuber das Reich. — Kurz überall nichts als Groll, Mißtrauen und Eifersucht des Glaubens wegen statt Eintracht, christliche Liebe und Gottesfurcht; die verborgensten Winkel waren mit Blut getränkt, mit Trümmer erfüllt; Deutschland beinahe in Barbarei versunken, entvölkert, nach innen und außen geschwächt; an allen Orten und Enden Gesetzlosigkeit, stäßliche Genußsucht, Jammer und Elend. Das waren die Früchte dieses unseligen Krieges, der auch unsere Gegend so schrecklich heimsuchte, daß der dritte Bewohner aus Armuth kein Bett mehr hatte, und auf viele Jahre hinaus die Ordnung, die Gesittung, der Glaube, die Andacht, der Wohlstand und alles Gute zerstört wurde, ja man in Vielem gleichsam von vornen anfangen mußte und um die Weinberge wieder anbauen zu können, zu den wohlfeilsten Reben zu greifen genöthigt war, wodurch der sonst so edle und köstliche Seewein auf lange Zeit seine Berühmtheit verlor. [1]

O wie mußte das Herz des Abt bei diesen Uebeln seines Stifts und seiner Unterthanen oft geblutet haben, der nur Liebe, Wohlthun und Menschlichkeit kannte und nur für das Glück seiner Untergebenen besorgt war. Wahrlich, hätte der Abt nicht diese Tugenden, Geistesgegenwart und so große Klugheit besessen, die Drangsale und Leiden wären noch weit größer geworden, so aber mußte sein großer Geist immer den rechten Weg zu finden und durch alle Leiden zu winden, bis ihn der Herr über alle Leiden aus dem Leben abrief. Der würdige Abt und Vater seiner geistlichen und weltlichen Söhne starb,

---

[1] In welch dürftiger Lage Salem nach dem 30jährigen Kriege war, geht als Beispiel noch besonders daraus hervor, daß es zur Aufnahme von 1000 fl. bei St. Gallen 1651 den Spital in Konstanz zur Bürgschaft dafür bat und daß er seine Gülten zu Altenklingen verschreibt, — das Kloster ihm dagegen bis zur Abzahlung des Kapitals seine zwei Mühlen zu Ullingen überlassen wollte.

als der Krieg feinem Ende entgegen gieng, zu Konstanz im Salmansweiler=Hof, 66 Jahre alt, am 10. Mai 1647 nach 32 Jahren, 5 Monaten seiner ausgezeichneten Regierung und wurde in der Kapelle daselbst begraben.

Er war Generalvikar seines Ordens durch Oberdeutsch= land, Präses der deutschen Bruderschaft des heil. Bernard, bewirkte, daß in Württemberg 1630 mehre Klöster, besonders die drei Cisterzienserklöster Herrenalb, Bebenhausen und Königsbrunn, die 1561 eingezogen worden, wieder herge= stellt wurden, [1] vertheidigte standhaft die alten Stiftsrechte, erhielt von Papst Urban VIII. neue Privilegien für seine Klöster und suchte sie, besonders aber seine Abtei recht in Aufschwung und großen Flor zu bringen; kurz war ein Abt und Regent, der an Geist und Seelenadel manchen seiner Vorgänger übertraf. —

Am 18. Juni 1647 wurde dann unter Leitung des Abts von Kaisersheim für den Prälaten von Lützel als XXXII. Abt von Salem, Thomas II. Schwab von Bechingen bei Riedlingen an der Donau gewählt. Unter ihm gieng durch den westphälischen Frieden 1648 der 30 jährige Religionskrieg zu Ende. Als wieder Ruhe in die Länder einzog, rief er die überall hin zerstreuten Mit= brüder zusammen, richtete das beraubte Kloster wiederum ein, schuf die nöthigen Lebensmittel herbei, führte sparsamen Haushalt ein, stellte die in und außer dem Kloster beschä= digten Kapellen und Gebäulichkeiten her, baute die beiden Mühlen zu Uhldingen wieder auf, suchte die Noth seiner Unterthanen zu lindern, die Schulden zu mindern und die bedeutenden Kriegskosten zu tilgen. Zu diesem Behufe ver= kaufte er etliche seiner Besitzungen, als: 1649 die Holz= mühle zu Biberach an drei Rathsherren in Biberach: 1650 zwei Höfe und ein Söldgut zu Hofstetten an Dr. Layen in

---

[1] **Summa Salemitana.** Tom. II., Seite 236a—237a, Nr. 43 und 44.

Biberach und 5 Güter zu Mettenberg an denselben uud
Jacob Staiger in Biberach; einen Hof zu Jungingen an
die Stadt Ulm; das noch restliche sehr schöne Gut mit einer
Salzpfanne bei Salzburg an das Domkapitel zu Salzburg;
das Hofgut zu Kippenhausen an die Karthause Burxheim
und den Kleinzehnten zu Baitenhausen, sowie den Wein=
zehnten zu Meersburg und Markdorf an das Domkapitel
in Konstanz. — Ferner verkaufte er 1652 die Hofmeisterei
Reutlingen an die Löffler'schen Erben daselbst und das
Dörfchen Würensegel mit Wald, Rechten und Zugehörden,
das 1292 durch Schankung des Grafen Albert von Hohen=
berg an Salem fiel, sowie den salemischen Antheil an Hag=
nau, Kippenhausen und Immenstaab und die salemischen
Höfe und Güter zu Reuthe, Hundweiler und Frenkenbach
an das Gotteshaus Einsiedeln. — 1654 verkaufte er die
Burg und die Teufelsmühle bei Ravensburg mit Wald,
Weier und Feld an Fischingen bei Haigerloch. — 1655 gab
er zu Kauf einen Hof zu Aigendorf an die Klosterfrauen zu
Oberspeier oder Ogelspeiren bei Biberach und 1663 einen
Hof zu Ygendorf an die Klosterfrauen zu Ohnlingen ꝛc.[1]) —
Dagegen baute er Altbirnau wieder auf, schloß mit dem
Frauenkloster Heggbach wegen der hohen und niedern Ge=
richtsbarkeit einen Vertrag ab, suchte wegen verminderten
Besizstand den noch zu hoch angesezten Matrikular=Anschlag
seines Stifts herabzubringen, erhielt vom Kaiser Leopold I.

---

[1]) Summa Salemitana. Tom. I., Seite 62—64. Nr. 93 bis 97 und Tom. III.,
Seite 302a Nr. 78. Ueberhaupt mußte das Stift, das während dem 13. und fol=
genden Jahrhunderten einen so ausgedehnten Land= und Güterbesitz erworben hatte,
daß man es zu den reichsten Klöstern in Schwaben zählte, um sich nach dem
30 jährigen Kriege wieder aufzuhelfen, von seinen Besitzungen außer 4 ganzen Pfleg=
und Hofmeistereien sogar gegen 12 Dörfer und Weiler, über 25 Höfe, Lehen= und
Soldgüter, 2 Mühlen und die stiftlichen Häuser mit 12 Städten veräußern, deren
Kaufschillinge die Gesammtsumme von ungefähr 316,000 Gulden betrugen.
„Das badische Land und Volk." Von Dr. Joseph Baber, 1. Band, Seite 69.

mit Diplom de dato Wien 13. August 1659 die von den
frühern Kaisern und Königen dem Gotteshause Salem verliehenen Rechte, Freiheiten und Privilegien bestätigt [1]) und
hatte überhaupt die Freude, daß sowohl sein Stift als seine
Unterthanen sich wieder erholten; Eins nur schmerzte ihn
sehr, daß in Würtemberg wieder die Klöster Bebenhausen,
Herrenalb u. a. m. aufgehoben und deren Religiosen gewaltsam vertrieben wurden; [2]) denn der Abt war sehr für
das klösterliche Leben und regularische Observanz eingenommen. Sonst jedoch war er friedfertig, liebte die Wahrheit,
schonte die Fehler seiner Feinde, lebte sehr mäßig, lag eifrig
dem Studium und Gebet ob und ertrug die größten Beschwerden und Anstrengungen seines Vorsteheramtes mit un-
gewöhnlicher Ruhe und Sanftmuth. Er war Generalvikar
der heil. Congregation des heil. Bernard durch Oberdeutschland und starb voll Verdienste den 7. September 1664, nachdem er 17 Jahre, 2 Monate, 21 Tage regiert hatte. Sein
Leichnam wurde an der Nordseite des Bernardsaltars begraben.

Der am 22. September 1664 gewählte **XXXIII.** Abt
von Salem war Anselm I. Muotelsee, von Tettnang gebürtig. Zur Beseitigung der Kriegskosten und Klosterschulden verkaufte auch er etliche Besitzungen, wie z. B. 1665
die salemischen Güter zu Ohnlingen oder Onlingen und
Altheim bei Riedlingen an die Klosterfrauen in Onlingen,
1666 die salemischen Besitzungen zu Füezen und Blumenegg
an das Kloster St. Blasien, dann das Haus und die Güter
in und bei der Stadt Aach ꝛc.. und er hätte wahrscheinlich
die Schulden vollkommen getilgt, wenn nicht wieder ein
neuer Krieg, der holländische, zwischen Oesterreich und
Frankreich ausgebrochen wäre; so aber kamen zu den bereits
getilgten Schulden und Kriegskosten neue Kriegslasten, welche

---

[1]) **Summa Salemitana. Tom. II., Seite 94—96. Nr. 90.**
[2]) **Desgleichen. Tom. II., Seite 237—239. Nr. 45 und 46.**

die Geldkräfte des Stifts in Anspruch nahmen; denn der
Abt war verpflichteter Kreisstand und konnte sich den Be=
schlüssen der Reichsstände zu Ueberlingen und Ulm nicht
entziehen, die wegen den Beiträgen und Quartiervertheil=
lungen daselbst tagten. Ebenso konnte er es noch nicht
dahin bringen, daß der so hohe Reichsmatrikel zu 316 Reichs=
thaler per Monat herabgesezt wurde. Dieser Krieg nahm
jedoch mit dem Frieden von Nimwegen 1678 ein Ende;
der wirkliche Friede mit Kaiser und Reich wurde aber erst
am 5. Februar 1679 abgeschlossen. Auch lebte der Abt
und Generalvikar der Congregation der Cisterzienser durch
Oberdeutschland nur noch ein Jahr. Ein heftiges Fußleiden
ergriff ihn und führte seinen baldigen Tod herbei; er starb
nach 15 jähriger Regierung im 63. Jahre seines Alters am
5. März 1680 und wurde nahe bei dem Muttergottesaltar
im Münster, wo er auch mehre Altäre eingeweiht hatte, [1]
begraben. Sein Hinscheiden wurde tief betrauert; denn ob=
gleich auch er strenge auf regularische Disciplin sah und
nur den Nuzen seines Klosters im Auge hatte, war er
doch gefällig und gut. Zudem führte er ein reines unbe=
scholtenes Leben, verehrte auf's Tiefste die seligste Jungfrau
Maria und war standhaft in allen Leiden und Trübsalen
der Zeit.

Der XXXIV. Abt von Salem war der unter Leitung
des Prälaten von Lützel am 18. März 1680 gewählte Ema=
nuel Sulger aus Neufra oder Neufern bei Riedlingen.
Bald nach dem Antritt der Regierung hatte er die Freude,
daß die von seinem Vorfahren angestrebte Erleichterung
des Matrikels auf dem Reichstag zu Regensburg endlich
ausgesprochen, und von 316 auf 130 Reichsthaler herab=
gesezt wurde. [2] — Ja es wurde unter ihm nicht nur

[1] Summa Salemitana. Tom. II., Seite 482—485. Nr. 43 bis 46.
[2] Desgleichen. Tom. I., Seite 215—217. Nr. 116.

die sehr beschwerliche Lehenträgerei der Engelhard v. Cor=
reth'schen Familie zu Ostrach, die durch Johann Engelhard
v. Correth, österreichischer Kammerrath, Geheimsekretär und
Referendär der Ober= und Vorderösterreichischen Lande im
Namen Salems die Steuer, niedrige Obrigkeit und Regalien
über das Amt Ostrach als Lehen bekam, aufgehoben; son=
dern er erhielt sogar auch noch das Besizrecht der Regalien
im Amte Ostrach, die von Oesterreich dem Hause Hohenzollern
(als mit zur Grafschaft Sigmaringen gehörige Lehen) ver=
liehen waren und Salem 1611 von dem Grafen Ernst Georg
gegen das Darlehen von 14,000 fl. auf 18 Jahre oder bis
zur gänzlichen Heimzahlung erhielt, von den nachfolgenden
Grafen und Fürsten von Sigmaringen aber nicht anerkannt
und darum bestritten und durch Prozesse zu wahren gesucht
wurden, 1680 zu Insbruck und 1687 zu Pfullendorf ver=
gleichsweise und gütlich zuerkannt und eingeräumt. [1] —
Ferner wurden die salemische Pflege Eßlingen, d. i. der Hof
bei der dortigen Frauenkirche, sowie das Dorf Steinbach
mit Gütern und Zehnten, die Pfarrei Pfullingen mit Zu=
gehörden und die Liegenschaften zu Bächingen mit Rechten
1681 an Würtemberg und an die Herren v. Werdenau ver=
tauscht und verkauft. Ueberhaupt war auch dieser Abt sehr
bemüht, sein Stift wieder in einen erfreulichen finanziellen
Zustand zu bringen. Aber nachdem die empfindlichsten Wun=
den von frühern Jahren vernarbt waren und bessere Zeiten
zu kommen schienen, zogen leider auf's Neue wieder Leiden
und schwere Trübsale über das kaiserliche und consistoriale
Reichsstift Salem her. So brach 1688 der orleanische
Krieg aus, der die Pfalz und Rheinlande bis über Offen=

---

[1] Der Reichsmattikel mußte nämlich herabgesezt werden, weil, wie gesagt, das Kloster
wegen Veräußerung vieler Güter zur Zahlung der schwedischen Satisfactionsgelder
und Contributionen den frühern Bestßand und folglich auch sein ehemaliges Ein=
kommen nicht mehr hatte.

[1] Summa Salemitana. Tom. I., Seite 202a—215. Nr. 90—116.

burg hinauf verwüstete, bis der Friede zu Ryswick (sprich
Reiswick, zwischen Delft und Haag in Südholland) am
30. Oktober 1697 den Ländern die Ruhe gab. Salem selbst
wurde zwar von der Kriegsflamme verschont, dagegen hatte
es große Lieferungen an Geld und Naturalien an die Ar=
meen zu verabreichen, welche seine Schulden vermehrten,
und am 10. März 1697 — verbrannte gar noch das
Kloster. Es war nämlich an einem Sonntag, der 3. Fastensonntag, Oculi
genannt, als die zwei Diener, welche die Nachtwache zu besorgen hatten,
den Ofen im Diener=Eß=Zimmer, das zugleich zur Wachtstube diente, zu stark
heizten. Der Ofen, der schon einige Risse hatte, zersprang und die Flam=
men brachen aus. Die beiden Nachtwächter glaubten, ohne Lärm zu machen,
löschen zu können; allein da die Flammen bereits die Ofenbank, die Stühle,
das Getäfer und allen Brennstoff in der Stube ergriffen hatten, reichten
ihre Kräfte zur Bewältigung des Feuers nicht hin. Dieses wurde vielmehr
heftiger und breitete sich aus. Bald drangen die durch die Gluth verstärkten
Flammen in den darüber befindlichen Speisesaal des Abts; zuletzt an den
Dachstuhl. Hier fanden sie so reichliche Nahrung an Holz, daß er bald
verzehrt wurde und unter fürchterlichem Gepraffel zusammenstürzte; der
dichte Rauchqualm aber Alle, die löschen wollten, in die Flucht schlug. Kurz,
das ganze Hof= oder Abteigebäude, das Conventhaus, das Refektorium und
die alte Siechenkapelle wurden ein Raub der Flammen. Der Verlust war
ungemein groß; denn es wurden nicht nur alle darin befindlichen Gemälde,
Betten, Teppiche, Sessel und sonstige Geräthschaften und Kunstsachen, son=
dern auch noch die kostbare Prälatur=Bibliothek, die allein bei 3000 Thaler
werth war und andere in den Zellen befindliche Bücher und Werke, worunter
sogar die Original=Akten des Concils von Konstanz mit Illu=
strationen sich befanden, welche das Stift vom Kaiser Sigismund erhielt,
vom Feuer verzehrt. Nur mit der größten Anstrengung konnten die benach=
barten Ortschaften den prachtvollen Tempel und den von Abt Thomas I.
aufgeführten langen Bau, d. i. der Theil der Gebäude von der Wäscherei
bis zur Kanzlerwohnung und das obere Thor zu, und einige Archivalien
und Aktenstücke retten; jedoch wurde selbst das Münster beschädigt, da
die in Schutt da liegenden Klosterbauten rings um dasselbe gestellt waren.
Der Abt selbst war beim Anblick dieser furchtbaren Feuers=
brunst, die von Morgens ¾ 4 Uhr bis Mittag 12 Uhr
dauerte, merkwürdig gefaßt und unerschrocken; er tröstete
seine Mitbrüder mit den Worten: der Herr hat's gegeben,

der Herr hat's genommen; der Name des Herrn sei gepriesen
(Job. 1). Bemerkenswerth ist — sagt die Geschichte [1] —
daß das Bild der schmerzhaften Muttergottes an der Säule
vor der Sakristei den Pater Stephan Jung, Küchenmeister,
als er während der Tafel (Culinae) vor ihm kniete, ange=
sprochen und ihm das drohende schwere Unglück geoffenbart
hat, ja sogar Thränen vergoß, wie zur Zeit des Schweden=
krieges. — Nachdem übrigens die Klostergebäude abge=
brannt waren, bezog der Abt die Kanzlerwohnung und
nach 10 Tagen die Zimmer des Großkellers bei der Burs;
die übrigen Religiosen wurden im langen Bau und in
Dorfschaften untergebracht. Dann wurde die Kirche vom
Dung und Wasser gereinigt. In 8 Tagen war dies fertig
und konnte der Tempel der Andacht, dem Chor, dem
Gottesdienste wieder übergeben werden. Mit dem Kloster=
bau dagegen dauerte es noch lange; denn man war un=
schlüssig, ob man die alten Mauern dazu verwenden oder
ein neues Klostergebäude herstellen wolle. Zuletzt ent=
schied man sich, — weil die Kosten der Ausbesserung der
alten beschädigten Mauern sich bereits so hoch als ein
Neubau belaufen würden, und ein Wiederaufbau auf
denselben doch nicht von langer Dauer sein könnte, —
dahin, ganz neue Bauten aufführen zu lassen und daß das
Convent mit dem Abtei= oder Hofgebäude zusammenhängen
und nicht wie bisher vereinzelt stehen sollen. Man entwarf
verschiedene Pläne; aber keiner war entsprechend, bis endlich
ein Mönch die Idee zum gegenwärtigen Prachtbau gab.
Als das Modell gefertigt war, ließ man den berühmten
Baumeister Franz Beer aus Bezau im Bregenzer=Wald
kommen und schloß mit ihm wegen Uebernahme des Kloster=

---

[1] Summa Salemitana. Tom. III., Seite 5a, Nr. 7 und Seite 316—322a, Nr.
20—32, allwo der Klosterbrand und die Neubau=Verhandlungen ausführlich be=
sprochen sind.

baues am 30. April 1697 einen Accord ab. Nach diesem
sollte der Bau binnen 3 Jahren so weit hergestellt sein, daß
man ihn beziehen könne. Anfangs Mai wurde der Grund=
stein zum neuen Conventgebäude am Eck gegen den obern
Garten, wo nachher das Priorat hinkam und jezt der Amts=
richter und der katholische Pfarrer wohnen, gelegt und sofort
der Bau ununterbrochen fortgesezt. — Der Abt wohnte
häufig den Arbeiten selbst bei; allein er war nicht mehr
dieselbe Person. Der Schmerz über das große Unglück,
womit das Kloster vom Himmel heimgesucht worden war,
mußte ihn jedenfalls gewaltig ergriffen haben; denn er welkte
sichtbar dahin. Der gelehrte und scharfsichtige Mann und
Generalvikar seines Ordens durch Oberdeutschland lebte noch
ein Jahr, dann legte er sich zur Ruhe nieder. Er starb,
nachdem er 18 Jahre 1 Monat 21 Tage regiert und das
schwere Kreuz gottergeben und mit Standhaftigkeit ertragen
hatte, am 9. Mai 1698 und wurde seinem Willen gemäß
bei der Kirchthüre gegen den Kreuzgang begraben.

Der XXXV. Abt von Salem, der in Gegenwart des
Prälaten Ulrich VI. von St. Urban am 16. Mai 1698 ge=
wählt wurde, war dann der bisherige Prior Stephanus
Jung von Koblenz am Rhein gebürtig, der Sohn eines
ehemaligen salemischen Unterthans in Nußdorf. Als er seine
Studien in Cöln, Mainz und Wien vollendet hatte und
nach Nußdorf zum Besuch seiner Verwandten gekommen war,
wußte er noch nicht, welchem Beruf er sich widmen wolle.
Wie ein Herkules am Scheideweg war er unschlüssig, was
er thun, welches Brodfach er ergreifen solle. Da wurde er
mit dem Kapuziner=Pater Perfekt in Ueberlingen von hei=
ligem Rufe bekannt. Dieser rieth ihm, nach Salem zu gehen.
Der Abt erkannte seine Fähigkeiten, nahm ihn auf, und als
er Priester geworden war, ward er bald Küchenmeister, Sub=
prior und Prior. Wie Abt Stephan I. die Regierung an=
trat, hatte die Rentkammer (Burs) — ohne den Schaden

des Klosterbrandes — noch über 47,000 fl. Schulden. Trübe schien die Zukunft. Keine Hoffnung aus den großen Schulden kommen zu können, schimmerte dem Abt entgegen; doch er hatte den festen Glauben, die Zuversicht, daß ihn der Himmel nicht verlassen werde. Mit kindlichem Vertrauen empfahl er sein Stift Gott und der seligsten Jungfrau Maria und sein Vertrauen, seine Zuversicht bewährten sich bald. Denn nicht nur wurden durch die Fürsten Meinrad Karl Anton und Friedrich Wilhelm von Hohenzollern 1699 de dato Sigmaringen den 26. August, Hechingen den 28. August und Pfullendorf den 17. April 1700 die noch obschwebenden Prozesse und Streitigkeiten mit dem Reichsstift Salem über die Lehen im Amte Ostrach ganz und gar beseitigt, von den Agnaten gutgeheißen und von dem österreichischen Lehenhof zu Innsbruck resp. durch Kaiser Leopold I. am 14. Juni 1700 genehmigt, [1] — sondern der Abt konnte 1700 sogar den Junghof, das sog. Sandhäusle bei Pfullendorf, gegen Ostrach bauen. — 1705 wurde der Salmansweiler=Hof (in den Mittelhöfen) bei Markdorf an das Gotteshaus Weingarten verkauft, und der Streit über die Freiheit der noch Salem eigenthümlichen Reben zu Hagnau, Immenstaab und Kippenhausen mit Weingarten und dem Hochstifte Konstanz im Ittendorfer=Schlosse gütlich ausgeglichen. — 1706 wurde das neue Klostergebäude, das bei 350,000 fl. kostete, größtentheils vollendet und bezogen. — 1707 ließ der Abt durch den Hoforgelmacher Johann Christoph Egedacher aus Salzburg die große Münsterorgel für 20,000 fl. verbessern und für 15,000 fl. noch eine andere erweitern und die Unser=Lieben=Frauen=Orgel im Chor mit 3 Clavieren und 31 Registern herstellen. — 1708 wurde das Salemer Steinhaus in Meersburg an den Hafner und dortigen Bürger Michael

---

[1] **Summa Salemitana.** Tom. I., Seite 217—225a Nr. 117—137 und Seite 228a bis 238 Nr. 142—154, sowie Tom. III., Seite 322a—331, Nr. 33 bis mit Nr. 45.

Fiſchbek verkauft, die Kapelle zu Stephansfeld gebaut und
de dato Konſtanz den 23. Jenner kam Salem durch Vergleich mit dem Truchſeßen Chriſtoph Franz von Scheer zu
Friedberg auch noch zum völligen Eigenthum von Bachhaupten, wozu die Agnaten ebenfalls beiſtimmten. [1]) Ueberhaupt
wurde nicht nur Vieles erledigt, ſondern auch ſehr viel gebaut, ſo daß der Abt wohl über 450,000 fl. ausgab, obgleich auch jezt wieder ſich ein heftiger Krieg über das
ſchöne Schwabenland ausbreitete und Salem mit ſeinen Beſizungen viel zu leiden hatte. Die ſpaniſche Königsfamilie
war nämlich 1700 mit Karl II. ausgeſtorben. Oeſterreich
und Frankreich, jedes wollte einen eigenen Prinzen auf den
Thron Spaniens bringen. Es entſtand der ſpaniſche
Erbfolge-Krieg, der von 1701 bis 1714 dauerte und
in dem es der Churfürſt Maximilian Emanuel von Bayern
mit ſeinem Bruder (Churfürſt von Cöln) mit Frankreich
hielt. Dadurch ſpielte der Krieg nach Deutſchland herein.
Salem (reſp. ſeine Beſizungen) in der Gegend von Ulm, das
die Bayern 1702 einnahmen, fühlte beſonders recht die
Bedrückungen des Kriegs; denn nicht nur hatte das Stift
mit Montfort ein ganzes kaiſerlich hannövriſches Cüraſſier-
Regiment zu unterhalten, ſondern mußte noch zudem mehre
andere Koſten und Lieferungen beſtreiten. Endlich wurden
die Franzoſen und Bayer durch den Herzog Malborough
bei Hochſtädt an der Donau unterhalb Ulm am 13. Auguſt
1704 geſchlagen. Jezt wurde Schwaben von ihnen geſäu-
bert. Nach drei Ruhejahren kamen jedoch die Franzoſen,
die jene Niederlage nicht verſchmerzen konnten, wieder, und
nun wurde Salem als Reichsſtand des ſchwäbiſchen Kreiſes
aufs Neue hart mitgenommen. Der Marſchall Villars wollte
den Abt am Maria-Himmelfahrtsfeſte, wo er das Hochamt
halten würde, ſogar gefangen nehmen, um ein recht großes

---

[1]) **Summa Palemitana. Tom. I., Seite 245—260, Nr. 161—174.**

Löfegeld erpreſſen zu können. Die Vaterhand Gottes ſchützte
das Kloſter. Die abgeſandten Reiter wurden durch die an=
geſchwollenen Gewäſſer und Irrmärſche bis auf den Abend
verhindert; der Abt konnte inzwiſchen mit den werthvollſten
Schäzen nach Ueberlingen ſich flüchten. Nun kamen die
Franzoſen. Sie nahmen 17 der beſten Pferde aus den
Ställen hinweg, forderten vom Kloſter viele tauſend Gulden
Brandſchazung und führten bis zu ihrer Bezahlung den
Novizenmeiſter Pater Anſelm Lang und den Regiſtrator
Pater Raphael Könbig mit ſich fort; die Soldaten wurden
jedoch bei Ravensburg, an der Schuſſen, von den Nachbarn
aus dem Gebiete des Fürſtbiſchofs von Konſtanz nach Mitter=
nacht am 17. Auguſt 1707 überfallen, der Anführer mit
Vielen getödtet, die Andern zerſtreut und die Religioſen
befreit. Dieſe kamen dann mit mehren der geſtohlenen
Pferde wieder glücklich in Salem an. Das Brandſchazungs=
geld wurde auch nicht bezahlt; denn der Krieg zog ſich alsbald
an den Rhein, in's Elſaß und die Niederlande. [1]) So wurde
Schwaben von den unſaubern Gäſten befreit und genoß jezt
ziemliche Ruhe. Der Abt kehrte ebenfalls nach Salem zurück;
nachdem er jedoch in ſeinem Stift das klöſterliche Leben her=
geſtellt und die von Rom erhaltenen Leiber der Heiligen
Firmus, Homo - Deus und Valentina koſtbar gefaßt und ge=
ſchmückt am 14. September 1710 zur öffentlichen Verehrung
unter großer Feſtlichkeit ausgeſtellt hatte, beſuchte er als
Generalvikar ſeines Ordens die Ciſterzienſer = Klöſter in
Schwaben, Bayern, Franken und in der Schweiz. Er
wußte, daß durch die Kriegsſtürme ꝛc. in manchen derſelben
die Zucht und Ordnung erſchüttert waren und daß es Noth
thue, ſie wieder einzuführen und zu befeſtigen, weil den
Mönchen vor Allem Gott, Gottes Reich und Gottes Dienſt

---

[1]) **Summa Salemitana.** Tom. III.. Seite 331—336, Nr. 1—9. Ausführliche Dar=
ſtellung dieſes Krieges.

und ihre Zelle eine Wohnung des Friedens gelten und dann
erst das kommen solle, wozu Jeder vom Schöpfer seine Pfunde
erhalten. Und seiner Frömmigkeit, Weisheit und Klugheit
gelang es. Nach jahrelanger Abwesenheit kam er glücklich
und mit freudigem Herzen in seinem Stift an. Nun zeigte
er eine bewunderungswürdige Erhabenheit des Geistes. Er
drang auf eine gründliche tüchtige Bildung der Studieren=
den, führte den Jugend=Unterricht in seinem Gebiete ein,
gab verschiedene für das Wohl seiner Unterthanen bezügliche
Verordnungen, verbesserte die Landwirthschaft, sezte Beloh=
nungen für die eifrigsten Landwirthe aus, stellte seine Gran=
gien selbst als Musterstätte gehobener Oekonomie dar, und die
Armen — die blickten besonders wie zu einem Schuzgeist zu
ihm empor. Ein Zeitgenosse sagt von ihm: »Si tacere possent
homines, monumenta rerum, lapides ipsi suum Stephanum
memoriae consignabunt immortalitati,« d. h. wenn auch
die Menschen schweigen könnten, würden doch die Werke und
sogar die Steine ihren Stephanus bei der Nachwelt im An=
denken erhalten. [1] — Und wahrlich, seine Werke bleiben
segensreich, sein Steinwerk aber, der prächtige Klosterbau,
den Jeder anstaunt und bewundert, wird so Gott will,
noch in spätesten Zeiten von ihm zeugen. Doch der Abt
that noch mehr. Er schuf auch schönen Kirchen=Ornat und
Paramente an; versezte den geistlichen Kirchhof (die Begräb=
nißstätte der Religiosen) von der südlichen Seite, nämlich
aus dem spätern Novizengarten [2] auf die nördliche Seite der
Klosterkirche, wo sonst der Gottesacker für die Weltlichen
war und umgab ihn mit einer Mauer und Gitter; den
Friedhof für die weltlichen Familien dagegen verlegte er
nach Stephansfeld, wo noch heute die verstorbenen Bewoh=
ner von Salem begraben werden. Ferner wurde auf seine

---

[1] Das badische Land und Volk. Von Dr. Joseph Baber. I. Band, Seite 70.

[2] Man hat selbst in neuester Zeit (1862) mehre alte gemauerte Gräber im Novizen=
Garten aufgefunden.

Veranlassung — wie es heißt, durch Pater Augustin Sar-
torius, Cisterzienser im Kloster Offegg, 2 Stunden von
Töpliß, in Böhmen, früher zu Salem — das **Apiarium
Salemitanum**, d. i. Salmansweilischer Bienen-Stock, worin
die der königlich berühmten freien und exempten Reichs-
Prälatur Salem aus ihrem Archiv extrahirte Fundations-
Alten, Privilegia und Gerechtigkeiten, **Series Abbatum** oder
Reihenfolge der Aebte und andere Denkwürdigkeiten zu finden
sind, — nämlich eine gedrängte Geschichte von Salem ver-
faßt und in den Druck gegeben, die bei Wolfgang Wickhart
zu Prag in Königs-Hoff 1708 erschien. — Dann erhielt er
durch Uebereinkommen mit Hohenzollern 1715 einen Theil
der Jurisdiction über das im Fürstenthum Sigmaringen
gelegene Dorf Galkreuthe, was von Oesterreich als Lehen-
herr bewilligt wird,[1] — sowie auf seine Bitte vom Kaiser
Karl VII. im Jahr 1717 verschiedene Privilegien über das
Zunft- und Handwerkswesen und hierauf noch alle Rechte,
Gnaden, Handbesten und Freiheiten des Klosters bestätigt.[2] — 1718 steuerte er zu dem Türkenkrieg über 900 fl.
bei; 1723 wurde auf seine Verwendung der Reichsmatrikel
von 130 auf 76 Thaler ermäßigt, u. s. w. Kurz überallhin
erstreckte sich seine Sorgfalt und überallher widerfuhr ihm
Glück, Hochachtung, Bewunderung. Aber nun ging das
Leben dieses großen und verdienstvollen Abts, der wie ein
Himmelsbote voll Weisheit und in Allem weit über seine
Zeit erhaben war, zu Ende; erschöpft von Arbeiten und
Anstrengungen, geliebt, verehrt, beweint von Allen, vollendete der Vater seines Stifts, der Unterthanen und der At-
men nach 27 Jahren seiner glorreichen Regierung seine
irdische Laufbahn. Er starb mit heiliger Ruhe über seinem

---

[1] **Summa Salemitana.** Tom. I., Seite 225a—228a. Nr. 137—142, und Seite 230
bis 245. Nr. 143—159.

[2] **Summa Salemitana.** Tom. II., Seite 96 bis 106, Nr. 91 bis mit 94.

Antliz — im 62. Altersjahr am 15. April 1725 und wurde auf's Feierlichste beim Muttergottesaltar in der Stiftskirche dem Grabe übergeben. Man will die Zahlungen der sehr beträchtlichen Klosterschulden, so unter ihm geschahen, nament= lich dem Umstande zuschreiben, daß er im Salmansweilerhof zu Konstanz, wo sich die Prälaten von Bebenhausen und Herrenalb nach ihrer Vertreibung aus Würtemberg lange als Flüchtlinge aufhielten, bedeutende Schäze aufgefunden habe. Mag sein. Mit Recht wird er jedenfalls in der Kloster= geschichte als der 3. Stifter und Gründer des Gotteshauses und Münsters von Salem genannt.

Der XXXVI. am 25. April 1725 gewählte Abt von Salem war Konstantin Miller, gebürtig aus Konstanz, der von Papst Benedikt XIII. bestätigt wurde und am 28. April 1727 vom Fürstbischof Johann Franz von Kon= stanz in Gegenwart der Prälaten von Weingarten und Ochsenhausen und vieler anderer hohen Gäste die Einweih= ung oder Einsegnung (Benediction) erhielt. [1] Ein ebenfalls sehr würdiger Mann. Dieser richtete das Innere des Klosters vollständiger ein und verschönerte das neue groß= artige Gebäude • mit geschmackvollen passenden Sculpturen und Verzierungen; schmückte die Stiftskirche mit goldenen Einfassungen, kostbaren kunstvollen Leuchtern, Ornamenten, Statuen und Standbildern aus, wie z. B. mit den sehr schönen Steinbildern der 12 Apostel; stellte den unterirdischen Bau solider her, d. i. sezte die Kanäle, Gewölbe, Brunnen und Wasserleitungen ꝛc. in einen bessern Zustand; ver= größerte den Klostergarten und versah ihn mit den verschie= denften Blumen, Zierpflanzen, Gesträuchen und Anlagen; ließ eine ziemliche Anzahl Pfarrhöfe und Hofbauten in der

---

[1] Salem war nämlich schon vom Jahr 1337 (1177, Seite 77) an ein dem päpstlichen Stuhle unmittelbar unterworfenes (Consistoriales) Stift; daher alle Aebte seit dieser Zeit um die Bestätigung nach Rom sich bittlich wenden mußten.

Herrschaft restauriren und manche ganz neu aufbauen; ver=
besserte das Justizwesen und gab seinen Unterthanen mehre
erfsprießliche Verordnungen und Sazungen über das Ge=
werbswesen und Eigenthumsrecht. — 1729, 12. März, verbot
er auf Klagen der Handwerker, Handelsleute und Bauern
seiner Herrschaft den ihnen sehr schädlichen Kauf, Tausch,
Handel, Wandel und Schacher der Juden; auch ließ er in
diesem Jahr die sehr schöne Pfarrkirche in Bachhaupten
bauen. — 1732 kaufte er auf's Neue den Hof Schein= oder
Schayenbuch. — 1736 erwarb er für 3500 fl. den sog.
Scherrich'schen Hof zu Billafingen, [1] wo Salem schon 1213
mehre Güter besaß, und ließ die kostbaren Reliquienschränke
für die Leiber der Heiligen Faustina und Felix fertigen,
die auf neuen besondern Altären in dieselben versezt, in
Beisein vieler geistlichen und weltlichen hohen Würdenträger
und einer so großen Volkszahl am 11. August 1737 ein=
geweiht wurden, daß die geräumige Stifts= und Kloster=
kirche die große Menge der Andächtigen kaum fassen konnte.
Ferner bekam er 1737 von dem Bürger und Handelsmann
Jakob Grabmann zu Ravensburg für 1500 fl. das Hofgut
Vogelsang in der Landvogtei Schwaben, bei Aichstetten; —
1739 verkaufte er den durch Brand beschädigten Salmans=
weiler = Freihof in Biberach mit der Fischenz in der Riß
nebst Jurisdiction an den Spital der Stadt Biberach, und
1743 erhielt er von der Kaiserin Maria Theresia für
27,000 fl. die landesherrliche Gerechtsame und Hoheits=
rechte der Schemmerberg'schen Herrschaft, sowie für 12,000 fl.
die Regalien über Ostrach als beständiges immerwährendes
österreichisches Lehen. [2] — Ueberhaupt hatte sich das Stift
so ziemlich wieder erholt und wäre vielleicht bald ganz aus

---

[1] Scherrich ward der Hof deshalb genannt, weil er dem Bürgermeister Scherrich v.
Xuerdorf zu Biberach gehörte.

[2] Summa Salemitana. Tom. I., Seite 240—245, Nr. 166—159, und Seite 260
bis 274. Nr. 174 bis mit 182.

seinen Schulden gekommen, wenn sich nicht schon wieder ein
verderbliches Kriegsgewitter über die deutschen Gauen zu=
sammen gezogen und Salem in eine bedenkliche Lage versezt
hätte. Es brach nämlich jezt — der österreichische Erb=
folgekrieg aus. Französische Heere sezten über den Rhein,
eroberten 1744 die Stadt Freiburg, besezten Stockach,
Konstanz, Bregenz ꝛc., indeß Salem durch zahlreiche Durch=
züge, Lieferungen und Einquartierungen so beschwert und
heimgesucht wurde, daß nicht nur seine Lage sich wieder
verschlimmerte, indem das Stift weit über 150,000 fl.
Kosten zu tragen hatte, — sondern auch der Abt durch die
Lasten und Kriegsdrangsale der Art angegriffen wurde, daß
er in eine Krankheit verfiel, von der er sich nicht mehr
erholte. [1] Er lebte noch kurze Zeit; dann — nach einer
sehr löblichen Regierung von 19 Jahren, 9 Monaten, 28 Ta=
gen ergtiff ihn im 64. Jahr seines Alters der Tod. Er
starb allgemein betrauert — am 22. Februar 1745; denn
was er als Präfekt von Birnau 1715 war, das war er
auch als äbtischer Oberhirt, des Reichsprälatischen Collegi=
ums in Schwaben Condirector und als General=Vikar des
Cisterzienser=Ordens durch Oberdeutschland: ein glänzendes
Vorbild der Frömmigkeit und Gottesfurcht, der Leutseligkeit
und Demuth, des glühenden Eifers für die Ehre Gottes
und das Heil seiner Mitmenschen und der Berufstreue, so=
wie der Sorgfalt für die Wohlfahrt seines Stifts. Dabei
war er sehr gelehrt und von hoher wissenschaftlicher Bildung,
so daß er auch hierin als Leuchte seinen Mitbrüdern vor=
schwebte.

Der XXXVII. Abt von Salem war dann Stepha=
nus II. Enroth von Meersburg, der, nachdem er die phi=
losophischen Fächer zu Dillingen und Freiburg, und die
Theologie in dem Collegium des heil. Apollinarius zu Rom,

[1] Summa Salemitana. Tom. III., 361—376, Nr. 1—12.

wohin ihn gleich nach seiner klösterlichen Profeß der Abt
Konstantin geschickt — gehört und absolvirt hatte und zehn
Jahre lang Professor der Theologie in Salem, dann Präfekt
von Altbirnau und hierauf Oberpfleger des Oberamts Schem=
merberg war, — am 4. März 1745 unter Leitung des Abts
von Kaisersheim (bei Donauwörth) als Bevollmächtigter von
Lüzel und der Zeugen Tiberius Stier, Dekan des Kapitels
Linzgau und Pfarrer zu Weildorf, sowie des Dominikus
Wicker, Kammerer und Pfarrer in Leutkirch, zum Vorsteher
von Salem gewählt wurde. Sowie er von Papst Bene=
dikt XIV. die erneuerte Erlaubniß erhielt, sich von einem
jeweiligen Bischofe benediciren zu lassen,[1] weihte ihn auf
seine Bitte der Fürstbischof Casimir Anton von Konstanz in
Beisein der Prälaten von Ochsenhausen und Weißenau und
vieler anderer hohen Personen am 3. Oktober 1745 zum
Abt ein. Der beliebte und hochverehrte Abt lebte jedoch
nicht lange; denn nachdem er durch Aufsuchen und Her=
leitung frischen guten Brunnen= und Trinkwassers für das
Kloster gesorgt, mehre neue Brunnen errichtet, — eine
Reichsposthalterei in dem Flecken Mimmenhausen hergestellt
und von den höchsten geistlichen und weltlichen Behörden
die Erlaubniß zur Verlegung der Wallfahrt von Altbirnau
auf eigenes Territorium erhalten hatte,[2] — worauf das
Gnadenbild einstweilen in die St. Leonards = Kapelle zu
Salem verbracht, die Wallfahrtskirche auf Altbirnau dagegen

---

[1] Summa Salemitana. Tom. I., 562a—566, Nr. 272—277.

Schon Papst Innocenz III. und Leo X. hatte nämlich dem Abt von Salem 1517
die Erlaubniß ertheilt, sich von was immer von einem Bischofe benedicieren zu lassen
und dieses Privilegium wurde dann noch von Papst Gregor XIII. dem Abt Mathäus
Roth erneuert. Die Bullen sagen oft: „Nullius seu Constantiensis Dioecesis;" die
Einweihung durch den Bischof von Konstanz geschah daher nur der guten Nachbarschaft wegen.

[2] Summa Salemitana. Tom. I. Seite 519a, Nr. 247 und Tom. III. Seite 25a—40,
Nr. 32—49.

sammt Priesterhaus abgebrochen worden war, — und der Abt den dem Gotteshause Salem unmittelbar untergebenen Frauenklöstern Wald, Heiligkreuzthal, Rothenmünster, Heggbach, Guttenzell, Baindt und Mariahof bei Neidingen noch eine sog. Visitations = Charta d. i. Regel und Vorschrift gegeben hatte, [1] — starb er plözlich auf einer Reise in Ordensgeschäften zu Bachhaupten am 28. Mai 1746, erst 45 Jahre alt. Seine Leiche wurde nach Salem verbracht und da am 30. Mai unter großer Trauer und mit allen Ehren beim Altar der heil. Apostel Peter und Paul zu Erde bestattet.

Jezt wurde als XXXVIII. Abt von Salem am 6. Juni 1746 eine sehr merkwürdige Persönlichkeit gewählt, von der sowohl die Klostergeschichte als Sage viel zu erzählen weiß. Es ist Abt Anselm II. aus der Familie Schwab zu Füßen, einer Stadt am Lech in Bayern, nahe der Tyroler Grenze, der nach der päpstlichen Bestätigung ebenfalls von dem Fürstbischof Casimir Anton von Konstanz am 20. November 1746 feierlichst eingeweiht wurde. Er schritt gleich im Anfang seiner Regierung zum Aufbau von Neu=Birnau und traf derartige Anstalten, daß der große und schöne Bau schon nach wenigen Jahren vollendet dastand. Dann 1748 wurde er kaiserlicher geheimer Rath. — 1749 führte er das Stillschweigen und die strengste klösterliche Zucht und Ordnung in seinem Stift ein. — 1750 versezte er den Chor des Münsters, der damals noch in der Mitte stund, hinter den Hochaltar, östlich, und rückte den Hochaltar etliche Fuß, zwischen die vier Hauptsäulen des Tempels zurück, wie er noch steht, während die östlichen Altäre ob dem Hochaltar in die äußere Kirche versezt wurden. Auch ließ er für den Chor 86 neue Chorstühle aus Hartholz fertigen, dagegen die 100 alten, die Abt Christian II. erbaut hatte, in das

---

[1] Summa Salemitana. Tom. II., Seite 345—379, Nr. 75—86.

hatte, in das sog. Clauſtrum, den ſüdlichen Anbau ver-
bringen, um da bis zur Herſtellung des Baues, wobei zugleich der Chor vom Langhauſe durch ein eiſernes Gitter
getrennt wurde — den Chor und Gottesdienſt halten zu
können. Der alte Hochaltar ſelbſt wurde auch nicht mehr
verwendet, ſondern ein neuer, der jezige, aus Marmor gebaut, der von dem Abt zu Ehren der allerſeligſten Jungfrau
Maria am Feſte Allerſeelen 1751 eingeweiht wurde, [1] —
und ebenſo mußten die 4 hintern Altäre der Kirche, beim
Hauptportal, aus Marmor hergeſtellt werden; ja als er
1752 von Rom den Leib der heil. Märtyrin Clementiana
erhielt, ließ er auch dieſen gleich den übrigen Heiligen koſtbar und ſchön faſſen und ſtellte ihn auf einem eigens für
ſie gefertigten Altar in einem gläſernen Reliquienſchrank
aus. Damals herrſchte zu Mühlhofen die Viehſeuche, verbreitete ſich aber weder nach Gebhardsweiler noch nach Ulbingen aus. Man ſchrieb dieſes dem Umſtand zu, daß nur
die heil. Clementiana dieſe Orte vor der Thierkrankheit
bewahrt habe. — 1753 ließ der Abt ſogar den alten un-
anſehnlichen Kirchthurm, der ſeit 1683 mit eiſernen Platten
bedeckt war, abbrechen und einen neuen, ſchönen und viel
höhern aufführen. Er wollte zwar einen ſteinernen auf der
weſtlichen Seite der Kirche haben; allein der Convent gieng,
weil es den Ordensſazungen der Ciſterzienſer zuwider ſei,
ſteinerne Thürme zu bauen, nicht darauf ein, ſondern be-
ſchloß, daß der neue Thurm ebenfalls wieder wie der alte
als Dachreiter oder Reiterthurm auf die Kirche geſezt
werde. — Dieſem Beſchluß, zumal er den Ordensſtatuten
gemäß war, konnte der Abt nicht entgegen ſein; aber auch
kein ſo ärmlicher, kleiner und niederer mehr aufgeführt
werden. Er ließ den berühmten Baumeiſter Johann Kaspar Bagnato von Altſchauſen kommen und dieſer mußte ihm

---

[1] Summa Salemitana. Tom. II. Seite 466a, Nr. 23.

ein Modell dazu fertigen. [1]) Nachdem solches geprüft und von Abt und Convent für gut befunden war, wurde der sehr künstliche Thurmbau von 200' Höhe (über das Kirchendach) begonnen. Im Jahr 1755 ward damit ange=fangen. Der Zimmermeister und Ballier Jakob Müller in Salem führte den Thurm aus Eichenholz auf; er brauchte dazu einen großen Theil Wal=des, weil er nur das schönste Holz nahm. Auch wurde der Thurm so gebaut, daß man jeden einzelnen Theil bei Beschädigung, Fäulniß oder der=gleichen herausnehmen und frisch, ohne Nachtheil des Ganzen hineinsetzen konnte. 1756 war der Bau fertig. Jezt mußte ihn der Kupferschmied Johann Georg Rothmund in Markdorf, um ihm ein würdiges äußeres An=sehen zu geben, mit Kupfer bekleiden. Die Halbpilaster waren von Stockblei und mit bronzenen Ornamenten verziert. Der Knopf hatte 4' 9" im Durch=messer und es konnte ein Schuster bequem darin arbeiten. Auf dem Knopf selbst stand noch ein vom Goldschmied Leopold Heinzler zu Ueberlingen ge=fertigtes 18' hohes im Feuer vergoldetes Kreuz, das im Sonnenschein weit im Thal herum glänzte. Alles zusammen kostete 55,000 fl. [2]) Zu diesem Prachtbau ließ der Abt durch einen Mechaniker in Salem noch eine neue künstliche Uhr und ein neues passendes Uhrblatt, sowie durch Anton Grieß=haber in Freiburg und Johann Kugler in Straßburg mehre neue Glocken fertigen, so daß der Thurm 16 Glocken bekam. Diese stimmten alle har=monisch zusammen und gaben ein 5 faches Geläute. Je nach den Festtagen wurde das Eine oder das Andere geläutet, immer mit bestimmten, eigens für das Fest geeigneten Glocken. Das erste Geläute für die Hauptfeste mit 8 Glocken war aus G moll; das zweite mit 6 Glocken aus B; das dritte mit 5 Glocken aus D minor; das vierte wieder aus einem D; das fünfte mit 5 Glocken aus D major. — Die Uhr selbst von 12' Höhe schlug zuerst in vollem, reinen Accord zu h, d, f, und b die Viertelstunden an, dann kam im Zweivierteltakte mit den Tönen f und d die Stunde und nach=dem sich so der Accord viermal wiederholt, schlug zulezt noch die zweitgrößte Glocke den Ton „Tief=B" nach. [3]) — 1756 schloß der Abt mit dem Grafen Marquard Willibald Schenk von Castell über die Herrschaften Hausen im Thal, an der Donau, und Stetten am kalten Markt sammt Zugehörden und Rechten

---

[1]) Dieses hölzerne Modell ist gegenwärtig im Bildersaal zu Salem.
[2]) Summa Salemitana. Tom. II. Seite 512a—515, Nr. 75—78.
[3]) Summa Salemitana. Tom. II. Seite 515—521. Nr. 78 bis mit Nr. 82.

einen Kaufs = und Wiederkaufs = Contract ab, wornach ihm
der Graf diese Herrschaften mit aller hohen und niedern
Obrigkeit gegen Wiederkauf um 192,000 fl. auf 44 Jahre
verkaufte; allein sowohl vom Grafen als seinen Nachfolgern
geschah je weder eine Auslösung noch Rückzahlung, und so
blieben das Dorf und Schloß Hausen, Neidingen bei Thier=
garten und Stetten am kalten Markt mit Glashütte, Rus=
plingen und Presteneck bei Salem. Auf ähnliche Weise schloß
er 1756 mit dem Haus Oesterreich resp. mit der Kaiserin
Maria Theresia über die Herrschaft Wasserburg bei Lindau
einen Vertrag ab, indem er ihr gegen die Cameral = Gefälle
dieser Herrschaft ein Capital von 150,000 fl. auf 30 Jahre
darlieh. — 1758 brach der siebenjährige Krieg gegen
Friedrich von Preußen aus, der den Kampf mit Geist, Kraft
und künstlich gesteigerten Heerwesen wider seine vielen Feinde
siegreich bestand; der Krieg spielte jedoch dießmal nicht auf
das Schwabenland über, sondern blieb meist in Böhmen
und Sachsen, so daß das Kloster — außer Zahlung von
30 Römer=Monaten zu 2280 fl. — sammt seiner Herrschaft
für dießmal Ruhe hatte. Diese Ruhe benützte der Abt und
gab seinen Unterthanen verschiedene Verordnungen und
Satzungen. Damit sie pünktlich vollzogen würden, stellte er
sich oft selbst ein. Auch sorgte er sehr für den Schulunter=
richt [1]) und sah besonders auf eine schöne Schrift; ja er stellte
für den Schönschreib = Unterricht 1759 sogar einen eigenen
Schreibmeister an, der die Studenten und Novizen in der
Schönschreibkunst unterrichten, die Studenten jedoch als Be=
weise des Fleißes und Fortschrittes bei ihm allmonatlich eine
Schrift einreichen mußten. — Auf den bischöflichen Stuhl
von Konstanz gelangte inzwischen Franz Konrad v. Robt,

---

[1]) Den Volksschulen gab er überhaupt zweckmäßige Einrichtung, empfahl dringend die
Haltung der Sonntagsschule und fertigte für das Studienwesen Lehrpläne, welche
genau eingehalten werden mußten.

ein aufgeklärter, kenntnißvoller, kunſtliebender, charakter=
feſter, haushälteriſcher Herr und Fürſt. Dieſer, Carbinal=
Prieſter geworden, ſah die Exemption und die vielen
Privilegien und Vorrechte des Kloſters ungern; er ſuchte
ſich wie es ſchon zwei Bisthums=Vorgänger gethan hatten,
ebenfalls die geiſtliche Jurisdiction über das Reichsſtift an=
zueignen und es zu einer biſchöflichen Commende zu machen.
Da ſich noch einige Religioſen über die Strenge des Abts
bei ihm beſchwerten, drang er auf eine Viſitation des Klo=
ſters zu Ciſterz und zu Rom. Es kam eine Commiſſion,
welche die Zuſtände des Stifts unterſuchte. Man fand ſie
befriedigend; ja die Beſchlüſſe und Verhandlungen der Com=
miſſäre wurden ſogar von Papſt Clemens XIII. mit Dekret
vom 19. November 1762 beſtätigt und der Abt jezt von
Papſt und Kaiſer geſchüzt. Die unzufriedenen Patres wurden
entlaſſen und die andern mußten auf's Neue das Gelübde
des Gehorſams in die Hände des Abtes niederlegen. —
1764 wohnte der Abt als Reichsſtand der Kaiſerwahl in
Frankfurt und der Kaiſerkrönung Joſeph II. (29. März) bei.
Der Abt galt übrigens auch ſonſt am kaiſerlichen Hofe ſehr
viel; beſonders aber ſchmeichelte es ihm, als er eines
Tags ein Schreiben von der Kaiſerin Maria Thereſia erhielt,
worin er mit „Ehrwürdiger Fürſt" angeredet wurde. Doch
dies war nur — ein Kanzleiverſehen: den Rang eines Reichs=
grafen hatte er wohl, aber Fürſt war er nicht. Dies hielt ihn
jedoch keineswegs ab, wie ein Fürſt aufzutreten, einen fürſt=
lichen Hofſtaat zu führen, wie ein Fürſt auszufahren.[1] —
1766 ließ er auch noch die zwei Chororgeln, welche die ge=
wünſchte Wirkung nicht hatten, verbeſſern und die hintere
große ſog. Dreifaltigkeitsorgel durch den Orgelbauer Martin

---

[1] Jedesmal wenn er 6ſpännig mit dem Vorreiter (Huſaren) nach oder von Kirchberg
an Meersburg vorbei kam und der Carbinal=Fürſtbiſchof Conrad ihn ſah, ließ dieſer
dieſer ihm zwei der herrlichen Rappen ausſpannen.

Riepp von Dijon in Frankreich für 56,000 französische Franken (Livres de France) vollkommener und prachtvoller herstellen. [1] — 1768 überließ er dem Frauenkloster Gutenzell gegen 9000 fl. die zum Oberamt Schemmerberg gehörige hohe Obrigkeit über den gutenzell=herrschaftlichen Distrikt als Afterlehen. — 1771 war große Fruchttheurung in Schwaben. Da sorgte der Abt durch Fruchtsperre und Kornausfuhrverbot in seiner Herrschaft namentlich für die ärmere Klasse seiner Unterthanen sehr wohlthätig. [2] — 1773 nahm er den in Folge des durch Papst Clemens XIV. (Ganganelli) am 19. August aufgehobenen Jesuiten=Ordens von seinem Lehrstuhl vertriebenen schon 66 jährigen, aber gelehrten Jesuiten Ignaz Weitenauer, der bisher Professor der orientalischen Sprachen an der Universität Insbruck war, in sein Stift auf und übertrug ihm, nachdem er in den Cisterzienser=Orden übergetreten, die Stelle eines Hofkaplans und die Ordnung der Bibliothek. — 1775 ließ er die schöne, gerade, weit kürzere Straße von Bermatingen nach Neufrach, die sonst durch Hohlwege nach Wäschbach und bereits bis zur äußern Ziegelhütte gieng, bevor sie nach Salem einlenkte, durch Wiesen und Felder anlegen und verbesserte mit großen Kosten die Landstraße von Mimmenhausen nach Mühlhofen und Gebhardsweiler bis Meersburg. Dann 1775 starb der Cardinal=Fürst=Bischof Conrad v. Rodt in seinem Schlosse zu Meersburg, der ihm (dem Abt) nicht besonders hold war, und 1774 (7. März) erhielt der Abt noch von den Klosterfrauen zu Maria=Hof bei Reidingen unweit Geisingen — unter der Abtissin Afra und der

---

[1] Martin Riepp war zwar von dem kleinen Orte Oldern bei Ottobeuren gebürtig, wo sein Vater bei der nun eingegangenen Wallfahrt Meßner war; der junge Mann kam aber als Schreiner nach Dijon, heirathete da die Wittwe seines verstorbenen Prinzipals, der ein Orgelbauer war und trat dann in dessen Geschäft ein.

[2] Während nämlich zu Meersburg das Malter Korn auf 30 fl. und darüber kam, wurde solches im Salemer=Gebiet für 24—26 fl. gekauft.

Priorin Benedikta — wegen mitleidigem Nachlaß ansehnlicher Kapitalien, die Salem den Frauen namentlich auf ihren zweimaligen bedeutenden Klosterbrand lieh — als Dank das ihnen zustehende Patronatsrecht der zwei ihrem Stift einverleibten Pfarreien Neidingen und Gutmadingen, jedoch ohne weitere Nuzungen und Zehnten 2c. Da aber diese Orte zu Fürstenberg gehörten und der Abt mit diesem fürstlichen Hause in keine Unannehmlichkeiten kommen und das bisherige gute Verhältniß mit ihm nicht stören wollte, — so erklärte er sich bei Annahme dieser Schankung, die der Fürst Joseph Wenzel von Fürstenberg unterm 24. Dezember 1774 landesherrlich bestätigte, dahin: „daß er (der Abt) und sein Stift diese Pfarreien nur mit fürstenbergischen Landeskindern besezen wollen," was bis zur Auflösung des Reichsstifts Salem pünktlich geschah. Ueberhaupt wird man mit Achtung und Bewunderung für Abt Anselm II. erfüllt, wenn man bedenkt, wie viel er gethan und ausgeführt hat. Nie war er unthätig; sein Geist immer beschäftigt. Er lebte eingedenkt der Worte: „wer nicht arbeiten will, soll auch nicht essen" — und suchte diesen Spruch auch bei seinen Religiosen anzuwenden und sie zur Thätigkeit anzuhalten. Er wollte keine Müßiggänger in seinem Stift, sondern Leute, die ihre Zeit nach ihrer Bestimmung, nach Gottes Willen und Absicht durch Gebet, Selbstverleugnung, reinen Wandel, gute Beispiele, Lesung heiliger Schriften, Kenntniß der Religionswahrheiten, christliche Weisheit, überhaupt auf eine klösterliche, würdige Weise zubringen; daher seine Strenge in Handhabung der Klosterzucht, daher sein Antrieb der Religiosen zur Andacht, Wissenschaft, zu einem reinen, nützlichen Leben. Er selbst gieng ihnen als Muster der Nachahmung voran. Bis tief in die Nacht betete er oder lag den Studien ob. Selbst seine Verordnungen und Sazungen, die er den Unterthanen gab, zielten nur auf Gutes hinaus und wenn man ihn anfangs auch verkannte, mußte man am Ende doch zugeben, daß er's nur gut meine, nur auf die allgemeine Wohlfahrt bedacht war. — Freilich war er auch Mensch, mit vielen Fehlern behaftet: herrschsüchtig, reizbar und wie man sagt, oft bis zur Unbarmherzigkeit hart; aber wo ist der Mensch, der sagen kann: „ich bin fehlerfrei;" selbst der Gerechte fällt des Tages siebenmal. Zudem war seine Zeit ziemlich verdorben; es herrschte nicht mehr der alte, fromme, gläubige Sinn. Wenn ihn sogar seine Gemüthsart, sein Eifer zu Handlungen hinriß, die verlezten, vielleicht empörten, so ist doch

wieder zu bedenken, daß er oft auch nicht anders handeln, von seinen Plä-
nen und Grundsäzen nicht abgehen konnte, und zudem ist glaublich, daß Haß,
Lüge, Verleumbung ihn mehr in gehässigem Lichte darstellten, seine Mängel
vergrößerten, ihm Falsches andichteten. Weil er Widersprüche von Be-
diensteten, von Unterthanen nicht duldete, sich überall in eigener Person ein-
stellte, alle Arbeiten genau prüfte, in die Kanzleien unverhofft eintrat, die
Handwerksstätten besuchte, die Waldungen untersuchte, Faulheit tadelte, Un-
gehorsam bestrafte, — ist er darum zu tadeln, böse, hartherzig, tyrannisch!
Wahrlich es wäre sehr gut, wenn der Herr bisweilen seinem Diener nach-
sähe; denn mancher Diener ist ärger als der Herr. — Aber so ist es, das,
was man in einem Menschen nicht versteht, scheint gewöhnlich — unrecht. Unrecht jedoch wollte er nie, dazu war er zu gewissenhaft. Ja er
zeigte sich sogar in mancher Beziehung edel; oder ist es nicht edel, schön,
wie er sich nach Aufhebung des Jesuitenordens, dem Vorspiel der Säku-
larisation, gegen Weitenauer benahm, der aus seinem Kloster vertrieben, von
seinem Lehrstuhl verdrängt, bettelarm, als ein Flüchtling zu ihm nach Salem
kam! Wahrlich ein solcher Mann kann nicht bösartig, gefühllos sein. Nur
weil er seinen Willen, nicht den Willen Anderer that, Vielen zu strenge,
überall Aug und Ohr war, — nur daher mag es kommen, daß man so viel
Schlimmes von ihm erzählt und sogar die Sage geht, daß er zur Strafe
seiner Lieblosigkeit, seiner Ungerechtigkeit, seiner Sünden — umgehe, geiste,
zu gewissen Zeiten als Gespenst sich zeige, wie z. B. im Hardwald, wo er
Jagd halte, als Jäger die Leute irre führe re., oder zu Kirchberg, wo er
in heiligen Nächten mit feuerspeienden Rappen aus dem Schloß fahre u. dgl.
albernes Zeug mehr.

Als übrigens Abt Anselm II. das 32. Jahr seiner
Regierung erreicht hatte, wurde er krank; er begab sich
nach Maurach, um da an den Ufern des See's, im Anblick einer großartigen Natur auszuruhen, sich zu erholen;
allein seine Lebensuhr war abgelaufen; die lezte Stunde
nahe. Am 22. Mai 1778 empfieng er die heiligen Sterbe-
sakramente und am 23. Mai früh Morgens gieng seine
Seele zur ewigen Ruhe ein. Er wurde am 10. Jenner 1713
geboren, am 30. September 1731 Profeß, am 28. April
1737 Priester, am 6. Juni 1746 Abt und erreichte ein Alter
von 66 Jahren. Als er die Regierung antrat, hatte das
Kloster 41 Religiosen oder Kapitularen, worunter auch der
gelehrte Mathias Bisemberger, der die »Summa Salemitana«

das ist die Abteigeschichte im Auftrage des Abts schrieb,[1] —
12 Fratres Professi und 11 Laienbrüder oder Fratres Conversi und nicht geringer war die Zahl bei seinem Tode.
Als er hingeschieden war, wurde seine Leiche nach Salem verbracht und da in der Klosterkirche nahe bei dem Hochaltar auf der Epistelseite begraben. Seine Grabschrift sagte:
„das Münster verdankt ihm seinen Schmuck, das Gymnasium und Seminar den Flor der Schüler und schönen Künste, die Bibliothek einen vermehrten Schaz und Neubirnau sich selbst;" unter seinem Bilde[2] aber, das eine männliche Gestalt mit einem Gesichte voll gescheiden und kräftigen Ausdrucks darstellt, stehen die Worte: „In Lösung vieler und schwieriger Regierungsgeschäfte erscheint er einzig unter seinen Vor= und Nachwesern." Der große, merkwürdige Mann — er ruhe im Frieden!

Der XXXIX. Abt von Salem war Robert Schlecht aus Wending oder Wembingen, kleine Stadt am Dosbache und an der Grenze des Rießes, in Bayern, der früher Beichtvater in Mariahof war und am 4. Juni 1778 zum Abt gewählt wurde; ein Mann von sanftem Charakter und sehr gutem Herzen, welcher, als er vom Papst bestätigt, vom Bischof von Konstanz eingesegnet und vom Kaiser belehnt worden war, es als das Erste ansah, daß die Jurisdictions=

---

[1] Das Dienstbuch Abts Anselm II. hat über ihn folgenden Eintrag: P. Mathias Bisemberger, Biberacensis, protonotarius apostolicus. Natus 1698, professus 1716, sacerdos 1722, confessarius in valle S. Crucis 1746, secretarius Abbatis 1749, moderator 1754, superior Birnovii 1756, propter continuam infirmitatem revocatus ad infirmitatem revocatus pro secretariatu 1757, iterum Birnovii 1759 iterumque revocatus ad infirmitorium indormiit die 22da Octobris 1767. — Die Abteigeschichte selbst zu 3 Folio-Bänden, welche sich im Archive von Salem befindet, hat folgende Inschrift: Summa Salemitana, seu Collecta praecipuarum notitiarum de Regio Imperiali et Consistoriali Monasterio Beatae Virginis Mariae de Salem, vulgo Salmansweiler Sacri et Exempti Ordinis Cisterciensis, ex monumentis tam M. S. S. quam impressis pro domestica informatione descripta a quodam ejusdem Ordinis ac Domus Monacho. Ordensgeschichte.

[2] Dieses Bild hängt bei den Abtsbildern im sog. Bildersaal zu Salem.

Zwiste, die sich in geistlichen Sachen zwischen seinem Vor=
fahren und dem Hochstifte Konstanz erhoben, beigelegt und
mit dem Fürstbischof und Domkapitel wieder Friede und
Eintracht hergestellt werde. Zu diesem Behufe schloß er
mit dem Hochstifte 1780 eine Concordia, Transaction oder
Vergleich ab, wornach von Seiten des bischöflichen Ordinariates die Exemption des Reichsstifts Salem und die diesem
untergebenen Frauenklöster gleichen Ordens nach Maßgabe
ihrer Ordensprivilegien anerkannt und bestätigt wurden,
dagegen von Seiten Salems dieses auf die Episcopal=
Jurisdiction für sich und jene Klöster Verzicht leistete. —
Dann schloß er mit der Reichsstadt Ueberlingen, die dem
Stifte Salem die niedrige und hohe Obrigkeit sammt Rega=
lien und Rechten über den Hof Mallayen gegen 6000 fl.
pfandschaftlich überlassen hatte, 1781 das Uebereinkommen
ab, „daß die Stadt statt dem jährlichen Zins zu 4% nur
jährlich, so lange die Pfandschaft dauert, 90 fl. entrichte."[1]
1782 erwarb der Abt vom Hause Oesterreich für 64,969 fl.
45 kr. käuflich die hohe und niedere Obrigkeit über die sa=
lemischen Höfe und Ortschäften, die in der Landgrafschaft
Nellenburg lagen und 1783 vereinigte er sich über die Feld=
jagd und den Vogelfang auf den salemischen Gütern mit
der Reichsstadt Pfullendorf, indem er dafür jährlich 70 fl.
und 18 Duzend Lerchen als Rekognition gab. — So besei=
tigte er allmählig alle diejenigen Hemmnisse, die ihm zur
Ausübung der Herrscherrechte in seinen Herrschaften bisher
im Wege standen und Salem wurde von jezt an völliger
Herr auf seinem Gebiete. — Nun richtete er sein Augen=
merk auf das Münster. Da die alten Altäre der Stifts=
kirche zu den schönen Marmor=Altären des Abts Anselm

---

[1] 1781 wurde auch noch die Landstraße von Mimmenhausen über Mühlhofen und Ger=
hardsweiler breiter gelegt, und von Oesterreich der Pfandschilling für Wasserburg
mit 150,000 fl. an Salem zurückbezahlt.

nicht paßten, ließ er dieselben abbrechen und von 1780 bis 1794 ebenfalls neue von Marmor aufbauen; ebenso beseitigte er das eiserne Gitter zwischen Langhaus und Chor und stellte das jezige her. Dann ließ er die kunstvolle marmorne Gedenktafel auf die Stifter von Salem beim Hochaltar fertigen und die schwarze Marmorplatte mit den Namen und Sterbejahren der Aebte auf der vordern Hauptsäule rechts im Chor anbringen. — 1784 fieng er an die Güter und Felder in seinen Herrschaften durch den Geometer Franz Anton Eggler vermessen und besondere Karten ausfertigen zu lassen, die noch heut zu Tage in den Archiven und Gemeinde-Registraturen zu finden sind. Auch gründete er in diesem Jahr das Armenhaus Wäschbach. Ferner waren 1784 und 1785 die Jahre sehr gesegnet und an Früchten sehr gut. Namentlich fiel der Wein sehr gut und so ergiebig aus, daß ihn die vielen und großen Kellereien kaum aufnehmen konnten. — 1787 erließ der Abt für seine Herrschaften eine neue Schulordnung, nach welcher die Eltern ihre Kinder vom 6—14. Jahr in die Normal= und Werktagsschule und vom 14—18. Jahre in die Sonn= und Feiertagsschule schicken, die Lehrer dagegen sich die vorgeschriebenen Kenntnisse aneignen und examiniren lassen mußten. Zum glücklichen Gedeihen dieser Schulen stiftete er einen Schulfond von 30,000 fl. und legte das Kapital beim Steueramt verzinslich an; aus den Zinsen wurden die Lehrer und Schulbedürfnisse der armen Kinder bezahlt. — 1788 ließ er unter Leitung des einsichtsvollen und tüchtigen Oekonomen, Oberamtmann Anton Felder in Salem, die Gemeindegründe und Weidfelder vereinöden, wobei jedem Bürger bestimmte Pläze je nach seinem Geschäft und Bedarf zur Benuzung zugewiesen wurden. Mit dieser Gütervertheilung, wobei als nothwendige Folge die Stallfütterung verbunden wurde, begann er zu Owingen und sezte sie in den übrigen Ortschaften seines Gebiets fort, ungeachtet es viele saure

Gesichter und Hindernisse, bis man zulezt den großen Nuzen einsah, dabei gab. — 1790 (26. April) verglich er sich mit Ueberlingen über die Versteurung der salmansweil'schen Güter, über Bau und Unterhaltung der Straßen, über die Ehrschäze zu Daisendorf, über das Weg= und Pflastergeld in der Stadt Ueberlingen und über den Zehnten, Jurisdic= tion ꝛc. zu Schayenbuch und an andern Orten. — Am 29. Mai dagegen gab es ein großes Unglück. Während es nämlich am Tage sehr warm war, kamen gegen Abend Ge= witterwolken, die sehr drohend aussahen. Diese wurden von den Winden eine Zeitlang hin und her getrieben, bis sie sich sammelten. Dann fieng es an schrecklich zu blizen und zu donnern. Damit vereinigte sich Hagel und zulezt gossen sie solche Wasserfluthen auf Ueberlingen, Salem und seine Dorfschaften, besonders Bermatingen herab, daß man glaubte, eine zweite Sündflut wolle hereinbrechen. Die Wasser, die von den nahen Anhöhen über Salem herbrachen, wälzten die größten Steine und vom Grund ausgewühlte Bäume mit fort, rissen beim obern Thor, wo das Wasser sich staute, die geschlossenen Thüren auf, warfen die dabei be= findliche Gartenmauer um und verheerten, verwüsteten so gräßlich, daß die ältesten Leute keine solche Verwüstung sahen, erlebten. Nur bis man die Keller, Gänge und das Münster von Holz, Steinen, Schlamm und Kies gesäubert hatte, brauchte es acht Tage. Der Schaden war ungemein groß; allein da von dem heimbezahlten Wasserburger=Pfand= schilling noch ziemlich viel übrig war, konnte man nicht nur den Schaden völlig ersezen, sondern der Abt konnte das Jahr darauf sogar noch für Kirchenschmuck, für die Biblio= thek und das physikalische Kabinet beträchtliche Summen ausgeben; ja er ließ sogar ein neues massives Lehr= und Studentenhaus (das jezige Amthaus) bauen und einrichten, das 90,000 fl. kostete und für 100 Studenten Raum hatte; wogegen das alte Studentenhaus der Volksschule und dem Normalschullehrer eingeräumt wurde, und unterstüzte noch nebstdem Arme und dürftige Gewerbsleute der Herrschaft mit Kapitalien zu 2, höchstens 4%; Manchem gab er sogar das Darlehen jahrelang unverzinslich. [1]) Kurz, das Kloster genoß wieder Wohlstand und Ansehen; täglich kamen Fremde und Gäste an, die je nach ihrem Rang und Stand entweder mit dem Prälaten oder mit den Offizieren im Offiziers=Zimmer speisten. Doch dieses Glück dauerte nicht lange; denn Kriegsstürme brausten wieder über die Länder her und verzehrten den Wohlstand. Mit dem Jahr 1795 rückten die Franzosen vom Rhein herauf und brachen in das Schwabenland ein. Da schreckliche Dinge von ihnen erzählt wurden, so verpackte man im Juli die Dokumente, Paramente, Archivalien, Bücher und Schäze in Kisten und flüchtete sie nach St. Gallen. Zuvor jedoch kamen die Condéer und am 3. August die sog. Patrioten, die sich mehre Tage im Kloster aufhielten. Dem Stift selbst thaten sie keinen Schaden; dagegen wurden die nahen Gebietsorte Mimmenhausen, Weildorf, Neufrach, Leutkirch und Bermatingen von den bösen Gästen sehr übel mitgenommen; 1796 aber wurde das Stift Salem durch ungeheure Contributionen an die Republikaner sehr bedrängt. Dann 1799 kamen die Franzosen nochmals und sezten ihre Erpressungen und Schandthaten fort, bis sie am 25. März bei Stockach (Liptingen) geschlagen, sich über den Rhein zurückzogen. Darauf kamen die Russen und umzingelten Salem „unwissend — sagt ein Schreiben vom 29. August 1799 — wie lange dieses Zilizium um uns gezogen bleibe;" 1800 kamen jedoch die Franzosen schon wieder und da ereignete sich ein Vorfall, der leicht sehr traurige Folgen nach sich hätte ziehen können. Zehn bis zwölf Franzosen hatten sich nämlich im sog. Offiziers= zimmer über die Nacht einquartiert. Einige Oesterreicher hörten davon und ritten in's Kloster. Sie sprengten die verriegelte Thüre ein und nahmen Alle, bis auf Einen, der sich wehrte und verwundet liegen blieb, mit sich fort. Nun kam auf der Straße von Heiligenberg der General Vandamme

---

[1]) Das neue Studentenhaus wurde 1791 vollendet und da, wo sich das jezige Rentamt befindet, war das Speisezimmer oder der Speisesaal.

mit einer Division, der über Bermatingen und Markdorf nach Ravensburg
zog. Er schickte einen Adjutanten mit mehren Offizieren in's Kloster, die
von dem Franzosen die Gefangennehmung erfuhren. Jezt nahmen sie sogleich vier der schönsten Pferde aus dem Marstall und einen prächtigen Wagen hinweg, forderten eine bedeutende Brandschazung und nöthigten das Stift,
ihnen auf mehren Wägen Wein, Futter ꝛc. nachführen zu lassen. Ueberhaupt hörten von jezt an die Contributionen, Lieferungen
und Zahlungen nicht mehr auf. Jeder Tag hatte seine
Leiden, Drangsale und Noth. So kam das Jahr 1802.
Da neigte sich das Leben des würdigen Abtes dem Ende;
sein sonst herkulischer Körper wurde leidend, seine Kräfte
jeden Tag schwächer. Noch wenige Tage — und — er entschlief selig im Herrn. Er starb nach 23 Jahren, 8 Monaten, 29 Tagen seiner Regierung, geliebt, verehrt, bewundert, am 3. März 1802, und wurde unter einem ungemein
großen Volkszudrang am 6. März nahe beim Hochaltar
beigesezt. — Wir haben Leute gesprochen, die ihn noch
kannten, und sie vereinigten sich alle in dem Urtheil über
ihn dahin: „daß er ein Mann voll Liebe, Milde und Güte
gegen seine Mitmenschen gewesen sei." Wir glauben dies
auch; denn seine Werke zeugen von einem erleuchteten Geist
und von einem humanen, wohlwollenden Herzen. Schon
das Einzige, daß er in seiner ganzen Herrschaft die Volksschulen einführte und zur Besserstellung der Lehrer den
Schulfond gründete, macht ihn verdienstvoll und zeichnet
ihn aus; aber er stiftete auch noch eine Armenanstalt, wirkte
sehr wohlthätig auf die Oekonomie ein, bildete durch die
kostvollen Kirchenschäze, Altäre und Denkmale den Geschmack, vermehrte die Bibliothek und förderte das Gymnasium durch Berufung tüchtiger Lehrer, wie z. B. 1780
des St. Peter'schen Paters und vorzüglichen Mathematikers
Kinderle u. s. w. Ferner erhielt Bernhard Boll in
diesem Jahr die Priesterweihe, dem nachher die Bibliothek
anvertraut wurde, und 1731 ward Gabriel Feyerabend
in das Kloster (das damals 94 Religiosen zählte) aufge-

nommen, der später an das Archiv kam und eine Chronik über das Reichsstift und Münster Salem schrieb. [1] Ja man darf sagen, daß seit den Aebten Anselm II. und Robert ein großer Umschwung, ein ganz anderes Leben in's Kloster einzog. — Jezt machten die zahlreiche Bibliothek, die vorzüglichen Schriften und Werke, die vielen Kunstschäze und Sammlungen, die sehr guten Apparate und Einrichtungen für wissenschaftliche Zwecke, die ausgezeichneten Musikwerkzeuge, der prachtvolle Tempel und der neben geordneter Regelzucht durch herrlichen Chorgesang gehobene Gottesdienst das Kloster sogar lieb und die stille Zelle willkommen; denn da konnte sich der menschliche Geist ungestört zu seinem Gott aufschwingen, an den Tugendbeispielen der Heiligen erbauen, sich in Lesung der guten Bücher veredeln, an den Kunstwerken ergözen, an den Wissenschaften erheitern und am Studium sich angenehm unterhalten; kurz, Salem war jezt nicht nur eine ascetische Wohnstätte, sondern auch ein anziehender Musensiz. Und bei Allem waren es seine Obern, die diesen Geist hervorriefen. Darum Ehre ihnen, denen Ehre gebührt. Die zahlreichen Thränen indeß, die am Grabe des Abts Robert flossen, sprachen laut genug, wie hoch, wie werth, wie theuer er Allen war. — Ueberhaupt gibt uns Abt Robert ein schönes Beispiel der Nachahmung; denn bei allen Gütern des Lebens, bei allem Reichthum, bei aller Erhabenheit des Geistes war er sanftmüthig, demüthig, bescheiden. Er wollte nicht schimmern, nicht glänzen, sondern nur Gott gefallen durch ungeheuchelte Frömmigkeit, durch glühenden Eifer für Religion, durch reine thätige Nächstenliebe, durch Wachsamkeit über die Sinnlichkeit, durch Zunahme in christlicher Tugend und Gottseligkeit. Darum war er angenehm vor Gott, und wie er sanft und gut im Leben war, so war auch sanft und ruhig sein Tod. Der edle Abt wurde am 28. Juni 1740 geboren und erreichte ein Alter von 61 Jahren, 8 Monaten, 5 Tagen.

[1] Diese Hauschronik besteht hauptsächlich in Urkundenauszügen des Salemer Archivs und der Summa Salemitana. Gabriel Feyerabend selbst starb hier am 29. September 1835.

Der XXXX. und lezte Abt von Salem war dann Kaspar Oexle aus Schönberg bei Ravensburg, bisher Sekretär des frühern Abts, der, nachdem Pater Bernhard (Boll) die Abtswürde, welche man ihm übertragen wollte, nicht annahm, auf dessen Verwenden am 11. März 1802 gewählt wurde. Papst Pius VII. bestätigte ihn und ein französischer Bischof segnete ihn am 5. September 1802 ein. Seine Regierung war jedoch von nicht langer Dauer; denn auf die am 3. Dezember 1800 für die Oesterreicher unglückliche Schlacht bei Hohenlinden (Dorf in walbiger Gegend, 8 Stunden östlich von München) kam am 1. Februar 1801 zu Luneville in der französischen Provinz Lothringen ein Friede zu Stande, in dem mit Unterzeichnung von Seiten Oesterreichs am 9. Februar der Kaiser das ganze linke Rheinufer an Frankreich abtreten mußte. Zur Entschädigung der Reichsstände, welche Besitzungen auf dem linken Rheinufer hatten, wurde das früher schon 1798 zu Rastatt aufgestellte Prinzip „Einziehung der geistlichen Herrschaften, was man Säcularisation nannte, beschlossen. Ein solcher Reichsstand war Baden, das auf Veranlassung von Preußen am 22. August 1796 einen Separatfrieden mit Frankreich abschloß. Nach diesem und in Folge des Luneviller=Friedensschlusses vom 9. Februar 1801 Art. 7 und Reichsdeputationshauptschlusses vom 25. Februar 1803 §§ 5, 31, 34—36, welcher im Ganzen durch kaiserliches Dekret unterm 28. April 1803 genehmigt wurde, — erhielt das fürstliche Haus Baden als Entschädigung für überrheinische Besitzungen [1]) das Reichsstift Petershausen und das Reichsstift Salmansweiler mit Ausnahme der Herrschaften Ostrach und Schemmerberg, welche dem Hause Thurn

---

[1]) Diese Besitzungen waren: die Grafschaft Spenheim (in der Unter=Pfalz), die Baden durch die Markgräfin Caroline Louise, geber. Landgräfin von Hessen=Darmstadt ererbte, sowie Rodemachern im Luxenburgischen, rc.

und Taxis zufielen, ꝛc. Es war daher nur eine kurze Zeit
noch, welche das Reichsstift Salem sich fristete. Immer
näher rückte die Stunde; nur noch wenige Monate und —
die Regierung des Abts war zu Ende. Die einst hochgeprie=
sene Abtei Salem wurde aufgelöst, das Reichsstift aufgehoben.
Schon im September 1802 kamen die churfürstlich badischen
Commissäre (geheimer Rath Reinhard und Hofrath Maler),
dann kurz darauf auch noch der fürstlich taxische Commissär
(Graf Westerhold) in Salem an, übergaben dem Abt in
Gegenwart des Convent=Priors und mehrerer geistlichen
und weltlichen Beamten und Offizianten des Stifts die
Schreiben ihrer fürstlichen Höfe und erklärten, daß sie Be=
fehl hätten, das ihnen zur Entschädigung bestimmte Reichs=
gebiet mit einiger Mannschaft einzunehmen und provisorisch
zu besezen.¹) Hierauf folgte die Civil=Besiznahme desselben,
indem die **Prinzen und Markgrafen Friedrich und
Ludwig von Baden**, denen von ihrem Vater Markgraf
Carl Friedrich am 20. November 1802 als Surrogate
für ihre im Elsaß erlittenen Verluste — mit Vorbehalt der
Oberhoheitsrechte für den regierenden Fürsten (Organisations=
edikt vom 4. Februar 1803 I.) das Oberamt Salem mit den
Obervogteien Stetten am kalten Markt und Münchhöf zuge=
wiesen wurde, die **Civil=Verwaltung mit Patent vom
22. November 1802 ergriffen.**

So hörte das königliche, exemte, consistoriale und un=
mittelbar freie Reichsstift und Münster Salem nach einem
fast 700 jährigen Bestand auf.²)

---

¹) Die militärische Occupation der Reichsstifter Salem und Petershausen von Seiten
Badens erfolgte am 4. September 1802; das von dem Markgrafen Carl Friedrich
an die Reichsprälaten Kaspar Dexle von Salem und Abt Joseph von Petershausen
erlassene besondere Schreiben wegen freundlicher Aufnahme der Mannschaft dagegen
wurde unterm 14. September 1802 ausgestellt.

²) Auch das feierliche Dankfest zur Herbstzeit, wo Salem mit seinen Unterthanen mit
Kreuz und Fahnen gewöhnlich nach Birnau prozessionsweise zu gehen pflegte und die
benachbarten Pfarrherren mit ihren Pfarrangehörigen dazu einlud — hörte jetzt auf.

Die 78 Religiosen und 24 Brüder erhielten nach der Bestimmung vom 5. November 1804 Pensionen — der Abt jährlich 8000 fl., jeder Conventuale oder Kapitular 600 fl. — Darauf verließen sie am 22. November 1804 das Kloster und zogen die Einen da=, die Andern dorthin.

Der Exconventuale und Priester **Heinrich Bernhard Boll** (geboren in Stuttgart den 7. Juni 1756) kam als Professor der Philosophie an die Universität Freiburg, wurde 1809 Doktor der Theologie und Münsterpfarrer daselbst, 1810 Dekan, 1812 apostolischer Pronotarius und bischöflich-konstanzischer Commissär und zuletzt — unter Papst Leo XII. — **erster Erzbischof und Metropolit der Erzblöcese Freiburg**, in welcher Würde ihn der Erzbischof von Cöln, Graf Spiegel am 21. Oktober 1827 unter großer Feierlichkeit einweihte (consecrirte) und auf den erzbischöflichen Stuhl erhob (inthronisirte). [1]

Dem Ex=Prälaten und Abt Kaspar Oexle wurde von den Markgrafen von Baden das Schloß Kirchberg am Bodensee zur Wohnung überlassen, wo er 16 Jahre lang als großer Wohlthäter lebte. Endlich starb er am 21. Juni 1820 Morgens $1/_4$1 Uhr 68 Jahre, 4 Monate alt und wurde in der Kirche zu Salem (unter Pfarrer Alberik Birkhofer) am 24. Juni 10 Uhr Morgens zur rechten Seite des Presbyteriums (bei dem Denkmal der Aebte) begraben. [2] —

So lange das Reichsstift existirte, war sehr viel Leben

---

[1] Der Erzbischof **Bernhard Boll** starb in Freiburg am 6. März 1836 und wurde links im Schiff des Münsters an der Wand begraben. Neben seinem Grabe steht in Lebensgröße und im Pontifical-Ornate seine in Stein gehauene Statue.

Der letzte der salemer Cisterzienser=Söhne des heil. Benedikt aber — **Honorat Hapt**, starb 1855. Der Grabstein auf dem Kirchhofe zu Stephansfeld sagt von ihm: „Hier ruht der hochwürdige Honorat Hapt, geboren zu Ottobeuren am 26. November 1770. Er trat in den Cisterzienser-Orden zu Salem am 1. November 1794, wurde Priester am 5. Oktober 1800 und jubilirte am 5. Oktober 1850. Er starb am 1. Mai 1855 als Pfarrer zu Salem und letzter Conventual des ehemaligen Reichsstifts." — Auf der Rückseite steht dann noch: „Diesen Stein ließen als ehrende Erinnerung errichten Wilhelm und Maximilian, Markgrafen von Baden Anno 1855."

[2] Der Jahrtag für diesen letzten Prälaten wird jährlich am Pfingstmontag solenniter gehalten.

und Regsamkeit hier; es vergieng fast kein Tag, wo nicht Fremde und Gäste ankamen und giengen.

Der Abt selbst fuhr meist vierspännig, an Festtagen sechsspännig aus und hatte dabei einen Vor= oder Nachreiter.

Der Marstall enthielt die edelsten Pferde; andere Pferde (zur Oekonomie ꝛc.) befanden sich in anderweitigen Ställen und Höfen.

Die Stuterei und Reitschule waren in Stephansfeld.

Die Kaserne zu Mimmenhausen, an der Straße nach Salem, da wo jezt die Bierbrauerei ist.

An Militär hatte das Kloster 1 Hauptmann, 1 Ober= und 1 Unter=Leutenant, etliche Unteroffiziere und 60—80 Gemeine. Von diesen mußte täglich ein Unteroffizier mit zwei Trommlern und 8 Mann Soldaten die Wache am untern Thor, wo jezt die Apotheke ist, beziehen.

Die Mannschaft, welche die Abtei nach dem Reglement pro 1731 zum schwäbischen Kreise zu stellen hatte, war: [1]

a) in Friedenszeiten zu 1½ als Simplum: 1 Hauptmann qua Capitän= Leutenant, 1 Fähndrich, 1 Führer, 1 Korporal, 1 Trommler, 2 Gefreite und 24 Gemeine — oder 31 zu Fuß (Füsiliers): von Cavallerie (Leib=Com- pagnie:) 1 Leutenant qua Cornet und 5 gemeine Kürassiere — oder sechs Mann zu Pferd; somit im Ganzen 37 Mann;

b) in Kriegszeiten zu 4 Simplen: 1 Hauptmann qua Capitän=Leutenant, 1 Fähndrich, 1 Unterfeldwaibel, 1 Führer, 3 Korporale oder Unteroffiziere, 2 Trommler, 4 Gefreite und Zimmerleute und 47 Gemeine — oder 62 Mann zu Fuß (Füsiliers); von Cavallerie (Leib=Compagnie:) 1 Leutenant qua Cornet, 1 Korporal und 9 gemeine Kürassiere — oder 11 Mann zu Pferd; somit im Ganzen 73 Mann.

Die 4 Kanonen waren im Abtei=Gebäude links vom Hauptportal auf- gepflanzt.

Der Reichsmatrikular= oder Steuer=Anschlag war 1521 . . 316 Reichs- thaler, 1680 . . 130, 1712 . . 96 und von 1723 an noch 76 Reichsthaler. Zu einem Kammerziel gab das Kloster 211 Reichsthaler 23½ kr.

Das Gebiet bestand aus dem Oberamt Salem, aus dem Oberamt Ostrach, aus dem Oberamt Schemmer-

---

[1] Summa Salemitana. Tom. III., Seite 360a. Nr. 35.

berg, aus dem Pflegamt Ehingen, aus dem Pflegamt Unterelchingen, aus dem Obervogteiamt Stetten am kalten Markt und aus dem Obervogteiamt Münchhöf.

Zum Oberamt Salem gehörten: Salem mit Stephansfeld, Kirchberg, Schwandorf, Forst, — Bermatingen, — Buggensegel mit Wehhausen, — Grasbeuren, — Mimmenhausen mit Banzenreuthe und Killiberg, — Mittelstenweiler mit Unterstenweiler, — Mühlhofen mit Gebhardsweiler, Hallendorf und Oberrieden, — Neufrach mit Leutkirch, Habertsweiler, Birkenweiler und Fischerhaus, — Nußdorf, — Oberstenweiler, — Oberulbingen mit Seefelden, Maurach, Neubirnau und Oberhof, — Owingen mit Pfaffenhofen, Luegen, Haslach (Hasler=Hof), Wälde und Hebertsweiler, — Tüfingen mit Mendlishausen und Baufnang, — Weildorf, Abelsreuthe, Tepfenhard und Urnau.

Zum Oberamt Ostrach gehörten: Ostrach, Einhard, Eschendorf oder Oesterndorf, Galkreuthe, Gunzenhausen, Lausheim, Lewertsweiler und Tafertsweiler, Bachhaupten, Magenbuch, Wangen und Spök ꝛc.

Zum Oberamt Schemmerberg gehörten: Schemmerberg, Altheim und Aepfingen.

Zum Pflegamt Ehingen gehörten: das Hofgut bei der Stadt Ehingen und Frankenhofen.

Zum Pflegamt Unterelchingen: Unterelchingen.

Zum Obervogteiamt Stetten am kalten Markt: Stetten, Hausen im Thal, Schloß Hausen, Neidingen, Nusplingen und Ober= und Unter=Glashütte.

Zum Obervogteiamt Münchhöf: Münchhöf, Honberg, Hirschlanden, Brielholz, Gründelbuch, Schweingruben, Dornsberg, Meinwangen, Mühle, die Marachhöfe, Rozenberg, die Reißmühle und der Frauenberg bei Bobmann.

Die Pfarrorte waren: Aepfingen, Bachhaupten, Bermatingen, Einhard, Frankenhofen, Griesingen, Hausen im Thal, Leutkirch, Leffertsweiler oder Lewertsweiler, Magenbuch, Meinwangen, Mimmenhausen, Ostrach, Pfaffenhofen (Owingen), Schemmerberg, Seefelden, Stetten am kalten Markt, Sulmingen, Unterelchingen, Urnau und Weildorf.

Schlösser waren zu Bachhaupten, Hausen im Thal, Killiberg, Kirchberg, Lausheim, Maurach, Münchhöf, Ostrach, Schemmerberg, Stetten am kalten Markt.

Schaffneien waren zu Biberach, Ehingen, Frauenberg, Konstanz, Mößkirch, Pfullendorf, Ueberlingen.

Granglen oder Maierhöfe waren: Dornsberg, Gründelbuch, Kirchberg, Mallayen, Maurach ꝛc.

Von diesen Besitzungen kam das Oberamt Salem als Familien-Fidei-
Commiß in die Hände der Markgrafen Friedrich und Ludwig von Baden.

Der Fürst von Thurn und Taris erhielt nach §. 13 des Reichsdeputationshauptschlusses das Oberamt Ostrach und die Herrschaft Schem-
mer- oder Schemmelberg.

Die Pflegämter giengen an die Krone Würtemberg über und die
Obervogteiämter kamen zum Theil zur Grundherrschaft und Grafschaft
Langenstein.

Der Hof Mallayen bei Denklingen wurde von dem Pächter Mathä
Schiele von Gründelbuch 1820 für 11,000 fl. samt Inventar eigenthümlich
gemacht und als er zulezt durch Kauf an die Standesherrschaft Fürstenberg übergieng, wurden die Gebäulichkeiten abgebrochen und die ganze Gemarkung des Hofes zu circa 340 bad. Morgen zu Wald gemacht.

In Salem selbst wurde nach dem Anfall an Baden
eine Pfarrei mit Kaplanei errichtet, das Oberamt
in ein Bezirksamt umgewandelt und als dieses 1858
eingieng, entstand ein großherzoglich badisches Amts-
gericht; das Klostergebäude aber wurde ein markgräflich badisches Schloß und damit zugleich der Abbruch
der entbehrlichen Gebäulichkeiten und Kirchen angeordnet.
Es wurden abgebrochen: die St. Leonhards-Kirche, Pfarrkirche für die
männliche und weibliche Dienerschaft zur Klosterzeit, östlich vom Ober-Thor,
beim langen Bau, — das Kanzlerhaus oder die weltliche Beamtenwohnung
daselbst, gegen die Schule, — das Gasthaus und die Gesindeküche links,
südöstlich vom Unter-Thor, und die Schmiede und Schlosserei von denselben
gegen das Schloß, — die Wagnerei und Schreinerei, rechts, nordöstlich vom
Unter-Thor, gegen den Marstall, — das Gießhaus und die Mezig an der
Aach, zwischen dem Schloß und der Säge, — das Obsthaus im Obstgarten,
beim Amthaus ꝛc., sowie das Hochgericht oder der Galgen in den Wiesen
gegen Weildorf.

Ferner wurde der 1755 mitten auf dem Münster neu
erbaute sehr hohe hölzerne, aber mit Kupfer und Blei be-
schlagene künstliche Thurm abgebrochen. Man hat dies
zwar sehr ungern gethan; denn der Kirchthurm war sehr
schön und konnte weithin gesehen werden; allein die Sturm-
winde beschädigten oft die ungeheure Last, daher der Thurm
fast immer reparirt werden mußte. Dann hatte man auch bei
seiner Untersuchung gefunden, daß das Gebälke bei der obern

Gallerie zwischen dem Kupfer und der innern Wand ganz faul, Anderes vom Wurm zerfressen war und der Thurm eine völlige Erneuerung bedurft hätte. [1]) Dies würde große Kosten verursacht und eine Restauration doch nicht auf lange Jahre hinaus hingereicht haben; man beschloß daher die Glocken herunter zu nehmen, den Thurm abzubrechen und einen neuen von nur 24 bis 30 Schuh Höhe und 8 bis 10 Schuh Breite aufzurichten. Dazu waren zugleich nicht mehr so viele Glocken nothwendig. Sechs wurden behalten, die übrigen Glocken 1807 verkauft. — Die große Glocke zu 150 Zentner kam für 8000 fl. nach Herisau im Canton Appenzell; die Muttergottes= und die St. Stephansglocke zu 31 und 18 Zentner wurden von der St. Gallischen Gemeinde Strobenzell für 2933 fl. 54 kr. gekauft; die Franziskusglocke zu 8 Zentner 55 Pfund kaufte für 550 fl. der Jude Leopold Mayer von Mühringen bei Horb; die Bernardus=, Theresia=, Josephs= und Sebastiands=Bruderschafts= glocken kamen zusammen um 1653 fl. 53 kr. an die Gebrüder Hoffmayer zu Neustadt auf dem Schwarzwalde, und die Chorglocke zu 485 Pfund in die Pfarrkirche zu Mühlingen bei Stockach. — Auch das Thürm= chen über der Abtei wurde abgebrochen und die 3 Glöckchen daraus zu 102½, 70 und 36¾ Pfund verkauft. — Der gegenwärtige Pfarrkirchenthurm, welcher 1808 erbaut wurde, kostete 2541 fl. 22 kr. Das Kupfer dazu lieferte der alte abgebrochene Thurm. Das übrige Kupfer ꝛc. ward eben= falls verkauft. Desgleichen der 176 Pfund schwere vergol= dete Thurmknopf. Diesen kaufte für 281 fl. 36 kr. der obige Jude, und soll — berichtet die böse Welt — in dem Knopf eine Schrift ge= funden worden sein des Inhalts: „Stolz und Uebermuth, diese beiden Laster haben diesen Thurm gebaut, ohne Stein und Pflaster." — Ausgezeichnet schön war in diesem Thurm die Harmonie der Glocken und das Glockenspiel der Uhr. Man konnte mit sämmtlichen Glocken 5 Accorde läuten; die künstliche Uhr aber, welche der Mathematiker, Mechaniker und Conventuale, Pater Hilarius wie man sagt, gefertigt hat, kündete jedesmal auf 4 harmonisch gestimmten Glocken die Viertelstunden an, wiederholte viermal bei der Stunde

---

[1]) Die viele Fäulniß im Thurm entstand theils durch die 4 Gallerien, theils durch die großen Gesimse und Verzierungen, wo sich das Wasser aufhielt und am Ende in den Thurm eindrang.

den Accord und schlug dann die jeweilige Stunde in gewaltigen, weit=
hin dröhnenden Doppelschlägen nach, welches herrliche Glockenspiel man
namentlich um 12 Uhr nicht genug anhören konnte und Jeden, der es hörte,
zur Bewunderung hinriß.

Ferner wurde der Gottesacker für die verstorbenen
Klostergeistlichen bei der Kirche beseitigt und dafür Strauch=
werk mit Anlagen hergestellt; man sieht aber noch an der
Wand einen Grabstein.

Weier hatte das Kloster beim Anfall an das fürst=
liche Haus Baden 24, worin sich stets zahlreiche Fische
befanden. Die vielen Weier waren nämlich der vielen
Fasttage, welche das Reichsstift hatte und der zahlreichen
Fremden wegen, die täglich hier ankamen und im Kloster
speisten, nothwendig; jezt sind jedoch die meisten dieser
Weier ausgetrocknet und theils zu Wiesen, theils zu Wald
angelegt.

Diese Weier selbst waren und sind zum Theil noch:

1) Der Killweier bei Buggensegel, der als Fischweier jezt noch besteht.

2) Der Krumm= oder Sägeweier beim Spiznagel, westliche Seite,
gegen Mendlishausen, jezt Acker= und Wiesfeld.

3) Der Lausheimerweier bei Lausheim im Sigmaringischen, (Oberamts
Ostrach) der noch besteht.

4) Der Adelsreutheweier bei Adelsreuthe, jezt Wiesen.

5) Der Mimmenhauser= oder Bifang= (Wirle=) Weier bei Mimmen=
hausen, jezt Wiesen= und Ackerfeld.

6) Der Aisenweier rechts vom Killweier bei Mühlhofen jezt Wiesen.

7) Der Mendlishauserweier bei Mendlishausen, besteht als Reser=
voir und Fischweier noch.

8) Der Kaltbrunnerweier bei Oberuldingen, ist jezt Wiesen= und Ackerfeld.

9) Der Martinsweier, südlich vom Spiznagel, jezt Acker= und Wiesfeld.

10) Der Riemenweier südlich vom Scheuerbuchwäldchen bei Salem,
jezt Grasland und Ackerfeld.

11) Der Banzenreutheweier, Gemarkung Banzenreuthe, gegen den
Killweier, jezt Wiesen.

12) Der Ralzhofweier beim Ralzhof, jezt Wiesen.

13) Der Knaußen= oder Knausenweier links der Straße von Salem
nach Tüfingen, jezt Wald.

14) Der Weitbergweier oberhalb des Gütchens Bachkeffel, jezt Wiesen.

15) Der Krottenweier hinter dem Forsterhof, jezt Wald-, Acker- und Wiesfeld.

16) Der Ostracherweier bei Ostrach, jezt Wiesen.

17) Der Bachhaupterweier bei Bachhaupten (Oberamts Ostrach), besteht noch.

18) Der Stockweier bei Adelsreuthe, besteht noch.

19) Der Bebenweier bei Ostrach, jezt Wiesen.

20) Der Bermatingerweier bei Bermatingen besteht noch.

21) Der Grafenweier bei den Wellern, jezt Wald.

22) Der Forellenweier zwischen Schattbuch und Fischerhaus, besteht als Fischweier noch.

23) Der Altenweier beim Bachkessel, Oberufdinger Gemarkung ist jezt ⅔ Wald und ⅓ Acker- und Wiesfeld, und —

24) Der Würtembergerweier, Gemarkung Tüfingen, ist jezt Wald.

So großen Reichthum und Güterbesiz das Reichsstift Salem übrigens hatte, so glänzte es doch niemals durch besonders ausgezeichnete Männer der Gelehrsamkeit, wie etwa Hirschau, Reichenau, Sankt Blasien, Weingarten u. a. Benediktiner-Klöster; erst in neuerer Zeit kam es in einigen Ruf wissenschaftlichen Aufblühens und bildete einen anziehenden Musensiz; dagegen hatte es Ordnung in seinem Archive. „Man wird, um mit Baber zu sprechen[1]) — nicht bald ein vollständigeres, besser geeigenschaftetes finden; denn von den ersten Stiftungsbriefen an enthält es noch sämmtliche Dokumente (nicht blos gewöhnliche Schenkungs-, Kauf-, Tausch- und Bestätigungs-Urkunden, sondern daneben auch Uebergabs-, Abtretungs-, Verzichts- und Sicherheits-Briefe aller Art) sowohl in der Originalausfertigung, als in einem schon unter Abt Eberhard I. begonnenen und bis in's 15. Jahrhundert fortgeführten Copei-Buche.[2]) Dabei sind die Originalien fast alle in anständiger Größe, auf

---

[1]) Das badische Land und Volk. Von Dr. Joseph Baber. I. Band, Seite 92—93.

[2]) Man fand unter den Salemer-Urkunden sogar auch den Urkundenschaz des Klosters Bebenhausen, der wahrscheinlich zur Zeit der Reformation nach Salem geflüchtet oder vom dortigen Abt nach seiner Vertreibung aus Würtemberg mit in den Salmansweiler-Hof zu Konstanz gebracht wurde.

gutem Pergamente, in kräftig schöner Schrift ausgefertigt, und die Siegel daran mit Baumwolle sorgfältig umwunden und in leinenen oder ledernen Säcklein so gut verwahrt, daß dieselben, wenn man sie dieser Hüllen entblößt, wie gestern erst geprägt vor uns liegen." — Nebstdem blühte das Stift in gewerblicher und landwirthschaftlicher Beziehung stets als eine Musteranstalt für die ganze Nachbarschaft, was zumal während des Mittelalters ein höchst wichtiges Verdienst war. Endlich war das Stift auch sehr wohlthätig gegen die Armen, indem ihnen aus der Gesindeküche allwochentlich zweimal Brod und Kost; nach Wäschbach aber (bis solches durch Abt Robert einen eigenen Fond erhielt) und in die Dorfschaften durch den Thorwart beim untern Thor das tägliche Almosen in Brod, Mehl, Salz, Schmalz, Oel, Fische, Fleisch und Gemüse verabreicht wurden. [1]

Grablege hatten in Salem mehre Personen aus sehr angesehenen Familien: de Adelsreuthe, de Dachopllon, de Bodmann, de Bratlchoven, de Gremlich, de Güttlingen, Com. de Hallgenberg, Com. de Helffenstein, de Heudorf, de Kuonzenberg, de Lichtenstein, de Malnwang, de Marckdorff, Com. de Nellenburg, de Nenningen, de Raderal, de Regnoldschweller, de Reichle, Com. de Rordorff, de Rosenaw, de Schellenberg, de Senlenbart, Com. de Sigmaringen, Com. de Sulz, de Sunnenkalb, de Teggenhausen, Com. de Veringen, Com. de Wartenstein, de Wasserburg, Com. de Werdenberg, Com. de Zollern, de Zustorff, u. a. m. [2]

Auch der Erzbischof Burchardus I. von Salzburg, ein Graf von Ziegenhayn — erhielt (wie wir Seite 10 bemerkt haben), als er aus Italien, wo er das Pallium holte und sich auf seinen erzbischöflichen Stuhl begeben wollte, aber zu Salem plözlich vom Tode überfallen wurde, dahier neben Guntram v. Adelsreuthe seine Grablege. [3] Und so wurde dann auch noch der Abt von St. Gallen, Conrad I. ein

---

[1] Summa Salemitana. Tom. III., Seite 211, Nr. 73.

[2] Desgleichen. Tom. I., Seite 34a und 35, Nr. 51.

[3] Desgleichen. Tom. I., Seite 25—27, Nr. 36 bis mit 38.

Freiherr v. Bußnang, der mit dem Abt Eberhard I. von Salem eine Bruderschaft (charitas) abschloß und neben diesem seinem Freunde ruhen wollte, als er zu St. Gallen gestorben und schon beerdigt worden, aber auf inständiges Bitten von Salem wieder ausgegraben und hieher verbracht worden war, bei der alten Porta Septentrionalis Ecclesiae, wo heute das steinerne Sakramentarium (Sakramenthäuschen) und der Altar Domini nostri Salvatoris steht, zur Erde bestattet. [1)]

Ueberhaupt zählte das Reichsstift Salem eine Menge Fürsten, Grafen, Freiherren und Herrn zu seinen Wohlthätern, die theils ihr Begräbniß, theils Jahrtage dort hatten, [2)] wodurch und durch die vielen Schankungen, Vergabungen, Testamente, gute Hausordnung und Verwaltung, Verbot des Lehenverbandes, der die alten Benediktiner-Klöster meist ruinirt hatte, und durch kluge Selbstverwaltung der Güter es allmählig zu einer so schönen Herrschaft heranwuchs, daß manche Grafschaft kein so abgerundetes, arrondirtes Territorium besaß; denn die eigentliche Herrschaft Salem bestand in Grund, Boden und Gerichtsbarkeit von den Ettern der Stadt Ueberlingen bis an die Stadt Markdorf der Länge, und von den Gerichten der Stadt Meersburg bis nächst an den Heiligenberg der Breite nach, während die jährlichen Einkünfte sich im Ganzen auf 70,600 fl. beliefen.

Das Wappen des Reichsstifts Salem war:

„Ein schwarzer Schild, darin ein roth und weiß gewürfelter rechter Schrägbalken,"

der Titel des Abts:

„Der Hochwürdige, des heil. röm. Reichs Prälat und Herr, des königlichen, eximirten, consistorial

---

[1)] Summa Salemitana. Tom. I. Seite 33 und 35a, Nr. 52, sowie Tom. II., Seite 402a Nr. 23.

[2)] Die Wohlthäter Salems überhaupt sind aufgezeichnet in Summa Salemitana. Tom. I. Seite 29—33. Nr. 45 bis 49.

und unmittelbar freien Reichsstifts und Münsters
B. V. Mariae von Salem regierender Abt, sowie
des schwäbischen Reichs-Prälaten-Collegiums Con-
birektor und des heil. Cisterzienser-Ordens durch
Ober-Deutschland Generalvikar.

Damit enden wir die Beschreibung von Salem und
gehen zu den einzelnen Pfarreien der Standesherrschaft mit
ihren Filialen und Parzellen über.

Wir beginnen mit der Pfarrei Bermatingen.

Pfarrei Bermatingen.

Bermatingen, früher Bermatingae, Bermuatingas, Pe-
rachtmuatingas und Peremotinga, 1474' hoch (bei der Pfarrkirche), ist ein ziemlich großes und ansehnliches Pfarrdorf
(ehemaliger Flecken) am Fuße von Vorhöhen des Gehren-
berges und eines von diesem nach Westen auslaufenden
Hügelgeländes, an der ehemaligen Landstraße von Insbruck
über Markdorf und Salem nach Ueberlingen, Stockach und
Freiburg.

Das Dorf besteht aus 7 Theilen: Pfaffenhofen, Herren-
gasse, Litschenberg, Oberdorf, Mitteldorf, Unterdorf und
Röthenbach, und ist ¼ Stunde von Ahausen, ½ Stunde
von Markdorf, ¾ Stunde von Baitenhausen, 1 Stunde von
Grasbeuren, Ittendorf und Neufrach, 1½ Stunde von
Meersburg, Salem und Untersiggingen, 2 Stunden von
Roggenbeuren und 2½ Stunden von Urnau entfernt.

Pfaffenhofen heißt man denjenigen Theil des Dorfes, der um
die Kirche herum liegt und das nordwestliche Ende des Dorfes mit der
Kapelle und Pfarrkirche in sich schließt;

Litschenberg den Theil, der vom Kaplaneihause nach Norden zieht
und die Häuser am Weg nach Oberstenweiler in sich begreift;

Oberdorf den Theil, der nördlich von der Brücke über den Dorfbach
am Weg nach Autenweiler hin liegt und die Mühle enthält;

Mitteldorf den Theil, der von jenem Weg und der Brücke an bis
zum Adlerwirthshause zieht;

Unterdorf den Theil, der zwischen der Kapelle und dem Dorfbach,
gegen Ahausen herab liegt;

Herrengasse den Theil, welcher die Häuser von der Buschwirthschaft
des Konrad Waglshauser an der Straße nach Markdorf bis zu dem Graben
beim Accisor Endres enthält — und

Röthenbach den Theil, der über jenem Graben (mit Brückchen) gegen Marldorf gelegen ist und das östliche Ende des Dorfes in sich faßt.

Die Gemeinde ist für sich bestehend und hat außer dem Haus im Sack am Weg von Riedern nach Ittendorf und dem Pachthause am Buchberg keine Nebenorte, Höfe und Separathäuser.

Die Zahl der Häuser ist 115, die Zahl der Bürger 121 und die Zahl der Einwohner 650, die sich von Feld-, Reb-, Obst-, Wiesenbau, Viehzucht und den nöthigen Gewerben ernähren.

Die Gewerbe sind: 2 Bäcker, 1 Drechsler, 3 Küfer, 1 Maurer, 1 Mezger, 1 Seiler, 1 Schneider, 5 Schuster, 4 Schreiner, 1 Schmied, 1 Wagner, 4 Weber und 3 Zimmermeister; ferner sind hier ein Chirurgus und Wundarzneidiener (Johann Baptist Haag), 2 Handelsleute (Konrad Wagishauser und Max Weeh) und 1 Müller (Leo Degen), dessen Wohnhaus mit Mahlmühle zu 3 Gängen sich am Ende des Oberdorfs befindet und 1784 von Johann Meschenmoser gebaut wurde, nachdem die frühere salemische Mühle, die mehr abwärts gestanden, abgebrochen worden war.

Wirthschaften sind: die salemische Taferne oder das Gastwirthshaus „zum Adler" an der Herrengasse und am Anfang des Mitteldorfs (Wirth: Joseph Hagen), die Kranzwirthschaft in Pfaffenhofen (Wirth: Max Weeh), und die Buschwirthschaft am Litschenberg, schief über von der Kapelle (Wirth: Konrad Wagishauser).

Bewässert wird das Dorf durch den sog. Dorfbach, welcher aus der Vereinigung des Wepbachs (rechtsher) und des Klimsenbaches mit dem Widenweilerbache (linksher) am Weg von Weppach entsteht, die Mahlmühle treibt, durch das Oberdorf läuft, am Unterdorf hin fließt und bei Ahausen in die Eschbecker-Ach fällt.

Dann befindet sich an der Straße nach Obersten-Weiler ein bei 15' tiefer Weier, der gegen Feuersgefahr des

Dorfes angelegt wurde und der Standesherrschaft Salem
gehört.

Gemeindebrunnen sind 13; die Brunnenstuben be=
finden sich zum Theil auf den Wiesen im sog. Kesselbach
und zum Theil in den Obstgärten des Oberdorfes.

Die Haupthöhen sind: der Buchberg 1627' hoch,
nordöstlich der Straße nach Markdorf, mit schöner Aussicht
auf den Bodensee und das Schweizergebirge, — der Hoh=
weierberg, nordwestlich der Straße nach Leutkirch mit den
Gewannen: Außer=, Ober=, Inneres= und Mittleres=Hard
und mit hübscher Aussicht auf Salem und das Salemer= oder
Ach=Thal, — der Lerchenberg am Fußwege nach Wangen
mit dem Anblick der Stadt Markdorf und ihrer Umgebung —
und der Leopoldsberg herwärts vom Lerchenberg, zunächst
Bermatingen, mit dem Anblick auf Bermatingen und das
freundliche Dörfchen Wangen und seine Gewannen. Kurz,
überall eine Aussicht voll Mannigfaltigkeit, der lieblichsten
Gegenstände. Besonders aber ist es sehr schön, wenn die
Abendsonne ihre Strahlen auf die jenseitigen Anhöhen hin=
wirft; denn da glänzen die Fenster des Schlosses Ittendorf
im Feuer und wird die Wallfahrtskapelle Baitenhausen so
schön beleuchtet, daß man glaubt, sie bestehe aus lauter
Silber und Gold;¹) schaut man dagegen über den See, wo
die mächtigen Bergriesen zum Himmel aufstreben, so genießt
man vollends den prächtigsten Anblick: bald flimmern sie im
Dunstflor zu uns herüber, bald haben sie ihr Rosenkleid
an, bald sind sie in schwärzliches Dunkel gehüllt, bald glänzen
sie im hellsten Schneeweiß, und — da zeigen sie dann ihre
wunderbar gestalteten Formen so deutlich, als ob man vor
ihnen stünde, bis zulezt die Nacht sich über sie lagert und
Alles in schwarzem Gewande erscheint.

---

¹) Ueber **Baitenhausen** und **Ittendorf** siehe meine Beschreibung von Meers=
burg und Umgebung. Konstanz bei J. Stadler 1861.

Die Gemarkung beträgt im Ganzen 1406 Morgen, 3 Vrlg., 8 Ruthen Acker, Wiesen, Gärten, Reben und Wald.

Davon gehören der Standesherrschaft Salem	767 Morg.	3 Vrlg.	80 Ruth.
den Bürgern und Ausmärkern	524 „	2 „	1 „
der Gemeinde und Stiftung	114 „	— „	22 „
fürstenbergisches Lehen ist	— „	1 „	5 „
zusammen . .	1406 „	3 „	8 „

Der beste Wein wächst im sog. Kritt gegen Leutkirch, im Kesselbach=Gewann, auf dem Buchberge und im Salach bei Wangen.

Der Boden ist oberhalb Lett und Dammerde, unter=halb Kies und für Frucht=, Wein= und Obstbau bestens geeignet.

Das Klima ist milde; das Wasser gesund.

Der Bürgernuzen besteht in circa 2 Vrlg. 70 Ruthen Allmendfeld.

Das Bürgereinkaufsgeld ist für ortsfremde In=länder 34 fl. 3 kr., für Ausländer 68 fl. 6 kr. und das Einkaufsgeld in den Bürgernuzen 35 fl.

Am Litschenberg hat Ochsenwirth Franz Joseph Hohenadel in Markdorf einen Bierkeller, den er im Jahr 1841 herstellen ließ; er besteht aus einem Vorkeller, einem Haupt=keller und einem Seitenkeller. Der Hauptkeller ist 100' lang, 12' breit und 15' hoch; der Seitenkeller 80' lang, 15' breit und 15' hoch.

Als dieser Bierkeller gegraben wurde, stieß man nach unten auf eine ziemlich ansehnliche Höhle von circa 9 Schuh Höhe mit mehren hieroglyphischen Zeichen an den Wänden, etlichen Nebenhöhlen und darin befindlichen Lichtlöchern, sowie auf eine von Ruß noch schwärzliche Nische und eine Art Heerd, deren Eingang vom Dorfbach her bei dem Hause des Schneiders Frei am Steg, und Ausgang durchs Ober=dorf nach Wangen gewesen sein soll. Sie ist ganz roh ge=baut und wird für einen Wohn= oder Betort der ersten Christen gehalten. Sowie die Standesherrschaft Salem,

welcher der Hügel gehört, davon Nachricht erhielt, ließ sie
die Höhle untersuchen und es ergab sich durch den Alter=
thumsforscher, damaligen Pfarrer und Decan Eitenbenz in
Biethingen bei Mößkirch, folgendes Resultat:

„Die Höhle befindet sich im sog. Nahenhard, nach dessen Namen
zu schließen, der Platz vormals Wald war; die Anhöhe macht ein Vorge=
birg des Heiligenberges aus und es besteht dieselbe hier Orts, wie bereits
im größten Theil des schwäbischen Bodensee=Ufers aus Molasse, in der von
Natur aus selten Verklüftungen und leere Räume stattfinden; jedenfalls sind
diese Höhlen von Menschen und zwar zu einem bestimmten Gebrauche ge=
schaffen. Wir halten sie — sagt Eitenbenz in seinem Bericht vom 10. Feb=
ruar 1840 an das großh. markgräfl. bad. Rentamt Salem — als einen
Zufluchtsort für verfolgte Christen, etwa zur Zeit des röm. Kaisers Dio=
kletian am Ende des 3. Jahrhunderts, wo die Christenverfolgung im ganzen
römischen Reiche stattfand, oder zur Zeit des Einfalls der heidnischen Ale=
mannen im 5. Jahrhundert; denn das griechische Kreuz, das in der Wand
der vordern Höhle eingeschnitten ist, die von Ruß geschwärzten Nischen für
brennende Lampen, die Sperrlöcher in den Seitenwänden, um mit einem
Balken den vordern Raum abzuschließen, die gothische spitzbogenartige Wöl=
bung daselbst, sowie die Lage nach Osten, die in der Regel die Orientirung
der alten Tempel ist — sprechen dafür, daß diese Höhlen keine bloße
Schlupfwinkel in gefahrvollen Zeiten oder bloße Verstecke für Schäze waren,
sondern zu religiösen Feierlichkeiten gebraucht wurden und nur die hintere
Höhle zur Wohnung und zum Kochen benüzt worden waren. Dafür dürften
die Topfscherben und die Abzugskanäle sprechen. Auch fand man darin
Röhren, die in den Höhlen fortliefen. Jedenfalls weist das Alter nach,
daß Bermatingen schon zu ren Zeiten der Römer bestand, da auch die
Todtenhügel im Hartwald römische sind.“ —

Von diesen Hügeln haben wir bereits gesprochen;[1]) über die Höhlen
zu Bermatingen bemerken wir nur noch, daß auch wir sie für gegrabene
und älter als die Höhlen bei Ueberlingen halten, indem diese weit mehr
Kunst und Architektonik zeigen, als die hiesigen. Man will zwar auch
glauben, daß die Bermatinger=Höhlen unter Kaiser Karl dem Großen, wo
noch mehre teutsche Stämme die religiösen Gebräuche der Helden beobach=
teten, aber bei schweren Strafen verboten waren, von Helden benüzt worden
seien; allein ohne Zweifel hätten sie das Kreuz an der Wand der Höhle
beseitigt; da eben das Kreuz ihnen verhaßt war; dieses wäre gewiß auch
mit der dabei befindlichen Geheimschrift geschehen, die sich auf das Christen=

---

[1]) Seite 7 und 46.

thum beziehen soll. — Die Ein= und Ausgänge der Höhlen selbst konnten nicht mehr gefunden werden und weitere Ausgrabungen hätten zu große Kosten verursacht.

Endlich will man behaupten, daß die hiesigen Höhlen nachmals auch noch zu andern Zwecken gedient haben, ja die Sage läßt sogar eine geheim= nißvolle Trauung darin vollziehen, worüber wir bei der Abhandlung von Schiggendorf sprechen werden.

Eine andere Merkwürdigkeit ist der Schloßberg, der ¼ Stunde östlich von Bermatingen in Waldungen liegt. Er steht ziemlich frei da, hat gegen Nord = und Süd = West tiefe Tobel und noch theilweise die Gräben. Sein Umfang mag oben etwa ½ Morgen betragen. Gegen den Bach zu, von dem er circa 100' aufsteigt, sah man noch vor wenigen Jahren in der Molasse einen Gang und nicht weit davon im Felsen eine beträchtliche Höhle. Beide Eingänge fielen bei Anlegung eines neuen Waldweges zu, so daß sie jezt durch den Sandrutsch schwer mehr gefunden und nicht mehr besucht werden können. Mehrmals will man auf gegenüber liegender, über dem Bache befindlichen ehemaligen Wald= wiese auch ein weiß gekleidetes Fräulein lustwandelnd und Blumen pflückend gesehen haben, das plözlich wieder ver= schwand. Der lezte, der sie sah, indem er dort, bei der Brücke Vieh hütete, war Johann Schneider, Rebmann; Niemand jedoch getraute sich mit ihr zu verkehren. Schade, vielleicht hätte sie den Glücklichen zu den großen Schäzen geführt, die im Innern des Berges liegen und von einem schwarzen Hund bewacht werden sollen. —

Der Weg zum Schloß=Bühel ist folgender:

„Man geht durch das Oberdorf Weybach zu, bis zu dem Bach links am Wald, wo sich 3 Wege befinden. Von diesen schlägt man den untern ein, geht am Waldbache eine Strecke weit fort, bis dahin, wo an seinem steinigen Bette ein Fahrweg rechts in den Wald hinein führt. Diesen wählt man und lauft dann oben, da, wo zwei Wege zusammen treffen, auf dem Weg links, in der Richtung des Baches weiter, bis zu einem Waldeck, wo man den Wickenweiler = Hof sieht. Hier, rechts bei diesem Waldeck ist der Bühel, der das Schloß trug.

Die Burg selbst mochte ziemlich fest und durch ein Vorwerk auf einem kleinern Hügel gegen ben Walbbach geschützt gewesen sein; benn auch um biesen Hügel befinden sich Gräben.

Wer baute jedoch biese Burg; wie hießen bie ursprünglichen Bewohner; wann wurbe sie verlassen ober burch wen zerstört, unb wohin sind ihre Besizer gekommen; sind sie ausgestorben ober umgekommen? — Keine Nachrichten sind barüber vorhanden. Wir glauben, baß sie zu ben Besizungen ber Welphen gehörte, bann an bie Verwalter berselben, an bie Herren von Rohrborf kam, bie vor Zeiten ihre Residenz zu Meersburg hatten unb in Salmansweiler begraben sein sollen, unb zulezt bem Hochstifte Konstanz zufiel. Einer ber Vasallen bes Bisthums unb seine Nachkommen mochten sich Herren v. Bermatingen genannt unb bas Wappen bes Ortes angenommen haben, wenigstens kommt ein Konstanzer Dienstmann Burkard v. Bermatingen vor, ber mit Bewilligung bes bischöflichen Schirmvogts Konrad im Jahr 1166 einen Lehenmansus in Richovelsberg (jezt abgegangen, bei Salem) an ben Bischof resignirt unb bieser ihn gegen einen Jahreszins von 2 Kerzen an Salem überläßt; ferner kommt ein Heinrich v. Bermatingen 1226 bei ber Vergabung bes Walbes Hart unb zweier Güter zu Rechinowe (b. i. Ober- unb Unter-Rehna bei Helligenberg) burch Graf Berthold zum Helligenberg unb seine Gemahlin an Salem als Zeuge vor, unb 1291 beurkundet ein Bruder Dietrich v. Bermatingen, Mönch in Salem, eine Jahrtagstiftung bes Ritters Ulrich v. Ramschwag in bieses Kloster. Endlich 1296 schenkt unb verkauft Ritter Rudolph v. Güttingen bem Gotteshause Salem nach Empfang von zwei Mark Silber all sein Eigenthumsrecht an seinen Gütern zu Bermatingen, bie bisher Rudolph v. Bermatingen unb sein Schwestersohn Heinrich v. Attenweiler (Autenweiler) von ihm unb von Diethelm v. Güttingen zu Lehen hatten u. s. w. — Jebenfalls waren bie Herrn v. Bermatingen Wohlthäter von Salem; benn ihr Name mit Wappen (ein aufrechter links gerichteter schwarzer Bär im golbenen Felbe, ganz nach bem alten Gerichtssiegel bes Ortes — Sigillum Judicii Dermatingen) kommt auf mehren Holztafeln im Bildersaal zu Salem vor. Nach ihrem Aussterben ober burch Heirath scheint es, kam bie Burg bann als Zugehörbe an bie Schenken von Ittendorf unb von biesen an bie Familie v. Hörningen zu Beyenburg, bis sie zulezt verlassen, ber Burgstall im Bauernkriege zerstört unb bas Steinwerk von ben Umwohnern zu Hausbauten verwendet worden war.

Die dritte Merkwürdigkeit ist ber sog. Kesselbach; ein Gewann an ber Roth- ober Rothshalbe bei bem Hohweierberg, circa 10 Minuten nordwestlich von Pfaffenhofen. Das Gewann liegt zwischen zwei Rebhügeln unb zieht sich von ber bahinter liegenden Walbung wie eine Art Kessel zur Salemer-

Straße herab. Der Boden ist meist sumpfig und ziemlich holperig; gegen die Höhe und Seiten angebaut. Von allen Richtungen riefeln Quellen herab, die sich zu einem Bache vereinigen, der nach der Gestalt des Gewanns der Kesselbach heißt. — Rechts oben ist ein kleiner Steinbruch. Ein anderer größerer befand sich links, wo jezt die Bernhard Bruggers Wittwe einen Rebberg hat. Aus seinen Steinen wurde 1746 der Pfarrhof von Bermatingen gebaut; dieser Steinbruch fiel jedoch ein und sein Plaz wurde zulezt zu einem Rebplaz verwendet.

Auf diesem Gewann soll der Sage nach der ursprüngliche Ort Bermatingen gestanden sein, bis seine Holz= und Strohhäuser durch einen Brand im 13. Jahrhundert eingeäschert wurden. Jezt verließen die Bermatinger die Stätte und schlugen ihr Dorf am heutigen Plaz auf. Man fand zu Kesselbach auch wirklich schon manchen Hausrath; ja sogar neulich noch wurde circa 3 Schuhe unterm Boden ein eichenhölzerner Brunnenstock herausgegraben.

Die Kirchen und Kapellen

sind:

I. Die Pfarrkirche.

Die Pfarrkirche liegt im südwestlichen Ende des Dorfes, auf einem sanft ansteigenden Hügel 1474' hoch und hat um sich den von einer Mauer umschlossenen Kirchhof oder Begräbnißplaz.

Sie hat die Form einer Basilika mit zwei Säulenreihen und theils gothischen, theils byzantinischen Styl. Ihre Richtung ist die übliche von Westen nach Osten, wo sich der Chor befindet und daran außen der Thurm steht.

Das ganze Bauwerk ist von Sattel= und Pultdächern überdeckt.

Eingänge sind zwei: ein Haupteingang und ein Seiteneingang. Der Haupteingang befindet sich hinten, im Westen und hat eine Vorhalle, sog. Vorzeichen mit einem abgewalmten Dache, das nach vornen von zwei viereckigen Sandsteinpfosten unterstüzt ist. Auf dem Einen links steht: „Den 1. Sept.," auf dem andern rechts: „1818" das Jahr der Renovation; über der Thüre sind zwei steinerne Engels=

köpfe, die vielleicht von einem frühern größern Portal herrühren und ganz oben auf der Spize des Giebels vom
Mittelschiff sizt ein steinernes Kreuz. — Der Seiteneingang im Süden hat ein in der Mauer befestigtes hölzernes
Vordach ohne Pfosten, aber eine ziemlich breite Bogen-
verzierung von gelblichem Sandstein, die leider sehr stark
beschädigt ist und einem andern Gebäude entnommen zu
sein scheint, da sie den Baustyl der Kirche nicht an sich
trägt. Darüber zeigt sich ein Spizbogen mit weitern Verzierungen, sowie ein Freskogemälde, das Maria mit dem
Jesuskinde in der Verklärung darstellt und nach der dabei
befindlichen Zahl im Jahr 1602 gemalt worden war.

Der Chor ist ein Viereck, hat 35½' Länge, 30' Breite,
27½' resp. 29' 4'' Höhe, und in dem nordöstlichen Eck
4 Steinstufen, die in die Sakristei führen.[1]) In diesem
Chor sind 5 Fensterlichter. Drei Spizbogenlichter, von denen
das mittlere höhere zwei, die übrigen niedrigern eine Mittel-
strange mit Schnörkelwerkverzierungen haben, sind in der
südlichen Mauer; ein dem mittlern gleiches Fenster in der
östlichen Wand hinter dem Hochaltar, und ein Kreisbogenlicht rechts von demselben. Das kleine Fenster im Norden
erhellt blos den Thurm. — Die Gypsdecke ist flach, hat
vier Leistenzüge, die eine große Hohlkehle bilden und wird
von einer Freskomalerei (die heil. Dreifaltigkeit) geschmückt.
Der Boden hat zwei Stufen, die mit Sandsteinplatten belegt sind. — Andere Gemälde befinden sich an der nördlichen und östlichen Wand: das eine unter dem Kreisbogenlicht zeigt die schmerzhafte Mutter Jesu; das andere große,
welches über den Chorstühlen links (Evangelienseite) hängt
und aus dem Jahr 1526 stammt, stellt die Mutter des

---

[1]) Beim Hochaltar beträgt die Höhe 27½ Fuß, am Chorschluß oder Chorbogen 29' 4''.
Die Steinstufen haben nämlich vom Chorschluß bis in's Mittelschiff herab 2 Fuß,
weshalb es kommt, daß das Mittelschiff um 2 Fuß höher als der Chor am Bogen ist.

Herrn in ihrer Glorie dar — und eine dritte Tafel über den Chorstühlen rechts (Epistelseite) neben der vergoldeten Statue des heil. Antonius von Pabua hat im Gemälde: Christus am Kreuze mit Maria und Johannes, welches 1741 von Franz Antoni Brunmayr oder Staubenmayr gefertigt wurde.

Rechts von der Tafel mit der schmerzhaften Mutter ist in der südlichen Wand ein ziemlich großes steinernes Epitaphium, worauf sich Christus am Kreuze, Maria, der Jünger Johannes und ein Priester befindet, der betet. Darüber stehen in einem weißen Baude die Worte: Miserere mei Deus; und in einem rothen Wappenbalken die Buchstaben M G H, während das goldene Feld des Wappens einen zum Fluge sich anschickenden Käfer zeigt.

Die Unterschrift dieses Grabdenkmals lautet:

IN ADM R DI ET ORNATSMI DNI M. GALLI HUMEL DIGMI PAROCHI ET DECANI IN BERMATINGEN, MECÆNATIS MERITISSIMI, QVI CVM 35 ANNIS HVIC CVRÆ PASTORALI LAVDABILr PRÆESSET ÆTATIS SVÆ 65. EX HAC AD ALTERAM VITAM PIISSIME KALENDIS IVLIJ A. 1620 DISCESSIT DEBITÆ OBSERVANTIÆ MEMORIA M JACOBVS RHEFF PAROCHVS IN LEVTKIRCH, ET M. BARTHOLOMEVS RHEFF EX SORORIBVS NEPOTES POSVERE AIA EIVS REQVIESCAT IN PACE.

Zu deutsch: „Zum Andenken des hochwürdigen und hochverehrten Herrn M. Gallus Hummel, des würdigen Pfarrers und Dekans in Bermatingen, des hochverdienten Beschützers der Wissenschaften — welcher, nachdem er der diesseitigen Seelsorge 35 Jahre lang löblich vorgestanden und im 65. Jahre seines Alters ganz gottergeben am 1. Juli 1620 aus diesem Leben in das Ewige geschieden, — sezen aus schuldiger Hochachtung dieses Denkmal M. Jakobus Rieff, Pfarrer in Leutkirch und M. Bartholomäus Rieff, die Schwester-Söhne (zu Oberstenweiler). Seine Seele ruhe im Frieden.

Ferner befindet sich zwischen den Chorstühlen der Evangelienseite und dem Chorschluß (nach außen gehend) eine kleine Capelle, das Chörle genannt, mit einem Altar und einem Grabstein auf dem Boden — das Grab des Pfarrers Joh. Fr. Schneider bezeichnend — welches Chörle eine Decke mit Kreuzgewölbe, an dem Stückverzierungen angebracht sind und ein nach Westen gehendes Spizbogenfenster, sowie nach

Norden ein Licht mit Rundbogenschluß hat, der Eingang aber Stichbogen zeigt.

Der Chorschluß selbst hat rechts und links vergoldete Stukaturbilder aus Salem; darüber gegen das Langhaus die 14 Stationen, und zu oberst als Sinnbild des Christenthums das Triumphkreuz, das von einem auf Wolken schwebenden Engel gehalten wird, sowie gegen das Langhaus die Heiligen Sebastian und Silvester Papst.

Die Stukaturbildereien sollen sich auf die Legende des heil. Bernhard beziehen, vielleicht stellen sie aber auch Scenen aus der Zeit des römischen Schisma 1130 oder des Normannen Roger dar, der die Krone Siciliens an sich riß und sich König von Italien nannte, oder erinnern an die Heldenzeit des Cisterzienser-Ordens, wo die spanischen Cisterzienser, während die Tempelherren zurückgeschreckt wurden, es wagten, die Vertheidigung der Stadt Calatrava gegen die Mauren zu übernehmen und 1158 aus ihrer Mitte den Ritterorden von Calatrava stifteten. Man sieht nämlich den Chor einer Klosterkirche, wo die Mönche sich zur Mette versammeln; auf der Tafel rechts ist ein Mönch bei einem Vorlesebuch ohne Kopf, und auf der Tafel links haben mehre Mönche ihre Köpfe in den Händen, oder heben sie vom Boden auf.

Das Langhaus endlich besteht aus 1 Mittelschiff von 31' 4" Höhe und aus 2 Seitenschiffen, die niedriger und von Strebepfeilern gehalten sind, während ersteres von Säulen getragen wird. — Die Länge des Mittelschiffes beträgt 70', die Breite 25' und die Seitenschiffe haben je 70' Länge, 13' Breite und 15' 6" resp. 17' 9" Höhe. [1]) — Die Decken sind flach, die Gänge mit gebrannten Quadrat=

---

[1]) Die Höhe der Seitenschiffe ist nämlich gegen die Säulen 17' 9" und gegen die Fenster 15' 6"; die Höhe des Mittelschiffes nach Abzug der Steinstufen zu 2 Fuß der Oberhöhe am Bogen gleich.

plättchen belegt und die Quaderſteinſäulen achteckig; je 4
dieſer Säulen ſtüzen die obern beiderſeits ſpizbogigen Mauer-
theile, wo die 4 Lichter in jeder Seite Stichbogenſchluß
haben, die Säulen=Capitäle unter den Bogen aber byzan=
tiniſche Verkröpfungen zeigen. Anders verhält es ſich mit
den Seitenſchifflichtern; denn da befinden ſich 3 Spizbogen=
fenſter in der nördlichen und 4 in der ſüdlichen Wand.
Hinten, in der weſtlichen Wand ſind dann noch 9 Lichter:
nämlich zwei gewöhnliche Spizbogenfenſter in den Seiten=
ſchiffen, zwei kleine Ovallichter unten neben der Hauptthüre
(Portal), ein großes Spizbogenfenſter mit zwei Mittel=
ſtangen bei der untern Bühne, zwei Kreisbogenlichter und
zwei Lichter mit Stichbogenſchluß auf der obern Bühne im
Mittelſchiff. Auch ſind zwei ſäulenähnliche Wandpfeiler an
der weſtlichen Schlußwand unter der erſten Emporbühne,
welche die ganze Breite des Langhauſes durchläuft; indeß
zwei Bogenſeiten auf der Chorſchlußmauer aufliegen. _
    Die Kanzel iſt an der erſten Säule gegen das Mittel=
ſchiff, aus Holz gefertiget, mit Engelsköpfen und andern
Verzierungen verſehen, und hat über dem Schallbach einen
Engel, der in der einen Hand einen grünen Kranz und in
der andern ein aufgeſchlagenes Buch hält, auf deſſen Blätter
(rechts) „Verhärtet eure Herzen nicht" (ad Hebr. Cap. 3,
Vers 15) und (links) „Ich werde meine Worte ihm in den
Mund legen" (Deuter. Cap. 18, Vers 18) ſteht. Ihr gegen=
über iſt auf dem erſten Säulen=Capitäle ein kleines hölzernes,
recht hübſches Holzſchnizbild des heil. Georg zu Pferd, wie
er den Drachen tödtet und an der zweiten Säule links eine
ſchöne große Holzſtatue Maria mit dem Jeſuskinde als
Schlangenzertreterin (Genesis III, 15) welche Statue ſich
ehemals an der Salemiſchen Grangia Kirchberg befand. —
Dann hängt über dem ſüdlichen Eingang eine längliche
Tafel mit dem Gemälde Chriſtus im Kerker und unter
dem erſten Fenſter dieſes Eingangs hat eine ovalförmige

Messingplatte die Inschrift: „Die Edle und Tugendreiche Fraw Anna Maria Enrotin gebohr. Gräfin von Mörspurg ist Anno 1737 den 27. November im 64. Jahralters in Beyseln und Abwarth ihrer drei welt- geistlichen Herren Söhnen Nachts zwischen 8 und 9 Uhr im Herrn Ent- schlafen und ruhet hier. Gott sei Ihro gnädig und Barmherzig; [1] — und hinten, da, wo man zur Emporbühne hinauf geht, hängen zulezt noch rechts und links an den Wänden zwei Tafeln, mit den Kirchensäzen und Ordnungen, namentlich für die Empore, die aus dem Anfang des 19. Jahrhunderts herrühren mögen.

Altäre sind 5: der Hauptaltar, der Mittelaltar, der Chörlealtar und zwei Seitenaltäre in den Neben- schiffen. [2]

Der Haupt oder Hochaltar, welcher dem heil. Ritter Georg, Patron der Kirche geweiht ist, befindet sich im Chor und reicht im Hauptgestell mit seinen 4 chorinthischen Säulen bis zur Decke hinauf. Nach unten, bei dem Altartische, sind Gebeine von Märtyrern: rechts des heil. Desiderius, links des heil. Candidus. Hinter dem Tabernakel, der mit einem großen Aufsaz versehen ist, zeigt sich im Altarbilde die Ent- hauptung des heil. Georg und zwischen den Säulen stehen fast in Lebensgröße (Epistelseite) die heil. Elisabeth, Land- gräfin von Thüringen, und (Evangelienseite) die heil. Eme- rita, Martyrin.

Oben heißt es: Altare privilegiatum monal: anic: benef: fer: III. d. i. privilegirter Altar, allein für Freunde und Wohlthäter. Am Dienstag (fer. tert.). Zu oberst ist eine Uhrtafel, welche von der Thurmuhr aus die Zeit anzeigt und eigene Glocken hat.

Dieser Altar wurde 1861 renovirt. Die Namen der Maler finden sich unter dem Altarblatt; sie heißen: Konrad Vogel aus Markdorf und Ferdinand Busch aus Bruchsal.

---

[1] Auch außerhalb unter dem 1. Fenster links von der Thüre ist noch ein Grab- denkmal auf die Enrotin.

[2] Von diesen Altären sind der Hochaltar und die beiden Seitenaltäre aus dem Kloster Weingarten bei Ravensburg und wurden 1787 um 500 fl. gekauft.

Der Altar im Chörle oder Frauenkapelle links vom Chorschluß ist ein Muttergottesaltar und es vertritt hier eine große hölzerne Marien=Statue mit dem Jesuskinde die Stelle eines Altarbildes.

Der steinerne Grabstein auf dem Boden mit einem Kreuze bezeichnet, ist die besagte Ruhestätte des am 8. August 1724 verstorbenen hiesigen Kapitels=Kammerers und Pfarrvikars Johann Franz Schneider, für den jeden Monat zwei Aemter mit Vigil abgehalten werden müssen.

Der Mittelaltar unter dem Chorschluß ist der sog. Pfarr= oder heil. Kreuz=Altar. Dieser hat nur ein großes verziertes Crucifix ohne Gemälde und Statuen; aber auf dem Kreuze (nach unten) heißt es: Missions = Kreuz vom Jahr des Heils 1850. — 300 Tage Ablaß so oft vor diesem Kreuz 5 Vater Unser, Ave Maria und eben so vielmal Ehre sei Gott dem Vater gebetet wird. — Vollkommenen Ablaß am Jahrestag den 14. September, der Einweihung, oder den darauf folgenden Sonntag, wenn man die heil. Sakramente empfängt. — Alle diese Ablässe sind armen Seelen zuwendbar. — Pius IX. den 27. September 1848. — Instrumentum authenticum in archivo parochiali Bermatingae est depositum. Test. K . . . . Paroch.

Der Seitenaltar rechts im südlichen Schiffe Josephs=altar genannt, hat als Altarblatt das Holzbildniß des heil. Josephs mit dem Jesuskinde, darüber im Gemälde die heil. Jungfrau und Martyrin Katharina und zu oberst die Worte: „Heiliger Joseph bitt für uns!"

Der Seitenaltar links im nördlichen Schiff ist wieder ein Maria=Altar, welcher das hölzerne Bildniß der Muttergottes mit dem Jesuskindlein, wie beim Chörle=Altar, nur viel kleiner enthält. Darüber im Gemälde sind die heil. Jungfrau und Martyrin Barbara und zu oberst die Worte: „Heiliger Antonius bitt für uns!" 1738.

Der Taufstein ist aus grauem Sandstein, hat die Achteckform mit einigen Verzierungen und steht in der südlichen Ecke des Chors, rechts vom Hauptaltar.

Die Orgel mit 10 Registern, die sich auf der obern Empore befindet, wurde 1847 von dem Orgelbauer Karl

Speidel zu Ravensburg neu gefertigt; die alte Orgel 1858 in die neue Pfarrkirche zu Hepbach verkauft.

Der Kirchthurm, der an der Nordseite des Chors steht, ist viereckig, hat 4 Absäze oder Stockwerke, nach jeder Seite 29' Breite und im Ganzen 116' Höhe, wird von einem Satteldach überdeckt, an dem zwei Mauergiebel mit je 15 Zinnen (nach Ost und West) aufsteigen, und zeigt zu oberst gegen Osten ein eisernes Doppelkreuz. Am vierten Absaz sind die Mauern von Schallöchern durchbrochen, die gekuppelte Spizbogenform haben und aus Sandsteinquadern bestehen. Ueber dem östlichen und südlichen Schalloch sind die Uhrentafeln und zu oberst am östlichen Giebel in einem Verschluß eine Glocke zur Schlaguhr. —

Der ganze Thurm ist von Kiesel= und Tuffsteinen gebaut und an den Ecken von Sandsteinquadern gefaßt. Die Mauerdicke ist im untersten Stockwerk 8 Fuß, im zweiten 7 Fuß und hat da und dort kleine Luftöffnungen von Form eines länglichen Vierecks. Nach oben nimmt die Dicke ab, so daß sie zu oberst nur noch 3 Fuß hat. Die zwei obern Abtheilungen gehören der jüngern, die untern der alten Zeit an. Man glaubt sogar, daß der Thurm ehemals viel höher, aber bei einem Dorfbrand abgebrannt sei, worauf er erst um 1400 wieder aufgebaut wurde. Endlich war früher die Sakristei im Thurm, die erst später bei einer Renovation der Kirche 1715 an die jezige Stelle gekommen sein mag.

Die fünf Thurmglocken sind und heißen:

1) Die große Glocke von 3800 ℔ oder 38 Centnern.

Sie hat oben an der Krone in gothischer Schrift die Worte: O Rex Gloriae exspec. veni cum pace. Anno Domini MCCCCXXIX. d. h. O erschaffener König der Herrlichkeit komme mit Frieden. Im Jahr 1429.

2) Die Mensula= oder Wenzel=Glocke mit 2500 ℔ oder 25 Centnern.

Diese hat oben an der Krone die Umschrift: O Rex Gloriae invicte, veni cum pace MCCCCXXXXIII. d. h. O unbesiegbarer König der Herrlichkeit komme mit Frieden. 1443.

3) Die Eilfuhr=Glocke von 1000 ℔ oder 10 Centnern hat um die Krone herum die Schrift: Christus vincit † Christus regnat † Christus imperat. d. h. Christus siegt, Christus herrscht, Christus ——, — unten am Kranze: Felix Koch me fudit. Salem 1799. — und

an der Schweifung die Bilder: Christus am Kreuze mit Maria und Johannes, sowie den heil. Ritter Georg.

4) Die Todten=Glocke oder Sterbe=Glocke von 800 ℔ oder 8 Centner

hat die Umschrift: O SanCTI oMnes InterCeDIte pro nobis et pro Abbate Antonio pLora gens nostra. d. h. O alle Heilige bittet für uns und du o Volk traure für den Abt Anton (St. Antonius Eremita † 356), und die Bilder St. Antonius, St. Petrus, St. Sebastian und Maria Empfängniß. — Diese Glocke stammt aus dem Jahr 1755.

5) Die Schlag= oder Viertelstunden=Glocke von 200 ℔ oder 2 Centner

hat keine Bilder, nur die Worte: „die Stund verkünd ich, Niklaus (Oberacher?) zu Costenz goß mich," — und stammt wahrscheinlich aus dem Jahr 1520, um welche Zeit ein Niklas Oberacher oder Oberaker als Bürger und Glockengießer in Constanz lebte.

Das Patrocinium der Kirche ist an Georgi (23. April), wird aber am darauf folgenden Sonntag gehalten.

II. Die St. Leonhards=Kapelle.

Diese Kapelle, welche die Form eines länglichen Vierecks hat, steht so ziemlich am westlichen Ende des Dorfes, an der Straße von Salem nach Markdorf und am Weg nach Ahausen. Sie hat ein Walmdach mit einem Doppelkreuz nebst Wind= fahne und einen Reiterthurm, sowie nach Nord und Süd je 3 große Fenster mit steinernen Stichbogengestellen, die durch eiserne Stäbe in sechs Felder getheilt und mit Sechseck= scheiben versehen sind; nur ein kleines Fenster ist im Westen. Auch ist hier in der Westfronte der Haupteingang mit einer zweiflügligen Thüre, über welcher man im Schlußstein des Steingestells die Jahrzahl 1780 eingehauen und zu oberst auf dem Dache das Doppelkreuz sieht. Ein anderer, Seiteneingang, befindet sich in der Nordwand; dieser hat eine einflüglige Thüre, darüber ein großes Crucifix, das durch ein besonderes Dach geschützt ist und früher oben, am Chorbogen der alten Pfarrkirche in Meersburg hing. Außen ist dann noch in einer Nische der nordöstlichen Wandecke der heil. Leonhard in Holzstatue und daneben, über einem Orientierstock ein eisernes Hufeisen, als Attribut des Heiligen, vielleicht aber auch das Hauszeichen und Wappen der Bauern. — Die Länge der Kapelle mißt 52', die Breite 20', die Höhe 18' und die Decke ist flach, mit Leistenzügen verziert. Der Altar, der seligsten Jungfrau Maria und den Heiligen Leonhardus und Laurentius geweiht, steht auf einem Bretterantipendium an der östlichen Schlußwand und hat einen hohen Säulenaufsaz von korinthischer Ordnung an dem sich Engelsköpfe befinden. In Mitte des Aufsazes, nach hinten, stellt ein großes Oelgemälde die Taufe des heil. Johannes dar; davor steht das hölzerne Bildniß der Mutter des Herrn. Um diesen Altar hängen die sog. 14 Stationen, während an den Wänden rechts und links in Holzstatuen der heil. Stephanus und der heil. Laurenz angebracht sind. Ferner sind auf einem Beichtstuhle, rechts, der König David in Holzschnizwerk; gegen die zweiten Fenster der Kapelle die Statuen: Maria und Joseph und zulezt, hinten, die Empore ohne Orgel, von wo aus man zum Thurm gelangt. Dieser Reiterthurm hat zwei Glocken: die größere vom Jahr 1654, die kleinere vom Jahr 1[?], welche zusammen 225 ℔ Gewicht haben.

Das Patrocinium ist an Laurentiustag (10. August), an welchem feierliches Amt zu Ehren des heil. Diakons und Märtyrers Laurentius abgehalten wird.

Wann die Pfarre selbst gegründet wurde, ist unbekannt; jedenfalls sehr früh. Vielleicht bestand schon unter den Römern hier eine christliche Gemeinde, wie deren damals bekanntermaßen schon mehre um den Bodensee waren, allein sie waren klein und von heidnischen Tempeln umgeben. Auch bei den alten Alemannen waren die heiligen Haine noch zahlreicher, als die christlichen Kapellen und Bethäuser; aber als sie sahen, daß ihre Götter sie in der Entscheidungsschlacht gegen die Franken bei Zülpich 496 verließen, änderten sie ihre Ansichten und der Gott der Christen kam in größeres Ansehen. Nachher wurden noch das Bisthum Konstanz und die Klöster St. Gallen und Reichenau gegründet, welche das Christenthum pflegten und förderten, und — da zulezt der alemannische Adel sich enger an das christlich-fränkische Regentenhaus anschloß und um das Wohlwollen und Vertrauen der Regierung zu genießen, vom Heidenthum abstand, traten vollends die Christen aus ihren heimlichen Räumen, verborgenen Höhlen und unterirdischen Schluchten und Stätten hervor und beteten Gott öffentlich an. Der Umgang mit ihnen und ihr christliches Leben zog Andere an, und so kam es, daß der christliche Glaube den Sieg über den heidnischen Kultus errang. Von da an entstanden christliche Kirchen und Pfarrsprengel, welche sich oft auf mehre Stunden ausdehnten; die Kirchen jedoch waren selten von Stein, gewöhnlich von Holz; denn die ältesten Kirchen, arm und klein mußten sich, wie das Sprichwort sagt, und wie es bei jezigen armen Gemeinden noch der Fall ist — nach der Decke strecken. Erst später wurden sie mit Steinen aufgebaut. Die hiesige frühere steinerne Kirche mag in's 10. Jahrhundert fallen; der ursprüngliche Thurm aus dem 11. Jahrhundert sein. — Dann am 30. Oktober 1033 starb 52 Jahre alt der hiesige Pfarrer Christophorus Legerer aus Julio magensis, d. i. Pfullendorf. Andere Pfarrherren waren und sind: 1279 Dietrich v. Bermatingen, der neben Pfarrer Konrad v. Wittenhofen, Swigger Sunnenkalb v. Deggenhausen, Hermann Fink u. A. als Zeuge vorkommt, da Heinrich Ekol mit Zustimmung seiner Lehensherren Ulrich und Konrad v. Markdorf verschiedene Weinzinse an das Kloster Salem abtrat. Von 1288—1303 waren Pfarrer: der edle Albrecht v. Schmalegg, Sohn des Schenken Heinrich v. Ittendorf; von 1585—1620 Gallus Hummel; von 1665—1679 Martin Moser; von 1679—1689 Martin Pfohr; von 1689—1692 Bernhard Linder; von 1692—1724 Franz Schneider; von 1724—1765 Fr. Anton Enroth; von 1765—1773 Ernst de Albini; von 1773—1779 Konstantin Miller; von 1779—1811 Fr. Xaver Ignaz Faigle aus Ostrach, dessen Bruder Ludwig Pfarrer in Urnau war; von 1811—1812 Paul Sazger ehemaliger Capitular von Salem; von 1812—1814 Johann Nepomuk Ott aus Moosbeuren, gleichfalls früher Capitular in Salem; von 1814—1829 Gero Engeser aus Durchhausen, früher ebenfalls Mitglied des Reichsstifts Salem; von 1829—1841 Stanislaus Müßlin aus Felburg im Breisgau, und seit 1843 wirkt als Pfarrherr zu Bermatingen Johann Friedrich Katzenmayer aus Konstanz.

Auch gehörten zum hiesigen Pfarrsprengel früher die nun selbstständigen Pfarreien: Kluftern, Fischbach bei Friedrichshafen, Immenstaad, Ittendorf und Markdorf extra muros. [1]

---

[1] Fischbach ist ein katholischer Pfarrweiler im königl. würtembergischen Oberamt Tettnang. Nachdem die Gemeinde Fischbach 1483 eine eigene Kaplanei gestiftet hatte, wurde diese 1792 zu einer selbstständigen Pfarrei erhoben.

Die gegenwärtige Kirche selbst mag aus dem 15. Jahr=
hundert stammen; dagegen mögen die steinernen Relief=
verzierungen oder Einfassungen bei den Eingängen noch
Ueberreste der alten gothischen Kirche aus dem 10. oder
11. Jahrhundert sein, indem man zu dieser Zeit die Por=
tale der neu erstandenen Kirchen gerne mit Reliefs aus
Stein, die Säulen mit künstlichen Capitälen und die Altäre,
Thüren, Kanzeln, Taufbecken, Grabmäler u. s. w. mit reichen
Ornamenten und Sculpturen ausschmückte. Die jezige Kirche
wurde auch im Verlauf der Zeiten mehrfach verändert und
renovirt, wie z. B. 1680 und 1760, wo die Gypsdecke,
(die mit Fresken hätte gemalt werden sollen) und der Dach=
stuhl neu gemacht wurden.

Damals standen auch noch sechs Altäre in der Kirche. Sie hießen:
der Chor= oder Hochaltar zu Ehren der heil. Päpste Sylvester und Greger
des Großen, mit Reliquien der heil. Theodor, Viktoria und Mauritius; —
der Lieb = Frauen = Altar im sog. Chörle zu Ehren der seligsten Jungfrau
Maria, mit Reliquien der heil. Martyrer Alexander, Vincens und Theodor; —
der Josephs = Altar zu Ehren des Patriarchen und Nährvaters Joseph, mit
Reliquien des heil. Innocenz, Viktoria und Claudia; — der St. Georgs=
Altar zu Ehren des heil. Ritters Georg, mit Gebeinen der heil. Seneßus
und Theodor; — der Sebastians=Altar zu Ehren des heil. Sebastian (Pest=
patron), mit Gebeinen der heil. Viktoria, Alexander und Innocenz, und der
Mutter=Gottes=Altar zu Ehren der schmerzhaften Mutter Jesu, mit Ge=
beinen der heil. Alexander, Theodor und Claudia. — Ferner war damals
die Orgel im Chor; auf dem Mittelaltar (St. Georgs=Altar) aber, der mit
verschiedenen Bildhauerarbeiten verziert war, saß bereits in Lebensgröße auf
einem Schimmel der heil. Ritter Georg, wie er das Heldenthum unter der
Gestalt eines Drachen tödtet. — Und endlich waren noch um die Kirche
der Oelberg und das Eselshäuschen, in welchem der Palmesel aufbewahrt
wurde. — Alles dieses verschwand 1788, wo der Boden frisch belegt wurde;
auch verschwanden zu dieser Zeit die vielen Denkmale hiesiger Pfarrherrn
und Stift=Salmansweilischer Beamten, die in der Kirche herum und auf
dem Boden angebracht waren.

Ja sogar die alte gothische Kapelle wurde 1768 beseitigt; sie war zwar
baufällig und drohte den Einsturz; allein statt daß man sie in gleichem
Stile hergestellte, baute man eine, die weniger kostete. Diese neue Kapelle
entstand 1780 und wurde am 9. Dezember 1781 von dem Fürstbischof

Maximilian v. Rodt eingeweiht, der hierauf in der Pfarrkirche die heilige Firmung vornahm.

Die Frühmeß = resp. Kaplanei = Pfründe aber ward von der Gemeinde schon 1532 fundirt und dotirt; denn am Montag nächst vor Christi Himmelfahrt 1532 baute sie nicht nur das Caplaneihaus, sondern warf auch die Dotation des Frühmeßers und Kaplans aus. [1]

Nun hat der Kaplan in der Kapelle stiftungsgemäß allwöchentlich 3 heil. Messen zu lesen, alljährlich mehre fundirte Jahrtage zu halten und das Patrocinium festlich zu feiern, ferner an Sonn= und Festtagen während der Pfarrer die Schulentlassenen in der Religion unterrichtet, — der größern Schuljugend den Religionsunterricht zu ertheilen und dann noch an bestimmten Festtagen das heil. Buß= sakrament zu verwalten; überhaupt pfarramtliche Aushilfe zu leisten.

Der Pfarrhof (Haus Nr. 3) an der Koboldstraße wurde, nachdem die Schweden den alten, der im jezigen Pfarrgarten beim Haag stand, abgebrannt hatten, 1746 erbaut. [2]

Endlich ist bei Herrn Pfarrer Kazenmayer ein Gemälde sehenswerth, das den Moyses darstellt. Das Bild hat rechts und links vom Haupt die Worte: Effigies Moysis Viri Dei Sanctissimi Ducis Populi Israël d. h. Abbild des Moyses, des Mannes des allerheiligsten Gottes, Heerführer des israelitischen Volkes, — und unterhalb:

EX EA QVÆ IN TAPETE PICTA A TIGRANE ÆGYPTV VASTANTE 3216 (von Erschaffung der Welt) INVENTA EST. DONATA DE BIN(C) DOMINATORI AFRICÆ PANACO HELIMO, QAM POSTEA PRÆTO(R) IOANNES 1572 (nach Christus) ANGLIÆ REGINÆ PER FRANCISCVM AD-

---

[1] Siehe auch: Summa Salemitana. Tom. 1., Seite 82—87. Nr. 25—28.

[2] Dieser Pfarrhof ist ein sehr schöner massiver Bau; denn nicht nur das Pfarr= haus ist solid und ansehnlich, sondern auch die Oekonomiegebäude wurden geräumig und dauerhaft gebaut. In ihm befinden sich sehr gute, gewölbte Keller, 2 Hof= räume, 1 Back= und Waschhaus, ein eigener laufender Brunnen, die nöthigen Stallungen, Holz= und Wagenremise und um den Hof zwei ziemlich große Gärten — Alles von Mauer und Haag umschlossen. Die Jahrzahl 1746 ist im Schlußstein über der Scheuerthüre zu sehen.

MIRALEM DONO OPTVLIT ITA IN EISGARN IN SIMILI SVBSCRIPTVM
EST. welches heißt:

Von diesem (Bilde), das, als Tigrannes 3216 Egypten verwüstete,
auf eine Tapete gemalt, entdeckt, hernach dem Beherrscher von Afrika, Pa-
nassus Helimus verehrt und 1572 von dem Prätor Johannes durch den Admiral Franz Drake der Königin von England als Geschenk zugestellt wurde —
fand man eine Copie auch noch zu Eisgarn.[1]

Das Kaplaneihaus (Nr. 18) liegt der Kapelle gegenüber, an der Straße nach Salem und Markdorf.

Zur Kirchspielsgemeinde Bermatingen gehören:

1. der Pfarrort Bermatingen mit	650	Seelen
2. das Filialdorf Ahausen ½ Stunde entfernt mit . .	353	„
3. der Zinken Autenweiler (Bürgermeisterei Wittenhofen) 3 Häuser, ¾ St. entfernt, mit	22	„
4. der Zinken Filzenweiler (Gemeinde Markdorf) 3 Höfe, 1 St. entfernt, mit	24	„
4. das Dörfchen Bangen (Gemeinde Markdorf) ½ St. ent- fernt, mit	75	„
6. der Zinken Riedern (Gemeinde Ittendorf) 2 Höfe mit 3 Haushaltungen, ½ St. entfernt, mit . . .	15	„
7. der Zinken Bürgberg (Gemeinde Ittendorf) 4 Haushal- tungen, 1 St. entfernt, mit	9	„
8. die Höfe Ober- und Unter-Lachen (Bürgermeisterei Witten- hofen), 1 St. entfernt, mit	14	„
9. der Hof Weppach (Bürgermeisterei Wittenhofen), ¼ St. entfernt, mit	8	„
Uebertrag .	1770	Seelen

[1] Tigrannes II. ein Schwiemensohn und Schwiegersohn des Königs von Pontus
(Mithridates †) war 118—91 vor Christus König von Großarmenien, der Syrien
eroberte und sich sogar der Länder diesseits des Euphrat bis in Egypten bemächtigte;
er kam jedoch mit den Römern in Krieg, wurde von Lucullus und Pompejus über-
wunden und kann wieder auf sein Stammland beschränkt.

Franz Drake oder Drake, geboren zu South-Tavestoke der Grafschaft De-
vonshire in England, war derjenige berühmte Admiral, der unter der Königin Elisabeth von England 1577 in die Südsee segelte, die Erde umschiffte, die Kartoffeln aus
Peru nach Europa brachte, New-Albien entdeckte und am 28. Jänner 1596 zu Porto
Bello in Südamerika starb.

Eisgarn war eine Probstei in Unterösterreich, gegen die böhmische Grenze.

<table>
<tr><td></td><td>Uebertrag</td><td>. . .</td><td>1170 Seelen</td></tr>
</table>

10. die Münchhöfe bei Markdorf (Gemeinde Markdorf), ehemals nur ein Hof, der Runnen- oder Baindtner-Hof
genannt, ³/₄ St. entfernt, mit . . . . 9 „

11. der Hof Wickenweiler oder Wiggenweiler (Bürgermeisterei
Wittenhofen), der früher zur Pfarrei Leutkirch gehörte,
¼ St. entfernt, mit . . . . 9 „

12. der Roth-Torkel (Bürgermeisterei Mittelstenweiler), jetzt
aber, da der Torkel abgebrochen ist, nur ein Einzelhaus, ¼ St entfernt, mit . . . . . . 3 „

zusammen . 1191 Seelen

Die Stiftungen und Fonds

sind:

1) Der Kirchenfond, von 1400 an durch Anniversarien
entstanden, mit einem Kapitalvermögen von 4380 fl. 30 kr.

Zur Anschaffung der Kirchenerfordernisse und Bestreitung der Pfarr-
kirchen-Bauten, sofern nicht der Baufond dafür eintritt.

2) Der Baufond, 1852 durch die Zehntablösung entstanden, mit einem Vermögen von . . . 6725 fl. 3 kr.

Zur Bestreitung der Baulasten der Pfarrkirche und des Pfarrhauses;
der Thurm geht die Kirchspielgemeinde an.

3) Der Kaplaneifond, 1532 von der Gemeinde gestiftet,
mit einem Vermögen von . . . . . 15,602 fl. 44 kr.

Zur Bestreitung des Einkommens des Kaplans und Unterhaltung des
Kaplaneihauses.

4) Der Bruderschaftsfond, auf Montag vor Johann
des heil. Täufers Tag 1518 von hiesigen Einwohnern gestiftet, mit einem Vermögen von . . 23,638 fl. 30 kr.

Zur Beförderung der Andacht und Frömmigkeit unter den Mitgliedern
und Erweiterung und Vermehrung des Gottesdienstes im Ort.

Dazu ist angeordnet:

1) jährlich an Mariä Empfängniß (8. Dezember) ein Bruderschaftsfest
mit Levitenamt am Liebfrauen-Altar in der Pfarrkirche zu halten;

2) für jedes im Jahr verstorbene Bruderschaftsmitglied eine heilige
Messe zu lesen;

3) für die verstorbenen Bruderschaftsmitglieder überhaupt die gestifteten
Quatember-Anniversarien abzuhalten;

4) die Namen der verstorbenen Bruderschaftsmitglieder an einem ge=
eigneten Tag in der Pfarrkirche abzulesen;

5) fünf Wachskerzen zusammen mit 18 Pfund Gewicht in die Pfarrkirche
anzuschaffen und an bestimmten Tagen anzuzünden.

Beizutragen haben: die Erbschaftsmasse jedes verstorbenen Bruderschafts=
mitgliedes jährlich ⅓ Pfund Wachs oder dafür 6 kr.; ferner jedes Bruder=
schaftsmitglied die sog. Leibsteuer von jährlich 9 Pfennigen.

Die Güter, welche zum Kellhof kamen, stehen
mit einer großen Jahrtagstiftung in Verbindung, die
auf folgende Art entstanden sein soll:

Ein Fräulein, Namens Hildegarde Schenk v. Ittendorf zu
Bermatingen, vergabte laut Brief des Bischofs Heinrich von Konstanz vom
20. April 1243 zur hiesigen Pfarre eine Anzahl Güter (36 Jauchert Acker=
feld, 5 Karrate Grasboden und 1 halben Obstgarten) mit der Verbindlichkeit,
daß für sie von den gesammten Confratribus des Landkapitels Linzgau ein
Jahrtag in der Kirche Bermatingen abgehalten werde, und ihr Pfarrer für
Benüzung dieser Güter ihnen nach beendigtem Gottesdienst ein anstün=
diges Mittagsmahl verabreichen solle. Nun fand es aber der Pfarrer zu
beschwerlich, in den damaligen ungünstigen Zeitverhältnissen das Mittagsmahl
zu verabreichen. Der eifrige Dekan des Kapitels, der zu jener Zeit zu
Pfullendorf residirte, machte noch im Jahr 1243 nach Konstanz Anzeige
und erhielt die Ermächtigung, die zu jener Pfründe wegen dem Jahrtag
gestifteten Güter cum onere an das Landkapitel Linzgau zu ziehen oder zu
verpachten; er verpachtete sie mit bischöflichem Consens an das Kloster
Salem und machte mit ihm die Bedingung, daß es sofort das Mittagsmahl
an den Kapitels=Klerus verabzureichen habe. Dieser zog nun die Güter
1359 resp. 1455 zu dem Kellhof; das Mahl aber wurde ohne Anstand
bis 1804 vom Kloster aus geleistet: es sind daher obige Güter nicht wie
Manche glauben, selbst der Kellhof, sondern nur ein Bestandtheil von
ihm.[1] Auch war der Pacht ein ewiger, so lange das Mahl gegeben wird.
Nachher wurde zufolge Erlasses des hochwürdigsten Generalvikariates zu
Konstanz vom 25. Jenner 1805 das Kapitel Linzgau veranlaßt, mit Salem
einen Vergleich über eine jährliche Aversalsumme in die Kapitelskasse statt
des bisherigen üblichen Gastmahls abzuschließen und solches eigens zu be=
sorgen. Dies geschah, und nachdem die von dem ehemaligen Kloster Salem
übernommene Last der Bewirthung der Kapitularen an die Standesherrschaft
Salem übergegangen war, löste diese die Last mit 2500 fl. unterm 1. No=

---

[1] Siehe meine Beschreibung von Markdorf, Meersburg ꝛc. Konstanz bei S. Stadler
1861. Seite 329.

vember 1838 Nr. 2162 aus und bezahlte am 15. Jenner 1839 an das erzbischöfliche Dekanat des Kapitels Linzgau (damals in Ueberlingen) baar die 2500 fl. Seitdem erhält jeder Capitular, der dem Jahrtag anwohnt, für die Mahlzeit ein Gewisses an Geld, je nach dem Beschluß des Kapitels. Der Jahrtag selbst wird seit unvordenklichen Zeiten der Galenus = Jahrtag, das Mahl das Galenus-Mahl, vielleicht von Gallus, Gallina d. i. Henne, Huhn, die auf die Tafel gebracht worden waren, genannt. [1]

Die herrschaftlichen Kameral= und andere Höfe sind:

Der Kell= oder Kapitelshof unten am Dorfbache, sonst nach Ittendorf gehörig, dann an das Kapitel Linzgau vermacht, hierauf stift=salemisches Besitzthum und jezt herrschaftlicher Kameralhof, Leopolds= hof genannt (Pächter: Blasius Kloß);

der Traubenhof [2] mit der Gastwirthschaft (Ta= serne) zum Adler und Hauptgasthaus des Ortes, früher zum Kloster Salem gehörig, jezt ebenfalls herrschaftlicher Kameral= hof (Pächter und Wirth: Joseph Hagen);

der Apfelhof gegen die Mühle, jezt ebenfalls herrschaft= licher Kameralhof, Friedrichshof genannt (Pächter: Christian Frei);

der Eichenhof im Röthenbach, sonst zum Frauenkloster Zofingen in Konstanz gehörig, jezt auch herrschaftlicher Kameralhof und Ludwigshof genannt (Pächter: Lorenz Riegel);

der Rosenhof beim Rathhause, sonst zum Kloster Kreuz= lingen bei Konstanz gehörig, jezt auch herrschaftlicher Kameralhof (Pächter: Johann Hald);

der Walderhof in Pfaffenhofen, sonst zum Frauenstift Klosterwald im Sigmaringischen gehörig, jezt Eigenthum des Bürgermeisters Joseph Anton Salis aus Wangen in Würtemberg; das jezige Hofgebäude wurde jedoch 1828 auf der Stelle des alten neu aufgeführt; [3]

[1] Vergleiche Apiarium Salemitanum. Seite CLXVI.

Das Grabmal der Stifterin, Hildegarde v. Ittendorf=Berm= tingen selbst ist wahrscheinlich das auf dem Boden, mitten im Chor, vor dem Hochaltar.

[2] In hiesiger Gegend haben nämlich die herrschaftlichen Höfe zur leichtern Bezeichnung eigene Namen.

[3] Von dieser Familie Salis sind auf dem Gottesacker mehre Grabsteine mit Wappen: ein quadratiger Raven von Balken durchzogen.

der **Kreuzlingerhof** bei der **Brücke**, sonst zweiter Hof des Klosters Kreuzlingen, jetzt Eigenthum des Remigi Wun (Anton Räher);

der **Baindterhof** im Unterdorf, gegen **Ahausen**, sonst zum Frauenkloster Baindt im Würtembergischen gehörig, jetzt hiesiges Armenhaus;

der **Münsterlingerhof** beim **Steg** im **Mitteldorf**, sonst zum Frauenkloster Münsterlingen am Bodensee gehörig; jetzt Eigenthum des Martin Endres:

das **Bettenbrunner-Erblehen** am **Litschenberg**, oberstes **Haus**, sonst dem Collegiat-Stift Bettenbronn bei Heiligenberg gehörig, jetzt dem Gymnasialfond Donaueschingen zuständig und von den Erben des Joh. Bapt. Endres bewohnt;

das **Pfullendorferhaus** im **Mitteldorf**, sonst zum Spital Pfullendorf gehörig, jetzt an seiner Stelle eine Schmiede und ein Wohnhaus des Joseph Vogler;

das **Jägerhaus** des Klosters Salem, im **Mitteldorf**, am Weg nach dem Filial Wangen, jetzt Dienstwohnung des herrschaftlichen Rebmeisters Fidel Bohl aus Salsbach bei Oberkirch;

das **Badhaus**, unweit der **Mühle**, jetzt Eigenthum des Chirurgen Johann Baptist **Haag**. Dieses Haus, das von dem Grafen Wilhelm v. Montfort und Ritter Wilhelm v. Knöringen an das Gotteshaus Salem kam, wurde 1419 von den Gebrüdern Joos und Hans, genannt die kleinhansen, bewohnt; sie verzichteten jedoch auf ihre Lehenansprüche, nachdem sie von Salem 70 fl. erhielten. Die Badstube selbst in den untern Räumen des Hauses, im jetzigen Keller, war gewölbt, ziemlich geräumig und von 5 Fenstern erhellt. Noch sieht man die Stelle, wo der Ofen zur Wärmung des Badwassers stand. Auch mußte der jeweilige Bader 6 fl. jährlich an das Kloster abgeben, welche Abgabe erst 1833 aufhörte, wo das Haus von Haag zu Eigenthum gemacht wurde. Jetzt führt dasselbe die Haus-Nr. 33.

Vergnügungsort

ist hauptsächlich **Wepbach** oder **Weppach**, ein fürstlich fürstenbergischer Hof mit Wirthschaft, zur Gemeinde Wittenhofen und zur Pfarrei Bermatingen gehörig; früheres Franziskaner-Nonnenkloster in einsamer Waldgegend.

Die Sage läßt das Kloster also entstehen:

„Es kam einmal von den Bergen her ein fremder Ritter in den Wald; er fand keinen Ausweg und gelangte immer wieder auf eine und dieselbe Stelle zurück. Um aus dieser Lage und nach Bermatingen zu kommen, ge= lobte er, wenn sein Wunsch erfüllt würde, dort einen Gedenkstock zu errichten. Er fand den Ausweg und sein Gelübde wurde vollführt. Noch steht dort, am Kirchweg nach und von Weppach ein Bildstock. — Später kam dann eine Webersfrau aus dem Frankenlande in die Gegend; sie suchte sich einen einsamen Platz für ihr Gewerbe. Sie gelangte zum Bildstock und wollte sich anfangs da niederlassen; allein als sie sich weiter umsah, fand sie einen bessern Platz. Hier, ganz nahe an dem Waldbache, ließ sie sich nieder, baute ein Häuschen und trieb die Weberei. Da sie eine fromme Person war und gute Arbeit lieferte, ging ihr Geschäft gut. Die Leute nannten jetzt den Ort nur den Webebach (Webe=Bach), woraus dann der Name Webpach und Weppach entstand. So, mit einer Magd, lebte die Frau etliche Jahre, bis einige Frauenspersonen aus der Nachbarschaft zu ihr zogen. Nun wurde das Häuschen vergrößert, ein Gärtchen angelegt und ein be= schauliches, in Gebet und Tugendübungen zubringendes Leben geführt. Zuletzt, als sich Wohlthäter fanden, die sie unterstützten, wurde die Weberei ganz aufgegeben und neben ländlicher Arbeit nur für den Frieden der Seele durch Gebet und Lob Gottes gesorgt."

Von jetzt an lebten die Frauen ein klösterliches Leben, traten um 1424 in den 3. Orden des heil. Franziskus, nannten sich Schwestern, wählten die Webersfrau zu ihrer Vorsteherin Mutter und suchten durch erbauliche Tugend= beispiele, strenge Lebensweise und Abtödtung Gott zu ge= fallen. Der Orden wurde zwar für alle Stände und beide Geschlechter, die in der Welt leben und sich gewissen Uebungen der Frömmigkeit unterwerfen, ohne eigentliche Klostergelübde sich aufzulegen, gegründet; allein hier beobachteten sie Kloster= gelübde, hatten die Klausur und trugen ein Ordenskleid. Dieses war ein schwarzer Rock und eine weiße Hals= und Kopfbedeckung. Im Bauernkrieg 1525 blieb das Klösterchen verschont; als aber die Schweden kamen, wurde es zerstört. Die geflüchteten Frauen kehrten erst nach Beendigung des Krieges zurück. Da wurde dann ein größeres Klostergebäude mit einer Kapelle gebaut. Dieses bestand bis 1799; hierauf ließ es die Mutter Maria Antonia renoviren, erweitern und ein Kirchlein mit 3 Altären errichten. Der Bischof von Konstanz, Maximilian Christoph (v. Rodt) weihte das Kirchlein, die 3 Altäre und die 2 Glöckchen am 29. Juni 1780 ein; das stille einsame Gotteshaus war jedoch von keiner langen Dauer mehr. Es blühte noch 22 Jahre, dann schlug der politische Sturm der 1790 er Jahre die Blüthe darnieder. Im Jahr 1803 wurde es aufgehoben. Jetzt ist das Klösterchen, das sich nach Süden an das Kirchlein anschloß, abgebrochen, auf seinem Plaz eine Kegelbahn mit Sommerwirthschaft; das Kirchlein ein Holzbehälter und das Priesterhaus, wo der Beichtiger wohnte, nachdem es vergrößert worden war, ein Bauernhaus und Wirthshaus. Die lezte Vorsteherin und Mutter war Maria Anna Huberin, der lezte Beichtiger Heinrich Siebert aus dem Franziskaner-Kloster zu Ueberlingen, unter dessen Guardian das Klösterchen stand. Wer das Kirchlein besucht, sieht noch an den Wänden die heil. Apostel in Fresken, an der Decke den Tod Marias und die Opferung Marias im Tempel; hinten, ob der Empore das Bild des frühern Klösterchens, und vornen im Chor, rechts, in der Wand eine aus der alten Kapelle hieher versezte Sandsteinplatte mit einer lateinischen Schrift, die also lautet: Altare hoc omnipotenti Deo in honorem S. s. Sacramenti erectum, privilegio quotidiano perpetuo ac libero pro defunctis Monialibus corumque Consanguineis et affinibus in Imo et IIdo gradu, ac Monasterii dom texat Benefactoribus ad quascunque sacerdotes vigore Brevis Benedicti Papae XIV die IV 8bris MDCCLI insignitum atque a Ministro Generali Ordinis die 20 Mensis Decembris MDCCLII † d. h. auf deutsch: „Dieser Altar — nämlich der Hochaltar — wurde dem allmächtigen Gott zu Ehren des allerheiligsten Altarssakramentes errichtet, hierauf kraft Breve Papst's Benedikt XIV. vom 4. Oktober 1751 als ein Altar mit freiem täglichem und ewigem Privilegium für die verstorbenen Klosterfrauen und ihre Verwandte und Blutsfreunde im 1. und 2. Grab und für alle seine Priester bezeichnet, und alsbann von dem Minister-General des Franziskanerordens als ein solcher Altar am 20. Dezember 1752 zum Gebrauche verordnet."

Ueberhaupt, wer diesen heimlichen Ort zum Erstenmal
betritt, wird sehr davon ergriffen; denn die Stille, die Ab=
geschiedenheit vom gewöhnlichen Welttreiben, die ländliche
Ruhe und das Dunkel des Waldes erregen Gefühle ganz
eigener Art. Schon die Waldgegend besizt eine Majestät,
die in unsere Seele bringt, sie erhebt und erweitert; werden
wir gar noch von klösterlichen Bauten überrascht, wo fried=
same Bewohner sich in freudiger Thätigkeit und Arbeit be=
wegen, so muß sie vollends mit süßen, edlen Regungen
erfüllt werden. Hier mochten die Nonnen auf ihren Wan=
derungen durch die stillen Waldgänge gewiß auch nur stille,
tiefe Züge der Begeisterung getrunken haben; ja wenn gar
noch der Mond über die dunkeln Bäume heraufstieg und
seinen Elfenschleier über das Gotteshaus hinzog — sogar
Manche von heiligem Schauer erfüllt worden sein, indeß
jezt nur Vögel in die Fenster fliegen und in dem Kirchlein
ihre Gesänge halten. Besonders aber ist ein Spaziergang
hieher zur Maienzeit sehr lohnend und schön; denn

Alles neu macht der Mai,
Macht die Seele frisch und frei;
Bringet Lust, bringet Freud,
Scheucht von uns das Leid —
Wenn erglänzt im Sonnenschein,
Prangend duftet Flur und Hain,
Vögelsang, Echoschall
Tönet überall;

Und die Saaten stehen grün,
Blumen uns zur Freude blühn,
Alles sich zeigt, neu erwacht,
Nach der kalten Wintersnacht.
Wenn im Schatten an der Quell
Rieselt's munter, silberhell,
Uns einladet in das Moos,
Und aufnimmt in welchem Schooß.

Kurz, überall an diesem Ort,
Du magst weilen da und dort,
Freut es dich zur Malenzeit,
Die an Blumen ist so reich,
Ringsum alles grünt und blüht,
Röschen in dem Gärtlein glüht,
Lust und Wonne kehren ein,
In dem Herzen, keusch und rein.

Die Wirthschaft selbst wurde statt der frühern Kloster=
schenke die seit Jahren eingegangen war — durch Beschluß
großherzoglicher Regierung zu Konstanz vom 9. Oktober
1835 Nr. 14,640 als dritte Wirthschaft in der Bürger=
meisterei Wittenhofen erlaubt. [1]) Der Wirth und Lehen=
besizer des Gutes ist Johann Hahn.

Eine Viertelstunde davon nordwestlich liegt der große
Wickenweiler=Hof mit seinen wohleingerichteten Gebäulich=
keiten und circa 218 Morgen Aeckern, Wiesen, Wald und
Gärten, der 1287 von Ritter Ulrich v. Markdorf als Schan=
kung an Salem vergabt wurde. Dieses belehnte hierauf
das Frauenkloster St. Katharina, genannt Zofingen in
Konstanz mit dem Gut, und dieses verlieh das Hofgut 1686
dem Bartholomä Schmied, der den Großzehnten dem Reichs=
stift Salem, dem Bischof von Konstanz und dem Spital zu
Markdorf, den Kleinzehnten aber der Pfarrei Leutkirch, wohin
der Hof früher pfarrlich war, entrichten mußte. 1798 wurde
er von der Priorin Maria Theresia Beutter und der Sub=
priorin Maria Viktoria Maderin nebst Convent dem Franz
Anton Fischer als Lehen verliehen, und jezt ist er abgelöst
und gehört seit 1861 dem Heinrich Guffahrt eigenthümlich.

Endlich ist noch zu bemerken, daß man im Wepbach=
Tobel, circa 100 Schritte vom Klösterchen, auch Braunkohlen
und Thonschiefer findet.

---

[1]) Der Ort Weppach gehört nämlich nur in kirchlicher Beziehung zu Berma=
tingen, in politischer zur Gemeinde und Bürgermeisteramt Wittenhofen.

Geschichte von Bermatingen.

Der Name des Ortes kommt schon in den ältesten Zeiten vor. Er gehörte zum Linzgau. Am 29. März 779 überließ Johannes, Bischof von Konstanz und Abt von St. Gallen, einem gewissen Ato und seiner Gemahlin He= rosta gegen einen jährlichen Zins als eine Präcarie die= jenigen Güter in dem Dorfe Peramuotingas, die sie früher dem Kloster St. Gallen geschenkt hatten. [1] — Fünf Jahre hernach wurde die Präcarie auf's Neue bestätigt; jezt aber 784 erhielt Aton's Gemahlin Herosta von dem Bischof Egino, Rektor des Klosters St. Gallen und von dessen Abte Werdo die an dasselbe zuvor geschenkten und in dem Flecken Perachtmuotingas gelegenen Güter zu Gunsten ihres Tochtermanns Hupertus, welcher, sowie seine Söhne und Enkel 2 Malter Kernen, 3 Eimer Bier, 1 junges Schwein oder Schaf und 1 Frischling jährlich als Zins leisten mußte. [2] — 887 wurde unter dem Linzgauer Grafen Robert in Peramotingas eine öffentliche Schan= kungsurkunde ausgefertigt, und am 24. April 889 schloß Abt Bernhard von St. Gallen — unter dem Grafen Ul= rich von Linzgau — mit einem gewissen Paldmunt einen Gütertausch=Vertrag ab, wornach das Stift ihm einen ganzen geschlossenen Bauernhof zu Peremotinga zu vollem Eigen= thum abtrat, dagegen das Stift von dem Paldmunt das Dreifache an Ackerfeld zum rechtmäßigen Besiz in den Flecken erhielt. [3] — Dann im Jahr 1166 den 8. April resignirte der konstanzer Dienstmann Burkard v. Bermatingen mit Wissen und Willen des Schirmvogts Konrad zum Heiligen= berg einen Lehenmansus in Richolvesberg an den Bischof

---

[1] Neugart: Cod. dipl. Alam. Tom. I., Nr. 74, Pag. 69.

[2] „ „ „ „ Tom. I., Nr. 86 — Precaria Herostae de Anno 784. Actum in S. Galli Monasterio.

[3] Neugart: 562. Concambium Palmundi S. Galli de 24. April 889.

Otto II. (Grafen von Habsburg), der ihn gegen einen
Jahreszins von zwei Wachskerzen an Salem überträgt. [1])
Damals stund jedoch das Dorf oder Flecken nicht an
jeziger Stelle, sondern an Rothshalbe in Kesselbach,
bis es durch Kriegsstürme und Brand gegen die Hälfte des
13. Jahrhunderts zu Grunde ging. Darauf wurde es an
jeziger Stelle erbaut; denn als das Gotteshaus Salem 1288,
1296 und 1305 durch Tausch und Kauf in den Besiz des
größten Theils von Bermatingen gekommen war, war
der Ort schon von seiner frühern Stelle verlegt. Auch mag
der Bär im Ortssiegel von St. Gallen herrühren, nicht aber,
wie man glaubt, von den zahlreichen Bären, die sich im
Alterthum in den großen Forsten der Umgegend aufgehalten
haben sollen. — Zwar hatte das Kloster St. Blasien ebenfalls Rechte zu Bermatingen; sie waren aber unbedeutend
und gingen zulezt ebenfalls an Salem über. So entließ
z. B. das Stift St. Blasien am 2. November 1320 einen
Leibeignen, Namens Konrad Tragbold und wies ihn
dem Kloster Salem als Eigenthum zu.

Wie jedoch früher das Dorf von der Kirche entfernt
lag, so wurde es auch später entfernt von derselben gebaut,
so, daß die Kirche mit dem Gottesacker frei da lag; selbst
der Pfaffenhof und das Pfarrhaus befanden sich an
entfernter Stelle, da, wo man noch am östlichen Eck des
Pfarrgartens beim Haag eine Vertiefung gewahrt. Ferner
befanden sich zwischen dem Pfarrhof und der Kirche nebst
Friedhofe ein ziemlich großes Wiesenfeld, und auf der Stelle
des damaligen Gartens beim Wirthshause des Max Weeh
das Schulhaus, weshalb man dieses Gewann noch heute
die Lehr nennt. An diesem Lehrhause zog eine gepflasterte
Straße vorbei, die man auch noch deutlich unter der
Regelbahn des Weeh sieht. Alles dieses bestand bis gegen

---

[1]) Eichler: „Heiligenberg in Schwaben." Karlsruhe, Druck von C. Mollot 1853 Seite 160.

das 17. Jahrhundert, wo das Dorf zu einem beträchtlichen Flecken anwuchs, und sogar eine Kapelle außerhalb Bermatingen erhielt; ja sogar zwei Thore standen an seinem östlichen und westlichen Eingang, die erst in den 1820er Jahren abgebrochen wurden. Als jedoch der Flecken im Schwedenkriege verheert worden war, sank er zu einem Dorfe herab. Das Pfarrhaus mit seinen Nebengebäuden aber wurde auf Abbruch des seit dem Schwedenkriege nur nothbürftig hergestellten alten Pfaffenhofes 1746 an seine nunmehrige Stelle verlegt.

Wir geben diese Darstellung, weil sie zur Erläuterung des Nachfolgenden, besonders im Bauernkrieg dient, wo Bermatingen ein Stationsplaz der aufrührerischen Bauern war.

1260 schenkt Heinrich Schenk von Schmalnegg den Klosterfrauen zu Heggbach einen Weingarten zu Bermatingen, dagegen

1293 Werner v. Raderach, Gnisting, seine Schuppose, das sog. Frankengut zu Bermatingen an Salem.

1366, 1. November giebt Abt Berthold II. von Salem dem Ulrich Schenk v. Ittendorf und allen seinen Erben die Mühlwiese unter der Burg und dem Dorf Ittendorf mit allen Rechten und Nuzungen gegen des Schenken Wiese, genannt Schattgißwiese in den Owen zu Bermatingen nahe beim Dorfe sammt Allem, was dazu gehört.

1390, Gallentag (16. Oktober) verkauft Ritter Ulrich von Hörningen seßhaft zu Beyenburg unter Mitwissen des Bischofs Burkard I. von Konstanz um 7000 ₰ Heller dem Gotteshause Salem das ganze Dorf Bermatingen mit Gerichten, Zwing und Bann, Gut und Leuten und aller Zugehörde als: Kirchensaz, Dorfrechten, Höfen, Huben, Häusern, Hölzern, Fischereien, Frevel, Steuern, Zinsen, Vogtei, Vogtrechten, Ehrhaften, Tafern, Mühle u. s. w. und Ursula Schenkin von Ittendorf, seine Ehefrau, genehmigt mit Zuſtimmung ihres Sohnes Heinrich v. Hörningen dieſen Kauf und bittet zugleich mit ihrem Gemahl den Biſchof, daß er die hierüber nöthigen Inſtrumente (Briefe, Urkunden) dem Gotteshauſe bald ausfertigen laſſen möchte. Es geſchah, und der Biſchof und das Domkapitel von Konſtanz incor= poriren ſogar noch 1390 dem Gotteshauſe Salem die Pfarrei Bermatingen, indem ſie nur dabei bedingen: daß dem Pfarr= vikar eine anſtändige Congrua ausgeworfen werde, mit welcher er ehrbar leben und die biſchöflichen Jura und an= dere Obliegenheiten beſtreiten könne. Dies genehmigt Papſt Bonifacius IX. und ertheilt

1391 dem Probſt zu St. Stephan in Konſtanz, Be= ringer Burg, den Auftrag, dieſe Incorporation vorzunehmen und dem Pfarrvikar die Congrua zu reguliren und auszu= werfen; [1]) ja verleiht ſogar

1396 noch dem Gotteshauſe Salem die Freiheit, die Pfarre Bermatingen mit je einem ſeiner Religioſen beſezen zu dürfen.

1435 war die Witterung ſehr ſchlecht, ſo daß Alles mißrieth und im Preiſe aufſchlug.

1436 kamen ſehr viele Würmer an Bäume und Reben und verurſachten, daß es wenig Obſt und Wein gab; noch größern Schaden aber brachten allwärts die Razmäuſe. Der Stadtrath von Konſtanz verordnete ſogar, daß man die Bäume abwürme und die Razen fange und einliefere, und zahlte für jede Ratte, deren von Martini bis Lichtmeß (2. Febr. 1437) 6240 Stück eingeliefert wurden — 1 Heller.

1442 auf Allerheiligentag verkauft Stephan Weſter der Junge von Mimmenhauſen ſeinen Weingarten am Lerchen= berg, wovon 9 ₰ Grundzins an Salem abgehen, — an die geiſtliche Schweſter Anna Walpurgerin des Convents zu

---

[1]) Ueber dieſe Incorporation ſiehe auch „Summa Salemitana.“ Tom. I., Seite 79—82.

Wald (Klosterwald) um 32 fl. rheinisch, was Abt Georg
von Salem auf Bitte mit seinem Insiegel beurkundet.

1449 separirt der Bischof Heinrich IV. von Konstanz
durch seinen Generalvikar die Pfarrkinder, die von Mark=
dorf und seinen Vorstädten und von Mögenweiler in die
Pfarrei Bermatingen gehörten, von dieser Pfarrei und ein=
verleibt sie der Kirche von Markdorf, doch so, daß

1) diese getrennten Pfarrkinder zu ewigen Zeiten dem jeweiligen Pfarrer
zu Bermatingen 6 ℔ ₰ zum Ersaz dessen, was ihm durch diese Separation
entgeht, reichen sollen, und

2) daß diese Separation dem Gotteshause Salem in seinem bisherigen
Zehntbezug nicht nachtheilig sein solle.

1454 St. Nikolaus Tag verkauft Klaus Ruf zu Ber=
matingen einen Weingarten mit Torkel daselbst und aller
Zugehörde an die Vorsteherin des Gotteshauses Wald, Adel=
heid Bambergin, behielt sich aber dabei einen Schilling=
Pfennig vor, daher ihm der Gastmeister zu Wald, Heinz
Lill, nur 1 ℔ 5 ₰ ₰ bezahlte. Diesen Kauf resp. Verkauf
bekräftigt auf Bitte des Ruf der Ammann von Bermatingen,
Jos Töberli, mit seinem Siegel.

1463 war große Wohlfeile in Frucht und Wein.
1 Scheffel Korn galt zu Ravensburg 1 Pfund Pfenning,
1 Scheffel Veesen 7 Pfenninge, 1 Scheffel Roggen 12 Pfen=
ninge und zu Bermatingen die Maaß Wein 3 kr.

1473 war ein so heißer und dürrer Sommer, daß die
Flüsse austrockneten und sich da und dort in Deutschland
die Wälder entzündeten, doch litten die Früchte keinen Scha=
den; besonders aber gab es sehr viel und recht guten Wein.
Nur in die Stadt Konstanz wurden über 6000 Fuder Wein
eingeführt. Der Bischof Hermann III. verkaufte das Fuder
sagar um 1 Pfund Pfenninge. Man schrieb die Güte des
Weines besonders der frühen Zeitigung und großen Hize
zu; denn schon im Hornung blühten die Bäume, vor Jo=
hanni war die Ernte eingebracht, am Ende des Brachmonats

waren die Trauben reif, im Weinmonat blühten nochmals
die Bäume und im Winter gab es zum zweitenmal Kirschen.

1492 verkauft das Frauenkloster Zofingen um 380 fl.
seinen Maierhof zu Bermatingen mit allen Rechten und Zu=
gehörden an Salem.

1498, St. Andreas Abend des heil. Zwölfboten ver=
kauft Klaus Dätsch zu Bermatingen an den frommen, ehr=
baren und bescheidenen Hans Schöplin, Kaufmann der
gnädigen Frau Abtissin des Gotteshauses Wald einen Acker
im obern Harb, wovon dem Priester der obern Pfarrkirche
zu Ravensburg 1 ß ₰ zu entrichten, und dann noch ein
Stück Reben im obern Harb, wovon 1 Eimer Wein Markt=
dorfer Maß ablösig und an die St. Jergen Kirche zu Ber=
matingen jährlich 1 Kreuzer Bodenzins zu zahlen waren —
gegen 5 ß ₰ guter gemeiner Landeswährung, was der Am=
mann zu Bermatingen, Hermann Aigen, auf Bitte mit seinem
Insiegel beurkundet.

1501 war überall Hungersnoth; [1]) —

1502 um Pfingsten war es so kalt, daß viele Vögel
erfroren und todt auf die Erde herabfielen; der Wein da=
gegen war wohlfeil, denn man verkaufte und schenkte die
Maaß Wein um 1½ kr. und noch weniger aus.

1504 galt das Viertel Korn 15 kr. und der Eimer
Wein 40 kr.; auch war in diesem Jahr ein sehr kalter Winter
und die Reben hatten bis im Mai noch kein Laub; dann
aber kam sehr gutes Wetter, daß Alles zeitigte und man
um heil. Kreuzerhöhung (im September) schon herbsten oder
wie man hier herum sagt — wimmeln konnte.

---

[1]) Theurung und Hungersnoth gab es auch noch in den Jahren 604, 851, 896, 940,
1004, 1026, 1062, 1092, 1114, 1121, 1125, 1126, 1151, 1163, 1174, 1196, 1202,
1204, 1218, 1219, 1221, 1223, 1225, 1235, 1239, 1270, 1279, 1313, 1315, 1316,
1328, 1343, 1368, 1401, 1407, 1424, 1432, 1460, 1477, 1515, 1519, 1529, 1571,
1591, 1597, 1614, 1621, 1632, 1634, 1635, 1639, 1640, 1670, 1698, 1700, 1719,
1721, 1736, 1761, 1762, 1771, 1772, 1815, 1817.

1523 war es bis in den August kalt und regnerisch, darauf heiß und trocken. Auch lehnte sich in diesem Jahr das Landvolk in einigen Gegenden wider die Herren und die Obrigkeit auf, von denen sie frei und unabhängig sein wollten. So z. B. wollte das Landvolk im Züricher Gebiete dem Gotteshause Rheinau keine Zinse und Zehnten mehr liefern; der Abt ließ zwar die Sache den Schuzherren bei der Versammlung zu Baden das Jahr darauf vortragen; allein weil die Bauern auch anderwärts sich gegen ihre Herrschaften empörten, wurde nichts ausgerichtet, obschon der Abt sich selbst am 10. März 1524 dorthin begab. Zu Rheinau war es vorzüglich Dietrich von Hasenstein, gewesener Weltpriester und Pfarrer zu St. Nikolaus, der, nachdem er die Religion geändert, die Bürgerschaft zur Verweigerung der schuldigen Abgaben an das Gotteshaus aufwiegelte. — 1424 lehnten sich die Bauern wider den Abt zu Reichenau auf, weil er ihnen nicht gestatten wollte, lutherische Predigten zu hören, und bei Thengen im Hegau kamen viele Tausende zusammen, um einen gefangenen Prediger zu befreien.[1] — Auch mehre Gemeinden im Klettgau wollten die neue Lehre (Luthers) und forderten Schuz; sie wurden jedoch zum Frieden ermahnt. Nun zogen sie vor das Schloß Küssaberg bei Thiengen im Klettgau und belagerten darin den Grafen Wolfgang Hermann, den Bruder des Grafen Rudolph von Sulz.[2] Die Eidgenossen bewerkstelligten zwar

---

[1] Neu-vermehrtes Historisch- und Geographisches Allgemeines Lexicon. Basel 1742 bei Johann Brandmüller älter sel. Erben. 3. Auflage. 1. Theil. Artikel „Bauernkriege."

[2] Die Grafen von Sulz stammen aus Sulz, einer Stadt am Neckar, unweit der Hohenzoller'schen Grenze, westlich von Hechingen und Haigerloch. Sie bekamen die Landgrafschaft Klettgau durch Ursula, des Grafen Johann IV. von Habsburg-Laufenburg einzige Tochter und Erbin, welche mit einem Grafen von Sulz vermählt war. Als dieses gräfliche Geschlecht im Mannsstamme mit dem Grafen Johann Ludwig von Sulz († 21. August 1687) erlosch, kam alsdann das Klettgau durch Heirath einer Tochter desselben, der Gräfin Maria Anna 1674 mit dem Fürsten Ferdinand von

einen Waffenstillstand; aber die Bauern griffen zu Anfang
des Winters wieder zu den Waffen. Jezt wurden sie jedoch
von den österreichischen Völkern des Erzherzogs Ferdi=
nand unter Anführung des Hauptmanns Fuchs v. Fuchs=
berg geschlagen. Bei 200 Bauern kamen um; die übrigen
wurden entwaffnet, an Geld gestraft und zum Gehorsam
sowohl gegen ihre Herrschaften als auch an das Gotteshaus
Rheinau zurückgebracht.

Von größerer Ausdehnung jedoch und hartnäckiger
waren die Aufstände der Bauern in der Grafschaft Lupfen
am Schwarzwalde, sowie im Hegau, Allgau, im Gebiete
des Grafen von Montfort und in den Besitzungen des Truch=
sessen Wilhelm v. Waldburg u. s. w., welche Empörungen
auch zumeist durch die neue Lehre (Luthers) und den Druck
einiger Herrschaften entstanden, indem die Bauern jene schief
deuteten, den Druck dagegen in größeres Licht stellten; denn
es ist nicht zu leugnen, daß die Landleute an vielen Orten
durch die Herrschaften sehr geplagt und gepreßt wurden, so daß
es nur eines Funkens bedurfte, um den zur Masse angehäuf=
ten Zündstoff zur lichterlohen Flamme zu bringen. Kurz —
1524 sagt eine alte St. Blasianer Chronik: „erhub sich in allen
landen viel kriegs, uffrur, widerwärtigkait und entledig=
ten sich alle übel." Dazu kam uff der hailigen dreyer könig tag
(6. Jenner) ein sölichs gewesser im teutschen land und allhie im closter St.
Blasen, das man mainet, es welte die welt undergegangen seyn. Dieselbig
vonflüßigkait des wassers beschädiget steit und lender an haben, ligenden und
varenden güttern, das alle brugfen an den flüßenden wassern hinweg gefürt
worden, und desgleichen wassergüsse kain mensch erlept noch gedacht hat."[1]

Dem Aufruhr im Hegau, Schwarzwald ꝛc. schlossen sich
dann im März

Schwarzenberg und Genehmigung Kaisers Leopold an das fürstlich schwarzenberg'sche
Haus; ja der Sohn Adam Franz von Schwarzenberg folgte sogar nicht nur in
der Grafschaft Sulz-Klettgau, sondern auch in dem Erbhofrichteramt zu Rottweil,
das sonst die Reichsgrafen von Sulz begleiteten, diesen darin nach.

[1] Mones Quellensammlung. II. Bd. Seite 45—46.

1525 die unzufriebenen aufrührerischen Bauern am Bodensee, der Seehaufen genannt an, der zu Ailingen bei Hirschlatt, nördlich von Buchhorn (jetzt Friedrichshafen) unter dem Eitel Hans Ziegelmüller von Theuringen entstand. Diesem Haufen trat sogar noch die Landschaft um Ravensburg bei und er war um so gefährlicher, da er nicht nur nach Immenstaad, Hagnau, in's Heiligen= bergische, Salemische und um den ganzen Bodensee bis nach Sernatingen (jetzt Ludwigshafen) und Pfullendorf zur gleich= fallsigen Empörung Botschaften schickte, sondern sogar unter Androhung von Rache befahl: „zu ihm zu halten, um so vereint das lästige Joch der Knechtschaft von Seiten der Herren von sich werfen zu können."

Mone erzählt: [1])

„Darnach hatt sich wytter emberung erhept und ain ander huff ufge= standen zu Ailingen, doch uß ermanung des Agewerschen huffen zu Dettnang; und ist des selbigen huffen hoptman anfenglich geweßt Ittellhans Ziegelmiller von Diringen. Do sich nun der selbig huff in der Landvogty zu Ravenspurg gemert hatt, do haben sy geschickt ir bottschaft gen Immenstaad, Hagnow, Werdenbergisch und Salmenschwiler, und um den gantzen Bodensew byß gen Sernatingen under Sipplingen, und über die berg biß gen Pfullendorf, ufgenommen die statt. und haben also ernstlich und entlich an sie gelangt, zu inen zu hulden; wa sy das thuen, sy gutt, thuen sy aber das nit, so mügen sy warten, was inen hernach gang, und haben also ain schreken in den gemainen man bracht, das menglich zu ix hatt geschworen, namlich der gantz Bodensew. Und ist also der obgenant hoptman Ittelhans von Diringen kommen gen Bermatingen mitsampt seinen trabanten und andern, haben alda des gnedigen herren (Abt) von Salem im geschworen, und all mit ainander mit werhaffter hand wol= gerischt kommen uf den blaz vor dem dorf neben dem pfarhof. Und hatt sich also dieser huff von tag zu tag gemert, das ir ist worden bis in die 8000 pauren, und ist genannt worden der Sewhuff und der blaz Bermatinger blaz." [2])

---

[1]) Quellensammlung. II. Seite 121 und 122.

[2]) Der Platz, wo sich die Bauern versammelten, war zwar auf dem großen Riesfeld zwischen dem alten Pfarrhofe und der Kirche, in Pfaffenhofen, außerhalb Bermatin-

„Unb wan fy han wellen zufamen kommen, fo finb fy uf ben blaß verorbnet worben unb haben alfo ain crbnung gemacht: erftlich fo haben fy ber hoptman unb bie rätt ber vauren gebctten unb abgeftellt um ben gantzen Bobenfew in allen kirchen unb capellen bie gröften gloken [1]) unb hand ge= botten, man wan fy lytt, fo follen fy by tren alten fo fy gefchworen, uf ben blaß gen Vermatingen mit werhafter hand kommen, unb allba warten ains wytteren befchalb von bem hoptman unb ben rätten. Unb ift ber hoptman zu Vermatingen gelegen in bem falmanfchwei= llfchen Hof mit finen trabanten, etwan zwelff perfonen, boch one bes clofters fchaben, bann fobalb man hatt jeberman gefchworen, hatt ber hoptman mit fampt ben rätten ain fchatzung ufgelegt, namlich 100 hand nieffen geben ain mal 5 gl. zu ufenthalt bes hoptmans, rätt unb trabanten."

Ja einmal fuhr der Hauptmann Ziegelmüller mit 500 Knechten von hier aus fogar über den See unb ließ fich von Wollmatingen unb den Dörfern auf bem Rick, der großen Landzunge zwifchen bem Ueberlinger= unb bem Zeller=See fchwören, kehrte aber wieder nach Vermatin= gen zurück unb begab fich bann am grünen Donnerftage (13.. April) mit feinen Räthen von Meersburg unb Mark= borf nach Salem, wo eine Botfchaft von Zell zur Ver= handlung eintraf. Noch waren fie am Abend beifammen, ba kam jedoch fchon ein Schreiben von den Bauernanführern aus bem Klofter Langnau an der Argen unb rief ben Hauptmann um eilende Hilfe an, weil der Oberbefehlshaber bes fchwäbifchen Bundes, Georg Truchfeß von Walb= burg mit Macht auf Gaisbeuren (Weiler bei Walbfee) anziehe unb fich mit ihnen zu fchlagen vorhabe. Man läutete Sturm. Die Bauern kamen bewaffnet nach Vermatingen; bann am Charfreitag (14. April) 1525 zog der Bodenfee= haufen 10,000 Mann ftark mit dem Gefchüz von Meers=

---

gen, allein weil der Hauptmann unb feine Räthe bes Hauptquartier im Salmans= weiler Kellhof unten am Dorfbach zu Vermatingen hatten, wurde ber Plaz (Station) ber Vermatinger=Plaz genannt.

[1]) Man befahl nämlich: baß bie großen Glocken nicht mehr zum Gottesbienft, fonbern zum Sturm gelautet werben follen; fie wurden auch öfters ftatt ber Trommeln zum Generalmarfch gebraucht.

burg und Markdorf, das von 300 Knechten begleitet wurde, nebst einem Wagen voll Brod, das sie von Salem bekamen — nach Weingarten. Da dehnt sich der große Altdorfer Wald aus, den die Straße von Ravensburg an Baindt und Waldsee vorbei nach Biberach und Ulm durchzieht. Sie zogen auf dieser Straße fort und rückten gegen Gaisbeuren vor. Der Truchseß kam von Essendorf, auf der Straße von Biberach her, wo er bereits einen Vorhaufen geschlagen hatte [1] und zog über Waldsee den Bauern bei Gaisbeuren entgegen. Diese gewahrten die Bündtischen bei dem Hochgerichte. So wie sie sich nahe genug waren, begangen sie am Charsamstag Nachmittags 3 Uhr mit Stücken auf einander zu feuern, Nachts 9 Uhr aber zogen sich die Bauern, obschon sie eine vortheilhafte Stellung einnahmen, wieder allmählig durch jenen Wald nach Weingarten zurück, und Georg ließ seine Truppen, die durch mehre vorherige Strapazen ermüdet waren, am heil. Ostertag ausruhen.

Diese Begebenheit wird von Mone also erzählt: [2]

„Nach dem ist der hoptman Ittelhans Ziegelmiller des huffen zu Bermatingen mit 500 knechten gefarn über sew und da Wolmatingen und ander dörffer daselbst um haben im alle geschworn zu den pauren. Dar nach ist er widerum herüber gefarn und gen Bermatingen kommen. Darnach am grienen Dornstag den 13. April ist er gen Salem kommen und mit ihm all rätt von Mersburg und Markdorf, etwas uf 60 personen, und ist auch da gesin die potschaft von Zell, haben sy also den selbigen tag ratt gehept von wegen irer hanblung, und ze nacht so sy sind im ratt gesessen, ist dem hoptman ain brief ellends kommen von den rätten der pauren, so ban gelegen sind an dem closter ze Langen, welcher brief in hat gehalten, wie das Jerg Truchseß mit sampt dem bundt mit macht uf her zlech uf Gaisburen zu und allba mit inen ze schlachten sich mit macht rüste. uff semlich bottschaft dem hoptman und den rätten gen Salem gethon sind sy all mit ainander die selben nacht am grienen dornstag gen Bermatingen geritten und ufgeschilt, in allen dörfern sturm ze schlagen."

[1] Walchner und Bodent: Biographie des Truchsessen Georg III. von Walbpurg. Konstanz bei J. M. Daunherb's Wittwe 1832. Seite 88.
[2] Quellensammlung II, Seite 124.

„Nun uf den osterabent sind sy furgeruckt von Wingarten für den Wald binder Bald uf Galsbüren zu und ist der bundt vor Waldsew her= ussen bey dem hochgericht gelegen mit sinem huffen. und um die dritt ur nach= mittag haben der bundt und die puren anfachen ze schleffen gegen einander und hatt der bundt der massen gegen den puren geschoffen, daß sy sich haben miessen nieder legen uf den boden bys in die vierden ur; haben doch der bundt der puren ettwa 10 man erschoffen und ettlich verwunt, derglichen haben die pauren dem bundt erschoffen 1 fußknecht und ain raisigen und ettliche pferdt ouch erschoffen. In disem handel do die puren haben gehert und gesechen das ernstlich schleffen von dem bundt, sind sy in der nacht um die 9 ur wider hinderfich gewichen uf Wingarten zu in den stesen und die nacht da still gelegen.“

Zuvor jedoch hatte es der Truchseß mit seinen eigenen Unterthanen zu thun, die sich mit den Aufrührern des Illerthales und der Klosterunterthanen von Ochsenhausen, Schussenried ꝛc. verbanden und unter dem gemeinsamen Hauptmann Jakob v. Hundpiß die Schlösser Waldsee, worin der Truchseß Georg seine Gemahlin und Kinder — und Wolfegg, worin er sein bestes Geschüz hatte, belagern wollten; es plünderten und verbrannten aber die Iller= thaler Rebellen blos das truchsessische Schloß auf der Lin= den (bei Unteressendorf), worauf der Truchseß dann ihre Rotten bei Essendorf selbst überrumpelte und, wie gesagt, den Vorhausen daselbst, eine Abtheilung von circa 800 Mann größtentheils niedermachte. Die Hauptentscheidung dagegen stand auf dem Gelingen des Unternehmens wider die in der Gegend von Wurzach und Weingarten herangekommenen Haufen vom Bodensee und Allgau.[1]) — Als übrigens die Bauern des sog. Unter=Allgäuer=Haufens den Vorfall bei Essendorf erfuhren, verließen sie ungefähr 8000 Mann stark das Schloß Wolfegg und lagerten sich um Wurzach, das eine große Riedebene zu seinen Seiten hat. Sie hatten dieses Ried hinter sich, wie der Truchseß ihnen entgegen

---

[1]) Walchner und Bodent: Biographie des Truchsessen Georg III. von Waldburg. Seite 58 und 87.

marſchirte. Bei dem Allgauer Haufen war der Prieſter
Florian, Pfarrer zu Aichſtetten oder Eichſtetten, ein
Pfarrdorf zwiſchen der Jller und Aitrach, in der Truchſeß=
Zeil'ſchen Grafſchaft, welcher ſich zum Anführer jenes Haufens
aufwarf. ¹) Der Truchſeß beſezte am Charfreitag (14. April)
die gegenüber liegenden Anhöhen mit 18 Stück Feldſchlangen
und ſtellte ſein Heer bei der Wurzacher Kapelle in Schlacht=
ordnung. Noch wollte er jedoch vorher den Bauern Gnade
anbieten, wenn ſie ihm den Pfarrer Florian auslieferten
und ihre Waffen ablegten; allein die Bauern bekamen
1500 Mann Verſtärkung von der Jller her und wollten
von keiner Capitulation hören, zumal ſie eine Stellung im
Ried behaupteten, wo ſie von der Reiterei des Bundes nicht
wohl angegriffen werden konnten. Deſſen ungeachtet ließ
ſich der Bundesfeldherr nicht abſchrecken; er gab das Zeichen
zum Angriff, und als ſeine Geſchüze dreimal auf die Bauern
abgefeuert wurden, ergriffen ſolche die Flucht. Sie flohen
theils in das Ried, theils in die benachbarten Waldungen
und viele der Flüchtigen wurden von der Reiterei des Truch=
ſeſſen, der ſie ihnen über den Aachfluß nachſchickte, erſtochen.
Was ſich rettete, floh von der Nacht begünſtigt nach Gais=
beuren, wohin der Seehaufe — wie wir gehört haben —
bei 10,000 Mann über Weingarten ankam; Wurzach
dagegen und die darin liegenden Bauern ergaben ſich dem
Truchſeſſen auf Gnade und Ungnade und ſchwuren zugleich,
keine Waffen mehr ohne beſondere Erlaubniß zu tragen.

Auch die übrigen Unterthanen des Truchſeſſen und ſeines
Vetters Wilhelm wurden dadurch zur beſſern Geſinnung ge=
bracht und kehrten wieder zur Pflicht zurück; kurz —

„indem her Jerg Truchſeß — ſagt Mone ²) — als oberſter veldhoptman

---

¹) Der Prieſter Florian mußte ſich dann ſpäter, als er einen Bauernknecht zu Alt=
manshofen erſtochen hatte, flüchten; er floh in die Schweiz und von jetzt an hörte
man nichts mehr von ihm.

²) Mone: Quellenſammlung, II. Seite 125.

ist zogen vom Riett uffher uf Wurzen und Waldsew zu, da hatt sich der Boltringer huff all anzwungen und drungen an bundt ergeben und inen widerum geschworn, und sind also schantlich von den andern puren gefallen, die doch ain ursach sind gesin aller emberung und ufrur."

Der Baltringer=Haufe aber war jener, der seinen Anfang in einer Schenke zu Weißenhorn, einer Stadt an der Roth, oberhalb Ulm nahm und durch eine Art von Schreckenssystem es gleich von Anfang schon (Monat Feb= ruar 1525) zu einer Anzahl von mehren Tausend Mann brachte; er bestand hauptsächlich aus den Unterthanen der Abteien Ochsenhausen, Roth, Schussenried und einiger Städte und Edelleute. Wer nicht mit den Häuptern halten wollte, dem drohte man mit Mord, Brand und Ausschluß von der Gemeinde; wer dagegen im Bunde war, bezahlte 2 Kreuzer Einschreibgeld. [1]

Doch wir kommen wieder auf den Seehaufen bei Berg, Altdorf und Weingarten zurück. Als nämlich der Bauernhauptmann Ziegelmüller mit seinem Haufen bei Weingarten und Umgegend angekommen, war er noch in derselben Nacht thätig; denn da er die große Macht und Stärke des Bundes erfuhr, schickte er alsbald Botschaft von Weingarten herab in das Thal mit dem Befehl, daß Alles, was Spieß und Stangen zu tragen vermöge, ihm zuziehe. Dadurch vermehrte sich die Mannschaft beträchtlich und weil gar noch Dietrich Hurlewagen von Lindau, ein ver= dorbener Kaufmann mit einer Anzahl Aufrührer sammt etlichem Geschütz aus dem Schloß Langenargen zu ihm stieß, wurde der Haufen bei 14,000 Mann stark. Um jedoch ferneres Blutvergießen zu verhüten, Verheerung vom Lande abzuwenden und die Bauern zur Nachgiebigkeit zu bewe= gen, — kamen am heil. Ostertag Nachmittags Graf Hugo von Montfort der jüngere, Ritter Wolf Gremlich

---

[1] Walchner und Bodemt: Biographie des Truchseßen Georg III. von Waldpurg. Seite 52, 63 und 74.

v. Jungingen zu Hasenweiler und die beiden Raths=
herren Schollang und Krüglin von Ravensburg in
das Lager des Truchsessen mit der Bitte, als Vermittler zu
den Bauern gehen zu dürfen. Der Bundesfeldherr, an den
gleichzeitig auch ein Schreiben der Bundesstände — damals
zu Memmingen — mit dem Wunsche um gütliche Beilegung
des Aufstandes eintraf, hielt Kriegsrath und trug den An=
trag des Grafen und seiner Mitangekommenen vor. Dem
Antrag wurde stattgegeben und der Truchseß ersucht, dieses
den Vermittlern zu eröffnen. Die Antwort war: „daß, so=
ferne die Bauern die Bedingungen des Bundes annähmen
und ihre Waffen und Feldzeichen auslieferten, er jenseits
des Waldes bleiben und nicht weiter vorrücken wollte;“
die Bauern aber, denen es nur darum zu thun war, Zeit
zu gewinnen, erklärten: „daß sie wohl die Vermittlung der
Stände annehmen, allein keineswegs jezt schon die Waffen
ausliefern wollten.“ Auch forderte der Hauptmann Ziegel=
müller zu Weingarten am Ostertag neuerdings an das
Reichsstift Salem eine Wein= und Brodlieferung. Der
Truchseß rückte nun mit dem Bundesheer durch den Alt=
dorfer Wald gegen Weingarten und kam schon in die
Nähe des Frauenklosters Baindt, da erboten sich der Graf
und seine Begleiter nochmals in das Hauptquartier der
Bauern zu gehen und sie zur Annahme der Forderung des
Truchsessen zu bewegen. Man kam dahin überein: „bis zu
ihrer Zurückkunft beiderseits die Feindseligkeiten einzustellen,
das Bundesheer seinen Marsch fortsezen, die Bauern jedoch
in ihrer Stellung verbleiben sollten.“ Nichtsdestoweniger
aber blieben die Bauern ihrer Zusage getreu; sie zogen
vielmehr die Abtheilung von Berg an sich, rückten auf
Baienfurth und besezten mit ihrem Geschüze den Blasi=
berg, wo sie eine vortheilhafte Stellung einnahmen. Zudem
waren sie durch einen Graben gegen die Reiterei gedeckt;
ihre Hauptstärke aber bestand in dem Haufen, der ihnen

vom Bodensee her zugezogen war und sehr viele bereits
gediente Soldaten und beinahe 4000 Büchsenschüzen enthielt.
Jezt rückte der Truchseß vor und stellte das Bundesheer
in der Ebene nahe am Blasiberg auf. Die Feindselig=
keiten begannen; der Truchseß schickte sogar einen Trom=
peter zu den Bauern, mit der Erklärung, daß wenn nicht
diesen Tag noch der Vertrag zu Stande käme, er in der=
selben Nacht den Flecken Altdorf in Brand stecken würde.
Dieß wirkte. Es wurde der Vertrag entworfen und solcher
zulezt von allen Paziszenten am 22. April 1525, somit
5 Tage nach der Ankunft des Bundesheeres bei Wein=
garten, unterzeichnet. Derselbe enthielt 15 Punkte und
bestand im Wesentlichsten darin:

> „daß die Bauern ihren Vereinigungsbrief sammt den Fähnlein heraus=
> geben und dem Bunde und ihren Herrschaften auf's Neue Treue und Ge=
> horsam schwören wollten, wogegen man ihnen versprach, bei gegründeten
> Beschwerden ihnen durch unpartheilsche Richter oder Schiedsmänner Recht
> und Billigkeit willfahren zu lassen; falls sie sich aber von diesen Richtern
> beirrt glaubten, es auf den Ausspruch des Erzherzogs Ferdinand
> als kaiserlichen Statthalter ausgesezt werden solle." —

Diesen Vertrag beschworen beide Haufen vom Allgäu
und Bodensee und gaben, bis die Briefe darüber aufge=
richtet und besiegelt sein würden (was wie bemerkt, am
29. April geschah), von jedem Hauptorte Zwei als Geißeln
in die Hände des Truchsessen.

Am Ostermontag, 17. April, zogen dann die Haufen
heim und der Bauernkrieg hatte hier herum — ein Ende;
im Elsaß, Breisgau, an der Jart, im Bruh=Rhein und in
der Pfalz und wiederholt im Hegäu und Allgäu, da na=
mentlich in der Umgebung von Kempten, erfolgten dagegen
noch ähnliche Aufstände, bis auch diese unterdrückt und die
Ordnung überall wieder hergestellt wurde.

Die Hauptperson in diesen Kriegen aber, wo eine Menge
Schlösser, Kirchen, Klöster, Städte und Dörfer geplündert,
verwüstet und verbrannt wurden und im Ganzen mehr als

100,000 Bauern geblieben sind, war — Truchseß Georg III.
von Waldburg, genannt Bauernjörg, der den Bauern
so furchtbar wurde, daß noch lange das Sprichwort ging:
„Wart' ich will dir den Jörgen singen!"

Die Wein= und Brodlieferung, die Salem auferlegt
war, kam am 17. April (Ostermontag 1525) bis nach Dür=
renast (Weiler auf der Heerstraße zwischen Markdorf und
Ravensburg), wo sie vom Seehaufen empfangen und das
auf zwei Wägen befindliche Brod zu 4000 Laiben sammt
Wein zu 26 Eimer zur guten Lezt noch an die Heimziehen=
den vertheilt wurde.

Mone erzählt diese Begebenheit also: [1]

„Item der hoptman Ittelhans Ziegelmiller, da er vermerkt hatt, die
macht des bunkts, hat er von Wingarten herabgeschikt sin botschaft am
osterabent, und im tal ufgemanet, zu im zu ziehen, was stangen und spieß
mug tragen, dan man hat vor etlich in den dörffern gelassen zu einer wacht
und also hatt sich der huff gemert. Item es ist auch kommen Dietrich
Hurlewagen mit sinem huffen und hatt mit im bracht etlich stuk geschitz
von Argen uß dem schloß und haben sich der massen gemert, das ir ist wor=
den überall bis in die 14,000."

„Nun am ostertag, der ist gesin acht tag vor sant Jergen tag (16. April)
sind die pauren also still gelegen zu Wingartten im steken und zu Berg,
haben da ihr leger geschlagen. Und ist her Jerg Truchseß herzu gerukt uf
die hohin ob Baierfurt, der mainung gesin, er well inen irn vortail ab=
loffen und den steken Wingarten innemen. so semlichs die pauren gesechen
haben, sind ir etlich von Berg im veld ilends dem steken zu geloffen und
in besetzt; da haben sy aber vast zusammengeschossen. in dem hatt her Jerg
sin trommiter (Trompeter) geschickt zu dem hoptman des huffen am Boden=
sew, Ittelhans Ziegelmiller genannt, welcher trummiter im hatt gesagt, er
soll nit me lassen schiessen und soll mit im rytten zu her Jergen Truchseß.
und also ist der hoptman mit dem trummiter allein geritten zu her Jergen
gen Baierfurt in das selt unber den raisigen zug zu her Jergen. da haben
sy mit ainander geret, ob man mecht die sach gütlich abstellen."

„Nun nach dem und sy also zu ainander haben geschossen am ostertag,
da hatt her Wolf Gremlich v. Hasenwyler rytter, Gwein Schelling und
Johannes Kreglin des rats von Ravenspurg, gsant von ainer gemaind der
statt Ravenspurg, die dry haben sich unberstanden, die sach gütlich ze rich=

---

[1] Mone: Quellensammlung II, Seite 125 und 126.

ten. und find alfo am oftertag geritten all dry zu dem bund und den puren und das fchieffen baider huffen, fo fy zu ainauder gethan haben, abgeftelt, und für fich genommen, die fach güttlich abzeftellen; und alfo mit dem Truch= feffen und der puren hoptman darvon geredt. haben alfo die dry obgemelt mit fampt andern herren und nachpuren der maffen gehandlet, das die paur= fchaft ain bericht hatt angenommen mit dem bundt der maffen."

„Es hatt ouch der hoptman Dietrich Hurlewagen von Lindow an her Jergen Truchfeffen ain gnad begert und für in nider gefnyet. und haben alfo die puren dem Truchfeffen alle ire veulin überantwurt, die er von ftund an hatt alle zerriffen; dan es fich nit gebirt, das der ftul uf dem bank ftund, und das waffer uf dem difch und der win underm bank."

„Item der hoptmann am fewhuffen, Ittelhans Ziegelmilfler, hatt ouch am oftertag gefchikt gen Salem den vogt von Bermatingen Benedikt Algen und ain burger von Markdorf, und an die von Salem begert, fie follen dem huffen der puren gen Wingarten zu fchicken lyferung, namlich an win und brott, alfo haben die von Salem inen uf montag darnach zugefchikt bis in die 4000 brott und 26 aimer win uf zwayen wägen, die fy hend von Win= garten herab gefchickt, und ift diefe lyferung nit wytter kommen dan byß zum Dirren=nachft am montag, dan nach dem und der bericht ift gemacht worden und augenommen von den puren, do ift am montag jederman abzogen und ift inen im abziechen die lyferung des wins und broz bym Dirren=nachft begegnet, da haben fy diefelbigen dafelbft under ainander ufgetailt."

„Item fo der bericht ift gemacht und angenommen worden, da haben all bläß und huffen ire hoptlütt und volmechtig anwelt do gelaffen by dem bericht, welcher anwelt namen in dem bericht begriffen find, wie dann darin erfunden wirkt. Und alfo am mentag nach dem oftertag (17. April) ift jederman ainhelliklich von Wingarten widerum heimzogen und haben alfo des bundtz anwelt, namlich her Jerg Truchfeß fryherr zu Waldpurg, Graf Wilhelm von Furftenberg und Frowin v. Hutten rytter, mitfampt der puren anwelt und volgwalthaber den bericht zu Ravenfpurg gemacht."

Nach diefem Kriege —

1530, 7. April, gab es dann viel Reifen und verfro= rene die Reben.

1531, 20., Juni regnete es zu Wyl im Thurgau Blut (?)

1533 fchlug man zu Bafel, Freiburg und Thann das erftemal Bazen und wurde Solothurn wieder katholifch.

1546 war gutes Weinjahr.

1552 zogen fächfifche und heffifche Völker hier durch nach Tyrol, wo Churfürft Moriz von Sachfen die Ehren=

berger Klause eroberte und plünderte und im Kloster Stams
bei Innsbruck die Gräber der Fürsten von Oesterreich öffnen
und solchen die Halsketten und die goldenen Ringe von den
Fingern wegnehmen ließ.

1571 verursachten regnerische Witterung und Frost Miß=
wachs auf Feldern, an Bäumen und in Reben, wodurch große
Theurung entstand und viele Menschen den Hungertod starben.

1577 verkauft Christoph Oßwald, Doktor der Medizin
und Burger zu Konstanz, um 2225 fl. alle seine Aecker, Wie=
sen und Weingärten in Golderich, Salach, Auen, Buchberg,
Brunach und Schlopferin zu Bermatingen an das Gottes=
haus Salem.

1590, Philippi und Jakobi, bei einem schweren Ge=
witter, schlug der Bliz im hiesigen Ort ein, der eine solche
Feuerbrunst herbeiführte, daß binnen zwei Stunden über
80 Häuser, ohne die Scheuern, Torkeln und Speicher ab=
brannten; dabei blies ein derartiger Sturmwind, daß er
brennende Holzstücke bis auf den Domplaz in Konstanz trieb
und der Ort die Beihilfe der Nachbargemeinden anflehen
mußte. Besonders zeichneten sich hierin die Städte Konstanz,
Markdorf, Ueberlingen und Meersburg aus; sie unterstüz=
ten die Verunglückten nicht nur mit Geld, sondern auch mit
Kleidungsstücken, Viktualien und Hausgeräthschaften; ja der
Stadtrath von Ueberlingen lieh dem Abte von Salem, der
sich gegen seine Unterthanen sehr wohlthätig bewies, sogar
2000 fl. auf 5 Jahre unverzinslich, die dieser dann den
Schwerbetroffenen gab. — Auch wurde dieses Jahr das
dürre genannt, obschon es ziemlich viel und gutes Korn
und Wein gab. [1]

1600 war große Holztheurung.

---

[1] Zur Erinnerung an das Brandunglück von 1590 und Abwendung solcher Gefahren wird noch alljährlich am 1. Mai ein Bitt= und Kreuzgang gehalten.

1602 blühten auf Ostern die Bäume und sah man schon Geschöpfe (junge Trauben) an Reben; am 1. Mai jedoch fiel Reifen, der viel Schaden verursachte.

1614 mißrieth die Erndte, worauf Theurung erfolgte und das Malter Korn bis über 17 fl. aufstieg.

1521 gab es so außerordentlich viel Wein, daß man nicht genug Fässer hatte.

1622 war überall sehr große Theurung; das Malter Korn und der Haber galten in Ueberlingen 80 bis 90 fl. und noch mehr, Roggen und Gerste 70 bis 80 fl., das Fuder Wein bei 500 fl., 1 Pfund Rindfleisch 6 Bazen, 1 Henne 1 fl., 2 Eier 1 Bazen, 1 gemeiner Felchen 1 fl. und dennoch war nirgends Mangel an Geld.

1630 rieß ein Schneefall im Mai viele Aeste an Bäumen herab und drückte ganze Bäume nieder; doch gab es in diesem Jahre noch einen sehr reichen Herbst.

1631 gab es besonders viel Wein, so daß die Maaß guten 1 kr., eine Maaß mittlern ½ kr. kostete und schlechten man umsonst bekam; vor allen aber war das Jahr

1638 ein vorzügliches Weinjahr, denn der Wein wurde so gut und kostbar, daß man das Fuder um 200 fl. und noch darüber verkaufte.

1641 war große Theurung.

1655 nasser Frühling und Sommer, dann folgte ein warmer Herbst, der Alles noch zeitigte.

1672, 20. Mai, kam das Filial Ittendorf auf Befehl des bischöflichen Ordinariates Konstanz wieder zur Mutterkirche Bermatingen und blieb dabei mehre Jahre, bis die dortige Kirche, welche im Schwedenkrieg zerstört wurde, wieder hergestellt war.

1675, 28. Jenner, lag über eine Nacht der Generalstab kaiserlicher Völker mit 408 Pferden zur Zeit des niederländischen Krieges hier. Auch mußte man wegen dem kalten und nassen Sommer die Weinlese bis in den November aufschieben und während der Lese fiel so tiefer Schnee, daß man Schlittenfahren konnte. Darauf folgte eine fünfjährige Theurung.

1685 war nasser Sommer, im Heumonat großer Schnee; dennoch aber wurde der Wein gut.

1688 gab es viel Ungeziefer.

1692 war große Theurung und Hungersnoth; das Viertel Korn kam bis über 5 fl. zu stehen.

1701 bis 1714 geschahen viele Durchzüge und Ein-quartierungen, die der spanische Krieg verursachte und wurde der Ort mit vielen Contributionen beschwert.

1714 war später und kalter Frühling, nasser Sommer mit vielen Wassergüssen und im Herbst gab's Schnee.

1722 war das Jahr gut und Ueberfluß an Allem.

1740 verkauften das Gotteshaus Zofingen in Konstanz um 2500 fl. alle seine Rebgüter mit Torkel und Oberamt-mann Rettich von Ober-Marchthal um 5470 fl. sein Haus und alle seine Güter zu Bermatingen an das Gotteshaus Salem.

1744 verließ der Bürger Georg Fischer sein Weib und ging mit einer französischen Reiter-Compagnie fort, kehrte jedoch am 30. Oktober 1763 wieder zurück. Nun wurde er, weil er seine Frau und die Gemeinde verlassen hatte, zur Warnung und Buße in eine Spende von 2 Eimer Wein nebst genug Brob und zu 1 fl. 4 kr. baar in die Gemeinde-kasse verfällt.

1749 war der Winter warm, der Sommer naß und eine außerordentliche Mondsfinsterniß; Alles aber zeitigte und wurde gut eingebracht.

1765, 9. Juli gab es ein Gewitter mit Hagel, das viel Schaden verursachte; es fing zu Baitenhausen an und zog über Ahausen hier durch nach Wangen und Martdorf. Der Schaden war besonders an Reben sehr groß; denn am Buchberg gab es nur 5 Fuder, an der Rothhalde gar keinen

Wein und viele andere Güter mußten ganz umgebaut werden.

1766, 8. April, wurde Joseph Wiker wegen Ehebruch vom Gericht und 24ern mit 8 Quart Wein, genug Brod und zwei Duzend Bratwürsten gestraft, was sie — verzehrten.

1767 war im Jenner große Kälte, im Hornung liebliche Wärme, im Frühling ziemlicher Schnee, im Sommer viel. Regen und im Heu= und Augustmonat Donner, Hagel und Reifen.

1770 war Mißwachs und Theurung. Das Malter Korn kostete zu Meersburg am 19. September 30 fl.

1773, 14. April, wurde Johannes Brugger wegen einem kleinen Diebstahl vom Gericht und den 24ern zu 4 Maaß Wein Strafe verfällt.

1782, 28. Mai, wurde Anton Leitinger aus Reuthe in Tyrol wegen ? (ist im Bürgerbuche nicht angegeben) auf den Pranger gestellt, dann mit Ruthen zum Ort hinausgehauen und zulezt der Herrschaft verwiesen; Johann Botter von Unter=Roth (zwischen Kempten und Weißenhorn) dagegen, wahrscheinlich wegen einer Tödtung — am 7. August zum Tode verurtheilt und am 11. August mit zwei Streichen enthauptet. Auch war in diesem Jahr große Trockenheit, so daß man bereits nicht mehr pflügen konnte.

1783 vollkommene Ernbte.

1784, 9. Heumonat, wurden das Gemeindeholz ausgemessen und in Gegenwart des Oberamtmanns Felber, Paters Stephan Großkeller, Paters Leopold Bursirer und Forstmeisters Fauler von Salem, sowie des Ammanns Mathias Mayer von Bermatingen neue Marksteine gesezt; bis Mai dagegen lag der Schnee 4—6 Schuh hoch und war überhaupt dieses Jahr schlecht.

1787, 5. Hornung, machte Hans Jerg Mayer, Wittwer,

mit der ledigen Magdalena Jergin in Bermatingen Hoch=
zeit; derselbe muß jedoch nicht ganz vom besten Butter ge=
wesen sein; denn das Bürgerbuch bemerkt dabei:

„Er hatte gott vnnd die obrigkheith belogen, seine Erste fraw Lebt
noch, vnnd wegen der Jergin sind beide (beide) 2 mall gezüchtiget worden
bei Ober=Amt." —

1788, 14. Mai, wurde Joseph Sutter wegen Fluchen
und Gotteslästerung zu 2 Quart Wein „angezogen" und
mit 5 Streichen gezüchtigt. Auch wurden in diesem Jahr
die Gemeindegüter vermessen, wofür die Kosten sammt Bann=
karten 70 fl. betrugen.

1790 war ein sehr schöner Frühling und auch der Mai
brachte herrliche Witterung, so daß Alles den reichsten Blü=
thenschmuck trug; aber am 29. Mai stieg von mehren Seiten
ein drohendes Gewölke auf und gegen Abend entstand ein
unerhörtes Gewitter. Der ganze Himmel schien eine Flamme;
unaufhörlich rollte der Donner; der heftigste Regen stürzte
darnieder. Da, Nachts 9 Uhr, am Sonnabend vor dem
Dreifaltigkeits=Sonntag zitterte die Erde und ein Wolken=
bruch goß sich über das Dorf und seine Gewanne aus, der
die größten Verheerungen anrichtete. Wo man hinsah, war
nichts als Noth und Zerstörung; die Brücken und Stege
waren vernichtet, der Boden aufgerissen, die Straßen zer=
rissen, die Brunnen zerstört, Mühlen zertrümmert, Gärten
und Felder mit Steinen und Schutt überdeckt, Hütten ein=
gestürzt, das Klafterholz weggeschwemmt, Vieh in den Ställen
versoffen und ganze Häuser verdorben und unbewohnbar
gemacht; kurz, nichts als Zerstörung, Verwüstung und Trüm=
mer durch die unbändigen Fluthen, deren Wasser oben im
Dorfe bei 14 Schuh hoch und im eigentlichen Dorf (Herren=
gasse, Mittel= und Unterdorf) noch 9 Schuh höher als der
gemeine Rinsaal des Baches war, dabei fanden sogar drei
Personen den Tod: der Rebmann Andreas Böhringer, seine
Frau Anna Maria und die Tochter; diese fand man noch

gleich am Morgen, den Tag darauf die Frau und am dritten Tag beim Münsterlinger=Haus den Vater.

Ein Volkslied hat das Andenken über diese traurige Katastrophe erhalten; es lautet:

Aeltern, Kinder, Freunde, Brüder,
Senket eure Blicke nieder;
Stimmet eurem Herzensdrang
In den ernstlichen Gesang!

Einer sing' es oft dem Andern;
Denen die den Ort durchwandern,
Ruft jedoch die Wahrheit laut,
„Selig, wer sich Gott vertraut!"

Mit der Kinder erstem Denken,
Soll't ihr schon sie weise lenken;
Zeigen ihnen Gottes Macht,
Die für alle Wesen wacht!

Bei der Arbeit, und im Stillen
Lob't auch oft von Gottes Willen;
Gar die stille Abendzeit
Sei der Frömmigkeit geweiht.

Dann erzählet die Geschichte,
Die von göttlichem Gerichte,
Die von seiner Allmacht zeugt,
Daß den Erdkreis nieder beugt.

Als wir einst in Gottes Namen
Abends froh nach Hause kamen,
Von der Arbeit müd und schwach,
Gingen wir der Ruhe nach."

Jedoch, ehe wir uns noch erquickten,
Schweiß und Mühe uns noch drückten,
Nahmen wir noch Gott zu Dank,
Unser Brot und einen Trank."

„Drauf legten wir uns nieder,
Stärkten uns durch Ruhe wieder,
Legten uns auf den Schlaf,
Der schon unsre Augen traf."

Als der Regen an zu wittern,
Wollte gar die Erd' erzittern,
Als auf Gottes weisen Rath,
Auf die Erd' das Wetter trat."

Grausend fuhr auf die Stelle
Schnell erschreckliche Tageshelle,
Die aus schwersten Wolken fiel,
Auf die Erd' ohne Ziel."

„Keiner durfte sich getrauen
Außer Hause zuzuschauen,
Oder helfen nah und fern,
Hälfe er auch noch so gern."

„Alles nur verwirrt und bange
Lauset voll drei Stunden lange
In dem Hause hin und her;
Denn die Noth war centnerschwer."

„Seufzen, Schreien, lautes Beten,
Alles war still in den Stätten;
Weh und Klag' selbst hört man nicht,
Da die Noth so mächtig spricht."

„Aus den untern Wohnungsplätzen
Rußte man sich um zu setzen
In die obern Theile zieh'n;
So hieß uns der Jammer flieh'n;

„Fluthen drangen in die Ställe,
Stiegen auf, wie hohe Wälle,
Tödten, rissen weg das Vieh;
Solche Qual erfuhr es nie."

„Sechszehn Stücke wurden tobt,
Durch die schwere Wassernoth;
Andre, die das Band nicht schloß,
Wurden von dem Falle los."

„Holz und Steine sah man schwimmen,
Menschen auf die Bäume klimmen;
Denn die Stürme rasten schwer
Um die bangen Leute her."

„Häuser sogar stürzten nieder,
Und aus Thälern brachen wieder
Pfeilschnelle Ströme fort,
Eilten auf den traur'gen Ort."

„Dann mit einem Todesschritte
Drang auf eine Nebmanns Hütte,
Gar noch eine Fluth sehr kühn,
Daß sie fiel in Schutt dahin."

„Wo Mann, Weib und Tochter sanken
Unter ihrem Sturz, ertranken,
Athmeten ihr Leben ab
In dem Wasser, ihrem Grab."

O, es war die Noth sehr groß,
Als dies Wasser uns umfloß!
Zwar noch drohet die Gefahr,
Doch auch Hilfe wird gewahr.

Denn schon kommen dort in Haufen
Brave Nachbarn hergelaufen,
Helfen wie für Eigenthum,
Uns zu Dank und sich zu Ruhm.

Doch vor Allem, Preis sei Gott.
Der stets wacht in Glück und Noth,
Was er schickt und was er thut,
Nur ist seinen Kindern gut. —

D'rum soll Fleiß und Fried uns nützen,
Dann wird er uns auch beschützen,
Wird uns Segen geben und Gedeih'n
Und das Feld recht fruchtbar sein.

Zur Hilfeleistung kamen nämlich Leute aus den Ge=
meinden Immenstaad, Kippenhausen, Hagnau, Ittendorf,
Markdorf, Mimmenhausen u. s. w., welche abwechselnd je
einen Tag zu 200 Mann an Säuberung und Wiederherstel=
lung des Ortes arbeiteten und wobei jedem Mann eine
Maaß Wein und zwei Brode von der Gemeinde verabreicht
wurde; nur die Mimmenhauser verköstigten sich selbst. Die
Herrschaft (das Kloster) Salem aber gab jedem der Ver=
unglückten sowohl eine namhafte Unterstützung von 70 bis
80 fl., als auch alles Bauholz und den Kalk unentgeldlich
und noch aufgenommenes Geld zu 3% verzinslich; haupt=
sächlich aber zeichneten sich die Gemeinden Ahausen, Gras=
beuren, Buggensegel, Neufrach, Weildorf, die Weiler Oberst=,
Mittelst= und Unterstenweiler und die umliegenden Höfe
durch thätige und christliche Liebe aus. — Der darauf fol=
gende Winter war dann merkwürdigerweise so angenehm
und warm, daß die Schuljugend beim Rosenkranz in der
Kapelle und an Weihnachten mit Sommerkleidern zur Kirche
gehen konnte; auch hatte sich die Gemeinde in diesem Jahr zum
Gedächtniß an den schrecklichen Unglückstag mit ihrem Seel=
sorger verabredet, einen besondern, der Zeit angemessenen
Gottesdienst jährlich zu halten, daher noch jetzt jedes Jahr
am 29. Mai eine Betstunde zum Andenken an den 29. Mai
1790 gehalten wird.

1792, 8. Heumonat, nahm die Gemeinde den Philipp
Kraus von Hausen aus dem „Killerdoll" (Kyllerthal im
Sigmaringischen) als „Reggen Rutt" (Rekrut) an und ver=
sprach ihm als Handgeld baar 50 fl. und als Trinkgeld

einen Federthaler zu 2 fl. 45 kr., sowie das Bürgerrecht; derselbe gab jedoch 1803, 25. März das Bürgerrecht auf, wofür er 3 Eimer Wein bekam und als Bürger gestrichen wurde. — Auch schlug in dem Jahr 1792, 3. Brachmonat, am heil. Dreifaltigkeitssonntag, Nachmittag, während der Vesperzeit das Wetter in die Kirchenscheiben ein und verwüstete Felder und Weingärten, so daß es an manchen Stellen weder Frucht noch Wein gab.

1794, 2. April, nahm man wieder einige Rekruten an, als

Adam Milherr von Mühlhofen mit . . 71 fl. 30 kr.
Wendelin Kain von Neufrach mit : . 52 fl. 45 kr. } Handgeld.
Ignaz Bull von Ecklingen bei Rothweil mit 48 fl. — kr.
und ertheilte ihnen das Bürgerrecht.

1795, Nachts vor weißen Sonntag kamen dann 6 österreichische Deserteurs mit Gewehr und Waffen, aber zerlumpten Kleidern und zerrissenen Schuhen hieher, die in den Stall des Georg Fezer einbrachen und ein Kalb stahlen. Sie hielten sich in einem Wald auf, saßen um ein Feuer und brateten das Kalb. Das Fell wurde zu Schuhen zerschnitten und solche mit Weiden zusammengebunden. Gegen diese Soldaten zog der Ammann mit einem Werber und mehren rüstigen Leuten aus. Er fand sie eben bei der Mahlzeit am Feuer. Als er sie aufforderte, sich zu ergeben, ward er von einem Deserteurs durch einen Schuß tödlich verwundet und starb. Jezt schoß der Werber und einer der mitgezogenen Männer; es wurde ein Soldat getödtet, ein anderer plessirt, die Uebrigen hatten sich im Gebüsche versteckt. Man trieb sie auf, nahm sie gefangen, schleppte den Verwundeten mit und holte gegen Abend dann noch den Todten, den man auf dem Kirchhof begrub, wo der Ammann schon vorher begraben worden war. Hierauf kam auf Anzeige beim Oberamt Salem ein österreichischer Commissarius, der sich nach Allem erkundigte. Man erzählte ihm den Sach-

verhalt und führte ihn in das Gasthaus zum Adler, wo die
Deserteurs bewacht wurden. Den todten Soldaten ließ er
ausgraben, besichtigte ihn und übergab ihn hierauf wieder
dem Grabe; die andern fünf nahm er auf einem Wagen
geschlossen mit fort und führte sie nach Innsbruck, wo ihnen
der Prozeß gemacht und Einer nach dem Andern erschossen
wurde. Dann —

    1796, 25. Juli, kamen bei 10,000 Mann stark die Con=
béer; der größte Theil lagerte die Nacht über beim großen
Torkel im Mitteldorf, [1] wohin man ihnen gegen Bezahlung
Wein, Brod und Fourage liefern mußte; sie brachen je=
doch am Morgen auf und marschirten über Markdorf nach
Ravensburg und Weingarten. — Darauf kam der franzö=
sische General Torreau mit seinen Republikanern, welche nach
Bregenz marschirten. Nachdem jedoch die Maas= und Sambre=
Armee unter General Jourdan von Erzherzog Karl bei
Amberg an der Vils in Bayern geschlagen worden war, und
Torreau selbst bei Jsny von dem österreichischen General
Grafen Fröhlich eine Schlappe erhalten hatte, — kamen
die Franzosen im Oktober wieder, und da mußte man ihnen
als Contribution geben:

baar Geld . . .	992 fl. 34 kr.
für Pferde . . .	1052 fl. 55 kr.
„ Ochsen . . .	373 fl. 39 kr.
„ Haber . .	774 fl. 30 kr.
„ Roggen . . .	228 fl. 28 kr.
„ Heu . . .	169 fl. 55 kr.
„ Schuhe . . .	151 fl. 45 kr.

Auch raffte in diesem Jahr eine Seuche viel Vieh weg,
was ebenfalls die Einwohner hart traf.

    1798, 10., Jenner mußten 53 Mann zum Schneeschau=
feln nach Würensegel, weil hier der Wind den Schnee zu

---

[1] Der große Torkel stund oben bei ehemaligen Jägerhause, am Weg nach Wangen,
da, wo gegenwärtig der herrschaftliche Rebmeister Fidel Bohl aus Gaisbach bei
Oberkirch wohnt; dieser Torkel wurde 1842 abgebrochen.

einer solchen Höhe zusammengetrieben hatte, daß er die Dächer
der Häuser erreichte und die Landstraße von Meersburg nach
Markdorf nicht mehr passirt werden konnte. — Dann in der
Charwoche kamen wieder die Republikaner und blieben 5
Tage in Bermatingen. Am 16. Mai fand sich ein Trupp
Condéer, 130 Mann stark mit Pferden hier ein, die bis zum
6. Oktober da waren. Von ihnen starb (bei Alois Schiele)
ein Korporal, der auf den Kirchhof begraben wurde. —
Hernach, am Katharinentag, trat eine so heftige Kälte ein,
daß selbst die Keller froren und es im Ganzen kaum 38
Fuder Wein gab.

1799 zur Sommerszeit zogen die Kaiserlichen hier
durch; nach diesen die Russen. Von diesen lagen seit 28.
August bis 8. Oktober bei 88 Kranke im hiesigen Spital,
welches damals im jezigen Rathhause sich befand; 9 starben
und wurden von ihrem Feldpater auf dem Kirchhofe hinter
dem Glockenthurm begraben, kurz von 1799 bis 25. April
1801 waren bei 25,860 Mann in Bermatingen einquartirt,
was enorme Kosten verursachte.

1804, 31. Juli, gab es alsdann wieder großes Wasser;
doch war es nicht sehr gefährlich, indem weder Menschen
noch Vieh ertranken. [1])

1805, 20. März, ertränkte sich im hiesigen Weier Jo=
seph Biesel von Oberstenweiler, und vom 1. bis 8. Oktober
mußte man für die Oesterreicher zum Schanzen nach Mem=
mingen, wozu 9 Mann abgeschickt wurden, denen jedem man
täglich 1 fl. aus der Gemeindekasse gab. Ueberhaupt war
auch dieses Jahr kein gutes; denn außer den Kriegsbeschwe=
rungen war auch noch der Sommer naß und kalt und im
Oktober fiel tiefer Schnee und gab's Eis, so daß es Güter=

---

[1]) Sehr großes Wasser gab es auch am 2. Mai 1860, das vielen Schaden auf Feldern,
in Rebgärten, auf Straßen und an Brücken verursachte.

wägen trug und der Wein zu nichts ward. Das Gleiche war —

1806 der Fall; denn auch jezt war die Erndte schlecht und mißrieth der Wein; doch folgte weder Mangel noch Theurung. Man erlaubte in diesem Jahr an Sonntagen und Mariä Himmelfahrt zu erndten. [1] Sehr gut dagegen und besonders an Wein war das Jahr

1811, indem es sehr viel und vorzüglichen Wein gab, der sehr gesucht war und theuer bezahlt wurde.

1812, 17. April aber trat ein heftiges Donnerwetter ein, worauf ½ Schuh Schnee fiel und Gefrörniß sich einfand, was — nach dem Bürgerbuch „ein ganz besondere Sach" war. Dann

1816 war große Kälte, so daß die Reben, das Obst und die Feldfrüchte nicht zur Zeitigung kamen und Alles gewaltig im Preise aufschlug; hierauf —

1817 war Theurung, Hungersnoth und sehr großes Wasser. Das Pfund Brod galt 22—24 kr., die Maaß geringer Wein 1 fl. bis 1 fl. 36 kr., die Maaß Bier 16—20 kr., das Malter Korn 100 fl. und noch mehr, das Fuder 11 er Wein 1000 fl.

Ueberhaupt hat Bermatingen durch Krieg, Krankheiten, Mißwachs, Theurung, Hagel, Feuer, Hunger- und Wassersnoth ebenfalls schon viel auszustehen gehabt; es ist daher nichts auffallendes, wenn der Ort, der früher ein blühender Marktflecken war, im Verlauf der Zeiten wieder zu einem bescheidenen Dorfe zurückkehrte, können doch solche,

---

[1] Iehnliche schlechte Jahre waren 800, 820, 847, 1043, 1099, 1151, 1196, 1225, 1275, 1302, 1312, 1313, 1330, 1347, 1370, 1479, 1491, 1502, 1511, 1523, 1529, 1535, 1545, 1573, 1578, 1609, 1614, 1634, 1653, 1672, 1673, 1675, 1685, 1686, 1692, 1693, 1698, 1707, 1713, 1714, 1725, 1733, 1734, 1704, 1745, 1749, 1767, 1770, 1771, 1809, 1813, 1819 — in diesem Jahr 7. April ½7 Uhr Morgens hörte man auch bei ganz bellem Himmel einen starken Knall, worauf ein langes Brausen folgte und am 1. Mai die Reben verfroren.

Uebel die reichsten, mächtigsten und angesehensten Ortschaf=
ten ruiniren, entvölkern, wie es nicht wenige Dörfer giebt,
die vormals in unserer deutschen Heimath sogar als wohl=
habende Städte in Chroniken und Geschichtsbüchern erscheinen.

Eine eigenthümliche Bestimmung und Uebung war auch
noch wie neue Bürger hier aufgenommen und ihnen das
Bürgerrecht ertheilt worden war.

Sie mußten nämlich dafür geben und zahlen:

1) dem Ammann, Stabhalter, Gericht und den 24ern ein gewisses
Quantum Wein zu einem Trunk, Brod genug und 4 bis 5 Pfund Käse;

2) in die Gemeindekasse baar 3 fl., später 5 fl., sowie einen Feuer=
kübel oder statt dessen 1 fl. 30 kr., später 2 fl. —

Dafür wurde der neue Bürger bis 1. Mai als Hintersäß aufgenommen
und konnte auf den kommenden Mai auf Wohlverhalten wieder anhalten;
war seine Aufführung gut und hielt er aufs Maiengebot an, so mußte er
dann noch 1 Eimer Wein geben, worauf er erst in das Bürgerrecht auf=
genommen wurde.

Nun ward ihm vorgehalten, daß er

a. alle Gebote und Verbote der gnädigen Herrschaft (Kloster Salem) zu
erfüllen habe,

b. zu allen Begebenheiten für die Gemeinde bereit sein müsse,

c. verpflichtet sei, bei Prozessionen und Umgängen Kreuz und Fahnen tragen
zu helfen, bis wieder neue Bürger in die Gemeinde eintreten und

d. im Fall der Noth persönlich seine Schuldigkeit thun.

1741, 7. Mai z. B. bat Martin Hecht aus Wolfegg bei dem Ammann,
Stabhalter, Gericht und 24ern ihn als Hintersäß aufzunehmen; man ge=
stattete ihm dies, aber er mußte vorher den üblichen Trunk, Brod nach Be=
darf und 4 Pfund Käse geben, sowie die 1 fl. 30 kr. für den Feuerkübel
und die 3 fl. in die Gemeindekasse bezahlen.

1768, 6. April, bat Johannes Müller aus Leutkirch ihn zu einem Bür=
ger anzunehmen. Nachdem er den Trunk mit Brod und Käse gegeben, den
Feuerkübel angeschafft und die 3 fl. in die Lade bezahlt hatte, ward er als
Hintersäß bis nächsten Mai angenommen. Am 1. Mai des andern Jahres
durfte er, da man mit seiner Probeaufführung zufrieden war, dann noch um
das Bürgerrecht anhalten; er that es, zahlte den Eimer Wein und der neue
Ortsbürger war fertig.

1798, 29. Jenner, machte Mathäus Sigg mit der ledigen Maria Rosa
Lehlein von Buggensegel Hochzeit und bat, seine Frau hier bürgerlich aufzu=
nehmen; er mußte für sie den Trunk geben, 6 fl. für den Feuerkübel leisten und

weil die Gemeinde viele Kriegsschulden hatte, statt 3 fl. — sogar 112 fl. in die Ortslade bezahlen.

1800, 28. April, hielt der ledige Mathias Stezle von Riedern in der Vogtei Ittendorf, welcher sich mit der Wittwe Theresia Brugger von hier verehelichte, um das Bürgerrecht an. Auch dieser mußte den Trunk geben, nur den Käse ließ man ihm nach, weil der Wein sehr gut war und das Fuder 300 fl. kostete; am Mai mußte er jedoch noch 12 fl. in die Gemeinde= kasse und für den Feuerkübel 6 fl. zahlen. Zuletzt —

1807, 12. Juli, mußte noch der ledige Joseph Anton Salis aus Wangen im Algäu für das Bürgerrecht mit Bürgerannahme den gewöhnlichen Trunk sammt Brod und 5 Pfund Käse geben, hierauf am 1. Mai den üblichen Wein herbeischaffen und als ganz billig noch 30 fl. in die Gemeindekasse entrichten.

Jetzt ging der Trunk ab und die Taxe für das Bürgerrecht war in Allem 40 fl. an die Gemeinde, bis das Bürgereinkaufsgeld nach dem Gemeindegesetz vom 23. April 1832 §. 30 entrichtet werden mußte.

Nun schließen wir mit Bermatingen und gehen über zu

Ahausen.

Ahausen ist ein Dorf, 1416' über dem Meere und Filial der Pfarre Bermatingen, aber eine selbständige Gemeinde mit einer Schule und zwei Kapellen, an der Aach, die hier den Dorfbach von Bermatingen aufnimmt. Es liegt ganz in der Ebene, im sog. Aach= oder Salemer=Thal, eine starke Viertelstunde von Grasbeuren und Bermatingen, je ½ St. von Baitenhausen, Buggensegel, Schiggendorf und Unterstenweiler, ³/₄ St. von Ittendorf und Markdorf und 1½ St. von Meersburg entfernt.

Die Aach selbst entspringt 2½ St. südwestlich von Pfullendorf, in einem engen Thälchen bei Albernweiler, hinter Herbwangen und bil= det bis an den Weiler Aach (zwischen Linz und Ruhstetten), wo sie einige Rebenwasser aufnimmt, ein großes Ried. Von Aach wendet sie sich nach Süden, bespült das Pfarrdorf Linz und läuft als Linzer=Aach, nach= dem sie nochmals mehre kleine Bächlein aufgenommen, nach Reuthe und Großschönach. Bei diesen Orten bereichert sie sich abermals mit mehrern Zuflüssen und fließt nach Taisersdorf und Hohenbodmann. Bei Hohenbodmann belebt sie ein zur malerischen Schlucht verengendes ein-

james Thal und betritt die Thalebene. Alsdann zieht sie rechts am Ge-
birgssaume hin, geht an Bruffelden vorbei, fließt bei dem Hof mit Wirthschaft Ahäusle, wo sie wieder mehre Bäche aufnimmt und ein ziemlich
sumpfiges Wiesenfeld bildet, nach Salem. Da treibt sie die Mahlmühle
und fließt in einem langen steinernen Kanal unter dem Schloffe durch nach
Mimmenhausen und Buggensegel. Hier vor der Mühle strömt ihr
von Nordost ein anderes Wasser zu, die Echbeker-Aach. Diese entspringt
bei Echbek (Gemeinde Wintersulgen), fließt durch das Deggenhauser-
Thal, läuft an Wittenhofen, Unterffggingen und Menwangen
vorbei, treibt eine Sägmühle und wendet sich bei Schattbuch plötzlich südlich; in dieser Richtung kommt sie zur Mahlmühle von Reufrach, läuft
da unter der Brücke nach Buggensegel und Mimmenhausen hindurch und
gelangt so nach einem Falle von 805' (von Deggenhausen an) nach Buggensegel. Hier verbindet sich die Echbeker-Aach mit der Linzer-Aach;
dann fließt der vereinigte Fluß, der jetzt nur schlechtweg die Aach
heißt, nach Wehhausen und Ahausen, wo sie in geringer Entfernung
den von Bermatingen kommenden Dorfbach aufnimmt. Nach dieser Ver-
stärkung wendet sie sich nach Norden und gelangt nach Grasbeuren.
Bei Grasbeuren schlägt sie eine nordwestliche Richtung ein und kommt
nach Mühlhofen, wo sie wieder mehre Bäche aufnimmt. Da treibt sie
die Wollenfabrik und fällt nach Süden, indem sie eine Menge Krümmungen
macht; dann in der Nähe am Fuße von Gebhardsweiler geht sie westlich nach Obernhlbingen, treibt da nochmals Mühlwerke und nimmt
dann einen gewaltigen Bogen bildend, ihren Weg gegen Seefelden, wo
sie sich nochmals nach Süden wendet, dann aber, nachdem sie sich wieder
nach Nordwest gekehrt hat, langsam und in ziemlicher Mächtigkeit, als ob
es ihr gar nicht pressire, zwischen Seefelden und Unteruhldingen
als sog. Seefelder-Aach in den Ueberlinger-See fällt.

Der Fluß ist unter seinen Nachbarflüssen der Länge des Laufes nach
(zu 8 Stunden) wohl das bedeutendste Wasser, hat meist nur einen sanften
Fall und wird blos bei starken Regengüssen gefährlich; dann aber, wenn das
Bett stark mit Schlamm und Sand verschwemmt ist oder Steine seinen Ab-
fluß hemmen, verheert er nicht selten die Ufer und richtet schauerliche Ver-
wüstungen in der Nachbarschaft an.

Zu Ahausen selbst, bei der obern Mühle trennt sich
der Fluß in zwei Arme, die man die vordere und hintere Aach nennt; die vordere Aach durchzieht das Dorf,
die hintere Aach zieht bei dem äußern Kapellchen südöstlich am Dorfe hin und läuft zur untern Mühle fort.

Dann treten hier die beiden Arme wieder zusammen und
heißen gemeinsam die Aach, die jezt auf Graßbeuren
zuströmt, indeß die Verbindung in Ahausen durch zwei
Hauptbrücken und mehre Nebenbrücken stattfindet.

Bevor diese Wasserableitung stattfand resp. die Aach
rektifizirt und ihr Bett erweitert worden war, verursachte
sie hier viele Ueberschwemmungen und beträchtlichen Schaden.

Ueberhaupt glaubt man, daß die ganze hiesige Gegend versunkener Wald
sei, indem man schon viele Baumstümpfe und bei der Rektifikation der Aach
in einer Tiefe von 8 Fuß sogar ganze Eichenstämme auffand, wie z. B. bei
der untern Mühle und auf dem Felde des Georg Fetscher. Jedenfalls sind
diese Funde Belege einer sehr frühen Zeit, wo vielleicht noch Urwälder existir-
ten und keine menschliche Wesen den Boden für sich in Anspruch
nahmen.

Auch ist zu bemerken, daß Herr Mühlemeister Schellinger dahier
schon mehre alterthümliche und interessante Gegenstände bei Bodenkulturen
ans Tageslicht brachte, als: eiserne Kriegsgeräthschaften, Versteinerungen ꝛc.,
die noch bei ihm zu sehen sind; auch besizt er zwei alte Gemälde: Thomas
Morus, Lordkanzler von England (gemalt von Steiner) und Maria Stuart,
Königin von Schottland, die 1587 enthauptet wurde.

Die Gemarkung des Dorfes beträgt 1655 Morgen,
90 Ruthen, nämlich:

Aecker	729	Morg.	3	Vrl.	44	Ruth.
Wiesen	329	„	2	„	84	„
Wald	309	„	1	„	83	„
Gärten	50	„	1	„	61	„
Wiesfeld	49	„	2	„	13	„
Reben	18	„	3	„	47	„
und Allmendfeld	167	„	1	„	58	„
zusammen:	1655	Morg.	—	Vrl.	90	Ruth..

Die Grenzen sind: gegen Osten (Morgen) die Gemarkung von Vermatingen, gegen Süden (Mittag) die Gemarkungen von Baitenhausen und Ittendorf, gegen Westen
(Abend) die Gemarkungen von Baitenhausen und Graßbeuren, gegen Norden (Mitternacht) die Gemarkungen von
Buggensegel und den Weilern.

Der Boden ist meist Lett- und Torfboden und es werden gepflanzt: Korn, Roggen, Hafer, Gerste, Maysamen, Reps, Kartoffeln, Dickrüben, Runkelrüben, Waizen, viel Obst und auch Wein.

Die Höfe sind: der Naheberg (gegen Bermatingen), der äußere Berg (gegen Buggensegel), der Weidelsberg oder Wittelsberg (gegen die Weiler), der Riebelsberg (gegen Baitenhausen) und der Hattenberg (Krumhalde) (gegen Grasbeuren).

Die Einwohnerzahl ist 353, die Zahl der Bürger 51, die sich meist von Getreide- und Obstbau ernähren.

Die Gewerbetreibenden sind: 2 Seiler, 1 Schneider, 1 Schuster, 1 Schreiner, 1 Schmied, 1 Wagner und 1 Weber; ferner sind hier 1 Handelsmann (Krämer, Georg Kutter im Mitteldorf), — ein Ziegler, (Xaver Wakershauser im Oberdorf), dessen Ziegelei sich an dem Naheberg befindet, und 1 Mühlemeister, Heinrich Schellinger von Mühlheim an der Donau, im Würtembergischen, dem die beiden Mühlen im Dorfe gehören; die obere mit 5 Gängen, 1 Dele, Hanfreibe und Säge, von Turbinen getrieben, und die untere am Fuße des sog. Garten- oder Hattenberges (1438′ über der Meeresfläche, an Kaspar Mezler verpachtet) mit 5 Gängen, Hanfreibe, Dele und Säge wie die obere, von Wasserrädern getrieben.

Das Wirthshaus, Taferne zum Adler, ehemals der Stift lindauische Kellhof, jezt zugleich das Versammlungshaus der Gemeinde, unweit der Kapelle, bei der Aachbrücke, ist ein großes zweistöckiges Gebäude mit ziemlich großen Zimmern und geräumigem Tanzplaz. Es wurde von Fidel Ehinger sammt 114 Morgen, 3 Vierling, 36 Ruthen Gütern am 13. August 1853 für 23,800 fl. an die Standesherrschaft Salem verkauft. Der Wirth und Pächter ist Kaspar Ehinger.

Die ansehnlichsten Häuser sind: die obere Mühle, das Wirthshaus, das Haus des Martin Köhler und das Haus des Ludwig Felder.

Das Einkaufsgeld in das Bürgerrecht ist für Innländer (Babenser) 43 fl. 30 kr., für Fremde, Ausländer (Nichtbadiſche) 87 fl. und das Einkaufsgeld in den Bürgernuzen, der in circa 4 Morgen, 33 Ruthen All=menb (Länder und Wieſen) beſteht, 116 fl. 40 kr.

Häuſer ſind 50 und es befindet ſich faſt bei jedem ein Gemüſegarten.

Die Schule gehört in die 1. Klaſſe und der Gehalt des Lehrers und Meßners beträgt jährlich circa 250 fl. ein=ſchließlich 6 Morgen Wieſen= und Ackerfeld und des Schul=geldes zu 50 fl. jährlich.

Die Ortskapelle zum heil. Jakob ſteht im Ober=dorf, hat einen 4 eckigen geſchloſſenen Reiterthurm mit 2 Glöckchen und 3 Altäre: 1 Hauptaltar und zwei Seitenaltäre.

Der Hauptaltar (Muttergottesaltar) iſt im Chor, hat als Altarbild eine Statue der glorreichen Mutter Maria mit dem Jeſuskindlein im Strahlenglanze, darüber die Dar=reichung des Schweißtuches der heil. Veronika mit dem Abbild des Angeſichts Chriſti[1]) und über dem Altartiſche heißt es:

„Anno 1688 hat zu Lob vnd Ehr der allerheilligſten dreyfaltigkheit vnd der vbergebenedeiten Jungfraw vnd Muotter Gottes Maria diſes Alter-lin machen laſſen. der wohl Erenveſt vnd hochgeachte Herr Caſpar Behm ſtabhalter in Bermatingen vnd ſein Ehelich: vil Ehr. vnd Tugentreiche Fraw Anna Franziſka Dilgerin. deren Gott zu ſeel vnd Leib wol-fahrt gnedig ſein wolle.

Der Seitenaltar im Schiff, rechts vom Chorbogen, heißt der Verena=Altar; dieſer hat als Altarbild die heil.

---

[1]) Die Tradition will nämlich, daß eine fromme Frauensperſon mit Namen Veronika oder Berenice, Jeſum auf ſeinem Gang nach Gelgatha begleitete und ihm ihren Schleier gab, damit er ſich den Schweiß abtrockne; er that es, und dadurch ſoll ſich wunderbarer Weiſe das Bild ſeines dornengekrönten Hauptes in demſelben abgedrückt haben. Dieſes Tuch oder Schleier, welches unter den Reliquien der Peters-Kirche zu Rom aufbewahrt werden ſoll, erhielt dann häufige Abbildungen; allein man be-hauptet, das Ganze ſei nur eine fromme Sage; ja Wilhelm Grimm hält ſie ſogar nur für die lateiniſche Umbildung der griechiſchen Sage vom Idgarbild. Der Vorfall des Tuches iſt übrigens auch weder im Evangelium, noch in einer Schrift der alten Väter zu finden.

Verena (wobei das Stift Lindauische Wappen) und darüber
die allerseligste Jungfrau Maria als Lehrerin des göttlichen
Jesuskindleins.

Der Seiten altar im Schiff, der Jakobi=Altar, links
vom Chorbogen, hat als Altarblatt den heil. Apostel Jako=
bus den Größern mit Muscheln und Pilgerstabe, (wobei
wieder das Stift Lindauische Wappen) und darüber den heil.
Joseph mit dem Jesuskinde.

Eine Empore ohne Orgel ist hinten.

Das Patrocinium ist an Jakobi, den 25. Juli, wird
aber (mit Predigt und Amt) erst am nächsten Sonntag
abgehalten.

Die Kapelle selbst ist ein Filial (Nebenkirche) der Haupt=
kirche zu Bermatingen, und der Pfarrer verpflichtet, alle
Wochen daselbst eine heil. Messe zu lesen.

Eine zweite, viel kleinere Kapelle, sog. Kapellchen, be=
findet sich außerhalb des Ortes, an der Straße nach Ber=
matingen, bei der hintern Aach, und wurde im Jahre 1793
entweder gebaut oder renovirt.

Geschichte.

Der Ort hieß Anfangs Hahusir, auch Aahahusin und
kommt ebenfalls geschichtlich schon frühe vor, denn am 10. Mai
752 wird er, gleich im ersten Jahr der Regierung Königs
Pipin als damaliger Bauernhof mit seinen 15 zinsbaren
Leibeigenen von einem gewissen Motharius — gleichzeitig
mit dem Hof Duringas (Theuringen) sammt mehren Kasaten
und mit dem Hof Altstadi (Stetten) nebst Allem, was da=
zu gehört — dem Kloster St. Gallen geschenkt;[1] mit seinem
Besiz muß jedoch nachher eine Aenderung vorgegangen sein,
weil Kaiser Karl der Kahle den Ort Ahihusin nebst Anderm

---

[1] Neugart, cod. diplom. Alemanniae, II. Nr. 17.

im Jahr 867 dem Grafen Eberhard, Herzog von Friaul vergabte. Nachher kam er an dessen Sohn Uodalrich, Grafen von Bregenz und Linzgau, [1]) wo der Ort schon ein ziemliches Dorf war, in dem mehre Herren Besizungen hatten. Später wurde Graf Eberhard von Berg=Wartstein Lehensherr über Ahausen, unter dem und mit seiner Zustimmung 1291 der Ritter Burkhard Senfelin seine Besizungen daselbst um 11½ Pfd. Heller an das Kloster Salmansweiler verkaufte. Hierauf kam das Dorf mit dem Hof Riebern und der untern Mühle in Ahausen zum abeligen Frauenstift Lindau, von dem es die Reichsstadt Ueberlingen zu Lehen trug.

1434 gelangte diese Stadt ganz in den Besiz von Ahausen. Der Kaufbrief der Stadt Ueberlingen um die Veste mit dem Dorf Ittendorf und der Vogtei Ahausen durch Burkard v. Elrbach geschah am Montag vor St. Gallentag 1434. Es enthält derselbe, was zur Veste gehört und was jeder Bürger der Vogtei Ahausen als Lehen der Aebtissin von Lindau des Jahrs zu geben hat; der Kauf selbst geschah um 10,250 rheinische Gulden, wobei die Gewährleister waren: Conrad v. Schellenberg zu Hüffingen, Bertholb v. Schellenberg (welcher des Burkards v. Elrbach und seiner Gemahlin Beatrix, gebor. v. Hohenfels Tochter, Ursula v. Elbach zur Ehefrau hatte) und Puppelin und Heinrich v. Elrbach; der Fertigungsbrief aber über die von Ueberlingen erkaufte Veste und das Dorf Ittendorf, sowie über die Vogtei Ahausen und den vierten Theil der Veste Ramsperg, dann über die Vogteien Hofen und Hagnau wurde erst am Donnerstag nächst nach St. Martinstag 1443 vom Landgerichte zu Rothweil ausgestellt und zwar unter dem Hofrichter, Graf Johann von Sulz, welcher auf dem Hofe zu Rothweil an der offenen freien Königsstraße zu Gericht saß und der Ritter Burkard v. Elrbach als Verkäufer, von Seiten der Reichsstadt Ueberlingen dagegen als Käufer der Bürgermeister Ulrich Griner, genannt Rösch, und der Stadtschreiber Peter Arnold als Bevollmächtigte zugegen waren.

1457 (Montag nach Unser Lieben Frauentag Lichtmeß) kauft dann Hans Bösch zu Ahausen von dem Kellmeier Lienhard v. Topeln und dem Junker und Obervogt der

---

[1]) Neugart, cod. diplom. Alem. Tom. II. Nr. 331.

Herrschaften Jttendorf und Ramsperg, Peter Vogt, die obere Mühle zu Ahausen mit allen ihren Rechten und Zugehörden gegen jährlich 2 Malter Kernen (Ueberlinger Meß), 2 Pfund Pfennige und 1 Viertel Eier Zins.

1472 erscheint die Frau Aebtissin von Lindau, die sehr von Schulden gedrückt war, mit ihren Pflegern Johann Vetterlin und Konrad Aechtpig vor dem Stadtrath zu Ueber= lingen und bat um die Erlaubniß zum Verkauf eines Gutes zu Ahausen.

1476 (de dato Lindau St. Andreas des heil. Zwölf= boten Abend) verleiht die Aebtissin Ursula des Stifts Lindau die Vogtei Ahausen der Reichsstadt Ueberlingen zu einem Mannslehen, welches hierauf bei jeder neuen Aebtissinwahl wieder erneuert werden mußte und auch vom Lehenbesitzer 1476, 1490, 1491, 1495, 1531, 1581, 1615, 1634, 1638 und 1651 zc. geschah.

1490 geschah zwischen den Gemeinden Ahausen und Jttendorf über Trieb und Tratt, Wun und Waid in dem Gehölze am Haslach und im Ried ein Vertrag, der 1576 er= neuert wurde. [1]

1558, am 10. Jenner, verkauft Hans Schaffmeyer zu Ahausen für die Reichsstadt Ueberlingen an Christoph Beß die untere Mühle, Sägmühle, Speicher, Baum= und Krautgarten nebst 2 Mannsmad Wiesen im Dorf um 850 fl., wobei Zeuge war: der edle und vest Hugo David v. Hohenlandenberg, Weingartischer Hofmeister zu Hagnau.

1559, 25. August, belehnt die Abtissin Katharina von Lindau mit jener Mühle den Vogt von Jttendorf, Chri= stoph Beß. Der Bewilligungsbrief lautet: Wir Katharina von Gottes Gnaden, Abbtissin unser lieben Frawen Stift und Gotshauß zu Lindaw — bekennen hiemit offentlich, daß Wir dem Frommen, Vesten, unserm Lieben, Getrewen Christoph Beßen von Uberlingen, Vogt zu Jttendorff, und seiner Dochter Euphrosina Beßin auff sein Beßen underthänig Bitt und

---

[1] Gleiches geschah mit Thausen und Bermatingen 1868.

Ansuchen ihr Gerechtigkeit an der Andern Mülin zu Ahausen gelegen, welche von Uns vnd vnserm Stifft zu Lehen herrührt vnd zinßbar ist — den Ehren-vesten, Fürsichtigen, Ehrsamben vnd. Weisen Burgermeister vnd Rath der Statt Oberlingen zu verkauffen vnd hinzugeben, gnädig vergont vnd zuge-laffen haben, doch Uns vnd vnserm Stifft an der Lehenschafft vnd Zinsen in allweg ohne Schaden. Zu Urkund geben Wir ihnen disen Bewilligung-Brieff mit vnserm Secret Insigel besigelt. Auff den fünfften Monats Tag Octobris nach Christi Geburt gezehlt tausent fünffhundert sibenzig vnd siben Jahr." Diese untere Mühle wurde dann am 13. Juni 1561 von Christoph Betz sammt Sägmühle und Gütern dem Gallus Ehinger aus Lautrach, z. Z. Müller zu Ahausen, auf 10 Jahre verliehen und Ambros Kaut, der Vogt zu Jttendorf, verlieh sie auf lebenlang am 8. Mai 1571 dem Gallin Ehinger.

1564, 13. Juli, geschah zwischen dem Stift Lindau und Ahausen der Vertrag: daß die Gemeinde auf der (an der Aach gegen Baitenhausen gelegenen) Frohnwiese wohl einen Fahr=, Reit= und Triebweg halten und auch den Graben daselbst öffnen dürfe, allein dem Stift und seinem Kellmeister im Dorfe keine Kosten dadurch zufallen sollen.

1580 wurde beschlossen, daß jeder Einwohner im Dorfe dem Kellmaier jährlich zur Erndtezeit einen Tag frohnen oder schneiden, dafür aber derselbe jedem Arbeiter täglich 3½ kr. nebst Speise geben solle, auch der Kellmaier jedem Bauern, der einen Wagen voll Garben in den Kellhof einführe, zur Ergözung eine Maaß Wein und Brod zu verabreichen habe, welche Verordnung 1714 erneuert wurde.

1581 (3. April) schließt das Stift Lindau mit der Reichsstadt Ueberlingen wegen dem Lehen der Vogtei Ahau-sen einen Vertrag ab, worin von der Abtissin Barbara be-willigt wurde; „daß sie ihre Forderung an die Vogtei der Lehenfälligkeit halber gegen Vergleich fallen lassen und sie dieselbe an den Burgermeister und Rath zu Ueberlingen wie von Alters her zu Lehen geben solle; — ferner daß das Mayeramt und Forstlehen wie bisher der Abtissin und ihrem Stift resp. ihrem Kellhofe zu Ahausen zugehörig sein und durch ihre Amtleute und Kellmaier daselbst, dem sie verliehen, verwaltet werden sollen, auch der Kellmaier, so oft es nöthig sein würde, Gemeinde über das, was zum Kellhofe und seiner Zugehörde zustehe, halten und das Amt und Forstlehen der Gerichts= und Vogtherren schützen und schirmen solle; — ferner daß sich keine ledige Manns= und Frauensperson zu Ahausen ohne Vorwissen und Genehmigung der Herren von Ueberlingen als Gerichtsherren gegen fremde Personen verheirathen und wenn solches geschehe, der oder die Ungehorsame um die Ungenoßsame nach der Offnung gestraft werden solle; — dann soll auch jede fremde Mannsperson, die außer Vergünstigung der von Ueberlingen als Gerichtsherren und der Gemeinde Ahausen in die Vogtei ziehen, dem Vogt und den Gerichtsherren ein Pfund Pfennige, der Gemeinde aber zu ihrem Gemeinnuzen ein Pfund Pfennige Einzugsgeld zahlen u. s. w.

1587 wurde dem Hans Ehinger die untere Mühle zu Erblehen übergeben.

1599 (4. Dezember) geschah zwischen dem Stift Lindau unter der gefürsteten Abtissin Barbara und der Stadt Ueberlingen wegen der Anlage zu Ahausen und dem Ammannamt zu Altheim ein Vertrag, wornach die von des Stifts Lindau Huben, Kellhof und deren Inhabern eingezogene Steuer hälftig der Abtissin, von andern eigenthümlichen liegenden oder von dem Stift zu Lehen herrührenden Gütern aber denen von Ueberlingen gehören sollen 2c.

1634 verbrannten die Schweden das Dorf Ahausen, wobei die Kirche mit ihrem hohen spizigen Helmthurm (der wie bei der Kirche zu Leutkirch aussah) zusammenfiel.

1650 kam die Herrschaft Ittendorf mit Ahausen und Vogtei Hagnau, welche die Reichsstadt Ueberlingen Schulden halber, in die es durch die schwedischen Kriegsbe=

drängniſſe verſezt wurde, veräußern mußte, — durch Kauf
an das Gotteshaus Einſiedeln.

1677 (7. Auguſt) belehnte die Abtiſſin Maria Anna
Roſina zu Lindau das fürſtliche Gotteshaus Einſiedeln mit
der Vogtei und der untern Mühle zu Ahauſen.

1685 wurde von Einſiedeln beſtimmt, daß jeder Ge=
meindebürger, der ein Hanfland inne habe, zugleich auch
einen Theil in den neuen Wieſen, Neuwieſen (jezt All=
mend gegen Ittendorf) um einen jährlichen Beſtandzins auf
Lebzeit nuzen und nießen dürfe.

1701 wurden durch den Schaffner Liebherr zu Itten=
dorf neue Marken in den Dornachwieſen bei der untern
Brücke zu Ahauſen geſezt.

1703 marſchirten bei 6000 Mann Franzoſen von Salem
hier durch nach Bregenz, wurden aber da wieder zurück=
getrieben.

1709 wurde das Erlenwäldlein im Weitrieb abgehauen
und ausgereutet. Dann war in dieſem Jahr ſehr kalter
Winter, ſo daß Reben und Bäume verfroren, dieſe abge=
hauen und verbrannt werden mußten und es keinen Tropfen
Wein gab; doch war der Wein nicht theuer, denn man
ſchenkte die Maaß um 8 kr. aus.

1710 wurde beſchloſſen, daß fremde Manns= und Weibs=
leute, die in die Gemeinde heirathen und aufgenommen
werden wollen, derſelben 12 fl. Einzugsgeld zahlen ſollen;
auch der Mann an die Gemeinde zwei Trunk mit Brod und
das Weib einen Trunk mit Brod zu verabreichen habe, und
daß die Gemeinde dieſes, je nach dem Vermögen des Auf=
zunehmenden mehren oder mindern könne, dieſem aber er=
laubt ſein ſolle, auf Anweiſung des Kellhofers oder der
Dorfpfleger 3 Bäume zu ſezen und die Frucht zu genießen.

Dann wurde bei der Aemterbeſezung am 18. Dezem=
ber verordnet, daß der Kuhhirte an Sonn= und Feieraben=
den das Vieh bei Zeiten heimtreibe und er vom Felde gehe,

damit der heil. Rosenkranz nicht versäumt werde und daß bei Kreuzgängen nur eine tüchtige Person zur Hut und Wache im Dorfe zurückbleibe, die andern Leute dagegen bei Strafe von 1 Vierling Wachs beim Kreuze erscheinen.

Die Aemter waren:

die Heiligenpfleger, Dorfpfleger, der Meßner, die Kreuz- und Fahnenträger, die Schadenschäzer, die Feldhüter u. f. w., bei welcher Aemterbesezung gewöhnlich der Vogt oder Amtsverwalter der Herrschaft Ittendorf zugegen war und sie (jährlich) entweder neu bestätigte oder neu vornahm.

Das Ortsgericht selbst bestand in dem Ammann, den Dorfpflegern und den Sechszehnern sog. Gerichtsverwandten. Starb ein solcher, so wurde ihm aus dem Gemeindesäkel eine heil. Messe mit Umgang um den Altar in der Kapelle St. Jakob abgehalten, was unter dem Ammann und Kellmaier Joseph Stephan 1712 aufs Neue bestimmt wurde; der Kellmaier dagegen hatte das Recht, bei Umzügen gleich nach dem Ammann zu gehen, worauf erst die Dorfpfleger zu folgen hatten; dann durfte er auch bei allen Anordnungen und Beschlüssen die erste Anfrage thun und seine Antwort mußte vernommen werden. Auch mußte er zu den Gemeindetrunken gezogen werden und hatte bei Prüfung der Gemeinderechnung gegenwärtig zu sein.

War Gericht zu Ittendorf, so hatte der Vogt und von 1601 an der Ammann den Vorsiz. Dabei mußte der herrschaftliche Schreiber von Hagnau das Protokoll führen und der Vogt oder Ammann von Ahausen den Stab halten; denn der Ort Ahausen war dem Gericht Ittendorf unterworfen und der Vogt oder Ammann des Gerichts Stabhalter.

1711 (26. Jenner und 10. Februar) fiel sehr großer Schnee; darauf am Aschermittwoch bei heftigem Regen schmolz derselbe und es schwoll das Wasser dermaßen an, daß die Aach überging und 16 Tage lang kein Müller mahlen und kein Bürger zum andern kommen konnte. Auch wurde in diesem Jahr von dem Ammann Joseph Stephan befohlen, daß der Meßner alle Donnerstag beim Ave Mariae-Läuten nach altkirchlichem Gebrauche die Angst und am Freitag die Scheidung Christi läuten solle.

1714 wurde die Brücke im Oberdorf nächst dem Konstanzer-Spitalhof (jezt Georg Fetscher) und dem Ueberlinger-Fabrikhof (jezt Georg Braunwarth) unter dem Ammann und Kellmaier Joseph Stephan, und nachdem man zuvor durch die Aach fahren mußte, auch noch die sog. Saubrücke beim Kellhof gemacht.

1716, 12. Juli (am heil. Schuzengel=Sonntag) gab es nach dem Bürgerbuch — so große Wassergüsse und reg= nete es 3 Tage lang so stark, daß kein Nachbar zum andern und Niemand mehr in die Kirche zum Gottesdienst gehen konnte. Das Vieh stand bei zwei Tage in den Ställen im Wasser; ja in manchen Häusern mußte man das Vieh sogar in die Stuben stellen und selbst diese waren mit Wasser ge= füllt. Dabei zerriß die Aach Alles, was ihr im Wege stand, verflößte die Brücken, führte das Scheiterholz fort, bedeckte die Gärten und Wiesen im Dorf mit Koth, versandete das Feld in den untern Auen (links und rechts der Aach und gegen Bermatingen und die Weiler), und verursachte über= haupt einen Schaden, der nicht zu beschreiben ist.

1719 war dagegen der Sommer und der Jahrgang so trocken, daß von Georgi bis Michaeli kein Tropfen Regen fiel, vor der Trockene kein Feld bebaut werden konnte, das weite Ried die schwersten Korn= und Lastwägen trug und man an allen Enden und Orten Kreuzgang um glücklichen Regen ging; doch aber gab es viel Frucht und Wein und wurden beide recht gut.

1720 fiel gewaltig viel Regen, so daß nicht der Fünf= theil das Jahres gut Wetter war, alle Felder überschwemmt waren, die Früchte naß heimgebracht wurden und viele Menschen starben; nur Wein gab es viel, aber er war sauer.

1748, 26. März, wurde verordnet, daß in Ermanglung von Feuerlöschgeräthschaften jeder Bürger bis auf nächste Jakobi einen Feuerkübel auf seine Kosten anschaffen und mit dem Gemeindszeichen und seinem Namen versehen lassen müsse.

1751, 9. Februar, wurde die Sazung erneuert, daß kein Bürger dem Andern vor einem fremden Gerichte verklagen dürfe, sondern alle Klagen — bei Verlurst des Bürgerrechts — nur vor Jhro hochfürstlichen Gnaden zu Konstanz Obrigkeit zu geschehen haben. ¹)

1769, 26. April, wurde verordnet, daß zur Abhaltung des Rosenkranzes an Sonn= und Feiertagen in der Kapelle zum St. Jakob aus jedem Haus wenigstens zwei Personen zu erscheinen haben.

1798 gab es viel Schnee und Einquartirungen, leztere noch viele folgende Jahre.

1804 trat wieder die Aach aus und gab es großes Wasser und Ueberschwemmungen.

1815, 4. Juni, wurde unter Vogt Ehinger beschlossen, daß eine Weibsperson 8 fl. und eine Mannsperson 12 fl. Bürgergeld, ein auswärtiges Manns= und Weibsbild nebst Trunk und Brod aber 22 fl. für die Bürgeraufnahme an die Gemeinde zu zahlen habe.

1816 (Ende Mai und Anfangs Juni) gab es durch anhaltende Regengüsse und Ausbrüche wieder sehr großes Wasser und zwar überzog es diesmal wie ein See die ganze weite Ebene des Thales und verursachte schreckliche Verheerungen in Häusern und auf Feldern.

1839, 1840 wurden die Vizinalstraßen verbessert und bis auf 18 Fuß Weite gebracht.

1846 wurde die Brücke bei dem Käppele neu gemacht und von 20 auf 45 Fuß erweitert.

1847 wurde die hintere Aach rektifizirt und an der Flußsohle von 20 bis auf 40 Fuß in die Weite gesezt und

1848 geschah nach der Bannkarte von 1808 und dem Urbar von 1821 unter dem Ausschuß: Bürgermeister Michael

---

¹) Das Gotteshaus Einsiedeln hatte nämlich 1693 die Herrschaft Jttendorf an das Kloster Weingarten und dieses dieselbe nach in dem Jahr 1693 an das Hochstift Konstanz verkauft.

Igelmaier, Georg Rimmele, Fidel Ehinger und den Tara=
toren Bürgermeister Anton Mezger von Grasbeuren, Joseph
Guffarth von Witenweiler und Baptist Karg, Wirth in Ber=
matingen durch den Geometer Friedrich Lydtin in Salem
die Vereinödung der Aecker, Wiesen und Wiesfeld in der
Gemarkung Ahausen.

Das andere Filial der Pfarrei Bermatingen

Wangen,

früher Wangin genannt, ist ein kleines Dorf, zwischen
Bermatingen und Markdorf in einer freundlichen Thalmulde
links der Straße, die von Salem über Bermatingen und
Markdorf nach Ravensburg führt. — Der Weg führt von
Bermatingen am ehemaligen Jägerhause vorbei und von
Markdorf durch die sog. Mittelhöfe an der Wangerhalde
dahin. — Die Hügel, welche es umgeben sind der Galgen=
bühl an der Straße nach Markdorf, die Tannenhalde
gegen Bermatingen, Langenreuthe, gerade ob dem Dörfchen
und die Wangerhalde wieder gen Markdorf.

Das Dörfchen hat 14 Häuser, 14 Bürger und 75 Ein=
wohner, die sich mit Feld=, Wein= und Obstbau beschäftigen
und zum Gemeindeverband Markdorf gehören. — Der
Haupttheil des Dörfchens liegt bei der Kapelle, die übrigen
gegen Autenweiler und Wiermets= oder Würmets=
weiler, sowie gegen den Lerchenberg bei Bermatingen,
und es sind einige der Wohngebäude ziemlich geräumig. —
Die größten Höfe sind die des Baptist Strähle, Jakob
Waibel, Konrad Müller, Mathias Reiner und der Wittwe
des Baptist Endres.

Die Ortskapelle wurde erst 1767 gebaut, nachdem die
frühere theils durch Alter, theils durch Bergwasser und
Ueberschwemmungen zerstört worden war und einsank und
das General=Vikariat zu Konstanz die Erlaubniß zur Wieder=

herstellung resp. Neubau ertheilt hatte, wie Nachstehendes ausspricht:

Eminentissimi et Reverendissimi in Christo Patris ac Domini Domini Francisci Conradi Dei Gratia S. R. Ecclesiae Tit. S. Mariae de Populo Presbyteri Cardinalis de Rodt Episcopi Constantiensis S. R. I. Principis, Domini Augiae Majoris et Oeningae etc. Vicarius in Spiritualibus Generalis etc. — Universis et singulis horum Seriem lecturis vel legi audituris Salutem in Domino cum insertorum notitia. — Ut Capella in Wangen prope Marckdorff Parochiae Bermatingen partim ob vetustatem partim ob inundationes aquarum ruinae proxima destrui et in laudem proprimis Divinam, honorem B. V. M. dolorosae et S. Catharinae V. et M. ex solido muro reaedificari prossit ac valeat, nostram eapropter decenter implorati ex Authoritate, qua fungimur Ordinaria per praesentes impertimur licentiam et facultatem. Datum Constantiae die 12 Xbris. 1766. Fr. Jos. Domin. Deuring. D. h. zu deutsch: Sr. Eminenz des hochwürdigsten Vaters in Christo, Herrn Herrn Franz Conrad, durch Gottes Gnade der hl. röm. Kirche Titular-Priesters der Kirche der hl. Maria de Populo, Cardinals v. Rodt, Bischofs von Constanz, deshl. röm. Reichs Fürsten, Herrn von Reichenau und von Deningen 2c. — Generalvikar in geistlichen Sachen 2c. bringt Allen, welche folgende Zeilen lesen oder vorlesen hören werden, mit Gruß und Segen zur Kenntniß: — daß die Kapelle in Wangen bei Markdorf, Pfarrei Bermatingen, welche theils wegen Alter, theils wegen Ueberschwemmungen dem Einsturze nahe ist, abgebrochen und vor Allem zur Verherrlichung Gottes, zur Ehre der schmerzhaften Mutter Maria und der heil. Jungfrau und Märtyrin Katharina dauerhaft wieder aufgebaut werden kann und darf; dazu geben wir, die wir deshalb in geziemender Weise angegangen wurden, vermöge unserer Gewalt und Vollmacht, mit gegenwärtigem Schreiben unsere Erlaubniß und Zustimmung. Gegeben zu Constanz am 12. Dezember 1766. Fr. Jos. Dominik Deuring.

Diese neue Kapelle ist 23' lang, 16' 4'' breit, 15' hoch, ganz aus Stein gebaut und steht nach allen Seiten frei da. Ueber dem Eingang (im Schlußstein und weiter oben) befindet sich die Jahrzahl 1767 und vor dem Eingang stehen als Wächter des Heiligthums zwei hohe Pappeln.

Die ganze freundliche, heitere Kapelle aber besteht aus

Chor und Langhaus, die durch ein hölzernes Gitter von einander geschieden sind. Der Chor, welcher die Hälfte der Länge der Capelle einnimmt, hat 2 Kreisbogenlichter und den Altar, der mit verschiedenen kleinern und größern Holzbildern geschmückt ist. Gleich über dem Altartisch stehen in kleinen Figuren rechts (Epistelseite) der egyptische Josef, links (Evangelienseite) der heil. Nährvater Josef und zwischen ihnen in einem Glasschränkchen Christus im Kerker. Darüber ist der heil. Bischof Conrad, über diesem in Holzschnitzwerk der Heiland im Schooße Mariä und zu oberst nochmals, in größerer Darstellung der Patron des Kirchleins, der heil. Bischof Conrad von Constanz. Alles ist von einem mit Gold gebrämten Baldachin umgeben, der an die Wand gemalt ist, während an der Chordecke das Auge Gottes sich zeigt. — Auf dem Gitter stehen zu äufferst: rechts der heil. Joachim, links die heil. Anna mit Maria und dem Jesuskindlein, worauf einerseits der heil. Rochus, anderseits der hl. Sebastian folgen, mitten aber Christus am Kreuze ist, zu dessen Fuß sich ein Engel befindet; am Chorbogen dagegen hängen die 14 Stationen und zu oberst sieht man das Wappen des Cardinals und Fürstbischofs Conrad v. Rodt, der in höchst eigener Person am 6. Dezember 1771 die Kapelle einweihte und allen Andächtigen, die sie bei der Einweihung besuchten ein Jahr, denen aber, die sie am Jahrestag derselben besuchten, hundert Tage Ablaß (indulgenz) nach Art und Uebung der Kirche ertheilte.

Das Schiff hat 4 größere Lichter mit Rundbogenschluß und seine Decke versinnlicht in einem Fresko-Gemälde den Sieg des Erzengels Michael über den Satan [1]), wobei es auf dem Schilde des Ersteren heißt: »Quis ut deus« d. h. wer ist wie Gott. An den Seitenwänden hängen zwei Tafeln: rechts der heil. **Franciscus Xaverius** und links die heil. Jungfrau Maria mit dem Jesuskindlein, und hinten über dem Eingang sind einige Votivtafeln.

Endlich ist über dem Chor noch ein sog. Dachreiter,

---

[1]) Offenbarung XII., 7—9.

deſſen Bedeckung mit Sturzblech beſchlagen iſt, der eine
kleine Glocke enthält.

Die Kapelle ſelbſt wurde auf Koſten der Gemeinde
gebaut, wozu die Bürger ein ſog. Einſtandgeld zahlten; ſie
hat auch keinen Fond, ſondern wird lediglich von der Ge=
meinde erhalten.

Der ſchöne ſilberne, ſchwer vergolbete Kelch wurde ihr
von dem Cardinal von Rodt bei der Einweihung verehrt;
dann 1860 wurde das ganze Kirchlein renovirt und es
werden nun jede Woche auf Koſten der Gemeinde, und an
Conrabi (26 November) eine, in der Patrociniums=Woche
aber 3 heil. Meſſen geleſen.

1221 verkauft Berthold von Bammeltshofen oder Bauchels=
hofen ſowohl ſeine Eigen= als biſchöflich konſtanziſchen Lehen=
Güter in Gebhardsweiler, Grasbeuren und Wangen an
Salem, dieſe Lehengüter gab dann der Biſchof Conrad II,
gegen andere Güter zu Eigenthum an Salem.

1482, 29. Januar, wurde Graf Gebhard von Heiligen=
berg ꝛc. von einem hieſigen Weib mit einer Miſtfurke er=
ſtochen. [1])

1502, auf Dienſtag vor St. Martinstag, fällen Johann
Vögelin, Conventuale, Pfiſter und Pantaleon Scherer, Kauf=
mann, als verordnete Unterthädiger des Abts Georg von
Salem, Jakob Oswald, Stadtammann und Hans Mangold,
Bürgermeiſter zu Markdorf, in Streitſachen, zwiſchen den Ge=
meinden Bermatingen und Wangen wegen Trieb, Tratt und
Waidgang in den Lehren, ſchwarzen Rieth, großen Felben und
zum Retſcher bis an die ſteinerne Mark, die noch ſteht und
damals das Werdenbergiſche (Heiligenbergiſche) und Mark=
dorfer Gericht ſchied — einen Spruch.

1686, 12. Dezember, entſcheiden Martin Ackermann,
Benedikt Waibl, Joſef Spießmacher und Marx Scheffolt,

[1]) Flachos Chronik, Manuscript in der fürſtl. Bibliothek zu Donaueſchingen, Seite 56.

alle Bürger zu Markdorf als verordnete und beschworne
Untergänger in Streitsachen mehrer Bürger daselbst gegen
Wangen wegen Trieb in die Wanger=Eschbach=Wiese zu
Gunsten der Leztern, und

1789 wurden auf Beschluß hochfürstlich konstanzischer
Regierung vom 25. August 1786 die Gemeindegüter durchs
Loos unter die Genossen von Wangen vertheilt, worüber
der Geometer Fasser einen Grundriß fertigte.

Pfarrei Leutkirch.

Die Pfarrei Leutkirch umfaßt die Orte Leutkirch, Neufrach, Buggenſeggel, Oberſt-, Mittelſt- und Unterſtenweiler, Habertsweiler, die Höfe Wehhauſen, Birkenweiler, und Rimpertsweiler, das Armenhaus Wesbach
und die Einzelhäuſer im Tobel, ſowie das Fiſcherhaus,
welche alle ſo von dem Pfarrorte Leutkirch entfernt ſind:

Das Armenhaus und das Haus nebſt Torkel im Tobel
10 Minuten; das Dorf Neufrach und der Weiler Mittelſt-
und Unterſtenweiler je ¼ Stunde; Oberſtenweiler, Buggenſegel, Wehhauſen und Fiſcherhaus je ½ Stunde; Habertsweiler ¾ Stunde; und Birkenweiler und Rimpertsweiler
je 1 Stunde.

Die Seelenzahl der Pfarrei iſt gegen 1200.

Die Pfarrkirche.

Die Pfarrkirche liegt 1571' über der Meeresfläche, auf
einer Anhöhe frei da und wird nur vom Gottesacker und
der Pfarrwohnung umgeben. — Sie hat die Richtung von
Weſten nach Oſten und beſteht aus Chor und Langhaus,
die mit einem Sattelbach überdeckt ſind, an welchen ſich
gegen Norden der Kirchthurm anſchließt. — Thurm und
Chor ſind die älteſten Theile; das Langhaus, das zum Chor
ſchief ſteht, aus ſpäterer Zeit. — Der ganze Bau hat vor-
herrſchend den Spizbogenſtyl und iſt einem ländlichen Gotteshauſe entſprechend, dürfte aber für die große Kirchſpiels-
Gemeinde geräumiger ſein.

Der Chor iſt 38' lang, 24' breit, 26' hoch, hat eine
mit Stukatur-Arbeiten gezierte Flachdecke und wird von 7

Lichtern erhellt: 2 Rundlichtern und 1 langen Spizbogenlicht in der östlichen Wand und je zwei großen langen mit Spizbogen= schluß versehenen Lichtern in der nördlichen und südlichen Wand.

Das Langhaus hat je 3 Spizbogenlichter in den Seitenwänden und hinten in der Westwand 2 Rundlichter.

Eingänge sind drei: Haupteingang, Portal, hinten nach Westen mit einer zweiflügeligen Thüre und 1 hölzernen Vordach, das auf 2 Eichenholzpfeilern ruht; 1 Seiteneingang (rechts) gegen Süden mit einem Anbau für die Sakristei und Stiege zur Kanzel, und 1 Seiteneingang (links) gegen Norden mit einer Vorhalle.

Dann befinden sich im Chor vornen, links, Evangelien= seite, ein altes gothisches mit Ziersculpturen versehenes steinernes Sakramenthäuschen aus jener Zeit, wo noch eine Hingabe an's Ewige, Göttliche war und Kunst in den Tempeln Geltung hatte, das bis über die Hälfte der Chor= höhe hinaufreicht; — abwärts davon in der Mauer eine mit einem eisernen Gitterthürchen verschließbare Nische, in der ehemals das ewige Licht brannte; hinter dem Hoch= altar über den Beichtstühlen 2 nicht üble Holzstatuen auf Postamenten: rechts der heil. Apostel Paulus, links der heil. Apostel Petrus, der Fels, auf den Christus der Herr seine Kirche baute; — und abwärts von den Chorstühlen gegen das Langhaus rechts in der südlichen Wand 2 steinerne Grabmäler auf ehe= malige Pfarrherrn.

Das Eine lautet:

Pirm. Rdus. et Exim. Dom. Dominicus Wicker. S. S. Theol. Bacoal. et S. S. Can. Exam. et approb. Ven. Cap. Linzgaw Camerarius et Paroch. Vic. Leutkirchii pie in Domino obiit die 8. Novembris anno. 1753 aetat. 62, Sacerd. 34, Pastor Officy zelisissimi 31 ann. et Corpus suum infra humari elegit. Requiescat in sancta pace..

D. h. zu deutsch: Der hochwürdige und sehr vortreffliche Herr Do= minikus Wider, der hochheiligen Gottesgelehrtheit Baccalaureus und im Canonischen Recht geprüft und bestanden, des ehrwürdigen Linzgauer Capitels=Cammerer und Pfarr=Vikar zu Leutkirch, starb fromm in dem .

Herrn am 8. November 1753 im 82. Lebensalter, im 34. als Priester und im 31. als würdiger hiesiger Seelsorger, und bestimmte, daß sein Leib da unten beerbigt werde. Er ruhe im seligen Frieden.

Darunter sind Choralnoten, wobei es heißt: hodie vel cras, d. h. heute oder morgen kann auch dich (der du dieses Denkmal betrachtest), der Tod ereilen.

Das andere Denkmal lautet:

Hic requiescit Pl. R. ac Docl. D. Conradus Senft S. Th. et Ss. Can. Cand. Grano Sinapis officio et nomine similis. Natus Nussdorfii 15. Nov. 1750, ordinatus 1777, in Parochiae Vicarium Leutkirchii denominatus 1781, Vener. Cap. Linzgoviensis Capitularis, mortuus 16. Martii 1802. R. J. P.

D. h. hier ruht der hochverehrte und gelehrte Herr Conrad Senft, der h. Theologie und des Canonischen Rechts Candidat, der an Pflicht und Namen einem Senfkorn gleich war. Er wurde geboren zu Nußdorf am 15. November 1750, zum Priester gewelht 1777, als Pfarr-Vikar für Leutkirch ernannt 1781, und starb als Capitular des ehrwürdigen Linzgauer-Kapitels am 16. März 1802. Er ruhe im Frieden.

Neben diesem Grabmal ist der Eingang zur Sakristei, — gegenüber in der Ecke links am Chorschluß der Taufstein, — und neben dem Taufstein der Eingang zum Thurm, neben dem sich nochmals ein Grabmal zeigt. Auf diesem Epitaphium steht:

Pirm. Rvdus. et eximius Dom. Christian Nicolaus Maria Vogler Ss. Thlgae. Baccal. et Ss. Cau. Cand. exam. et aprob. vener. Capituli Linzgoviensis Deputatus, Parochiae Vicarius in Leutkirch, pie in Domino obiit die 8 va Novembris anno Domini 1770, aetat. 59, Sacerd. 36, Pastor offic. zels. 16 Corpus suum infra hum. elegit. Requiescat in sancta pace. Amen.

Zu deutsch: Der hochwürdige und treffliche Herr Christian Niklaus Maria Vogler, der hochheiligen Gottesgelehrtheit Baccalaureus und im heil. Canonischen Recht examinirter und bestandener Candidat, auch des hochgeehrten Kapitels Linzgau Deputat und Pfarr-Vikar zu Leutkirch starb gottergeben am 8. November 1770 im 59. Jahr seines Lebens, im 36. als Priester und im 16. als Seelenhirt dahier, der seinen Leichnam da unten beerbigt haben wollte. Er ruhe im seligen Frieden.

Das Langhaus ist 61′ 5″ lang, 31′ 5″ breit und 24′ 5″ hoch, etwas niedriger als der Chor und hat ebenfalls eine Flachbede mit Stukatur=Verzierungen; dabei zeigt ein Freskogemälde die Kirche von Leutkirch, bei der die heiligen Apostelfürsten Petrus und Paulus zu Maria mit dem Jesuskindlein flehen und bitten, daß sie die Kirche beschüze und schirme. Das Gemälde wurde 1841 von Maler Joseph Näher aus Mark=dorf renovirt. — Rechts an der Südwand hängt nach Art der Schwalbennester die hölzerne, einfache und marmorirt befarbte Kanzel oder Predigtstätte, und zu oberst des Schall=dachs weißt ein Engel auf ein Evangelienbuch hin. Dann an den Wänden herum hängen die Statuen der heil. Apostel (rechts, von vornen nach hinten) der heil. Phillipp, der heil. Johannes, der heil. Thomas, der heil. Thabäus (auch Judas genannt, des Jakobus Sohn), der heil. Matthäus, der heil. Jakobus major, der Größere — (und links, von vornen nach hinten) der heil. Petrus, der heil. Simon, der hl. Paulus, der heil. Jakobus (der Kleinere auch der Gerechte genannt), der heil. Bar=tholomäus, der hl. Matthias und der hl. Andreas, — und hinten auf der Empore ist die Orgel mit 8 Registern, aus der Ca=pelle von Maurach.

Endlich ist vornen am Chorbogen noch das Triumphkreuz, als Symbol des Siegs des Kreuzes über den Tod; darüber Gott Vater (in Menschengestalt [1]), der seine segnende Hand ausstreckt, und unten, zu den Seiten sind in lebensgroßen Statuen: (rechts) der heil. Johannes, (links) die heil. Maria, die gebenedeite Mutter des Herrn, die, als sie mit dem Jünger unter dem Kreuze stand, von Jesus dem Johannes zur Pflege übergeben wurde.

Altäre sind drei: 1 Haupt= sog. Hochaltar und 2 Neben= oder Seitenaltäre.

Der Hochaltar vornen im Chor hat zwei chorinthische Säulen, auf denen der König David und der König Sa=lomon stehen; — ein Gemälde, welches die Verherrlichung

---

[1] Der Gebrauch, Gott unter Menschengestalt als einen ernsten, würdevollen, majestäti=schen Greis darzustellen, gründet sich auf die Weissagung Daniels, Cap. 7 und bei Jesaias, Cap. 6.

Marias, darüber ein Gemälde, welches Mariä Empfängniß darstellt; [1) — und zwei Glasschreine, worin sich Gebeine und Reliquien von Heiligen und heiligen Gegenständen befinden, (rechts, im Kreis herum): vom heil. Bonifazius M., der heil. Deltate M., de sepulchro S. s. Apost. Petri et Paull, des heil. Joh. Baptist's, de velo S. Kilian Jardis, der heil. Severina M., des heil. Desiberius M., des hl. Apostel Andreas, de cruc. et vestibus S. Andreae, des heil. Vinzens M., der heil. Faustina M., des heil. Felix M. — (links, im Kreis herum) vom heil. Bonifazius, der heil. Maricie M., des heil. Blanchus M., der heil. Faustina M., des heil. Vinzens M., des heil. Severin M., des heil. Desiderius M., des heil. Eusebius M., des heil. Crispinus M., des heil. Valentin M., der heil. Jungfrau Julunbinä, und de sepulchro S. s. Apost. Petri et Paull.

Der Seitenaltar im Schiff, rechts, bei der Kanzel ist einfach, hat nur ein Gemälde „Christus am Kreuz, mit der Aufschrift Jesus von Nazareth König der Juden" in hebräischer, griechischer und lateinischer Sprache (nach Johannes Cap. 19, V. 19 und 20), — zwei Holzstatuen: rechts Christus resp. Joseph (den Heiland vordeutend) und links Maria, und zu oberst dann noch die Darstellung des neuen Bundes.

Der Seitenaltar links dagegen — der sog. Schutzmantelbruderschafts=Altar — ist wieder reich verziert, hat

---

[1) Die Schlange, welche dabei unter den Füßen der heil. Jungfrau erscheint, ist diejenige, von welcher im Paradiese (1. Mos. III.) geweissagt wurde: daß eine Jungfrau ihr den Kopf zertreten werde. Mit Recht trägt auch die heil. Jungfrau den sog. Glanz, oder steht in ihm mit dem sternen-lilienbesäeten Mantel; denn dieses Bild ist auf die Offenbarung (XII. 1.) gegründet, wo das Weib, d. i. die heil. Jungfrau als die Feindin des Drachens oder der Schlange erscheint, umkleidet mit der Sonne, unter ihren Füßen den Mond und auf dem Haupte einen Kranz von 12 Sternen, die an die 12 Apostel erinnern, als deren Genossin die heil. Jungfrau angesehen wird.

Die Zahl der 13 Apostel dagegen rührt daher, weil später noch Paulus als berufener Apostel auftrat, der wegen seiner Bedeutsamkeit von der Kunst nicht nur nicht ausgelassen werden durfte, sondern sogar mit Petrus die erste Rangstelle neben dem Heiland erhielt. Will man die Zahl der Zwölfboten herstellen, so muß Einer ausfallen und dieser Eine ist dann gewöhnlich Mathias, welcher an des ausgefallenen Judas Iskariot gewählt wurde.

zu oberſt Gott Vater, darunter als Statue die gekrönte Himmelskönigin Maria, die von vielen Perſonen in Holz= figuren: Kaiſern, Königen u. a. m. angerufen wird, und unter ihnen die Schrift:

Deo Optimo Maximo, Augustissimae Matri Mariae, Tutelaribus Sanctis Sebastiano et Rocho, Sacrae Eorundem Congregationis Fratres et Sorores, Clientuli aeternum Devoti Hocce Posuere Monumentum. Anno Christiano MDCCXXXVI.

D. h dem allmächtigen (großen) und gütigen Gott, der hochgeprie= ſenen Mutter Maria, den Schuzheiligen Sebaſtian und Rochus, haben die Brüder und Schweſtern ihrer heil. Bruderſchaft (Congregation) zur im= merwährenden Verehrung und Verletzung ihres Schirmes dieſes Denkmal errichtet im Jahr Chriſti 1738.

Dann ſtehen auf dem Altartiſch noch ein Paar Reliquien= Käſtchen mit Heiligenbeinchen: (rechts) der hl. Nominanda, der hl. Gau= dentius M., der heil. Aurelia M., des heil. Patientius M., des heil. Blandina M., des heil. Felicissimi M., der heil. Innocentiae M., der heil. Jucundinia M. — (links) der heil. Benigna M., des heil. Diodorus M., der heil. Fauſtina M., des heil. Acutus M., der heil. Dekata M., des heil. Venerandus M., der heil. Amanda M., und des heil. Urban M., und ob der heiligſten Muttergottes auf einer Ovalplatte die Worte: „Altare Privilegiatum pro VI. feria," d. h. pri= vilegirter Altar am Freitag.

Der Kirchthurm iſt viereckig, maſſiv, 147' hoch (bis zum Helm 68'; Helm 79' hoch), mit glaſirten Ziegeln bedeckt, hat über dem Knopf das Zeichen der chriſtkatho= liſchen Kirche — das Kreuz, zu oberſt den Hahn der zugleich als Wetterzeiger dient, und zum Geläute 4 Glocken: 1 große Glocke vom Jahr 1654, mittlere Glocke vom Jahr 1752 und zwei kleinere Glocken vom Jahr 1861.

Die große Glocke wiegt 1700 Pfund und hat an der Krone die Schrift: „Subsidio nos, Trine, tuo tueare! Joannes instrue loquacem lingua silere, loqui D. h. beſchirme uns mit deinem Schuze o dreieini= ger Gott; Johannes (Johann v. Nepomuk) aber lehre den Geſchwäzigen ſchweigen und nur reden wenn es Zeit iſt!" — Dann an der Schweifung die Heiligen Johann Evangeliſt, Johann v. Nepomuk, Johan= nes den Täufer, — und das Wappen des Reichsſtifts Salem mit den

Worten: „Hanc Deo Trino et Sancto Joanni Anselmus b. h. Abt Anselm widmet diese Glocke dir dreieiniger Gott, und dir heiliger Johannes; — und zuletzt unten am Kranze „Sigilli Sacramentalis Protomartyri — Inter natos Mulierum Maximo — Discipulo Quem Diligebat Jesus. Das heißt: „Dem Erzmärtyrer (ersten Märtyrer) des Beichtsigills (Johann v. Nepomuk) sowie dem Größten unter den von Weibern Gebornen (Johannes der Täufer) und dem Schüler, den Jesus lieb hatte (Johannes Evangelist) — ist diese Glocke geweiht.“

Die zweitgrößte Glocke wiegt 800 Pfund, hat an der Krone Verzierung, an der Schweifung den heil. Sebastian, das Leidenskreuz, Mariä Himmelfahrt, den heil. Antonius und gegen den Kranz hinab: „Gegossen von Felix Koch in Salem 1825.“

Die dritte Glocke wiegt 480 Pfund, hat an der Schweifung die 4 Evangelisten mit: „In alle Welt verbreiteten sie das Evangelium“ und unten am Kranze: „Karl Rosenlächer in Konstanz 1861.“

Die kleinste Glocke wiegt 196 Pfund, hat wie jene oben an der Krone schöne Laubwerkverzierungen, an der Schweifung jedoch St. Rochus, St. Sebastian und Mariä Empfängniß mit der gothischen Schrift: „Von nun an werden mich selig preisen alle Geschlechter“ (Luk. 1, 48) — und unten am Kranze: „Karl Rosenlächer in Konstanz 1861.“ — Diese Glocke gehört der Bruderschaft.

Das Glockenhaus (der unterste Raum des Thurmes mit einem Kreuzgewölbe) scheint früher geschlossen und erst später zum Stiegenwerk durchbrochen worden zu sein, was zum Glauben verleitet, daß hier anfangs die Sakristei war.

Der Gottesacker oder Friedhof, der sich um die Kirche befindet, ist von einer Wetterkalkmauer umschlossen, und es ist dort an der südlichen Kirchwand ein großes Grabmal mit Christus am Kreuz 2c., worunter zu lesen: „Anno Dom. 1568 den 26. Martii starb die Erbar Frow Agneß Büchsenmeisterin des Menrad Förtlein Eliche hausfrow geweßt, der Gott Gnad gebe,“ — und nahe dabei ein Missionskreuz von 1859, in welchem Jahr zu Salem eine Mission abgehalten wurde; an der Umfassungsmauer des Kirchhofes dagegen ist hinten bei der Hauptkirchenthüre das sog. Beinhäusle, worin sonst die Gebeine der Verstorbenen aufbewahrt wurden und gleich neben an einge=

schloffen der frühere Beerdigungsplaz der unschuldi=
gen Kinder; jezt voll Unkraut.

Das Patrocinium ist an Peter und Paul den 29. Juni,
das Fest des Nebenpatrons St. Rochus am 17. August,
jedesmal mit Prozession, — und das Bruderschaftsfest an
St. Sebastiani, den 20. Januar, das jedoch erst am darauf=
folgenden Sonntag abgehalten wird.

Neben= oder Filialkirchen worin zuweilen heil.
Messen gelesen werden, sind zu Neufrach, Buggensegel,
Oberstenweiler und Wesbach; — kleinere Kapellen,
die blos zur Privatandacht dienen und in denen keine heil.
Messen gelesen werden, zu Mittelst= und Untersten=
weiler, und ein sog. Käpelle noch zu Neufrach. [1]

Die Stiftungen und Fonds

der Pfarreien sind:

1) der Kirchenfond mit einem Vermögen von
circa . . . . 59,877 fl. 55 kr.
oder 40,000 fl. ausschließlich des Inventars und des Ge=
bäudeanschlags.

Ueber die Entstehung des Fonds sind keine Urkunden vorhanden, allein
er besteht schon seit unvordenklichen Zeiten.

Der Zweck ist laut Beschluß großh. Seekreisregierung zu Konstanz
vom 9. Mai 1848 Nr. 29^{43}/$_{46}$ die Kirchen zu Leutkirch und Neu=
frach und das Pfarr= und Mesnerhaus in baulichem Zustande zu
unterhalten, den allenfallsigen Neubau primär zu bestreiten, die nöthigen
Kirchenerfordernisse (Paramente) ꝛc. anzuschaffen und an den Jahrtägen
für Caspar Scheibegg, Joh. Meisterlin, Hans Hal, Hans Mesmer, Chri=
stian Lieb, Nikolaus Scherer, Mathias Felber, Dominik Wiker und Ma=
ria Lieb von Buggensegel das gestiftete Brodalmosen an die Armen zu ver=
abreichen.

_____

[1] Filiale, Neben= oder Tochterkirchen (Ecclesiae Filiales) sind überhaupt solche
Kirchen und größere Kapellen, welche keine selbstständigen Kirchen ausmachen, son=
dern von einer andern Kirche (Mutterkirche) und von einer andern Pfarrei abhängen
d. i. von ihr versehen werden, somit Surrogate und Dependenzen der Mutterkirche,
daher die Filialisten auch in der Mutterkirche eingepfarrt sind.

2) Die Bruderschaftsstiftung mit einem Vermögen von circa . . . . 1600 fl. — kr.

ausschließlich des Inventars —

wurde von geistlichen und weltlichen Personen aus der Stifts Salmans-weilischen Herrschaft und deren Nachbarschaft zu Ehren der allerheiligsten fünf Wunden Jesu Christi, zu Lob der unbefleckten Gottesmutter Maria und des heil. Martyrers Sebastian, sowie des heil. Beichtigers Rochus durch Geldspenden und Vergabungen von Grundstücken für allgemeine An-liegen der christkatholischen Kirche, für die lebenden und verstorbenen Mit-glieder der Bruderschaft und für Abwendung verblenter Strafen, besonders der leidigen Pest um das Jahr 1574 und 1661 gestiftet, wozu neu aufgenommene Brüder und Schwestern je 6, 4 kr. Einschreibgebühr und am Bruderschaftstag den 20. Jenner noch 4 und 3 kr. zu entrichten und einzulegen hatten und theilweise (Ersteres) noch geben.

Wer sich der Bruderschaftssazungen entschlägt, saumselig in Verrichti-ung der heil. Bußsakramente ist, keinen ehrbaren sittlichen Lebenswandel führt, kann mit Wachs und Geld gestraft und zulezt gar aus der Bruder-schaft ausgestoßen werden.

Für verstorbene Mitglieder muß von der Freundschaft ein Vierling Wachs oder 12 kr. gegeben werden; dagegen ist beim Verscheiden eines Mitgliedes die Bruderschaftsglocke zu läuten und hat der Ortsgeistliche oder sein Helfer nach der Beerdigung eine Todtenmesse zu lesen.

Diese Bruderschaftsglocke wurde auf Ableben der Magdalena Felder von Buggensegel den 3. Febr. 1756 erstmals geläutet, nachdem zuvor 1753 die Bruderschafts-Brüder und Schwestern die Bestimmung gemacht hatten, daß wenn Eines davon sterbe, jedesmal eine heil. Messe mit einer Doppel-opferung gelesen werden solle.

Auch bezog jedes Bruderschaftsmitglied bis 1830 jährlich aus dem Stiftungskeller ein gewisses Quantum Wein: das Mannsbild 1½ Maaß, das Weibsbild 1 Maaß, so lange die Stiftung eigene Reben besaß.

Jahrtäge mit Brodalmosen stifteten: Margaretha Pfannenstielin, Kon-rad Dreher und Martin Vogler, gewester Rechnungsrath in Salem.

Früher wirkten die Kapuziner von Markdorf beim Bruderschaftsfeste mit; jetzt noch ein Hilfspriester der benachbarten Geistlichkeit.

Der Zweck der Stiftung ist: christliches, mildthätiges, frommes Leben unter den Mitgliedern zu pflegen, den erforderlichen Kirchenschmuck für das Titularfest zu bestreiten, für die Verstorbenen zu beten, die ge-stifteten Jahrtage abzuhalten und das verordnete Brodalmosen an die Armen zu verabreichen.

3) Der *Kapellenfond Buggensegel* mit einem Vermögen von circa . . . . 8700 fl. — kr.

durch milde Gaben und Vermächtnisse entstanden, wann unbekannt, doch jedenfalls vor 1500, da hier schon lange eine Kapelle bestand — hat den Zweck: Unterhaltung und Neubau der Kapelle, Anschaffung der nöthigen Requisiten und Zahlung der Gebühren für Pfarrer und Meßner.

4) Der *Kapellenfond Oberstenweiler* mit einem Vermögen von circa . . . . 2300 fl. — kr.

der ebenfalls sicher nur durch milde Gaben und Vermächtnisse entstand, obschon auch darüber keine Urkunden vorhanden sind, hat als Zweck: die Unterhaltung und etwaigen Neubau der Kapelle, die Bedürfnisse zur Feier des Gottesdienstes und die Anschaffung der nothwendigen Kirchenrequisiten zu bestreiten.

Die neuesten Stiftungen sind:

1850, 9. September, stiftete in die Pfarrkirche Leutkirch die Agatha Futterer, gebor. Keller aus Neufrach, zur Abhaltung eines Jahrestages für sich und ihre Angehörigen 80 fl. —, aus deren Zins jährlich 1 fl. 46 kr. für Brod an die Armen verwendet werden muß;

1855, 2. Juli, in die Kapelle zu Oberstenweiler: der Bauer Joseph Mezger von Unterhaslach eine rothe Kirchenfahne mit Stange, ohne Bild, im Werth von 44 fl. — und der Bauer Joseph Mezger von Rimpertsweiler ein Kreuz im Werth von 22 fl;

1860, 4. Februar, in die Kirche zu Leutkirch, die Maria Ursula Wicker's Wittwe, geborne Straßer aus Leutkirch, zur Abhaltung einer heil. Messe für ihren verstorbenen Ehemann Bernhard Wicker 70 fl., mit der Bedingung, dieselbe im Monat März oder April abzuhalten und aus dem Zins von 34 fl. den Armen Brod zu verabreichen;

1860, 11. Februar.

a) Theresia Hanemann, gebor. Hegele zu Constanz, ein Crucifix an das Missionskreuz zu Leutkirch,

b) Simon Futterer und seine Ehefrau Thekla, gebor. Riedinger, 2 Blech-Blumenstöcke in die Kapelle zu Neufrach,

c) die Jungfrauen aus der Pfarrei eine weiße Prozessionsfahne mit Doppelbild in die Pfarrkirche von Leutkirch,

d) Bernhard Rimmele und seine Schwestern Elisabetha und Catharina Rimmele von Haberstenweiler in die Pfarrkirche Leutkirch 175 fl. zu einem Jahrtag mit Seelenamt und je 3 fl. zu einem Almosen in Geld;

1860, 12. September, in die Pfarrkirche daselbst (die Anna Maria Amann aus Neufrach, z. Z. in Amerika, 36 fl. zu einem Jahrtag für sich und ihren verstorbenen Sohn Johann Geiger, und 14 fl. zur Verwendung von Brodalmosen;

1861, 27. Jenner, dorthin, Conrad Lohr und Crefenzia Genthard zu Neufrach 36 fl. zu einem Jahrtag, der jährlich zwischen dem 19. und 28 November zu halten ist, — und 24 fl. zu einem Brodalmosen, und endlich

1861, 3. Mai, Simon Futterer, Bürgermeister von Neufrach und Joseph Speth, Altgrünbaumwirth daselbst, die alte Bruderschaftsglocke von Leutkirch in die Kapelle zu Neufrach im Werth von 125 fl. —

Ueber die Dotation der Pfarrei selbst findet sich bei den Pfarrakten Folgendes vor:

Conradus miseratione divina Constantiensis Episcopus praesentem paginam inspecturis reigestae notitiam. Cum ex authoritate seu indulgentia sedis Romanae simulque ex nostra et Chori nostri conniventia Sacerdoti in Leütikürche praebendam assignare debeant fratres in Salem reliquis proventibus ejusdem Ecclesiae Monasterio cedentibus. Praebendam quamdam jam pridem Sacerdoti statuerant, quae postea, id est post emptionem praedii de Buggensegel de voluntate et consensu Heinrici Plebani per quaedam concambia est immutata, sed non imminuta assignantes ei quosdam proventus, Quos primo non habuit et sumentes ab ipso, quos et ipsi antea non habuerant. Haec est ergo praebenda, quae Sacerdoti illius Ecclesiae debetur, quam et Heinricus Plebanus in praesentiarum percipit. In Lütkiliche dotem ad sex boves cum decima ejusdem dotis. Insuper habet ibi praedium, de quo ipse luminare debet Ecclesiam et decimam ejusdem praedii. Item in Neoferon bubam unam, in Hadebrechtweilare schuposam unam, in Bürchenweilare dotem illam, in Oberstenweilare, in Bürchenweilare, in Gepoltshalben decimam totam et sylvulam totam apud Nerwigenweilare. Insuper per totam Parochiam minuta decima plebani est, et decima foeni, ubi foenum per denarios decimatur, praeterquam in Buchensegel, quae est Monasterii, plebanus enim nihil prorsus habet in Buchensegel, post concambium cum eo factum, nisi Ecclesiam cum suo atrio, item consolationes et oblationes integraliter habebit. Caetera omnia tam in agris, quam vineis, decimis, sylvis, pratis et hominibus cedent monasterio. Ut autem nullus Plebanorum in posterum hanc distributionem putet infrigendam, praesentem paginam Sigillo nostro fecimus communiri. Anno Verbi Millesimo ducentesimo vigesimo. — Welches auf deutsch heißt:

Konrad, durch Gottes Erbarmen Bischof von Konstanz bringt denen, die gegenwärtige Urkunde lesen, folgende Verhandlung zur Kenntniß:

Da auf Vollmacht und Gnade des römischen Stuhles und zugleich auf unsere und unsers Chors (Domkapitels) Zustimmung die Brüder in Salem (d. i. die Klostergeistlichen) dem Priester in Leutkirch eine Präbende anweisen müssen, so hatten sie, während die übrigen Einkünfte jener Kirche dem Kloster zukommen, schon längst dem Priester eine gewisse Präbende festgesezt. Weil jedoch später dieselbe nach dem Verkauf des Gutes zu Buggensegel mit Willen und Zustimmung des Laienpriesters (Leutpriesters) Heinrich durch gewisse Gütertäusche verändert, doch nicht vermindert wurde, indem sie ihm gewisse Einkünfte anwiesen, welche er anfangs nicht hatte und ihm solche entzogen, die auch sie vorher nicht hatten, so ist nun die Präbende, die dem Priester jener Kirche gebührt, und welche der Leut- priester Heinrich zur Zeit auch genießt, folgende: In Leutkirch ein Grund- stück zu 6 Ochsen mit dem Zehnten dieses Grundstücks und dann noch da- selbst ein Gut, von dem er das (ewige) Licht in der Kirche bestreiten muß, sowie den Zehnten dieses Gutes. Ferner in Neufrach eine Hufe; in Habe- brechtsweiler (Habertsweiler) eine Schuppose; in Bürchenweiler (Birkenwei- ler) ein gleiches Grundstück; in Oberstenweiler, Birkenweiler, Gepoltshal- ben (Pfaffenhalde?) den ganzen Zehnten, und das ganze Wäldchen bei Ner- wingenweiler (Wo? vielleicht ein Weiler, der zwischen Haberts- und Ober- stenweiler lag). Besonders aber gehört in der ganzen Pfarrei der Klein- zehnten und der Heuzehnten, wo das Heu nach Denarien verzehntet wird, dem Leutpriester, — außer in Buggensegel, welches dem Kloster gehört; denn der Leutpriester besizt nach dem mit ihm getroffenen Tausch durchaus nichts mehr in Buggensegel, außer die Kirche mit ihrem Hofe, desgleichen darf er die Consolations- (Stol-) Gebühren von Opfern ganz beziehen. Alles Andere dagegen, sowohl auf Feldern, als in Weinbergen an Zehn- ten, und in Wäldern, auf Wiesen und von Leuten soll dem Kloster zu- kommen. Darüber und damit zugleich kein Leutpriester mehr glaube, er dürfe diese Vertheilung wieder je ändern, ließen wir gegenwärtige Urkunde ausstellen und mit unserm Siegel versehen. Im Jahr des Worts (Heils) 1220.

Ueberhaupt hatte die Pfarrei früher nicht nur von 73½ Jauchert Aeckern und 21½ Mannsmad Wiesen den Zehnten, sondern auch ein Erb- lehengut zu Buggensegel, dann noch von mehren Gütern den Großzehnten, von etlichen Weinbergen den Weinzehnten, zu Leutkirch und Neufrach den Klein- zehnten, von Erbsen, Bohnen, Schweinen, Hühnern, Gänsen, Rüben, Hanf, Flachs, Aepfel, Birnen, Nüssen und von jedem Krautgarten den Zehnten,

von Mittelst= und Unterstenweiler eine Zehntgilt, von jedem Kalb 1 ₰,
von einem Füllen 4 ₰ und von einem Immen ben 10. Theil zu beziehen ꝛc. —
Jezt dagegen besteht das Einkommen des Pfarrers jährlich in circa
2000 fl. — einschließlich der Jahrtagsgebühren, der Naturalien der Pfarr=
erblehengüter des Mathä Moser zu Neufrach und des Sebastian Gamm
zu Buggensegel, dann des von der Standesherrschaft Salem zu beziehenden
Brennholzes, sowie der Zehntablösungskapital=Zinse und des Ertrags der
108 Morgen 68 Ruthen Pfarr=Aecker, Wiesen, Reben und Gärten, wor=
auf jedoch noch eine Zehntkostenschuld von etwa 400 fl. ruht.

Das jährliche Einkommen des Lehrers und Meßners beläuft sich auf
circa 430 fl., nämlich: Bezug als Lehrer vom Schulfond Salem 92 fl.
48 kr., von der Gemeinde Neufrach 59 fl. — Schulgeld 156 fl. — als
Meßner und Organist 50 fl. 46 kr., — dann 30 Leutgarben und 30 Weih=
nachtslaibe zu 24 fl. 36 kr., und endlich Anschlag der Dienstwohnung, so=
wie 4½ Klafter Scheitholz nebst 45 Wellen und Nuzung von 6 Morgen
75 Ruthen 31 Fuß Aecker, Wiesen und Gärten des Meßnergutes zu
48 fl. 30 kr.

Wünschenswerth wäre es, daß nur auch Jemand eine milde Stiftung
für die Schule machen würde, um daraus die nöthigen Schulbedürfnisse
für arme Schulkinder anschaffen zu können.

Leutkirch.

Der Weiler selbst liegt auf einer Anhöhe, die zu der
sanft sich erhebenden Lage von Neufrach eine Art Hügel
bildet, der namentlich vom Gottesacker aus über das Aachthal
mit seinen Gehölzen, Rebgeländen, fruchtbaren Gefilden und
zahlreichen Ortschaften, sowie der Höhenkette von Hohen=
bobmann bis Ittendorf eine sehr freundliche Aussicht dar=
bietet.

Die Zahl der Einwohner ist — einschließlich des ehe=
maligen Stift salmansweilischen Hofes der Bernhard Wi=
lers Wittwe — 7, die Zahl der Bürger ebenfalls 7 und
die Zahl der Einwohner mit den Bewohnern von „Tobel"
circa 40, die alle zum Gemeindeverband Neufrach gehören.

Es ist hier die Pfarrkirche (1571 Fuß über der Mee=
resfläche), der Begräbnißplaz, die Pfarrwohnung, das Schul=

19

haus für die Kirchspielsgemeinde (mit Ausnahme von Bug=
gensegel), unter dem als Patrongebäude bis 1860 der
Stiftungs=Keller sich befand, aber jezt der Gemeinde Neu=
frach mit Mittelst= und Oberstenweiler gehört, nachdem die
Stiftungsreben im Jahre 1847 verkauft worden waren;
ferner das Meßnerhaus (zugleich die Dienstwohnung des
Lehrers), in dessen Keller man 1747 ein menschliches Ge=
rippe auffand; dann noch eine Spezereiwaarenhandlung der
Georg Hutters Wittwe (dem Meßnerhaus gegenüber), und
eine Wein= und Speisewirthschaft des Xaver Löhle in der
Nähe des Schulhauses an der Straße nach Neufrach.

Das Gelände ist meist sandig, aber doch fruchtbar.
Es wird gepflanzt: Korn, Roggen, Haber, Gerste, Kar=
toffeln, Esparsette, verschiedenes Obst und Wein ꝛc.; eine
eigene Gemarkung hat jedoch der Ort nicht, sondern gehört
zur Gemarkung Neufrach; dagegen rechnet man noch zu
Leutkirch außer dem Haus im „Tobel" am sog. Leutkircher
Wald, noch das Armenhaus Wespach oder Wesbach gegen
die beiden Weiler: Mittelst= und Unterstenweiler.

Ueberhaupt ist es hier sehr heimlich und wohl darf
man mit seinen Bewohnern singen:

1. Im Dörfchen will ich wohnen,
   Im Dörfchen wohnt sich's gut,
   Wird Lieb mich noch belohnen,
   Ersaß ich Kraft und Muth.

2. Bau' mir da eine Hütte,
   Ein Gärtchen neben d'ran,
   Wo wie die Apfelblüthe,
   Mich schaut das Leben an.

3. Das Gärtchen will ich pflegen
   Mit flinker frommer Hand,
   So wird mir Gottes Segen
   Vom Himmel zugesandt.

4. Recht wacker doch will pflügen
   Ich das sehr gute Feld,
   Weil dies mir macht Vergnügen,
   Was ich mir selbst bestellt.

5. Sitz' ich gar an dem Raine,
   Und weide mir das Vieh,
   Dann weht aus nahem Haine,
   Mir Duft, Gesang dorther.

6. Zwar füllt nur eine Schaale
   Milch mir Hunger und den Durst,
   Doch Sonntags gibt's zum Mahle
   Auch manchmal Wein und Wurst.

7. D'rum will ich da gern bleiben,
   Bei meinem kleinen Haus,
   Wo lache ich das Treiben
   Der bleichen Städter aus;

8. Die doch so froh im Leben
   Wie ich nicht können sein,
   Wo ich mein Glück mir weben
   Im Dörfchen kann allein.

Wesbach.

Wöschbach, Wäschbach und Wespach, 1480 Fuß über der Meeresfläche — ist ein Armenhaus und Einzelhaus mit einer Kapelle zum Martyrer St. Vitus für alte, schwache und presthafte arme Leute aus dem ehemaligen Stift sale= mischen Oberamte, die unter einem Hausmeister (gegenwärtig Joh. Baptist Haller) stehen und das jährlich gegen 30 Arme zählt. — Es liegt am Wäschbach, der von Oberstenweiler, und am Hünerbach (Waldbrunnen) der von Mittelstenweiler kömmt, am südwestlichen Fuße des lieblichen Hügels von Leutkirch.

Das Haus sammt Kapelle wurde von Abt Georg I. von Salem 1445 zu einem Siechenhaus für die Salemischen Unterthanen gebaut, die Kapelle 1447 von Johann Schür= pfer, Episcopus Bellinensis und Generalvikar zu Konstanz eingeweiht, und das Ganze unter Abt Peter II. im Jahr 1599 renovirt, wie die Jahrzahl mit dem Abtswappen über dem Haupteingang ausweist.

Das Gebäude ist 112' lang, 53' Schuh breit, bis zum Dache 15' hoch, und besteht aus zwei Stockwerken. Darin sind: unten die Bäckerei, 1 Holzremise, eine kleine Werkstätte, 1 Kellerchen, 1 Speisekammer, die Küche mit laufendem Brunnen, 1 Einsaz= oder Gemüsekeller und 1 Kuhstall; oben (gegen Südwest) die Dienstwohnung des Hausmeisters zu 2 Zim= mern, ferner 2 Krankenzimmer, 2 Wohn= und Speisestuben und 3 Schlaf= stellen, und unter dem Dache sind dann noch 9 hellere Schlafstellen und eine Vorrathskammer für Kleider, Weißwasch, Bettzeug u. s. w. Die Kapelle, die im nordöstlichen Theil des Hauses ist, hat eine Länge von 39½', Breite von 17', und Höhe von 14½', einen Altar mit Jesus am Kreuze nebst Maria und Johannes, aus Holz geschnizt, und zu oberst den Kirchen= und Schuz= Patron, Martyrer St. Vitus (Patron der fallenden Sucht).[1] — Dann sind um das ganze Haus herum 3 eingehagte Kraut= und Gemüsegärten mit vielen Obstbäumen. Die Geschlechter sind durch eine hölzerne Scheide= wand von einander getrennt.

Dieses Seelenhaus, Leprosorium oder Siechenhaus, (locus, ubi salubres ebulliunt aquae) wurde, nachdem der

---

[1] Ueber die Kapelle zu Wäschbach siehe noch besonders die „Summa Salemkana." Tom. II., Seite 586.

Bettel abgeſchafft worden, 1783 von Abt Robert von Sa=
lem zu einem Armenhaus beſtimmt und nach ſeiner jezigen
Größe erweitert; dann am 9. und 15. Februar 1784 fun=
dirte er es, richtete es bequemer ein und gab ihm unterm
14. Oktober 1784 noch eine Hausordnung, wornach arme,
alte und hilfsbedürftige Leute aus der Herrſchaft des Klo=
ſters unter den Bergen, die ſonſt den Gemeinden zur Laſt
fallen würden, darin aufgenommen, verköſtigt, verpflegt
und gekleidet werden ſollten. Dieſe Anſtalt wurde durch
leztwilliges Vermächtniß des 1853 verſtorbenen Thurn=
und Taxiſchen Direktors Eugen v. Seyfrieb mit 1000 fl.—
und des 1859 verſtorbenen Standesherrn von Salem, Mark=
grafen Wilhelm von Baden mit 500 fl. noch bereichert,
und ſeit 31. Jenner 1808 leiſtet auch noch die ehemalige
Waiſenkaſſe Salem 500 fl. und ſeit 18. März 1808 die
Kirchenſtiftung Salem 200 fl. jährlichen Beitrag, die Stan=
desherrſchaft Salem aber gibt herkömmlich 20 Klafter
Brennholz jährlich, und ſeit 20. Juni 1830 noch 4 Glas
Wein wöchentlich für jede Perſon an das Armenhaus
Wesbach ab.

Berechtigt zu dieſer wohlthätigen Anſtalt ſind die Ortſchaften: Ber=
matingen, Buggenſegel, Grasbeuren, Mimmenhauſen, Neufrach mit Leut=
kirch, Nußdorf bei Ueberlingen, Mühlhofen mit Gebhardsweiler, Oberſchſ=
dingen mit Seeſelden, Oberſt=, Mittelſt= und Unterſtenweiler, Haberis=
weiler, Owingen und Urnau, Salem mit Stephansfeld, Tüſingen und Weildorf.

Die Seelsorge verſieht der Pfarrer zu Leutkirch, der
außer dem Titularfeſte des Jahrs beliebig noch mehre heil.
Meſſen dort liest.

Der Kapitalfond beläuft ſich auf
circa . . . . 27,304 fl. — kr.
das ganze Vermögen (mit Gebäulichkeiten, Gärten und
Inventar) auf . . . . 35,862 fl. — kr.

Neufrach,

1470 Fuß über der Meeresfläche, iſt ein Dorf und der

Hauptort der Pfarrei Leutkirch mit 78 Häusern, 80 Bürgern und circa 600 Einwohnern, die wie Leutkirch sich ebenfalls größtentheils mit Landwirthschaft beschäftigen.

Gewerbetreibende sind: 1 Drechsler, 2 Bäcker, 1 Hafner, 2 Küfer, 2 Mezger, 2 Seiler, 1 Schneider, 4 Schuster, 2 Schmiede, 3 Schreiner, 4 Weber und 2 Wagner; dann sind hier noch eine Mahlmühle mit 4 Gängen nebst Oele und Hanfreibe von Joseph Baber, unweit der Nachbrücke und dem Weg nach Buggensegel, — eine Spezerei= und Ellenwaaren=Handlung des Franz Guldin, — eine Wein= und Speisewirthschaft des Bernhard Schönenberger (zugleich Kaminkehrer für den Bezirk Salem), beide beim sog. Sprizenhaus, worin die Feuerlösch=Geräthschaften und Feuersprize aufbewahrt werden, an der Straße nach Bermatingen, — und dann noch eine Taferne oder Gastwirthschaft zum grünen Baum von Richard Kohlhund, am Ende des Dorfes und an der Straße nach Mimmenhausen und Salem. Diese Taferngerechtigkeit wurde jedoch bis 1815 nicht da, sondern im Hause des Wendelin Rimmele (H. Nr. 78) bei der Linde in Mittelsdorf ausgeübt, da, wo sonst die Werba oder Wehrda, der Pranger stand, und es war dieses Lindenwirthshaus namentlich im 30jährigen Kriege sehr belebt.

Die Wehrda selbst war eine hohe, hölzerne Säule, die vielleicht anfangs, wie jezt die Kletterstange, zu Volksbelustigungen diente; als jedoch um 1611 die Pest ausbrach und so viele Leute starben, wurde sie als Versammlungsort der Gemeinde gewählt, um täglich abends zu sehen, wer da von den Einwohnern noch lebe; daher der Name Wehrda. Nachher, als die Pest aufhörte, ward sie der Pranger, indem man jezt ein kleines Gerüst auf ihr errichtete, sie mit einem Blechdache nebst Wetterfahne versah, und dann die unzüchtigen, sittenlosen Menschen, Diebe u. dgl. zum abschreckenden Beispiel darauf ausstellte, namentlich solche, die in den Hurenschnabel, Strohzöpf, hölzernen Degen und in die Schaudtafeln gesezt wurden. Erst im Jahr 1810 wurde dieser Pranger entfernt.

Die Gemarkung des Dorfes mit Leutkirch und Haberstweiler beträgt: 2468 Morgen, 3 Viertel, 14 Ruthen.

		Morg.		Vrl.		Rth.	
Feld		1075		1		12	
Wald		923	„	3	„	21	„
Wiesen		326	„	2	„	61	„
Gärten		89	„	2	„	20	„
Reben		48	„	—	„	—	„
Waldfeld und Oedungen		5	„	2	„	—	„

zusammen 2468 Morg. 3 Vrl. 14 Rth.

Der Boden besteht gegen die Oberfläche zumeist aus Lehm und Sand und gegen den Hartwald, der früher Langenbühl geheißen haben soll [1]) aus Lett. Man pflanzt Korn, Roggen, Gerste, Haber, Klee, Esparsette, Reps, Kohlrüben, Kartoffeln, Hanf, etwas Wein und verschiedenes Obst; der Obstbau wird namentlich sehr stark getrieben; überall sieht man in den großen und kleinen Gärten zwischen den Häusern, wodurch das Dorf ziemlich ausgedehnt ist, Bäume gepflanzt, so daß es gleichsam wie in einem großen Obstgarten versteckt ist, was besonders zur Blüthezeit einen sehr hübschen Anblick gewährt.

Schöne Aussichten sind auf dem Hüttenbühl nordwestlich von Neufrach und beim obern Häutler nordöstlich von da.

Die ansehnlichsten Häuser und Höfe sind die des Wendelin Stegmaier, Johann Hoher, Mathä Reuter, Thabäus Meßmer, Anton Heudorf, Johann Hafen, Theodor Weißenrieder, ehemalige Stift Salmansweilische Lehenhöfe, die jedoch von 1838 bis 1844 allodifizirt und abgelöst wurden. [2])

Gemeindsbrunnen mit laufendem Wasser sind 8; Privatbrunnen mehre.

Die Ortsarmen sind im Gemeindehaus im Oberdorf, bereits gegen sein Ende; sie werden jedoch meist von den vermöglichern Bürgern unterstützt und erhalten; nur

---

[1]) Es heißt nämlich laut Sage: Eine verwittwete Gräfin von Heilligenberg vergabte allzu freigebig bei einem Gastmahle den Wald schankungsweise an Salem; es reute sie jedoch bei Ueberlegung der Sache und sie hätte gerne die Vergabung wieder zurückgenommen, aber es war zu spät, da sich die Urkunde schon im Kloster befand. Sie rief aus „gnädig gegen das Kloster, bin ich zu hart gegen meine Kinder geworden," — und seitdem wurde der Wald Langenbühl der Hartwald genannt. Siehe dagegen über die Vergabung des Hartwaldes Seite 46.

[2]) Die Urbar-Namen dieser Höfe sind: Schaufel, Wagen, Sattel, Ranzen, Heuen, Sporren und Striegel.

ganz Arme und Kranke kommen ins Armenhaus Wesbach;
ein Rathhaus dagegen besteht zur Zeit noch nicht, son=
dern die Gemeindeversammlungen werden im Gasthause
zum „grünen Baum" abgehalten. Das Einkaufsgeld
in das Bürgerrecht ist für Badenser 35 fl. 57 kr.,
für Fremde 71 fl. 54 kr. nebst 2 fl. 30 kr. für einen
Feuereimer.

Die Gemeindebedürfnisse werden meist durch Umlagen
(18 kr. aufs Hundert Steuerkapital) gedeckt.

Die alte Burg der Zwingherren v. Nüffern
stand auf einem mit Wasser umgebenen künstlichen, aufge=
worfenen Hügel im Osten des Mitteldorfes und war mit
einer Aufzugbrücke versehen, daher sie auch Wasser= und
Weierschloß hieß; groß war sie jedoch nicht, denn selbst
der Hügel ist nur von kleinem Umfang; dagegen mochte sie
ziemlich fest und wie ein Blockhaus gewesen sein. Jezt
ist Alles verschwunden. An ihrer Stelle steht ein Bauern=
haus; der tiefe und bei 16 Fuß breite Graben ist ausge=
füllt und zu Wiesfeld gemacht und statt der Aufzugbrücke
führt ein fester Weg zum Hügel hinan; blos gegen die
Tiefe stößt man noch bisweilen auf Steinwerk und nur
der Keller des Hauses ist theilweise noch ein Ueber=
rest vom Schloß; dagegen wurden und werden noch die
Besizer des seit Abgang der Veste errichteten Bauern=
hauses und salemischen Lehengutes von etwa 3 Morgen,
1 Viertel, 17 Ruthen Aecker, Wiesen und Gärten —
welches Bauernhaus mit Gut das Brett genannt wird,
seit dessen Bestehen noch immer, je nach ihrem Vornamen:
der Schloßhans, der Schloßsepp, der Schloßthomas ꝛc.,
auch der jezige Leheninhaber Anton Hak der Schloß=
boni genannt.

Die Filialkirche (Kapelle) zu den heil. Markus
und Martin, die an der Straße nach Weildorf gegen den

fog. Stummberg steht [1]) und aus Chor und Langhaus besteht, wird von 5 Langlichtern und 2 Rundlichtern erhellt, wobei, am Langhause, hinten beim Haupteingang im Westen ein Vorbau auf zwei Holzsäulen und bei der Seitenthüre im Norden, am Thurm, ein Anbau für die Sakristei angebracht ist. Der Chor selbst von 14′ Länge, 18′ Breite und 21′ Höhe befindet sich im Thurm. Das Langhaus ist breiter und weniger hoch, hat 46′ Länge, 23′ Breite und 20′ Höhe, und scheint neuer als der Thurm mit seinem Chor zu sein.

Altäre sind drei: 1 Haupt-Altar und 2 Neben- oder Seitenaltäre.

Der Haupt-, Hoch- oder Choraltar hat ein gemaltes theilweise vergoldetes Holzgestell mit dem heil. Evangelisten Markus oben, unter welchem eine Ovalplatte die Schrift enthält: „Dominus custodit omnia ossa eorum, d. h. der Herr bewahrt alle Gebeine derjenigen, die auf ihn hören und gerecht sind, (Psalm 33, V. 21)," — und darunter nochmals den heil. Markus. Zu den Seiten sind Engel, und hinter ihnen an der Ostwand zwei Tafeln: rechts mit dem heil. Bernhard und der Unterschrift: „O Du Hayliger vnd Honigfiesester Vater Bernarde pitte Gott für Deine Vnwirdige Diener vnd Dienerin in Ewigkhait. Amen." 1652, nebst zwei Wappen, — und links mit der heiligsten Gottesmutter Maria, wobei es heißt: „O du Aller Hayligste Jungkfraw vnd Muotter Gottes Maria, pitte Gott für Deine Vnwürdige Diener vnd Dienerin in Ewigkhait. Amen." 1652 ebenfalls mit zwei Wappen. Am Chorbogen dagegen hängt das Triumphkreuz mit zu oberst, Gott Vater als majestätischer Greis; darunter das Herz Jesu, und unter diesem der heil. Geist in Gestalt einer Taube. [2])

Der Seitenaltar rechts im Schiff (Epistelseite) hat zu oberst als Hochstatue den heil. Ritter und Bischof Martin, und zu den Seiten die heil. Kaiserin Adelheid und den heil. Bruno, Stifter des Karthäuserordens;

---

[1]) Stummberg nennt man die sieben Häuser nördlich von der Kapelle, gegen Weilendorf, und es mag der Name daher gekommen sein, weil dort ehemals eine Familie Stummberg gewohnt hat.

[2]) Diese Darstellungsweise des heil. Geistes bezieht sich nämlich auf die Taufe Jesu nach den Evangelisten (Math. III. 16; Mark. I. 10 und Luk. III. 22); man nennt übrigens auch gerne die Kirche das Haus der Taube, ja die Taube stellt sogar die vorzüglichsten Tugenden des Christen dar, der in Reinheit, Sanftmuth und Friedfertigkeit dem Heilande nachahmen soll.

Der Seitenaltar links im Schiff (Evangelienseite) zu oberst die heil. Jungfrau Maria und zu den Seiten St. Georg und die heil. Königin Margaretha von Schottland.

Die drei Tafeln an der südlichen Wand im Langhause stellen die Taufe des Herrn durch Johannes, die gebenedeite Himmelskönigin vom sog. Psalter umgeben, die Hinrichtung der heil. Jungfrau Barbara — und die 3 Tafeln an der nördlichen Wand den heil. Dominikus, den heil. Antonius v. Padua und den heil. Nährvater Joseph dar.

Die Kanzel ist an der Südwand, die Empore hinten im Westen über der Hauptthüre, hat aber keine Orgel, sondern wie gesagt, nur einen überdachten Vorbau, in dem innerhalb Bänke stehen und wo sich früher die Todtenbahre zur Ausstellung der an der Pest Gestorbenen befunden haben soll; wir möchten jedoch dieses bezweifeln und glauben eher, daß in diesem Bau früher Sitzungen abgehalten wurden.

Der Kirchthurm ist 4eckig, sehr dick, 32 Fuß hoch, mit einem Satteldach bedeckt und hat 2 Glöckchen, von denen die kleinere, (ehemalige Bruderschaftsglocke von Leutkirch) 1861 hieher gestiftet wurde, — sowie eine Uhr, deren Zeigtafel sich am südwestlichen Eck befindet und sehr alt zu sein scheint.

Das Kaplaneihaus, das ehemals zur Kapelle gehörte, bevor die Kaplanei-Pfründe einging, steht ganz nahe bei der Kapelle, hat die Haus Nr. 84 und wird jetzt von Johann Mosers Wittwe bewohnt. [1])

Das sog. Käppelle (Feldkapelchen) dagegen steht zu oberst am Dorf, gegen Leutkirch, da, wo sich ehmals die Gemeinde-Schießstätte befand und hat keinen Altar, sondern nur sehr alte, große Holzschnizbilder: Christus am Kreuze und Maria und Johannes. — Am Feste Corpus Christi (Fronleichnamstag) wird hier ein Evangelium gelesen.

---

[1]) Wann und aus welchen Gründen diese Kaplanei-Pfründe einging, konnte nicht gefunden werden.

Die Zehntscheuer, an welcher das Salmansweiler-Wappen sich befindet, steht ganz zu unterst am Dorf, gegen Mimmenhausen und Salem, und ist jezt an Bürger von Neufrach verpachtet.

Zur Gemeinde Neufrach gehören außer Leutkirch noch der Zinken Haberstenweiler, der Hof Birkenweiler und das Fischerhaus.

Habertsweiler

oder Haberstenweiler selbst — 1770′ über der Meeresfläche — ist ein Zinken oder Weiler ¼ Stunde von Menwangen und je ½ Stunde von Leutkirch und Altenbeuren.

Der Weiler besteht aus den 2 ehemaligen Salmansweiler-Höfen Zange mit 127 Morgen, 63 Ruthen Aecker, Wiesen, Gärten und Wald, welches Hofgut am 27. August 1835 mit 4566 fl. 54 kr. allodificirt und frei gemacht wurde und jezt dem Bernhard Rimmele gehört — und Stiefel mit 124 Morgen, 2 Vrlg., 47 Ruthen Aecker, Wiesen und Gärten, das 1839 mit 5333 fl. 46 kr. abgelöst wurde und jezt der Joseph Bauers Wittwe gehört, und dann noch aus zwei Sölbgütern (des Fidel Löhle und Jakob Strehle) mit zusammen circa 30 Morgen Feld. — Das alte, baufällige Kapellchen ist abgebrochen und es hat dafür der Hofbauer Rimmele jezt auf seinem Hause ein Glöckchen. Die Zahl der Einwohner ist 50.

Birkenweiler,

der frühere Salemer Erblehenhof, der auf die Allodifikation 1838 zerstückelt wurde, gehört zum Theil dem Johann Waldvogel, zum Theil dem Johann Baptist Rothmund, zum Theil dem Georg Bär, und es besizen die beiden ersten je circa 30 Morgen Ackerfeld, Wiesen und Wald, Georg Bär circa 10 Morgen Ackerfeld und Wiesen.

Der kleine Weiler selbst liegt ¼ Stunde von Allmannshausen, Menwangen, Haberstenweiler und Oberstenweiler, ½ Stunde von Unterfiggingen, 1 Stunde von Altenbeuren und Leutkirch und je 1¼ Stunde von Neufrach und Beuren entfernt und ist bereits auf drei Seiten von Herrschaftswaldung umgeben, so daß man nur gegen Norden eine Aussicht genießt; diese aber ist sehr hübsch. Man sieht von rechts nach links Wahlweiler, den Höchsten mit seinem Signal, gleich darunter den Hof Rubacker, dann Eichtenel, von da herab hellglänzend das Kapellenthürmchen von Lellwangen, hernach ganz links an der Heiligenberger Bergspize das Fürstenschloß Heiligenberg und Thal hinab von rechts nach links noch: Langhag, Neuroh, Kaltbächle, Sinnenberg, Beuren, Altenbeuren u. s. w.

Der Boden ist meist Lett mit Sand vermischt; die Unterlage Gerölle. Die Zahl der Einwohner ist 20.

Rimpertsweiler

ist ein großer Hof der Gemeinde und Bürgermeisterei Wittenhofen, Pfarrei Leutkirch, der je ¼ Stunde von Allmanshausen, Oberstenweiler und Grünwangen, je ½ Stunde von Birkenweiler und Wikenweiler, ¾ Stunde von Haberstenweiler und 1 Stunde von Neufrach = Leutkirch entfernt ist und ehemals unter fürstenberg = heiligenbergischer Hoheit ein Erblehen des Klosters Salem war. Der Hof selbst besteht aus einem großen Wohnhaus mit Scheuer und Stallung, aus 1 sog. Speicher, 1 Waschhaus, und noch 1 Scheuer, und aus circa 200 Morgen Aecker, Wiesen, Gärten, Reben und Wald. Der Boden ist größtentheils lettig, wenig sandig, und gleich hinterm Haus nach Osten liegt ein Rebgelände. Dieser Hof, von dem man die Aussicht nach Uhldingen, den Ueberlinger = See, auf die Thürme von Markdorf, Schloß Hofen (Friedrichshafen) und über den Bodensee nach Rorschach und Romanshorn hat — wurde 1830 mit 7300 fl. nebst Abtretung von 6 Morgen Wiesen abgelöst und gehört jezt dem Mathäus Bauer.

Fischerhaus

ist ein zweistöckiges um 1800 erbautes Einzelhaus, das ¼ Stunde nordwestlich von Neufrach entfernt ist und unweit Schattbuch und der Echbel = Sigginger = Aach liegt.

Es hat 2 Keller, 1 Stube, 6 Zimmer, 1 Küche, 1 Waschhaus mit Holzschopf und 1 Scheuer nebst Stallung, und war anfangs die Dienstwohnung des Kloster salemischen Fischermeisters und Revierförsters des Bezirks, hernach Siz des Bezirksförsters für die Bezirksforstei Fischerhaus und jezt ist es die Dienstwohnung eines Waldhüters für die herrschaftlichen Waldungen in der Umgegend, dem noch circa 10 Morgen Aecker, Wiesen, Gärten und der sog. Forellenweiher von der Herrschaft zur Benüzung zugetheilt sind.

Der Forellenweier selbst liegt etwa 100 Schritte nordwestlich vom Fischerhause, in der Nähe von Schattbuch, ist circa 1 Morgen groß und hat jezt noch Karpfen.

Oberstenweiler

ist ein kleines Dorf 1866' hoch, mit 26 Häusern, 23 Bürgern und circa 150 Einwohnern, die ebenfalls größtentheils Feld =, Wiesen =, Obst = und Weinbau treiben. Gewerbe treiben: 2 Küfer, 2 Leineweber, 1 Mezger, 1 Schmied, 1 Schuster, 1 Wagner und 1 Zimmermann. Die Wirthschaft mit Restauration hat Mathäus Kugler. [1]

Die Entfernung von Leutkirch, wohin der Weg eine Strecke weit an einem tiefen, waldigen Tobel, durch den der Tobelbach, der zunächst bei Oberstenweiler auf den sog. Sackwiesen entspringt, dahin rauscht, ist: $\frac{1}{2}$ Stunde; von Wikenweiler circa 20 Minuten; von Allmannshausen, Birkenweiler und Mittelstenweiler je $\frac{1}{4}$ Stunde, und von Rimpertsweiler 10 Minuten.

Die Gemarkung umfaßt 694 Morg., 1 Vrl., 86 Ruthen.

Der Boden ist meist Lett mit steiniger Unterlage und man pflanzt Korn, Roggen, Gerste, Hafer, Hanf, Kartoffeln, Reps, Klee, Bohnen, Erbsen, Linsen, verschiedenes Obst, Wein u. s. w. Der beste Wein wächst im Gewann Rakt; die Traubensorten sind weißer und blauer Sylvaner und der Weinpreis per Ohm 16 fl.; ja es ist sogar der hiesige Wein recht haltbar und gut, besonders aber ist zu bemerken: daß weit herum in hiesiger Gegend auf höherer Lage der Weinstock nicht mehr vorkommt.

Das Einkaufsgeld in das Bürgerrecht ist für Badenser 17 fl. 54 kr.; für Fremde 35 fl. 48 kr.; Ein-

---

[1] Eine Wirthschaft resp. Weinschenke bestand zu Oberstenweiler schon 1654.

laufsgeld in den Bürgergenuß, der in circa ½ Morgen
Feld besteht, ist hier nicht..

Brunnen sind 4: drei Rohrbrunnen mit Quellen
oben am Dorfe, und ein Schöpfbrunnen mit Quelle unten
am Dorfe.

Von den Höfen sind: der ehemals Spital=Konstanzische Lehenhof
(Philipp Mellleber), der heiligenberg'sche Lehenhof (Jakob Rots Wittwe),
der weingartisch=oranische Lehenhof (Johann Braun) der salmansweilische
Tobelhof (Mathä Heimgärtner), der Domänen=ärarisch=meersburgische Lehen=
hof (Johann Geßler) seit 1834 ausgelöst und jezt Eigenthum ihrer
Besizer; nur ein Erblehenhof ist noch vorhanden, das heiligenberg'sche
Gut Kloster genannt, das gegenwärtig auch der Bauer Joh. Geßler besizt.

Die schönsten Aussichten sind auf dem Bergle,
nordwestlich vom Dorfe; auf der obern Halde, gleich
neben dem Dorfe, und auf dem Päppel, über dem Tor=
kel nordöstlich, Rimpertsweiler und Grünwangen zu, und
zwar hat man auf dem Bergle eine herrliche Aussicht auf
den Ueberlinger= und Bodensee.

Man sieht von Bodmann und dessen Gebirgssattel (Schlucht Döttel=
bach) bis gegen Bregenz hinauf; dann auf dem diesseitigen Ufer, her=
wärts durch eine Waldlücke Langenargen zum Theil, hernach das
Schloß Friedrichshafen, näher theilweise Mögenweiler und
den Kirchthurm von Markdorf; nördlich am Heiligenberge hin Haß=
len (Haslach) bei Oberhomberg, näher Grünwangen, Wendlingen,
Harresheim und den stattlichen Gehrenberg ꝛc. überhaupt die schönste
Abwechslung; besonders aber ist es sehr schön, wenn allmählig die Sonne
hinter das Gebirge sinkt, die Alpen sich röthen und der dunkle Purpur der
Wolkenschichten in den Wellen des Sees abglänzt.

Auf dem Päppel (Höhe zwischen Oberstenweiler und Rimpertsweiler)
sieht man von Hohenkrähen und Hohentwiel im Hegau herüber nach der
Ruine von Bodmann und auf den Ueberlinger=See; dann von Hohen=
bodmann (bei Owingen) und Dobers= oder Tafersdorf bereits über das
ganze Salemerthal, bis Ittendorf; ferner über den Bodensee in's
Thurgau, auf das St. Gallische und auf das Waldenländchen Ap=
penzell; hierauf Bregenz mit dem Gebhardsberglein und dessen Ka=
pelle oder Kirchlein; alsdann herwärts die grauen Thürme von Friedrichs=
hafen und dessen Umgebung, sowie den Gehrenberg; hernach Grünwan=
gen und die Höfe Egenweiler, Tannen, Winkel, Wilen=

weiler, Rimpertsweiler u. f. w., kurz ebenfalls die schönste Abwechslung, ohne des Prachtgebirges zu gedenken, das im Hintergrunde jenseits des See's und herüber nach Bregenz so königlich ansteigt.

Die Käpelle steht am Anfange des Dorfes von Leutkirch her, bei einer schönen über 100 jährigen Linde, ist 30 Fuß lang, 18 Fuß breit und 14 Fuß hoch, trägt einen Reiterthurm mit einem Glöckchen und hat einen Altar; dieser Altar, auf dem jährlich vier heil. Messen gelesen werden, am 17. Jenner (Antoniustag), im Mai (bei der Oeschsegnung), am 4. Juli (St. Ulrichstag), und im Oktober (an der Kirchweihe) — hat ein ausgezeichnet schönes Altarbild.

Das Gemälde, das von Raphael sein soll — stellt den heil. Eremiten Antonius dar mit seiner Einsiedelei in wilder, einsamer, waldiger Gegend Egyptens, wo er in strenger Abtödtung sein Leben zubrachte, oft angefochten vom Satan und den höllischen Geistern, die ihm in den verschiedensten Gestalten erschienen und ihn schreckten und zum Bösen zu verlocken suchten; sie mußten jedoch jedesmal fliehen, wenn er die Hände zum Beten erhob und seine Schellenglocke anzog. Er starb, nachdem er viele Klöster gestiftet, 105 Jahre alt am 17. Jenner 356 auf dem Berg Kolzim, eine Tagreise vom rothen Meere, nachher der Antoniusberg genannt, wo er die letzte Zeit seines Lebens in strengster Tugend und Gottseligkeit zugebracht hatte. —

Sollte übrigens das Bild auch nicht von Raphael sein, so ist es doch immerhin eine ausgezeichnete Arbeit und wurde bisher von allen Kunstkennern bewundert; schade nur, daß das Gemälde etwas vernachläßigt ist.

Die Holzstatuen sind: rechts, der heil. Leonard; — links, mit dem Buche in der Hand, der heil. Bischof Ulrich.

Die Kapelle selbst wurde 1686 und 1695 gebaut, konnte aber der Kriegszeiten wegen erst unter der Regierung Papst Clemens XI., Kaiser Josephs I. und des Fürstbischofs Johann Franz von Konstanz — unter dem Pfarrvikar Johann Gaißer zu Leutkirch — am 14. Juni 1707 eingeweiht und consecrirt werden.

Das Altargestell ist aus dem Kloster Weppach, nach dessen Aufhebung es 1830 angekauft wurde. [1])

---

[1]) Der Hochaltar aus dem Frauenkloster Weppach kam nach Ellwangen, der andere Seitenaltar ist im Torkel zu Oberstenweiler aufbewahrt.

Die Urkunde über die Einweihung lautet:

Nos Conradus Ferdinandus, Dei et Apostolicae Sedis Gratia, Episcopus Tricalensis, Celsissimi et Reverendissimi S. R. J. Principis et Episcopi Constantiensis in Pontificalibus et Spiritualibus Vicarius Generalis etc. — Universis et singulis praesentium inspectoribus salutem in Domino cum notitia subscriptiorum. Notum facimus et testamur per praesentes quod Anno Domini MDCCVII. die 14 Junii Pontificalia peragentes consecraverimus Ecclesiam in Oberstenweyler Parochiae Leutkirch prope Salem cum uno Altari in honorem S. Antonii Abbatis, S. Udalrici, S. Leonardi, includendo Reliquias Ss. M. M. Deodati, Placidi et Probi — statuendo anniversarium diem dedicationis dictae Ecclesiae in diem quartam mensis Julii. — Cupientes igitur, ut Ecclesia et altare praefatum congruis frequentetur honoribus et a Christi fidelibus jugiter ac devote visitetur, Omnibus, qui in praedictae Ecclesiae Consecrationis die anniversario ad eam devotionis causa vota sua persolvendo, confluxerint, de Omnipotentis Dei misericordia confisi quadraginta dies Indulgentiarum in forma Ecclesiae consueta in Domino concedimus. In quorum fidem has litteras manu prpria et nostro sigillo Pontificali munitas dedimus die 14, Mensis Junii Anno MDCCVII. Indictione 15. — Conradus Ferdinandus Suffraganens et Vglis.

D. h. Wir Konrad Ferdinand, durch Gottes und des apostolischen Stuhles Gnade, Bischof von Tricale und Generalvikar in den bischöflichen und geistlichen Funktionen des hochwürdigsten und verehrungswürdigsten Bischofs von Konstanz und Fürsten des heil. römischen Reichs grüßen Alle und Jeden im Herrn, so dieses von uns unterzeichnete Schreiben sehen. Wir bekunden und machen nämlich dadurch bekannt, daß wir im Jahr des Herrn 1707 am 14. Juni in Ausübung unseres bischöflichen Amtes die Kirche in Oberstenweiler der Pfarrei Leutkirch bei Salem mit einem Altar zu Ehren des heil. Abtes Antonius, des heil. Ulrich, des heil. Leonhard, unter Einschluß der Reliquien der heil. Martyrer Theodot, Plazidus und Probus eingeweiht und den Jahrestag der Einweihung dieser Kirche auf den 4. Juli festgesezt haben. Wir wünschen daher, daß diese Kirche mit ihrem Altar in gebührender Ehre gehalten und von den Christgläubigen zahlreich und andächtig besucht werde. Dabei gestatten wir Allen, die an dem Jahrestag der Einweihung der Kirche mit Andacht zum Gebet dahin kommen und auf die Erbarmung des allmächtigen Gottes vertrauen, 40 Tage Ablaß in der gewöhnlichen Form der Kirche. Dessen zur Urkunde haben wir dieses Schreiben mit unserer Unterschrift und dem bischöflichen Siegel versehen und geben es zum öffentlichen Gebrauche heraus den 14.

Juni 1707, Unserer Zeit des Jahres 15. Konrad Ferdinand (Galst von Wildegg) Weihbischof und Generalvikar.

Das Patrocinium ist an St. Antonstag 17. Jenner, für dessen heil. Messe dem Pfarrer von Leutkirch aus dem Kapellenfond 1 fl. bezahlt wird, — das Fest des heil. Ulrichs am 4. Juli, für dessen heil. Messe die Gemeinde dem Pfarrer jeweils einen Eimer Wein, wie er wächst oder 3 fl. gibt.

Endlich ist zu bemerken, daß die Scheide zwischen Oberstenweiler und Mittelstenweiler der Klozenbach bildet, der von Nimpertsweiler herkommt und unweit dem Armenhaus Wesbach bei der sog. Tobelbrücke in den Wesbach fällt.

Mittelstenweiler,

das kaum ¼ Stunde unterhalb Oberstenweiler und ¼ Stunde südöstlich von Leutkirch entfernt liegt, ist ebenfalls ein kleines Dorf oder Weiler, bildet aber keine eigene Gemeinde, sondern ist mit Unterstenweiler verbunden und macht nur mit diesem eine Gemarkung, eine Gemeinde und Bürgermeisterei aus; denn der Ort Mittelstenweiler selbst — 1680 Fuß über der Meeresfläche — hat nur 15 Häuser, 15 Bürger, 90 Einwohner. Auch ist hier kein Wirthshaus, nur 1 kleine Kapelle und 1 laufender Brunnen, — die andern sind Sumpbrunnen.

Die Lage ist uneben, bergig und die Gemarkung hat blos gegen die Straße nach Neufrach und Salem ebenes Wiesfeld.

Die gemeinsame Gemarkung umfaßt 843 Morgen, 2 Vrlg., 54 Ruthen Aecker, Wiesen, Gärten, Reben und Wald. — Der Boden ist meist schwerer Lettboden, an wenigen Stellen leicht, sandig, kiesig. — Die besten Felder sind im Gewann Langquart und das beste Weingeländ an der Roths= oder Rathshalde, südlich von Mittelsten=

weiler; die Haupthöhe ist die Ortshalbe, östlich von dort.

Die Kapelle steht beim Gemeinde- und Rathhause, an der Dorf-gasse, ist 26' lang, 10' breit, 8' hoch, und hat einen alten (Muttergottes-) Altar mit 4 Holzbildern und an den Seitenwänden zwei (zusammengehörige) altdeutsche Gemälde, welche den englischen Gruß darstellen, wobei es heißt: Ave gratia plena, Dominus tecum u. s. h. Gegrüßet seyst du Ma-ria, du bist voll der Gnaden, der Herr ist mit dir." — Diese zwei Bilder sollen nach Aussage von Kunstkennern ebenfalls eine schätzbare Arbeit sein. Die Kapelle selbst wurde erst 1800 gebaut, nachdem die alte baufällige, die zu oberst am Dörfchen stand, abgebrochen war.

Die größten Höfe sind die des Georg Auer, Konrad König und Joseph Meßmer, ehemalige salemische Lehenhöfe, die aber jetzt abgelöst sind.

Unterstenweiler

das Dörfchen — 1514 Fuß über der Meeresfläche — liegt circa 300 Schritte von Mittelstenweiler und ¼ Stunde von Leutkirch entfernt, am Fußweg nach Bermatingen und hat auch nur 13 Häuser, 13 Bürger oder 80 Einwohner, kein Wirthshaus, sondern blos 1 Kapelle, 2 laufende Brunnen und 2 Bäche, von denen der eine in den sog. Krautländern gegen Bermatingen, die sehr viel Quell-wasser enthalten, entspringt, — der andere aus einem Tobel und aus einer Quelle bei Mittelstenweiler kommt; hier aber wohnt zur Zeit der Bürgermeister und das Einkaufsgeld in das Bürgerrecht der Gemeinde Mittelst- und Unterstenweiler beträgt für Inländer 43 fl. 1 kr., für Ausländer 86 fl. 2 kr.; das Einkaufsgeld in den Bürger-genuß, wovon es mehre Arten gibt, 9 fl. 39 kr. u. s. w.

Die Kapelle steht theils an der Dorfgasse, theils im Garten des Bauers Joh. Hozer im Mitteldorf und ist 24' lang, 12½' breit, 8' hoch, und trägt ein Reiterthürmchen mit einem Glöckchen. Der Altar hat die Holzbilder: St. Bartholomäus, Apostel — und St. Vitus, Martyrer. Dann enthält eine Tafel ein Abbild des wunderthätigen Mariä-Bildes zu Einsiedeln und eine andere Tafel die Darstellung der sog. heiligen Sieben-

20

schläfer. Darunter heißt es: „Zur Zeit Decij des Verfolgers der Christen seind 7 Brüder mit Namen Maximianus, Malheus, Martinianus, Constantinus, Dionysius, Joannes und Serapion weil sie nit wollten einwilligen denen Göttern zu dienen, in eine Hölle (b. l Höhle) vermauert worden, dort haben sie bei 200 Jahr lang geschlafen, bis zur Zeit Kaisers Theodosij des 2., da sie aus Vorsichtigkeit Gottes lebendig gefunden worden Anno 447." Ex voto 1714. — Ueberhaupt dient auch dieses Kapellchen nur zur Privatandacht und wird kein öffentlicher Gottesdienst darin gehalten.

Die größten Höfe und ehemaligen Leibleben sind die Scheibe (Xaver Möting) und der Zirkel (Johann Hoher).

Buggensegel

das in dem Thal, an der vereinigten Echbeler- und Linzer-Aach ¼ Stunde von Neufrach und je ½ Stunde von Ahausen, Grasbeuren, Leutkirch, Mimmenhausen, Mühlhofen, und Weiler entfernt liegt, ist ein Dorf mit 22 Häusern, 22 Bürgern und 168 Einwohnern, meist Landwirthen; rechnet man jedoch den Bauer von Wehhausen dazu, der Bürger von Buggensegel ist, so ist deren Zahl 23 und die Seelenzahl im Ganzen circa 185.

Die Gemarkung dieses Dorfes umfaßt 781 Jauchert, 1 Vrlg., 54 Ruthen Aecker, Wiesen, Gärten, Reben und Wald.

Der Boden ist sehr verschieden, größtentheils lettig, wenig mit Sand vermischt; die Produkte: die frühern.

Der Haupt-Rebberg ist der sog. Bremgarten, welcher mit dem Bremgarten-Torkel (bisweilen auch Ambergergarten-Torkel genannt, gegen Ahausen) zur Standesherrschaft Salem gehört und sehr guten Wein liefert.

Die Haupthöhe ist der Margarethenberg, 1569 Fuß über dem Meere, der höchste Berg (Hügel) im Thal. Er liegt südlich vom Dorf, gleich über der Kapelle, trägt ein Kreuz, um welches 4 wilde Kastanienbäume stehen und gewährt die Aussicht nach Ittendorf und das ganze Salemer-Thal bis nach Markdorf. Vor Zeiten soll dort das Schloß

einer gewissen Margaretha v. Balchinstain, Verwandte der
v. Ramsberg gestanden sein, das laut Sage mit der von ihr
erbauten Kapelle verbunden war.

Brunnen hat der Ort 5, alle mit fließendem gutem
Wasser; Privatbrunnen mehre.

Das Einkaufsgeld in das Bürgerrecht ist für
Badenser 50 fl., für Fremde 100 fl.; das Einkaufsgeld
in den Bürgernuzen, der in Antheilen am Allmend
besteht, 21 fl.; dieser Bürgernuzen ruht auf den Häusern,
und es muß jeder Hausbesizer je nach der Größe desselben
ein gewisses Geld als ewiger Pacht von 15 kr. bis 4 fl.
5½ kr. jährlich an die Gemeindekasse bezahlen.

Die Umlage beläuft sich auf circa 20 kr. vom Hundert,
wenn nicht besondere Kostenbestreitungen für die Gemeinde
eintreten und sie erhöhen.

Die Mühle des Lorenz Baumann liegt zu äußerst
am Dorf auf beiden Seiten der Aach, südwestlich, gegen
Rimmenhausen, ist ein großes 5kahriges Gebäude von 3
Stockwerken, das 1810 neu aufgebaut wurde und hat 3
Mahlgänge, 1 Gerbgang, 1 Oele, 1 Hanfreibe, 1 Säge,
1 großen Hofraum, 1 dreikahrige Scheuer mit Stallung,
Backhaus und Holzschopf; das Wohnhaus — mehre geräumige
Stuben, Zimmern und Kammern. [1]

Das Wirthshaus (Buschwirthschaft von Felix Vogler)
ist nördlich im Unterdorf an der Aach, über die hier eine
Brücke führt.

---

[1] Kahrig bezieht sich in hiesiger Gegend auf die untern Räumlichkeiten eines Bauern-
hauses und seiner Nebengebäude. Man nennt z. B. einkahrig ein Haus, das nur
einen Hausgang hat; zweikahrig ein Haus, das zum Hausgang noch einen Stall
hat; dreikahrig ein Haus, das zu Hausgang und Stall noch eine Tenne hat; vier-
kahrig ein Haus, das zu Hausgang, Stall, Tenne noch einen Scherf hat u. s. w.;
Alles muß jedoch unter einem Dache sein.

Das Kirchlein, (Kapelle) steht auf einer Anhöhe im
Oberdorf, am Margarethenberg; es ist im Licht 43'
lang, 25½' breit, 24' hoch und wird von 4 langen meist
Spitzbogenfenstern und einem Rundlicht erhellt. — Der
Altar hat kein Altarbild, blos 3 hölzerne Statuen: zu
oberst die seligste Jungfrau Maria, rechts den heil. Laurenz
und links die heil. Margaretha; dagegen hängen an den
Seitenwänden zwei altdeutsche Gemälde nach Holbeins
Manier: südlich, der Erzengel Gabriel, — nördlich, der
Tod Marias (?), welches Gemälde 3 Schuh hoch und 1½
Schuh breit ist und großen Werth haben soll. — Der
4eckige Kirchthurm an der nördlichen Mauer, in welchem
die Sakristei ist, hat je 9' in Länge und Breite, eine
Mauerdicke von 3' 5" im Sockel und 50' Höhe. Darin
hängen eine Uhr und 2 Glocken (von 675 Pfund aus dem
Jahr 1760 und von 275 Pfund), welche von dem Glocken=
gießer Felix Koch in Salem gegossen und ad gloriam et
honorem Domini Nostri Jesu Christi b. h. zum Ruhm und
zur Ehre unsers Herrn Jesu Christi am 15. Jenner 1837
von dem Pfarrer Karl Granser zu Leutkirch eingeweiht
wurden. — Vor der Kirche war früher auch ein Gottesacker;
man fand beim Umbrechen des nun begrasten Bodens
viele menschliche Gebeine; jezt dagegen werden die hiesigen
Leichen zu Leutkirch beerdigt.

Die Kirchenpatrone sind die heil. Jungfrau und Mar=
tyrin Margaretha, deren Fest am 20. Juli — und der
heil. Diakon und Martyrer Laurentius, dessen Fest am
10. August gefeiert wird.

Die heil. Margaretha selbst war die Tochter des Gözenpriesters Ae=
dessus in Pisidien, weshalb sie ebenfalls die heidnischen Gebräuche mit=
machen, den Göttern opfern und sie anbeten sollte; sie bekannte sich aber
zu Christum und betete den einen wahren Gott an. Darüber erzürnt und
weil ihr Vater sein Amt als Gözenpriester für beschimpft hielt, klagte er
sie bei dem Statthalter Olybrius wegen Beschimpfung der Götter an.
Sie wurde vor den Statthalter geführt und mit Qualen bedroht, falls sie

die Götter des Reiches verachten würde; sie zeigte sich jedoch als Christin, die nur nach dem Himmel verlange. Nun wurde sie gefoltert, ins Gefängniß geworfen, auf glühende Platten gelegt, und als alle Qualen und Martern nichts fruchteten, zulezt im Jahr 257 am 20. Juli enthauptet. Man bildet sie gewöhnlich ab, wie sie in einer Hand das Kreuz hält und es in dem Rachen eines Drachen, der als Satan sie verschlingen will — stößt, oder auch nur, wie sie mit der einen Hand das Kreuz hält, mit der andern den Drachen an einer Kette führt.

Der heil. Laurenz war unter Papst Sirtus II. einer der sieben Diakone der Stadt Rom, dem als ersten Diakon die Schäze der Kirche, die Armenpflege und die Almosenvertheilung anvertraut war. Diese Kirchenschäze sollten dem Statthalter ausgeliefert werden und er freute sich schon auf ihren großen Reichthum; er wurde aber sehr in seiner Hoffnung getäuscht, als Laurenz ihm nur Bettler und presthafte Arme als den Schmuck der Kirche zeigte; der Heilige wurde auf einen eisernen Rost über glühende Kohlen gelegt und starb bei dieser Marter zu Rom am 10. August 258.

Das freundliche Kirchlein wurde von den Päpsten Alexander III. und Lucius III. der Kirche zu Leutkirch einverleibt, und es wird nun allwochentlich gegen besondere Gebühr eine heil. Messe darin gelesen.

Die ehemaligen Leiblehenhöfe Eisen (Anton Lohr), Silber (Johann Lohr), Stahl (Georg Waglshauser), und die Güter der Mühle sind jezt großentheils herrschaftlich, den ehemaligen Leiblehenhof Gold dagegen hat die Standesherrschaft ganz; das übrige wurde von den Besizern allodifizirt.

Zu bemerken ist auch noch eine merkwürdige im Winter sehr stark dampfende Quelle über dem Wäldchen, bei dem Ablaß, gegen Neufrach, von circa 10 Ruthen im Umfang, an der Aach; denn ihr Wasser ist stets frisch und gefriert nie, daher auch durch ihren Einfluß die Aach hier im stärksten Winter nicht zugeht, was namentlich für die Mühle von großem Nuzen und Vortheil ist. — Andere Quellen sind dann noch: eine an der Straße, gegen die Mühle und eine gegen die Oele bei Mimmenhausen.

Wehhausen

1450′ über der Meeresfläche, ist ein großer Hof des Spitals Konstanz, ganz nahe bei Buggensegel und der Aach, die hier die Wesbach aufnimmt und dann Ahausen zu fließt. — Der Hof mit 17 Einwohnern besteht aus einem nicht kleinen, 7 kahrigen Wohnhause mit Scheuer und Stallung, geräumigen Speicher, Holzremisen, Waschhaus, einem 1856 neu erbauten Torkel, 2 laufende Brunnen, einem großen Hofraume, einem 1857 neu angelegten Baumgarten von 3 Morgen, einem Ge= müsegarten und circa 225 Morgen Aecker, Wiesen, Wald, Re= ben, Weidfeld und Weier. Die Reben liegen im Bremgar= ten, die 15 Morgen Wald in der Steize am Killweier gegen Mühlhofen, in der Gemarkung Grasbeuren, der Weier von 2 Vierling in den sog. Wieslingwiesen, wohin der Wies= ling=Graben fließt, und der Blumen=, Kraut= und Gemüsegarten beim Hause.

Das Hofgut hat eine eigene Gemarkung und ruht als Erblehen auf der Familie Meking oder Möking, von der schon 1691 Hans Georg Mekhing als Lehenträger erscheint.

Um 1273 war es sogar ein Oppidum, das von freien Leuten bewohnt wurde und deren Streitigkeiten mit Salem über „Gemeinmark, Getatschaft und Viehweide" Graf Conrad von Heiligenberg durch Vergleich geschlichtet hatte.

Im Spital=Archiv zu Konstanz sind mehre Urkunden über dieses Gut.

Der Bremgarten gehörte vor Zeiten nach Ittendorf und zum abeligen Stifte Lindau. Es verkaufen z. B. 1303 Mechthildis Straßerin und Heinrich ihr Sohn von Ahausen, und 1305 und 1327 Konrad Fischer von da mit Bewilligung der Schenkin Perpetua v. Ittendorf zu Bermatingen und ihrer Söhne, sowie des Stifts Lindau ihre Aecker zu Bremgarten an Salem; dann 1490 verleiht Salem Einigen zu Buggensegel einen Acker am Bremgarten als Erblehen mit dem Beding, daß sie einen Weingarten daraus machen und jährlich nebst dem Zehnten drei Eimer „lautern Wein" als Bodenzins an das Stift abliefern. 1660 verkauft Mathias Brem, Burger zu Markdorf ein Stück Reben am Bremgarten für 300 fl., 1664 Johann Uez von Grasbeuren um die gleiche Summe seinen Rebgarten zu Bremgarten und 1691 Thomas Meßmer zu Grasbeuren um 150 fl. ein Rebstück am Bremgarten an Salem ꝛc. Der Bremgarten selbst wird ab= getheilt in den vordern, mittlern und hintern. Im mittlern liegt der Torkel mit Hofraithe. Die ehemalige Kloster-Zehntscheuer liegt im Elsenhofgarten zu Buggensegel.

Geschichte.

Leutkirch — im Alterthum Liutchurichun, dann Liutkilche, Lütkilche und Leutkilche genannt — hat seinen Namen von der Leute Kirche, indem schon sehr frühe die ganze Nachbarschaft bis gegen Bermatingen und Untersiggen dahin eingepfarrt war; wer sie jedoch gründete ist unbekannt, wahrscheinlich aber das Bisthum Konstanz, von dem der Ort und die Kirche denn der Graf von Rohrdorf zu Lehen erhielt; denn 1210 übergiebt Graf Mangold von Neufra und Rohrdorf sein Gut und die Kirche Lütkilche sammt Rechten, Leuten und Zugehörden an Aeckern, Wiesen und Wäldern den Rittern Konrad v. Dürkheim und Algotho v. Wildenstein (an der Donau) mit der Bedingung, daß sie dasselbe zum Seelenheil des Grafen und seiner Eltern dem Kloster Salem schenkten, was sie auch thaten. — Der übrige Theil von Leutkirch kam von den Thüringen durch Kauf an Salem. [1]

Niuferon, Nüfra, Nüfren, Nüffern, Neufra, jezt Neufrach, kam ebenfalls von dem Bisthum Konstanz an den Grafen von Rohrdorf; hernach kam es als Lehen an die Herren v. Callenberg-Wellenberg, sowie an den Ritter v. Bobmann; hierauf ging es an das Kloster Reichenau über und von diesem wurde es den Freiherren v. Gundelfingen und den Grafen von Heiligenberg ver= liehen; die Freiherren von Gundelfingen aber schenkten ihr reichenauisches Lehen 1246 an Salem und Graf Berthold von Heiligenberg, sowie der Ritter Ulrich v. Bobmann

---

[1] Ueber die Donatio Parochiae de Leutkirch und deren Confirmatio ab Ordinario et a Summo Pontifice siehe die „Summa Salemitana". Tom. I, Tit. IV., Cap. II. Nr. 18 und 62—66.

gaben ihre Lehen 1256 und 1257 theilweise auch an das Stift und Gotteshaus Salem; dann 1259 verkauft Ulrich v. Bobmann seinen Antheil an Nüffra völlig, mit allen Rechten und Gerechtigkeiten an Salem, den Rest von Nüffra dagegen, so Schwigger Sonnenkalb v. Deggenhausen und Dietrich v. Neuffra als Afterlehen von Heiligenberg besaßen, verkauften diese cum omnibus juribus et appendiciis suis 1283 an das Gotteshaus Salem; die übrigen Güter, so die v. Gundelfingen dem Heinrich v. Neufra, dem Hans v. Riethhausen und den Besserer zu Ueberlingen zu Lehen verliehen hatten, kamen von diesen um 1300 käuflich an Salem. Von Salem wurden hernach die Herren v. Neuffra damit belehnt, bis diese um 1400 ausstarben, worauf der Ort wieder an das Gotteshaus zurückfiel; das Schloß Nüffern aber erreichte erst im Bauernkriege seine Endschaft. Als es zerstört war, errichtete dann Salem darauf das Bauerngut Brett und verlieh solches der Familie Hagg.

Metterstenweiller — eigentlich Mittel=Steinweiler — und jezt Mittelstenweiler, das Hochstift Konstanzische Lehen wurde 1271 von den von Thyringen an Salem verkauft; es hatten übrigens auch das Gotteshaus Zofingen und das Chorherrenstift St. Johann in Konstanz, sowie die Schwestern und Schulfrauen zur Sammlung in Meersburg hier Güter.

Niedristenweiller — eigentlich Nieder=Steinweiler — jezt Niedersten= und Untersten=Weiler kam 1220 als Schankung von Algot v. Teggenhausen, und 1283 durch Kauf von Nikolaus v. Berstorf und den Gebrüdern Konrad und Friedrich v. Menlishofen an Salem.

Obristenweiler — eigentlich Ober=Steinweiler — und jezt Oberstenweiler, die hochstiftischen Lehen, die Rudolf v. Strittberg und Heinrich v. Magenbuch an den Lehenherren zurückgaben, kamen gegen 1 Pfund Wachs jährlichen Zins an die Kirche zu Konstanz, 1219 von dem Bischof Konrad II. an Salem; das Uebrige wurde von den Vormündern des Grafen Hermann Egon von Fürstenberg-Heiligenberg im Jahr 1637 Salem gegeben.

Buggensegel, das seinen Namen von einem Guts-herrn Bugo und von Sedilium d. i. Wohnhaus oder Wohnsitz hat, daher des Bugo Sedilium (des Bugo Wohnstätte) ge-nannt wurde, woraus dann später Buginsedil und zulezt Buggensegel entstand — ward von Ritter Konrad v. Mark-dorf sub Sigillo et Authoritate des Grafen Berthold von Heiligenberg mit allen Rechten auf Aeckern, Wiesen, in Wäldern und Wässern (Fischenz in der Aach) und der von den Päpsten Alexander III. und Lucius III. der Pfarrkirche Leutkirch incorporirten Kapelle für 200 Mark Silber im Jahr 1220 an Salem verkauft.

Wänhuson, Wainhusen, Wänhusen, Weehusen, jezt Wehhausen, das wie gesagt, ehemals ein oppidum freier Leute war, indem Graf Konrad zum Heiligenberg 1273 einen Streit dieser freien Leute in oppidum Wänhusen über Güter, die nach Neufrach gehörten, entscheidet — kam nach und nach ganz an das Meren (heil. Geist-Spital) zu Konstanz.

Denn 1260 schenkt Abilhald die hinterlassene Frau Heinrichs v. Valchinstein auf Burg Ramsberg ihren Hof in Wainhusen dem merern Spital zu Konstanz; — 1334 geben Bruder Heinrich der „snider maister" von Salmenswille, Burkard und Konrad „die Harasser" Gebrüder in Be-rücksichtigung der Gutthaten, so ihre Schwester Elisabetha selig von dem heil. Geist Spital zu Konstanz empfangen, vor dem Landrichter zu Schatt-buch, Konrad, Fürsten von Cuenzenberg in Salmenswille ihr Gut zu Wänhusen an den Spital. — 1341 schenkt Conrad v. Rautenowe zu Konstanz dem Merern-Spital einen Acker von 5 Juchert zu Wenhausen, — 1361 versezen Graf Albrecht von Werdenberg der älter und Graf Albrecht sein Sohn dem Spital des heil. Geists zu Konstanz um 24 Pfund Pfennige ihr Vogtrecht zu Wänhusen; — dann geben die Pfleger und Kilchenmeister der „Kilchen zu Lütkilch" 1385 dem heil. Geist Spital zu Konstanz vor Abt Wilhelm zu Salem zwei Jauchert Acker zu Wänhusen um 7 Pfund

5 β ₰; — ferner verkauft Traglet von Frikingen 1396 um 53 Pfund
₰ fein Gut mit aller Zugehörde zu Wänhufen und Hans Munchart von
Lütklich und Konrad Munchart zu Lüperschrütin 1478 um 13 Pfund 5 β
₰ ihre Aecker zu Wenhufen an den Heilig = Geist = Spital zu Konstanz, —
desgleichen 1495 der Schuhmacher Michael Harbigel von „Müfron," u. f. w.

Habebrechtsweiller, Haberschweiler, Haberst=
weiler, Habertsweiler, jezt Haberstenweiler, kam
zum Theil 1288 von Wernher v. Raberach, zum Theil
1293 von Graf Haug zu Heiligenberg als Geschenk an
Salem; das Uebrige, so Johann v. Bodmann, das Kloster
Löwenthal und die Gebrüder Dietrich und Heinrich v. Nüffern
daselbst besaßen, wurde von diesen 1293, 1297 und 1299
an Salem verkauft; die Höfe kamen alsdann vom Kloster
Salem 1600 als Lehen an die Maier Viellieber, Bauer
und Mößmer, und das Gut der Pfarrei Leutkirch, welches
sie schon 1220 hier hatte, wurde vom Pfarrwiddum 1686
dem Urban Berkhmüller gegen Entrichtung des Zehnten
verliehen.

Bürchenweiller, Bürkhenweiller, Birk=
henweiler, jezt Birkenweiler, kam von den Ge=
brübern Swigger, Konrad, Berthold und Heinrich v. Gun=
delfingen zu ihrem Seelenheil schenk = und kaufsweise 1293
an Salem; die Schuppofe dagegen, welche das Kloster
hatte, kam nachher wie Alles Andere an die Pfarrei Leut=
kirch und diese verlieh das Besizthum gegen Entrichtung
des Groß= und Kleinzehnten 1651 dem Bernhard Weißen=
riether als Lehen.

Rippertschweiler, Rümportsweiller,
Rümpertsweiller, Rümpetsweiler, jezt Rim=
pertsweiler, das anfangs ein Weiler mit mehren
Schuppofen war, nachher aber zu einem Hof gemacht
wurde, — kam theils 1277 von dem Grafen Haug als
Erblehen und theils 1284 durch Heinrich von Nyfra zu
seinem Seelenheil schenkweise an Salem; die bischöflichen

Lehen jedoch kamen erst von Ulrich Stengeler in Ueber=
lingen 1300 an Salem. Nun belehnte Salem den Jerg
Ringgenburger mit dem Gut, und als 1616 der Maier
Sebastian Ringgenburger auf den Hof kam, mußte dieser
von Allem den Kleinzehnten dem Pfarrer zu Leutkirch ver=
abreichen. Nachher, um 1690, wurden die Dimmeler oder
Dimmler die Maier und Lehenträger, und um 1760 die
Mezger. Der Hof heißt der Sperber.

1474 entscheidet dann Abt Johann von Salem, „daß
das Löhrholz mit seinen Aeckern und Wiesen der Gemeinde
Buggenfegel gehöre und weder die Neufracher noch Mimmen=
hauser, noch andere Gemeinden das Keeß und Ackerich darin
zu besuchen haben."

1509 entscheidet Abt Johann einen Streit zwischen den
Gemeinsamen des Dorfes Nüffern und den Bursamen zu
Haberschweiler über Trieb, Tratt und Waidgang.

1525 verbrannten die Bauern den Burgstall von Nüffern
bis in den Grund.

1574 entstand eine pestartige Krankheit, an der viele
Menschen starben.

1596, 27. Juni, gab Abt Peter von Salem dem „Flecken
Neyffrach" eine neue Feld= und Trieb=Ordnung.

1611 herrschte die Pest, an der fast das halbe Dorf
Neyffrach ausstarb, für deren glückliches Ende man die
Sebastians=Bruderschaft neu aufrichtete.

1632—1648 lagen fast immer Schweden und Franzosen
hier und in der Umgegend, welche den Ort Neufrach mit
Leutkirch hart mitnahmen; abwechselnd kamen auch Kaiserliche
und Bayer und beschwerten und brandschatzten die Ortschaften;
namentlich aber war es die Pfarrkirche zu Leutkirch, die
Vieles ausstand und Alles Werthvolle verlor. Auch der
Pfarrhof wurde oft ausgeplündert und vieler seiner Schriften
und Urkunden beraubt; denn wo die Feinde hin kamen,

beſtahlen ſie die Archive und nahmen die wichtigſten Do=
kumente hinweg oder zernichteten ſie. [1])

1646 wurde Johann Nußdorfer von Neufrach Schul=
meiſter und Landgerichtsſchreiber in Wien.

1647 wurde der Hof Wehauſen von den Schweden
verbrannt.

1670, 8. Mai, geſchah durch die Schiedsmänner Kaſpar
Behem, Ammann zu Bermatingen, Konrad Kloß, Waldvogt
und Ammann zu Mimmenhauſen, und Hans Georg Rogg,
Ammann von Buggenſegel in Streitſachen zwiſchen der Ge=
meinde Neuſſern und den beiden Weilern über Trieb und
Tratt, Wun und Waid ein Vergleich.

1676, 29. Dezember, ſtarben auf einem Durchmarſch
in Buggenſegel mehre kaiſerliche Soldaten, die auf dem
dortigen Gottesacker begraben wurden.

1686, 7. Februar, geſchah zwiſchen der Maierſchaft
Neuſſrach und denen von „Lewkürch“ wegen dem Waibgang
ein Vergleich.

1702, 17. Auguſt, gab Salem der Gemeinde Oberſten=
weiler und Zugehörde eine neue Waid= und Viehausſchlags=
Ordnung, wornach genau beſtimmt ward, was und wie

---

[1] So z. B. hielt zu Neufrach das Giwagg'ſche Fußvolk 1300 Mann ſtark am 28. Fe‐
bruar 1632 ſein Nachtquartier; dann am 6. April wurden nach Neufrach, Leutkirch
und in die Weiler bei 600 Reiter verlegt, welche mit Baſtiniern, Schlägen und Prü‐
geln eine ſchreckliche Woche verurſachten. Hernach, als am 26. April von Ravensburg
her ein Trupp Schweden geſchickt werden war, um Salem zu verbrennen, jedoch wie
wir Seite 114 gehört haben, bevor zurückſchreckten, wurde, um den Befehl des Majors
Ruttwein in etwas zu vollziehen — auf dem Rückmarſch der Flecken Neufrach ange‐
zunden, wobei 26 Firſte, 3 Perſonen und 75 Stück Vieh und Roſſe verbrannten und
der ſalmensweiliſche Luſtgärtner erſtochen wurde. — 1633, Ende September und An‐
fangs Oktober waren viele Kaiſerliche hier und erpreßten die Ortſchaften. — 1634
im April lagen Schweden dahier, welche die Ortſchaften und Höfe mit großen Contri‐
butionen ꝛc. beſchwerten. — 1635, 10 April wurde der Pfarrer M. Jakob Rüeff
von Leutkirch von den Juſtinger=Reitern mit Spiżhämmern dermaßen traktirt, daß
er ſtarb. ꝛc.

viel Stück Vieh ein Jeder auf die Waid zu treiben habe; — auch wurde dabei das Sammeln des „Käß" (Abfall der Buchen, die Büchele) und des „Aekerig" (Abfall der Eichen, die Eicheln) näher bezeichnet.

1714, 22. November, wurde die Juliana Kämmin vom Freithofe zu Leutkirch, die an einen gewissen Deos aus Italien, aber Kaminkehrer und Krämer zu Leutkirch ver= heirathet war, beim rothen Torkel gegen Bermatingen er= mordet.

Sie besuchte mit ihrem Manne den Elisabethen = Markt zu Markdorf, der sehr frequent ist und hatte da feil. Dieser Markt dauert 2 Tage; der Deos blieb daher diese Zeit über zu Markdorf, die Frau ging nach dem ersten Markttag nach Hause. Sie schlug außerhalb Ber= matingen den Fußweg ein, der nach den Weilern und Leutkirch zu führt. Mitten dieses Weges stund damals ein Torkel, der wegen seinem Anstriche der rothe Torkel genannt wurde. Wie die Kämmin hier ankam, stürzten 3 Bursche, die hinter dem Torkel auf sie gepaßt hatten, auf sie los und forderten ihr Geld. Die Kämmin hatte einen einzigen Groschen im Sack. Sie gab ihn hin und sagte: „O ihr werdet mir doch nichts thun, wir kennen ja einander so gut." — Nichts desto weniger ließen die Bursche von ihr ab, sie forderten das Markgeld und da sie zugleich fürchteten von ihr verrathen zu werden, zogen sie die Messer und tödteten sie. Später wurden diese drei Bursche in der Reichsstadt Wangen gefangen und hin= gerichtet; sie bekannten vor ihrem Tode auch die Bluthat an der Kämmin, der sie 7 Stiche beigebracht hatten.

1728, 20. Februar, verkauft Mathias Weißenrieder zu Neufrach um 155 fl. seine dreikährige Sternbehausung mit Baumgarten und Hofraithe an die Gemeinde Neufrach, die dann nachher das Gemeinde=Armenhaus im Oberdorf wurde.

1744, 4. September, wurde von Salem verordnet, „daß wenn sich zwei Bürgerskinder mit einander verheirathen und zu Gemeinds= leuten in den Weilern einkaufen wollten, sie nach altem Brauch 3 fl. 54 kr. 4 Heller an die Gemeinde bezahlen sollen, welches auch von Auswärtigen der Fall sein solle, die mit herrschaftlichem Willen den „Einzug" erhalten, jedoch sollen solche „die eine Ehe machen" noch einen Feuerkübel anschaffen, und der Gemeinde 1 Eimer Wein und jedem Gemeindsmann 2 kr. Brod geben; falls aber ein Wittwer sich mit einer Fremden verheirathe, so soll dieser als Einkaufsgeld baar 2 fl. 54 kr. 4 Heller und 8 Quart Wein und eine Wittwe die einen Fremden heirathe, zu 2 fl. 54 kr. 4 Heller noch einen Feuerkübel und einen Trunk mit Brod an die Gemeinde entrichten; solche dagegen, die heirathen und keine eigene Behausung haben, sollen der Gemeinde jährlich 1 fl. 30 kr. bezahlen, und endlich soll der, welcher an Sonn= und Feiertagen mit der Feuerwache „säumig umgehe" oder den Wachtspieß zu Hause behalte, — nach altem Brauch der Gemeinde 4 Quart Wein als Strafe zu geben haben," 2c.

1749, 20. August, gibt Abt Anselm von Salem den Gemeinden seiner Herrschaft eine neue Kirchen=, Sonn= und Feiertags=Ordnung und Sazung, worin er bei 10 Thaler Strafe den Wirthen verbietet, an Sonn= und Feiertagen Spielleute zu halten, und daß „Bueben und Mädle" nach Tänzen mit einander nach Hause gehen; Zuwiderhandelnde sollen in eine Geldstrafe und wenn sie diese nicht bezahlen können, in die Geige oder den Schnabel gesteckt werden; die gleiche Strafe soll den „Galan" (d. i. Liebhaber) treffen, der Nachts bei einem Mädle allein zu Hause getroffen werde; Eltern aber, die sich solcher „Negligenz und Fahrlässigkeit" schuldig machen, noch eine härtere Strafe zu gewärtigen haben. Dann wurde noch verordnet, liederliche und unzüchtige Manns= und Weibsleute öffentlich auszustellen und die Weibsleute in den Hurenschnabel und Strohzöpf und die Mannsbilder in den strohenen Degen und Schandtafeln zu sezen, 2c.

Auch verfroren in diesem Jahr am 16. Mai die Nußbäume und Reben, so daß es keine Nüsse und nur sehr wenig Wein gab. Endlich verkaufte man das Malter Korn im Frühjahr um 8 fl., um die Erntezeit um 17—18 fl. und die Weinrechnung war dieses Jahr, da der Wein sehr gut wurde, 75 fl. das Fuder.

1753 gab es viel Frucht, viel Obst, viel Wein, und Alles war gut, nur ein bedauerlicher Unfall fand statt, indem ein junger Mann, Namens Laurentius Zimmermann aus Leßwangen, welcher bei einem gewissen Molitor in Buggensegel zu Besuch war, als er am 10. Februar nach Neufrach fahren wollte, bei der Neufracher=Brücke plözlich vom Schlage gerührt wurde und starb.

1754, 31. Jenner, zersprang beim Leichenbegängniß des Wagners Michael Deschler die große Glocke zu Leutkirch, welche dann von Salem gegen die jezige umgetauscht wurde. — Auch galt in diesem Jahr das Korn zu Lichtmeß 11—15 fl., an Martini 11—18 fl. — Wein dagegen gab es sehr wenig.

1755, Dreikönigstag, war es sehr kalt und dauerte die Kälte 8 Tage lang fort, so daß Alles überfror und man mit Lastwägen über das Eis fahren konnte; dann fiel in der Charwoche viel Schnee, und später schlug ein Hagelwetter Alles darnieder, weshalb es weder viel Korn noch Wein gab.

1760, Ende Mai, blühten die Trauben, am 4. Juni gab es zeitige Kirschen und am 15. Juni wurde die Gerste geschnitten; auch gab es damals viel Wein, der sehr gut war; überhaupt war der Preis des Korns im Frühjahr 10—12 fl., nach der Ernte 9 fl. und die Weinrechnung 50 fl. —

1768, 4. November, verordnete Salem, „daß wenn bei Weinläufen die Summe des Kaufschillings nicht 300 fl. betrage, der Wein den Contrahenten zu ihrer Ergözlichkeit gebühren soll; wenn aber der Kaufspreis sich auf 300 fl. und darüber belaufe, solle von jedem Gulden 1 kr. Weinkaufsgeld hälftig an die Gemeindekasse und hälftig zur Zehrung gegeben werden.‟

1785 gab es viel Wetter- und Hagelschlag, wo Wind, Regen und Schlossen miteinander in Zerstörung der Felderzeugnisse wetteiferten, und bereits die Hälfte des Jahreserträgnisses vernichtet wurde; denn wohin der furchtbare Hagel seinen Weg nahm, schlug er Alles zusammen.

1796, Oktober, kamen die Franzosen und quartirten sich in der Pfarrei ein; sie hausten noch wüster als früher die Schweden, stahlen wo sie konnten und thaten alle Schandthaten.

1799, 13. März, kamen die Franzosen nochmals und trieben ihr Unwesen. Niemand getraute sich, ihnen entgegen zu stellen, als der Bauer Thabä Löhle von Neufrach; allein als er nach einigen Tagen Abends einmal am Grünenbaum=Wirthshaus bei der Linde, wo sich gerade mehre Soldaten befanden, vorbei ging, schoß ihn ein Soldat rücklings tödtlich darnieder. Ueber dieses Unglück stund lange im vordern Eck des Wirthshauses ein Bild=stöckchen. — Dann am 26. August kamen die Russen und waren 5 Tage lang dort; ihre Zahl war so groß, daß man wegen Mangel an Platz die Gemeinde in der Kirche zu Neufrach abhalten mußte.

1801, 12. November, befreite Salem die Söldnerschaft zu Neufrach auf ihre Bitte von den Beschwerlichkeiten des Weßbachgrabens gegen die Aach.

1804, 6. Juli, brach ein furchtbarer Sturm über Neufrach herein, der viele Häuser beschädigte und nament=lich an der Pfarrkirche zu Leutkirch seine Wuth ausließ.

1810, 12. Juni, wurde der Pranger bei der Linde im Mitteldorf entfernt.

1816 gab es großes Wasser, das Felder und Wein=berge verheerte.

1817 ließ Buggensegel die Güter vereinöben und durch Franz Eggler in Salem ein neues Urbar anlegen.

1818 geschah die Vereinödung in der Gemeinde Mittelsten=weiler und ließ diese das Jahr darauf durch Renovator F. Ant. Eggler ihr jeziges Urbar anlegen.

1820, 20. März, wurde die Neufracher Schießstätte abgebrochen und das dasige Käppele renovirt.

1822 brach eine Seuche unter den Pferden aus, die viele wegraffte.

1834, 8. Juli, 2 Uhr Nachmittags, brauste ein so schrecklicher Sturm mit Hagelwetter über die Gegend, daß viele Felder total vernichtet und alle südlichen Fenster der Pfarrkirche binnen 5 Minuten zertrümmert wurden. Es

war ein schmerzhafter Anblick den Jahressegen so vieler
Aecker durch die Hagelkörner von Größe der Hühnereier
und Wallnüssen plözlich zusammengeschlagen zu sehen,
und die Kartoffeln, den Hanf, die Reben, die Futter=
gewächse und Kornösche zu schauen, wie sie das Unwetter
zerhackt hat; was jedoch verschont blieb, gab reichlich aus
und namentlich wurde der Wein in diesem Jahr sehr feurig
und gut.

1837, 7. September, brannte das Haus des Joh. Bapt
Rösch in Buggensegel ab und wurden die Banngränzen
bereinigt und neue Marksteine gesezt.

1843, 12. August, glaubte man der jüngste Tag wolle
erscheinen, so sehr wüthete ein orkanartiger Sturm, der
ebenfalls großen Schaden anrichtete.

1844, Charsamstag, Morgens 8 Uhr, brannte das
Haus des Jakob Merk zu Buggensegel bis auf den Grund ab.

1858, 18. Februar, fuhr der Bauer Anton Heudorf
aus Neufrach nebst seinem Knecht Roman Denkinger mit
einem schweren Holz beladenen Wagen von Oberstenweiler
über die Steig nach Leutkirch. Es hatte die Nacht zuvor
geregnet und nachher fiel Kälte ein, was Glatteis verur=
sachte. Wie sie an die Stelle kamen, wo es gäh in den
Tobel abfällt, glitschten auf einmal die 4 Pferde aus und
stürzten mit dem Wagen hinab in die Schlucht. Man
glaubte, Thiere und Wagen seien verloren; aber wunder=
bar! — weder Rosse noch Wagen waren beschädigt; denn nach=
dem das Holz aufgeladen war, konnten sie sogleich wieder
mit der Last fortfahren und brachten sie glücklich aus dem
Tobel nach Hause. Dann

1859, 30. Juni, Abends halb 8 Uhr, schlug der Bliz
in den Kirchthurm von Leutkirch ein, doch zündete er
nicht, sondern beschädigte blos das Dach, so daß es frisch
bedeckt werden mußte.

Kurz, auch Neufrach und seine Nebenorte haben schon viel auszustehen gehabt und wollte man alles erzählen, so wäre noch viel mehr aufzuführen; doch wir schließen mit dem Gesagten und gehen über zu Weildorf.

Pfarrei Weildorf.

Diese Pfarrei umfaßt folgende Ortschaften: das Pfarrdorf Weildorf mit seinen Höfen und Einzelhäusern
Stengele=Hof, Buchmannshaus, Weihhaus (Haus
des Blechners Johann Weih bei Stephansfeld) und Schattbuch, — das Dorf Leustetten mit dem Weiler Lambach und den Höfen Finkenhausen und Steinenberg,
und dann das Dorf Altenbeuren mit dem Weiler
Bäche.

Die Entfernung vom Pfarrort ist: Stengelehof
10 Minuten; Buchmannshaus, Lambach, Finkenhausen, Schattbuch und Steinenberg je ¼ Stunde;
Altenbeuren, Leustetten und Weihhaus je ½ Stunde,
und Bäche ¾ Stunde.

Die Pfarrkirche

1556 Fuß über dem Meere, steht auf der Südostseite Weil-
dorfs, hat um sich den Begräbnißplatz oder Gottesacker,
der von einer Mauer umgeben ist, ganz in der Nähe östlich das Pfarrhaus und westlich das Schulhaus, und ist
im gemischten, größtentheils romanischen Baustyl gebaut.

Die ganze Kirche besteht aus einem Hauptbau von
Westen nach Osten, einem Seitenbau im Süden und einem
Anbau im Osten und es beträgt die Länge des Hauptbaues
oder der eigentlichen Kirche 87' 8", — die Breite 30' und
die Höhe bis zum Dach, das die Sattelform hat und einen
Reiterthurm trägt — 28' 6". Gleich hoch und breit ist
der Seitenbau, der eine Kapelle enthält, hat aber ein Pult-
dach; der Anbau von gleicher Breite, (mit der Sakristei),
der sehr schön gewölbt ist, hat nur 12' Höhe.

Eingänge ſind 2: ein Haupteingang hinten, im Weſten ohne Vorhalle, und am Eingang im Süden, von der Kapelle her, der mit einem hölzernen Vordach auf zwei Holzſäulen verſehen iſt.

Lichter oder Fenſter ſind in der eigentlichen Kirche 12, in der Kapelle 3, im Ganzen 15.

Das Innere beſteht aus Chor, Langhaus, Kapelle, Empore und Kanzel.

Der Chor iſt gewölbt, 24½' hoch, 23' 8'' lang, 27' 8'' breit, wird von einem ſtarken Halbbogen, der mit dem Chorſchlußbogen paralell läuft, durchzogen und hat den Hauptaltar.

Das Langhaus 61' lang, 27' breit, 26' hoch, hat eine Flachdecke, — 2 Altäre ſog. Seitenaltäre, — rechts (vom Haupteingang aus geſehen) die Kanzel, links an der Nordwand um ein großes Kreuz mit Chriſtus dem Herrn die 14 Stationen,[1] — hinten eine Empore mit der Orgel zu 9 Regiſtern, die 1855 von den Orgelbauern Eduard Hieber in Engen und Johann Schuhmacher aus Spaichingen gefertigt wurde,[2] und neben dem Seitenaltar rechts, da, wo ein hoher Spizbogen die Kapelle mit dem Langhauſe verbindet, unter einem Holzſchnizbilde, das den heil. Ritter Martin darſtellt, wie er nach der Erzählung ſeines Zeit- genoſſen Sulpizius Severus ſeinen Mantel mit einem Armen theilt[3] — auf einer Meſſingplatte eine Denkſchrift auf den Pfarrer Gruber, die lautet:

---

1) Dieſe Stationen von ſehr ſchöner Stukkatur-Arbeit, welche aus der Kapelle zu Stephansfeld ſind, wurden, nachdem ſie durch Beiträge der Bürger des Kirchſpiels und beſonders des Gerbermeiſters Buchmann in Neuſtetten von Johann Olper aus Tyrol reparirt und neu gefaßt worden waren, — in hieſiger Kirche 1859 auf- gehängt.

2) Die frühere Orgel mit 4 Regiſtern aus der Kapelle in Mauroch erkaufte der Orgel- bauer Hieber.

3) Sulpicius Severus: Vita Martini. Cap. 3.

„Gregor Gruber, Pfarrer in Weildorf, Stifter des Armenfondes, starb den 30. Dezember 1827. Ihm folgt der Dank der Armen. R. J. P. (Er ruhe im Frieden)."

Dieser Pfarrer Gruber war früher Conventuale im Kloster Petershausen bei Konstanz.

J. Marmor sagt von ihm: [1]

„Als in den Jahren 1813 und 1814 das Kloster (Petershausen) zu einem Militärspital umgewandelt wurde, worin das ansteckende Nervenfieber (Typhus contagiosus) seine furchtbaren Verheerungen machte und Aerzte und Wärter dahin raffte, sahen wir einen großen bleichen Mann in der Ordenstracht der Benediktiner, unerschrocken und gottergeben in den verpesteten Krankensälen die Sterbenden Beichte hörend, ihnen die Sakramente ausspenden und die Todten zur letzten Ruhestätte begleiten, nachdem kein anderer Priester es mehr gewagt hatte, dies zu thun. Und siehe! der Tod hatte Ehrfurcht vor dieser pflichttreuen Selbstaufopferung und gieng an diesem Manne vorüber, während er andere ergriff, welche nur von ferne der Beerdigung der Todten zugesehen hatten. Es war dieser Edle der freundlich ernste Religionslehrer meiner Jugend, Pater Gregor Gruber, welcher in Weildorf bei Salem als Pfarrer starb, ein Mann von exemplarischem Lebenswandel, voll Uneigennützigkeit und Aufopferung für Andere, von eben so großer Strenge gegen sich selbst, als von Milde gegen Verirrte. Darum Ehre ihm, dem Ehre gebührt."

Er liegt begraben bei der Friedhofs- oder Gottesacker-Mauer, östlich gegen das Pfarrhaus, wo sein an der Mauer befindlicher Grabstein folgende Innschrift hat:

„Gregor Gruber geborn. zu Jsny (Königl. Würtembergischen Oberamts Wangen) den 5. Dezember 1771, Pfarrer zu Weildorf seit 1818, gestorben den 30. Dezember 1827. — Du warst stets ein Freund der Armen, hast im Tod sie noch bedacht, darum weinen sie stets warmen Dank dir hier auf deinem Grabe nach.

Die Kapelle, zugleich Taufkapelle (Baptisterium) ist im Licht 26' hoch, 27' lang, 13½' breit, hat 3 lange große Fenster mit Rundbogenschluß, im Osten den sog. Gnadenaltar, im Norden den Taufstein und an der Südwand ein steinernes Grabmal auf den Pfarrer Stier mit der Innschrift:

---

1) Geschichtliche Topographie der Stadt Konstanz und ihrer nächsten Umgebung. Von J. Marmor. Konstanz 1860, Selbstverlag des Verfassers. Seite 19.

»Lege Viator et lnge: Hic jacet D. Benedictus Tiberius Etler 6s. Tbgiae. Licent. Eminentmi D. D. Card. de Rodt Princip. et Epis. Constant. Consiliarius Ecclesiasticus, qui Sacerdos, Parochus, Decanus Arae, Plebi, Capitulo Praefuit et Profuit. Sed in quo nil desiderasses magis, quam ut in Vita vel nunquam Praefuisset vel minus Profuisset, ne tantopere Obfuisset, cum Vivere desiit Anno Virginei Partus CDCCLVIII die XXIV Novbr. aetat LXVIII, Sacerd. XLMI, Parochus XXXVI, Decan XXVI. R. J. P. D. h. Lies Wanderer und trauere: Hier ruht Herr Benedikt Etler, der heil. Theologie Licent. Sr. Eminenz des Herrn Herrn Fürstbischofs von Kcustanz, Cardinals v. Rodt geistlicher Rath, der als Priester dem Altar, als Pfarrer dem Volke, als Dekan dem Kapitel vorstand und nützte; allein es wäre zu wünschen, daß er in seinem Leben dem Amte entweder nicht vorgestanden oder weniger Nuzen gestiftet haben würde, damit er nicht einen so großen Schaden (Schmerz) verursacht hätte, als er am 24. November 1758 der jungfräulichen Geburt, in einem Alter von 68 Jahren zu leben aufhörte, nachdem er 43 Jahre Priester, 38 Jahre Pfarrer und 26 Jahre Dekan gewesen war. Er ruhe im Frieden.“

Dann ist in dieser Kapelle über der Thüre noch eine Tafel, auf welcher neben einem Wappen mit der Jahrzahl 1733 die Anbetung und Opferung durch die Weisen oder heiligen drei Könige dargestellt ist: Kaspar, König von Anthiopien, welcher die köstliche Myrrhe, — Balthasar, König von Saba, welcher den Weihrauch, das Sinnbild des Gottes und Opferpriesters nach der Ordnung Melchisedechs — und Melchior, König der Araber, welcher gemünztes Geld als Huldigung für den König der Erde darbringt. [1])

Der Haupt= oder Hochaltar selbst nimmt mit seinen Seitengestellen die ganze Breite des Chors ein, ist von Chor=Höhe, hat im Hauptbilde Maria, wie sie das Scapulier 1251 dem 6. General des Carmeliter=Ordens, Simon Stok mit der Verheißung darreicht: „daß wer darin

---

1) Mathéus IL, 1; Psalm 71, 8 f.

sterbe, das ewige Feuer nicht leiden werde," [1] — dann das Wappen des Abts Constantin von Salem, unter welchem die Kirche renovirt wurde, — hierauf noch ein anderes Gemälde, welches die hlste. Dreifaltigkeit darstellt, — dann zu oberst das Herz Jesu, und auf dem Altartische zwei Glastafeln mit Gebeinen von Heiligen, sowie auf dem Tabernakel ein hübsches Holzschnizwerk, das in einer Gruppe Maria mit dem Jesuskindlein eine Traube in der Hand haltend, und die heil. Mutter Anna darstellt, über denen sich Gott Vater als ein ehrwürdiger Greis mit der Weltkugel und der heil. Geist in Taubengestalt zeigen, [2] — und zulezt sind auf den Seitengestellen noch zwei Holzbilder auf Postamenten mit korinthischen Säulen: rechts (Epistelseite) der heil. Paulus, links (Evangelienseite) der heil. Petrus.

Der Neben= oder Seitenaltar links im Schiff oder Langhause hat im Bilde die Kreuzabnahme, auf einem Postamente die schmerzhafte Mutter mit dem Heiland und auf dem Altartische zwei Käschen mit Heiligen=Reliquien.

Der Neben= oder Seitenaltar rechts im Schiff hat im Bilde den heil. Ritter Martin, ein Muttergottesbild von Münchner Erdguß und auf dem Altartische in zwei Glasschränken Gebeine und Reliquien von Heiligen. [3]

---

1) Das Wort Scapulier kommt von Scapulare, d. i. Schulterkleid für Mönche, das sie bei ihrer Handarbeit tragen. Später, als mehre Päpste das Tragen des Scapuliers mit Ablässen bedachten, verbreitete es sich auch unter den Laien, doch so, daß diese nur ein ganz kleines mit dem Muttergottesbilde geschmücktes Scapulier=Täfelein mittelst einem kleinen Bande oder einer Schnur unter den Kleidern am Halse tragen; Frommgläubige schreiben ihm große Kraft zu.

2) Dieses Gruppenbildwerk wurde von dem Pfarrer und Dekan Stöhr 1860 der Kirche zum Geschenk gemacht.

3) Die Reliquien sind meist aus dem Kloster Petershausen bei Konstanz und wurden von dem Pfarrer Gruber hieher gebracht und der Kirche geschenkt.

Der Altar in der Kapelle dagegen hat ein höl=
zernes schwarzes Muttergottesbild mit dem Jesuskindlein
und ist von Strahlenglanz und Engeln umgeben, wobei es
heißt: „Tota Pulchra es Amica mea. Etz. D. h. du bist
alle Schönheit, meine Liebe, u. s. w.,"[1] — und dann
noch auf dem Altartische 3 Glaskästchen mit den Häuptern
und Gebeinen des heil. Urban M., der heil. Thekla J. und
M., und des heil. Cölestin, nebst zwei pyramidenförmigen
Behältern mit Gebeinen von Heiligen. Auch steht dieser
Altar auf einer Erhöhung, die von dem übrigen Raum durch
ein hölzernes Gitter abgeschlossen ist.

Und endlich hängt am Chorschluß noch das Herz
Jesu mit einem vergoldeten Kreuze, während in Holzbildern
nach unten rechts der heil. Wendelin und links der heil.
Sebastian den Bogen verzieren.

Der Thurm ist ein steinerner Reiterthurm, ruht auf
dem Chor der Kirche, ist mit schindelförmigen Kupferplatten
bedeckt und wurde 1855 nach oben mit Sturzblech beschlagen;
zu oberst sind der Knopf mit der Incorporations=Urkunde
der Pfarrei, sowie das Kreuz, als Sinnbild unsers Heils
und zulezt noch der Hahn, als Zeichen der christlichen
Wachsamkeit, der zugleich die Stelle eines Wetterzeigers
vertritt.

Thurm=Glocken sind drei: eine große, eine mittlere
und eine kleine, die fast insgesammt neu sind.

Die große Glocke von 100 Pfund, welche Markgraf Ludwig von
Baden guthatsweise auf seine Kosten durch den Glockengießer Koch in Sa=
lem umgießen ließ, hat an der Krone schöne Verzierung, an der Schweif=

---

[1] Hohes Lied Salomons (Canticum) Cap. 6, V. 3 — wo es heißt: Pulchra es amica
mea, suavis, et decora sicut Jerusalem, terribilis ut castrorum acies ordinata
(Schön bist du meine Freundin, lieblich und zierlich wie Jerusalem; furchtbar aber
auch wie ein geordnetes Heerlager)."

ung die hlgste. Dreifaltigkeit, die schmerzhafte Mutter des Herrn, die heil. Apostelfürsten Peter und Paul, und den heil. Krieger Sebastian, über denen es heißt: „Uni Trinoque Domino — dem einigen und dreieinigen Gott" — und unterhalb: „Sereniss. Princeps Ludovicus Aug. Magnidux Bad. — der durchlauchtigste Fürst und gepriesene Großherzog von Baden," — und zu unterst, am Kranze: „Me Fundi Fecit Per Pellicem Koch de Salem, MDCCCXXI d. h. (besagter Großherzog) ließ mich fertigen durch Felix Koch von Salem 1821."

Die mittlere Glocke von 600 Pfund hat an der Krone Laubwerk-Verzierung, an der Schweifung den englischen Gruß mit den Worten: „Gegrüßt seist du Maria voll der Gnaden, der Herr ist mit dir; — weiter unten: „Unter Sr. Hochwürden, Herrn Dekan Stöhr wurden diese zwei Glocken (diese und die kleinste, so über einander hängen) umgegossen" — und zuletzt ganz unten am Kranze: „Rosenlächer in Konstanz 1857. Nr. 580."

Die kleinste Glocke von 313 Pfund hat an der Krone Laubwerk-verzierung, an der Schweifung Christus am Kreuze mit den Worten: „Es ist vollbracht," — diesem gegenüber das Bild des heil. Martin und die Worte: „Heiliger Martin bitt für uns" — und zu unterst: „Karl Rosenlächer in Konstanz 1857. Nr. 551."

Zuvor stand ein massiver viereckiger an der Kirche, im Süden; doch er neigte sich mit der Zeit und 1665 stürzte er ein. Darauf wurde er entfernt und der jetzige auf die Kirche gebaut. Kaum vor seinem Einsturz konnte ein Bürger von Mimmenhausen, Namens Georg Neuenburger noch die Glocken retten, die später umgegossen und die neuesten am 4. Januar 1858 von dem Herrn Dekan Stöhr eingeweiht wurden.

Ueber das Alter der Kirche selbst kann nichts bestimmtes gesagt werden; es befindet sich zwar die Jahrzahl 1552 außen im hintern Eckstein gegen Südwest (jetzt übertüncht); allein sie deutet wohl nur auf eine Erweiterung oder Renovation hin.

Auch über die Gründung und Stiftung der Pfarrei liegen keine Urkunden vor; doch so viel ist gewiß, daß im Jahr 1257 das Patronatsrecht der Kirche zu Welldorf sammt Gütern und andern Rechten von Graf Berthold von Heiligenberg an das Gotteshaus Salem verliehen und die Pfarre im Jahr 1291 unter Bischof Rudolph II. von Konstanz (Grafen von Habsburg zu Lauffenburg, Geschwisterkind Kaiser Rudolph I.) dem Kloster Salem incorporirt wurde. Die Incorporations-Urkunde führt die Aufschrift: „Rudolphus Episcopus Constant. donavit Ecclesiam Wyldorff cum omnibus obventionibus provenibus mensae Monasterii nostri Salem, et ex his fratribus possint aministrari pisces tempore quadragesimali etc. D. h. Rudolph Bischof von Konstanz schenkt die Kirche Wellorf mit allen ihren Einkünften dem Tische des Klosters Salem, um auf die Fastenzeit die nöthigen Fische daraus anschaffen zu können xc. [1])

Ferner führten die Pfarrer von Welldorf, wie zu Bermatingen, Leutkirch xc. — da der Abt von Salem der eigentliche Pfarrer war — nur den Titel Pfarr-Vikar; als jedoch 1803 das Kloster Salem säcularisirt worden war und die Incorporation aufhörte, wurden die Pfarrer selbstständig und das Jus Patronatus ging an die markgräfl. badische Standesherrschaft Salem über.

Ja früher gehörten zur Pfarrei Wellborf außer dem Dorfe Wellborf, dem Dorf Leustetten mit einer Kapelle, Altebeuren mit einer Kapelle, Bächen mit einem Frauenkloster, Lampach mit einem Leprosenhaus und einer Kapelle, Finkenhausen, Schattbuch und Steinenberg, sogar noch das Dorf Beuren mit einer Kapelle, der Haslacherhof, der Hof Schwandorf, der Hof Sennberg oder Semperg, das Söldnerhaus Trillenbühl, der Weiler Stephansfeld, die Sägmühle und das Posthaus zu Salem, und die Oek, Degg oder Eck bei Heiligenberg mit einer Kapelle; im Jahre 18^{39}/$_{40}$ aber wurde das Filial Beuren zu einer eigenen Pfarrei erhoben und mit Trillenbühl von der Pfarrei Wellborf getrennt; Sennberg und der Haslachhof wurden mit der neu errichteten Pfarrei Bethenbrunn oder Bettenbrun, welches früher ein Collegiatstift war, verbunden: das Filial Eck mit der St Johannes-Kapelle der Pfarrei Röhrenbach zugetheilt, und als 1808 durch die Markgrafen Ludwig und Friedrich die Pfarrei Salem gegründet wurde, kamen dann auch noch Stephansfeld, Schwandorf, die Sägmühle und das Posthaus zu Salem von der Pfarrei Wellborf weg und wurden mit der neuen Pfarrei Salem vereinigt. Dadurch wurde zwar die Pfarrei und das Einkommen des Pfarrers von Wellborf bedeutend geschmälert; allein die Competenten mußten dies und schon in der Präsentations-Urkunde des Pfarrers Gruber hieß es: „daß er es sich gefallen lassen müße, wenn das Filial Beuren zu einer eigenen Pfarrei erhoben würde." Auch bezogen die Pfarrer, unter denen die Trennung der Filiale von der Mutterkirche statt fand, stets das volle Einkommen für ihre Person und erst unter den neuern Pfarrherren trat das Pfründe-Einkommen nach den neuern Verhältnissen ein; auch der Schullehrer Georg Sulger zu Wellborf bezieht noch so lange er hier ist, für seine Person die sog. Stohlgebühren mit 41 fl. jährlich von Beuren.

---

1) Siehe auch: Summa Salamianna. Tom. I., Tit. III., Seite 41, Nr. 16, und Tit. IV., Seite 147a Nr. 99 und 100.

Die Trennung der Dorfgemeinde Beuren selbst mit dem dazu gehöri=
gen Sölbnerhaus Trillenbühl und die Erhebung der bisher bestandenen
Kaplanei Beuren zu einer selbständigen Pfarrei mittelst Vereinigung der
dortigen Kaplanei=Einkünfte mit denjenigen der Kaplanei Bächen fand erst
1840 statt, nachdem das zwischen den Standesherrschaften Salem und
Heiligenberg=Fürstenberg alternierende Präsentationsrecht von dem Großherzog
Leopold auf höchste Staats=Ministerial=Entschließung vom 25. Oktober
1838 sub. Nr. 1671 gnädigst genehmigt und die Dotations= und Pfarrer=
richtungsurkunde von Seiten des erzbischöflichen Ordinariats zu Freiburg
vom 10. September 1839 ausgefertigt worden war; — da wurde alsdann
die Trennung Beurens von der Mutterkirche Weildorf nebst
seinen Zugehörden beziehungsweise die neu errichtete Pfarrei Beuren am
26. Jenner 1840 von der Kanzel aus in der Kirche zu Weil=
dorf öffentlich verkündet.

Ueberhaupt besteht jezt das jährliche Einkommen des
Pfarrers zu Weildorf in circa 1000 fl.; — der Gehalt
des Schullehrers einschließlich der Nuzung von Grundstücken,
Gebäuden und Grundgefällen, dann des Bezugs von drei
Klafter Scheiterholz mit 30 Wellen von Salem, sowie der
Gebühren von gestifteten Jahrtägen, und für Brod, Weih=
nachtsgeld und dgl. zusammen in 434 fl. 6 kr. per Jahr.

Der erste Pfarrherr war nach den Standesbüchern
die bis in das Jahr 1824 hinaufreichen, Johannes
Henis; auf diesen folgten bis Johann Michel († 16. Sep=
tember 1585) eilf Pfarrherren — folglich die Pfarrei Weil=
dorf schon sehr alt sein muß; — dann 1635 starb der
Pfarrer Gallus Leo, worauf Bartholomä Kindler aus dem
Hegau auf die Pfarrei kam. Von 1802—1805 war Jo=
hann Baptist Keller hier Pfarrer, der nachher Bischof in
Rottenburg wurde und dessen Bruder Peter Eduard Keller
als Pfarrer von Leutkirch und Regens am Klerikal=Seminar
zu Moersburg 1817 starb, und der jezige Pfarrer ist Herr
Athanasius Stöhr, der zugleich erzbischöflicher Dekan
und Bezirksschulvisitator ist.

Das Pfarrhaus endlich, bei dem zwei laufende
Brunnen sind, deren Quellen und Brunnenstuben circa 50

Schritte rechts und links der Straße sich befinden und das
auf der Südseite einen Gemüsegarten, auf der Ostseite einen
Obstgarten, auf der Westseite aber den Gottesacker hat,
wurde nach der Jahrzahl im Schlußstein über der Haus=
thüre 1735 renovirt, ist aber kein besonders schönes und
würdiges Gebäude.

Das Schul= und Meßnerhaus, welches auf der
Westseite der Pfarrkirche liegt, gegen Osten an den Fried=
hof oder Gottesacker stößt und unten die Schulstube hat,
wurde 1793 von Jakob Kleinheiz aus Tyrol neu gebaut.
Als er es für fertig erklärt hatte, fand man, daß es weder
Küche noch Abtritt habe. —

Dann wurde 1810 noch das Beinhäusle auf dem
Gottesacker für den Lehrer zu einem Waschhause umge=
schaffen und ein Backofen darin errichtet, 1855 der Kirch=
thurmknopf frisch vergoldet, 1856 die Pfarrkirche ver=
puzt und endlich 1857 und 1858 die Gottesackermauer
um 2—3 Schuhe abgenommen, ausgebessert und mit Zie=
geln bedeckt.

Das Patrocinium ist an Peter und Paul; das Sca=
pulier= oder zweite Kirchenfest am 3. Sonntag im Juli. [1])

Die Fonds und Stiftungen

sind:

1) der Pfarrfond mit einem Vermögen von
circa . . . . 20,400 fl.
  bestehend in Gütern, Naturalien und Kapitalien, aus denen der
  Pfarrer besoldet wird;

2) der Pfarrkirchenfond mit einem Vermögen
von . . . . 6000 fl.
  ohne Inventar, woraus die nöthigen Kirchenbedürfnisse und die Ge=

---

1) Papst Benedikt XIII. führte nämlich das Scapulier-Fest für die ganze Christenheit ein.

bühren für die gestifteten Jahrtäge an Pfarrer, Mesner und Organisten, sowie 10 fl. für die Chorsänger bezahlt werden.

3) Der Baufond mit einem Vermögen

von . . . . 9000 fl.

welcher durch die Zehntablösung 1851 und 1858 entstand und aus dem die Unterhaltung und allenfallsige Neuban der Kirche und des Mesnerhauses bestritten werden müssen.

4) Der Armenfond mit einem Vermögen

von . . . . 1700 fl.

welcher von Pfarrer Gregor Gruber laut Testament vom 26. Oktober 1825 und Nachtrag vom 11. Juni 1827 mit der Bestimmung ge= stiftet wurde, daß die Zinse jährlich am Sterbetag des Stifters (30. Dezember) unter die Armen des Kirchspiels vertheilt und ein Jahr= tag mit Meßopfer und Gebet bei der Tumba, wobei die begabten Armen laut 5 Vaterunser und den christlichen Glauben abzubeten haben, gehalten werden sollen, — wurde von dem markgräflich badi= schen Direktorium des Seekreises unterm 1. Juli 1828 Nr. 11,511 mit dem Anfügen genehmigt, daß 150 fl. als Kapitalstock für den Jahrtag, das Uebrige als Armenfond zu behandeln sei.

5) Der Scapulier=Bruderschafts=Fond mit einem Vermögen von . . . . . . 200 fl.

der 1715 durch freiwillige Beiträge zu dieser Bruderschaft entstand, giebt die Zinse dem Pfarrer gegen jährlich 12 Bruderschaftsmessen für die verstorbenen Bruderschaftsmitglieder, und für die Haltung eines Ehrenpredigers und Gastirung der Hilfspriester am Scapulier= feste (16. Juli, das aber erst am darauffolgenden Sonntag gehalten wird) ab.

Das Bruderschaftsmitglied selbst hat folgenden Denkspruch:

> Bewahre dich vom Laster rein,
> Laß Pflicht dir stets am Herzen sein,
> Der Mutter Gottes schönem Bild
> Folg' nach — wohlthätig fromm und mild —
> So wirst du leben als ein Christ,
> Dem Gottes Heil verhelfen ist.

6) Der Kapellenfond Altenbeuren mit einem Vermögen von . . . . . 12,500 fl.

wovon noch 5200 fl. dem Pfarrfond Beuren gehören, welche aber z. 3. heimbezahlt werden sollen, daher der Pfarrer zu Beuren bis jetzt noch quartaliter 249 fl. bezieht, — hat im Uebrigen

die Unterhaltung und den Neubau der Kapelle, die Anschaffung der nöthigen Kirchenbedürfnisse und Bezahlung der Besoldungen für Pfarrer, Meßner und Rechner zu bestreiten.

7) Der **Kapellenfond Leustetten** mit einem Vermögen von . . . . 951 fl.

giebt z. Z. nichts ab; denn da er früher weit größer war, aber ver-
armte, werden die Zinse bis er wieder erstarkt ist, zum Kapital geschlagen, deshalb bestreitet auch die Gemeinde die Gebühre für
die Wochenmessen und erst, wenn der Fond sich wieder erholt hat,
zahlt er wieder diese Gebühren. Sein Hauptzweck ist übrigens: Unterhaltung der Kapelle und Bestreitung der Kirchenerfordernisse.

8) Der **Armenfond Leustetten** mit einem Vermögen
von circa . . . . . , . . . 230 fl.

dient zur Unterstützung der Ortsarmen.

Weildorf,

das Dorf selbst liegt im Aach = oder Salemerthale, hat 51
Wohnhäuser, 51 Bürger und circa 350 Einwohner, und
ist je ¾ Stunde von Beuren und Salem, je 1 Stunde
von Frikingen und Neufrach und 1½ Stunde von Heiligenberg entfernt.

Die Bewohner sind größtentheils Landwirthe; die Gewerbe: 1 Bäcker mit zugleich Spezereiwaarenhandlung
(Leopold Bendele), 1 Drechsler, 1 Huf= und Hammerschmied,
2 Küfer, 2 Leineweber, 1 Maurer, 3 Schuster, 2 Zimmerleute, 1 Seiler und 1 Gablenmacher, d. i. Verfertiger landwirthschaftlicher Geräthe; auch ist hier eine Wirthschaft
(Taferne) zum Adler mit einer Bierbrauerei und Sommerwirthschaft in einem nahe gelegenen Garten, deren Besizer
Wirth und Bräumeister Joseph Kohlhund jährlich gegen
160 Fuder Bier braut, das in einem besondern Felsen-
keller in einem Molasse-Felsen in Oberösch gelagert wird.

Dieser Bierkeller besteht aus 10 Abtheilungen, die zusammen 550 Fuß
Länge, 10—15 Fuß Höhe und 10—18 Fuß Tiefe haben. Das Gasthaus

ift geräumig und anfehnlich, hat eine große Wirthsftube, mehre gut ein-
gerichtete Fremdenzimmer und wird von Nah und Fern zahlreich befucht.

Die Hammerfchmiede, im vorigen Jahrhundert noch
eine Mühle, wird von dem fog. Hagenach oder Hangen-
bach getrieben, der im fog. Faulenthal des Beurer Waldes
entfpringt, dann durch Weildorf lauft und gegen Stephansfeld in die Linzer-Aach fällt.

Der Boden ift theils lettig, theils fandig, theils
liefig, jedoch fehr fruchtbar. Man pflanzt Korn, Roggen,
Gerfte, Hafer, Delfamen, Mohn, Hanf, Flachs, Hopfen,
verfchiedene Rübenarten und etwas Wein, lezterer ob der
Straße nach Lampach, jedoch von geringer Qualität. .

Sehr bedeutend ift dagegen der Obftbau, (Korn- und
Steinobft), denn nicht nur die Grasgärten find mit Obft-
bäumen aller Art bepflanzt, fondern auch die Wege der
Gemarkung bilden größtentheils Obftbaumalleen.

Die Gemarkung befteht aus zufammenhängenden
Güterparzellen, die 1707 vereinödet wurden, mit im Ganzen
aus 1140 Morgen, 2 Vrl., 56 Ruthen Feld und Wald.

Aecker	. . . . .	723 Morg. 1 Vrl. 84 Ruth.
Wiefen	. . . . .	340 Morg. 2 Vrl. 87 Ruth.
Wald	. . . . .	333 Morg. 2 Vrl. 95 Ruth.
Gärten	. . . . .	39 Morg. — Vrl. 80 Ruth.
Krautland	. . . .	3 Morg. — Vrl. 30 Ruth.
Reben	. . . . .	1 Morg. — Vrl. 80 Ruth.

zufammen 1440 Morg. 2 Vrl. 56 Ruth.

Die höchften Punkte der Gemarkung find: die Er-
get am Hungerbühl-Wald und die Ebene oder die Wolf-
äcker im Oberöfch beim Bierkeller.

Das Einkaufsgeld in das Bürgerrecht ift für Ba-
denfer 50 fl., für Fremde 100 fl.; das Einkaufsgeld in
den Bürgernuzen, der auf den Häufern ruht und theils
in Ackerfeld theils in Wiesland befteht, 7 fl. — bis 55 fl.
5 kr.

Gemeindebrunnen sind zwei: an der Landstraße bei Georg Blaser und an der Dorfgasse bei Georg Keßler; die übrigen Brunnen gehören Privaten und den Haus= Eigenthümern.

Rathhaus besteht keines, sondern die Gemeinde= versammlungen werden im Wirthshause gehalten; dagegen hat der Ort ein Armenhaus an der Dorfgasse im Ober= dorf, Haus Nr. 58 — für obdachlose Arme, das gegen= wärtig 4 Familien zählt. [1])

Die größten Höfe und bedeutendsten Bauern sind: der Reeh=Hof des Joseph Lohr, der Hof Igel des Anton Blaser, der Hof Löw des Joseph Braunwarth, der Hof Hirsch des Joseph Kohlhund, der Hof Fuchs des Georg Blaser, der Hof Bär des Johann Stengele, der Hof Haas des Martin Futterer und der Hof Ameise des Anton Stengele, welcher Hof jedoch erst 1843 errichtet wurde; zuvor waren seine Güter bei dem Hofgut des Jo= hann Stengele. Auch waren alle diese Höfe und Güter früher Salmansweilische Lehenhöfe und wurden erst in neuester Zeit allodifizirt und eigenthümlich gemacht; es gibt übrigens hier auch noch Sölden und Söldner — theil= weise — wie zu den Zeiten der Leibeigenschaft, wo die Leute dem Gutsherrn gehörten und ihm zu Frohnden und andern Diensten verpflichtet waren, während die Söldner bei den Bauern und Gutsbesitzern in Sold oder Taglohn

---

[1]) Daß man kein Rathhaus hat, mag daher rühren, weil die Gemeindeverwaltung frü= her nicht so komplizirt wie jetzt war und man auf dem Lande keine Lokalitäten für Registratur, Bücher, Rechnungen ꝛc. bedurfte, sondern gewöhnlich eine Lade beim Vogt oder Ammann hinreichte, um die höchst dürftigen Gemeinderechnungen und das Bürger= und Gerichtsbuch aufbewahren zu können; — auch die Gemeindeversammlun= gen in der Regel immer unter einer Linde statt fanden, wo die Beschlüsse sogleich ausgeführt wurden, hier z. B. im Unterdorf, wo eine schöne große Linde stand, die weit ihre Aeste ausbreitete und jetzt noch das Linden=Weberhaus (Georg Blaser gegen= über) darnach benannt wird.

ftanden, in befondern Sölden oder Taglöhnerhäuschen wohnten und denfelben zur Erntezeit zuerft deren Feld= früchte einheimfen mußten, und dann erft an ihre eigene denken durften.

Auch heißt die kleine Gaffe gegen die Kirche das Juden= quartier, indem da früher etliche Juden ihre Wohnftätte hatten, bis fie 1724 vertrieben wurden, [1]) und dann ift noch zu bemerken, daß das große Ried weftlich vom Dorfe, wovon wir bereits fchon Seite 7 gefprochen haben — immer mehr zu entwäffern und zu Grasboden zu machen gefucht wird.

Endlich gehören zur Gemeinde Weildorf noch Schatt= buch, der Stengele=Hof, das fog. Weihhaus und das Buchmanns=Haus.

Reuftetten,

das Dorf und Filial, 1638 Fuß über der Meeresfläche — liegt an der Straße nach Heiligenberg, hat 32 Wohnhäufer, 47 Bürger und 296 Einwohner, ift 10 Minuten von Lam= pach, ³/₄ Stunde von Frikingen, Finkenhaufen und Steinen= berg, ¹/₂ Stunde von Beuren und Weildorf, ³/₄ Stunden von Altenbeuren und Altheim und 1 Stunde von Heiligen= berg entfernt und gehört zur Standesherrfchaft des Fürften von Fürftenberg.

Der Ort hat eine freundliche Lage, hübfche Ausficht von feinen Anhöhen, bedeutenden Obftbau, einen fehr frucht= baren Boden und die Gemarkung ift mit zwei fchönen fiei= nernen Feldkreuzen verziert, von denen das Eine, welches Anton Buchmann dafelbft errichten ließ, auf dem Stei= nenberg; das Andere, welches fein Bruder Johann Buchmann fertigen ließ, beim Wegweifer fog. Orientier=

---

[1]) Siehe Seite 133.

ſtock, der einerſeits nach Altheim, anderſeits nach Weildorf, Salem, Meersburg und Markdorf weist, am Filialweg nach Frikingen und Altheim ſteht.

Dieſes Steinkreuz hat oben, gegen die Straße nach Weil= dorf und Salem die Worte: „Jeder, der den Namen des Herrn an= ruft, wird ſelig werden. Röm. X, 13 — Ihm dem alleinigen Gott, unſerm Heilande ſei durch Jeſum Chriſtum, unſrem Herrn Ehre und Preis, Macht und Gewalt vor aller Zeit, jezt und in Ewigkeit. Amen. Joh. I. 15.“ — Unten heißt es: „Zur Ehre Gottes. Die Stifter Johannes Buchmann, Gerbermeiſter und Maria geb. Keller von Leuſtetten.“ — Auf der Rückſeite gegen Frikingen und Altheim heißt es oben: „Jeſus ſprach: es iſt vollbracht! Und er neigte ſein Haupt und gab den Geiſt auf. Joh. XIX., 30. — Wachſet in der Gnade und Erkenntniß unſers Herrn und Heilands Jeſu Chriſti. Ihm ſei Ehre nun und zu ewigen Zeiten. Amen. II. Peter. III., 18.“ — Und unten dann heißt es: „Laſſe dich nicht vom Böſen überwinden, ſondern überwinde durch das Gute das Böſe. I. Röm. XII, 21. — Beide Steinkreuze machte Werkmeiſter Alexius Bauer in Stephansfeld bei Salem.

Die Hauptbeſchäftigung iſt der Feldbau; Gewerbe ſind hier nur: 1 Bäcker, 1 Gerber, 1 Glaſer, 1 Gyps= müller, 3 Leineweber, 1 Mezger, 1 Oeler, 1 Schmied, 2 Schreiner, 3 Schuſter und 1 Ziegler. Ferner ſind hier noch ein Wirthshaus und eine Kapelle, und zwar iſt das Wirthshaus, Taferne zum Löwen (Wirth: Jakob Fiſcher) gleich am Anfang des Dorfes von Weildorf her; die Ka= pelle auf einer Anhöhe am nordweſtlichen Theile des Dorfes, iſt dem heil. Stephan geweiht, und hat 40 Fuß Länge, 18 Fuß Breite, 15$\frac{1}{2}$ Fuß Höhe, einen runden Reiterthurm der mit Schindeln gedeckt iſt, ſowie eine Uhr, zwei Glöckchen und einen Altar, der an die Oſtwand ſich lehnt.

In einer Vertiefung des Altars ſteht ſtatt Altarblatt ein Mutter= gottesbild, zu deſſen Seiten rechts (Epiſtelſeite) die heil. Urſula, links (Evangelienſeite) der heil. Stephanus in Holzſtatuen, zu oberſt in einem Glasſchränkchen nochmals ein Muttergottesbild, und endlich ſind an der Vorderwand rechts noch der heil. Antonius von Padua und links der heil.

Aloiſius in Holzbildern angebracht. Der Eingang des alten Kirchleins, in dem am Titular= oder Kirchenfeſt (Stephanus), am Tag der heil. Urſula, an St. Florian, in der Oktav der Kirchweihe und dann noch wöchentlich ein= mal heil. Meſſen geleſen werden — iſt hinten in der Weſtwand.

Da das Kirchlein (Kapelle) auch frei auf einem Hügel ins Thal hinaus liegt, ſo hat man dabei eine ſehr ſchöne Ausſicht nach Dobersdorf oder Taisersdorf bei Hohenbob= mann, ſowie über das Salemer=Thal hin mit ſeiner Höheneinfaſſung bis bereits Schloß Ittendorf, in die Ferne aber bis ſogar auf das Alpengebirge der Schweiz; die Haupthöhen jedoch ſind: das Reinenthal gegen Fri= kingen, das Bodenholz und der Hartberg gegen Heiligen= berg, und der Schnellenberg mitten in der Gemarkung von 795 Morgen Aecker, Wieſen, Wald, Gärten und Reben.

Der Boden iſt größtentheils lettig, weniger ſandig, und man pflanzt Korn, Roggen, Gerſte, Haber (Hafer), Kartoffeln, Rüben ꝛc., ſowie viel Stein= und Kernobſt, und etwas Wein im Reinenthal, Rauhwies und Gärtle beim Dorf.

Das Waſſer, welches durch das Dorf fließt, heißt der Dorfbach, entſpringt bei der Hofſtetter Mühle unter dem Burggarten von Heiligenberg, treibt in Leuſtetten eine Oel=, eine Loh= und eine Gypsmühle, wird hierauf zur Bewäſſerung der Wieſen benützt und fließt zuletzt auf den Grenzen von Frikingen, Weildorf und Salem in den ſog. ſchwarzen Graben oder die Blewach (Bläwanc), die man für einen Zufluß der Aach hält.

Die größten Höfe haben: Lorenz Straßer, Ignaz Moſer, Mathias Wilhelm, Jakob Riſt, Konrad Müller (Bürgermeiſter), Johann Buchmann und Joſeph Geiger.

Das größte, anſehnlichſte, ſtädtiſch gebaute vierſtöckige Haus des Ortes, im Mitteldorf, bei der Straße nach

Beuren ist das Wohnhaus des Gerbermeisters Johann Buchmann, der es nach Angabe über der Hausthüre 1837 aufbauen ließ.

Früher gehörte der Ort zur Gemeinde Frikingen, wurde aber 1832 davon getrennt und zu einer eigenen Gemeinde erhoben, deren Schüler seit 1838 auch nicht mehr die Schule zu Frikingen, sondern die Pfarrschule zu Weildorf besuchen.

Zur Gemeinde Leustetten selbst gehören noch: Lambach oder Lampach, der Hof Finkenhausen und der Hof Steinenberg.

Lambach oder Lampach,

1505' hoch, ist ein fürstenbergischer Weiler zwischen Leustetten und Weildorf, an der Straße nach Heiligenberg, der aus 4 Häusern, 4 Bürgern und 25 Einwohnern besteht und links an der Straße ein Wirthshaus zur Krone des Anton Bauman hat. Auf diesem Wirthshause befindet sich das Glöckchen aus der ehemaligen Leprosenhaus=Kapelle dahier, worüber wir später sprechen werden, und neben dem Hause gegen Südwesten ist ein ziemlich großer Garten mit Sommerwirthschaft.

Finkenhausen

sind 4 Sölbnerhäuser zwischen Leustetten und Beuren, links der Straße nach Beuren gegen Heiligenberg zu, von denen das größte Haus und frühere Hofgut um 1250 den Dienst=mannen des Grafen zum Heiligenberg, den Rittern Hermann, Heinrich und Werner, genannt Vincko, Vinke oder Fink gehört haben soll, um 1712 dem Meister Peter Krieger, Scharfrichter eigen war, dann 1780 Wohnung und ein Gut des Scharfrichters Ignaz Krieger wurde und jezt ein Besizthum des Georg Baumann ist.

Steinenberg

ift ein Weiler von 5 Häufern, auf der Oftfeite von Leu=
ftetten und am Fuße von Heiligenberg, und es ift das
größte Hofgut da, die fog. Schlange oder der Ganter'=
fche Hof.

Altenbeuren,

das Dörfchen, liegt in einem freundlichen Thale, 1529 Fuß
über der Meeresfläche — füdöftlich von Weildorf, wird von
einem von Bäche kommenden Waffer durchfloffen, hat 27
Häufer, 26 Bürger und circa 158 Einwohner und gehört
zur Gemeinde Beuren und zur Standesherrfchaft Fürften=
berg=Heiligenberg.

Die Entfernung ift: von der Oel= und Sägmühle des
Anton Spießmacher (Gemeinde Beuren) circa 8 Minuten;
von Bäche, Beuren und Menwangen je ¼ Stunde; von
Haberftenweiler, Sinnenberg und Weildorf je ½ Stunde;
von Lellwangen ¾ Stunde; von Unterfiggingen 1 Stunde
und von Wittenhofen 1½ Stunde.

Der Ort hat gute Felder und Wiefen, hübfche Wein=
berge, fchöne Obftgärten und anfehnliche Waldungen.

Die Einwohner find meift Landwirthe. — Das
Wirthshaus der Baptift Stemmers Wittwe ift circa 300
Schritte vom Dorfe entfernt, am Fahrweg nach Weildorf
und Unterfiggingen; die Mahlmühle des Thomas Löhle
am Ende des Dorfes gegen Beuren, und die Kapelle
faft mitten im Dorf.

Diefe Kapelle ift 36' lang, 25' breit, 14' hoch,
dem heil. Einfiedler Antonius geweiht, hat nördlich 2 Rund=
bogen= und füdlich 2 Spizbogen=Lichter, trägt einen fechs=
kantigen mit Sturzblech befchlagenen Dachreiter, in dem
fich zwei Glöckchen befinden, und hat einen Altar.

Der Altar ist im Roccoco-Styl und hat zum Altarbild Maria mit
dem Jesuskindlein, wie sie über eine Anzahl Andächtige den Schuzmantel
verbreitet, und zu den Seiten auf Postamenten rechts (Epistelseite) den
heil. Einsiedler Antonius mit der Bettlerglocke, links (Evangelienseite) den
heil. Papst Sylvester († den 31. Dezember 335), zu oberst die heil. Dreifaltigkeit von Engeln umgeben, und hinten ist die Empore ohne Orgel. —
Hier werden allwochentlich eine heil. Messe gelesen, wofür der Pfarrer je
48 kr.; an Antoni-Tag zwei heil. Messen, wofür der Pfarrer 3 fl. und
der Hilfspriester von der Gemeinde 1 fl. bezieht.

Die Kinder besuchen zur Zeit noch die Schule zu Beuren.

Das Bächchen, welches sich ob dem Ort mit dem
Bäche-Bach verbindet, kommt vom sog. Bizwangen, wo
der Scharfrichter wohnt; der Bäche-Bach dagegen von
Sinnenberg her.

Der Weg nach Altenbeuren führt von Weildorf her
über eine Anhöhe durch den Wald Beizenhard; der Weg
von Altenbeuren nach Beuren an der Mahlmühle des
Thomas Löhle vorbei geradeaus, und der Weg nach Bäche
an der Mahlmühle vorbei rechts.

Der Boden ist wie bei Weildorf und Leustetten, hat
dieselben Erzeugnisse, besonders viel Obst, und Weinberge
sind die Sonnhalde gegen Bäche, sowie der Rosenberg
und der Bazenbohl beim Dorf.

Bäche

oder Bächen ist ein Weiler und ehemaliges Frauenkloster
des Ordens der schwarzen Franziskaner, ³/₄ Stunde östlich
von Weildorf, 1¹/₂ Stunde südlich von Heiligenberg, liegt
in einem tiefen Bergkessel, der den Ort fast ganz verbirgt
und besteht aus 5 Häusern mit 4 Familien und circa 25
Einwohnern, die sich zum größtentheil mit Landwirthschaft
beschäftigen; denn von Gewerben ist hier nur ein Schreiner,
und ein Müller (Georg Fröhlich), dessen Mühle — die
ehemalige Klostermühle — von einem kleinen, aber forellen-
reichen Bergbach getrieben wird, der durch den Ort rauscht

und durch ein enges Thal nach Altenbeuren fließt, unter dem er sich dann unweit der Oel= und Sägmühle des An= ton Aermler, zwischen Menwangen und Schattbuch mit der sog. Echbeker= oder Sigginger=Aach vereint.

Ueber den Ursprung des Klosters besteht die ähnliche Sage, wie bei Weppach. Eine Klosterfrau von Bäche nämlich schreibt:

Als ein adelicher Ritter durch das Thälchen reiten wollte, stürzte er unversehens in einen Sumpf. Um sein Leben zu retten, versprach er dem heil. Nikolaus zu Ehren (Patron des Bisthums Konstanz) ein kapellen= artiges Denkmal zu errichten und als er errettet wurde, erfüllte er sein Versprechen. Die Zeit ist unbekant; aber 814 unter der Regierung Kai= sers Ludwig baute der heil. Trupertus aus Inneburga in Hibernia gebür= tig, mit Bewilligung eines Ritters Namens Ottbert an die Kapellen=Nische ein kleines Kirchlein und als er darauf von einem Knecht ermordet und dort begraben wurde, blieb der Bildstock und das Kirchlein vergessen." [1]

Später wurde die Gegend wieder bewohnt; denn 1280 schenkt ein Hermann v. Bächin, Bürger zu Ueberlingen, als ein Seelgeräth für sich und die Seinen alle seine Besitzungen zu Bäche dem Kloster Salem und dieses überließ sie ihm wieder und seinem Erben gegen einen jährlichen Zins von 2½ Pfund Wachs zur Benutzung als Lehen. Dies Geschlecht starb jedoch in Bälde aus und die Gegend blieb lange nochmals unbewohnt.

„Nun kam — sagt jene Klosterfrau weiter — um 1409 eine Frau aus Frankreich (vielleicht mit dieser bei Weppach), welche die Weberarbeit verstand; sie ließ sich bei dem Kirchlein nieder und baute mit Hilfe guter Leute eine Wohnung. Zu ihr gesellten sich Anna Sinnknechtin aus Sul= gau, Elisabetha Senglin aus Riedlingen, Elisabetha Manzell aus Mark= dorf, Margaretha Fellkartin urd Anna Baukrecht von da, und Elisabetha Schleichwegin aus Ueberlingen. Diese vereinigten sich zu einem klöster= lichen Leben und kleideten sich 1412 in den hl. Orden des heil. Franziskus ein. Von jetzt an nannten sie sich Schwestern, die Vorsteherin Mutter."

---

[1] Diese Angabe ist nicht wohl richtig; denn der heil. Trutbert oder Trudpert kam nicht dahin, sondern er ließ sich auf dem Schwarzwalde nieder, wo ihm der Edelmann Ottobert oder Othbert aus dem Elsaß eine Strecke Landes schenkte, der heilige dann von zwei Bösewichtern im Schlafe überfallen und am 26. April 642 oder 644 ermor= det wurde, — und darnach das Benediktiner=Kloster St. Trudpert bei Staufen im Breisgau entstand.

Um 1438 kam dann Johann Sutor, gebürtig aus Sulgau, Dekan des Kapitels Theuringen und Pfarrer zu Hasenweiler hieher und nahm sich der Frauen an; er ließ das Haus erweitern und klösterlich herstellen, und stiftete dazu unter Bischof Heinrich IV. von Konstanz, Abt Peter von Salem und Pfarrer Laurentius Henis in Weilbdorf unterm 3. Februar 1438 eine Kaplanei mit dem Jus nominandi et praesentandi d. i. mit dem Recht, den Kaplan, der ein Weltpriester sein mußte, zu ernennen und dem Bischofe zu präsentiren, doch unverlezlich der Rechte des Pfarrers zu Weilbdorf und ohne seinen Schaden — an das Kloster Salem, welche Stiftungsurkunde der nachfolgende Abt Gregor I. von Salem am 3. April 1441 dann ausfertigte und bekräftigte. Jezt wurde Sutor sogar selbst Kaplan und Beichtiger des Klosters; er stiftete dazu für sich und seine Eltern und Anverwandte zulezt noch einen Jahrtag, wozu sein Bruder Johann Andreas Sutor, Pfarrer zu Deggenhausen, 2500 fl. beitrug, weshalb ihr Gedächtniß jährlich im Juni mit 12 heil. Messen gehalten wurde, und 1462 erhielt das Kloster dann noch einen eigenen Gottesacker.[1] — 1488, 23. Aug., starb die Mutter Maria Anna Schleich-

---

[1] Zur Gründung der Leut=Kaplanei vergabte Sutor ein Gut zu Güenfurt mit allen Zugehörden, ein Gut in Höge mit Allem was dazu gehört, ein halbes Gut zu Aümannshausen, ein Lehen sonst genannt das Loch und drei Wiesen im Bann von Markdorf; dann alle Jahr 4 Pfund Heller oder einen Weingarten daselbst, sowie 4 Aimer Wein zu Oberstenweiler zu ewigen Zeiten und endlich noch 4 Pfund Heller ewigen Zinses von einem Lehengut zu Grüningen. Dazu bestimmte er bei der Jahrtagstiftung — an St. Igatha, der heil. Jungfrauen= und Martyrin=Tag 1450 — „Wär och ob Unser allerheiligste Vatter, der Römisch Papst, Ein bewährt Concilium der Christenheit oder Ein bestätter Bischof und Herr zur Costanz die obgemeldten Closen (Klausen oder Kloster) abthätte vnd zerstörte, Es wär Jber kurz oder lang Zitt, oder das die Gemeinschaft der Schwestern vnd Closen sonst ganz vnd gar verglenge, abgethan vnd vernichtet würde durch ihr selbst Müssethat, das Gott nit welle — so sollen danach in Ewiklich endt ohn Menniglichs Wiedersprechen die Nuz, Zins vnd Gült der

wegin aus Ueberlingen, welche 30 Jahre als 2. Vorsteherin dem Kloster vorstand, und nachher wurden auch noch die Gra= fen von Heiligenberg, die zugleich die Schuz= und Schirmher= ren des Gotteshauses waren, Wohlthäter des nach dem Bache, der durch das einsame von Bergen rings eingeschlossene Asyl der Frauen zog, — benannten Klosters und Gottes= hauses Bäche; denn einen Schuz= und Schirmvogt zu haben, um sich der Andacht und frommen Uebung hingeben zu können, war zumals in kriegerischen und stürmischen Zeiten, für die Klöster Bedürfniß, weil nur ein mit Kraft, Macht und Ansehen ausgerüsteter Fürst, Graf oder Herr ihnen hinreichenden Schuz gegen die Gewaltthätigkeit der Raubritter und dgl. gewähren oder die Schwachen vor den Gerichten mit Nachdruck ver= treten konnte. Freilich mißbrauchten oft selbst die Schuz= und Schirm= herren ihren Einfluß gegen die ihnen anvertrauten Schüzlinge, wurden durch Benuzung des ihnen im Kloster zustehenden Gastrechts beschwerlich, drückten die Gotteshausleute und erzwangen ungebührliche Frohnden, Steuern u. s. w. Doch dieses war bei den Grafen von Heiligenberg bezüglich auf das Kloster Bäche nie der Fall. —

Als übrigens das Klösterchen mit Kirchlein und Ka= planeihaus bis 1712 bestand, brannte es ab, es wurde zwar sammt Kirche weit größer und schöner aufgebaut, und nochmals 1750 erweitert und im Innern ausgeschmückt; aber kaum war dieses geschehen, so brannte 1755 schon wieder die Kirche und das Gasthaus ab. Man hätte glauben

---

drey gegebenen Güter: ½ Hof zu Giggingen, ein Gütle zu Oberstenweiler endt 1 Baingarten zur Mörspurg — welche er zu diesem Jahrtag stiftete — in Ganz jährlich endt Ewiklich ohne Abgang erfolgen Einem Kaplan der St. Nikolaus=Pfrundt= Kapelle zur Bächen alle Irglist endt Gererde ganz her Jnn Uß geschlossen endt der= selbig Caplan zu den Zitten soll den fürohin ewiklich williglich schuldig syn, die Hoch= zitt endt Jahrzitt began als vergeschrieben stätt u. s. w. Bei grössern Jahrtagstif= tungen folgt nämlich auf das Traueramt gewöhnlich noch ein sog. Loh= oder Bitt= Amt zur heiligsten Jungfrau und Gottesmutter Maria, auch Hochzeit=Amt genannt, wie solches auch beim grossen Jahrtag zu Dermatingen alljährlich geschieht.

Siehe über die Kaplanei Bäche auch noch die **Summa Salemitana**. **Tom. I.,** **Tit. IV.,** Seite 75—79, Nr. 18—21.

sollen, die Frauen wären jezt unvermögend, zu neuen Bauten zu schreiten, doch so hart der Schlag auch war, so wurde doch ein Neubau aufs kräftigste betrieben. Besonders schön wurde nun die Kirche aufgebaut. Der Pfarrer Johann Kaspar Fuchs, Dekan des Kapitels Dillingen und sein Bruder Franz Ignaz Fuchs, welche zwei Schwestern in dem Kloster hatten, ließen 3 schöne Altäre bauen, der Maler Mosbrugger vom Bregenzer-Wald malte die Altarbilder.

Die Plafonds erhielten schöne Freskomalereien, auf die Empore kam eine gute Orgel, die Kirchenwände schmückten wohlgelungene Bilder von Heiligen und am Chorschluß hing ein großes hübsches Kreuz. Wer die Kirche besuchte, erbaute sich in dem schönen Heiligthum; wer mit den Frauen in Geschäfte trat, fand an ihnen würdige, wohlwollende Wesen, wer die Güter sah, fand sie wohlgebaut, — und doch, obgleich der Geist der Liebe, der Eintracht und der Milde in dem Hause und überall Ordnung herrschte — hatte das Gotteshaus in seiner einsamen stillen Lage keinen Bestand. Es kam die neue Zeit, der wenig alte Einrichtungen mehr galten und heilig waren. Kurz das Kloster wurde 1803 säcularisirt, dem Fürstenhause Fürstenberg zugewiesen und aufgehoben. Die Frauen durften wohl noch im Kloster bleiben, aber keine Novizen mehr aufnehmen; sie starben allmählig aus; die lezte Mutter Maria Clara Unsinnin, gebürtig aus Bertholdshofen bei Kaufbeuren, ereilte am 16. Juli 1808 der Tod und die lezte Vorsteherin; welche von den Ex-Nonnen erwählt wurde, Johanna Fuchs, hauchte am 23. Jenner 1832, 81 Jahre alt, ihre fromme Seele aus. Der lezte Kaplan und Beichtiger Anton Rapolt aus Rottweil starb schon am 21. März 1818 und die einzige noch übrige Klosterfrau, Antonia Blaser aus Weildorf, sank 1837 ins kühle Grab. Jezt am 12. März 1841 wurden der Gottesacker und die Kirche exsecrirt und dann das Kloster mit Kirche abgebrochen. Die schönen

Altäre und die Kanzel kamen in die neue Pfarrkirche zu
Beuren, die Orgel und mehre Paramente in die Hoftapelle
zu Heiligenberg, viele andere werthvolle Gegenstände und
Kunstsachen theils nach Röhrenbach und anderswo hin, und
mehre Grabsteine und Kreuze vom Gottesacker zu Bäche
wurden auf den Kirchhof zu Weildorf versezt. Was aus
der Klosterzeit dermalen noch besteht, ist blos die Mühle
und das Kaplaneihaus, das jezt der Bauer und Müller
Georg Fröhlich besizt; die Klostergüter dagegen zog der Fürst
von Fürstenberg als Besizer der ehemaligen Reichsgrafschaft
Heiligenberg an sich und sind jezt theils verpachtet, theils
verkauft; die 255 Jahrtagsstiftungen mit der Totalsumme
von 11,502 fl. 36 kr. fielen Beuren und Maria=Hof unweit
Geisingen zu. [1])

So ist Alles was der Mensch schafft, gründet und
baut, unbeständig, vergänglich, gleich allen irdischen
Dingen, die kommen und wieder vergehen, das Eine früher,
das Andere später.

> Denn was der Erde entsteigt, wird auch der Erde Raub.
> Geschlechter schwinden fort, noch ehe sie veralten;
> Sie schütteln grauenden Verwesungsstaub
> Aus langen düstern Schleierfalten;
> Und was bekränzt war, trägt verdorrtes Laub.
> Paläste sinken nieder, Paläste stehen auf,
> Kein Menschenhaus dauert ewig, ewig fort.
> Nur was dort oben ist, hat steten Lebenslauf,
> Alles Andere grünt, blühet und verdorrt.

---

[1]) Unter dieser Summe sind auch 2000 fl. begriffen, welche die Frauen von Johann
Hugo Guldinast der heil. Schrift Dokter, bischöflich konstanzischer Rath, Propst
und Oberherr des Collegiat=Stifts zu St. Johann in Konstanz zu einer Jahreszeit
und mit der Bedingung erhielten, die Zinse jährlich ihm zu entrichten, nach seinem
Tod aber dem Kaplan zu Bäche zu seiner Aufbesserung zu verabreichen, worüber das
ganze Convent unterm 12. März 1747 Urkunde ausstellte und solche mit dem
Gotteshaus=Siegel bekräftigte.

Seht die neue Aera! — Vor ihrem jüngern Lichte
Sinkt immer tiefer die Vergangenheit,
Und von der alten Zeit spricht nur noch die Geschichte.
Das ist das Loos der Erde Herrlichkeit,
Des stolzen Königsthrons, des ruhmbekränzten Kriegers,
Wie aller Größen dieser Welt; des Siegers
Und wie man sie nur immer nennt.
D'rum blick' und streb' hinauf,
In's ewige Vaterhaus.

Schattbuch

(unrichtig Schappuch) ist ein Hof von circa 15 Einwohnern, mit einem großen Wohnhause, einer Ziegelbrennerei nebst Ziegelhütte, Scheuer, Stallung, Holzschopf und einem laufenden Brunnen, an der sog. Echbeker=Aach, ⅓ Viertel= stunde vom Fischerhaus, je ¼ Stunde von Altenbeuren und Weildorf und ½ St. von Salem.

Das Hofgut ist geschlossen und hat eine eigene Ge= markung, die circa 80 Morgen Feld, Wald und Gärten umfaßt.

Sonst war das Territorium Reichsboden und wurde erst später von Heiligenberg und Salem angesprochen. Es befand sich nämlich hier die Stätte und der Siz eines der ältesten Landgerichte in Schwaben, bei dem die schwäbischen Herzoge oft in eigener Person zu Gerichte saßen. Der Plaz wo es abgehalten wurde, war umpfahlt und befand sich auf dem Hügel nörd= lich vom Hofe, am Wald; da, auf diesem Urtheilsplaz, das Urtheilshäusle genannt, saßen die Schöppen und freien Männer im Kreis herum und richteten über den Malefi= kanten. War das Urtheil gesprochen und lautete es zum Tod durchs Schwert, so wurde der Verurtheilte auf dem Malefikanten=Weg durch den Beizenwald nach Oberbeuren geführt und unweit dem dasigen Wirthshause, da, wo ehe= dem 2 Kreuze standen, hingerichtet; lautete dagegen das

Urtheil zum Tod durch Strang am Galgen, so führte man
ihn zum Hochgericht auf den Galgenbühl (d. i. der Wald=
kopf östlich vom Hofe), wo die freie Reichsstraße von Sig=
gingen, Menwangen und Altenbeuren her nach Schattbuch
zog und wo das Hochgericht aus drei Stein=, später Backstein=
Säulen bestand, die im Dreieck standen und oben mit
Balken verbunden waren — und vollzog sogleich das Ur=
theil. [1])

Das Urtheishäusle verschwand zwar, als die Einhagung 1818 befei=
tigt und der Gerichtsplatz zu Wiesfeld umgeschaffen wurde, und hingerichtet
wurde beim Hogerichte schon längere Zeit nicht mehr; allein noch immer=
hin wird der Waldkopf Galgenbühl ziemlich besucht; ja jetzt stehen so=
gar Bänke dort, die Bäume sind mit Heiligenbildern behangen und man
betet nun im Stillen zum Trost der hier verscharrten Armen=Seelen. —
Die Absteigstätte der Richter und Schöppen dagegen war da, wo jetzt
der Bauer und Ziegler sein Wohnhaus und seine Ziegelhütte hat; sie wurde im
Lauf der Zeit entfernt und ein Bauernhaus dahin gebaut, mit dem der
ganze Schattbuch=Bezirk als Gut verbunden wurde. Dieses Hofgut ge=
hörte Salem, die Malstatt und das Hochgericht zu Heiligenberg; zuvor
jedoch, als die Grafen von Heiligenberg mit Regalien begabt wurden, bil=
dete diese Gerichtsstätte mit dem Schöppenhaus und Hochgericht die äußerste
Grenzscheide gegen die Landvogtei und die heiligenbergische Grenze gegen
Salem, und daher kam es, daß Schattbuch unter keiner Herrschaft
stand und nie zu einer Gemeinde gehörte, bis Joseph Jak 1830
das Bürgerrecht in Weildorf erworben hatte. — Zuletzt 1859 wurde der
nachmalige Salemerhof Schattbuch durch Jak von der Standesherrschaft
Salem ausgelöst und zu Eigenthum gemacht. — In der Lettgrube und
bei der Ziegelhütte hat man mehrmals (bei 5 Schuh unterm Boden)
verschiedene Gegenstände, namentlich viele Hufeisen aufgefunden.

Geschichte.

Der Ort Weildorf, früher Builldorf, Wyldorf
und Wildorf, mag seinen Namen von einem Gute haben,

---

[1]) Die entseelten Körper wurden hierauf in Gruben versenkt und diese zugeworfen.

daß ein gewisser Wyl besaß. Jedenfalls ist der Ort sehr alt.

Schon den 3. Mai 768 fand sich Graf Gerold, Bruder der Königin Hildegarde (Gemahlin Kaisers Karls des Großen) veranlaßt, dem Kloster St. Gallen unter Abt Werdo alle seine Güter in mehren Orten, vorzüglich in Vuilldorf zu verschreiben, aber durch seine Lebzeit zu behalten und nur dem Stift einen jährlichen Zins zu geben, — auch wenn es ihm belieben sollte, alle diese Güter gegen Erlegung eines dreifachen Wehrgeldes wieder auslösen zu dürfen. [1] Dann 847 schenkt ein gewisser Salomon, der eine Pilgerreise vorhatte, außer den zwei Leibeignen, Cotabertus und Thiotler, alle seine Güter und Liegenschaften zu Wyldorf dem Kloster St. Gallen. [2] Nachher kam der Ort an die Grafen von Heiligenberg, wo er eine Villa genannt wird, nämlich 1163 Villa Wildorf, quae sita est prope castellum Berge, in quo Conradus advocatus et frater ejus comes Heinricus habitant. D. h. ein Maierhof nahe bei der Burg Heiligenberg, in der Konrad der Schirmvogt von Konstanz und sein Bruder der Graf Heinrich wohnten. [3] Dann 1354 vermacht Graf Berthold zu Heiligenberg mit Zustimmung seiner Gattin Hedwig und seiner Kinder auf die Dauer einer Reise, die er vornehmen wollte und mit der Bedingung der Wiedereinlösung, wenn er zurückkomme, das sog. Sels oder Salmannsgut zu Wildorf an das Kloster Salem und diesem verkauft er dann noch 1256 andere Güter daselbst um 225 Mark Silber und 1257 (1277) den obern Hof mit dem Jus Patronatus oder Patronatsrecht der Kirche, dann den Marktploz mit seinen Häusern und Hofstätten sammt allen Gerechtsamen und Rechten im Dorf, sowie das Oberholz und die Mühle bei Schattbuch ꝛc. um 266 Mark Silber; ja 1262 verkauft die Wittwe Hedwig mit Zustimmung des Vormünders ihrer drei Kinder Berthold, Konrad und Heinrich, nämlich mit dem Grafen Wolfrad dem Jüngern von Veringen sogar noch die Lehensherrlichkeit über einige Güter zu Wildorf um 60 Mark Silber an Salem und schließt mit diesem Gotteshaus den Vertrag ab: „daß im Gericht Wyldorf nur Salem, sonst Niemand Korn, Wein, noch was Anderes verkaufen dürfe, und daß nur dem Gotteshaus Salem die dortigen Fälle, sie seien gleich facti vel juris sammt Zwing, Ehehaften und Frevel zuständig sein sollen." Auch verkauft Heinrich Schlüsseler

[1] Neugart, Cod. dipl. alem. Tom I. Nr. 97.

[2] Neugart. Nr. 329.

[3] Regesta Bodensia, von Dümgé. Nr. 25.

v. Leustetten in diesem Jahr eine Hofstatt und zwei Wiesen zu Wylorf mit Zustimmung von Heiligenberg für 12 Mark Silber an Salem. — 1263 verkauft Ritter Wernher genannt Binke Güter zu Wilvorf an Salem. — 1267 geben die Grafen Berthold und Heinrich von Heiligenberg das Kramers=Gut zu Wilvorf, das vordem Johann Rinkenburg (bei Essenhausen, Oberamts Ravensburg) besaß, kaufsweise an Salem. — 1270 kam durch Herman v. Bächin zu Ueberlingen mit Zustimmung von Heiligenberg als Lehensherr das sog. Waibels=Gut zu Weilvorf durch Kauf an Salem. — 1274 verkaufen die Grafen Berthold und Heinrich zum Heiligenberg um 100 Mark Silber das ganze Dorf Weilvorf an Salem. [1]) — 1278 beurkundet Graf Berthold von Heiligenberg, daß Rudolph v. Rehna ein zur Kirche von Weilvorf gehöriges Lehen, womit er von den Grafen zum Heiligenberg belehnt zu sein vorgab, dem Pfarrer Marquard um 3 Pfund Denare überlassen habe, nachdem der Graf Berthold von Heiligenberg mit seinen Kindern wie gesagt, schon 1257 den Hof Oberweilvorf mit dem Patronatsrecht der Kirche und Ehehaften sammt einer Mühle an der Beurer=Aach um 268 Mark Silber an Salem verkauft hatte. — Nachher 1291 kommen noch die Orte Beuren und Leustetten als Filiale zur Pfarrkirche Weilvorf, und 1292 vergiebt dann noch Bischof Rudolph von Konstanz die bischöfliche Quart in den Pfarreien Seefelden, Weilvorf, und Pfaffenhofen für 180 Mark Silber an das Gotteshaus Salem.

Leustetten, früher Leystetten, dann Lehstätten, Lehstetten, Lewstätten, Löwstetten und Lestetten ist ebenfalls schon ein alter Ort. Es war die Stätte eines Lehenadels, der sog. Schlüsseler, wie z. B. des Hug von Lewstetten, welche, da sie bessere Güter von den Grafen von Heiligenberg erhielten, 1274 auf einen Lehengenuß verzichteten, den die Grafen Berthold und Konrad an Salem verkauften, — sowie ein Landgerichtsort des Linzgaus, wo Ritter Guntram von Adelsreute 1138 seine Vergabung an Salem namhaft machte, und 1158 das Collegiat= Stift St. Stephan zu Konstanz einen Hof und andere Güter hatte. Dann

---

[1]) Salmansweilische nothwendige Erinnerung an die Grafen von Heiligenberg. Salem 1830, Seite 157.

1176 schenken Graf Heinrich von Heiligenberg und sein Bruder Konrad der Schirmvogt von Konstanz den Sumpf Blewach nebst etwas Land bei Lehstätten an das Kloster Salem. Ueber diesen Sumpf entstand bald darauf zwischen dem Gotteshaus und zwei Dienern des Grafen Heinrich von Heiligenberg und seinem Bruder ein Streit, der in placito generali Ecatenbuch, d. i. Hauptlandgericht Schaltbuch — vielleicht gar der hieher bezügliche, und nicht der früher [1]) besprochene Königstuhl selbst war, auf dem unter dem Vorsitz des Herzogs Friedrich I. von Schwaben und Elsass anderer Fürsten jener Streit entschieden wurde, [2]) — und als 1248 noch-mals über diesen Sumpf (zwischen Leustetten und Frikingen) ein Streit entstand, wurde dieser durch die Pröbste Heinrich von Grüningen am Dom und S. von St. Stephan zu Konstanz sowie durch Algot Sumrenkalb ver-tragen. — Hernach 1251 vertauschen Graf Berthold von Heiligenberg und seine Frau Hedwig nebst ihren Söhnen Hugo, Berthold und Konrad zwei Güter zu Leustetten gegen ein sumpfiges Gehölze bei Salem an dieses Kloster. — 1254 vermacht Graf Berthold von Heiligenberg mit Zustimmung seiner Gattin Hedwig und seiner Kinder unter Vorbehalt der Einlösung bis zu seiner Wiederkehr von einer Reise das sog. Röhrikachers-Gut bei Leu-stetten an Salem. — 1257 schenkt der Bürger Heinrich Schadmann in Ueberlingen einen Hof zu Leustetten an Salem; eine andere Hofguts-schenkung in Leustetten, die durch den Grafen Berthold von Heiligen-berg und seine Frau Hedwig nebst Kindern an Salem kam, beurkundet der Bischof Eberhard II. von Konstanz, — so daß der Ort jetzt nur noch theil-weise zu den wenigen Besitzungen der Grafschaft Heiligenberg gehörte, als diese 1277 an die Grafen von Werdenberg überging.

Altenbeuren, früher Aldunburias und Altunpuria genannt, kommt sogar in Urkunden schon 783 vor; denn in diesem Jahr vergabt ein gewisser Michar seine bedeutenden Besitzungen zu Aldunpurias dem Kloster St. Gallen, unter dem berühmten Linzgauer Grafen Rodtpert, einem Vetter Kaiser Karls des Großen. — Nachher 1205 schenkt Burchard von Altunpuria und seine Frau Gutta mit Bewil-ligung der Grafen von Heiligenberg eine Wiese zu Weildorf an Salem; ferner werden 1269 durch die Pröbste von St. Stephan zu Konstanz und Bischofszell ein Haus mit Hofraithe und Güter hier, welche Ulrich v. Bobmann als eigen beanspruchte, Salem zugesprochen. — Dann 1282 ver-kaufen Heinrich Schralli zu Habertsweiler und die Brüder Konrad und

---

[1]) Siehe Seite 64.

[2]) Apiarium Salemitanum. Prag 1708, Seite CXLVII.

Berchtold genannt Roßfwanz ihre Güter nebst der Mühle zu **Altunbüren**, an das Kloster Salem. — 1302 schenkt Eberhard v. Rosenau zu seinem und seiner Vorfahren Seelenheil ein Gut zu **Altunbüren** an Salem. 1330 verkaufen die Gebrüder Rudolph und Heinrich Salzmann ein Wiesfeld daselbst für 10 Mark Silber an Salem. 1348 giebt Konrad Schedler von Meersburg sein Besißthum zu **Altenbüren** kaufsweise an Salem. 1386 kam das sog. Müllers-Gut durch Kauf an Salem und 1392 schenken die Edlen v. Gremlich zu Pfullendorf den Zehnten zu **Altenbeyern** den sie von dem Ritter Berchtold v. Trußburg zu Lehen hatten, mit seiner Bewilligung an das Gotteshaus Salem ꝛc. [1]

Lambach, früher **Lammbach** und **Lammpach** am **Lampach**, gehörte großentheils den Herren v. **Rickenbach**; denn 1262 verkaufen mit Zustimmung der Grafen Konrad und Heinrich zum Heiligenberg die Gebrüder Heinrich und Burkard v. Rickenbach mehre Grundstücke zu Lampach an Salem. Nachher wurde ein Leprosorium (Armen-Gutleut- und Sonderstechen-Haus) mit einer Kapelle hieher erbaut, wozu ein Oberamtmann von Heiligenberg, Namens Johann Mathäus Hofmann aus Konstanz († 1638) mit der Verbindlichkeit „den Armen an Ostern, Pfingsten, Weihnachten und Maria Himmelfahrt nebst Suppe und Gemüse noch eine gewisse Portion Fleisch, für 2 fl. Brod und für 3 fl. Wein zu verabreichen und am grünen Donnerstag für 3 fl. Fische zu geben" 3800 fl. stiftete, über welche Stiftung bei den Pfarrakten zu Wellvorf noch eine Abschrift resp. Auszug vorhanden ist. Dieses Leprosorium wurde 1786 nach Geisingen verlegt, wohin es schon 1781 hätte kommen sollen, und nachher wurde dann auch noch die ganz baufällige und längst nicht mehr benüßte Siechenhauskapelle exsecrirt und abgebrochen, deren Anniversarien nun der Pfarrer in Wellvorf abhält, wofür ihm die Gebühren vom fürstl. fürstenberg'schen Rentamte Heiligenberg ausbezahlt werden; das Armen- und Gutleuthaus dagegen wurde ein Wirthshaus des Josef Klein, brannte aber am 20. September 1825 ab, worauf man dann das neue Wirthshaus, das noch steht, auf die andere Seite der Straße baute und das Leprosen-Kapellen-Glöckchen darauf seßte. Die Kapelle sammt Plaß wurde nämlich am 23. April 1826 an den Wirth um 35 fl. verkauft.

Schattbuch hieß früher **Scatenbuch** und **Schakebuch** und war eine heiligenbergische Landgerichts-Malstatt, die aber in salmansweilischem Zwing und Bann lag und vor

---

[1] Apiarium Salemianum. Seite CLX.

uralten Zeiten zu den freien schwäbischen Landgerichten ge=
hörte, wo, wie gesagt die Herzoge von Schwaben oft selbst
präsibirten; nachdem aber deren Stamm abging und die
Grafen von Heiligenberg Regalien bekamen, blieb die Ge=
richtsstätte bestehen und wurde eine Gerichtsstätte für die
gräflichen Unterthanen, mit Ausnahme der Gotteshausleute
von Salem, die nicht dahin citirt wurden. Auch das Pati-
bulum (Galgen oder Hochgericht) das von den Herzogen
von Schwaben aufgestellt wurde, blieb; da jedoch über den
Besiz von Schattbuch mit seinem Hochgericht zwischen Salem
und Heiligenberg viele Streitigkeiten entstanden, so geschah
während der Minderjährigkeit des Fürsten und Grafen Her=
mann Egon, Sohn des Grafen Egons VIII. († zu Konstanz
am 24. August 1625) und der Gräfin Anna Maria durch
diese seine Mutter und den Vormündern (Graf Uratislaus
des Vetters und Markgraf Wilhelm von Baden, sowie Graf
Heimbold v. Hohenems) 1637 mit dem Gotteshaus Salem
ein Vergleich, wornach diesem ein besonderes Territorium
zugeschieden und alle hohe Jura und Regalia mit alleiniger
Ausnahme der landgerichtlichen Wahlstatt und des
Hochgerichts zu Schattbuch, sowie über sämmtliche in
der Grafschaft Heiligenberg gelegenen Niederngerichtsorte
desselben gegen Abtretung des Amtes Burgweiler und an=
derer Realitäten, auch des von dem fürstlichen Reichsstifts
Buchau zu einem Freilehen verliehenen Gutes Hahnennest
zugestanden und überlassen wurde.

Das Landgericht selbst wurde hierauf noch bis 1772,
jedoch nur innerhalb den Grenzen der Grafschaft Heiligen=
berg ausgeübt.

Verhandlungen und Landrichter zu Schattbuch z. B. sind:

1176 erörtert und entscheidet Herzog Friedrich I. von Schwaben
in Gegenwart mehrer Fürsten und vornehmen Herren in Streitsachen zwi=
schen Salem und Heiligenberg über den Sumpfplaz Blewach auf dem Land=
gericht Scatenbuch;

1331 entledigt der Fryg Galantrichter Cunrad von des edlen Herrn wegen Graven Albrechts von Werdenberg in der Grafschaft zu dem helligen Berge — an offener des Reichs Straß Gerichte zu Schakebuch die Bürger von Lindau, so allda von Klags wegen Konrads Bonbrots von Memmingen in Acht und Aberacht kamen, und sezt sie aus dem Unfrieden wieder in Frieden.

1354 spricht Konrad v. Wartenberg oder Wattenberg Frei Lant Richter zu Schattbuch über Ulrich Renner und Konrad Sulger, beide Bürger zu Mörspurg ein Urtheil.

1373 war Heinrich der Weybell von Wattenberg freier Landrichter zu Schattbuch,

1385 Konrad Berchtold, 1396 Hans Hainmann von Lutwang.

1425 Berthold Schulthaß zu Fürstenberg, 1432 Berthold Haßlach von Lallwangen (Leilwangen) u. s. w.

1430 kamen viele Zigeuner in die Herrschaften Salem und Heiligenberg.

1442 nächst Montag nach St. Veitstag verkaufen Martin und Hans Clausmann zu Weilborf dem geistl. Herrn Laurenz für die Kaplanei-Pfründe zu Bächen zwei Rebgüter an der Sonnenhalbe bei Altenbeuren für 27 ₰ Pfennige, was der weise Friedrich v. Oel, Obervogt zu Heiligenberg, auf Bitte mit seinem Insiegel bestätigt.

1525 rumorten die Bauern und wollten sich von ihren Herrschaften frei machen, wo es dann auch zu Weilborf, Leustetten u. s. w. lebhaft zuging.

1571 gab es viele Gewitter mit Hagel; auch richtete ein furchtbarer Orkan mit Wolkenbruch (am 12. August) große Verheerungen an.

1631, 25. November, wurde der Magister Jakob Sauter, Pfarrherr zu Weilborf, als er von Mimmenhausen nach Hause gehen wollte, plözlich vom Schlag gerührt und starb.

1632 rückten die Schweden an, vor denen die Furcht so groß war, daß mehre Personen starben, wie z. B. die Magdalena Guggerin, die, nachdem sie nach Lampach verbracht worden, am 6. Juli verschied.

1633, 12. März, starben zu Weildorf zwei Soldaten vom Regiment Altringer, die dann auf dem Kirchhof daselbst beerdigt wurden.

1633, 7. August, kamen wieder die Schweden, entheiligten die Kirchen und Kapellen und plünderten die Ortschaften; wer sich ihnen widersezte, wurde niedergemacht, wie z. B. der Vorsteher (Präfekt) von Leustetten, Urban Nunnenmacher; dem Andreas Heilig von Weildorf stachen sie am 4. Septbr. zu Frikingen die Augen aus.

1634, nachdem dieselben von Ueberlingen nach Buchhorn und Ravensburg abgezogen, war überall großer Mangel an Nahrungsmitteln, so daß in der Pfarrei Weildorf bei 70 Erwachsene und gegen 100 Kinder am Hunger starben.

1635 wüthete die Pest, bei der wenige Häuser von Opfern verschont blieben.

1638 streiften 30 kaiserliche Reuter im Sigginger-Thal. Da dies den Bauern mißfiel, so rotteten sie sich zusammen und vertrieben sie, und als die Soldaten in Altenbeuren übernachteten und die Bauern solches erfuhren, drangen sie ins Dorf ein und ermordeten bereits alle daselbst am 12. Oktober; nur zwei waren entronnen, die andern Soldaten wurden auf einem Acker begraben. ¹)

1643, im Oktober, zogen etliche hundert Mann Schweden nach Beuren und Bäche, diese wurden von den Bayern und Reichsvölkern überfallen, großentheils niedergemacht und bei 200 Pferde erbeutet.

1647 waren nochmals die Schweden da, die die Leute plagten, ausraubten und viele ermordeten.

1677 zogen österreichische Soldaten durchs Thal, von denen einige auf dem Marsch starben.

---

¹) Die Bauern waren meist von Zußdorf und Denkelschweiler.

1688 war kalter Frühling, Hagel im Sommer, Miß=
wachs und es gab viel Ungeziefer, worauf eine fast sieben=
jährige Theurung eintrat.

1707, 25. März, brach im Oberdorf zu Leustetten ein
Brand aus, bei dem mehre Gebäude abbrannten, wie z. B.
das Haus des Thomas Dilger, mit Scheuer und Stallung.
Er ließ darauf 1717 eine Tafel machen, worauf der Brand
gemalt war und hing sie als Votivtafel in der Kapelle
auf, die bis in die neuste Zeit daselbst zu sehen war.

1738 war der Winter sehr strenge und der Frühling
sehr warm; dann gegen Ende April wurde es wieder kalt
und fiel Schnee, und darauf bis Mitte des Christmonats
war es wieder gelinde.

1768—1774 wurde zu Altenbeuren, Finkenhausen, Leu=
stetten, Lampach und den übrigen Orten der Reichsgrafschaft
Heiligenberg eine Güter=, Zehnt= und Gült=Renovation vor=
genommen.

1783 wurde der Bettel abgeschafft und das Leprosorium
Wesbach zu einem Armenhaus für die unterbergische Herr=
schaft Salem bestimmt.

1796 drangen die Franzosen ins Land, wo viele Leute
flüchteten, das Kloster Bäche seine besten Geräthschaften,
Kirchenschäze und das Archiv nach Salem verbrachte und
dieses Gotteshaus dann Alles mit seinen Schäzen in die
Schweiz flüchtete; dann am 2. August zogen bei 6000 Mann
nach Salem; sie campirten auf den Wiesen zwischen Weil=
dorf und dem Kloster, stahlen wo sie konnten und übten
alle Gewaltthätigkeiten aus. Nun am 5. August kam ein
Reiter nach Bäche, das bis dahin wegen seiner Lage so
ziemlich unbemerkt blieb, und wollte ebenfalls seine Rohheit
zeigen; die Frauen baten jedoch Beuren um Hülfe und so=
gleich zogen die Bauern nach Bäche und jagten den bösen
Gast fort, der sein Roß gestohlen hatte, das wieder seinem
Eigenthümer zugestellt wurde. Während dies in Bäche zu=

ging, brachen aber die Franzosen in andere Orte des Thals
ein: in Weildorf, Leustetten, Beuren u. s. w. Ueberall
wurde die Sturmglocke geläutet; denn die Feinde plünder=
ten nicht nur, sondern wollten sogar die Ortschaften ver=
brennen. Die Mädchen und Weiber flüchteten mit ihren
Kindern in die Wälder, wohin schon vorher die besten Sachen
versteckt wurden. Es war ein grenzenloses Elend: Häuser
wurden zerstört, die Habseligkeiten geraubt, zurückgebliebene
Frauen und Töchter von den Unmenschen geschändet, Kin=
der ermordet, viele Männer getödtet.

1799, 19. März, kamen dann die Generale Tarreau
und Dewal nach Bäche. Der Beichtiger mußte ihnen das
Kloster beschreiben. Sie notirten sich alle Frauen, die Lage,
alle Wasser und Wege; die Hauptsache jedoch war der Wein,
dem sie sehr zusprachen, so daß sie total betrunken wurden.
In diesem berauschten Zustand hielten sie sich einige Zeit
auf und zogen mit ihrer Begleitung erst weiter, als der
Abend anbrach und bereits schon die Sterne am unend=
lichen Gewölbe des Himmels sich zeigten; der glücklichste
Stern aber war für das Kloster, daß es von aller Unbild
der rohen Horde verschont blieb.

1800, 10. Mai, lagerten bei 1600 Mann auf dem
Heiligenberg; sie zogen jedoch bald weiter und ließen sich
nur Contributionen, Lieferungen und Fuhren verabreichen,
die aber auch wieder bedeutend genug waren. — Dann

1803 wurde das Kloster Bäche und das Reichsstift
Salem aufgehoben und die Salmansweilische Herr=
schaft größtentheils badisch, Bäche, Altenbeuren und Leu=
stetten aber fürstenbergisch.

Die Pfarrei Mimmenhausen.

Zu dieser Pfarrei gehören das Pfarrdorf Mimmen=
hausen mit der ehemaligen Bleiche nun Oelmühle
und Gut des Xaver Weber an der sog. Linzer=Aach,
gegen Buggensegel und Neufrach; das Dorf Grasbeuren
mit Killiberg, und das Dorf Tüfingen mit dem Hof
Mendlishausen, welche Filiale von dem Pfarrort also
entfernt sind: Grasbeuren, Killiberg und Mendlishausen je
³/₄ Stunden und Tüfingen 1 Stunde.

Die Pfarrkirche

steht im südöstlichen Theil von Mimmenhausen, von Westen
nach Osten, hat zur Grundform ein längliches Viereck, mit
einem vorspringenden nach Osten gerichteten Chor von ge=
ringerer Breite, an welchen auf der Nordseite der Thurm
stößt und auf der Ostseite ein kleiner Anbau für die Sakri=
stei sich befindet und ist durchgehends mit einem Sattelbach
überdeckt.

Eingänge sind zwei: ein Haupteingang auf der Westfronte,
wo noch Ueberreste des ehemaligen Vorzeichens (Vorhalle)
sich zeigen, und ein Seiteneingang auf der Südfronte.

Das ganze Gebäude besteht aus Langhaus und Chor;
jenes hat im Licht 75' Länge, 28¹/₂' Breite, 21' 3" Höhe;
der Chor 27' Länge, 20¹/₂' Breite und 20' Höhe, ist nach
der Ostfronte vierkantig und wird durch einen starken Scheibe=
bogen (Chorschlußbogen) vom Schiff oder Langhaus getrennt,
in das die südliche Thurmmauer etwas hereinragt.

Der Chor wird rechts und links von je zwei großen
Lichtern mit Rundbogenschluß erhellt, hat einen aschgrauen
Anstrich, eine Flachdecke und die Hohlkehle ist mit blaufarbigen

Linien versehen. Darin steht der Haupt= oder Hochaltar, zu dessen Seiten befinden sich Beichtstühle.

Dieser Hochaltar ist der Prälatur=Altar von Peters= hausen, den der Markgraf Ludwig von Baden 1809 der Kirche vergabte; ist von Holz, und hat zum Altarbild die Himmelfahrt Mariä, mit St. Petrus und Sebastian, welches Bild unten auf der rechten Seite die Aufschrift hat: 1716 Joa. Fra. Schmid pinxit. Darüber schwebt der heil. Geist in Gestalt einer Taube und zu oberst zeigt sich Gott Vater als ehrwürdiger alter Mann mit der Weltkugel. Das ganze Gestell ist mar= morirt, reicht bis zur Chordecke hinauf und wird von zwei silberfarbigen 6kantigen Pfeilern getragen, die mit ver= goldeten Knäufen verziert sind.

Besonders schön ist jedoch der — wahrscheinlich von Bildhauer Dürr oder Feuchtmayer — kunstreich und geschmack= voll gefertigte im Jahre 1854 neu gefaßte Tabernakel, auf dessen Thüre ein schönes Crucifix und oben der Tabernakel mit einem Pelikan geschmückt ist, dem Sinnbild der Liebe, mit welcher Christus im Abendmahle sein Blut zum Genusse hingiebt.

Am Scheide= oder Chorschlußbogen hängt das Triumph= kreuz, und gegen das Schiff, ganz oben am Bogen, das Wappen des Abts Stephanus I. von Salem.

Das Schiff oder Langhaus wird rechts — nach Süden — von 4 großen mit Rundbogenschluß versehenen Lichtern erhellt; dagegen — nach Norden — links wegen der Thurmeinragung nur von 3 solchen Lichtern und dann nach hinten in der Westwand von einem Kreisbogenlicht. Die Decke ist ebenfalls flach, aber mit Stukaturen geschmückt.

Hier befinden sich zwei Altäre: 1 rechts nebst der Thüre, 1 links neben dem Thurmeingang.

Der Seitenaltar rechts hat zum Altarbild die Dar= stellung Jesus im Tempel, wo unter dem Hohenpriester die Jahrzahl 1632 sich zeigt — und der Seitenaltar links zum Altarbild die Anbetung Jesus durch die sog. heiligen drei Könige, mit ebenfalls der Jahrzahl 1632.

Bei dem Altar rechts ist auch der Taufstein mit der Taufe Jesus durch den heil. Johannes in recht hübschen Figuren und in der Südwand dann noch ein steinernes Denkmal auf den Pfarr=Vikar Ruez, welcher von 1755 bis 1790 Seelsorger hier war und mitten im Gang der Kirche seine Ruhestätte hat, da, wo ein großer, ganz abgeschliffener Stein sein Grab deckt.

Die Aufschrift des Denkmals neben der Thüre in lateinischen Buchstaben heißt: Diesem Steine gegenüber in der Mitte des Ganges liegt H. (Herr) Karl Ruez dieses Ortes durch 35 Jahr Pfarrer und des Linzgauer Kapitels Secretarius. Wurzach war seine Vaterstadt. Reine Frömmigkeit, auferbaulicher Wandel und Elfer in seinem Amte machte ihn dem Leben ehrwürdig. Er starb 70 Jahre alt den 28. November 1790, an einem Tag von der Kanzel in das Bett und in den Sarg getragen. R. J. P. (Er ruhe im Frieden).

Ein anderes Denkmal bei dem Altar links, neben dem Thurmeingang lautet: Den 12. April 1731 ist die titl. Fr. (Frau) Anna Maria Schmidin gebohrne Hauserin Reichsstift Salmansw. Haubt= männin allhier im 57 Jahre ihres Alters und den 22 May hernach ihr Gemahl Hr. Fr. Jakob Schmid des Fürstenberg Rgts. (Regiments) zu Zues Haubtmann aufm Commando in Kehl im 59 Jahr seines Alters, also beede in Gott entschlieben, denen und all abgestorbenen Gott gnädig und Barmherzig seyn, auch der Leser deren im Gebet gedenkhen wolle. Amen.

Abwärts vor der Thüre rechts ist dann die Kanzel, welche aus Holz gemacht und mit Engeln und Rosetten verziert ist; sie hat kein Schalldach, sondern nur eine hölzerne mit Schnizwerk versehene Rückwand, auf welcher zu oberst zwei Engel auf die 10 Gebote Gottes hinweisen. — Und zulezt, hinten, ist die Empore, welche von zwei Rund= säulen getragen wird und die 7 registerige Orgel enthält.

Der andere Grabstein im Gang der Kirche bezieht sich auf einen Pfarrherrn; die Schrift konnte nicht mehr ge= lesen werden.

Der Thurm ist massiv, viereckig, 80 Fuß hoch, zu oberst mit Zinnen versehen, auf deren höchsten, wie auf der Westspize des Dachs der Kirche eine Windfahne sich befindet, während ein eisernes Doppelkreuz über der Ost= spize des Kirchendachs in die Lüfte aufragt.

Dieser Thurm enthält 3 Glocken: eine alte und zwei neuere.

Die kleinste, alte Glocke hat oben an der Krone die Aufschrift: »Honeri beatissimae Virginis Matris Dei, Mariae immaculate conceptae. — Fraternitas Salemitana. A. D. 1668. D. h. zu Ehren der allerseligsten Jungfrau, Mutter Gottes, Maria, die ohne Makel empfangen. — Die Bruderschaft Salems. Im Jahr des Herrn 1668.« — Dann folgt an der Schweifung die Darstellung von Mariä=Empfängniß, und in einem Kranze heißt es: »Theodosius, Leonhard vnd Peter Ernst goß mich in Lindaw anno 1669.«

Die zweitgrößte sog. Bet=Glocke hat oben schöne Laub= und Blattwerk=Verzierung, an der Schweifung Engelsköpfe und unten am Kranze: „Felix Koch von Mimmenhausen goß mich in Salem 1818.“

Die größte Glocke hat oben bei gleicher Verzierung die Worte: Uni trinoque Domino, d. h. dem dreieinigen Gott;“ an der Schweifung die heil. Dreifaltigkeit und den heil. Ritter Sebastian und zulezt unten am Kranze noch: „Fusa a Felice Koch Salemii MDCCCXVIII. D. h. gegossen von Felix Koch in Salem 1818.“

Es hingen zwar früher auch größere alte Glocken im Thurm, allein weil aus der Betglocke Stüke waren und die große Glocke 1817 zersprang, ließ man beide umgießen und durch den Glockengießer Koch noch ein ganz neues kleines Glöckchen fertigen, so daß der Thurm 4 Glocken bekam. Der hiesige Pfarrer Honorat Hapt weihte diese drei Glocken auf bischöfliche Ermächtigung am 14. August 1818 ein. [1]) Als die Glockenweihe vorüber war, wurden sie dann sogleich hinaufgezogen und zur Freude aller Ein= wohner geläutet. Später wurde jedoch das kleinste Glöckchen wieder herab= genommen und auf die Bethalle des neuen Gottesackers gesezt.

Dieser neue Kirchhof außerhalb des Dorfs an der Straße nach Neuf= rach, entstand auch erst, nachdem der alte um die Pfarrkirche durch Physi= kus Buchegger und Bezirksamtmann Rukmich in Salem abgesprochen worden war, 1842. Zuvor war dieser Plaz Ackerfeld und gehörte zum

---

[1]) Pfarrer Hapt kam nachher (Anfangs Juni 1837) als Pfarrer nach Salem und starb da 1855. Siehe Seite 189.

Pfarrwidbum Leutkirch; Rentamtmann v. Riß zu Salem kaufte als Zehnt=
herr den am Kasernenöschle gelegenen Acker, der Sandkieskoden und keine
Quellen enthält, somit sehr geeignet zur Grabstätte erschien, dem Pfarrer
und Decan Karl Granser in Leutkirch ab und ließ ihn ummauern. Nun wurde
der große Platz Gottesacker, bekam von der Herrschaft Salem gratis pas=
sende Bäume, und wurde durch den Pfarrer Athanasius Stöhr am 26. No=
vember 1843 eingeweiht. [1]) Auf diesem Friedhofe steht seit 1859 — durch
Wohlthat gestiftet — auch eine Bethalle (kleine Kapelle) die mit 3 sehr
schönen großen Holz=Bildern aus der Pfarrkirche: Christus am Kreuze,
Maria und Johannes geschmückt ist, während das obige Glöckchen da dem
ausgerungenen Menschen zu seinem lezten Gange läutet, wo bald nichts
mehr an ihn erinnert, als sein Name, seine Werke oder ein Kreuz, ein Leichen=
stein sein Grab bezeichnet; zwei solche Grabsteine auf ehemals berühmte
Männer sieht man auch auf dem alten Gottesacker; die Inschrift des
einen auf röthlichem Sandstein (beim Kirchthurm) lautet:

„Wandersmann! dieser dankbare Stein bedeckt den frommen Christen,
den treuen Ehegatten, den sorgfältigen Vater, den großen Künstler, näm=
lich den H. J. Georg Dürr, vortrefflichsten Bildhauer in Mimmen=
hausen. Er trat in die Welt zu Weilheim [2]) den 12. April 1723 und
verließ sie zu Mimmenhausen den 9. Oktober 1779. In dem schönen
Münster zu Salmansweil hat er seinen Namen der Unsterblichkeit einge=
graben. Wünsche dem Frommen die ewige Ruhe und gehe auf dem Pfade
seiner Tugenden.“

Der andere auf grauem Sandstein zunächst jenem, gegen die Haupt=
thüre hat folgende Inschrift:

„Requiescit in hoc loco Special. D. J o s e p h u s A n t o n i u s
F e u c h t m a y e r cum uxore sua Theresia Hollsteinin et filio Joanne
Baptista. Lincium quem genuit, Schongavia nutrivit, Salemium
erudivit. Patrem septem Prolium, quas vel Innocentiae stola
Candidas vel solenni voto Deo sacras ad coelum praemisit om-
nes. Statuarius insignis Salemitanas et Einsidiensem, Birnovianam
et St. Gallensem altaribus et statuis ornavit Ecclesias. Anno aetatis
LXXIV. Salutis MDCCLIX inchoante viam unvrsae carnis ingressus,
Viat cum suis Deo.

---

[1]) Athanasius Stöhr kam von hier nachher auf die Pfarrei Beildorf, wo er noch ist.

[2]) Weilheim ist ein kleines Pfarrdorf im königl. bayrischen Landgerichte Monheim (Kreis
Schwaben und Neuburg) mit einem Römerthurme und einer Höhle mit vielen Gängen
auf einer Wiese, die man das Pumperloch nennt.

D. h. An diesem Ort ruht der ausgezeichnete Herr Joseph Anton Feuchtmayer mit seiner Frau Theresia Hollsteinin nebst seinem Sohn Johann Baptist. Er wurde zu Linz (bei Pfullendorf) geboren, in Schönach (Großschönach) (?) erzogen und in Salem gebildet. Er war Vater von 7 Kindern, welche er alle theils noch mit dem Kleide der Unschuld geziert, theils schon durch ein feierliches Gelübde Gott geweiht zum Himmel vorausendte. Der ausgezeichnete Bildhauer schmückte die Kirchen von Salem, von Einsiedlen, von Birnau und von St. Gallen mit Altären und Statuen. Er ging im Anfang des Jahres 1770 in einem Alter von 74 Jahren den Weg alles Fleisches und wandelt nun mit den Seinen vor Gott.

Beide Künstler — Feuchtmayer und Dürr und auch der Bildhauer Johann Georg Dieland — wohnten im Hause Nr. 84, das jetzt dem Schustermeister Ferdinand Endres gehört.

Die Fonds und Stiftungen

sind:

1) Der Kirchen = und Bruderschaftsfond mit einem Vermögen von circa . . . . 19,000 fl. sammt Grundstücken und Inventar des Kirchenfonds, welcher zu Anfang des 16. Jahrhunderts aus Stiftungen von Seelenmessen und Jahrtägen entstand und in neuester Zeit dadurch vermehrt wurde, daß stifteten:

a) Pfarrer Wendelin Kramer in Heitersheim 1846. . 200 fl.
mit der Bedingung, für ihn jährlich ein Seelenamt zu halten und 5 fl. jedes Jahr zu Anschaffung eines Kleides für einen Erstkommunikanten zu verwenden;

b) Genovefa Wieber, verehelichte Maier von hier, 1848 . 100 fl.
deren 4%er Zins zu Schulbedürfnissen
sodann . . . . 50 fl.
deren jährlicher Zins von 2 fl. zu Brod für arme Schulkinder und . . . . 50 fl.
deren Zins zu einem im Juni abzuhaltenden Jahrtag verwendet werden sollen;

c) Elisabetha Michel, verehelichte Mosbrugger dahier, im Jahr 1858 . . . . 36 fl.
zur Abhaltung eines Jahrtags.

Zuvor bestand zwar für den Kirchenfond eine eigene Rechnung; da jedoch der Bruderschaftsfond zu 70 fl. Kapital nicht auch zu einer solchen groß genug war, so wurde derselbe seit 1. Juni 1852 mit dem Kirchenfond vereinigt; dagegen diesem die Verpflichtung auferlegt; die jährlich 6 heil. Messen der Bruderschaft lesen zu lassen und dafür dem Priester 2 fl. 24 kr. und dem Meßner 24 kr. zu bezahlen. Dazu erhält dieser dann noch von den Bruderschaftsmitgliedern 12 kr., während die Bruderschaftsgenossen das zur Lesung der 6 heil. Messen nöthige Wachs anschaffen.

Der Zweck des Fonds ist überhaupt dieser:

Bezahlung des Ortspfarrers für seine kirchliche Verrichtungen, Besoldung des Meßners, des Stiftungsaktuars und des Stiftungsrechners, Anschaffung der Kirchenerfordernisse, Bestreitung der Gebühren für gestiftete Jahrtage und Messen, Zahlung des mit leztern gestifteten Almosens zu 23 fl. 47 kr., Verwendung von 5 fl. zu einem Erstkommunikanten-Kleid, sowie von 4 fl. zu Schulbedürfnissen und 2 fl. zu Brod für arme Schulkinder und endlich noch Bezahlung von 2 fl. 24 kr. für die 6 Bruderschaftsmessen und 24 kr. für den Meßner bei diesen Messen.

2) Der **Baufond** mit eigener Rechnung und einem Vermögen von circa . . . . . 9000 fl.

welcher 1848 durch Ablösung des Zehnten entstanden ist und die Unterhaltung und den allenfallsigen Neubau der Kirche und des Pfarrhauses zu bestreiten hat.

3) Der **Kapellenfond Tüfingen** mit eigener Rechnung zu einem Vermögen (ohne das Inventar), zu . . . . 550 fl.

welches aus der Vertheilung des Ueberschusses von 10,484 fl. 26 kr. aus dem Vermögen der Sebastiansbruderschaft, des Oberpflegamts und der St. Leonhards-Kapelle zu Salem 1809 mit 500 fl., sowie durch Inweisung des Zehntbaulasten-Ablösungs-Kapitals für die Kapelle 18^{48}/$_{51}$ mit 190 fl. 58 kr. nebst Zins, und aus den Bürger-Geldern entstand, indem jeder neu aufgenommene Bürger nach altem Herkommen, wie es schon in der 1760 er Rechnung aufgeführt ist — bei seiner Aufnahme 17½ kr. zum Kapellen-Vermögen entrichten muß. Dann wurde in neuester Zeit der Kapitelstock auch noch durch die Jahrtagsstiftungen der Agatha Baur und der Rosa Forster von Tüfingen vermehrt.

Der Zweck des Fonds ist: Anschaffung der nöthigen Requisiten für die Kapelle, Zahlung der Gebühren für die gestifteten Jahrtäge an Pfarrer, Meßner und Ministranten, Bestreitung des von Agatha

Baur gestifteten Almosenbrotes zu 19 kr., Besoldung des Rechners
und Entrichtung des Brandkassenbeitrags für das Kapellen-Gebäude,
das mit 400 fl. im Brandversicherungskataster aufgenommen ist.

4) Der Schulfond ohne Rechnung mit einem Ver=
mögen von . . . . 200 fl.

gestiftet durch letzten Willen des Wagnermeisters Joseph Hafen von
Salem, gest. den 25. Dezember 1839, aus dessen Zinsen Schulbe=
dürfnisse für arme Kinder angeschafft werden.

Die gestifteten Jahrtäge selbst beginnen mit dem Jahr 1504
und es sind deren im Ganzen bis jetzt 54, dann drei für Tüßingen und
2 für Grasbeuren.

Die Bruderschaft besteht unter dem Namen „Liebesbund"
oder „Bruderschaft des allerheiligsten Altarsakraments"
und ihr Zweck ist: Beförderung der Andacht zum heil. Altarsakramente,
öfterer Empfang des heil. Abendmahls und Anreiserung zur wahren
Nächstenliebe.

Das Titular= oder Bruderschaftsfest wird begangen
am Sonntag in der Fronleichnamsoktav (octava corporis
Christi) mit Predigt und Amt und einer Prozession um die
Pfarrkirche.

Die St. Sebastians=Bruderschaft dagegen ging
ein und ebenso verschwand der Sebastians=Altar in der
Kirche, sowie der schöne Oelberg, welcher sich in der nörd=
lichen Kirchenmauer befand, der wahrscheinlich zugemauert
wurde; die Feldkapelle dagegen, die außerhalb Mimmen=
hausen an der Straße nach Tüßingen gegen Salem zu lag,
wurde wegen Einsturz 1840 abgebrochen und die St. Leon=
hards=Kapelle am Bisang=Weier kam schon früher weg.

Die Pfarrei selbst wurde erst 1629 resp. 10. Juni 1630 gegründet.
Zuvor gehörte Mimmenhausen zum Pfarrsprengel Seefelden, von wo von
Zeit zu Zeit ein Kaplan hieher kam, der in der Kapelle (jetzigen Pfarrkirche)
Messe las, die Seelsorge dagegen und Spendung der Sakramente dem
Pfarrer zu Seefelden oblag; weil nun aber der Weg dahin sehr weit und
es im Winter bei tiefem Schnee und Regenwetter beschwerlich war, die
dortige Pfarrkirche zu besuchen, so baten die Mimmenhauser, ihnen einen
eigenen Priester zu geben, der die Obliegenheit habe, die pfarrlichen Funk=
tionen in loco ausüben zu dürfen. Es wurde 1495 ein Kurat=Kaplan zur Seel=

sorge hieher gesezt, der von der Gemeinde fundirt wurde, jedoch noch immer unter dem Pfarrer zu Seefelden stand. Mit der Zeit kam jedoch diese Kaplanei in Zerfall und die Dotation wurde zersplittert; es kehrte wieder der alte Zustand zurück, daß die Mimmenhaufer zur Pfarre nach Seefelden mußten. Da wandten sie sich bittlich an den Abt zu Salem und an das Domkapitel zu Konstanz, welches der Patron der Parochie Seefelden war, und beide kamen mit einander überein, die Filial=Kaplanei zu erneuern und das jährliche Einkommen des Kaplans zu fundiren; aller Uebelstand aber wurde erst beseitigt, als unterm 10. Juni 1630 die Kaplanei zu einer selbständigen Pfarre mit Beigabe von Graßbeuren und Tüfingen und der beiden Höfe Banzenreuthe und Menlshausen erhoben wurde und der Prälat Thomas mit dem Domkapitel zu Konstanz die Competenz des Pfarrvikars mit vorläufig 300 fl. — hülftig auf Salem und hälftig auf das Domkapitel auswarfen. Jezt wurde die Kapelle zu einer Kirche erweitert und ihr ein Coemeterium oder Begräbnißplaz beigefügt, sowie das alte Kaplaneihaus renovirt. Der erste selbständige Kaplan qua Pfarrer war Johann Schänlelin, sein Nachfolger Franz Beser. Ihre Stellung war aber auch nicht sehr angenehm; die leidigen Kriegszeiten gewährten ihnen kaum oft den nöthigen Unterhalt und manchmal mußte der Kaplan sogar das Mitleid von Salem anflehen; doch sie fanden bei Abt Thomas einen liebreichen Bater, der, wenn auch selbst mehrmals bedrängt, dennoch stets nach seiner Kraft half. Der erste wirkliche Pfarrherr jedoch war Jakob Wittmaier, der von 1645—1683 die Pfarre Mimmenhaufen versah, auf den alsdann noch 14 Pfarrherren folgten. Jezt seit 1853 besorgt Anton Schele aus Egloss bei Wangen als Pfarrverweser die Pfarrei. — Lange Zeit mußte übrigens der Pfarrer noch mit seinen Pfarrgenossen als Zeichen, daß Mimmenhaufen nach Seefelden gehörte, an den 4 Hauptfesten, nach Seefelden und noch in neuerer Zeit 1724 wurde nach §. 4 des Rezesses über den Zehnten=Austausch zwischen dem Gotteshaus Salem und dem Domkapitel zu Konstanz zum Gedächtniß bestimmt: „daß, weil die Pfarre Seefelden die Mutterkirche (matrix ecclesia) von Mimmenhaufen gewesen, jährlich am hell. Osterfeste drei Mann von da, worunter der Ortsvorgesezte, im Namen aller Pfarrkinder sich der Mutterkirche zu Seefelden präsentiren und beim Opfergang für alle 4 Hauptfeste auf den Altar 1 fl. 20 kr. als Rekognition legen sollen." Erst um 1810 ging diese Verbindlichkeit ab. [1]

Die Patrone der Pfarrkirche selbst sind nach dem Stif-

---

[1] Ueber die Gründung der Curat=Kaplanei und spätern Pfarre Mimmenhausen siehe auch die Summa Salemitana. Tom. I., Tit. IV., Seite 119a bis 134, Nr. 70—74.

tungsbrief vom Jahr 1495 die heil. Jungfrau Maria, und die Heiligen Sebastian, Johannes und Papst Sylvester. Das Patrocinium wurde jeweils an Mariä Empfängniß (8. Dzbr.) gefeiert; ging aber ein, und es wird jezt nur noch obiges Titularfest gefeiert.

Früher wurde auch der Pfarrer vom Abt von Salem präsentirt; jezt sind jedoch die Herren Markgrafen von Baden als Besizer der Herrschaft Salem die Patrone.

Das jährliche Einkommen des Pfarrers besteht ein= schließlich von 15 Klafter halb Buchen= halb Tannen=Holz und einiger Grundstücke — und da der frühere Wein ab= gelöst und die 10 Malter Kernen nun nach den jeweiligen Fruchtpreisen bezahlt werden, in circa 600 fl. — Das Pfarr= haus ist das frühere Kaplaneihaus, welches 1691 restaurirt und erweitert wurde.

Das Einkommen des Lehrers ist jährlich:

1. Gehalt als Lehrer	. . . .	134 fl.
2. Schulgeld von circa 80 Schulkin= dern zu 1 fl. 12 kr.	. . . .	96 fl.
3. Gehalt als Meßner	. . . .	66 fl.
	zusammen:	296 fl.

Schulhaus ist das Meßnerhaus, welches 1795 neu ge= baut wurde, worauf erst 1796 die Schule dahin kam. An= fangs war dieselbe im Haus Nr. 21a (Johann Engst) bei der Brücke und nachher bis 1796 in dem Kasernengebäude; das alte Meßnerhaus aber, welches im jezigen Garten des Lehrers stand, wurde abgebrochen.

Endlich ist zu bemerken, daß früher auch noch der Hof Forst und die Sägmühle bei Salem zu Pfarre Mim= menhausen gehörten, jedoch 1808, 26. April, von der geist= lichen Regierung zu Konstanz der neu errichteten Pfarrei Salem zugewiesen wurden, und daß nach den Pfarrakten 1394 negsten Zinßtag nach St. Veits Tag des Haylgen Martyrers Abt Wilhelm und Convent zu Salem in Anbe=

tracht, daß vormals ihr Custor „ain halbtail ains ewigen Liechts dem Haylgen gehn Mimmenhaußen in der Kirchen lange zeit versorget hatt," welchen die Pfleger da vor viel Zeit dem Kloster zu Kauf gaben — eine Urkunde ausstell= ten, wornach dieselben der Kirche (Kapelle) zu Mimmen= haufen auch noch den andern Theil des ewigen Lichtes um 30 ß Heller in „Rechtskaufsweise" dem Kloster mit dem Versprechen verkauften: „daß ein jeglicher Kuster (Großkel= ler) wellicher dan in je Sallmanschweilischer Custer ist, Nun fürbas Ewigelich Ain gantz Ewig liecht, das tag vnd nacht in der Kirchen zu Mimmenhaußen brinn, mit Öll vß der Custorey nach Notturft volligelich verforgen foll ohn all ge= wärd, ohn all widerred vnd ohn all Ablaynen," — sowie daß 1828 die Kirche noch aus der Wieland'schen Verlassenschaft ein fehr schönes aus Holz geschniztes Christusbild verehrt erhielt, daß man frisch faffen und ein schwarzpolirtes Kreuz dazu machen ließ, das jezt jährlich am Charfreitag an die untere Treppe beim Chor in der Pfarrkirche hingelegt wird, fonst aber unterm Chorbogen aufgehängt ist. Johann Georg Wieland war nämlich Bildhauer und starb hier, 52 Jahre alt, den 8. Juni 1802. Das Todtenbuch sagt von ihm: **Vir optimae vitae, justus et rectus,** d. h. er war ein Mann, führte das beste Leben und war schlicht und gerecht.

Mimmenhaufen

felbst 1461 Fuß über der Meeresfläche — ist ein Dorf an der Straße von Uhldingen und Mühlhofen nach Salem, 1 starke Viertelstunde von Salem und Stephansfeld, $\frac{1}{2}$ St. von Killiberg, Buggensegel und Neufrach, $\frac{3}{4}$ St. von Gras= beuren und Weildorf, 1 St. von Mühlhofen und Tüfingen, 2 St. von Meersburg und Markdorf und $2\frac{1}{4}$ St. von Ueberlingen entfernt.

Das Dorf hat 115 Bürger, 104 Wohnhäuser und 614

Einwohner, die sich theils mit Gewerben, theils mit Land=
wirthschaft abgeben.

Die Gewerbe sind: 2 Bäcker, 2 Buchbinder, 1 Drechs=
ler, 1 Färber, 1 Gerber, 2 Glaser, 2 Hafner, 2 Küfer,
1 Maurer, 1 Mezger, 1 Müller, 1 Oelmüller, 3 Sattler,
1 Schlosser, 1 Schmied, 2 Nagelschmiede, 4 Schneider, 4
Schreiner, 6 Schuster, 2 Wagner, 6 Weber, 2 Zimmerleute.

Ferner sind hier 3 Wirthschaften: eine Gastwirth=
schaft (Taferne) zum Hirschen, an der Hauptstraße und
unweit der Kirche in einem ansehnlichen 2 stöckigen Hause
mit guten Kellern, 1 großen Wirthsstube, 1 heitern Speise=
und Tanzsaal, 5 Gastzimmern, 1 hellen geräumigen Küche,
2 Stallungen, 1 großen 5 fahrigen Scheuer mit Wagenschopf,
Holzbehälter, Speicherräumen u. dgl., und dann noch mit
einer hübschen, neu hergestellten gedeckten Kegelbahn im
Hofe, welches Gasthaus dem Wirth und Oekonomen Wen=
delin Ehinger von Steinhof bei Bruckfelden gehört, — dann
eine Restauration des Stephan Späth im Oberdorf und
an der Straße nach Salem, bei der Aach, die hier durch
das Dorf fließt, welches zweistöckige Wirthshaus ebenfalls
ansehnlich ist und 1 große Wirthsstube, 1 freundlichen Speise=
und Tanzsaal und mehre Gastzimmer nebst den nöthigen
Oekonomiegebäuden hat, — und endlich noch eine Bier=
brauerei mit Schenke des Ignaz Müller aus Wahlweier
bei Homberg, außerhalb dem Ort, gegen Salem und Ste=
phansfeld.

Die Kaufleute und Krämer sind: Kaufmann Ludwig
Klein, schief über von der Restauration, jenseits der Aach,
und der Krämer Paul Roth, gegenüber vom Hirsch=Wirths=
hause, in der Nähe der Kirche.

Die Mahlmühle ist am Anfange des Dorfes von
Salem her, an der Aach und gehört dem Kaspar Schwarz
von Nendingen.

Die Oele mit Hanfreibe des Xaver Weber — frühere Bleiche, liegt unter dem Dorf, an der Aach, Buggensegel zu, und der Barbier und Wundarzneidiener Bernhard Bauer aus Pfullendorf, wohnt neben der Bierbrauerei.

Endlich ist hier noch eine Gerberei und Weinhand= lung des Leopold Akermann. Das stattliche Wohnhaus dieses Herrn besteht aus 2 Theilen: aus dem alten Hause und dem vordern Neubau vom Jahr 1846, die jedoch mit= einander verbunden und $2\frac{1}{2}$ Stockwerke hoch sind. Die Fronte oder Vorderseite hat 76' Länge, die Breite 31. Darin befinden sich 2 gute Keller, im untern Stock 8 Zimmer nebst Küche und oben 12 Zimmer. Dann folgen in einiger Entfernung die Nebengebäude mit 2 Stallungen, Chaisen= Remise, Holzschopf, Wagenbehälter, Backhaus und Waschküche, und daran stößt die Rindenscheuer und ein Lohkäshaus, an welches Herr Akermann 1861 auch noch ein hübsches Bad= häuschen über der Aach mit Aussicht nach Salem und 2 Badlokalen für sich und seine Familie und zum öffentlichen Gebrauche herstellen ließ. Um das Ganze aber liegen mehre Gärten, dann gleich vor der Wohnung 1 schöner, großer Blumen= und Gemüsegarten von 1 Morgen und zu den Seiten sind zuletzt mehre Gras= und Krautgärten, die mit Obstbäumen bepflanzt in Allem 7 Morgen betragen und größtentheils von einem Hag umgeben sind, so daß Alles durch die Aach und Umhagung ein hübsches, wohlgelegenes, abgeschlossenes Gut darstellt.

Ja so lange als das Kloster existirte, waren sogar noch mehre Gewerbe, ja sogar Künstler hier: Büchsenmacher, Gürt= ler, Hutmacher (Huter), Glockengießer, Bildhauer, Uhren= macher ꝛc., die alle fürs Kloster arbeiteten und Geld und Leben in den Ort brachten, daher man ihn gewöhnlich auch eine Stadt zu nennen pflegte.

Auch war hier eine Kaserne für das Salemer=Mili=

tär, da, wo jezt die Bierbrauerei steht; [1] ferner bis 1774 eine Post, da, wo jezt der Bürgermeister Mathäus Jaun wohnt; [2] dann eine Forstei im Hause des Jos. Anton Winter und andere Stellen und Bedienstungen mehr, die ebenfalls viel zur Lebhaftigkeit des Ortes beitrugen. [3]

Die Gemarkung dagegen ist klein; denn sie umfaßt nur 968 Jauchert 105 Ruthen Aecker, Wiesen, Wald, Gärten und Reben, und selbst davon gehört der größte Theil der Standesherrschaft Salem, so daß die Gemeinde blos 138 Morgen 213 Ruthen Allmend oder Gemeindsgut und circa 5 Morgen Kies=, Sandgruben und Zimmerpläze für sich hat.

Der Boden selbst ist verschieden: dießseits der Aach lettig und fett, jenseits der Aach (Neufrach zu) kiesig und trocken, im Ganzen jedoch gut. Die Produkte sind dieselben wie bei den frühern Ortschaften. Wein wird gepflanzt am Kirchberg gegen Salem, sowie am Neuenberg und Schnellenberg dießseits der Straße nach Mühlhofen; der größere Theil dieser Hügel ist jedoch Feldboden und der frühere weinreiche Hügel Weingarten gleich hinter Mimmenhausen jezt gar ganz Wiesen= und Feldland. — Diese Hügel sind zugleich auch die Haupthöhen der Gemarkung.

Die begütertsten Oekonomen sind: Bernhard Hasen, Kaspar Schwarz, Franz Meschenmoser, Mathä Endres und der Bleicher (Oeler) Xaver Weber.

Die Gassen sind: die Herrengasse bei der Kirche, die Wehre oberhalb der Kirche und die Saugasse hinter

---

[1] Die Kaserne war zweistöckig und recht hübsch; für die Pastoration darin bezog der Pfarrer beim Burs= oder Steueramt Salem jährlich 8 fl.

[2] Die Post wurde 1774 als Reichspost nach Salem verlegt.

[3] Die salemische Beamten und Bedienstein pflegten jährlich am grünen Donnerstag mit dem Convent in Salem die hl. Communion zu empfangen, indem sie diesertwegen von Salem aus von der Pfarre Mimmenhausen dispensirt waren.

dem Hirschen; [1]) die Hauptgasse aber bildet die Landstraße nach Salem, und zwar nimmt sich da besonders das Ober= dorf mit der Aach recht hübsch aus, indem hier der Fluß in einem breiten Bette lauft, neue Brücken hat, die Straße mit Zierbäumen bepflanzt ist und ein gutes Steinbild (heil. Johann v. Nepomuk) und eine fast 200 jährige schöne Linde die Hauptbrücke zieren. Auch befindet sich dort das 3 stöckige Rathhaus [2]) und die Speisewirthschaft (Restauration) des Stephan Späth, sowie die Handlung des Ludwig Klein.

Das Einkaufsgeld in das Bürgerrecht ist für Baben= ser 21 fl. 3 kr., für Ausländer (Nichtbadische) 42 fl. 6 kr. das Einkaufsgeld in den Bürgernuzen, der in Allmendfeld besteht und auf gewissen Häusern ruht, 60 fl.

Brunnen sind: zwei laufende (Röhrenbrunnen) und 54 Pumpbrunnen; das Wasser ist jedoch nicht sehr gut.

Ja früher saß hier sogar ein eigener Adel; [3]) denn als Ritter Guntram 1138 Güter an Salem vergabte, waren auch Hartmann und Heinrich v. Mimmenhausen gegenwärtig; dann werden in dem Diplom Königs Konrad III. an Salem 1142 Heinrich und Hermann v. Mimmen= hausen als Zeugen genannt; ferner übergeben Konrad und Hartmann v. Mimmenhausen eine Schankung zu Nonnenweiler bei Saulgau, die sie von dem Bischof Adelgot dem Heiligen von Chur — der sich bei Kaiser Friedrich I. zu Konstanz befand und an den Verhandlungen über die Reichs= angelegenheiten Theil nahm — erhalten hatten, mit ihrer Colonie bei Cum- poldovieto (Ried bei Salem) 1152 an das Gotteshaus Salem; dann kom= men in einer Verordnung Herzogs Friedrich von Schwaben über den Ver= kauf von Gütern an Salem 1185 Hartmann und Konrad v. Mim= menhausen als Zeugen vor, u. s. w.; es waren übrigens auch die Herren

---

[1]) Saugasse nannte man die Gasse gegen die Oele deshalb so, weil dort am Palm= sonntag=Markt, der später nach Salem verlegt, der Sau= oder Schweine=Markt ab= gehalten wurde.

[2]) Das Rathhaus hat unten die Wachtstube, den Bürgerarrest und die Räumlichkeit für die Feuerlöschspritzen; im zweiten Stock den Rathssaal, und oben das Bürger= meister=Amt.

[3]) Wo diese Herren v. Mimmenhausen ihre Burg oder Wohnung hatten, ist un= bekannt, wahrscheinlich aber auf dem sog. Weingarten=Hügel.

v. Hasenstein her begütert, welche vielleicht die v. Mimmenhausen erebten; und dann waren auch noch die drei Salemer-Aebte Johannes II. (Scharpfer), Johannes III. (Flscher) und Vitus (Neser) von Mimmenhausen.

Ueberhaupt ist der Ort nicht nur alt, sondern war auch früher sehr belebt und wohlhabend und konnte seiner zahlreichen Gewerbe, Künste und Beamtungen wegen wohl mit einer Stadt verglichen werden.

Grasbeuren,

das Filial der Pfarrei Mimmenhausen, liegt 1433' über der Meeresfläche, bereits mitten zwischen Meersburg und Salem und ist von Schiggendorf und Ahausen, je ¼ St., von Baitenhausen und Buggensegel je ½ St., von Bermatingen, Mimmenhausen und Mühlhofen je ¾ St., von Meersburg 1 St., von Salem 1¼ St. und von Ueberlingen 3 Stunden entfernt.

Das Dorf hat 18 Wohnhäuser, 17 Bürger und circa 140 Einwohner, die fast alle Landwirthschaft treiben; denn Gewerbe treiben hier nur 1 Maurer, 1 Schuster, und 2 Weber. Ferner sind da 1 Wein- und Speisewirthschaft des Josef Sauter am Ende des Dorfes und an der Vizinalstraße von Mühlhofen nach Bermatingen, — eine Spezereiwaarenhandlung des Josef Stern, gleich oben östlich vom Wirthshause, und zwei Kapellen: ein Privatkapellchen und eine Ortskapelle.

Das Privatkapellchen (Käppelle) steht gleich rechts am Anfang des Dorfes von Mimmenhausen her und hat nur ein Altargestell mit dem Holzbild Christus im Schooße Mariä mit der Unterschrift: »Ora pro nobis (bitt für uns)" — so wie einen Oelberg mit der Schrift: "Meine Seele ist betrübt bis in den Tod." Jakob Meßner dahler ließ sie als Dank wegen glücklicher Errettung seines Sturzes von einem Baume und zur Abhaltung eines allwochentlichen Rosenkranzes durch seine Familie um 1770 bei seinem Hofe errichten.

Die Ortskapelle dagegen steht auf einem Hügel oben westlich im Dorfe, ist im Licht 33' lang, 17' breit, 14½' hoch, hat einen Altar mit dem Holzbilde die keusche Susanna, zu oberst den heil. Evangelisten Johannes, den heil. Johannes den Täufer und den heil. Martyrer Vitus, und dann noch in einem Reiterthürmchen ein Glöckchen. Der Altar stammt aus der

St. Leonhards-Kapelle in Salem und wurde von Großherzog Ludwig der Gemeinde geschenkt. Die kupferne, stark vergoldete gothische Monstranz wurde von dem geheim. Hofrath v. Seyfried in Salem der Kapelle vermacht. Die Kapelle selbst wurde, nachdem die alte baufällige abgebrochen war, 1828 neu gebaut und es werden darin nun jährlich einige Jahrtäge und gegen 10 hl. Messen, die von der Gemeinde bezahlt werden, da ein Fond mangelt, gehalten. Der Platz, auf dem sie steht, gewährt eine freundliche Aussicht auf das Thal und nach Baitenhausen.

Das Schulhaus, welches unten die Schulstube und oben die 5 zimmerige Lehrerswohnung mit Küche hat, steht nordöstlich von der Kapelle ganz frei da und wurde auf Kosten der Schulgemeinde (Grasbeuren, Buggensegel und Schiggendorf) durch Werkmeister Johann Zeller in Salem um 5000 fl. gebaut. Die Zahl der Schulkinder ist 60; der fixe Gehalt des Lehrers jährlich 200 fl. und je 1 fl. 12 kr. Schulgeld. Auch hat der Lehrer noch von der Gemeinde 3 Vierling Feld; der jetzige Lehrer Ignaz Schuler wohnt jedoch nicht im Schulhause, sondern in seiner eigenen Wohnung.

Die Gemarkung umfaßt circa 1040 Morgen, 1 Vrlg., 70 Ruthen Wald, Aecker, Wiesen und Reben.

Der Boden ist sehr verschieden: in und um das Dorf sandig, kiesig (man kömmt in einer Tiefe von 25 Schuh auf reinen Kiesboden) und sehr wasserreich; — außerhalb des Ortes lettig und sehr gut, und gegen die Gemarkungsgrenze hart, röthlich und mager, wo er Grübel-Boden genannt wird. — Die Haupthöhen sind der Hochberg auf der Grenze von Buggensegel nach Mimmenhausen und der größtentheils mit Reben bepflanzte Taubenberg zwischen Wehhausen und Ahausen, und zwar ist der taubenberger Wein recht gut und haltbar und gehört zu den besten Weinen der Gegend. In guten Jahren gewinnt man bei 40 Fuder; die übrigen Produkte sind Spelz, Roggen, Gerste, Hafer ꝛc. und viel Obst; auch für den Tabaksbau ist der Boden geeignet.

Die größten Höfe sind: der ehemalige Kreuzlinger-Hof Krug (Johann Hoher gehörig), den um 1593 Christa Drner vom Gotteshaus Kreuzlingen zu Lehen hatte; — der Hof Bogen zu 66 Morgen, 1 Vrlg., 72 Ruthen Aecker, Wiesen, Reben und Gärten, der am 16. Mai 1843 von

Georg Weißenrieder an die Standesherrschaft Salem ver=
kauft wurde; — der Hof Schraube des Anton Heimgärt=
ner, und der Hof Würtel, welcher dem Bürgermeister An=
ton Mezger gehört. Diese 3 Höfe waren früher salmans=
weilische Lehenhöfe, die in den Jahren 1839 und 1840
abgelöst wurden.

Seit 1861, wo die Vizinal=Straße erweitert und gut
hergestellt wurde, so daß jetzt täglich kleinere und größere
Fuhren von Mühlhofen hier durch nach Bermatingen passie=
ren, ist der Ort lebhafter geworden.

Ja der Ort hatte ehemals sogar auch einen e i g e n e n
A b e l, der unter den Wohlthätern von Salem erscheint; das
Wappen der v. Grasbeuren war nach den Tafeln im
Bildersaal zu Salem: d r e i S i c h e l n i n s c h w a r z e m F e l d e;
es waren jedoch auch noch andere Herren hier begütert, als:
die Edlen v. Klingen, v. Vatz, v. Helmsdorf, v. Raberach,
v. Stoffeln, v. Bammeltshofen ꝛc. die alle zwischen 1221,
1243 und ff. ihre Güter an das Reichsstift Salem vergab=
ten und verkauften. Auch Gero Alwer, der 1te Abt von
Raitenhaßlach in Oberbayern und Thomas Wunn, der
31te Abt von Salem waren aus Grasbeuren.

Endlich gehört zur politischen Gemeinde von Grasbeu=
ren noch der

Killi= oder Killenberg,

b. i. ein Gut auf einer Insel mit hübschem Jägerhause und
einer dem heil. Johannes Baptistä ehemals geweihten Ka=
pelle, in der Nähe von Buggensegel. Das Jäger= oder
Forsthaus steht auf einem Hügel in Mitte der Insel, ist
2stöckig, hat einen guten Keller, 6 Wohnzimmer und 3 Dach=
kammern und wurde nach der über dem Haupteingang bei
dem Wappen des Abts Roberts sich befindlichen Jahrzahl
1792 gebaut. Nach Norden und Westen sind zwei Gärten,
nach Nordost zwei Brunnen: ein oberer von circa 42 Fuß Tiefe

und ein unterer, am Abhang des Hügels, beim Weier, von 25' Tiefe, die beide genug Wasser liefern, und gleich hinter dem Forsthause steht nach Osten — die Kapelle. Sie ist 30' lang, 20' breit und 20' hoch, hat 4 gothische Fenster, 1 Glöckchen, wurde 1489 erbaut und nach Ausweis der links am hübsch verzierten Portal angebrachten Zahl 1595 restaurirt. Der Boden besteht aus Wetterkalk, unter dem sich ein gewölbter, sehr guter Keller befindet. In dieser Kapelle war jedesmal am Titularfeste (24. Juni) feierlicher Gottesdienst, auf welchen einen Monat lang im Försterhause gewirthschaftet werden durfte. Der Weg auf die Insel führt von Südwest über einen künstlichen Damm und das Wasser, das sie umgiebt, wird der Killi=, Küllen= oder Edel= bruck=Weier genannt, der 75 Morgen groß ist, viele Karpfen, Hechte, Schleien, sog. Krezer oder Egli (Perca fluviatilis) und Weißfische ꝛc. enthält, in seinem Innern eine große Kiesgrube hat und alle 3 Jahre abgelassen wird.

Der Name soll von Willebirg, Gemahlin des Ritters Rudolph v. Baz herkommen, dem das Gut gehört hatte, woraus dann das Volk Külliberg machte. Damals bestand jedoch der Damm noch nicht, sondern der Hügel war durch eine Zugbrücke mit dem festen Lande verbunden, weß= halb der Weier auch Edelbruck=Weier genannt wurde. — Erst als das Gut an Salem vergabt worden, ließ Abt Johann I. den Damm herstellen und die Kapelle erbauen. Der Weihbischof und Generalvikar von Konstanz v. Croaria weihte sie ein; hierauf 1595 wurde sie restaurirt und erweitert und als Wallfahrtskirchlein besucht. Dies dauerte bis die Schweden kamen; da wurde sie verwüstet, die Altäre zerschlagen, und in diesem Zustande blieb sie bis 1676, wo Abt Anselm I. sie wieder herstellen ließ und die Altäre einweihte. [1]) — Auch wohnte anfangs, auf den Bau der Kapelle, nur ein Conventuale und ein Fischer als Meßner hier; als aber 1792 das jetzige Haus aufgebaut war, wurde es einem Wald= und Fischerei=Aufseher und seiner Familie zur Wohnung übergeben; dagegen der Gottesdienst von einem Religiosen von Salem aus besorgt. 1804 ging jedoch der Gottes= dienst ein und wurde die Kapelle entweiht. — Endlich war der Hügel noch

---

[1]) Ueber die Kapelle auf Külliberg siehe auch die: **Summa Salemitana. Tom. II.**, Seite 552—55, Nr. 129.

bis gegen das Ende des vorigen Jahrhundert ziemlich beholzt, feucht und
von vielen Schlangen, Kröten und anderm Ungeziefer bewohnt, die ihre
Ungeniertheit so weit trieben, daß fie zum Tiſch des Aufſehers kamen.
Erſt Förſter Stähle kultivirte wieder den Hügel nnd dieſe Verbeſſerung
ſezte ſein Nachfolger Bernhard Gerai 1823 fort, bis er von Wilderern
bei Grasbeuren tödtlich getroffen 1838 ſtarb; unter dem jezigen Forſt-
gehilfen Johann Baptiſt Algeltinger von Mühlheim an der Donau wurde
dann das Eiland ganz von jenen unſaubern Gäſten befreit.

In Kriegszeiten ſoll Salem auch ſeine Schäze dahier verborgen haben;
ja die Sage will ſogar, daß der obere Brunnen in ſeiner Tiefe eine Thüre
habe, durch welche man in ein großes Gewölbe gelange, nnd auch unter
der Kapelle ſollen ſich ſolche verborgene Räumlichkeiten befinden. Als übrigens die Kapelle erſecrirt worden war, kam der Hauptaltar nach Heybach
und die Paramenten wurden von der Standesherrſchaft Salem 1840 der
Pfarrkirche Mimmenhauſen geſchenkt.

Wie man im Spätjahr 1852 den Abbruch des Altars zur Verſezung
in die neue Pfarrkirche zu Heybach vornahm, fand man in einem einge-
mauerten Reliquiengefäß einen Pergamentenſtreifen, worauf ſteht: [1)]

„Anno 1676, 25. Julii, Ego Anselmus, 33. Abbas in Salem
consecravi Altare hoc in horem b. Virg. Mariae S. S. Joan Baptistae,
Joan. Evangelistae et Bernardi, S. S. Catharinae, Appoloniae et . . . .
(unleſerlich). Et reliquias Sanctorum in ea inclusi . . . . . (unleſerlich)
Et in singulis Christi fidelibus hodie unum annum et in die Anniversario Consecrationis hujusmodi ipsum Visitantibus 40 dies de vera
indulgentia in forma Ecclesia consueta concessi. Zu deutſch: Im Jahr
1776, den 25. Juli, habe ich Anſelm der 33. Abt von Salem dieſen Altar
zu Ehren der ſeligſt. Jungfrau Maria, der Heiligen Johann Baptiſt, Johann Evangeliſt und Bernhard, ſowie der heil. Katharina, Appellonia und
. . . . eingeweiht und dieſe Reliquien der Heiligen darin eingeſchloſſen . . . .
Und ertheilte allen Chriſtgläubigen heute auf ein Jahr und auf den Jahrtag der Einweihung Allen, welche die Kapelle beſuchen, auf 40 Tage
Ablaß nach der gewöhnlichen Form der Kirche.“

Ueberhaupt kommt der Wanderer vom See her und
ſezt ſeine Wanderung von Uhldingen nach Mühlhofen auf
der Landſtraße nach Mimmenhauſen und Salem fort, ſo
ſieht er, wenn er bei dem von Wald umgrenzten Teiche
angelangt iſt, auf einmal nichts mehr von dem unermeß-
lichen Bodenſee, nichts mehr von den himmelhohen Alpen-

[1)] Dieſer Pergamentſtreifen (Dokument) befindet ſich bei den Pfarrakten im Heybach.

gebirge, sondern nur einen aus einem kleinen Wasser sich erhebenden Punkt Erde, der aber mit seiner Umgebung dem landkundigen Reisenden wie eine englische beschränkte Parkanlage, oder wie eine niederländische oder norddeutsche Landschaft vorkommt, die genügsamen Augen oft wunderbar zusagt; denn hier schweigt das Toben der Welt; hier duften nur würzige Kräuter, hier vergnügen sich muntere Fische und ertönt blos der Vögel lustiger, froher Gesang. Kurz, der herrliche Punkt gewährt nicht nur einen romantischen Anblick, sondern wirkt durch seine Ruhe und Einsamkeit mit seinem stillen Gewässer und dem Ernst des Waldes auch wohlthuend auf ein empfindsames, friedliches Herz, und es wird es Niemand bereuen, hier auf seiner Wanderung durchs Leben sich eine Weile aufgehalten zu haben.

Tüfingen,

das zweite Filial der Pfarre Mimmenhausen, liegt zwischen Salem und Daisendorf, 1645' über dem Meere und ist ein Dorf von 39 Häusern, 38 Bürgern und circa 193 Einwohnern, die sich auch nur größtentheils vom Feldbau ernähren; denn Gewerbe treiben nur 1 Bäcker, 1 Leineweber, 1 Seiler, 1 Schmid, 1 Schneider, 1 Schuster und 1 Wagner.

Die Entfernung ist: von Mendlishausen, Ralz- oder Ratzhof und Schaybuch je ¼ Stunde, — von Berghof, Baunang, Deisendorf, Forst und Spiznagel je ½ Stunde, — von Salem und Schwandorf je ¾ Stunden, — von Maurach und Mimmenhausen je 1 Stunde, — von Burgberg und Seefelden je 1¼ Stunde, und von Ueberlingen 1½ Stunden.

Auch ist hier 1 Wirthshaus (Taferne) zur Rose (von Georg Goldinger, mitten im Dorf und an der Straße

nach Salem — und eine Kapelle oben, am Ende des
Dorfes gegen Salem. [1]

Diese Kapelle ist 29' lang, 15' breit, 11' hoch, hat
4 Fenster, 1 Altar und in einem 1853 mit Blech beschla=
genen Reiterthürmchen 1 Glöckchen von 80 Pfund. Der
Altar, der am 15. Juni 1763 durch den Weihbischof von
Konstanz, v. Hornstein, zu Ehren des heil. Sebastians ein=
geweiht wurde, hat auf dem Altartische ein Glaskästchen
mit dem Christkindlein, das die Anna Maria Burkard von
hier 1817 neu fassen ließ; darüber ein hölzernes Mutter=
gottesbild mit dem Jesuskinde, die von vielen Engeln auf
einem dahinter befindlichen reich vergoldeten Holzgestell um=
geben sind; dann rechts — an der Wand — den heil.
Rochus und Christus am Kreuze, und links den heil. Se=
bastian und nochmals Christus am Kreuze.

Die drei gestifteten Jahrtage sind: für Agatha Bauer,
Rosa Forster und Sebastian Sotz; heil. Messen an Kirch=
weihe und sonst noch (beliebig), und dann an Sonn= und
Feiertagen wird jedesmal ein Rosenkranz gehalten.

Die Gemarkung hat 2569 Morgen, 52 Ruthen
Aecker, Wald, Wiesen, Gärten und Reben, wovon 1526
Morgen, 2 Vierling, 29 Ruthen der Standesherrschaft
Salem gehören. — Der Boden ist ob dem Dorf östlich,
lettig; unter dem Dorf südlich, kiesig; das Wiesland Moor=
boden. — Die Fruchtgattungen sind die frühern; die Haupt=
höhen: der Reutebühl nördlich vom Dorfe gegen Schey=
buch, der Rößleberg östlich gegen den Hof Forst, das
Hard nordöstlich, dazwischen, und die Weingärten be=
finden sich an der Reutebühler Halde, am Rößleberg und
an dem Torkelhälbele, rechts unter der Kapelle.

---

[1] Früher war zu Lüfingen (gleich am Anfang des Dorfes, wenn man von Mendlis=
hausen her kommt) auch ein herrschaftl. salemisches Jägerhaus, das 1802 neu gebaut
wurde, es wurde jedoch verkauft und gehört jetzt dem Waldhüter Wendelin Forster.

Gemeindebrunnen (Röhrenbrunnen mit fließendem Wasser), die ihre Quellen im sog. Etter oben im Dorf und in Strobels-Garten mitten im Dorf haben, sind zwei; Pump=brunnen, die Privaten gehören, mehre, und andere Quellen, deren Wasser die Weier nähren, und darauf der Aach zu=fließen, in den südlichen Wiesen.

Das Einkaufsgeld in das Bürgerrecht ist für Babenser 50 fl.; für Fremde 100 fl. Bürgergenuß besteht nicht.

Die größten Höfe sind: der Hof Hafner des Schweizerbauers Johann Hünna, [1]) — der Hof Schreiner des Alois Fischer, — der Hof Ziegler des Georg Stro=bel, und der Hof Drechsler des Georg Feberle.

Die schulpflichtigen Kinder gehören zur Schule Salem.

Endlich außerhalb des Dorfes, geradeaus von der Kapelle, circa 8 Minuten entfernt, steht ein Wegweiser (Orientierstock) nach Baufnang, Lippertsreute, Salem, Mimmenhausen und Ueberlingen, und da ist ein roth an=gestrichenes Feldkreuz, das 1851 als Stationsplaz zur Oeschprozession gesezt wurde und mit Robinen=Akazien und Pappelbäumen geziert ist, [2]) und noch weiter, am Anfang des Waldes, links der Straße nach Salem hängt an einer Eiche eine etwa 4' breite und 4' lange hölzerne Tafel mit einer Malerei, unter welcher es heißt:

---

[1]) Schweizerbauer ist ein Name, der auf dem Hof ruht und wahrscheinlich von einem frühern Besitzer herkommt, wie auch das Geschlecht Schweizer früher in den beiden Uhldingen erscheint, z. B. 1630 Joannes Schweizer zu Ober=Uhldingen, Balthasar Schweizer zu Unteruhldingen, vielleicht war aber auch ein ehemaliger Besitzer des Gutes aus der Schweiz; denn nach dem Schwedenkriege hatten sich viele eingeborne Schweizer in Schwaben niedergelassen, namentlich (nach den Pfarrbüchern) viele Namens: Beer, Berner, Enzberg, Fehler, Kaufmann, Keller, Scherrer, Schwarz, Schweizer, Steinhauser, Schüpfer, Winkler u. s. w.

[2]) Ein anderes weiß angestrichenes Feldkreuz steht am Anfang des Dorfes an der Straße nach Daisendorf und (links) nach den Höfen Kubermann und Kalzhof.

„Anno 1642 den 26. Chriſtmonat wurde (Alt-) Birnau auf Befehl Corvals, z. 3. franzöſiſcher Befehlshaber in Ueberlingen, angezündet, auch das Kirchlein verbrannt, jedoch ohne Verletzung des Altars. [1] Johann Michael Jung (Kloſterbruder) damals in Dienſten zu Birnau, wollte das ehrwürdige Bildniß der gnadenreichen Gottes-Mutter Maria nach Salmansweiler flüchten; er kam auch wirklich ſchon in die Mitte des Wegs, zwiſchen Tüfingen und dem Kloſter, als er unverſehens auf eine franzöſiſche nach Ueberlingen von Heiligenberg abgefertigte Bedeckung und etlich 100 Mann ſtieß, welche gegen 200 Pferde in ihrer Mitte ſchloßen, die in Säcken geraubte Früchte nach gedachter Reichsſtadt tragen mußten. Hier ward er genöthigt, ſeine fromme Bürde an eine Eiche zu lehnen und an deſſen ſtatt einen Sack Korn auf ſeine Schulter zu nehmen. Da er in dem ſog. burgberger Höſtlein [2] angelangt war, warf er ſeine Laſt von ſich und kehrte zu dem verlaſſenen Mariabild zurück; er fand es ganz unverſehrt, ungeachtet viele Franzoſen und Schweden vorüber gegangen waren. [3] Dieſe Begebenheit in ſtetem Andenken zu erhalten und kindliches Zutrauen gegen die ſeligſte Jungfrau in den Herzen der Chriſten anzufachen, wurde gegenwärtige Tafel zuerſt an gemeldter Eiche aufgehangen; nachdem aber ſowohl die Eiche eingegangen, als die Malerei durch die Länge der Zeit unkenntlich geworden, hat man die Tafel erneuert und an dieſem Ort aufgeſtellt 1802. — Renovirt 1836."

Die Tafel hing nämlich anfangs circa 60 Schritte weiter unten, rechts der Straße an einer Eiche; als dieſe aber verdorrte, hieb man ſie um und nachdem der alte Schweizerbauer Joſeph Hünna die Tafel 1836 hatte renoviren laſſen, wurde ſie an jetziger Stelle aufgehängt und dabei eine Bank angebracht.

Auch gehören zur Gemeinde Tüfingen noch der Ralzhof, der Hof Mendlishauſen, der Berghof und der Weiler Bauſuang. [4]

Tüfingen ſelbſt, das anfangs Tufingin, dann Tivingen, hierauf Tiſingen und Difingen hieß — vielleicht von Teufe, Vertiefung, Abhang an Bergen — gehörte im Laufe der Zeiten verſchiedenen Beſitzern. So z. B.

---

[1] Siehe meine Beſchreibung von Ueberlingen, Seite 75.

[2] Desgleichen, Seite 70—80.

[3] Auch das Apiarium Salemitanum macht auf dieſe (Wunder-) Geſchichte aufmerkſam. Seite CXCIX.

[4] Der Ralzhof wird bei der Pfarre Seefelden beſchrieben werden und der Berghof mit circa 12 Einwohnern, ſowie der Weiler Bauſuang, beſtehend aus 5 großen und 2 kleinen Höfen oder Bauerngütern mit circa 60 Einwohnern werden ſ. 3. bei der Beſchreibung der Pfarrei Lippertsreute, wohin ſie gehören, erſcheinen.

verkauft Walther v. Baß 1211 Güter zu Difingen an Salem; 1213 giebt Adelheid v. Baß gegen Ersaz eines salemischen Gutes im Dorfe Baz oder Baz in Churwalden, das jährlich 40 Malter Gersten, 4 Käse, 3 Frischlinge und 1 Schwein abwarf, einen Theil ihres Gutes zu Difingen, das sie von ihrem Eheherren zur Morgengabe erhielt, dem Gotteshause Salem; 1270 verkaufen die Gebrüder Berthold und Konrad zum Heiligenberg das Vogtrecht eines Gutes zu Difingen und eines Ackers zu Bugginsedil an Salem; 1321 kommt von Abt Rupert und Convent des Benediktiner-Klosters auf der Au bei Bregenz (Mererau) für 115 Mark Silber das ganze Dorf Difingen mit allen Zugehörden an Salem; 1491 vergaben Mathias Reichle, Doktor der Arzneikunde und seine Frau Apolonia geb. Strebelin in Ueberlingen, zu ihrem und ihrer Anverwandten Seelenheil ihren Klein- und Großzehnten zu Tüfingen an Salem, dagegen versprachen der Abt und Convent für sie und die Verstorbenen täglich am heil. Kreuz-Altar eine heil. Messe lesen und am Freitag in den Fronfasten zu ihrem Gedächtniß die Vesper für Verstorbene von 6 Geistlichen auf der Grabstätte abhalten zu lassen, was auch bis zur Auflösung des Reichsstifts punktlich geschah. — Ja die Sage läßt Tüfingen einst sogar eine Stadt gewesen sein, die sich weit gegen Salem erstreckt, jedoch theilweise durch die Hunnen und ganz noch in den stürmischen Zeiten Kaiser Heinrichs IV. (um 1077) zerstört worden sein soll. Wir konnten jedoch darüber nichts Näheres ermitteln; auch möchten wir bezweifeln, daß Tüfingen je eine Stadt gewesen war; denn nirgends findet man außerhalb dem Orte Trümmer oder Bauüberreste, Fundamente, — nur im Ort selbst stieß man schon mehrmals auf Brandschutt, der aber nur vom Schwedenkriege herrührt, wo, wie wir Seite 147 erfahren haben, 1634 der Ort von den Schweden verbrannt worden ward.

Mendlishausen

ist ein herrschaftlicher Kameralhof 1465' über der Meeresfläche, an der Straße von Tüfingen nach Oberuhlbingen und an der Landstraße von Salem nach Maurach und Ueberlingen, je ¼ Stunde von Ralzhof und Tüfingen, ½ Stunde von Neubirnau, je ¾ Stunden von Maurach, Mimmenhausen und Salem, und 1½ Stunde (über Ralzhof) von der Stadt Ueberlingen entfernt.

Der Hof besteht aus einem zweistockigen Wohngebäude mit zwei Kellern, 2 Stuben, 3 Kammern, 1 Küche und

1 Scheuer, das an seiner Vorderseite beim Eingang das Wappen des Abtes Anselm I. von Salem und das Bau= jahr 1770, darüber eine Uhr und zu oberst ein Thürm= chen mit Glöckchen hat; — dann aus einer dem Wohnhause gegenüber liegenden großen Scheuer mit ebenfalls jenem Abtswappen nebst Futter= und Frucht=Tennen, sammt Vieh= stallungen; ferner aus einer neuen oberhalb befindlichen Scheuer mit dem badischen Wappen und dem Baujahr 1840, sammt Pferde= und Schafställen; dann aus 1 Waschküche und Holzschopf und einem ziemlich großen Gemüse= und Krautgarten, sowie zwei laufenden Brunnen und 1 Fisch= sog. Brandweier, [1]) und endlich noch aus 309 Morgen, 354 Ruthen Hofraithe, Aecker, Wiesen und Gärten. Die Zahl der Einwohner ist 18; der Pächter: Johann Müller von Katzensteig, Gemeinde Hattenweiler.

Anfangs war Menlishausen — Mencilhusin, Menzilshusen, Menlis= husen und Menzlishusen, auch Wenzlishusen genannt — der Sitz eines gleichnamigen Adels, der nachher nach Konstanz und Ueberlingen zog, als das Hofgut an Salem geschenkt und verkauft worden war; auch moch= ten die Herren v. Menlishausen wohl Dienstleute der Grafen von Tübin= gen gewesen sein; denn

1180 kam Mencilhusin als Schankung des Pfalzgrafen Hugo von Tü= bingen und Grafen von Bregenz und seiner Kinder — an Salem. Zwar hatte auch das Gotteshaus Einsiedeln Güter dahier, sie kamen jedoch unter Abt Werner von Einsiedeln um 1190, und die Güter des Grafen Konrad von Berg 1193 — ebenfalls an Salem. Dann

1219 übergiebt Graf Berthold zum Heiligenberg eine Schuppose bei Menzlishusen, die Heinrich von Schmalnek sel. von ihm zu Lehen trug, — an Salem.

1226 kommt ein Konrad v. Menlishusen mit mehren Rittern und Herren bei der Vergabung des Waldes Hart durch Graf Berthold zum Heiligenberg und seine Gemahlin Adelhaid an Salem als Zeuge vor, und

---

[1]) Andere Weier (der Weitberg=Weier und der Ilten=Weier) — jetzt Wiesen — lagen unterhalb vom Hof gegen Sachleßel zu.

1259 entscheidet Graf Berchthold zum Heiligenberg einen Streit über Zehnten in Mendlishusen ꝛc. [1])

Geschichte.

Der Name Mimmenhausen, früher Miminhusin und Mimenhusen genannt, rührt wahrscheinlich von Haus oder Häuser und Mimer [2]) her, welches altdeutsche Wort Quelle und fließendes Wasser bezeichnet; daher Mimer= haus oder Mimerhäuser so viel ist, als Haus oder Häuser an einem Flusse. Der Ort mochte auch ur= sprünglich nur aus einigen Höfen und Schupposen bestan= den haben, die gewissen Gutsbesizern gehörten. Der Reichste hatte sogar vielleicht frühe schon auf seinem Gute eine kleine Kapelle; denn es war nichts ungewöhnliches, daß ein reicher Gutsherr für seine Leibeigene und Zinsleute auf seinem Maierhofe ein Bethaus in Form eines Schopfes erbaute, wozu er einen der Seinen zum Priester weihen ließ, welcher den Gehalt vom Hofe bezog; der Hof und das Bethaus aber gehörten noch dem Gutsbesizer. [3]) Auch geschah es in frühesten Zeiten selten, daß eine Kirche gleich nach ihrer Erbauung eigenes Vermögen bekam, [4]) da die Stifter gewöhn= lich die Kirche, sowie die Einkünfte und Güter sich vorbe= hielten, um sie nach Belieben vertauschen, verkaufen oder zu Lehen geben zu können. [5]) Die Geseze selbst ließen dies

---

[1]) Vielleicht gehörten zu dem Geschlechte v. Mendlishusen auch die v. Mänlishofen und v. Manhlhofen (Manhlhoven), deren Name mit Wappen (ein weißer Schild mit von links nach rechts herab laufendem weißen, roth gerandeten Bande, Balken) unter den Wappen der Wohlthäter des Klosters im Bildersaale zu Salem vorkömmt.

[2]) Mimer heißt in der altdeutschen Mythologie auch die Quelle der Dichtkunst, der Weisheit, und Mimershaupt: die Quelle, so Odin — den Gott der Götter — um Rath fragt.

[3]) Darum heißt es in Urkunden auch bald: „tradimus Curtem cum ecclesia" — bald „tradimus Ecclesiam cum curie." Urkunde 757.

[4]) Urkunde 774 b. 45 und Urkunde 892, c. 8.

[5]) Diplom. Arnolfi 894. Urkunde 837, 874 und 879 „Hereditates Ecclesiae."

zu, nur verboten sie den Patronen das Eigenthumsrecht so=
weit zu mißbrauchen, daß sie in die Kirche Heu und Stroh
einlegen oder die Schindeln vom Kirchendach abnehmen, um
ihre Häuser damit zu bedecken; [1] dann befahlen sie über die
Altäre eine Decke oder Gewölbe zu schlagen, damit von dem
Dach kein Unrath oder Regenwasser darauf falle. [2] Die
in der Nähe des Hofes wohnenden Leute, mit dem die Kirche
verbunden war, die einen Geistlichen hatte, besuchten dann
den Gottesdienst und brachten der Kirche Opfer und Ver=
gabungen, ja bequemten sich sogar, nach und nach den Zehnten
zu ihrem Besten zu geben, [3] jedoch nicht als Zwang; denn
selbst als Kaiser Karl der Große zum Behufe der Kirchen,
des Priesters, der Reisenden und Armen den Zehnten zu
geben befahl, vermochte er seinen Befehl nie in wirklichen
Gang zu bringen. [4]

Nachher kommen die Gebrüder Geroldus und Herimann=
nus vor, die um 1060 ihre Besitzungen zu Mimmenhausen
an das Kloster Petershausen vergabten und Gerolbus sogar
sein Leben in diesem Kloster beschloß. [5] Von dieser Zeit
an war das Kloster Petershausen Hauptbesitzer von Mim=
menhausen; es baute die steinerne Kapelle und als es um
1159 noch das Gut des Klosters St. Georgen auf dem
Schwarzwald dahier gekauft hatte, [6] errichtete es auch noch
ein Oratorium [7] und vereinigte die Kapelle mit seinem
Kloster. Das Gotteshaus Salem hatte zwar von den edlen

---

[1] Capitulare Francof. 794.

[2] Capitulare III. 789. Nr. 17.

[3] Nur der Hof, der zur Kirche gehörte, gab sich selbst keinen Zehnten, sondern blieb als Eibdum=Gut auch nachher noch zehntfrei.

[4] Capitulare Francof. 791; dann Montesquieu Espr. de s Loix. Liv. 31.

[5] Chronic. Petershus. in Usserm. prodrom. Germ. sacer. Liber I. §. 22 pag. 311 Lünig: Archiv. Spicileg. Eccles. Pars. II. pag. 154; Pars III. pag. 399.

[6] Chron. lib. 5 §. 21.

[7] Chron. lib. 6 §. 6.

Walter und Rudolph v. Vaz um 1213, 1222 und 1250 theils durch Schenkung, theils durch Kauf um 500 Mark Silber nicht nur den Weiler Seefelden, sondern auch die dortige alte Pfarrkirche erworben, allein sie wurde 1225 mit Zehnten und Einkünften von Bischof Konrad II. von Konstanz dem Domkapitel einverleibt und die Einverleibung von Papst Gregor IX. bestätigt, — und da Salem zuletzt noch von den petershausischen Lehenträgern Konrad v. Hasenstein 1315 einen großen Theil des Orts Mimmenhausen erhielt und 1331 von ihm auch noch mit Einwilligung des Abts Konrad und Convents des Gotteshauses Peters-hausen die Advocatie possessionum honorum et hominum d. h. Schuz= und Schirmgerechtigkeit über dieses Besizthum mit Leuten zu Mimmenhausen käuflich erwarb, — so wurde der Ort mit seiner Kapelle der Pfarre Seefelden einverleibt, bis zwischen Bischof Johann VII. resp. dem Domkapitel und Salem ein Vertrag zu Stande kam, wornach Mimmenhausen wie gesagt, von der Pfarre Seefelden getrennt, 1630 zu einer eigenen Pfarrei erhoben worden ward.

Schon um 1211 kaufte übrigens Abt Eberhard zu Sa-lem von Walther v. Vaz Güter und Zehnten zu Mimmen-hausen und

1272 verzichten die Grafen und Gebrüder Berchthold und Konrad von und zum Heiligenberg auf ihre Ansprüche an die Taferngerechtigkeit zu Mimmenhausen und auf die Fischenz in der Aach, die durch das Gotteshaus fließt, zu Gunsten Salems; Ritter Ulrich v. Bobmann wollte zwar diese Fischenz dem Kloster bestreiten, allein Bischof Eberhard spricht

1256 die Fischenzgerechtigkeit in der Aach, so durch das Kloster und Mimmenhausen fließt, wie auch das Recht, zu Mimmenhausen eine Taferne aufzurichten, wider den Ritter Ulrich v. Bobmann dem Gotteshause Salem zu.

1339 gab es entsetzlich viel „Hewsteffel" (d. i. Heu=
schrecken), die das Heu und Korn wegfraßen, so daß man
mit Dreschflegeln auf sie zog.

1348 kamen die Geißler oder Flagellanten, Leute, die
prozessionsweise in den Ländern herumzogen und sich blutig
geißelten, um den Zorn Gottes von der Erde abzuwenden,
die damals von Pest und schwarzem Tod heimgesucht
wurde.

1360 wurde die Pelagi=Feld=Kapelle gegen Tüfingen
gebaut, und die Orts=Kapelle von Mimmenhausen ver=
größert.

1375 raffte eine Krankheit viel Wild weg; man fand
todte Hasen, Füchse, Rehe, Hirsche und Wildschweine 2c. auf
Feldern, in Wäldern.

1426 war großes Sterben unter den Leuten und da=
bei das Geld rar; dagegen waren die Lebensmittel sehr
wohlfeil; man bekam 1 Mutt Kernen um 8 ß ₰ (8
Schilling=Pfennige) und 1 Fuder Wein um 3 ₰ (3 Pfund
Pfennige).

1442 fiel der größte Schnee seit Menschengedenken.

1456 im Juni erschien ein Komet, der hatte, wie es
heißt, einen Schwanz so lang wie ein Spieß und war bald
roth, bald bleich.

1481 um Faßnacht war es sehr warm, und im März
schneite es und war es so kalt, daß die Vögel aus der
Luft herabfielen.

1487 blühten im Mai die Trauben, und im August
gab es neuen Wein; man verkaufte die Maaß um 1 ₰.

1512 war es so kalt, daß um (9. Febr.) der Ueber=
linger=See zufror.

1541 war großes Sterben.

1552 zogen viele hessische und sächsische Kriegsvöl=
ter unter Herzog Moriz von Sachsen durchs Thal.

1559 wurde der Handel und Wandel mit den Juden verboten, worauf viele Juden die Herrschaft verließen.

1561 gestattet Abt Gregor II. von Salem der Gemeinde Mimmenhausen, den Berg Neusaz (Neuenberg) bei 10 Jauchert haltend, oben am Schnellenberg und unten an der Gemeinmark des Dorfes gelegen, auszustocken, umzubrechen und darauf Reben und Gärten anlegen zu dürfen.

1593, 7. Oktober, fällen Joachim Haimpel, Oberamtmann zu Ostrach, Joachim Finkh, Hofmeister zu Stockach und die beiden Burger von Ueberlingen Gregorius Han, Zunftmeister und des Raths, und Oschwald Hermann, Rathsschreiber in Streitsachen der Gemeinden Ahausen und Grasbeuren über Viehtrieb, Wun und Waid einen Spruch.

1632 kamen die ersten Schweden.

1634, 5. September, zündeten 70 schabelitzkische Reuter den Ort Tüfingen an, wo 22 Firste verbrannten.

1639 im Mai gerieth durch Soldaten die Sägwiese unter dem Killiweier in Brand, wobei der Wind das Feuer so schürte, daß sie und der Wald bis Banzenreuthe verbrannte.

1641, 24. August, wurde Mimmenhausen von den Hohentwielern überfallen und am 9. und 12. Dezember daselbst eine Schweinsjagd gehalten, wo jedesmal 8 Stück Wildschweine gefangen wurden. Auch wurde in diesem Jahr Martin Jäger von Mimmenhausen wegen vielen Diebstählen zum Galgen verurtheilt, von dem Abt aber 3 Jahre lang zu eisernen Banden und Sprüngen begnadigt.

1646 lag ein ganzes schwedisches Regiment den Winter über zu Mimmenhausen, wo die Soldaten den Flecken ganz ausweideten, alle Bäume abhieben und der Rittmeister, der in dem Pfarrhause lag, allen Hausrath des Pfarrers verdarb, ja sogar die Tauf- und Jahrtag-Bücher u. s. w. verbrannte.

1647, 7. Februar, wurde Martin Jäger von Mim=
menhausen gezwungen, bei den Schweden zu bleiben, er
verhungerte aber und starb ohne die heil. Sterbsakramente
empfangen zu haben, weil kein Priester sich getrauen durfte,
öffentlich zu zeigen, dem Sterbenden beizustehen und die
Seelsorge auszuüben.

1652 herrschte in Mimmenhausen eine ansteckende
Krankheit, an welcher Kaspar Hürlin aus dem Entlibuch
in der Schweiz am 20. Mai im Hospitium und Lazareth
starb. [1])

1704, 4. November, erließ Salem die Verordnung:

Daß alle Sonn= und Feiertage geziemend gehalten und alles Widrige
sammt Ueppigkeiten und Gotteslästern abgeschafft und gestraft werden, da=
gegen die Jugend zur christlichen Lehr und Männiglich zum Gottesdienst
und zu den Kreuzgängen in Zucht und Ehrerbietigkeit angehalten werden
solle; — ferner, daß man bei Hochzeiten, Mahlzeiten und andern Zusam=
menkünften Ueberfluß, Zänkereien, unanständige Geberden und ärgerliche
Discurse melde, nur gute Mannszucht und Ehrbarkeit beobachte, und allen
Aberglauben und üble Künste unterlasse; — auch wurde verboten, Kunkel=
stuben zu halten und Tänze, Spielleute und Ordinari = Spieler zu dulden,
im Fall aber gnädige Herrschaft Erlaubniß gebe, aller Muthwille darin
untersagt sein und auf die Uebertreter genaue Obsicht gehalten werden solle; —
dann wurde den Gemeinden gute Ordnung, Frieden und Bescheidenheit und
den Einwohnern Gehorsam gegen ihre Vorgesetze, Ammännern, Schultheißen,
Dorf= und Heiligenpfleger, Brod= und Feuerschauer, Umgelter, Untergänger,
Hirtenmeister und Bannwarten angeboten; — ferner wurde befohlen, Nachts
und an Sonn= und Feiertagen unter der Kirche wider Feuer, Diebereien
und dgl. Uebel in jedem Ort eine Wache zu halten und den Zigeunern und
fremden Bettlern keine Nachtherberge zu geben, u. a. m.

1709 verfroren die Reben so, daß man im Herbst an
manchen Orten nicht einmal den Torkel öffnete.

1724 wurden die Juden vertrieben und als die
Leute dennoch mit ihnen verkehrten, erließ Salem auf Klage

---

[1]) Dieses Lazareth war damals in der Kaserne zu Mimmenhausen.

der Zünfte und Handwerker 1729, 12. März, das geschärfte Verbot:

Daß kein Unterthan mehr mit ihnen communiciren und Kauf, Tausch und Handel treiben oder mit ihnen in Wandel treten dürfe, bei harter und schwerer Strafe.

1780, 19. Dezember, geschah zwischen dem fürstlichen Hochstifte Konstanz und dem Reichskloster Salem über die kirchlichen Rechte, Pfarrbefugnisse, Kirchenvisitationen und dgl. eine Concorbia oder Vereinbarung, wobei unter Andern festgesezt wurde, daß das Wirthshaus zu Salem, beide Ziegelhütten, Schweindorf und die Häuser zu Stephansfeld der Pfarrei Weildorf, — dagegen Forst und die Säge bei Salem der Pfarrei Mimmenhausen zugetheilt werden sollen. Dieser Uebereinkunft zufolge kamen dann

1781, 6. Jenner, der Hof Forst, die Säge bei Salem und der Killiberg zur Pfarrei Mimmenhausen.

1783 wurde das Mimmenhauser Gemeinds = Allmend vertheilt und die Stallfütterung eingeführt.

1839 wurden die Gülten und Bodenzinse der Kirchen= fabrik von den Betheiligten ausgelöst.

1844 ließ die Standesherrschaft die Hofgebäulichkeiten zu Banzenreuthe abbrechen und die Güter verpachten.

1846, brannte die Kaserne ab, deren Steine und Plaz versteigert wurden, und, nachdem früher auch noch der alte Gottesacker um die Pfarrkirche eingegangen und dafür der neue Begräbnißplaz der Pfarrangehörigen außerhalb Mimmenhausen entstanden war, ließen dann

1859 die Herren Ackermann (Vater und Sohn) auf ihre Kosten auch noch eine Kapelle, die Bethalle, sammt Bänkchen und Betstühlen auf dem neuen Friedhof oder Gottesacker herstellen, was bei 300 fl. kostete.

Und nun schließen wir mit der Pfarrei Mimmenhausen und gehen zur Pfarrei Seefelden über.

Pfarrei Seefelden.

Zu dieser Pfarrei gehören: die Dörfer Deisendorf, Mühlhofen, Nußdorf, Schiggendorf und Ober= und Unter=Uhldingen; — die Weiler Seefelden, Maurach und Geb=hardsweiler; — das Schloß Maurach; — Neubirnau, und die Höfe Hallendorf, Hasenweide, König, Kudermann, Ober=hof, Oberrieden, Ralzhof, Restlehof, Schayenbuch und Wiedmer.

Die Entfernung von Seefelden ist: die Ziegelhütte Ober=Maurach 10 Minuten; das Schloß Maurach 15 Minu=ten; die Schiffslände Unter=Maurach 20 Minuten; Ober= und Unter=Uhldingen, Birnau und der Pachthof Oberhof je ¼ St.; Gebhardsweiler und Mühlhofen je ½ St.; Nuß=dorf, Hallendorf und der Ralzhof ¾ St.; Deisendorf und Schiggendorf je 1 St.; die Höfe Kudermann, König, Wied=mer und Restlehof je 1¼ St. und die Hasenweide und Schayenbuch je 1½ Stunde.

Die Pfarrkirche

welche 1854 ganz renovirt wurde, steht mitten im Weiler Seefelden, von West nach Ost, ist von dem ummauerten Gottesacker, Kirchhof oder Begräbnißplaz der Pfarrei um=geben, auf dem ein großes steinernes Crucifix steht, das nach den Pfarrbüchern am 12. März 1726 eingeweiht wurde — und hat ein Satteldach, wobei der östliche Theil (Chor) niedriger und schmaler ist, auf der Nordseite einen Anbau (Sakristei), nach Süden den zum halben Theil in die Kirche hineingesezten Thurm, und besteht aus Chor und Langhaus.

Der Chor ist 30' lang, 22' breit, 25' 8'' hoch, von gothischer Bauart, schön gewölbt, hat mit Steinbildern versehene Pfosten und Strebepfeiler, deren Bildwerke die Köpfe der Baumeister, das Deckengemälde die Stifter der Kirche darstellen sollen; ferner 5 lange Spitzbogenfenster, von denen das hinter dem Hochaltar in der Ostwand, oben, ein auf Glas gemaltes Wappen enthält, und den Hochaltar sowie einen Theil (4 Schuhe) des Kirchthurms mit dem Thurmeingang.

Das Langhaus (Schiff) ist 90' lang, 38' breit, 23' 6" hoch, mit einer Flachdecke versehen, wird von 9 langen Spitzbogenfenstern, 4 Fenstern mit Rundbogenschluß und hinter der Orgel von einem Kreisbogenlicht erhellt und enthält die zwei Neben- und Seitenaltäre und ebenfalls einen Theil (11 Schuhe) vom Thurm, nämlich die alte ursprüngliche Sakristei zu 7' Mauerdicke, die von schmalen Löchern erhellt wird, während der Eingang von einer sehr dicken Thüre mit einem gewaltigen Schloß nebst drei von ihm beweglichen Riegeln verschlossen wird. Diese Sakristei wurde jedoch als zu feucht verlassen und ist gegenwärtig ein Keller.

Kircheingänge sind drei: ein Haupteingang hinten in der Westwand, ein Seiteneingang vornen in der nördlichen Seitenwand und ein Seiteneingang vornen in der südlichen Seitenwand.

Der Haupt= oder Hochaltar im Chor hat im Altarbilde den heil. Bischof Martin, darüber das Herz Mariä, zu oberst ein Kreuz und zu den Seiten des Altars in guten Holzbildern rechts (Epistelseite) den heil. Johann v. Nepomuk, links (Evangelienseite) den Propheten Johannes den Täufer mit einem Lamm, der auf dem Bande seines Kreuzstabes gegen das Lamm hin die Worte hat: „Ecce Agnus Dei, qui tollit peccata mundi« d. h.: „siehe das Lamm Gottes, welches hinweg nimmt die Sünden der Welt." — Schön ist namentlich das Antipendium: es ist aus Nußbaumholz gefertigt und hat eingelegte Verzierungen mit Maria der Himmelskönigin und dem Wappen des Abts Anselm II. von Salem. Und endlich befindet sich links vom Altar in der Chorwand noch ein steinernes Sakramentshäuschen von 3' 8" Höhe, das mit einer zierlichen Einfassung geschmückt ist.

Der Neben= oder Seitenaltar rechts im Schiff, der an dem westlichen Theil des Thurmes steht, welcher hier bei 15' vom Chorbogen in das Langhaus hineinragt, ist einfacher, hat nur ein Bild: den sterbenden Nährvater Jo= seph mit Christus und Maria an seinem Bette — sowie seitwärts am Thurme gegen den Chorbogen ein Gemälde, welches den Tod des heil. Johann v. Nepomuk darstellt, und dann noch links neben dem Altar den heil. Sebastian.

Der Neben= oder Seitenaltar links im Schiff ist weiter vornen, am Chorbogen, da, wo sich der steinerne Taufstein befindet. Dieser Altar hat im Bilde: Maria Ver= kündigung und eine große reich geschmückte Holzstatue, welche die heil. Gottesmutter mit dem Jesuskindlein darstellt. [1]

Daneben ist an der Nordwand ein Grabstein mit einem Kreuze, einem Wappen und einem Pelikan, wobei es (beim Kreuz) heißt: **Ex bonitate Dei donetur ei Donum requiei** (die Güte Gottes möge ihm die ewige Ruhe geben) und weiter unten noch leserlich: .... „Gaistlich Her Geor= gius (Hyppolit Burkhard?) der allhie 20 Jar Pfarherr ge= wesen, dem vnd allen Seelen Gott gnedig sein wolle. Amen."

Am Chorbogen, gegen das Schiff zu, sind rechts der Lieblingsjünger des Herrn, — der heil. Evangelist Johan= nes — links die heil. Jungfrau Maria, die Mutter des Herrn, — daneben ein Missionskreuz mit 17. September 1850 und zu oberst das Triumphkreuz.

Und endlich ist an der Nordwand neben dem Grab= steine die nußbaumholzene Kanzel. Sie ist sehr schön four= nirt und mit einem herrlichen Schallbache versehen, auf welchem zu oberst Christus mit der Weltkugel angebracht ist.

---

[1] Alle diese Altäre sind aus der Schloßkapelle von Maurach; der alte Hochaltar von Derselben dagegen kam in die Kapelle von Unter=Uhldingen, und die zwei alten Seiten = Altäre wurden zerschlagen.

Auch ist dabei nach hinten ob einem Beichtstuhle ein Gemälde, welches den heil. Alexius im Schlosse seines Vaters als unbekannten Pilger darstellt.

Der heil. Bekenner Alexius war nämlich der Sohn des Rathsherrn Euphemianus, eines sehr reichen, vornehmen Römers und dessen Gemahlin Aglaie, welche ihren Sohn in Gottesfurcht heranzogen. Als er zum Jüng- ling herangereift war, vermählte er sich auf ihren Wunsch mit einer ebenfalls vornehmen Römerin, Sabina; allein er verließ sie aus Liebe zu Christus durch einen besondern Wink Gottes rein und keusch noch in der ersten Nacht und floh als Pilger von dannen, indem er den berühmtesten Theil der christ- lichen Welt zu durchwandern anfieng. Sieben Jahre lang unbekannt, kam er nach Edessa, einer Stadt in Syrien. Da wurde — durch ein Bildniß der seligsten Jungfrau — in der Kirche sein Name bekannt. Jezt schiffte er nach Tarsus in Cilicien, um hier bei der St. Paulskirche seine frühere arme und unbekannte Lebensweise fortzusezen; allein ein Sturm trieb das Schiff an die italienische Küste, und die Schiffer waren genöthigt, unweit der Stadt Rom zu landen. Hier faßte er den Entschluß, als ein armer unbekannter Fremdling in dem Hause seines Vaters zu leben. Sein Vater, der ihn nicht kannte, nahm ihn gastfreundlich auf und wies ihm in seinem Palaste eine Wohnstätte an.

Alexius zog eine Räumlichkeit unter der Stiege vor, wo er seine Eltern hin- und hergehen sehen konnte. Allda blieb er noch 17 Jahre Allen unbe- kannt und theilte mit den Armen der Stadt seine Bissen. Zulezt schrieb er an seine Eltern einen Brief, worin er seinen Namen, seine Abstammung und seinen ganzen Lebenslauf mittheilte und wanderte dann im ersten Jahr der Regierung des Papstes Innocenz I. (von 402—417) als Gott wohlge- fälliger Sohn in den Himmel ein. Sieben Tage lang wurde sein Leichnam im Dom St. Peters ausgesezt und dann in einem schönen Grabe auf dem Berge Aventin begraben; hierauf 1216 ward sein heil. Leib erhoben und ruht nun unter dem Titel des heil. Bonifazius und des heil. Alerius in dem prachtvollen Tempel der Weltstadt. Die Kirche feiert sein Gedächtniß jährlich am 17. Juli.

Das Gemälde an der Südwand dagegen ob dem Beichtstuhl, rechts, stellt die Auferweckung des Lazarus dar, und das Gemälde über dem Kästchen beim Seitenaltar rechts, das im Holzbilde den heil. Ritter Martin, später Bischof von Tours an der Loire in Frankreich enthält und aus dem Jahr 1716 stammt, vergegenwärtigt — den heil. Josef.

Die Beichtstühle sind aus der Wallfahrtskapelle Neu-

Birnau und die Kirchenstühle, die eichene Laubwerkver=
zierungen und je die ersten auf beiden Seiten sehr schöne
Bilder: den heil. Franziskus und den heil. Antonius ent=
halten, aus dem Franziskaner = Kloster zu Konstanz, von
wo sie 1810 hieher gebracht wurden.

Die Orgel die hinten auf der Empore steht, wurde
1858 von Stephan Schuhmacher aus Spaichingen und An=
ton Hieber aus Engen gefertigt und hat 2 Manuale und
13 Register.

Sehr schön ist auch der Dachstuhl, der aus Tannen=
und Fohrenholz gemacht und mit einem Hängwerk versehen
ist; er ist aber darum besonders sehenswerth, weil man hier
deutlich die Erweiterung der uralten Kirche wahrnimmt.

Der Kirchthurm, der massiv, aus Kieselsteinen gebaut
und an den Ecken und Lichtern mit Quader versehen ist,
hat 97' Höhe und je 25' Dicke, ist also um 3' dicker als
hoch. Darin hängen vier Glocken.

Die kleinste Glocke ist länglich, oben runder als die gewöhnlichen
Glocken und hat weder Jahrzahl noch Schrift. Sie mag die älteste Glocke
sein; welcher Zeit sie jedoch angehört, ist nicht zu bestimmen. Zwar sind
ältere, als im 12. Jahrhundert gegossene Glocken wohl nicht mehr zu fin=
den; wenn aber derartige auch noch vorhanden sein sollten, so kann immerhin
ihr Alter schwerlich bewiesen werden, weil man vor dem 14. Jahrhundert
selten Jahrszahlen und noch seltener als in den spätern Perioden des Mit=
telalters Innschriften findet; immerhin aber mögen die ältesten Glocken
die ohne alle Innschrift sein. Kurz ihr roher Guß, ihre von der
spätern Glockenform abweichende Gestalt, indem sie länglicher und besonders
oben rundlicher sind, als die spätern Glocken, lassen schließen, daß ihr Alter
nicht bis zum 12. Jahrhundert hinauf geht. [1]

Die 2. kleine Glocke hat oben an der Krone „zu Gottes Lob und
Dienst sehr (gehöre) ich — Hans Frei zu Kempten goß mich;" an der
Schweifung die Krönung Mariä und die Jahrzahl 1583 und gegenüber
Christus am Kreuze mit nochmals 1583.

Die 3. größere Glocke hat an der Krone in gothischer Schrift:

---

[1] Vergl. „Historische Notizen über die Glockengießerkunst des Mittelalters." Von D.
Zehe. Münster bei Fr. Regensberg 1857, Seite 8.

„Maria Gotes Celle hab in diner Hute, swas ich unser schelle †. Sie dürfte die zweitälteste Glocke sein.

Die 4. große Glocke hat an der Krone: A fulgure et tempestate libera nos Domine Jesu Christe per intercessionem B. M. V. et Martini 1673, d. h. vor Blitz und Ungewitter bewahre uns Herr Jesus Christus durch die Fürbitte der sel. Jungfrau Maria und des heil. Martin, 1673; — an der Schweifung Petrus und Paulus; gegenüber den heil. Bischof Martin; dann den heil. Leonhard mit der Unterschrift: Leonhard und Ulrich Rosenlächer goßen mich in Konstanz 1673, und ferner die Krönung Mariä mit der Schrift: Magister Johann Martin Erpprecht der Zeit Pfarrherr Allhier, Anno 1673. Darunter steht Michel Karg von Unter-Ulbingen, Hans Uitle von Ober-Ulbingen, Michael Jung von Nußdorf, Mathias Bek von Deisendorf, Wohlbestellte Pfleger dieser Zeit allhier. Und unten am Kranze dann noch: »Adjuro vos grandines et venti Per quinque S. vulnera Christi et tres Clavos Q. ejus manus et pedes perforarunt et P. quatuor Evangelistas: S. Math. Marc. Luc. et Joan. ut, in aquam resoluti descendatis in N. S. Trinitatis. D. h. Ich beschwöre euch, ihr Hagel und Winde, bei den 5 heiligen Wunden Christi und den 3 Nägeln, welche seine Hände und Füße durchbohrt haben, und bei den 4 heil. Evangelisten: Mathäus, Markus, Lukas und Johannes, daß ihr in Wasser aufgelöst hernieder steiget im Namen der heiligsten Dreifaltigkeit.

Das Pfarrhaus steht auf einem künstlichen Hügel circa 15 Schritte vom See, ist ein hübsches massives Gebäude von 2 Stockwerken, mit 2 guten trockenen, gewölbten Kellern, in welche auch beim höchsten Wasserstand kein Wasser eindringt; ferner 10 Zimmern, 1 Küche, und 1 Speisekammer und wurde (nach der Zahl über der Hauptthüre und innerhalb des Kellers links) im Jahr 1779 gebaut. Darum befinden sich 1 Scheuer, 2 Stallungen, 1 Holzremise, 1 Waschhaus und 1 Pumpbrunnen; das alte Pfarrhaus dagegen, das aus lauter Kieselsteinen gebaut war und in der Tiefe, westlich von jenem stand, wurde wegen Feuchtigkeit und Baufälligkeit abgebrochen. Mit seinen Kieseln pflasterte man das Seeufer, um es mehr gegen die Wellen zu schützen, und der Schutt wurde zum Hügel verwendet. — 1763 war Georg Hypolit Burkard aus Konstanz Pfarrherr dahier und jezt (seit 7. März 1837) ist Herr Konstantin Konstanzer aus Konstanz Pfarrer zu Seefelden.

Früher, bevor die Pfarrei Mimmenhausen errichtet war und die Zutheilung an die Pfarre Meersburg 1684 statt fand, gehörten zur Pfarrei Seefelden, außer ihrem dermaligen Sprengel auch noch die Ortschaften und Dörfer Mimmenhausen, Grasbeuren, Baitenhausen, Daisendorf (Tosendorf) und der Hof Dittenhausen (Tüttenhausen) bei Meersburg, ja sogar Tüfingen mit seinen Höfen ꝛc. über= haupt Alles, was bieſſeits der Aach lag; was jenseits der Aach lag, gehörte zur Pfarrei Leut= kirch, ein Beweis, daß früher die Pfarrei Seefelden sehr ausgedehnt war. Auch war früher dahier ein Kaplan, in einem bescheidenen Häuschen da, wo jezt der Garten des Meßners ist; mit seinem Einkommen wurde jedoch das Einkommen des Pfarrers verbessert, so daß dieses jezt jähr= lich circa 1000 fl. beträgt.

Endlich mußte man dem Pfarrer, der ein Leutpriester, Petriner oder Weltgeistlicher war und unter dem Dom= kapitel zu Konstanz als Patron stand, weshalb die Pfarrei jezt erzbischöflich ist, — bei jeder Hochzeit die Mahlzeit geben; kam er nicht, so wurden ihm 45 kr. entrichtet.

Ueberhaupt gehört die Pfarrei Seefelden zu den älte= sten der Bodenseegegend, denn — laut St. Galler Nachrich= ten — hielt schon der heilige Gallus, als er um 630 die Tochter des Herzogs Gunzo zu Ueberlingen im Christen= thume unterrichtete und von einer Krankheit heilte, hier, in der Kirche von Seefelden, den Gottesdienst ab und las oft die heil. Messe allda. Damals jedoch war die Kirche noch nicht so groß wie jezt, sondern mochte wohl nur wie eine größere Kapelle (gothischen Styls) ausgesehen haben, an die der Thurm stieß; erst später wurde sie ver= größert; dann im 30jährigen Kriege von den Schweden

ruinirt; nachher wieder hergestellt und nochmals erweitert,
bis sie zulezt ihre jezige Form und Gestalt erhielt.

Man sieht die Erweiterung der Kirche deutlich beim
Dachstuhl, wo an dem Thurm noch theilweise die Wasser=
speier angebracht sind, bevor er in die Kirche hinein gezogen
resp. das Langhaus größer und weiter gemacht worden
war.

Das Meßnerhaus endlich steht gegen Oberuhldingen
und ist einstöckig mit einigen Dachzimmern versehen. Lehrer
und Meßner Alois Boser hat daran gegen Süden Reben
gepflanzt, deren Stamm eine seltene Dicke aufweist.

Seeselden,

der Weiler selbst besteht nur aus 6 Wohnhäusern mit dem
Pfarr=, Meßner= und Wirthshaus. Ersteres liegt gegen
Westen, das Meßnerhaus gegen Osten, das Wirthshaus
des Ferdinand Boser nach Nordosten, gleich hinter dem
Gottesacker. — Die übrigen Häuser gehören den Bauern:
Bernhard Berner, Ignaz Steurer und Stephan Stößle.

Zu Seefelden, dem Feld an dem See, war auch
das erste Kloster der Frauen zu Baindt, das schon zu
Anfang des 13. Jahrhunderts entstand, indem sich 1227
mehre Frauenspersonen verbanden, um unter der geistlichen
Aufsicht und Leitung des damaligen Abts Eberhard (v. Rohrdorf) zu Salem nach der Ordensregel von Cisterz, Gott zu
dienen. [1] Zu ihnen gesellten sich einige Jungfrauen von

---

[1] Eine uralte Tradition will zwar behaupten, daß die Frauen und Schwestern anfäng-
lich, bevor sie nach Seefelden gezogen, auf dem birnauer Berg gewohnt und so
den Anfang zu der berühmten Wallfahrt gemacht haben; wirklich verliehen und schenken auch Heinrich Tüwinger und seine Ehefrau Adelheid zu Ueberlingen auf Fürbitte
der dortigen Schwestern dem Gotteshause Salem 1227 zu ihrem Seelenheil einen
Weinberg zwischen Ueberlingen und Rußdorf; die Bergaber können jedoch unter den
dortigen Schwestern auch die Frauen des Klösterchens zu Seefelden gemeint
haben. —

Mengen. Da aber das Kloster zu Seefelden zu klein wurde
und die Frauen ziemliche Güter bei Saulgau erhielten, so
verließen sie nach 6½ Jahren Seefelden und verlegten das
Kloster nach Boos in der Nähe von Saulgau, und zulezt
zogen sie um 1241 nach Baindt bei Altdorf an der
Straße von Ravensburg nach Waldsee, wo sie mit Hilfe
des Konrad Schenk von Winterstetten, Gubernators von
Schwaben und Burgund, unter Kaiser Friedrich II. ein
neues Kloster erbauten. Noch findet man übrigens Fun=
damente vom frühern Klösterchen im Garten des Stephan
Stözle, westlich von der hintern Kirchenthüre, beim jezigen
Pfarrhause; die meisten jedoch wurden zu Bauten von den Orts=
bewohnern und vom Stözle zu einer Scheuer verwendet. —
Bei der Belagerung von Ueberlingen 1634 wurde dann
Seefelden verbrannt, und als die Kirche und der Gottesacker
wieder hergestellt waren, starben zu Seefelden mehre Sol=
daten, z. B. Jakob Steinagl vom Regiment des Grafen
von Mannsfeld, die alle am 6. Februar 1677 auf dem
dortigen Kirchhofe begraben wurden.

Der Ort selbst gehörte sonst den Herren v. Baz; diese
vergabten ihn aber in den Jahren 1213,[1] 1222 und 1250
an das Gotteshaus Salem, nachdem 1169 schon der Schirm=
vogt der Kirche von Konstanz, Graf Konrad zum Heiligen=
berg, mit dem Freien Burchard dem Jüngern v. Frikingen —
Güter, die Salem von Rudolf v. Baz und dessen Gattin
Willebirg erkauft, an die Kirche in Seefelden übergeben
hatte; daher der Ort nach Aufhebung des Klosters und
Reichsstifts Salem auch an die Herrn Markgrafen von
Baden kam; der Pfarrsaz aber jezt erzbischöflich, blieb.

1225 überläßt zwar Bischof Konrad an Salem zu

[1] 1213 übergeben nämlich Walther und Rudolf v. Baz einen Theil von Seefelden schon theils als Seelgereite, theils durch Kauf für 500 Mark Silber an Salem.

seinem Seelenheil und aus Gewogenheit gegen das Gotteshaus all sein Recht auf das Jus Patronatus zu Seefelden;
allein nach Vergleich zwischen Salem und dem Domkapitel
wegen diesem Patronatsrecht begiebt sich 1227 das Gotteshaus Salem dieses Rechtes und Anspruchs auf dasselbe und
überläßt es dem Domkapitel; der Bischof und das Domkapitel dagegen überlassen dem Gotteshause Salem, nachdem dieses ihnen 40 Mark Silber erlegt, den ganzen
Zehnten des obern Weingartens und eines Ackers vom
obern Hof zu Maurach (Villa superior) nebst dem 3. Theil
des Zehntens im Weingarten zu Mimmenhausen. Sollte
jedoch das Gotteshaus zu Seefelden neue Grangien errichten,
so wurde bestimmt, daß dann dasselbe dem Domkapitel den
Zehnten davon geben solle. — Aus diesem Grunde war
das Domkapitel und wurde nachher der Erzbischof zu Freiburg der Patron der Pfarrei Seefelden.[1]

Die Fonds und Stiftungen

der Pfarrei sind:

1) Der Kirchenfond Seefelden, eigene Rechnung,
mit einem Vermögen von . . . . 3880 fl.
einschließlich 5 Morgen Aecker und Wiesen, jedoch ohne
Gebäude und Inventar, über dessen Entstehung aber keine
Urkunden vorhanden sind, und der wahrscheinlich nur durch
Jahrtage entstand.

Zweck: Bestreitung der Kirchenerfordernisse, Zahlung der Gebühren für die gestifteten Jahrtage und Besoldung des Meßners, Organisten und Rechners.

---

[1] Auch überläßt das Gotteshaus Salem dem Domkapitel 1460 seine nächst bei der
Kirche zu Seefelden gelegene Burgstall-Hofstatt für eigen, machte aber dabei die Bedingung, daß es für den dortigen Pfarrherrn ein Haus aufbauen, dieser dagegen und
seine Nachfolger an Salem alljährlich 8 ß Pfg. Zins davon entrichten solle. Daraus
ginge denn hervor, daß früher zu Seefelden auch eine Burg stand. —

2) Der **Baufond Seefelden**, eigene Rechnung, mit einem Vermögen von . . . . . 19,500 fl. und 1848 durch Ablösung der Zehntbaulasten entstanden.

> Zweck: die Kirche, und das Pfarr = und Meßnerhaus zu unterhalten und den allenfallsigen Neubau der Pfarrkirche primär und secundär zu bestreiten, sowie die Beiträge zur Brandkasse und die Besoldung des Rechners zu bezahlen.

3) Der **Kapellenfond Oberuhlbingen**, eigene Rechnung, mit einem Vermögen von circa . . 350 fl. entstanden durch Stiftung eines Kapitals zu kirchlichen Zwecken, ohne Urkunde.

> Zweck: alle zum Gottesdienste nöthigen Erfordernisse zu bestreiten und den Rechner und Meßner zu bezahlen.

4) Der **Kapellenfond Unteruhlbingen**, eigene Rechnung, mit einem Vermögen von circa . 3000 fl. und mit Gütern zu 500 fl. Steuerbetrag; durch Jahrtagsstiftungen und kleine Geschenke entstanden.

> Zweck: die Kapelle zu unterhalten und den etwaigen Neubau zu tragen, die Kirchenerfordernisse anzuschaffen, die Jahrtagsgebühren und das jährliche Almosenbrod zu 1 fl. zu bestreiten, sowie den Meßner und Rechner zu bezahlen.

5) Der **Kapellenfond Mühlhofen**, eigene Rechnung, mit einem Vermögen von circa . . 3000 fl. Kapital und Güter zu 700 fl. Steueranschlag, wahrscheinlich durch Vermächtnisse entstanden, ohne besondere Urkunden und Stiftungsbriefe.

> Zweck: die Kapelle zu unterhalten, die nöthigen Kirchenbedürfnisse zu bestreiten, den Pfarrer und Meßner für die Monatmessen zu bezahlen, den Rechner zu besolden und die Steuer = und Brandversicherungsbeiträge zu entrichten.

6) Der **Kapellenfond Gebhardsweiler**, eigene Rechnung mit einem Kapital von circa . . 1000 fl. und Gärten und Wiesen zu 253 fl. Steueranschlag; durch Stiftungen entstanden, worüber jedoch auch keine Urkunden vorhanden sind:

Zweck: Unterhalt der Kapelle, Anschaffung der Kircheuerforder-
niffe, Zahlung der Gebühren für Pfarrer und Meßner, Befoldung des
Rechners und Beftreitung der Rechnungsftellfoften, fowie fonftiger
Koften.

7) Der Kapellenfond Nußdorf, eigene Rechnung,
mit einem Vermögen von . . . . . 600 fl.
der durch Stiftungen von Jahrtägen und Seelenmeffen 1837
entftand.

Zweck: Beftreitung der Koften für die geftifteten Anniverfarien
und Abhaltung der Seelen-Aemter und Meffen, fowie Zahlung der
von Alois Baruth und Lehrer Meinrad Knäple zu Nußdorf geftifteten
Schulftipendien refp. Schulbedürfniffe für arme Schulfinder.

8) Der Rofenkranzbruderfchaftsfond der Pfarrei
Seefelden, eigene Rechnung, mit einem Vermögen von
circa . . . . 760 fl.
durch Anniverfarien im Jahr 1728 entftanden.

Zweck: Bezahlung der Gebühren für geftiftete Jahrtage, Be-
folbung des Pfarrers, Meßners, Organiften und Rechners; Unterhaltung der Bruderfchaftsfahne und des Marianifchen Bruderfchafts-
bildes zu den Prozeffionen, fowie Beftreitung der Koften der Bruderfchaftsfefte und der Requifiten des Bruderfchaftsaltars.

Die Rofenkranzbruderfchaften felbft entftanden: um durch
gemeinfames Gebet und öffentliche Andachtsübungen die Abwendung
von Uebeln und Befreiung fchwerer Heimfuchungen von Gott zu erflehen.

Ein befonderer Bruderfchaftsaltar exiftirt jedoch nicht; auch haben
die Bruderfchaftsmitglieder keine befondern Beiträge zu leiften, und
die Bruderfchaftsfefte felbft werden an den Marienfeften und an dem
Rofenkranzfeft (6. Oktober) gehalten. — Anniverfarien der Pfarrei
find 84; Bruderfchaftsmeffen 11.

Endlich ift zu bemerken, daß bei Prozeffionen noch ein Mariabild umgetragen wird, das eine Denkmünze mit dem Bildniffe Kaifers
Maximilian II. vom Jahr 1607 und viele Wappen anhängen hat, die
fich auf Wohlthäter der Kirche beziehen mögen.

Mühlhofen,

das Filial der Pfarrei Seefelden, ift ein Dorf und eine
zufammengefezte Gemeinde, die aus den Ortfchaften Mühl-

hofen und Gebhardsweiler, und aus den Höfen Hallendorf und Oberrieden besteht.

Das Dorf Mühlhofen selbst liegt an der Aach und an der Land= und Poststraße von Salem nach Meersburg und Ueberlingen, sowie an der Straße über Grasbeuren nach Markdorf, und ist von Hallendorf ½ Viertelstunde; von Gebhardsweiler und Oberuhldingen je ¼ Stunde; von Mimmenhausen, Seefelden, Schiggendorf und Unteruhldingen je ½ Stunde; von Grasbeuren und Oberriedern je ¾ Stunden; von Daisendorf 1 Stunde; von Maurach und Meersburg je 1¼ Stunde, und von Ueberlingen 2 Stunden entfernt.

Der Ort hat 26 Häuser, 28 Bürger und circa 180 Einwohner, die sich ebenfalls meist mit Landwirthschaft be= schäftigen: denn an Gewerben sind hier nur: 1 Maurer, 1 Schreiner und 2 Schuster; es sind hier jedoch auch noch 1 Tafernen = Wirthshaus, 1 Baumwollenfabrik und eine Kapelle.

Das Tafernen=Wirthshaus zum Kreuz steht an der Landstraße nach Meersburg, Ueberlingen und Salem, und an der Straße nach Mark= dorf, ist ein ansehnliches Gebäude mit 2 Kellern, 1 Küche, 1 Wirthsstube und 3 Wohnzimmern, und oben mit 1 Tanzplaz und 3 Schlafkammern; hinter dem Hause sind die Scheuern und Stallungen; nebenan ein geräu= miger Garten, und an der Aach noch ein besonderer Speicher. Dieses Wirthshaus gehört dem Martin Hafen von der Happenmühle bei Pfullen= dorf.

Die Baumwollenfabrik steht über der Aach und besteht aus zwei Theilen: aus dem Fabrikgebäude und aus dem Wohngebäude. Das Fabrik= gebäude ist 120' lang, 41' breit, dreistöckig und hat 3 Säle mit je 80 Webstühlen. Das Wohngebäude von ebenfalls 3 Stockwerken hat unten die Magazine, im 2. Stock 13 Zimmer nebst Küche und oben 18 Arbeiterwoh= nungen. Zwischen den beiden Hausthüren auf der Fronte ist das Wappen des Abts Robert von Salem, der dieses Gebäude 1788 zu einer Papier= fabrik bauen ließ. Sie lieferte gutes Papier und wurde von Herrn Jakob Aicham noch bis 1856 betrieben; dann ging sie ein und wurde mit der 1858 neu errichteten Baumwollenfabrik verbunden, an welche zulezt auch noch ein Turbinhäuschen mit Schlosserei kam. Jezt werden überhaupt alle

Maschinen durch eine Turbine mit 36 Pferdekraft getrieben und die Säle durch Luftheizung erwärmt. Herr Aicham selbst hat seine Wohnung im Wohngebäude; das Bureau aber ist zu Meersburg. Die Firma der Fabrik heißt: Gebrüder Honegger und Aicham. [1]

Die Orts kapelle steht im Oberdorf auf einer Anhöhe 1402' über der Meeresfläche, besteht aus Chor und Schiff, ist 44' lang (Schiff 29' Chor 15'), 19' breit und 15½' hoch und hat 4 Fenster oder Lichter mit Rundbogenschluß und einen Altar, der ein reich geschmücktes Holzgestell und eine mit Stukkatur-Arbeit versehene Decke enthält, auf der viele Engel angebracht sind, während sich auf dem Altar selbst ein Glasschrank befindet, in dem ein schönes Cruzifix eingeschlossen ist, bei welchem es heißt: „Es ist vollbracht." Rechts und links sind dann in Brustbildern Maria und Josef; darüber in Holzstatue der heil. Pankratius mit der Jahrzahl 1714 und zu oberst in einem großen Holzbilde die heil. Jungfrau Maria von Engeln umgeben. — Dann steht noch rechts vom Altar (Epistelseite) auf einer Säule ein großer Glasschrank mit Christus im Kerker (die Geißelung), über welche eine Votiv-Tafel hängt mit der sel. Jungfrau, wie sie eine Schaafheerde beschützt, wobei es heißt: „Else Dasell ist verlobt worden zu ehren der Mueter Gotes 1754," — und links vom Altar (Evangelienseite) auf einem Kasten in Art eines Oelberges, der Tod Mariä von den 12 Aposteln umgeben, worüber sich eine Tafel befindet, welche die Verehrung des aller= heiligsten Altarsakramentes darstellt; — und dann hängen noch zwei Tafeln am Chorbogen mit zwei weiblichen Personen, deren Eine (die mit dem Schwert in einer Hand, in der andern einen Kelch mit darüber schwebender Hostie) die heil. Jungfrau und Martyrin Barbara darstellt.

Der Patron der Kapelle ist der heil. Pankratius; es wird jedoch das Patrocinium, das sonst an Mariä Himmelfahrt statt fand, nicht mehr, sondern nur alle Monat eine heil. Messe gehalten.

Die Gemarkung — mit Hallendorf — hat 685 Mor= gen, 17 Ruthen, wovon 324 Morgen, 22 Ruthen der Standesherrschaft Salem gehören; Reben dagegen sind in der Gemarkung nicht; denn der an der Straße befindliche Rebberg Ortenbohl gehört schon nach Oberuhlbingen.

Der Boden selbst ist verschieden: lettig gegen Hallen= dorf, sandig und kiesig gegen Mimmenhausen.

---

[1] Siehe meine „Beschreibung von Meersburg und Markdorf mit Umgebung. „Konstanz bei Jakob Stadler 1861, Seite 76.

Die Haupthöhen sind der sog. Apfelberg östlich, gegen Menblishausen, und der Selsenberg an der Landstraße gegen den Killiweier; dann läuft durch das Mitteldorf der Dorpenbach, der von der Banngrenze Ober-Uhlbingen herkommt, während die Quellen der 4 Gemeindebrunnen theils östlich, auf der Wiese des Josef Vögele, theils auf dem Gemeindsfeld „Wolfsgrub" über dem Dorf sind.

Das Einkaufsgeld in das Bürgerrecht ist für Badenser 39 fl., für Ausländer 78 fl. und das Einkaufsgeld in den Bürgernuzen, der in circa ¼ Morgen Feld und ¼ Klafter Gabholz besteht und auf den Häusern ruht, 15 fl. 5 kr.

Die größten Höfe sind: der Hof Messer des Gebhard Allgeier und der Hof Degen des Georg Steurer.

Die schulpflichtigen Kinder gehören zur Schule Ober-Uhlbingen.

Der Name Mühlhofen, früher Milnhoven, dann Müllhofen mag von Mühle und Hof herrühren (Hof bei einer Mühle). Nachher kommt ein heiligenbergisches Dienstmannengeschlecht von Milnhoven vor, wie z. B. 1250 Ritter Mangold v. Milnhoven und Heinrich v. Mülnhoven, an den der Salmansweiler-Hof in Weildorf 1254 verpfändet wurde; — dann werden Mangold und sein Bruder Konrad v. Mülnhoven als Zeugen in einer Schankung des Grafen Berthold von Heiligenberg an den Einsiedler Heinrich Fink (Vindo) um 1256 genannt und ferner bei einem Verkauf von Gütern durch jenen Grafen 1258 an Salem. Nachher kommt ein Konrad v. Mülnhofen bei einem Verkauf von Gütern durch Ritter Heinrich Fink an Salem 1264 vor; auch geben Konrad und Mangold v. Milnhofen 1264 zu Handen ihres Herrn, des Grafen Konrad zum Heiligenberg einen an Salem verkauften Acker in Weildorf; ferner erscheint Konrad v. Mülnhofen 1265 als Zeuge bei Ueberlassung des Eigenthumsrechtes von einer halben Hube in Nlufron (Neufrach) durch den Grafen Konrad zum Heiligenberg an Salem, mit welcher Hube Werner Gnisting v. Raberach belehnt war; hierauf kommen 1267 im Auftrag des Grafen Konrad zum Heiligenberg die Gebrüder Mangold und Konrad v. Mülnhoven beim Verkauf einer Wiese im Wasach als Zeugen vor; ferner geben Berthold, Konrad und Heinrich Grafen zum Heiligenberg mit Bischof Eberhard von Konstanz

1268 ihre Zustimmung zum Verkauf eines Weinberges der Gebrüder Konrad und Mangold v. Milnhoven an Salem, und als die Grafen Berthold und Konrad zum Heiligenberg das Vogtrecht eines Gutes in Tüfingen und eines Ackers in Buggensegel 1270 an Salem verkaufen, wird Mangold v. Milnhoven als Zeuge genannt. — 1274 erscheint Mangold v. Milnhofen als Zeuge beim Verkauf von Mannlehen und Zinse durch die Grafen Berthold und Konrad zum Heiligenberg an Salem; — 1276 ist Ritter Manegold v. Milnhoven Zeuge bei Vergebung eines Gutes in Welldorf durch die Grafen Berthold, Konrad und Heinrich an Salem. — 1280 kam Müllhofen von Konrad v. Mülnhofen an den Ritter v. Summenberg, und dieser verkaufte den Ort 1284 an Salem; die übrigen Güter und Zehnten verkaufte dann noch Konrad v. Müllhofen 1287 an Salem. Nachher 1637, 30. Dezember, hatten dessen Unterthanen mit den Meersburgern auf Genehmigung ihrer Obrigkeit wegen den vielen Wölfen, die es in der Gegend herum gab, eine Wolfsjagd zu Müllhofen angestellt, aber obgleich zahlreiche Jäger dabei waren, keinen bekommen, und 1726, als durch den heiligenbergischen herrschaftl. Jäger zu Dobersdorf einige junge Bursche von Mülhofen, wegen Traubendiebstahl des Nachts — nach Heiligenberg verbracht wurden und sich aus dem Verhör ergab, daß sie von Ueberlingen schon bestraft worden waren, protestirte Heiligenberg gegen Ueberlingen wegen dieser unbefugten Justiz. Und endlich ist zu bemerken, daß Mühlhofen früher auch eine Vogtei des Oberamts Salem bildete.

Gebhardsweiler

ist ein Weiler von 5 Häusern, 5 Bürgern und 40 Einwohnern, an der Landstraße von Meersburg nach Salem, auf einer Anhöhe, mit herrlicher Aussicht auf Neu=Birnau und auf den Ueberlinger See.

Der Weiler ist 12 Minuten von der Reismühle; je ¼ Stunde von Hallendorf, Mühlhofen, Oberrieden und Oberuhldingen; je ½ Stunde von Daisendorf, Schiggendorf, Seefelden und Unteruhldingen; je ¾ Stunden von Grasbeuren und Meersburg, und 2 Stunden von Ueberlingen entfernt.

Gepflanzt werden hier besonders sehr viele Kirschen und Obst, da die Lage dafür sehr günstig ist und durch den Verkauf ein guter Erlös erzielt wird.

Der Boden selbst ist größtentheils lettig.

Die Gemarkung umfaßt 620. Morgen 67 Ruthen:

298	Mrg. 2 Vrl. 50 Ruth.	· ·	Aecker,
224	„ 2 „ 58 „	· ·	Wald,
84	„ 1 „ 25 „	· ·	Wiesen,
8	„ 2 „ 37 „	· ·	Gärten,
3	„ 3 „ 97 „	· ·	Reben.

620 Mrg. — Vrl. 67 Ruth.

Davon besitzen die Standesherrschaft Salem 140 Morg., 3 Vrl., 90 Ruth. Wald, Aecker und Wiesen; die Forstverwaltung Meersburg 77 Mrg., 29 Ruth. Wald; der Spital Konstanz 2 Mrg., 3 Vrl., 15 Ruth. Wiesen und Wald; und der Spital Meersburg 1 Vrl., 2 Ruth. Ackerfeld. [1])

Auch ist in der Gemarkung — unweit der Reißmühle die Dölle, eine Kiesgrube, die viele Steine zur Brücke in Oberuhldingen und zur Wuhr bei der Reißmühle lieferte. — Die Haupthöhen sind: der Wald Lichtenberg (obere Lichtenberg 1709' hoch) gegen Oberrieden, der Oelberg zwischen Gebhardsweiler und Dalfendorf, der Rebberg Härtlebühl gegen Hallendorf, die Stockhalde zwischen hier und Schiggendorf, und der Holgen gegen Uhldingen, an dessen Fuße die Reis- oder Reiß-Mühle liegt.

Die Ortskapelle liegt auf einem Hügel, links der Straße nach Meersburg, ist 49' lang, 20' breit und 17½' hoch, hat eine mit Stukkatur-Arbeiten verzierte Decke, ein Reiterthürmchen mit einem Glöckchen hinten über der Thüre und einen Altar, dessen Bild Maria auf Wolken mit dem Rosenkranz darstellt, worunter der heil. Franziskus und der heil. Dominikus sich befinden, während rings herum in sehr hübschen Tafeln die Geheimnisse des Rosenkranzes bildlich dargestellt und zu den Seiten (rechts) der heil. Bischof Martin, (links) der heil. Bischof Nikolaus ange=bracht sind; oberhalb ist dann ein Ecce homo, zu oberst ein Kreuz und gleich über dem Altartische die heil. Jung=frau mit dem Jesuskindlein von Münchner=Erdguß. Auch hängt rechts noch am Chorbogen eine Tafel mit dem heil. Martyrer Creszentius, gestiftet 1738 — und links eine

---

[1]) Der Gemeindswald das Härble liegt gegen Schiggendorf.

Holzschnizarbeit mit Christus im Schoße Mariä von Engeln umgeben.

Das freundliche Kirchlein wurde von Maler Eduard Roys zu Ueberlingen 1859 renovirt.

Jeden Dienstag ist da eine heil. Messe und an St. Nikolaus (6. Dezember) das Patrocinium, welche vom Kapellenfond bezahlt werden.

Die Bauern und Höfe sind: der Hof Krähe (Josef Kloß Wittwe), der Hof Dull (Dohle; Bernhard Felder), der Hof Kante (Matthias Egger), der Hof Raab (Rabe; Baptist Stephan) und das Gut des Konrad Schedler.

Der Ort selbst soll seine Entstehung einem Ritter Gebhard v. Oberrieden, die ihre Burg auf der Höhe zwischen der Reismühle und dem Oberrieden-Hof hatten, zu verdanken haben; dann wurde er ein Stift konstanzisches Lehen, von dem um 1213 der Zehnten durch Walther von Baß, der größte Theil der Güter 1221 durch Berthold von Ban- oder Bauchelshofen (Bammelshofen), das Uebrige 1355 durch Hans Rug- was von Konstanz an das Kloster Salem kamen. — Nachher, 1765, 5. Brachmonat, brannte ein Blißstrahl das Haus des Mathias Briggler nieder; am 9. Heumonat gab es bei einem heftigen Gewitter Steine wie Hüner- Eier, und wieder andere waren so gedrückt, daß sie wie Guldenstücke aus- sahen; dann

1771, 11. August, geschah während des Gottesdienstes ein starkes Erdbeben.

1788 verursachten wolkenbruchartige Wassergüsse an Häusern und auf Feldern sehr großen Schaden, und

1796 ließ Abt Robert von Salem durch den Feldmesser Franz Anton Eggler die Gemarkung vermessen, dessen Bannkarte noch vorhanden ist.

Endlich ist noch ein Beispiel einer sehr einfachen interessanten Gemeinde- rechnung hier anzuführen. In dem Gemeindebuch für Gebhardsweiler ist nämlich die ganze Rechnung für 1819—1820 enthalten. Sie lautet in Allem wörtlich so: Pro 1819—1820 den 23. April hatt die gemeind Mitt der Einam und ausgab abgerechnet, So bleibt der gemeind Noch gutt Noch 30 fl. Bekent Sebastian Stegmayer.

Hallendorf,

das auch zur Pfarrei Seefelden gehört, sind zwei Höfe —
1370 Fuß über der Meeresfläche — am Weg nach Gras=
beuren und ¼ St. von Grasbeuren, Mühlhofen und Schig=
genborf, unweit der Aach, die hier das Ufer bedeutend zer=
rissen hat.

Der obere Hof, sonst Schüssel, jezt Ludwig=Wilhelms=
hof genannt — ist herrschaftlich und besteht aus einem 2
stöckigen Wohnhause mit Stallungen, aus nebenan befind=
lichen Scheuern und Speicher und aus einem Waschhause
mit laufendem Brunnen, und kam durch Kauf von Johann
Endres 1839 an die Standesherrschaft Salem.

Die Güter betragen 138 Morgen 73 Ruthen (Aecker,
Wiesen und Gärten) und sind mit zahlreichen Obstbäumen
versehen, die in guten Jahren einen schönen Ertrag abwer=
sen. Der Pächter ist: Benjamin Grießer aus Deningen.

Der untere Hof schief über von jenem gehört der
Mathäus Degen Wittwe und besteht aus einem zweistöckigen
Wohnhause, aus einem vor demselben befindlichen 7 jahrigen
Oekonomie=Gebäude, einem besondern gewölbten Keller, über
dem früher wahrscheinlich auch noch ein Haus stand, aus
einem Waschhause mit laufendem Brunnen und aus circa
70 Morgen Aecker, Wiesen und Gärten, ebenfalls mit vielen
Obstbäumen bepflanzt.

Früher soll der Ort ein Dörfchen gewesen sein, das man nach seiner
Lage Halbendorf nannte, woraus dann später Hallendorf entstand.
Hunnen(?) sollen es zerstört haben. Nachrichten sind keine vorhanden; aber
als man beim Einzelkeller des untern Hofes vor circa 40 Jahren den Gar=
ten umschuf, stieß man auf bedeutenden Brandschutt, der mit vielen Ziegeln
vermischt war und mehre eiserne landwirthschaftliche Geräthe gefunden wur=
den. Andere Ueberreste aus vergangenen Zeiten wurden noch weiterhin zu
Tage gebracht. Auch stand früher hier eine Kapelle; denn als man 1840
das Waschhaus beim obern Hof baute, kam man auf ihre Fundamente. Ein=
mal soll ein Geißbock in diese Kapelle gesprungen sein und dabei die Thüre
zugeschlagen haben, so daß er verhungern mußte; sie wurde daher von der

Nachbarschaft satyrisch nur das Bocks-Münster genannt. Inletzt wurde
sie wegen Baufälligkeit abgebrochen. Endlich war hier vor Zeiten ein
Adelsgeschlecht v. Halendorf; denn 1259 machte ein Berchthold
v. Halendorf gegen das Stift Salem und Heinrich v. Leunegg (Eich-
teneck bei Großschönach) Ansprüche auf Zehnten zu Mendlishausen. An
Salem selbst kam jedoch der Ort schon 1254 und zwar theils durch den
Edlen v. Heidegg für 83 Mark Silber, theils durch Heinrich genannt Winit
um eine Hube zu Schwendi und theils um 60 Mark Silber von der Abtissin zu Feldbach.

Der Boden ist lettig und die Brunnen haben ihre Quellen auf der
sog. Brunnenwiese in der Nähe der Höfe.

Oberrieden oder Oberriedern,

ist ein herrschaftlicher Pacht- und Cameral-Hof fast mitten
zwischen Daisendorf und Oberuhldingen und an der Vizinalstraße von diesem Uhldingen nach Meersburg, ¼ St. von
Gebhardsweiler, Daisendorf und den beiden Uhlbingen;
³/₄ St. von Schiggendorf und Mühlhofen, 1 St. von Meersburg und Seefelden und 2¼ St. von Ueberlingen entfernt.
Das Hofgut — im Urbar Alster genannt — besteht aus
einem 2 stöckigen Wohnhause, aus einer besonders stehenden
Scheuer, mehren Stallungen, Remisen, Holzschopf und einem
Back-, Wasch- und Brennhause, und aus 78 Morgen, 3
Vierling, 6 Ruthen Aecker, Wiesen, Gärten und Reben.

Der Pächter ist Georg Stötzle.

Von diesem Hof sind die Herren v. Oberrieden oder Oberriebern; sie wurden jedoch bald Dienstmänner des Hochstifts und bekamen von
Konstanz das Schloß Ober-Uhldingen zu Lehen. Von jetzt an nannten
sie sich bald v. Ulbingen, bald v. Oberriedern. Heinrich v. Ulbingen z. B. kommt
1258 bei einer Vergabung zweier Wiesen zu Frillingen durch den Grafen Berthold
von Heiligenberg an Salem als Zeuge vor. Gebhard v. Oberriedern gründete 1200
den Ort Gebhardsweiler; Rudolf v. Oberrieden war 1226 Cellerarius im Stift
Kreuzlingen; Ulrich v. Oberrieden verkauft 1264 das Schloß Oberrieden (Ober-
Ulbingen) an Salem; die Ritter Ulrich und Rudolf v. Oberrieden ermorden 1267 den
Freiherrn Walther v. Castell, weil er in einem Streite ihren Vetter,
einen Edlen v. Grieß erschlagen hatte, Ulrich v. Oberrieden verkauft mit
Bewilligung des Domstifts den Hof Oberrieden, den er von ihm zu Lehen

hatte, 1290 mit aller Zugehörde und Rechten für 40 Mark Silber an
Salem, und Konrad v. Oberrieden verkauft 1386 seinen Antheil an dem
Dorfe Denkingen (bei Pfullendorf) das er mit den von Neubronnen ge-
meinschaftlich besaß, an den Ueberlinger Spital. Nachher kommen die von
Oberrieden nicht mehr vor; dagegen gab es später ein Geschlecht v. Rad,
das noch in der Gegend existirt, ob sie jedoch Abkömmlinge von den Ober-
rieden sind, kann nicht gesagt werden. — Das Schloß Ober-Albingen
(Oberrieden) selbst lag auf dem untern Lichtenberg 1607' über dem
Meere, zwischen der Reißmühle und dem Hof Oberrieden und gewährte
eine weite Aussicht auf und über den See; es wurde im sog. Schwaben-
kriege 1499 gebrochen und dann 1525 von den Bauern ganz abgetragen.
Jetzt ist Alles überwachsen und man sieht nichts mehr davon, als spärliche
Gräben; noch aber heißt der Hügel, der zum Wald-Distrikt Hummelberg
gehört, der Schloßberg. Das Wappen der v. Oberrieden war:
ein schwarzes Schiff mit zwei braunen Rudern auf den
Wellen des See's. — Schiffer, die bei ihren Fahrten in Noth kommen,
rufen nach der Sage gerne hinauf zu dem Berg, und nicht selten schon
soll ihnen der Geist des umgehenden Ritters aus der Gefahr geholfen
haben.

Schiggendorf

ist ein kleines Dorf am Fuße eines waldigen Berges, je
¼ Stunde von Baitenhausen und Grasbeuren, je ½ Stunde
von Ahausen, Daisendorf, Gebhardsweiler und Mühlhofen,
je 1 Stunde von Buggensegel, Meersburg und Unteruhldingen und je 1¼ Stunde von Mimmenhausen und Seefelden entfernt.

Das Dorf, welches zur politischen Gemeinde Baitenhausen und zur Pfarrei Seefelden gehört, hat 18 Wohnhäuser, 18 Bürger und circa 120 Einwohner.

Der Hauptnahrungszweig ist die Landwirthschaft; Gewerbe sind nur:

1 Bäcker, 1 Gablenmacher, 2 Küfer, 1 Schmied, 1
Wagner, 2 Weber, 1 Zimmermann.

Die Wirthschaft zur Linde (Wirth: Joh. Baptist
Rimmele) liegt im Mitteldorf; die Ortskapelle desgleichen.

Diese Kapelle, nach Westen gestellt, ist 23¹/₂′ lang, 13¹/₂′ breit, 12′ hoch, hat 1 Glöckchen, je zu den Seiten 2 Lichter, 1 Altar mit Christus am Kreuze, 2 Holzstatuen (Maria und Johannes), an der linken oder Südwand ein reich geschmücktes Muttergottesbild und außen über der Thüre gegen Osten ein größeres Crucifix.

Die Gemarkung umfaßt 643 Morgen, 2 Vierling und 96 Ruthen Wald, Aecker, Wiesen und Gärten.

Die Orts-Kiesgrube liegt in der sog. Breite an der Straße nach Baitenhausen; die Lehmgrube im Vogelsang gegen Gebhardsweiler; das Armenhaus (Hs.-Nr. 16) mitten im Dorf; das Sprizenhaus (Hs.-Nr. 18) bei der Kapelle.

Der Boden ist größtentheils lettig und es werden gepflanzt alle Arten Feldfrüchte, besonders viel Obst, das theils verkauft, theils zu sog. Most verwendet wird. — Die Wiesen werden von zahlreichen Bergwassern genährt.

Brunnen mit lauter Quellwasser sind 5. — Die größten Bauern: Sebastian Amman, der Lindenwirth J. B. Rimmele, Wendelin Fischer und Johann Maier.

Das Einkaufsgeld in das Bürgerrecht ist für Innländer 38 fl. 6 kr., für Ausländer 76 fl. 12 kr. und das Einkaufsgeld in den Bürgernuzen, der in Allmend besteht, 6 fl.; die Umlage beträgt auf 100 fl. Steuerkapital gegen 20 kr.

Als Merkwürdigkeit ist zu erwähnen der Schloßberg, gleich ob dem Wirthshaus zur Linde, weil dort auf der Höhe vor Zeiten ein festes Ritterschloß stand, wovon man noch heute, obschon der Plaz bewaldet ist (die Waldung gehört dem Sebastian Amman) mehre tiefe Gräben, Wälle und so ziemlich durch den sog. Schanzgraben (Hohlweg) noch den Schloßweg erkennt. Das Schloß lag gegen Osten von Daisendorf und gegen Westen von Schiggendorf, so

ziemlich in der Mitte beider Orte, auf dem Hungerberge,
und wurde gegen Schiggendorf durch eine gähe Halde und
einen großen Tobel geschüzt.

Dort, heißt es, saß im Alterthum ein allemannischer Häuptling, worauf es mit dem Schloß Heilligenberg in den Besiz von Templern oder
Schwertbrüdern kam und nachher ein gräflich heilligenbergischer Dienstmann
damit belehnt worden war. Einer dessen Nachkommen, Riuhle, genannt
Schif, soll der Sage nach ein böser, gefährlicher Raubritter gewesen sein,
der sehr verwegene Streiche mit vielem Glück spielte. Zu seinem Helfer
hatte er den Nachbar ob Bethenhausen (Bailenhausen) ein schlauer Fuchs,
mit dem er auf vertrautem Fuße stand. Ruihle war Wittwer und kinder-
los; daher er sich wieder zu vermählen beschloß; aber eine nach der andern
der adeligen Töchter der Gegend schlug seine Hand aus. Nun lebte auf
Ittendorf ein holdes Fräulein; diese erkor er zu seiner Lebensgefährtin.
Zur Ausführung half ihm sein Freund. Da dieser oft zum Schenk von
Ittendorf kam, so bat er einmal das Fräulein, als eben ihr Vater ab-
wesend war, ihr doch die schönen Blumen im Garten zu zeigen, die sie vom
Schlosse Waldburg zum Geschenke bekommen hat. Sie ging mit ihm hinab
und wies ihm die Blumen; wie sie aber an der äußern Gartenmauer angelangt waren, sprangen plözlich vermummte Männer aus dem Buschwerk
hervor, nahmen sie fest, brachten sie auf Leitern über die Mauer, sezten
die mit einem Tuche um den Mund verbundene Schenkin unten am Hügel
auf ein Roß und sprengten mit ihr auf und davon. Während dem wurde
es Abend und ein heftiges Gewitter zog über den See her. Der Donner
rollte, furchtbare Blize durchkreuzten den Himmel und noch fürchterlicher
tobte und krachte es in dem Wald. Sie kamen zur Höhle bei Bermatingen. Diese war glänzend erleuchtet; festlich gekleidete Ritter dabei beisam-
men; im Hintergrund stand ein Altar. Hieher wurde die Arme geführt,
die ein Mönch mit Riuhle als Gattin verband. Aller Widerstand war
vergeblich. Die Unglückliche wurde sein Weib. Wie die Trauung vorüber
war, gings an den Tisch und als das Hochzeitsmahl vorüber war, wurde
das Ehepaar ehrerbietig zu den Rossen hinaus begleitet, und früh morgens,
unter Mondschein verließ man den Ort. In die Höhle zog wieder Ruhe
und Stille, der Glanz verschwand, damit der Altar, und alle Spur an
das Fest wurde vertilgt. Riuhle selbst mit seinem Weibe zog in eine andere Gegend; das Schloß Schiggendorf dagegen ward ein Burgstall, zerfiel und wurde zulezt abgetragen, das Raubschloß Bailenhausen aber unter
Kaiser Maximilan I. zerstört.

Mehre hundert Jahre darauf, seit das Schloß Schiggendorf nicht mehr
bestand, ging einmal ein Mann aus Daisendorf, Michael Heimgärt-

ner in den Wald auf den Schloßberg um sich Holz zu holen. Er erblickte
auf dem Schloßplaze zwei große aufgerichtete Ziegelbeugen. Verwundert,
wie diese auf einmal dahin kamen und ob es auch wirklich Ziegel wären,
nahm er zwei Stücke nach Hause. Den andern Tag ging er wieder dahin;
aber keine Spur war mehr von den Ziegeln zu sehen. Er sah nach den
Seinen, und welch ein Anblick! — Sie wurden zu Gold. Er verkaufte
den Schaz an einen Juden, gründete sich dafür, wie man sagt, vor circa
100 Jahren einen Hof, den man den Neu=Bauern=Hof nannte, und
dieser Hof soll es sein, der jezt dem Johann Matt in Dassendorf gehört. —
Andere Geister=Spenden sind nicht bekannt; doch glaubt man noch heute in
der Umgebung, daß es zur Adventszeit beim alten Schloß spuke und meldet
den Plaz.

Der Ort Schiggendorf selbst kommt schon sehr frühe
vor; er hieß um 828 Scuginothorf, dann 1143 Schuwin=
dorf und gehörte zur Grafschaft Heiligenberg, die von Graf
Berthold von Heiligenberg 1277 an Graf Albrecht von
Werdenberg verkauft wurde. Dann —

1143 übergiebt der Priester Gerung zwei Güter zu
Schuwindorf und Wangin (Wangen bei Markdorf) an das
Kloster Petershausen.

1483 uff Mittwoch vor Bonifaz des heil. Papst=Tag
fällen Klaus Rösch der Gebrüder und Grafen Jerg, Ulrich
und Hug von Werdenberg und zum Heiligenberg Amptmann
zu Ubdingen, sowie Hans Vogler, Hans Bösch, Hans Trescher,
Michel Stoffel, Thoman Adler und Heinrich Gyrai als ge=
sezte und geschworne Untergänger — in Spänen zwischen
denen von Schiggendorf und Gebhartschwiler wegen Waid,
Trieb und Tratt am Rietbach und in die Binzerbachwies
einen Spruch.

1503 uff Zinstag nach Sankt Hilaren=Tag bestimmt
Bischof Hugo von Konstanz „in Spenn, Irrtung und Zwy=
tracht zwischen Abt Johann von Salem von wegen den
Armenlüwten einer ganzen Gemaind zu Graßbüren ains
und den Grauwen Hugo und Christoffel zu Werdenberg und
zum Hailgenberg Gevetter von wegen Jrer Armenlüwten
einer ganzen Gemaind zu Schikendorff andertails, auch

zwiſchen denſelben Jr baibertail Armenlůwten" — über
Trieb, Tratt und Waibgang an und über den Graben
Rietbach — nachdem beide Theile einen „babſtlichen Richter
vnnd Conſervator" zu Recht gebeten haben, mit Zuſtimmen
des Abts von Salem und der Grafen von Werbenberg=
Heiligenberg, daß der biſchöfliche Vogt Hans Brenble zu
Markdorf als Richter und Obmann mit „zwen Erber vnüer=
ſprochen Mann (von beiden Theilen) zu Zuſäzen" den Streit
unterſuchen, die Partheien anhören, über die Jrrung ent=
ſcheiden und beide Theile dann ihrem Spruch nachkommen
und Folge leiſten ſollen.

1750, 20. November, giebt Fürſt Joſeph Wilhelm Ernſt
von Fürſtenberg zu Donaueſchingen für ſeine „ſammentlichen
Land=Graf= und Herrſchaften" in Betracht der vielen „höchſt=
ſchädlichen und verderblichen Feuers=Brunſten und deren
Vorbeugung" in 100 §§. eine ſehr ausführliche Feuer=Ord=
nung, und

1846 geſchah die Vereinödung der Gemarkung.

Der graue Stein ſüdweſtlich vom Schloß, an der Straße von
Dalſendorf nach Schiggendorf, ein bläulicher früher ſehr großer Stein,
ſog. Findling, mit weißen Adern, war nichts anders als ein Triebmark
zwiſchen denen von Mörſpurg (Dalſendorf) und denen von Schiggendorf;
denn am 9. Juli 1549 fällen Alexander Menlishofer Vogt zu Jttendorf
und Bartholome Hummel, Amtmann zu Bermatingen „von dem hochwürdigen
Fürſten vnnd Herren Chriſtoffel, Biſchowe zu Coſtanz von wegen Jrer
Burgerſchafft vnnd ganzer gemaind zu Mörſpurg;" dann Hanns Rudolff
von Herſperg und Baſtian Boſch, Amptmann der Herſchafft Klngſel von
dem wohlgepornen Herrn Herrn Friderichen Grauen zu Fürſtenberg, Heiligen=
berg vnnd Werdenberg, Röm. Kayſerl. vnnd Königl. Majeſt. Rath von
wegen Jrer gnaden Vnderthanen, Amptmann vnd Gemaind zu Schiggen=
dorff verwilkurt erkleſt vnnd erbeten Zuſäze" — in Streitſachen über Trieb
und Tratt an und auf dem Blaſſenberg und bei den Wyſen (Wieſen) ſo
man nempt zum grawen ſtain (Grawenſtain) xc. einen Spruch.

Ober=Uhlbingen oder Ober=Ulbingen,

früher Ober=Vlbingen genannt, iſt ein Dorf und eine
zuſammengeſezte Gemeinde, die mit den Nebenorten See=

felben, Ober=Maurach (Ziegelei, Hof und Schloß Maurach),
Neubirnau, Oberhof bei Neubirnau und Bachkesselhof eine
Bürgermeisterei bildet und gegen 470 Einwohner zählt; das
Dorf selbst aber an der Aach und der Landstraße von Meersburg
und Salem (über Mühlhofen) nach Ueberlingen und an der
Vicinal=Straße nach Menblishausen und Tüfingen gelegen, hat
nur 64 Häuser, 65 Bürger, und circa 380 Einwohner, die sich von
Feld=, Obst=, Weinbau, Viehzucht und Gewerben ernähren.

Die Entfernung des Dorfes ist: von der Reißmühle 8
Minuten, von Seefelden 10 Minuten, von Mühlhofen,
Gebharbsweiler, Unter = Uhlbingen und Bachkesselhof je ¼
Stunde, von Menlishausen und Maurach je ½ Stunde,
von Deifendorf und Tüfingen je 1 Stunde und von Meers=
burg, Salem und Ueberlingen je 1½ Stunden.

Die Eintheilung ist: Oberdorf mit der Immengasse
und dem Euspen= oder Nellenfurter=Bach, der von Ralzhof her
kommt; Unterdorf mit der Brücke und Kunstmühle, und
das Mittel= oder eigentliche Dorf, in welchem die
Kapelle des Dorfes sich befindet.

Die Gewerbe sind: 1 Bäcker, 1 Drechsler, 2 Küfer,
4 Leineweber, 2 Lohnmezger, 1 Pechsieder, 1 Schneider,
2 Schreiner, 2 Schmiede, 1 Strumpfweber und 2 Wagner;
ferner sind hier 2 Krämer (Joseph Braunwarth, in der
Nähe der Kapelle, und Johann Maier im Oberdorf, an
der Straße nach Mühlhofen); dann 1 Tafernen=Wirthshaus
zum Storchen im Unterdorf und an der Straße nach
Unter=Uhlbingen (Wirth: Leo Berner aus Seefelden) und
endlich noch 2 Mühlen: die sog. Kunstmühle und die
Reißmühle, beide an der Aach.

Die Kunstmühle, 1345 Fuß über der Meeresfläche — die nach
dem Wappen des Abts Emanuel von Salem über dem Eingang des Mühl=
gebäudes und dabei befindlicher Jahrzahl 1687 gebaut wurde, besteht aus
der Mühle mit 7 Mahlgängen, eifernem Räderwerk und Einrichtung nach
neuer Construction, und aus einem damit verbundenen ziemlich großen
Wohngebäube zu 8 Zimmern nebst 4 Dienstboten=Wohnungen, sowie aus

dem dahinter liegenden Oekonomie = Gebäude und aus einer neben dem
Wohnhause noch befindlichen Säge und Oele. Sie gehört den Herren
Karl Widmann und Compagnie, und es hat die Aach hier eine sehr bedeutende Wasserkraft. Schon früher jedoch bestand da eine Mühle; denn
nachdem die Ritter Ulrich und Rudolph von Ober=Uldingen, welche sie
vom Bisthum Konstanz zu Lehen trugen, mit einem Hof um 80 Mark Silber
an Salem verkauft hatten, verleiht der Bischof Eberhard diese Güter gegen
1 Pfund Wachs jährlichen Zins in die Hoffkammer 1264 dem Gotteshaus
Salem; diese Bruckemühle „Mühle zur Brugg" wie man sie damals
wegen der dabei befindlichen Aachbrücke hieß, scheint jedoch nicht in den
Besitz von Salem, sondern vielmehr an das Armen=Hospital in Konstanz
gekommen zu sein, weil sie erst 1271 durch Abt Eberhard II. von Magister
und Prokuratoren jenes Hospitals und Ulrich genannt Bitzenhofer, Burger
zu Konstanz, um 20 Mark Silber für das Kloster Salem gekauft wurde. [1]

Die Reißmühle des Bernhard Klingenstein — 1355' über dem
Meere — welche außer dem Dorfe, am Fuße des Holzenbühls gegen
Gebhardsweiler zu und auf dem linken Ufer der hier sehr reißenden Aach
liegt, woher sie auch den Namen erhalten haben mag — ist ein älterer
Bau, der vielleicht schon um 1500 entstand. Sie selbst besteht aus der
Mühle mit 6 Mahlgängen, 2 Kellern, und aus einem etwas höher liegen-
den Wohnhause zu 6 Zimmern nebst Kammern, sowie aus den nebenan
liegenden Oekonomie=Gebäuden und aus einer vor der Mühle befindlichen
Hanfreibe und 1 hinter der Mühle befindlichen Säge; die ursprüngliche
Mühle dagegen ließ Abt Eberhard I. von Salem erbauen, nachdem er von
Walther und Rudolph v. Baß ein Gut alldort gekauft und König Friedrich II. bei Bereisung dieser Gegend ihm 1216 die Erlaubniß ertheilt
hatte, da eine Mühle zu bauen. Auch diese Mühle kam aber im Verlauf
der Zeiten aus den Händen Salems; denn als Heinrich v. Güttingen,
Ritter, dem Gotteshause Salem zu seinem und der Seinigen Seelenheil
1255 seinen Hof zu Altnau im Thurgau „uf'm Bühl" mit aller Zugehörde,
ausgenommen einen Weingarten und einige Wiesen — geschenkt und diese
Schankung sein Sohn Rudolf von Güttingen bestätigt hatte, das Gut aber
in der Folge für das Kloster zu ungünstig wurde, so vertauschte es 1582
diesen seinen Hof zu Altnau sammt den dazu gehörigen Häusern und Gütern an das Spital am Mergstad zu Konstanz und empfängt dagegen die
Reißmühle zu Uldingen. [2]

Die Ortskapelle endlich, von 48½' Länge, 25½' Breite und 20'
Höhe, welche auf einem kleinen Hügel an der Straße nach Unteruhldingen

---

1377' Fuß über der Meeresfläche liegt, und über dem Eingang in Lebensgröße den heil. Wolfgang, darunter das Wappen des Abts Stephan I.
von Salem mit der Jahrzahl 1711 hat, — besteht aus Chor und Schiff,
die durch einen Chorbogen von einander getrennt sind, und hat 9 Fenster,
zum Theil mit Rundbogenschluß, zum Theil mit Kreislichtern, und drei
Altäre; geweiht ist jedoch nur der Hauptaltar im Chor. Dieser hat ein
großes hübsches Holzgestell, dem aber die Fassung noch fehlt, und ein gutes
Gemälde, in dem der heil. Josef den Segen über Ulbingen und das Reichsstift Salem vom Himmel herabsieht, [1]) sowie unten nochmals das Wappen
des Abts Stephan I. (1 Fisch, 1 Einhorn, und ein Pelikan) wie außen
über der Thüre; der Altar rechts dagegen hat im Gemälde den heil. Bernhard, und der Altar links zum Bilde die Salbung und Firmung des Franken-
königs Chlodwig durch den heil. Bischof Remiglus von Rheims 496 Dabei ist ein zierlich geschnitztes Elfenbeinbild mit Maria, Magdalena und
dem Leichnam des Herrn. — Die Chordecke ist gewölbt, die Decke des
Schiffs oder Langhauses flach. — Dann endlich über dem Chorbogen ist
noch ein mit Blech beschlagener, roth angestrichener Reiterthum mit 2
Glöckchen: das kleinere hat die Aufschrift Orate pro nobis Sancta Maria
et S. Wolfgangus, d. h. bittet für uns heil. Maria und heil. Wolfgang,
sowie die Jahreszahl 1701; das größere Felix Koch me fudit Salemi
MDCCLXXX. d. h. Felix Koch goß mich zu Salem 1780.

Diese Kapelle wurde von Johann Franz Anton v. Sirgenstein, Bischof
zu Utica (Uttinensis) Weihbischof (Pro-Episcopus) und Generalvikar von
Konstanz zu Ehren des heil. Bischofs Wolfgang am 29. April 1726 eingeweiht. — Heilige Messen werden gehalten alle Wochen am Freitag vor
Kreuzerfindung bis Kreuzerhöhung, die von der Gemeinde bezahlt werden.

Das Schulhaus, welches der Schulgemeinde gehört, [2]) steht
zunächst der Kunstmühle und ist nur ein kleines Gebäude mit den 2 Schulstuben und der Unterlehrerswohnung.
Die Schule selbst hat 2 Lehrer: einen Hauptlehrer und
einen Unterlehrer[3]); jener bezieht jährlich 200 fl. Gehalt
nebst ³/₄ vom Schulgelde zu 1 fl. 14 kr von jedem Schul-

---

[1]) Der Nährvater Joseph war nämlich Patron der Josephs-Bruderschaft in Salem.

[2]) Zur Schulgemeinde Uhlbingen gehören die beiden Uhlbingen, Mühlhofen, Gebhardsweiler, Maurach, Seefelden und die Höfe Hallendorf, Oberhof und Oberriebern.

[3]) Die Unterlehrer-Stelle wurde 1855 errichtet und der Unterlehrer hat im Schulhause
1 Zimmer; der Hauptlehrer wohnt im Meßnerhause zu Seefelden.

linde; der Unterlehrer jährlich 172 fl. und 1 Klafter Holz
von der Schulgemeinde nebst ¼ vom Schulgelde.

Das Gemeinde und Armenhaus (Hs.=Nr. 10)
liegt unter dem Storchenwirthshause, gegen die Brücke und
an der Straße nach Unteruhldingen, und ist ein 2 stöckiges
Gebäude mit Scheuer, das die Ortsarmen und die Feuer=
Löschgeräthschaften enthält.

Die größten Höfe sind: Der Storchen= jezt Wilhelms=
hof der Standesherrschaft Salem, ¹) der Reißmühle=Hof des
Reißmüllers Bernhard Klingenstein, der Hof Model des
Josef Heilig, der Hof Schwalbe des Fidel Rothmund, der
Brand= oder Bachkesselhof der Standesherrschaft Salem, ²)
der Hof Sonnenwende des Handelsmanns Joseph Braun=
warth und das Gut Wermuth des Georg Klingenstein.

Die steinerne Aach=Brücke mit zwei Bogen bei der
Kunstmühle wurde 1796 vom Kloster Salem gebaut und
leistete wegen ihrer Festigkeit den Ueberschwemmungen durch
die Aach bisher immer den kräftigsten Widerstand.

Kaltbrunnen nennt man das an der Schmiede im
Unterdorf vorbei fließende Bächlein, das von der Kaltbrunner=
Wiese (früher Weiher) herkommt und bei der Kunstmühle
in die Aach fällt, und

---

¹) Der Wilhelmshof liegt außerhalb von Oberuhldingen gegen den ehemaligen Kalt=
brunnenweiler und den Wald, in der Richtung nach Deisendorf, und es gehören zu
diesem Kameralhof 99 Morg., 2 Vrtl., 90 Ruth. Feld. Der Pächter ist Jakob
Klop von Volkertsweiler, Amts Stockach.

²) Der Bachkesselhof, früher Brand genannt, liegt 1489' über dem Meere, 155' über dem
Bodensee, zwischen Mendlishausen und Oberuhldingen, am Dorpenbach, der von
Mendlishausen her kommt, ist von Mendlishausen und Oberuhldingen je ¼ St., von
Salem und dem Bodensee je ¾ St. entfernt, besteht aus einem 5 jährigen Wohn=
hause, einer freistehenden Scheuer mit Stallung, Holzschopf, Back= und Waschhause,
und aus 22 Morg., 2 Vrtl., 97 Ruthen Aecker, Wiesen und Gärten und wurde erst
1842 von der Standesherrschaft angekauft. Der Pächter ist Joseph Gulde von Stein=
hofen.

Eßbach, den Bach, der von Oberrieden her kommt, zwischen Ober= und Unter=Uhldingen die Straße durch= schneidet, die Grenze der Gemarkungen der beiden Uhldin= gen bildet und westlich von Unter=Uhldingen in die Aach fällt.

Die Haupthöhen sind der Milchenberg 1621' hoch, nordwestlich von Birnau, gegen Nußdorf; — der Wald Fuchsbühl 1596' hoch, gegen Deisendorf; — der Din= zenbohl 1521' hoch, südlich von Birnau,. gegen Mühl= hofen, und das Schindelbach (Feld und Wald) östlich von Birnau.

Der Boden ist sehr verschieden: sandig gegen Salem und Unteruhldingen; lettig gegen Seefelden; gemischt und vorzüglich gegen Deisendorf, Mühlhofen und Gebhards= weiler; Dammerde und Moorboden gegen Maurach.

Brunnen mit laufendem Wasser sind 4; Pumpbrunnen bereits bei jedem Hause.

Der Ort selbst hieß anfangs Ouveltinga, Oveltinga, dann Uolbingen, hierauf Vlbingen oder Ulbingen, und 1058 vergabte Swiggerus mit seiner Frau Abilhaide und ihrem Sohne Godeshalchi die Hälfte des Dorfes an das Kloster Petershausen unter dem Beding, daß er mit seiner Ge= mahlin so lange sie leben, nach Belieben da wohnen und die Gebäude zum Nuzen des Stifts in brüderlicher Gemeinschaft besizen könne; nach ihrem Hinscheiden aber ein Jahrtag gehalten werden solle; [1] das Collegiat=Stift St. Stephan in Konstanz hatte jedoch auch Besizungen daselbst, die um nicht angefochten zu werden, durch eine päpstl. Bulle vom 29. Jenner 1158 geschüzt wurden. Diese Güter be= standen in zwei Höfen und in einem Schuppisgut des ehe= maligen einsiebeln'schen Hofes Menlishausen, der dann später an Salem kam. [2] Das Vogtrecht über das Dorf hatten

---

[1] Chronicon Petershus. lib. 3 §. 13 pag. 329 und Neugart: diocees. Const. CXV.

[2] Neugart: cod. dipl. Alem. Nr. 868.

um 1200 die Herren v. Baß, welche es bald darauf mit Einwilligung der Lehenherren 1213 auch an Salem vergabten.

1686 sagt das Todtenbuch der Pfarrei Seefelden — ereignete sich hier zu Ober-Uhldingen ein sehr großes Unglück. Es war am 8. April, als um Mitternacht (auf welche Veranlassung weiß man nicht) in der Bruckmühle ein furchtbarer, fast unerhörter Brand ausbrach. Die Eheleute: Johann Georg Eggart und seine Frau Barbara Clarißin waren zu Bette. Niemand konnte ihnen wegen der allzugroßen Schnelligkeit der von allen Seiten auflodernden Flammen zu Hilfe kommen. Sie selbst in ihrem Schlafgemach eingeschlossen, vermochten nirgends einen Ausweg zu finden und kamen um. Mit Ausnahme nur weniger Glieder (Gebeine), die man nach Löschung des Brandes fand, wurde Alles vom Feuer verzehrt. Blos Christophorus Eggart, der Vater des Müllers Johann Georg Eggart, fand eine sehr schmale Oeffnung und entkam daraus, jedoch mit der größten Schwierigkeit und mit der größten Lebensgefahr; allein auch er wurde von den Flammen so sehr beschädigt und von Angst und Schrecken so innerlich erschüttert, daß er aufs Krankenlager gebracht werden mußte und schon 14 Tage darauf starb. — So blieb vom ganzen Hause, von der ganzen Familie Niemand mehr übrig. — Das Jahr darauf wurde dann das jetzige Mühlgebäude gebaut.

Endlich ist auch noch das sog. Klausenhölzle, rechts an der Landstraße von Oberuhldingen nach Mühlhofen, früher ein Wäldchen, jetzt aber eine Kiesgrube, zu bemerken, weil man da 1809 beim Kiesgraben auf mehre Todtenkörper stieß, die einzeln begraben waren, jeder zur Seite ein Schwert hatte, und man sonst noch mehre Kriegswerkzeuge auffand, die aber von Rost total durchfressen waren. Man glaubt, daß hier im Schwedenkrieg ein Treffen statt fand.

Unter-Uhldingen,

das Dorf, liegt an dem See, hat 30 Häuser, 35 Bürger, circa 200 Einwohner und ist von Seefelden und Oberuhldingen je ¼ Stunde, von Mühlhofen und Gebhardsweiler je ½ Stunde, von Daisendorf ¾ Stunden, von Meers-

burg und Schiggendorf je 1 Stunde und von Ueberlingen
1½ Stunden entfernt.

Die Einwohner ernähren sich von Feld=, Wein=,
Obstbau, Schifffahrt und Fischerei. Die Gewerbe sind: 1
Bäcker, 1 Küfer, 3 Leineweber, 1 Schreiner, 2 Schuster,
1 Steinhauer.

Das **Wirthshaus** (Taferne) zum **Kreuz** liegt am
Ende des Oberdorfs, hart am See, ist ein 2stöckiges aus
3 Theilen bestehendes Gebäude (Vorder=, Mittel= und
Hinter=Haus), hat im Erdgeschoß die Keller; unten die
Wirthsstube, Küche und Stallungen; oben 1 Wirthschafts=
zimmer und 5 Schlafgemache, und über der Waschküche den
Tanzsaal. Dann ist neben dem Haus ein Garten mit
Sommerwirthschaft und gleich hinten daran die **Sommer=
Schiffslände**. Der Wirth heißt Philipp Allgäuer. — Die
Winterschiffslände ist vom Lagerhaus herab, und dieses
Lager= oder **Kornhaus** schief über vom Wirthshause ist
ein ziemlich geräumiges massives Gebäude, das der Fürst
von Fürstenberg — dem sonst Unter=Uhlbingen und Schiggen=
dorf gehörte, erbaute, nachher aber, als das Dorf 1806
unter die Landeshoheit von Baden fiel, an solches ver=
kaufte, und zuletzt (1844) kam es von Baden durch Kauf
an die hiesige Schiffergesellschaft, die damals aus 8, jetzt
noch aus 6 Meistern nebst mehrern Fischern besteht. An
diesem Hause ist zugleich die Wasserhöhe vom Jahr 1790
zu 9′ (über der Straße) mit den Worten: „viel Wasser
und wenig Wein", und die vom Jahr 1817 zu 25′ mit
der Bemerkung „den 17. Juli" angegeben; damals jedoch
lag die Straße weit tiefer.

Die Ortskapelle liegt im Unterdorf, ist 53′ lang, 20′
breit, 19½′ hoch, ohne Chor, wird von 6 Spizbogenlichtern
erhellt und hat einen Altar (der frühere Hochaltar von
Seefelden) mit dem heil. Abendmahl in schönem Holzschniz=

werk; darüber auf einem Postamente eine Mutter=Gottes=
Statue; über dieser die Worte: Privilegirter Altar auf alle
Tage des Jahrs vor die armen seelen im seegfeur 1760;
zu den Seiten rechts den heil. Quirin, links Johann Bap=
tist den Täufer, oben rechts die heil. Agatha, links die
heil. Catharina, und zu oberst die heil. Dreifaltigkeit. Dann
endlich sind hinten noch eine Empore ohne Orgel, und über
der Thüre ein Reiterthurm mit einer Uhr und 2 Glöckchen:
die größere vom Jahr 1734, die kleinere vom Jahr 1760,
welche von Martin Brunner dahier gestiftet wurde.

Es werden 10 Anniversarien und alle Woche eine
heil. Messe in dieser Kapelle gelesen, die vom Fond be=
zahlt werden. — Auch war hier früher ein sog. Frühmesser
(Kaplan), der alle Montag in der Pfarrkirche zu Seefelden
die Frühmesse zu lesen hatte und dessen Pfründe die Ge=
meinde stiftete und dotirte; Urkunden darüber konnten jedoch
keine aufgefunden werden.

Die Gemarkung hat 202 Jauchert Feld:

89 Jauchert	. . .	Wiesen,
53 „	. . .	Wald,
36 „	. . .	Aecker,
20 „	. . .	Reben,
4 „	. . .	Gärten ;

202 Jauchert.

Ferner hat die Gemeinde 12 Jauchert Wald in Meersburger
Gemarkung und 11 Jauchert Wald in Salemer Gemarkung.

Der Gemeindsnuzen ruht auf den Häusern und es
haben daher auch nur 30 Bürger je 8 Jauchert, 2 Vrlg.
32 Ruthen Feld und 2 Klafter jährliches Bürgergabholz;
die andern 5 Bürger weder Antheil am Allmend noch Holz.

Der höchste Punkt ist der sog. Zielbühl, ein Wald=
hügel gegen Oberrieden, der seinen Namen daher erhielt,
weil von ihm aus im 30jährigen Kriege nach der Mainau
hinüber gezielt wurde. Noch sieht man daselbst Schan=

zen aus dieser Zeit. Auch befinden sich in den untern Felsen hinein zwei künstliche Höhlen: die Knabenlöcher genannt. Das untere Knabenloch am Fußweg nach Meersburg, ist 70′ lang, 6′ breit mitten, und 5′ hoch und hat zu hinterst einen steinernen Siz; das obere Knabenloch am neuen Waldweg mit einem Portal ähnlichen Eingang und einem in den Sandfelsen (Molasse) gemeißelten Engel, enthält 3 Gänge, die sich nach hinten vereinigen und einen Gang bilden, der 30′ ·lang, 3′ breit und gegen das Ende 5′ hoch ist; dieses Knabenloch wird auch die Schustershöhle genannt, weil sich um 1817 eine arme Schusterfamilie darin aufhielt.

Beide Höhlen sind jedoch nichts anders, als unterirdische, auf bergmännische Weise in den Sandfelsen getriebene Gänge, in welchen vormals Goldsand ausgebeutet wurde, das in dem Goldhäusle bei der Heinrichsquelle zu Heiligenberg geschmolzen worden sein soll; der Name dieser eingegangenen Bergwerke selbst, die wahrscheinlich von dem Fürsten Anton Egon von Fürstenberg-Heiligenberg angelegt wurden, der nicht nur ein eifriger Bergmann war, sondern sogar dahin einschlägige Erfindungen machte — rührt von Knappen d. i. Bergknappen her, die man nachher in Knaben umschuf. — Endlich ist zu bemerken, daß zu den Zeiten des 30 jährigen Krieges von dem Walde des Zielbühls auch das Holz genommen wurde, womit man die Insel Mainau umpfählte, um das Eindringen des Feindes zu verhindern.

Ueberhaupt ist auch dieser Ort alt; denn schon im 11. Jahrhundert vermachte Graf Eberhard von Nellenburg zu Ovltingen einen Mansus, eine Mühle und drei Wirthshäuser an das Kloster St. Salvator zu Schaffhausen, die je ein Talent zu zahlen hatten. Der Ort muß somit sehr besucht gewesen sein; es wurde hier aber auch die Hauptverbindung zwischen Oberschwaben und Konstanz über die Mainau und Lützelstetten vermittelt; ja hieher bezieht sich sogar die 1175 durch Kaiser Friedrich I. verfügte Befreiung des Schiffrechts auf dem Bodensee, welche fälschlich auf Ueberlingen gedeutet wurde. Nachher im 12. Jahrhundert war das Hochstift Konstanz im Besitz von Unter=Uhldingen und auch es begünstigte den Ort sehr; besonders jedoch war es die Herrschaft Heiligenberg, an welche der Ort kam, die den Fischern und Schiffern alle Begünstigung zuwies. Da sah man dann allwochentlich ein nicht unbedeutendes Quantum Früchte in die Schweiz verführen, und noch vor 50 Jahren war die Schifffahrt so stark gegangen, daß man am Dienstag und Mittwoch vor den vielen Kornfrucht=Fuhrwerken kaum durch den Ort kommen konnte; seit Entstehen der Dampfschiffe hat sich jedoch die Frequenz verringert; nur die Fischerei, namentlich der Felchenfang wird noch stark getrieben. Man sagt sogar, daß ehemals der Ort ein Flecken gewesen sei, allein durch verschiedene Unglücke zum Dorf herabsank. So z. B. raffte der schwarze Tod, eine contagiöse epidemische ansteckende Seuche im 14. Jahrhundert, viele Leute dahin; besonders aber war es die Pest 1611, welche schrecklich hier hauste, flog nur ein Vogel über den Ort, so soll er todt herabgefallen sein; die Einwohner verließen daher die Häuser und kampirten im Freien. Seitdem erhielt dieser Platz (jetzt Wiese und Feld) den Namen „Herberge" und wird auch noch heut zu Tage so im Urbar genannt. Diese Herberge, oder Stätte, wo die Leute von der Pest verschont blieben, ist jetzt Ge= meinde=Allmend, das unter die Bürger vertheilt ist. Auch stehen noch zwei Bildstöckchen zum Andenken an diese Zeit, welche namentlich die Grenze oder Linie bezeichneten, wo die Pest keine Opfer mehr fand, resp. die Linie, welche die gesunde Lage von der gefährlichen schied. Das Her= berge=Allmend selbst liegt circa 400 Schritte von Unter=Uhldingen rechts an der Straße nach Ober=Uhldingen. — Es hat überdies auch noch der Schwedenkrieg Vieles zerstört und verwüstet und reichlich dazu beige= tragen, daß der Ort von seiner frühern Größe und Bedeutsamkeit zu einem einfachen, bescheidenen Dorfe herabsank. Endlich war auch der See schon mehrmals sehr ungnädig gegen das Dorf, verursachte großen Schaden und zwang seine Bewohner zur Flucht, namentlich im Jahr 1817; denn da stund das ganze Dorf so in Wasser, daß man es mit Kähnen und kleinern Schiffen auf der Landseite umfahren konnte. Alle Keller waren voll Wasser, alle Stuben lagen im Wasser und in der Taferne zum Kreuz hatte das= selbe sogar die Sitzbänke und Tische in der Wirthsstube erreicht. Viele Leute flohen in die Nachbargemeinden; das Vieh aber wurde insgesammt 3 Wochen lang in Waldhütten gehalten.

Der Bach, der zwischen Unteruhldingen und Meersburg in den See fällt, heißt der Ramsbach und kommt von Dalsendorf her.

1549, Zinstag nach Ulrichstag (9. Juli) entscheiden noch Alexander Menlishofer, Vogt zu Ittendorf und Bar=

tholomä Hummel, Amann zu Bermatingen einerseits und Hans Rudolf von Herrsperg, sowie Bastian Bosch, Amtmann der Herrschaft Ringsek (Königsek) anderseits, als „erkhiesie Schiedsrichter" in Spänen und Irrungen über Trieb und Tratt zwischen der Burgerschaft von Meersburg und der Gemeinde Unter-Uhldingen, [1]) — und endlich

1859, 6. März, früh 6 Uhr, sah man gegen Unter-Uhldingen eine Feuerkugel so groß wie eine Kegelkugel in der untern Luft, die bei hellem Himmel am Tage wie eine Rakete zerfiel.

Nußdorf

ist ein Dorf 1300′ über der Meeresfläche an der Straße nach Ueberlingen und an der Nußbach, die von Owingen herkommt und hier bei Nußdorf in den See fällt, — mit 33 Häusern, 33 Bürgern, und circa 180 Einwohnern, die sich ebenfalls meist nur mit Landwirthschaft, Weinbau und Viehzucht beschäftigen.

Die Entfernung ist: von Ueberlingen, Schloß Maurach und Deisendorf je ½ Stunde, von Seefelden 1 Stunde und von Salem 2 Stunden.

Die Gewerbe sind: 1 Küfer und 2 Wagner; ferner ist hier ein Tafernen-Wirthshaus zum Karpfen am Mühlbach-Tobel und an der Straße nach Deisendorf, und es besteht das 2stöckige Gebäude aus 2 Wirthszimmern, 5 Gastzimmern, 1 Tanzsaal, 1 Küche, und 2 Stallungen. Dabei befindet sich eine große Scheuer mit Holzplaz und vor dem Hause gegen Ueberlingen eine Laube zur Sommerwirthschaft. Der Wirth ist Georg Keller aus Bambergen.

---

[1]) Die gleichen Schiedsrichter fällen auch in Streitigkeiten über Trieb und Tratt zwischen den Gemeinden Mörspurg, Thalkendorf und Schiggendorf am 9. Juli 1519 einen Spruch.

Das Rath= und Gemeindehaus, ein ziemlich
großes 2 stöckiges Gebäude an der Straße nach Ueberlingen
und dem Karpfenwirthshause gegenüber, hat 1 Torkel,
oben das Bürgermeisteramt und den Bürgerarrest und über
der Kellerthüre das Kloster=Wappen von Salem mit der
Jahrzahl 1790; dieses Haus wurde erst 1833 gekauft, nach=
dem das frühere Rathhaus zum Schulhaus gemacht worden
war. An diesem alten Rathhaus war früher zu lesen:

Es war eben in diesem Jahr (1802)
Als Salem badisch war;
Wenn dies nicht geschehen wär'
Hätt Abt Dechsle das 8. Jahr regiert,
Da man dies Gemeindehaus renovirt.

Die Ortskapelle im Oberdorf liegt ebenfalls an der
Landstraße nach Ueberlingen, von Westen nach Osten, ist
49½ Fuß lang, 20 Fuß breit und 21½ Fuß hoch, wird
von 4 Fenstern erhellt und hat 1 Altar mit einem alt=
deutschen Altarblatt. Dabei befinden sich in guten Holz=
bildern die heil. Mutter Maria, rechts der heil. Damian
mit einem Becher oder Apotheker=Flasche; links der heil.
Cosmas mit einem Säckchen, und zu den Seiten noch ein
Paar Heilige.

Zu oberst ist ein Crucifix und zu dessen Seiten stehen
Maria und Johannes; an der Nordwand dagegen sind der
heil. Franziskus, Stifter des Franziskaner=Ordens, und
die heil. Theresia — an der Südwand der heil. Antonius
von Padua und der heil. Sebastian, — und hinten auf
der Empore die Orgel mit 6 Registern, die aus der Kirche
von Seefelden von der Gemeinde und mit Beitrag von
25 fl. durch den Bürger und Landwirth Joh. Baptist Jung
in Nußdorf 1858 hieher gestiftet wurde. [1]

---

[1] Das Schönste jedoch in der ganzen Kapelle ist gegenwärtig durch ein Holzgestell gleich
über dem Altartisch verdeckt, nämlich ein altdeutsches Gemälde mit 3 Personen,

Endlich hat die Kapelle noch eine Uhr, einen Reiter=
thurm mit 2 Glöckchen (das kleine von 1806, das große
von 1816, beide von Felix Koch in Salem gegossen) und
außerhalb an der Nordwand gegen die Landstraße noch
ein großes hölzernes Crucifix.

Im 30 jährigen, sog. Schwedenkriege, wo der Ort
verbrannt worden, wurde die Kapelle ruinirt und erst um
1700 wieder hergestellt, der Altar aber erst am 14. Juni
1763 von dem Fürstbischof Cardinal v. Robt eingeweiht.[1]

Jetzt werden jährlich 8 Anniversarien und jeden Don=
nerstag ein Kindergottesdienst mit Amt darin gehalten, das
von der Gemeinde bezahlt wird.

Die Kirchenpatrone sind Cosmas und Damian, Mär=
tyrer, deren Andenken am 27. September von der Kirche
gefeiert wird.

Bei der Kapelle steht das 1 stöckige Schulhaus (alte
Rathhaus) mit Keller, Schulstube, 3 Wohnzimmern, Küche,
Holzschopf und Stall.

Der Schuldienst selbst gehört in die 1. Klasse und
das Einkommen des Lehrers ist jährlich 200 fl. und je
1 fl. 12 kr. Schulgeld von circa 30 Schulkindern. Dazu
hat der Lehrer als Meßner noch 2 Morgen Aecker und
Wiesen, 350 Maß Meßnerwein und 2 Klafter gemischtes
Scheitholz.

Die Gemarkung umfaßt 824 Morgen, 1 Vierling, 38
Ruthen:

---

von denen 4 sich durch Kronen auf den Häuptern auszeichnen; es wäre wünschens=
werth, daß dieses Gemälde wieder hergestellt würde. Die Flügelbilder und geschnitz=
ten Aufsäze kamen leider weg.

[1] Die Verbrennung des damaligen Fleken s Rusdorf geschah durch die Franzosen von Ueber=
lingen aus an Weihnachten 1643, um den Kaiserlichen und Reichsvölkern keinen Auf=
enthalt zu gewähren. Dabei blieb nur noch die ruinirte Kapelle und das äußerste
Scheuerle im Unterdorf (jetzt Wohnung des Joseph Löhle) stehen; alles Andere wurde
verbrannt und von den Flammen verzehrt.

415 Morgen	2	Vierling	48	Ruthen	. .	Walbung,
296	„ 3	„	47	„	. .	Aderfeld,
66	„ 2	„	63	„	. .	Wiefen,
32	„ 2	„	12	„	. .	Reben,
12	„ 2	„	68	„	. .	Gärten,

824 Morgen 1 Vierling 38 Ruthen

von benen 132 Morgen, 1 Vierling, 32 Ruthen unter die Bürger vertheilt sind, deren Theile auf den Häusern ruhen.

Die Haupthöhen sind: die Walbung Wiegelhalbe gegen Deisenborf und Salem, das Aderfelb Egel= oder Nä= gelfee gegen Salem, und der Rebberg Konstantinhalbe gegen Neubirnau.

Die größten Grundeigenthümer sind: Georg Keller, Karpfenwirth, Sebastian Böhler, Peter Jung und Joseph Bommer.

Das Einkaufsgelb in das Bürgerrecht ist für Babenfer 27 fl. 12 kr., für Fremde 54 fl. 24 kr. und das Einkaufsgelb in den Bürgernuzen, ber in 4 Morgen Ader=, Wiesen= und Rebfelb besteht, wozu jeder Bürger noch 3 Klafter Gabholz bekömmt — 198 fl.

Ortsarme kommen in der Regel nicht vor, und giebt es welche, so werden sie in das Raths= oder Gemeinde= haus gebracht. — Dann gehören zur Gemeinde Nußborf, das mit Höfen, Sölben, Weingärten und Zehnten theils durch Schankung, theils durch Kauf von dem Grafen Ru= bolf von Tübingen, von Algot v. Sunnenkalb zu Teggen= hausen, von den Eblen v. Vaz und Andern 1228 an Sa= lem kam — noch die zwei Häuser von Untermaurach, nämlich das Fischerhaus und die Wohnung des Mathä Ill an der Straße. — Ferner heißt der Bach, welcher vom Milchenberg herab fließt und früher die Gemarkung Nuß= borf von Maurach schied, der Hermannsbrunn. — Die Wetterkreuze, die sonst in den Weingärten Neusaz gegen

Deiſendorf und Stättengarten am Ende des Unterdorfs gegen Ueberlingen zu ſtanden, kamen wegen Umſturz weg. — Und endlich iſt noch zu bemerken, daß auch der Suprior Theobald Jung zu Salem, der dem Primiſſarius Johann Martin Stork aus Oberuhlbingen bei ſeiner erſten heil. Meſſe in der Pfarrkirche zu Seeſelden am 6. Jenner 1726 aſſiſtirte, aus Nußdorf war.

Das Wichtigſte und die größte Merkwürdigkeit iſt jedoch die in der Nähe von Nußdorf befindliche Stelle, — auf dem zweiten Bergkopfe über dem Karpfenwirthshauſe, wo die Deiſendorfer Straße vorbeiführt — weil dort ehemals die hochberühmte Wallfahrt Alt=Birnau ſtand, zu der alljährlich viele tauſend Andächtige und Leidende hinwanderten, um bei der gnadenreichen Gottesmutter Hilfe, Troſt und Stärke ꝛc. zu erflehen.

Der uralte Ort Alt=Birnau ſelbſt beſtand zwar anfangs nur aus einem Maierhofe mit einer Kapelle, die den Herrn v. Bobmann und v. Stoffeln gehörten und von ihnen um 1230 an das Gotteshaus Salem kamen. Da die Stadt Ueberlingen nur 1 Stunde davon liegt, ſo bat dieſe damalige Reichsſtadt jedoch den Abt Berthold, ihr den Hof zur Benützung und zu einer Weide zu übergeben. Der Abt williahrte ihrer Bitte und ſchloß 1241 mit dem Schultheiß Wernher von Ueberlingen einen Vertrag ab, kraft welchem der Maierhof um 75 Mark zum Gebrauch und zur Nutzung der Hutweide an die Stadt überlaſſen wurde, die Kapelle dagegen mit ihrer Dote und Platz dem Kloſter verblieb; dieſe wurde alsdann 1360 reſp. 1384 dem Stifte Salem durch die Päpſte Urban V. und VI. mit aller Rechtſame incorporirt.[1] Nun ließ das Kloſter die Kapelle erweitern und ein Prieſterhaus daran bauen, und als die Zahl der Pilgrimme immer mehr zunahm, wurde dieſelbe 1495, 1513 und 1592 nochmals vergrößert. So entſtand die Kirche, die nicht nur weithin über den See ſichtbar, ſondern noch viel weiter berühmt war, indem an hohen Feſttagen oft bei 20,000 Leute dem Gottesdienſte und den Prozeſſionen anwohnten. — In der Nähe ſtand aber ein Ueberlingiſches Wirthshaus, welches und zumal

---

[1] Papſt Urban VI. incorporirt nämlich 1384 die Kapelle zu Birnon, über welche Salem das Patronatsrecht zuſtändig und welche keiner Pfarrkirche unterworfen war, dem Gotteshauſe mit dem Anfügen: „den Gottesdienſt in der Kapelle durch ſeine Religiofen anſtändig beſorgen zu laſſen.“

Ueberlingen auch auf den Platz der Kirche Anspruch machte, viele Verdrieß-
lichkeiten herbeiführte. Auch wurde das Priesterhaus und die Kirche zu
Birnau 1643 im Schwedenkriege, am Feste des heil. Stephanus mit Nußdorf und andern Orten durch den französischen Commandanten zu Ueberlingen, Corwall verbrannt; nur die kleine in der Kirche stehende Gnaden-
kapelle (Capella gratiosae Thaumaturgae Birnoviensis) mit dem Maria-
Bilde blieb wunderbarer Weise verschont. Dann bedrängte auch der französische Marschall de Villars das wieder hergestellte Alt-Birnau; doch
wurde diesmal die Kirche mit der geistlichen Wohnung vom Brande verschont; mit der Reichsstadt Ueberlingen dagegen dauerten die Mißhellig-
keiten fort. Um ihnen abzuhelfen, und da sich 1741 zumal noch eine nothwendige Bau-Reparation an den Gebäulichkeiten ergab, beschloß Abt Stephan II. von Salem die uralte Wallfahrt, die dem Kloster Salem incorporirt, aber den Bischöfen von Konstanz qua ordinario untergeben blieb, —
auf eigenes Territorium zu verlegen. Er suchte bei den höchsten geistlichen
und weltlichen Stellen darum nach und als er die Genehmigung erhielt,
wurde die Transferirung des wunderthätigen Muttergottes-Bildes (bis zur
Herstellung eines neuen Tempels) nach Salem und der Abbruch der Kirche
und des Priesterhauses zu Birnau beschlossen.

Es war am 4. März 1746 früh morgens, als der Convent das
Gnadenbild zu Birnau (Bürnau) abholte. 350 Mann Heiligenberger Dra-
goner sollen die Uebersezung gedeckt haben. Die Nachricht brachte in Ueberlingen eine ungemeine Bewegung hervor. Der Convent machte zwar Tags
zuvor den Magistrat der Reichsstadt mit der Translokation bekannt; allein
man sezte keinen Glauben in die Ausführung; Alles strömte daher hinaus
auf den Berg, um sich von der Wahrheit zu überzeugen. Man protestirte
freilich dagegen und bat, das Gnadenbild wieder nach Birnau zu verbrin-
gen, wo es bereits 600 Jahre mit Wunderwerken geleuchtet; allein alle
Schritte waren vergeblich. Das Gnadenbild blieb bis zum Aufbau eines
andern Birnau in Salem; das neue Birnau dagegen, Neu-Birnau
genannt, wurde noch in diesem Jahr ob Maurach zu bauen begonnen. Die Grundsteinlegung geschah am 12. April 1746 durch den Abt
Anselm II. von Salem. Der Grundstein des Priesterhauses ist im äußern
Eck gegen Ueberlingen und enthält Beigaben in einer bleiernen Kapsel;
der Grundstein der Kirche dagegen liegt im Fundament unter dem Hochaltar. Noch sieht man außerhalb der Kirche, gerade unter den Chorfenstern
(gegen die Waldung und den Oberhof hin) ganz unten zu Boden das
Baujahr 1746 im Sandstein eingehauen. Der ganze Bau, der über 150,000 fl.
kostete, dauerte 4 Jahre und wurde durch den Baumeister Peter
Thumb von Konstanz geleitet; den 20 September 1750 wurde dann die

Kirche Neubirnau mit den 3 Thor-Altären durch den Weihbischof Franz Karl Joseph Fugger von Konstanz, des heil. röm. Reichs Graf zu Kirchberg und Weißenhorn ꝛc. — weil der Fürstbischof Casimir Anton von Konstanz kurz zuvor gestorben und ein neuer Bischof, der die Feierlichkeit der Einweihung hätte vornehmen können, noch nicht erwählt war — feierlichst eingeweiht. Hierauf hielt der Reichsprälat Anselm II. von Salem nach dem Thema: „Du bist die Glorie Jerusalems, die Freude Israels, die Ehre unsers Volkes" (Judith 15, 10), das der Hofmaler Bernhard Gottfried Götz von Augsburg in Fresko kunstreich im Langhause an der Decke gemalt hat, die erste Predigt. Vorher jedoch wurde das Gnadenbild mit höchster Feierlichkeit in Prozession von Salem nach Neu-Birnau verbracht.

Der Zug geschah morgens früh 8 Uhr den 20. September 1750 wie folgt:

1. Die Handpferde,
2. eine halbe Compagnie zu Pferd,
3. ein Genius, romanisch gekleidet,
4. eine Compagnie zu Fuß,
5. Kreuz und Fahnen,
6. die Knaben und Jünglinge (Junggesellen),
7. der Genius Beatae Virginis Mariae in romanischer Kleidung,
8. ein Converse- oder Laien-Bruder mit einem Kreuz,
9. der ganze Convent mit weißen Floken und brennenden Kerzen,
10. das Gnadenbild selbst von 6 Patres in Chorröcken und Stolen getragen und unterwegs abwechselnd,
11. die geistlichen und weltlichen Gäste mit brennenden Kerzen,
12. die Mädchen und Jungfrauen mit Kränzen geschmückt,
13. Kreuz und Fahnen,
14. die Männer,
15. wieder Kreuz und Fahnen,
16. die Frauen,
17. eine Compagnie zu Fuß,
18. eine halbe Compagnie zu Pferde,

dabei waren im Gefolge noch das ganze Oberamtspersonale von Heiligenberg mit dem Kreis-Contingent und über 30,000 Menschen, so daß es ein ungeheurer Zug war.

Am Ende des Waldes [1]), bei dem Steinbild Christi, Salvator genannt,

---

[1]) Die Straße zieht sich in diesem Walde theilweise durch einen tiefen Tobel — die Rellenfurt genannt — und steigt dann anderseits wieder ebenso empor; der Bach unter der Rellenfurter-Brücke heißt der Rellenfurter-Graben und kommt vom Ralzhof her.

das noch steht, wo man die Kirche von Neubirnau, wenn man von Salem her kommt, zu Gesicht bekömmt, wurde dann das Gnadenbild auf einen unter schönem Triumphbogen zubereiteten Altartisch niedergesezt und von Abt Anselm II. von Salem und Abt Robert von Raitenhaslach (Salzburger-Bisthums) abgeholt und nach Neu-Birnau verbracht. Da, bei dem Portal wurde es von dem Weihbischof von Konstanz, Graf Fugger in Pontificalibus empfangen, zum Hochaltar gebracht und hierauf auf dem Gnadenthron eingesezt.

Nach der Festpredigt war's Jubel-Hochamt und zulezt erfolgte das Te Deum laudamus (großer Gott, dich loben wir).

Zu Mittag war Tafel im Schlosse Maurach, wo die hohen Gäste und Fremden traktirt wurden; der Convent aber begab sich unter dem Superior nach Salem zurück.

Am andern Tag wurden dann noch die 4 Altäre im Langhause eingeweiht und in der Schloßkapelle zu Maurach gefirmt, hernach fuhr der Weihbischof mit den Prälaten nach Salem; in Neu-Birnau dagegen blieben so viele Geistliche zurück, als zur Beicht und den priesterlichen Funktionen nothwendig waren.

So schloß die Einsezungs- und Eröffnungsfeier von Neu-Birnau, ein Tempel, der weit schöner und prachtvoller als die Kirche zu Birnau, das man jezt Alt-Birnau nannte, war; aber doch kam die Wallfahrt zu Neu-Birnau nie recht auf, denn es war die Sage verbreitet, daß das neue Gnadenbild das ächte nicht sei, auch trug der baldige politische Umschwung in Frankreich viel dazu bei, daß die neue Wallfahrt weniger besucht wurde. — Alt-Birnau dagegen ward abgebrochen und auch die Stadt Ueberlingen transferirte zulezt sein dortiges Wirthshaus nach St. Leonhard, näher zur Stadt, nachdem laut Breve apostolicum, Rom bei Sancta Maria major 18. September 1750 ausgesprochen wurde, daß zu Alt-Birnau in ewige Zeiten bei Strafe der Excommunication weder eine Kirche noch Kapelle erbaut werden dürfe. Ueberhaupt bezeichnet jezt kein Merkmal mehr die Stelle von Alt-Birnau, Alles ist angebaut, wo sonst eine Unzahl von Andächtigen war; nur Eines verblieb, dies ist die prachtvolle Aussicht, die der Berg Alt-Birnau, wie er noch heißt, dem Besucher gewährt. [1]

Von Nußdorf bis Neubirnau selbst deckt grüner Wald den Hintergrund, gegen die Straße ist schönes Wies- und

---

[1] Siehe meine „Beschreibung der Stadt Ueberlingen und Umgebung." Ueberlingen bei Fr. Xaver Ullersberger 1859, Seite 74—78.

Fruchtfeld, unter der Straße glänzt der herrliche See und von Birnau bis herab Maurach ergözt das Auge ein stattlicher Rebberg; wir wandern jedoch beim Karpfenwirthshause die Straße zur Höhe hinauf am Fuße vom Alt=Birnauer=Berg vorbei und kommen in ½ St. nach Deisendorf.

Deisendorf,

gewöhnlich Disendorf genannt — das Dorf liegt in einem kleinen Thale zwischen Hödingen und Salem, oberhalb (nördlich von Nußdorf und an der Straße von Salem nach Andels=hofen und Ueberlingen, circa 1600 Fuß über dem Meere. Man sieht das kleine Dorf rechts, wenn man von Mendlis=hausen Neubirnau zugeht.

Es hat 36 Wohnhäuser, 35 Bürger, 209 Einwohner und ist von Salzhof circa 10 Minuten, von Tüfingen, Mend=lishausen und Nußdorf je ½ Stunde, und von Seefelden und Ueberlingen je 1 Stunde entfernt.

Dabei ist ein fischreicher Weier von über 20 Morgen im Umfang.

Die Einwohner beschäftigen sich auch hier meist nur mit Landwirthschaft; die Gewerbe sind blos: 1 Drechsler, 2 Gablenmacher, 1 Küfer, 1 Schmied, 1 Schneider, 1 Schuh=macher und 2 Weber. Dann sind hier noch ein Krämer, ein Wirthshaus zum Löwen (Wirth: Mathias Waldvogel), 1 Kapelle und 1 Schulhaus.

Die Kapelle steht außerhalb vom Oberdorf, bei Johann Igelmaier, ist 42' lang, 17' breit, 12½' hoch, mit einer hölzernen Vorhalle ver=sehen, und hat eine Bretterdecke, einen Altar und einen Reiterthurm, in dem sich eine Uhr und zwei Glöckchen befinden. Das Altargestell hat in einer Oelmalerei die Krönung Mariä, worunter steht: In horem Sanctis=simae Trinitatis, Beatissimae Virginis Mariae, S. Andreae Apostoli et S. Joannis Baptistae hoc Altare Dedicatum est Anno MDCLXXXIIII (d. h. dieser Altar wurde der heiligsten Dreifaltigkeit, der seligsten Jung=frau Maria, dem heil. Apostel Andreas und dem heil. Johann Baptist zu Ehren gewidmet im Jahr 1684); dabei sind zwei Wappen Ueberlinger=Pa=

trifter, und zu den Seiten auf Holz gemalt St. Andreas und St. Johannes der Täufer; auf dem Altartische dagegen stehen in Glaskästchen mit einem Muttergottesbilde nebst Jesuskindlein, rechts und links davon in frisch gefaßten Holzblättern die heil. Jungfrau Maria und der heil. Apostel Andreas, und um den ganzen Altar herum hängen die 14 Stationen.

Die größere Glocke hat ein Kreuz und die Bilder der seligsten Jungfrau Maria, des heil. Andreas und des heil. Johann Baptist, wobei steht: „Eigenthum der Gemeinde Deisendorf. Felix Koch in Rimmenhausen goß mich Anno 1835;" — die kleinere enthält: „Kyrie eleyson, Christe eleyson, Kyrie eleyson" (Herr erbarme dich unser, Christus erbarme dich unser, Herr erbarme dich unser!) 1666.

Patron der Kapelle ist der heil. Andreas, und es werden am Patrocinium, sonst aber jede Woche noch am Montag, darin heil. Messen gelesen.

Ein Feldkapellchen steht dann noch im Oesch, gegen Rengoltshausen und Nußdorf, und dieses Käppelle hat auf einem kleinen Altartische ein Kreuz mit den Leidenswerkzeugen, ein aus Holz geschnitztes Muttergottes-Bild mit dem Jesuskindlein, zu den Seiten St. Andreas und St. Johann Baptist, rings um den Altar herum in kleinen Täfelchen die 14 Stationen, links an der Wand ein größeres Cruzifir, und an beiden Seiten der Wände viele Votiv-Tafeln.

Das Schulhaus steht am Ende des Dorfes, an der Straße nach Seefelden, ist zweistöckig, hat unten die Schulstube und oben die Lehrerswohnung, und wurde 1839 neu gebaut. Die Zahl der Schüler ist in 30; der jährliche Gehalt des Lehrers 200 fl. nebst Schulgeld zu 1 fl 12 kr.

Die Gemarkung hat circa 950 Morgen Aecker, Wiesen, Reben, Gärten und Waldungen und ihre Haupthöhen sind der Buchrain beim Widmerhof, sowie der Hungerbühl und der Rebbühl gegen Tüfingen.

Von den Straßen unten am Weier führt die rechts über Andelshofen nach Ueberlingen, die links nach Deisendorf und Seefelden.

Die Höfe, welche zum Gemeindeverband Deisendorf gehören, sind: der Scheinbuch, Schaybuch oder Schayenbuch, ¼ St. nordwestlich von Tüfingen und ½ St. von Deisendorf; — die Hasenweide, rechts der Straße von Tüfingen nach Deisendorf, am Wald, ¼ St. von Deisendorf; — der Widmerhof auf dem Buchenrain, eine kleine Viertelstunde südöstlich von Deisendorf und links der Straße von Tüfingen nach Deisendorf; — der Königshof rechts der Straße von Tüfingen nach Deisendorf, gleich über dem Weier, und der Nestlehof gegen Andelshofen.

Früher bildete der Ort mit Scheinbuch ein Amt des Spitals Ueberlingen; Salem hatte jedoch auch Besizungen daselbst; denn 1211 verkauft Abt Heinrich in der Reichenau einen Hof zu Deisendorf, den vorher Hugo v. Langenstein als Lehen besaß, für 80 Mark Silber und jährlich 1 ℔ Pfeffer Zins an das Gotteshaus Salem. Einen zweiten Hof erwarb es von Berthold von Neuffen, und einen dritten Hof bekam es von Albert von Regnoltsweiler mit dem Beding, jährlich am Grab seines Vaters ein brennendes Licht zu unterhalten.

Ferner war hier lange eine Reichspost = Station; noch wird das Haus des Mathä Nipp, dem Wirthshause gegenüber das Posthaus genannt. Dann —

1552 wurde das Dorf von den Kriegsvölkern des Herzogs Moriz von Sachsen fast zur Hälfte verbrannt, und

1634, 5. September, zündeten Schabelizkische Reiter Ralzhof, Tüfingen und den wieder erbauten Ort Deisendorf an, so daß abermals gegen 12 Häuser in Asche gelegt wurden.

Noch jezt findet man Brandschutt aus diesen traurigen Zeiten, wo auch die Kapelle verwüstet worden war, die dann erst nach Beendigung des sog. Schwedenkrieges wieder hergestellt wurde und Ueberlinger Patrizier hierauf den gegenwärtigen Altar fertigen ließen.

Ralzhof,

Rathshof, Rattshof und Razhof, bisweilen auch Razhof, ganz unrichtig aber Rastelhof geschrieben, ist ebenfalls ein Kameralhof der Standesherrschaft Salem.

Der Hof liegt in einem freundlichen Thälchen, zwischen Salem und Ueberlingen, an der Vicinal=Straße von Deisendorf nach Menblishausen, 1481′ über der Meeres=fläche, und circa 10 Minuten von Deisendorf und dem Hof Kubermann; ¼ Stunde von Menblishausen und Tüfingen; ¾ Stunden von Seefelben, 1 Stunde von Salem und 1¼ Stunde von Ueberlingen (über Deisendorf, Rengoltshausen und Burgberg) entfernt.

Die Gebäulichkeiten, welche in Form eines Hufeisens zusammen stehen sind: ein aus Backsteinen 1851 neu gebautes 1½ stockwerkiges Wohnhaus mit dem badischen Wappen über der Hausthüre, und 1 gewölbten Keller, 2 Stuben, 5 Kammern, 1 Küche, 1 Speisebehälter und 2 Fruchtspeichern; rechts vom Hause eine 7kährige Frucht=scheuer mit Stallungen; gegenüber vom Hause 1 geräumige Futterscheuer; zwischen dem Wohnhause und der Futter=scheuer ein Waschhaus; hinter dem Waschhause 1 Holzremise nebst Schweinställen und an der Straße nach Deisendorf ein Speicher.

Der Güterumfang beträgt 183 Morgen, 3 Vrl., 52 Ruthen Aecker, Wiesen, Gärten nebst Hofraum und es hat der Hof eine eigene Gemarkung und starken Obstbau. Der Pächter ist Heinrich Bär; die Schulpflichtigen gehören nach Deisendorf.

Auch entsteht gleich unter dem Hof auf den Wiesen ein Bach, der von da aus bis zum ehemaligen Kaltbrunner=Weier der Nellenfurter=Bach oder Graben heißt, und dann von dort, wo er sich mit dem Kaltbrunner=Bächlein vereinigt, der Kaltbrunner=Bach genannt wird, welcher hierauf nach Oberuhldingen läuft, da bereits das ganze Dorf durch=fließt und zulezt bei der Kunstmühle in die Aach fällt.

Der Hof selbst kam 1287 von einem gewissen Wilhelm in Ueberlingen und von Rüdinger von Hüttenreuthe als bischöflich konstanzisches Lehen für 24 Mark Silber und jährliche Abgabe von 1 Pfund Wachs an die bischöfliche Kammer zum Theil an Salem; andere Güter nebst Zugehörde kamen als österreichisches Lehen 1288 von den Gebrüdern Ulrich, Nikolaus und Johann Besserer, Bürger zu Ueberlingen, und der Rest der Güter 1463 von Erzherzog Sigmund von Oesterreich als Schankung an Salem, jedoch mußte sich das Reichsstift verbindlich machen, jährlich für das Haus Oesterreich einen Jahrtag zu halten, der auch bis zur Auflösung des Stifts pünktlich abgehalten wurde. Nachher wurde das Hofgut verkauft und kam erst wieder 1845 an Salem, indem die Standesherrschaft den Hof von Thomas Barth käuflich erwarb.

Im Alterthum soll dahier eine Stadt gestanden sein, die bis nach Tüfingen hinauf gereicht habe, welche jedoch von den Hunnen und dann vollends noch um 1077 verbrannt und zerstört worden sein soll. Von dieser Stadt blieb nach der Sage nur das Rathshaus allein stehen, das dann nachher ein Hof wurde, den man sofort den Rathshof nannte, bis er im Volksmund in Ralzhof verwandelt worden war. — Wir haben bei Tüfingen das Dasein einer solchen Stadt bezweifelt, indem sich dort nirgends Rudera davon vorfinden, auch kein geschichtliches Faktum darüber bekannt ist; hier jedoch beim Ralzhof ist es immerhin von Bedeutung, daß man in der obern Halde am Weg nach Tüfingen und in dem sog. Roßschenkel an der obern Halde schon mehrmals bedeutende Fundamente und Mauerwerk gefunden hat; ferner daß in der Kiesgrube auf dem Birkenbühl, rechts der Straße nach Mendlishausen, schon oft Menschenschädel und Menschengerippe zum Vorschein kamen, besonders aber in der Nähe von Ralzhof sehr viele Waffen und Roßeisen zu Tage gebracht wurden, so daß der Sage von einer Stadt denn doch nicht ganz aller Haltpunkt abgeht. Wie hieß aber diese Stadt? hieß sie Tüfingen oder wie sonst? — Das wissen die Götter.

Schloß Maurach.

Das Schloß Maurach der Standesherrschaft Salem liegt an der Landstraße von Meersburg nach Ueberlingen, kaum ¼ Stunde nordwestlich von Seefelden, 1334 Fuß über der Meeresfläche.

Das Schloß (Schlößchen) und Pachtgut mit Wirthschaft, das zur Gemeinde Ober-Uhldingen und zur Pfarrei Seefelden gehört, besteht aus 3 Stockwerken mit 4 Kellern, 2 Sälen, 17 Zimmern, 1 ehemaligen Kapelle, beträchtlichen Waldungen und bei 60 Morgen Feld, Reben und Gärten, die alle zusammen eine eigene Gemarkung ausmachen.

Der 1. Stock des Schloßgebäudes hat die Kellereien, den Stiegengang und die ehemalige ein Quadrat bildende gegen den See gelegene Kapelle mit Sakristei, — Reiter= thürmchen und Glöckchen; — der zweite Stock 5 Zimmer, und der 3. Stock 2 Säle und 12 Zimmer mit Wirthsstube und Küche. — Das Ganze ist quer über die Straße ge= baut, die durch den Schloßplaz von Ueberlingen nach Meers= burg führt und gleich über dem Straßendurchgang nach Südost ist das Wappen des Abts Stephanus I. von Salem (rechts ein Einhorn, links ein Fisch und unten ein Pelikan), sowie am Kamin ob der Küche nach außen gegen die Straße die Jahrzahl 1780, während das längs der Straße hingebaute Wirthschaftshaus mit Scheuer und Stallungen die Jahrzahl 1727 trägt; das Wagen= und Chaisen=Remise dagegen erst 1858 gebaut wurde.

Die Gemächer gegen den See sind mit eisernen Gittern versehen, werden Vipern = Kammern genannt und sollen einst Badlokale gewesen sein; die Gänge sind mit Rehge= weihen nebst den Jahrzahlen, wann die Thiere geschossen wurden, behängt; die Stiege zum dritten Stock ziert eine gypsene Statue, und die Altäre der jezt leeren Kapelle — kamen nach Seefelden.

Zur Zeit des Klosters Salem, wo man Maurach auch den Niederhof (Villa inferior hieß), [1] war das Schlößchen eine Grangia, Freigut und Oekonomie=Hof, der unter einem besondern Hofmeister und Oekonomieverwalter von dort stand; [2] nicht aber ein Frauenklösterchen, das unter Kaiser

---

[1] Die Unterscheidung des Hofes darüber, nämlich: Oberhof (villa superior) bei Birnau.

[2] Grangia hießen nämlich die Klosterhöfe, die zur Führung einer vollständigen Oekono= mie eingerichtet mit Fruchtscheuren, Pferde=, Kühe= Schweinställen, Schaafsterchen und Wohnungen für Laienbrüder, denen die Oekonomieverwaltung derselben übertra= gen wurde, versehen waren. Diese Kloster=Oekonomie=Höfe hatten je nach der größern oder geringern Entfernung vom Kloster eigene Oratorien oder nicht; durften aber nicht unmittelbar mit dem Kloster verbunden sein, damit ja nicht durch das Geräusch

Leopold I. aufgehoben und dann von Salem, nachdem es von dem Gotteshause Einsiedeln die Kaufssumme vorstrecks= weise erhalten, gekauft und zu einem Lustschlößchen gemacht worden sein soll, wohl aber mochte es ehemals Strafort für — Salem untergebene — Frauenklöster gewesen sein, indem man noch von Grüften solcher Unglücklichen spricht; ja es geht sogar die Sage, daß man einmal eine solche Klosterfrau die sich verfehlt, daselbst hingerichtet habe. —

Zur Zeit des Schwedenkrieges 1633 hielt sich Graf Oels vom 7. bis 17. Jenner mit vieler Mannschaft zu Uldingen und dahier auf, dann 1643 wollten die Franzosen Maurach verbrennen, wurden jedoch von der Mai= nau aus daran verhindert, und 1644 hatte der bayerische General Mercy einige Zeit sein Haupt=Quartier hier, bevor er es am 18. Mai bei dem Barbara=Bild und den Bleichen bei Ueberlingen aufschlug; als jedoch die Fran= zosen und Schweden 1649 von Ueberlingen abzogen, war das Hofgebäude sehr beschädigt; es wurde restaurirt, erweitert und fast neu hergestellt. Dann war zu Maurach auch — schon seit langer Zeit — eine Begräbniß= stätte. Die alte war gegen das Dorf Nußdorf; nachdem aber die alte Kapelle und auch das Begräbniß entweiht und zerstört waren, — bemerken die Pfarrbücher zu Seefelden — wurde über den Fundamenten desselben um 1722 eine neue Kapelle und ein neuer Gottesacker gebaut und solche 1727 eingeweiht. Nicht lange bestand jedoch dieses Begräbniß; denn 1777 wurden auf Anordnung und Befehl des Abts Anselm die Körper, die seit 1752 in der Kapelle außer dem Gitter gegen den Eingang unweit der Thüre begraben waren, wegen Enge des Plazes und andern erheblichen Gründen wieder herausgegraben und die Gebeine von 13 Verstorbenen außerhalb der Kapelle in dem gegen den See gelegenen Garten, der nun zu einem schicklichen Begräbniß hergerichtet und mit einer Mauer um= geben war, zur Erde bestattet. Nachher wurde diese neue Ruhestätte noch= mals durch eine neue Mauer von dem übrigen Garten getrennt und ab= geschlossen, bis mit Aufhebung des Klosters der ganze Gottesacker und Begräbnißplaz einging. Die lezte Einweihung, welche durch den Fürst= bischof Maximilian in Gegenwart der assistirenden Herren der Expositur

---

ihrer üblichen Geschäfte die Ruhe und Stille des Gotteshauses gestört würde. Sie erstreckten sich dann die für Klöster ertheilten päpstlichen Privilegien nicht auch zugleich auf die Grangien.

Reubirnau und zweier Kapläne geschah, während der Abt Robert von Salem mit einer Tunicella bekleidet zusah — fand am 13. September 1771
statt.

Noch sieht man außen an der Kapelle und im Gebüsche daselbst Kreuze
und Grabsteine, welche sich auf dahier Verstorbene beziehen. Der Grabstein mit der Jahrzahl 1784, in dem man noch die Stelle sieht, in welcher
das eiserne Kreuz eingesezt war, ist der auf den Hofmeister und Chirurgen
Franz Joseph Scheffold aus Bermatingen gebürtig, welcher 68 Jahre
alt am 2. April 1784 zu Maurach starb und nicht weit von der Mauer
der Kapelle gegen Seefelden beerdigt wurde. Und das Epitaphium an der
Kapelle außen, das auf einer Marmorplatte die Innschrift hat: Sepulchrum
Praenob. D. Gotthardi Sigism. Jos. Herz, Consiliar. et Archipraes. in
Schemmerberg, qui obiit die XVI. Septbr. A. D. 1777 Anno Aetatis
53, welches auf deutsch heißt: „Grabmal oder Leichenstein des sehr edlen
Herrn Gotthard Sigismund Joseph Herz, Rath und Oberamtmann in
Schemmerberg, welcher am 16. September im Jahr des Herrn 1777 in
einem Alter von 53 Jahren starb" — bezieht sich auf einen Oberbeamten
des ehemaligen Reichsstifts Salem, Namens Herz, der hier bei einem
Besuch endete.

Das Tauf-, Ehe- und Sterbebuch der Pfarrei Seefelden von 1688
bis 1800 sagt:

„1777, 16. September, starb in Gott der sehr edle gestrenge Herr
Gotthard Herz von Ehingen gebürtig, Oberamtmann in Schemmerberg,
zu Maurach, wohin er sich einer Luftveränderung wegen (uberioris et sa-
nioris aurae) wenige Tage zuvor begeben hatte, mit allen Sterbsacra-
menten versehen und ganz in den göttlichen Willen ergeben nach der 12.
Mittagsstunde aufs frömmste in einem Alter von 53 Jahren. Sein Körper
wurde am folgenden Tage gemäß lezten Willen unter Trauerbezeigung von
9 Priestern (parentantibus ac sacrificantibus 9 sacerdotibus) der Erde
übergeben und auf gnädige Anordnung des Herrn Abts von Salem in der
Kapelle zu Maurach unten am Altar des heil. Josephs beigesezt. — Nachdem durch dieselben Herren Patres die Seelenmessen mit Vespern abgehalten worden waren, wurden dann am 7. und 30. Tag ganz auf gleiche
Weise die Opfer gehalten. Die Jahrtage hielt man nach der Testaments-
bestimmung in allen Stücken gleich ab und vertheilte zugleich einen Thaler
und an den 3 frühern Tagen 3 Thaler unter die Armen. Auch vermachte
der gegen die gnadenreiche göttliche Mutter zu Birnau obenbesagte Herz
laut Testament 100 Thaler in die Kirche von Birnau. Der große Wohlthäter und Verehrer der jungfräulichen Gottesgebärerin sowie das seltene

Vorbild ruhig, freudig und aufs frömmste in seinem Amte zu sterben — ruhe im Frieden." [1]

Jetzt sind diese Friedhofmauern beseitigt und der Begräbnißplatz wurde mit dem gegen den See hin liegenden Schloßgarten vereint. [2] Auch wurde das Schlößchen 1857 renovirt.

Der Name Maurach selbst mag von Mauern herrühren, die als Trümmer einer römischen Niederlassung, nachdem solche von den Alemannen zerstört wurde, stehen geblieben waren. Jedenfalls kommt der Name sehr frühe vor; denn schon 1187 verzichtet Abt Diethelm von der Reichenau auf Muron — nachher Murach genannt — das bisher zur Abtei Reichenau gehörte, zu Gunsten Salems. Auch mag der Siegfried Maurer (Murach) von da gewesen sein, der 1226 bei der Vergabung des Waldes Hart und einiger Güter zu Rechinowe (Ober- und Unter-Rhena bei Heiligenberg) 2c. durch den Grafen Berthold zum Heiligenberg an Salem als Zeuge vorkommt. — Nach Andern wurde jedoch das öde und mit Disteln bewachsene Murach cum omni jure et apendiciis suis schon um 1155 und 1177 von den Aebten Rudolf II. und Wernher Cenobii Eremitarum (Einsiedeln) für 8 Æ ₰ an Salem vergabt; [3] den übrigen Theil von Murach sammt Zugehörde erhielt dann Salem 1213 für 104 Mark Silber durch Walther v. Vatz, welches

---

[1] Schemmerberg war nämlich seit 1497 Oberamt und Hauptort der salemischen Herrschaft Schemmerberg oder Schemmelberg, wozu die Dörfer Kerkingen und Altheim gehörten; jetzt ist es ein ansehnliches würtembergisches Pfarrdorf an der Riß, Oberamts Biberach, mit circa 1400 Einwohnern.

[2] Ueber die Kapelle und den Begräbnißplatz von Maurach siehe auch: Summa Salemitana, Tom. II. Seite 557a bis 560.

[3] Auch Richelsberg (Richelvesberg) jetzt abgegangen, zwischen Maurach und Salem, gehörte zu Maurach; denn als sich der Bischof Hermann II. von Konstanz erlaubt hatte, den 4ten Theil des Zehnten bei Maurach und auf Richelsberg zu erheben, diesen Zehnten aber dem Stift Salem, weil es ihn schon seit 1158 (1165) tauschweise bekommen und derselbe ihm auch durch päpstliches Privilegium zugesprochen worden war — erhielt der Bischof vom Papste Lucius II. 1184 einen Verweis.

Geschlecht besonders hier herum viele Güter und Besizungen
hatte. —

Jezt wird

Maurach

wo köstlicher Wein wächst, eingetheilt in:

a. Ober=Maurach, nämlich die Ziegelei mit Wohn=
haus der Genovefa Trötschler, Wittwe, welche 1827 neu
gebaut wurden; dann das obere Fischerhaus, Wohnung des
Joseph Brunner, sowie die Schiffslände und Zoll=Station;

b. Schloß Maurach der Standesherrschaft Salem,
und

c. Unter=Maurach, d. i. das untere Fischerhaus,
jezt Wohnhaus des Georg Bittel, Landwirth, sowie das
Gut und Wohngebäude des Holzhändlers und Oekonomen
Michael Ill, der zugleich einen Patentkeller besizt und bei
der hiesigen Schiffslände für jeden Sack Frucht ein Abfahrts=
geld zu fordern das Recht hat.

Die beiden ersten Maurach gehören zur politischen Ge=
meinde Ober=Uhlbingen und haben mit dem Oberhof eine
Gemarkung von 489 Jauchert, 190 Ruthen Wald, Aecker,
Wiesen, Reben und Gärten; Untermaurach dagegen gehört
zur politischen Gemeinde Nußdorf.

Oberhof

selbst (Villa superior), durch den die Straße von Maurach
nach Salem führt, liegt auf der Anhöhe, gleich oberhalb
Birnau, gegen den Wald, und besteht aus einem 2 stöckigen
Wohnhause mit dem Wappen des Abts Robert von Salem
über der Hausthüre und 1 kleinen Keller, 2 Stuben, 6
Kammern, 1 Küche, 1 Wagenschopf und 1 Brennhause, so=
wie aus 1 gegenüberliegenden Scheuer mit Stallungen und
1 daneben befindlichen Back= und Waschhause nebst Pump=

brunnen, und aus 193 Morgen, 37 Ruthen Acker=, Wiesen=, Gartenfeld und Hofraithe, deren Boden größentheils rother, kalter Kieferlettboden, und 25 Morgen sog. Weier=Wiesen (gegen Deisendorf) meist Moor= und Thonboden sind.

Dieser Hof gehörte früher nach Maurach (Villa inferior) von wo aus er von einem Senn= oder Oberknecht bewohnt und besorgt wurde, kam 1211 durch Kauf um 104 Mark Silber von Rudolf und Walther v. Vaz an Salem wurde 1717 von Maurach getrennt, und ist jezt ebenfalls ein Kameralhof der Standesherrschaft Salem. Der Pächter ist Ludwig Weiß von Oberuhldingen.

Neu = Birnau,

zum Gegensaz von Alt=Birnau, das wir bereits kennen — ist ebenfalls ein markgräflich badisches Schloß, früher aber eine Expositur und ein Priorat des Klosters Salem, nach dessen Aufhebung das Filialkloster mit der prächtigen Wall=fahrts=Kirche an die Standesherrschaft Salem kam.

Das ganze sehr ansehnliche Gebäude liegt auf einer Anhöhe, ob Maurach, 1445' über der Meeresfläche und 150' über dem Bodensee, und besteht aus dem Priorats=Bau (geist=liches Haus) zu 3 Stockwerken, und aus der Kirche mit Thurm.

Die Entfernung ist: je ¼ St. von Seefelden und Nuß=dorf; je ½ St. von Deisendorf, Menblishausen und den beiden Uhldingen; ¾ St. von Tüfingen; 1¼ St. von Ueberlingen und 1½ St. von Salem.

Das Wohngebäude steht westlich, die Kirche östlich, der Thurm in Mitte des Wohngebäudes, das in der Fronte 30 Kreuzstöcke und 121' Länge hat, während der Thurm bereits 200' hoch ist.

Der erste Stock des Wohngebäudes oder Prioratshauses (geistliches Haus) enthält 2 Zimmmer, die Küche und eine Speisekammer und war ehemals für den Meßner, Gärtner und Koch.

Der zweite Stock hat den ehemaligen Speisesaal der geistlichen Herren, das Bibliothek-Lokal, in dessen Boden sich eine Falle befindet, um bei Feuersgefahr die Bücher und Schriften schnell in die untern Räume bringen und flüchten zu können, und 4 Zimmer, die vom Prior und Pfleger oder Rechnungsführer bewohnt wurden, und in

dem dritten Stock befinden sich 5 Zimmer, von denen zwei mit eingelegtem Boden versehen sind, die nebst einem Nebengemache für den Prälaten bei seinen Besuchen bestimmt waren; in den andern wohnten die zwei übrigen geistlichen Herren der Expositur; denn es waren ständig 4 Salemer-Conventuale hier: der Prior als Pfarrer, der Pfleger als Rechnungsführer und zwei Patres als Beichtiger.

Der Thurm hat einen mit Kupferblech beschlagenen Aufsatz als Helm, 1 Uhr und 2 Glocken.

Die Kirche ist im Baustyl des 16. Jahrhunderts (Renaissance-Styl) erbaut, hat 30 Fenster, besteht aus Chor und Schiff und ist mit Malereien, Stukkatur-Arbeiten und Gallerien geziert.

Der Chor ist 50' lang, 38' breit und 64' hoch, hat den Haupt- oder Hochaltar, 2 Seitenaltäre, mehre Statuen, Fresko-Malereien und ein Epitaphium (Grabmal) auf eine ehemalige Besizerin von Burgberg.

Der Hochaltar der heiligsten Dreifaltigkeit und der allerseligsten Jungfrau Maria hat rechts und links je 2 große Alabaster-Statuen (Epistelseite, hinten Elisabeth, vornen Anna; Evangelienseite: hinten Zacharias, vornen Joachim) und auf dem Gnadenthron, wo sich sonst das wunderthätige Marienbild befand, — ein einfaches auf Leinwand gemaltes Marienbild.

Der Seitenaltar rechts, mit Goldverzierungen und zu oberst mit dem heil. Johann Evangelist war der Johann-Evangelisten-Altar, und der

Seitenaltar links, mit Goldverzierungen und zu oberst mit dem heil. Johannes dem Täufer — der Johann=Baptist= Altar.

Dann stellt nochmals eine große Gyps=Statue (rechts gegen das Epitaphium) die heil. Mutter Anna dar, während das Grabmal selbst mit den Wappenbildern v. Dyrheimb und von Salmonsegg — die Innschrift enthält:

In Medio Ecclesiae jacet, quae medium semper tenuit Illustris Domina Maria Anna Catharina de Dyrheimb nata Salomon de Salomonsegg. Si Vivam vidisses, Viator, Marem dixisses: cum omnia in Ea fuerint mascula, praeter sexum devotum. Prudentia claruit virili et Sapientia vere Salomonica, qua singula disposuit suaviter, adversa Pertulit fortiter, cuncta viriliter. Proles enixa est duodecim a Salomon Matre non degeneres; quas inter Filij novem ceu totidem Salomones: Utpote magnorum Principum Confessarij, Consiliarij, aut Ecclesiarum Sapientissimi Rectores. Vere mulier cincta corona stellarum duodecim et breve Virtutum omnium compendium. — Mundum, qua salutavit in hyeme 25. Novembris 1664. Mundo vale dixit in vere 3. Aprilis 1736 invariabilem in Paradiso Maium celebratura; quo Eam virens evexerit Mariana Devotio: Digna ut ex Burgberg translatum cor hujus Mariana Domus defunctae teneat, quae viva Mariam in corde semper tenuit Larga Birnovij benefactrix. Hinc ut Catharinam Martyrem manus Angelica in Montem Sinai deportavit, ita Catharinam nostram pietas Mariana in Montem Birnovij transtulit Maximo hominibus praecipue pauperibus, relicto sui desiderio sed coelicolis gaudio, quibus cum haud dubie percipiet beatam illam, quam pie defunctae precaberis, Viator! Requiem aeternam.

D. h. auf deutsch:

Mitten in der Kirche liegt diejenige, welche stets die Mitte innehielt, — die edle Herrin Maria Anna Catharina v. Dürrheim, geborne Salomon v. Salomonsegg. [1]) Wenn du, Wanderer, sie im Leben gesehen hättest, würdest du gesagt haben, sie sei ein Mann, da Alles an ihr männlich war, ausgenommen die ihrem Geschlechte eigene Frömmigkeit. Sie glänzte durch männliche Klugheit und eine wahrhaft salomonische Weisheit, in welcher

---

[1]) Ein Jakob v. Dürrheim war um 1890 fürstbischöflicher Hofrath und Vice=Kanzler zu Meersburg. Ein Johann Baptist Salomon v. Salomonsegg war 1662 Dr. der Rechte und fürstlich buchauischer Rath und Oberamtmann.

fie Einzelnes freundlich anordnete, Widerwärtiges muthvoll, Alles aber männlich ertrug. Sie hat 12 Kinder geboren, die nicht aus der Art ihrer Mutter Salomon schlugen; unter diesen waren 9 Söhne, gleichsam ebenso viele Salomone, insofern sie Beichtväter, Räthe großer Fürsten oder sehr weise Vorsteher von Kirchen wurden. In der That — ein Weib mit einer Krone von 12 Sternen geschmückt, — ein kurzer Innbegriff aller Tugenden. Sie begrüßte die Welt im Winter, den 25. November 1664, und sagte ihr lebewohl im Frühling, den 3. April 1736, um im Paradiese einen unwandelbaren Mai zu feiern, wohin sie wohl ihre heiße Andacht zu Maria erhoben haben wird. Mit Recht besizt daher Mariä Haus das von Burgberg übertragene Herz derjenigen nach dem Tode, die im Leben als reichliche Wohlthäterin Birnaus Maria immer im Herzen trug. Ueberhaupt wie eine Engelshand die Märtyrin Catharina auf dem Berg Sinai brachte, so hat von dort (von Burgberg) die Liebe zu Maria unsere Catharina auf den Berg Birnaus versezt, nachdem sie den Menschen, insbesonders den Armen die größte Sehnsucht nach ihr hinterlassen hatte; Freude dagegen den Himmelsbewohnern brachte, mit welchen sie ohne Zweifel, was auch du, o Wanderer, in frommem Sinn der Verblichenen erflehen magst — genießen wird: die ewig selige Ruhe."

Der Körper der Entseelten selbst wurde anfangs — sagt das Pfarrbuch Seefelden — auf Wunsch und Verlangen des Abts Constantin von Salem nach Alt-Birnau gebracht, wohin der Probst von Ueberlingen ihn mit dem Regular- und Säkular-Klerus und unter einer ungemeinen Volksmenge von Burgberg begleitet hatte; dann wurde die Leiche von dem Prior von Salem, Balthasar Graf, unter Assistenz von 5 Salemer Conventualen der Erde übergeben und beim Josephs-Altar beigesezt, und erst, nachdem um 1750 Neubirnau erbaut war, hieher übersezt und ihre Gebeine in Mitte der Kirche von Neubirnau begraben.

Diesem Denkmal gegenüber hängt ein Gemälde mit dem Papst Eugen III., wie er einem Sterbenden das heil. Abendmal darreicht; über dem Papst schweben 2 Tauben. Die Unterschrift dieser ebenfalls aus Altbirnau verbrachten Tafel lautet:

Ad. B. Eugenium P. P. III.

Eugeni, quid vult geminas lucere columbas,
Dum Ritu latio Sacra legenda doces?
Armenus ut per aves discat, quod Schismata duplex
Antidotum Pellat: Simplicitas et Amor. [1]

---

[1] Im Jahr 1440 wurden nämlich durch Papst Eugen IV. die schismatischen Armenier wieder mit der römischen Kirche vereinigt.

Posuit in honorem B. Eugenij Papae III. Sui Tutelaris etc. De-
votissimus Cliens P. Eugenius Speth . . . . Proto-Not. Apostol. Senior
Salemitanus et p. t. praefectus Birnovij, sub quo anno 1693 Birnovij
decoratum est Majus Altare et . . . V. Sacramento inferius Taberna-
culum. Anno 1698 instituta est Confraternitas S. Josephi Anno 1698
in Ambulacro Ecclesiae positum Organum. Anno eodem absoluta sunt
bina Altaria S. S. Josephi et Erasmi atque renovatum est Altare S. Bernardi et loco Tabernaculi, fuit substituta ejusdem Imago. Anno
1707 etc. (unleserlich).

Zu deutsch: Eugen, was soll bedeuten das glänzende Taubenpaar, wäh=
rend du nach Latiums Ritus die Feier des Opfers (Spendung des Abend=
mahles unter beiden Gestalten) lehrest? Der Armenier möge durch die Vö=
gel lernen, daß die Spaltungen nur ein doppeltes Gegengift „Einfalt und
Liebe" vertreibt. — Diese Tafel stiftete zu Ehren des seligen Papstes Eu=
gen III. seines Schuzpatrons ꝛc. der ergebenste Schuzbefohlene P. Eugen
Speth, apostolischer Pronotar, Senior zu Salem und zur Zeit Vorsteher
von Birnau (Altbirnau) unter dem 1693 daselbst der Hauptaltar und unten
der Tabernakel für das verehrungswürdigste (hochwürdigste) Sakrament ge=
faßt worden. Im Jahr 1698 wurde dann die Bruderschaft des heil. Jo=
sephs errichtet. 1698 wurden auf der Empore der Kirche die Orgel auf=
gestellt und die beiden Altäre des heil. Josephs und Erasmus vollendet, so=
wie der Altar des heil. Bernard renovirt und sein Bild an die Stelle des
Tabernakels gesezt, [1]) und im Jahr 1707 ꝛc.

Ferner sind in dem Chor noch 2 Freskomalereien:
die ob dem Hochaltar stellt die Geschichte der Königin Esther
dar, wie sie bei ihrem Gemahl Assuero für das Volk bittet
(Buch Esther Cap. 7. V. 3) — und die Malerei in der Kup=
pel den 24. Vers aus dem 24. Kapitel Ecclesiast, nämlich:
„Ich bin eine Mutter der schönen Liebe, der Furcht, der
Erkenntniß und der heiligen Hoffnung." Dabei steht vornen:
Beatam me dicent Omnes. Von nun an werden mich selig
preisen alle Geschlechter. Luk. 1, 48.

Das Schiff ist 100' lang, 48' breit und 60' hoch, hat
eine Gallerie, ebenfalls mehre Freskogemälde und 4 Altäre.

---

[1]) Nämlich in Alt=Birnau.

Zwei dieser Altäre stehen am Chorschluß und zwei weiter hinten, gegen die Mitte des Langhauses, unter der Gallerie. Der Seitenaltar rechts mit einem Bilde aus dem Leben des heil. Bernard, ist der St. Bernhardsaltar und der Seitenaltar links am Chorschluß mit einem Bilde aus dem Leben des heil. Benedikt, der St. Benediktsaltar; die andern Altäre unter der Gallerie in besondern Kapellen (außen mit Thürmchen) sind rechts (mit einem Gemälde aus dem Leben des heil. Erasmus) der St. Erasmusaltar, welcher zu oberst eine Wendelinus-Statue hat — und links (mit einem Gemälde aus dem Leben des heil. Josephs) der St. Josephsaltar, welcher zu oberst die Statue des heil. Blasius hat. Die zwei Altarbilder wurden ebenfalls von Alt-Birnau hieher verbracht. — Die Decken-Malereien stellen dar und zwar das vordere des Schiffs den 10. Vers des 15. Kapitels; Buch Judith. „Du bist die Ehre Jerusalems, die Freude Israels und die Ehre unsers Volkes." Dabei sieht man rechts Neubirnau und das Gotteshaus Salem. Vornen daran gegen den Chor steht: Deo T. O. M. Deiparae Virgini Taumaturgae Bürnovij Templum hoc adjVVantIbVs Deo aC DIVa eXtrVI CVraVIt. Anselmus II. Abbas XXXVIII in Salem. b. h. Gott dem Dreieinigen und Allmächtigen, sowie der jungfräulichen Gottesgebärerin, der Wunderthäterin Birnaus zu Ehren — ließ diesen Tempel mit Hilfe Gottes und seiner Heiligen (DIVa) erbauen Anselm der 38. Abt von Salem.

Die Kanzel ist links unter dem Chorborgen, von Marmor, und mit den Atributen der 4 Evangelisten [1]) und zu oberst mit dem Buche mit den 7 Siegeln (Offb. 5, 5; 6, 1) — das Lamm Gottes verziert.

---

[1]) Nämlich mit einem Menschen für Mathäus, weil er sein Evangelium mit dem Geschlechtsregister des Hauses David und mit der Menschwerdung Jesu Christi beginnt; — mit einem Löwen als Sinnbild der Einsamkeit und Bewohner der Wüste, für Mar-

Die Gallerie, rings herum im Schiff der Kirche, hat in vergoldeten Brustbildern die 12 Apostel, vornen rechts am Chorbogen eine Uhr mit dem Spruch: „die Helferin der Christen" und dieser gegenüber, links am Chorbogen eine bewegliche Himmelskugel, wobei es heißt: „die Trösterin der Betrübten." Diese beiden Werke und die Uhr zwischen den Deckengemälden im Schiff werden durch eine Maschinerie von der Thurm-Uhr aus geleitet, von wo die Mechanik durch die Kirchenbühne zu ihnen hinführt. Hinten befand sich die Orgel, wo gleich über dem Haupteingang in einem Band, das von einem Engel gehalten wird, steht: „Haec Ecclesia consecrata est Anno MDCCL. XX September," d. h. diese Kirche wurde am 20. September 1750 eingeweiht. — Und in der ganzen Kirche herum sind dann noch in sehr schönen Holzschnizwerken die Stationen zur Versinnlichung des Leidens Christi angebracht.

Ueberhaupt ist der ganze Bau sehr schön und gereicht sowohl dem Baumeister als den übrigen Künstlern zu aller Ehre.

Der Baumeister ist, wie gesagt, Peter Thumb aus Konstanz; die Fresko-Malereien fertigte Hofmaler Bernhard Gottfried Götz von Augsburg; die Stukkatur-Arbeiten machte der Bildhauer und Stukkator Franz Joseph Feuchtmayer in Mimmenhausen; die 15 registerige Orgel lieferte der Orgelbauer Johann Georg Aichgasser aus Ueberlingen

---

kus, weil sein Evangelium mit der Stimme des Rufenden, mit der Bußpredigt des heil. Johannes in der Wüste beginnt; — mit einem Stier als Opfer, für Lukas weil er im Eingang seines Evangeliums von dem Priesterthume des Zacharias spricht wie er im Tempel seine Priesterdienste verrichtete, und mit einem Adler für Johannes, weil er, sein Evangelium mit der Gottheit Christi beginnend, sich unter allen Evangelisten am höchsten, zu Gott selbst emporschwingt. Man wendet übrigens diese Zeichen oft auch auf den Erlöser selbst an, indem der Adler seine Gottheit, die Menschengestalt seine Menschwerdung, der Löwe seine königliche Würde, und der Stier seine Priesterwürde versinnlichen soll.

und die 5 Glocken zu 45½, 25, 14, 7 und 4 Zentnern,
wurden von Gebhard Andreas Aporta zu Bregenz und Anton Grießhaber zu Freiburg gegossen.

Nachdem Alles 1750 vollendet und hergestellt war,
wurden, wie gesagt, die Kirche und Altäre durch den Weihbischof Fugger von Konstanz am 20. September 1750 feierlichst eingeweiht und die Wallfahrt eröffnet.

Nachher wurden dann noch zufolge Concordia zwischen dem fürstlichen
Hochstifte Konstanz und dem Reichsstifte Salem vom 19. Dezember 1780
Art. 1 die Hauskapelle zu Bachhaupten, die Schloßkapelle zu Schemmerberg, die Kapelle zu Maurach, die Kapelle zu Kirchberg, die Kapelle zu
Stephansfeld, die Kapelle zu Unser Lieben Frauen Berg bei Bodmann
und die Kirche zu Birnau von der bischöflichen Visitation eximirt, jedoch dabei bedungen, daß in jenen Grangüs keine Sakramente administrirt
und nur der Frauenberg zu Bodmann und die Kirche zu Birnau an
Wallfahrtstagen davon ausgenommen sein sollen. — Und dann wurde
noch nach Art. 10 dem Abt das Recht eingeräumt, in den Pfarrkirchen
zu Leutkirch, Magenbuch, Urnau, Bachhaupten, Bermatingen, Weildorf,
Leffertsweiler, Ostrach, Salmingen, Schemmerberg, Grießingen, Frankenhofen und in der Wallfahrtskirche Birnau an Festtagen bei Hochämtern
und Vespern die Pontifikalien zu gebrauchen.

Die Wallfahrt zu Neubirnau selbst dauerte jedoch nur bis
1807, dann wurde sie aufgehoben und das Ganze von den
Herrn Markgrafen von Baden als Zugehörde von Salem
in Besiz genommen. Die 4 Hauptglocken wurden 1808
nach Wolrau (Pfarrdorf unweit vom Züricher-See und an
der Straße nach Einsiedeln) verkauft: [1] die Sakristei, die
gegen Westen stand, nebst dem kleinen Thürmchen über dem
Hochaltar 1810 abgebrochen; die schöne Orgel kam 1824
durch Kauf nach Altnau bei Münsterlingen im Thurgau;
zwei Beichtstühle kamen nach Seefelden, zwei nach Mimmenhausen und zwei nach Weildorf, und die 6 Stationen über
den Beichtstühlen wurden zu Präsenten gemacht 2c.; das
Gnadenbild dagegen kam in die Pfarrkirche von Salem.

---

[1] Die jetzigen Glocken sind aus Salem und wurden erst, nachdem die Neubirnauer
Glocken insgesammt verkauft worden waren, da aufgehängt.

So ging dann auch der schöne Blumen= und Gemüse=
garten um die Kirche herum mit dem Springbrunnen ein
und nur Strauchwerk und Wiesplaz umgeben jezt das blos
von einem Aufseher noch bewohnte Neubirnau; dennoch
aber zieht der stattliche Bau den Blick des Wanderers auf
sich und winkt ihm einzukehren in die noch erhabenen
Hallen; denn das Innere des Tempels bietet noch so
Manches dar, das des Besuches und der Bewunderung
würdig ist, zumal jezt alles Vorhandene aus Pietät von
der Herrschaft erhalten wird.

Besonders aber ist die Aussicht sehr schön und es bietet
sich da dem Beschauer ein Naturbild dar, das zu den herr=
lichsten und großartigen der Bodenseegegend gehört.

Gleich unterhalb, an dem köstlichen Wein spendenden
Schloßberg Maurach, liegt ländlich das freundliche Maurach—
zwischen glänzenden Wiesen und grünlichem Saatfeld ruht
im stillen Gottesfrieden das alte Seefelden, — weiterhin
drängt sich durch Weiden und Buschwerk im Glanz der
Sonne blizend die Aach, — noch weiter schauen aus reicher
Baumumzäunung die Häuser von Unteruhldingen, — rechts
davon stehen die alten Waldberge von Oberrieden, an
welche sich auf lustiger Höhe das heimliche Gebhardsweiler
hinschmiegt, — herwärts nach Südost liegt Ober=Uhldingen, —
näher stufen fruchtbare Hügel in den Thalgrund herab, im
Hintergrunde von stattlichen Wäldern begrenzt, — rechts
unten nach Westen ruht in grüner Umarmung das bescheidene
Nußdorf, an dem vorbei die Landstraße nach dem ehrwür=
digen Ueberlingen mit seinem herrlichen Münster hinzieht, —
zwischen ihr und dem geschichtlich reichen uralten Konstanz
erstreckt sich die ansehnliche Landzunge der Nik, mit seinen
Kapellen, Schlössern, Dörfern und Burgruinen, — darüber
ragt in weiterer Ferne der ansehnliche Schienerberg, berühmt
durch seine hochwichtigen Steinbrüche, — von ihm her zieht
sich der wohlbebaute blühende Landstrich des Thurgaus mit

seinen heitern Ortschaften, Villen, Burgtrümmern und Lust=
schlössern, und das gewerbliche industrielle Gebiet von St.
Gallen, — an dieses schließt sich das romantische Alpen=
und Hirtenländchen Appenzell an, — noch weiter nach
Süden präsentiren sich die Riesenwächter Rhätiens, und —
wenn das Auge gar über den meerartigen Bodensee hin=
schweift; wenn der Himmel seinen Morgenpurpur über See,
Wiesen und Feld ausgießt; die Sonne über das große
Gewässer hinläuft, oder ein wundervoller Abend sein Gold
über Berg, Thal und den glizernden Wasserspiegel hinwirft;
dann die Tageskönigin allmählig hinter das Gebirge sinkt
und die altersgrauen Berge ihr glühendes Rosenkleid zeigen, —
da weiß dann der Blick entzückentrunken nicht, wohin er
zuerst, wohin er sich zulezt wenden soll, und — wir ver=
lassen tief bewegt den stillen verwaisten Ort von Birnau,
im Gedanken an die Vergänglichkeit der menschlichen Dinge,
und freuen uns nur noch an der unvergänglichen Größe und
Schönheit der Natur, die von einer höhern Macht so weise,
so gütig nach unveränderlichen Gesezen geleitet, regiert
wird, so daß unser Schmerz über die Trümmer und ver=
bleichenden Menschen=Werke und Anordnungen mit unzer=
störbarem Frieden, selbst Anbetung Gottes erfüllt wird,
und wir gerne mit dem Psalmisten ausrufen: „O Herr,
wie sind deine Werke so groß und viel. Du hast sie alle
weislich geordnet und die Erde ist voll von deiner Güte!" —
**So steht die Erde unter dem Geseze des Wechsels
und nur Glaube, Hoffnung und Liebe heben den
Menschen darüber hinaus.**

www.ingramcontent.com/pod-product-compliance
Lightning Source LLC
Chambersburg PA
CBHW031822270326
41932CB00008B/508